한말 외국인 기록 09

서울풍물지 / 조선비망록

이 책의 맞춤법과 띄어쓰기는 역주자의 의견을 기준으로 했습니다.

개정판
한말 외국인 기록 09
서울풍물지 / 조선비망록
1999년 10월 20일 초판 1판 1쇄
2019년 11월 1일 개정판 1쇄

저 자 | G. W. 길모어 / W. F. 샌즈
역주자 | 신복룡 / 신복룡
발행인 | 임동규
발행처 | **(주)집문당**
등 록 | 1971. 3. 23. 제2012-000069호
주 소 | 03134 서울시 종로구 돈화문로 82 집문당빌딩 5층
전 화 | (02)743-3192~3 팩스(02)742-4657
이메일 | sale@jipmoon.co.kr
홈페이지 | www.jipmoon.co.kr

편 집 | 장이지
디자인 | 임용우

ISBN 978-89-303-1840-2 04900
978-89-303-1831-0(세트)

가격 25,000원

이 도서의 국립중앙도서관 출판시도서목록(CIP)은 e-CIP홈페이지(http://www.nl.go.kr/ecip)와 국가자료공동목록시스템(http://www.nl.go.kr/kolisnet)에서 이용하실 수 있습니다.
(CIP제어번호: CIP2019042411)

서울풍물지

Korea from its Capital: with a Chapter on Missions

G. W. 길모어 지음/신복룡 역주

집문당

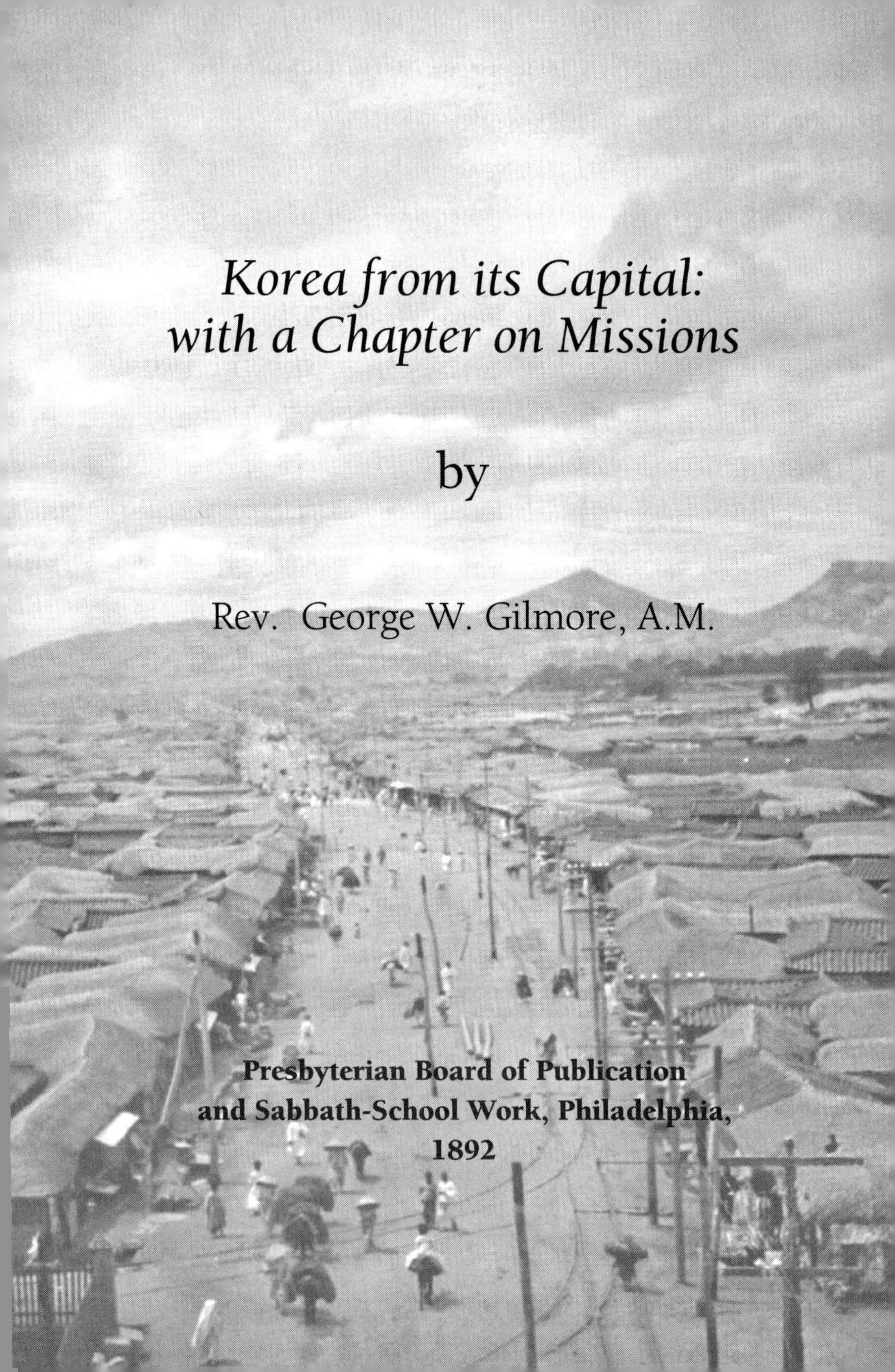

Korea from its Capital: with a Chapter on Missions

by

Rev. George W. Gilmore, A.M.

Presbyterian Board of Publication and Sabbath-School Work, Philadelphia,
1892

헌사

내 생애의 임무를 마련해 주신 데 대한

깊은 감사의 뜻으로

뉴저지대학과 유니온신학교 교수님들에게

이 책을 드립니다.

조지 W. 길모어(George W. Gilmore)

역주자 서문

한말 외국인 기록을 번역·주석하면서, 글쓰기의 고통 이외에 아무런 어려움이 없었던 것은 아니다. 그러한 어려움 가운데 하나가 바로 촌철살인처럼 묻어 나오는 필자들의 백색우월주의를 어떻게 받아들여야 하는가의 문제였다. 그때가 지금으로부터 100여 년 전이었고 개화되기 이전의 전근대 사회였다는 것을 감안한다 하더라도 그들의 눈에 비친 비하된 모습은 옮기는 사람이나 읽는 사람 모두에게 그리 기분 좋은 일은 아니다. 그럼에도 불구하고 우리가 이 책을 번역하고 읽어야 하는 이유는 그들이 역사의 현장에 있었던 증인이었다는 점과, 그들은 우리가 보지 못한 우리의 모습을 다른 각도에서 보고 아프게 충고해 준 부분이 우리의 앞날을 살아가면서 깨달음을 줄 수 있기 때문이다.

이 책의 필자인 길모어(George William Gilmore, 吉毛 : 1857~1933)가 어디에 태어나서 어디에서 죽었는지는 확실하지 않다. 다만 알려진 바에 따르면 그는 1883년에 명문 프린스턴(Princeton)대학을 졸업하고 다시 뉴욕의 유니언신학교에 들어가 신학을 공부했다. 이 무렵 한국은 고종(高宗)의 뜻에 따라 신교육 기관인 육영공원(育英公院)을 설치하고 한국 주차 미국 공사인 후트(Lucius H. Foote)에게 미국인 교사 3명을 보내 줄 것을 요청했다.

후트로부터 이러한 보고를 받은 미국무성 교육국장 이튼(John Eaton)은 지난날의 친구인 칼빈 헐버트(Calvin Hulbert)에게 그의 아들인 헐버트(Homer B. Hulbert)를 한국에 보낼 것을 권고했다. 이를 계기로 1886년 7월 4일에 길모어 부부는 헐버트 그리고 벙커(Dalzell A. Bunker)와 함께 한국에 도착하게 되었다. 이들은 그 무렵 모두 유니온신학교 학생들이었다.

한국에 도착한 이들은 고종의 뜻에 따라서 설립된 육영공원의 교사로 부임했다. 그 당시 초빙 조건에 기독교의 전교는 금지되어 있었기 때문에 이들은 다만 서양 학문의 교사로서 서울의 유력자들의 자제들을 가르쳤다. 그러나 본문에서 길모어가 회상하고 있듯이, 학생들이 학업에 열의를 보이지 않자 그는 실망하고 귀국했으며 육영공원도 결국 1894년에 폐교되었다. 이 책은 그가 귀국한 뒤에 한국에서의 생활을 회상하며 쓴 회고록이자 견문기이다. 따라서 이 글은 한국교회사뿐만 아니라 한말 외교사의 중요한 자료들을 담고 있다.

길모어는 미국에 돌아간 뒤 브루클린공과대학(Brooklyn Polytechnic Institute), 방고르신학교, 미드빌신학교 등에서 1906년까지 성서의 역사, 히브리 원전 성서, 종교사 등을 강의했으며, 1905년부터는 『종교백과사전』(*New Schaff-Herzog Encyclopedia of Religious Knowledge*)의 편집자로 활약했고, 『사도요한전』(*The Johannean Problem*)을 썼으며, 『신학잡지』(*Literature of Theology*)를 편집했다.[1] 단행본으로는 『물활론』(*Animism : Or Thought Current of Primitive Peoples*, New York : Marshall Jones Publishers Co., 1919)이 있다.

언제 출판될 수 있으리라는 기약도 없이 한말 외국인 기록을 번역한 지는 꽤 오랜 세월이 흘렀으나, 출판 경기의 어려움으로 활자화하지 못하고 있던 터에 전집 21권을 출판하겠다는 집문당 임경환(林京煥) 사장님의 제의를 들었을 때 기쁘기도 했지만 너무도 엄청난 일이라 엄두를 낼 수가 없었다. 그러던 터에 이러한 고충을 들은 1998~99학년도 건국대학교 정치외교학과목의 나의 수강생들 300명이 한 장씩 컴퓨터에 입력해 주겠다고 나섰을 때 나는 한없이 고마왔고 크게 용기를 얻었다. 나는 그 300명의 이름을 여기에 일일이 적을 수 없는 것이 미안하고 유감스럽다.

모두가 고생했고 고맙지만, 특히 이형구(李衡求) 군은 컴퓨터의 입력 작

1) 이상의 길모어의 생애에 대한 기록은 『기독교대백과사전』(서울 : 기독교문사, 1983), pp. 147~148을 참조함.

업을 하느라고 많은 고생을 했다. 사내답지 않게 수줍음이 많은 조교 박성진(朴城進, 지금은 한국학중앙연구원 연구원) 군은 마음이 넉넉지 못한 나의 방에서 마음 고생이 많았으리라고 생각되며, 주석을 찾으려고 각국의 대사관과 문화원을 찾아다니면서 싫은 내색 한 번 하지 않았다. 건국대학교 대학원 박사 과정의 고경민(高敬旼, 지금은 제주대학교 교수) 군은 컴퓨터 작업을 하느라고 많은 고생을 했다. 그들의 고생이 단순한 고생으로 그치지 않고 앞날의 그들의 학문 생활에 좋은 경험이 될 수 있다면 나로서는 미안함을 덜 수 있을 것이다.

사진 촬영은 건국대학교 홍보실의 이명호(李明浩) 선생이 맡아주었다. 본디 미국에서 공부할 때 복사한 것으로 번역했으나 원본의 사진을 얻을 수 없어 고생하던 터에 이를 소장한 한국연구원(韓國硏究院)의 천부택(千富澤) 선생님의 도움으로 원본 사진을 얻을 수 있게 된 점에 대해서도 깊이 감사한다. 아울러 편집 교정과 출판 과정에서 고생하신 집문당의 우진주(禹軫柱) 상무님과 편집부 직원 여러분, 그리고 신세진 모든 분들에게 깊이 감사한다.

1999년 2월 1일
2019년 11월에 가필함
역주자 신복룡 씀

원저자 서문

비교적 세상에 잘 알려지지 않은 책을 다루고 있는 이 책을 출판하면서 나는 몇 가지 양해를 얻고자 한다. 그리피스(W. E. Griffis) 박사의 저 탁월한 저술[1]과, 로웰(P. Lowell) 씨의 저 흥미 있는 책[2]과 이 분야의 개척자적인 저술인 로스(John Ross)[3] 목사의 저술을 보완해 보고 싶은 생각에서 나는 이 책을 썼다. 나는 매우 신기하고, 어떤 면에서는 환상적이기까지 한 한 민족에 대한 대중적인 인식에 조금 더 가필하고자 노력했다. 나는 그리피스 박사가 이루어 놓은 한국사를 가필할 뜻은 없다.

이 책의 서술은 내가 한반도에 머물면서 보고 들은 것에 국한되어 있다. 경험이란 많은 오해를 수반할 수 있다는 점에 대해서는 의심할 나위도 없다. 그런 점에서 나는 독자들에게 용서를 빌며 나의 착오를 지적해 주면 고맙게 받아들일 것이다.

나는 이 책에 수록된 훌륭한 도판을 전재하도록 허락해 준 언더우드(H. G. Underwood)[4] 박사에게 진심으로 감사하며, 내가 조선에 있는 동안 기

---

1) 일본 도쿄제국대학의 교수였던 그리피스(William E. Griffis : 1843~1928)의 명저인 『隱者의 나라 韓國』(*Corea : The Hermit Nation*, (New York : Charles Scribner's Sons, 1907)을 의미함. 그의 생애에 대한 자세한 기록은 본 『한말 외국인 기록』 제4권의 역주자 서문을 참조.

2) 로웰(Percival Lowell : 1855~1910) : 미국의 천문학자. 동방 여행을 즐겼으며 일본에 체류하는 동안(1877~93) 자료를 수집하여 『조용한 아침의 나라 : 조선』(*Chosun : the Land of Morning Calm*, 1885), 『극동의 혼』(*Soul of the Far East*, 1888)을 저술함.

3) 로스(John Ross : 1842~1915) : 스코틀랜드 장로교 목사. 중국 선교사. 스코틀랜드의 닉에서 출생. 글라스고우대학교와 에든버러에 있는 연합장로교신학교에서 수학. 그 뒤 중국 선교사로 파송되었고 1872년 이래 만주에서 활동. 이때부터 한국에 대한 관심을 가졌고 고려문(高麗門 : 한만 국경의 출입국 관문)을 방문하여 한국 사람들과 접촉, 한국에 개신교를 전래시키는 선구자의 역할을 함. 그는 성서 『예수셩교젼셔』(1887)를 한국어로 처음 번역하였다.

고(寄稿)한 글을 전재할 수 있도록 허락해 준 『뉴욕 이브닝 포스트』(*The New York Evening Post*)의 편집자와, 이 책을 쓰는 동안 충고와 용기를 불어넣어 준 잭슨(Samuel M. Jackson)[5] 목사와 질레트(Charles R. Gillett)[6] 목사와, 이 책을 출판하는 과정에서 많은 도움과 의견을 준 장로교선교국의 편집자인 밀러(J. R. Miller) 목사에게 깊이 감사한다. 끝으로 나는 특히 껄끄러운 문장을 다듬어 주느라고 많은 고생을 한 나의 아내에게 감사한다.

길모어 씀

---

4) 언더우드(H. G. Underwood : 1859~1916) : 미국북장로교회 선교사. 뉴부룬스위크(New Brunswick) 신학교를 졸업하고(1884), 새문안교회(1887), 기독교서회(1889), YMCA(1900), 연희전문학교(1915)를 설립했다. 『한국어사전』, 『한국의 부름』(*The Call of Korea*, 1908) 등의 저술을 남겼다.

5) 잭슨(Samuel M. Jackson : 1851~1921) : 미국 장로교파의 목사이자 교회사가(教會史家)이며 박애주의자임. 뉴욕시립대학, 프린스턴대학, 유니온신학교를 졸업하고 독일의 라이프치히대학과 베를린대학에 유학한 뒤 주로 박애주의 활동에 전념했다. 1876~1880년에는 뉴욕대학에서 교회사를 강의하면서 보수를 받지 않았다. 그는 『종교백과사전』(*New Schaff-Herzog Encyclopedia of Religious Knowledge*)을 편집했는데 이때 이 책의 필자인 길모어 목사와 함께 일했다. 그의 저서로는 『쯔빙글리평전』(*Hulderich Zwingli : The Reformer of German Switzland*, 1901)이 있다.

6) 질레트(Philip L. Gillett, 吉禮泰 : 1874~1939) : 미국 일리노이 출신. YMCA 운동가. 1901년에 내한하여 YMCA를 창설(1903), 종로회관을 건립했고, 105인사건 당시에는 이 음모를 세계에 알리는 데 진력했다. 1913년에 강제 출국한 뒤에도 상해 임정을 지원했다.

해태상

차 례

제 1 장 국 토

내가 대학 친구에게 조선에 갈 것이라는 의사를 처음으로 표시했을 때 그 친구가 말하기를, "나는 아시아의 동부 연안의 어떤 곳에 대한 어렴풋한 기억을 가지고 있지만, 그 장소를 정확히 알려면 지도책을 펴 봐야겠다."고 했다. 지리에 관한 지식은 종종 막연하다. 사람들은 대체로 그 위치가 어떤 곳인가를 알고 있으며, 그래서 한두 마디 말로써 위치를 자세히 설명하는 것도 괜찮을지 모른다.

조선에 가는 가장 빠른 직선 코스는 샌프란시스코나 밴쿠버 경로를 지나는 것이다. 이 문제를 짚어 보아야 도대체 조선이 어디에 있는지를 알게 될 것이다. 샌프란시스코에서 배를 타고 서쪽으로 가다가 남쪽으로 조금만 내려가면 일본 요코하마 항구에 이르게 된다. 태평양을 지나 일본열도를 거쳐 나아가면 아시아의 동해로부터 남동쪽으로 뻗어 나온 반도 돌출부에 다다르게 된다.

그 반도가 우리가 말하는 조선이다. 조선은 북위 43°에서 34°까지, 동경 124°30′에서 130°30′까지 걸쳐 있다. 미국에서 바라 볼 때, 한반도는 일본 바로 뒤에 있으며 일본열도로 말미암아 태평양의 해일로부터 보호받고 있다. 황해와 동해 사이에 놓인 한반도는 기온의 고저가 매우 균형 있게 이어지고 있으며 그 기후는 거주민의 생활에 심각한 손상을 주지 않는다.

조선이라는 이 작은 나라, 원주민들이 "조선"이라 부르며, 만여 개 섬을 가진 군주국인 이 "고요한 아침의 나라," 이 작은 나라는 서양인, 특히 미국인들에게 특별한 이해 관계를 가지고 있다. 그리피스(W. E. Griffis) 박사는 『은자의 나라 조선』이라는 그의 훌륭한 저서의 제목에서 이 나라의 본질을 잘 표현하고 있다. 조선이 외국인에게 문호를 개방하고 외국 문명과의 접촉을 허락한 마지막 나라라는 점 때문에 "은자의 나라"라는 이름이 주어진 것은 아니다. 은자라는 명칭에 대한 옳은 해석이 무엇인가?

자기 나라에 대한 외국인의 접근을 완강하게 거부하고, 연안에 나타난 선원들을 죄수처럼 투옥함으로써 그들을 통해 자기 나라의 정보가 밖으로 나가 외국으로 하여금 노획을 위한 침략이나 정복 전쟁을 유발하는 일이 없도록 할 경우에 이를 은자의 나라라고 부른다. 전 세계는 이제 서구 문명에 자신을 개방하고 있다. 티베트는 호기심 많은 여행객의 방문을 간절히 바라고 있지만 그 작은 지방은 지금 중국의 한 부분에 불과하다. 그러나 조선은 사실상 완전한 자치권을 가지고 있으며, 다만 외국과 조약을 체결할 경우에는 생략할 수 없는 한 절차를 밟고 있다.

미국은 이 작은 조선에 일과성 이상의 이해 관계를 가지고 있다. 미국의 정책이 다른 대륙의 일에 관여하는 것을 삼가는 동안에도 미국은 어떤 다른 정부보다도 조선과 일본에게 서구적인 행동 양식에 대한 자극을 주었다. 미국 시민들은 이 부분에 대하여 다른 국가들 보다 조선과 일본에서의 결과에 책임을 더 많이 느꼈고, 더 많은 이해 관계를 가졌다. 미국의 정부와 민간 단체는 조선 사람과 일본인을 모두 친절하게 수용했다.

조선이 세계에 문호를 개방했을 때, 조선 사람들은 거칠고, 험상궂은 야만인으로 보이리라는 것이 많은 사람들의 예상이었다. 일본과 중국에서의 소문이 바로 그러한 인상을 주었다. 사람들은 야만 인종을 보는 것처럼 조선 사람을 바라보았다. 그러므로 조선 사람들이 이제까지 묘사된 것과 다를 뿐 아니라, 오히려 일본과 인도를 포함한 동양이 아닌, 매우 정중하고 친절하며 충직한 민족이라는 사실을 안 서구인들이 얼마나 놀랐을까?

서울의 혼잡한 거리를 걸어가다 보면 서양의 도로에서처럼 정통으로 또는 "비스듬히" 팔꿈치로 다른 사람을 치면서 지나가지 않을 수 없다. 그러나 방문객들은 거의 모든 조선 사람들이 외국인을 만날 때면 길을 비켜주는 모습을 보고서 거듭 놀란다. 외국인을 만날 때, 이러한 양보는 조선 사람들이 이제까지 하얀 얼굴과 검은 옷에 익숙해지는 동안에 얻어진 두려움 때문도 아니고, 카스트 제도의 힌두교의 경우에서처럼, 모욕이나 오염의 공포에 따른 것도 아니며 서구인이란 훌륭한 재능과 놀라운 능력을 가진 인물이라고 존경하기 때문이다.

이러한 양보심은 타고난 예의 가운데 하나이다. 조선 사람들은 외국인들을 손님으로 생각하고 정중하게 대접한다. 이와 마찬가지로 왕이 행차하거나, 미국에서도 볼 수 있는 퍼레이드가 있으면, 군중들이 그 광경을 보려고 모여들어 도로를 여섯 겹 내지 여덟 겹으로 줄지어 서는데, 이때 "외국인이 여기 온다."라는 외침이 들리면 그 운 좋은 외국인에게 길이 쫙 열려, 그도 상대방으로부터 아무런 이의나 저항을 받지 않고 앞자리를 차지할 수 있다.

그렇게 하지 않는 사람이 있다면 그는 아마도 산간벽지에서 온 촌사람의 경우일 것이다. 그는 미국의 경우와 마찬가지로, 조선의 대도시 사람에게는 농담의 대상이 되고 우리 나라의 촌뜨기(bumkin)에 해당하는 이름을 갖게 된다. 그는 처음 보는 외국인을 쳐다보는데 정신이 팔려 예의도 잊어버리는데, 지나가던 사람들이 고함을 지르고 비웃는 바람에 그는 자신이 이상한 행동으로 말미암아 무안한 행동을 하고 있음을 깨닫게 된다.

그렇다면 의문이 제기된다. 곧 만약 이것이 조선 사람들의 기질이며 그들이 보편적으로 겸손하고 친절하다면 고립 정책이 8년 동안이나 지속된 점을 어떻게 설명할 수 있을까? 여기에서 고립 정책이라 함은 조선에 대한 종주권을 주장하는 청국인 외교관의 주재를 거부하고 드문 경우이기는 하지만 청국의 칙사가 빈약한 접객 열차를 통해 입국토록 하는 것을 의미한다. 많은 다른 의문들과 마찬가지로, 이에 대한 답은 중국과 일본 사이에 위치한 반도의 지리적 성격에 있다.

조선의 역사는 참으로 복잡다단하다. 조선의 역사를 살펴보면 우선 우리 앞에 빈번히 등장하는 것은 북쪽의 중국과 남쪽의 일본으로부터 자주 침범을 당했다는 사실이다. 중국은 조선의 복속시키려고 끝없이 시도했고, 때로는 성공해서 중국의 일개 부분으로 편입시킨 적도 있다. 그러나 그러한 복속은 민족 의식만을 야기했다. 어떠한 재앙 앞에서도 조선 사람들은 약해지지 않았다.

일본은 자신이 2세기경에 조선을 정복한 일이 있다고 주장하고 있다.[1) 중국으로부터 밀려든 1백만 명 정도의 약탈자들이 조선을 황폐화하게 만들었으며 남쪽의 완강하고 거친, 그리고 당시 세계에서 가장 호전적인 일본의 군부는 한반도를 향해 북진했다. 뿐만 아니라 중국과 일본은 한반도에서 각축하면서 서로 필사적으로 증오하고 있다. 오늘날 일본인들보다 더 호전적인 민족은 없다. 이러한 상황 속에서 청국과 일본 사이에 전쟁이 일어난다면 승리는 일본의 것이다.

또한 일본 해안과 섬으로부터 해적들이 침입했음을 지적하지 않을 수 없다. 그들은 일본 정부의 힘이 약해지거나 다른 일에 열중해서 그들을 억압하지 않을 때면 조선의 해안 마을을 약탈하고 도시를 방화함으로써 반도의 주민을 끊임없이 불안 속으로 몰아넣었다. 그러므로 조선 사람들이 다음과 생각하는 것은 무리가 아니었다.

---

1) 징쿠 황후의 신화 시대를 의미함. 그는 일본 14대 천황 주아이의 황후로서 남편이 죽은 뒤 69년 동안(서기 201~269) 섭정을 했음. 일본 측 사서에서 말하는 소위 삼한 정벌의 장본인. 그러나 오늘날 그가 삼한을 정벌했다는 것은 역사적으로는 무근한 것으로 평가되고 있다.

> "같은 동방의 사촌 형제들로서 검고 뻣뻣한 머리칼과 꼬리가 올라간 눈을 가지고 있으며 황색 피부를 가진 그들이 우리의 영토를 약탈하고 살상하며, 주민을 납치하는데, 하물며 서양 오랑캐들이야 오죽하랴! 우리는 그들과 접촉하지 않을 것이다."

그리하여 조선은 타국과의 교섭을 거절하고, 외부에서 조선으로 유입되는 모든 소식을 파기함으로써 고립을 유지했다. 그들은 혼자만으로도 만족하게 생활하고 있었으며 문을 닫고 자신들만의 자원 속에서 살았다. 이와 같은 상태는 19세기 마지막 10년 동안 서구 열강에 의한 조약 체결이 있기 전까지 계속되었다. 물론 조선의 개항은 1876년 일본에 의해 체결된 조약에 의한 것이었다. 이것은 그렇게 낯선 출발은 아니었다. 일본과 조선의 왕래는 새삼스러운 것이 아니었기 때문이다. 양국 관계의 성격은 가끔 사실상의 동맹자 사이의 관계로 유지된 적도 있었다.

그러나 1876년은 조선에게 매우 중요한 해였다. 한일수호조약을 통해 일본은 조선에 대한 그들의 주장을 철회했다. 조약을 작성하면서 일본 정부는 자매 국가인 조선의 독립을 인정했다. 그리고 조선 사람들은 이 조약의 체결을 통해 미래에 대한 거대한 일보를 디디고 있다는 점을 이해해 주기를 희망했다.

뿐만 아니라 이 조약에 대한 감사함은 조선 사람들로 하여금 향후 일본을 더 우호적인 국가로 인식하는 계기가 되리라고 기대했다. 이 조약의 가장 중요한 점은 은자의 나라의 항구를 개방하여 일본과 무역하도록 하는 데 있었다. 조약의 체결로 조선은 더 이상 은자의 나라가 아니었다. 이로써 다른 나라들도 조선에 대하여 일본과 똑 같은 조건을 요구할 수 있는 길이 열리게 되었다.

미국과 열강들의 개항 시도가 몇 차례 수포로 돌아간 이후, 1882년, 미국의 함대 사령관인 슈펠트(R. W. Shufeldt : 지금은 제독)[2)]가 조선과 한미수호조약을 체결하게 되었다. 잇따라 영국, 러시아, 이탈리아, 프랑스와 조약이 체결됨으로써 조선은 이제 더 이상 은자의 나라가 아니었다. 조선이 일본과 같이 서구화를 서둘러 가능한 한 자신의 문명을 포기할 것인지, 아니면 이웃의 강대국인 중국을 본받아 보수주의적이고 좀 더 조심스러운 노선을 고수함으로써 오직 새로운 사조의 장래에 따라 보수주의를 포기할 것인지, 서구 세력들은 조선의 장래를 주목하고 있다. 현재 추세는 일본보다는 중국의 경우를 따르고 있고, 급진적이기보다는 보수적인 노선을 밟고 있다.

이 점을 주목하지 않으면 안 된다. 매우 많은 관광객들이 일본을 방문하여 이 나라가 매우 환상적인 국가라는 것을 발견했다. 일본인들의 예술적 성격은 일본을 아주 즐거운 휴양지로 발전할 수 있도록 했고, 자연 그 자체의 모습을 간직한 채, 가정의 장식에서도 선천적인 예술가의 손길이 그들의 천연자원의 아름다움을 아낌없이 더해 주었다.

이러한 것을 알고 있고 조선의 얘기와 은둔 상태에 매력을 느끼고 사람들은 조선도 또한 방문할 가치가 있을 만큼 흥미진진한 나라라고 생각할지 모른다. 그러나 그런 생각을 하는 방문객은 단번에 실망할 것이다. 일상적인 관광객에게 한반도는 매력을 채워 주지 못했다. 여행가는 아름다운 삼나무 조각으로 짜인 흥미로운 사원도 없고 아름다운 계곡에 지은 아름다운 암자도 없고, 여행가를 초대하여 쉴 수 있게 하는 울창한 구릉이나, 눈길을 끌어 돈을 쓰게 할 만한 예술의 모임도 없다.

수도 서울 주위의 숲은 황폐하다. 여기에는 계단식으로 경작할 만한 구릉

---

2) 슈펠트(R. W. Shufeldt : 1822～1895) : 한국명 설비이. 미국의 해군 제독. 뉴욕 출신. 1839년에 해군에 입대하여 브라질 · 아프리카 · 지중해에서 활약하다가 퇴역. 남북전쟁 당시에는 쿠바총영사(1861～1863)를 지냈으며 그 뒤 다시 해군에 복귀하여 국무장관을 설득하여 조선 개국의 임무를 맡고 출항(1878). 일본에 도착(1880). 한국의 연안을 왕래하면서 한미수호통상조약을 체결함(1872). 그 뒤 해군자문국의장(1882～1884)을 지냈으며, 묘소는 알링턴 국립묘지에 있음.

도 없고 무한한 수확으로 검소한 경작자의 노고에 보답할 만한 언덕배기도 만날 수 없다. 보기에도 비옥한 저지대가 경작되지 않은 채로 남아 있다. 나무와 숲을 잃어버린 언덕은 작렬하는 햇빛과 비에 노출되어, 황량한 쪽에는 한 여름의 홍수로 말미암아 생긴 도랑으로 주름져 있다. 해안을 따라 항해하면서도 일본의 내지를 지날 때 볼 수 있는 경지 정리의 아름다움은 볼 수가 없다.

단지 황폐한 언덕, 울퉁불퉁한 바위산, 그리고 해안선 여기 저기 우묵한 곳에 몇 개의 어촌 오두막집이 군집해 있어, 마치 30피트의 높이로 쇄도하는 파도에 씻기는 해안의 드문드문한 외로움에 대항하여 서로 힘을 합쳐 보호하는 듯하다. 파도가 다 쓸어버리고 지나가면 그저 거대한 모래톱과 황량한 잡초로 뒤덮인 바위들만 남는다.

해안에는 바위가 많고, 위험한 여울목과 방심할 수 없는 바위로 에워싸여 있다. 다만 생생하게 생각되는 것은, 조선이 약탈이나 공업에 의해 부자가 되려는 사람들이 찾아가기에 적합하다는 것이다. 조선에 가는 사람들은 분명 아무런 자원도 없는 조선을 볼 준비가 되어 있어야 한다. 사람들은 게으르고 무심해 보인다. 마을은 비위생적이고, 집들도 마음을 끌지 못한다. 관광객들의 기억 속에 피상적으로나마 남을 수 있는 것이 있다면 그저 오래 머물렀던 기억밖에는 없다.

일본을 여행할 때는 모든 장면에서 감각과 마음에 호소하는 무엇인가를 볼 수 있다. 흥미 있는 얼굴들, 아름다운 의상, 산뜻한 주택, 세심하고 경제적인 농업, 기괴한 원예, 풍광을 아름답게 가꾸는 예술적 감각이 가미된 자연, 활기참, 재기와 우아함, 이 모든 것 외에도 사람들에게 고유의 공손함이 이 모든 매력을 더욱 돋보이게 한다.

한반도에서는 사람들의 얼굴이 무표정하고, 복장은 한결같이 단조롭고, 집들은 빈약하며 치장이 전혀 없고, 농사는 낙후되어 있으며 조경술은 알려지지도 않았다. 양반의 거드름을 본받으려 어설프게 노력하며 어떤 유별난 장면이라도 보게 되면 입을 쩍 벌리고 바라본다. 때로는 넋을 잃어버린 것 같다.

그리고 꼭 한 가지 지적해 두고 싶은 것이 있다. 어떤 민족을 이해하고, 신뢰하고, 그들에 대한 우리의 도움에 감사할 준비가 되어 있는가를 알고 그 나라와 민족에게 어떤 장점이 있다는 사실을 알게 되었을 때, 그제야 한 민족의 가치는 세상에 알려진다고 하는 사실이다. 그런데 조선은 관광객을 위한 나라가 아니다. 조선에 대하여 호기심을 가진 사람들이 관심을 끄는 주요한 화제는 최근에야 조선의 전체를 볼 수 있게 되었다는 것이다.

겉모양만을 보면 조선은 일본과 비슷하다. 조선은 산이 매우 많지만 어디에도 높은 산은 없다. 반도의 등뼈는 이탈리아의 피레네 산맥과 같고, 북동쪽의 해안선을 타고 뻗어 있다. 이 산맥은 동해 쪽으로 가파른 경사를 이루고 있다. 땅의 구조는 반도의 중앙 부분에서 현저한 특징을 보여 주고 있다. 중부에서는 남쪽을 바라볼 수 있고 부식된 화강암으로 구성된 토양을 볼 수 있는 반면에, 북쪽에서는 석회암층의 특이한 색조를 볼 수 있다.

계곡은 비옥하지만 일본에서만큼 그렇게 인구 밀도가 높지 않다. 구릉은 북쪽과 서쪽을 제외하고는 삼림이 황량하며 을씨년스럽게 보이며 헐벗은 산 위에 뒤틀린 소나무만이 눈길을 끈다. 가끔 관목으로 덮여 있는 곳도 있고, 이른 봄이면 분홍·백색·선홍색의 유도화가 화사하게 피기도 한다. 대개의 경우 이런 구릉에는 비가 만든 작은 계곡의 흔적이 주름처럼 나 있다. 어떤 계절이나 어떤 지역에도 일본에서처럼 윤작의 장면이나 세심하게 가꾼 삼림 지대는 눈에 띄지 않는다.

해안은 섬으로 둘러싸여 있거나 단지 바위뿐이거나 풀과 꽃으로 덮여 있다. 남서 해안은 몇 군데만이 있어 항구로 이용될 수 있지만 이런 곳에서의 항해는 어렵고 위험하다. 암초가 많으며 흔히 안개가 짙게 깔린다. 조수는 28~30피트로 오르내리고 소용돌이를 일으킨다. 간조 때면, 광대한 개펄이 펼쳐지며 바위가 나타나 정박하는 배들이 얼마나 조심스럽게 접근해야 하는지를 보여주고 있다.

버지니아주의 리치몬드와 같은 위도에 있는 서울의 기온은 한 여름의 약 6주를 제외하고는 쾌적하다. 뉴욕 기후의 특징으로서 주민들을 당혹하게 하는 추위와 더위의 갑작스런 변화를 이곳에서 볼 수 없다. 눈은 12월 중순부터 2월 중순까지 대지를 덮는다. 비록 실내에서 화씨 5°~20°(-15°~9.4°)의 온도가 한 달 동안 계속되는 적도 있지만 나는 영하 이하의 온도를 보지 못했다. 2월 1일 경부터 3월 15일 까지 수은주는 오르기 시작하는데 이때 사람들은 파종을 시작한다. 기온은 약 7월 15일까지 계속 올라 여름이면 90°(32.2°)가 되지만 열기로 말미암아 잠을 못 이루는 밤은 거의 없다.

조선에서는 여름이 우기이다. 얼마나 많은 비가 오는지! 장마철이면 비가 억수같이 쏟아진다. 비가 내리고 구름이 걷히는가 싶으면 다시 억수같이 쏟아진다. 꾸준하지는 않지만 흔히 화창한 날씨가 하루나 이틀 계속되다가 다시 하루나 이틀 동안 장대비가 이어진다. 그러다가 9월 1일에 이르러서는 상큼한 가을 날씨가 시작된다.

이때가 조선에서 가장 아름답다. 화창하고 상쾌한 기온은 거의 감지할 수 없을 정도로 조금씩 내려가기 때문에 12월 15일까지 테니스를 즐길 때도 있다. 건강을 위해 운동이 필요할 때면 나는 12월 16일까지도 테니스를 쳤으며 크리스마스에 스케이팅을 했다. 동양에는 일광욕을 한다거나 물을 끓여 먹는 등, 국민의 건강을 위한 특별한 방안이 없는 것처럼 보인다. 조선에서의 생활은 우리의 아름다운 미국에서 만큼이나 안전하고 즐겁다.

제 2 장 정 부

이 장에서 우리는 조선의 정부 구성과 대내적 시정을 고찰하게 될 것이다. 인접국들과의 대외 관계는 별도의 장을 필요로 한다. 권력은 "임금" 또는 합문이라고 하는 왕에게 집중되어 있다. 백성들은 그를 임금이라고 부른다. 정부의 기능은 임금에 의해 임명되어 그의 권위 아래서 활동하는 대신들이 수행한다. 백성들은 정치에 참여하지 못하며 그들로부터는 어떠한 권위도 나오지 않는다. 조선에서는 실로 "왕은 곧 국가이다" 따라서 권력은 왕으로부터 나와 관리들을 통해 최소 단위 부락의 장에까지 다다른다. 관장은 그의 부하 관리들에게 관할 구역 내에서 발생하는 모든 일에 관해 보고하도록 명령한다.

조선을 잘 알지 못하는 사람들은 두 가지 잘못된 추측을 하고 있다. 정부의 성격이 어떠하든 백성들은 복종하기만 한다는 것이 첫 번째 오해이고 시정 형태는 군주의 성격과 의향에 달려 있다는 것이 두 번째 오해이다. 조선에 머물고 있는 주의 깊은 체류자가 겪는 놀라운 일의 하나는 정부에 대한 백성들의 영향력이다. 백성들이 공직자의 선출에 영향력을 행사하지도 못하고 정부 활동에 영향을 미칠 어떠한 직접적 수단도 갖지 못하는 것은 사실이다.

그러나 주민들에게 좋지 못한 조처가 결정된 때에는 처음에는 미미한 일종의 선동으로 형태를 드러냈다가, 논의가 널리 퍼지면서 정도를 더해 간다. 그러다가 주민들의 대중적인 항의가 일어나고, 사건이 무시될 때에는 대중 집회가 개최되고 백성들이 분개하고 있다는 소식이 왕궁으로 들어간다. 내가 알고 있는 한, 내가 조선에 체류하는 동안 이러한 현상이 몇 번 나타났는데, 대중적 항의가 정당함에 기초하고 있다면 그것은 정책의 변화를 이끌어 내는 데에 영향을 미친다.

그러나 백성들의 동요가 잘못된 소문에 의해 일어났거나, 이간자들이 사실과 다른 소문을 유포했고 그로 인해서 오해가 널리 퍼져 나간 때문이라면, 이에 대한 일상적인 방침은 오해를 바로잡고 백성들이 그들의 생업으로 복귀하기를 권고하려고 대도시의 중심거리나 광장에 해당하는 곳에 방(榜)을 내붙이는 일이다. 그러나 언젠가 그랬던 것처럼 이것이 효력을 발휘하지 못하면, 두 번째의 방이 다른 어조로 나붙는다.

첫 번째 방은 정중하고 부드럽다. 그러나 두 번째 방은 보다 단호하고 또한 "모종의 일이 결정되었다"는 인상을 풍긴다. 일반적으로 이것이 효력을 발휘하는 데에는 하루나 이틀이 허용된다. 그때에도 동요가 진정되지 않는다면, 군대가 투입되고 거리에는 순찰을 돌며 평화파괴자는 체포되어 체벌을 받음으로써 소요는 해결된다. 서민은 그들의 의사를 알리고 그들의 힘을 대궐 핵심부에까지 느껴지도록 하는 방법을 가지고 있다.

물론 조선의 군대는 백성들에서 충원되기 때문에 백성들 사이에 깊이 뿌리내리고 있는 불만은 군인들에게 다소 영향을 미친다. 불평이 현실적인 문제에 바탕을 두고 있다면 그 소요를 진압하기는 어렵다는 점이 중요하다. 조선에서의 국민적 양심은 절대군주제 국가에서 일반적으로 존재하는 경우와는 달리 치자와 피치자 양쪽 모두에게 중요한 것으로 생각된다.

군주의 개인적 성향은, 정부의 시정이 갖는 성격에 대해서 우리가 상상하는 것보다 적은 영향을 미친다. 헌법에 구속받지 않는 전제주의 국가에서 통치자는 자신의 개성을 나라의 구석구석에까지 미치게 하려 할 것이라고 우리는 생각할 수도 있다. 유교가 지배하는 조선과 같은 나라에는, 백성들이 그 안에서 움직이고 통치자가 어겨서는 안 되는 어떤 전통적인 제약이 헌법 대신에 존재한다.

"법"과 "규모"라는 같은 의미의 두 단어가 "법"과 "관습"을 모두 의미함은 이러한 맥락에서 중요성을 갖는다. 곧, 임금과 관리들은 불문법에 의해 제약을 받는 한편 범죄를 다스리는 전통과 관습이 있다. 전통과 관습은 구속력을 지니며 그것을 위반하는 것은 사법적 판단에서 호소할 수 있는 요건을 구성한다. 관습에 의해 지배되기 때문에 지방과 도시 그리고 부락의 통치자들은 왕의 개성에 의해서 통제 받는 일이 드물다.

각 지역의 통치 기구는, 나라 전체의 정부가 왕의 성격에 의존하는 것보다 더 많이 그 지역의 관장의 성격에 의존한다. 임금의 좋은 뜻과 고결한 의도는 관리들의 탐욕과 변변치 못함으로써 백지화될 수 있으며 실제로 그런 일은 허다하다. 백성들의 가난함은 지배 계층의 수뢰와 부절제한 욕구를 충분하게 드러내 준다.

왕은 그의 직속 고문 상담역 및 보좌역으로 영의정 · 우의정 · 좌의정이라고 불리는 세 사람을 데리고 있다. 이 세 사람은 나라 안에서 만백성의 위에 자리 잡고 있다. 이들 다음으로 6명의 각 조 판서들이 있다. 이들은 서양의 경찰과 같은 최하급 관리에 이르는 수많은 관리들에게서 도움을 받는다. "벼슬"의 전체 내용은 너무나도 복잡해 그것을 이해하지 못하고 정부의 체계를 이해하는 일이란 불가능하다.

조선에는 문 · 무 두 종류의 벼슬이 있으며, 해군은 없다. 이 둘 가운데서 높은 쪽은 문관이다. 영의정 벼슬 다음으로 높은 문관 벼슬은 "정승"이라는 이름을 갖는다. 이 벼슬은 두 명의 보좌역[우의정 · 좌의정]이 맡는다. 다음의 벼슬은 판서인데, 제한된 수의 판서가 있다. 그 밑에 참판의 벼슬이 있고 그 다음에 참의가 있다. 그리고 그 아래에 주사와 주서가 온다. 이들은 19~21등급으로 되어 있다.

군대의 편제는 거의 언급하지 않을 것이기 때문에 무관 등급의 명칭을 적을 필요는 없을 것이다. 그러나 장군 또는 "대장"의 명령을 받는 동·서·남·북의, 궁궐에 관련한 병영 또는 주둔지의 대략적 위치에서 이름을 따온 중앙 4개 부대가 있다는 것은 지적되어야 할 것이다. 감사라고 불리는 지방의 수령은 보통 판서와 참판의 벼슬아치들에서 선출되고 수도의 부서장 곧, "계장"[1]도 감사와 같은 직급이다.

외부에 출입하는 외국인들은 그곳 공무원의 장이 판서임을 알게 된다. 그들을 보조하고자 참의가 파견되는데, 이들은 지방의 수령이 될 수도 있다. 도시의 주요 재판관은 판서와 그 아래의 두 벼슬에서 임명되지만 하급 벼슬아치들은 부서의 하위 한직에 보임된다. 이러한 상이한 벼슬아치들과 일반 백성 사이에 지켜지는 예절은 별도로 하나의 주제로 다루어질 것이다.

이와 같은 다양한 지위·벼슬이 공무원의 등급이며 하나하나의 등급은 다른 것과 아주 정교하게 차별되고 있다는 점을 독자들은 알아야 한다. 더구나, 어떤 사람이 과거에 합격함으로써 벼슬을 얻는다면 그 때 그는 공무원이 되는 것이다. 벼슬을 지닌 모든 이는 과거에 합격한 사람인 셈이다. 백성 가운데 어떤 사람은 그런 식으로 양반이 된다.

단어를 설명하자면, "벼슬"이란 말은 지위나 공직을 대신할 수 있는 말이며, 귀족에 해당하는 말로는 "벼슬하는 이"라는 말이 있다. 백성에 관련해 그들의 지위를 "높음"이라는 단어로 나타낼 수 있다. 높은 벼슬의 무관은 문관 부서와 관련한 직책으로 옮겨갈 수도 있다는 점을 언급할 필요가 있다. 내가 관련되어 있는 교육 부서의 장은 이 나라의 국왕과 매우 가까운 장군인데 들리는 바로는 그는 왕비의 사촌이라고 한다.[2]

---

1) 본문에는 key-jang이라고 되어 있는데 무엇을 뜻하는지 알 수 없다. 아마도 필자가 오해한 것일 수도 있다. 한성부에는 정2품의 한성판윤을 비롯하여 종2품의 윤 2인, 정4품의 소윤 2인, 종5품의 판관 2인, 정7품의 참군 2인 등 모두 9인의 관원이 있었다.

2) 민영환을 뜻하는 것으로 보이나 그가 병조판서를 역임한 적은 있으나 예조판서를 역임한 적은 없다.

정장한 대신의 모습

과거에 합격한 사람은 어떤 직책에 임명되어 승진하게 되어 있다. 그는 근무지에서 부정한 소득을 취할 것이다. 일반 백성은 그 먹이를 제공한다. 위와 같이 벼슬이 세분화됨으로써 책임과 선정을 보장하는 일이 쉬울 수밖에 없다. 그러나 불운하게도, 공직의 담당자는 백성에게 단지 처벌이 뒤따를 것이라고 위험으로써 백성을 억압하는 일이 가능하다. 양반들 사이에는, 백성들이 관리에 거슬리는 어떤 정보를 다른 관리에게 전하려는 모든 시도를 좌절시키는 데 암묵적인 동의가 이루어져 있는 듯하다.

사치를 금지하는 법은 확실히 결함투성이다. 백성들은 만일의 경우를 대비해 저축하는 것을 마음 내켜 하지 않는다. 우리 일행이 조선에 머무는 동안 우리에게 배속된 요리사는 매우 부유한 사람이 되어 가고 있었다. 그는 집을 두 채나 샀고 당장에 쓸 수 있는 약간의 돈도 가지고 있었다. 그는 자신이 항상 외국인들 쪽의 일을 자청한다고 나에게 알려 주었다. 그 까닭을 묻자, 만일 그가 외국인에게 고용되지 않는다면 그는 즉시 몇몇 관리들에게서 3~4만 냥(약 25달러)을 꾸어 달라는 닦달을 받게 될 것이라고 그는 말했다.

물론 이렇게 꾸어 간 것을 갚지 않기 때문에 그것은 그의 재산에 대한 몰수와 마찬가지일 것이다. 그가 미국인에게 고용되어 있는 한, 그와 같은 경우에 돈을 빼앗기지 않고서도 조약 규정에 따라 그는 영사를 통하지 않고서는 체포되지 않는다. 결과적으로 그는 하급 관리들의 부당한 요구에 벗어나 있었다. 나는 그러한 것들이 조선에서는 매우 일상적인 절차임을 명확히 알게 되었다.

어떤 사람이 상당한 양의 돈을 저축해 놓고 있다는 사실이 알려지게 되면 관리들은 차용을 요구할 것이다. 만일 그것이 거절되면 그 사람은 몇 가지 조작된 죄목으로 투옥될 것이다. 그 죄인 아닌 죄인은, 그 요구들을 충족시키거나, 완고하게 버팀으로써 그 관리들에게 그들 자신의 안전을 우려케 하도록 만들거나, 그의 몇몇 친인척들이 요구액을 지불하거나, 또는 어떠한 타협안이 나올 때까지 매일 아침 채찍질을 당할 것이다.

그러나 이것만이 돈을 빼앗는 방법은 아니다. 관습 곧, 법에 따라서 채무자뿐만 아니라 그의 친척도 지불의 책임을 진다. 탐욕스러운 관리들은 주로 이 방법을 이용한다. 부유한 가족의 한 사람을 체포할 수 없거나 감히 그렇게 할 용기가 없으면, 사촌이나 형제를 체포해 지불을 요구할 것이다. 어떤 불운한 사람이 무일푼이라서 지불할 수가 없다고 항변하면 관리들은 뻔뻔스럽게 "아, 좋아 그건 우리도 알아. 그런데 너의 사촌이 돈이 많지. 그에게 네 벌금을 내라고 시켜 봐"라고 반박할 것이다. 친족의 유대가 매우 끈끈하기 때문에 이 수단은 대개 효력을 발휘한다. 불운하게도 이와 같은 권력 남용은 금전의 강탈에 국한되지 않는다.

내가 본 가장 비극적인 경우 가운데 하나는 다음과 같다. 어느 날 아침에 하인이 하나가 나를 찾아와 시골에서 올라 온 한 사람이 나를 만나기를 희망하고 있다고 말했다. 조선에서는 외국인들이 정부에 매우 큰 영향력을 행사하고 있다는 어떤 관념이 널리 유포되어 있었다는 것을 전제할 필요가 있다. 그 시골 사람은 그러한 소문을 듣고 내게 그의 사정을 이야기하고 나의 도움을 얻기 위해서 온 것이다.

그는 얼마 전에 결혼한 것 같았다. 그와 그의 아내가 여행할 기회가 있었는데, 그들이 마을 근처의 양반의 집을 지나게 되었을 때 하인들이 달려 나오더니 그의 아내를 붙잡아 감금시키고 그 양반의 수청을 들도록 했다. 그의 남편은 그가 접근할 수 있는 관리들의 도움으로 석방시키려고 시도했다. 그러나 그들은 그 문제에 개입할 용기가 없었다. 왜냐하면, 그 하인들을 시켜 죄를 범한 사람은 매우 큰 영향력을 행사하고 있었고 그의 지위는 그를 비호했을 뿐 아니라 다른 사람들이 그의 하인에 대해서조차 처벌을 요구하지 못하도록 했다.

물론 그가 들려준 이 이야기는 나의 의분을 불러일으켰고 나는 그를 동정했다. 그러나 불운하게도, 나는 어떤 영향력도 갖고 있지 않았으며, 정확히는 내가 연루되어 있지도 않은 그 일에 개입함으로써 학교의 이익을 위태롭게 할 수도 있었다. 그 결과에 대해서 나는 아직 들은 바가 없다. 내가 할 수 있었던 것이라고는 그 사람에게 병사 하나를 딸려서 교육 부서의 장에게 보내어 그 사람의 이야기에 귀를 기울여 달라고 부탁하는 일이 고작이었다.

정부 부설 학교[3]의 교사들에게서 관심을 끈, 그리고 우리에게 보다 직접적으로 연관을 맺었던 또 다른 사례가 있는데 이 경우는 좀 더 운이 좋게 결말을 보았다. 우리 학교에는 교장과 그 보좌역으로 많은 관리들이 소속되어 있었다. 이들은 각각 많은 하인의 시중을 받았을 뿐만 아니라 대부분의 학생들도 하인들을 데리고 다녔다.

우리는 공동 이익으로 뭉쳐 있었고 어떠한 사태에도 대응할 준비가 되어 있는 일단의 사람들이었다. 많은 사람들이 우리의 출현을 지켜보았다. 우리는 최고의 후원을 받으며 지냈다. 정부가 우리를 지지하고 있다고 알려져 있었기 때문에 백성들로부터 호의적인 대접을 받았다. 우리의 일이 얼마 동안 진행된 뒤에 우리는 백성들이 우리를 덜 우호적으로 보기 시작하는 것을 알고는 놀랐다.

우리가 이곳저곳을 지날 때 그들은 성난 표정으로 우리를 상대했다. 우리는 마침내, 한 여인이 남편과 함께 가다가 어느 세도가의 하인이 모여 있는 별채에 감금됨으로써 교사 부근의 거리에서 싸움이 일어났다는 소식을 알게 되었다. 우리는 세밀한 조사를 통해서, 이러한 사건이 있었을 뿐만 아니라 강요된 차용이 위에서 말한 그 하인들에 의해 그 이웃에 부과되었다는 사실, 그리고 그들이 우리의 인지와 동의 아래에 이루어진 것이며 우리도 그 일에 같이 참여했다고 주장했다는 사실을 곧 알게 되었다.

우리는 즉각 학교의 관리들을 불러 그들 앞에 이 문제를 제기했다. 우리는, 실제로 적어도 하급 관리 가운데 하나는 그 음모에 의해서 이익을 챙겼

---

3) 육영공원을 의미함. 고종의 뜻에 따라 창설된 근대식 교육 기관으로서 미국인 교사들을 초빙하여 수학, 외국어, 지리, 정치학, 경제학을 가르침. 1886~1894 동안에 존속함.

을 걸로 확신하고 있었지만 이 일은 그들이 알지 못한 상태에서 행해졌을 것이라고 가정했다. 그러나 그 같은 일은 어떤 경우에도 허용될 수 없다고 말하고 그런 일이 즉각 중단되지 않으면 우리는 우리의 공사를 통해서 임금에게 일어나고 있는 일들을 알리겠다고 암시했다.

또한 우리는 학생들이 일어난 일들을 모를지도 모르지만 앞으로는 그들이 하인의 올바른 행동을 책임지도록 하겠다고 고지했다. 이와 같이 강경하고도 비타협적인 조처를 통해 우리가 백성들에게 진지하다는 사실과 이웃에 대한 그러한 악습을 효과적으로 타파함을 보여주었다. 그러한 일들이 수도에서 그리고 대개 궁궐의 담 안에서 행해질 수 있다면, 제재 받지 않는 비양심적이고도 탐욕적인 관리들에 의해서 멀리 떨어진 지방의 가난한 백성들의 운명이 얼마나 심하게 좌지우지될 것인가 하는 것은 쉽게 짐작할 수 있다.

그러므로 여행자들이 되돌아가서 조선 사람들의 가난과 나태를 이야기할 때 그것은 그들의 기질이 낳은 결과라고 여겨서는 안 될 것이다. 백성들이 일할 어떠한 동기도 갖지 못하고 있음을 독자들은 상기해야 할 것이다. 외국인들에 고용되어 일하는 이들이 실제로 미국 영사의 사법권 하에 있고 그래서 관리들로부터의 강압의 위협이 없는 동안에 그들이 만일의 경우를 대비한 비축에 탁월한 열정을 보여주고 있다는 점은, 그들의 게으름이 천성적인 것이 아니라 순전히 생필품을 위해 필요한 노역의 과실들이 그들이 대항할 수 없는 부패하고 탐욕스러운 관리들에 의해서 갈취 당하기 십상이라는 생각에서 비롯된 무관심으로부터 생겨난 것이라는 사실의 증거가 된다.

최고 권력에 대한 호소는, 이미 말한 것처럼, 관리들이 그들 부류 가운데 하나에 대하여 제기하는 불평에 귀를 기울이는 것에 인색하다는 사실 때문에 아주 어렵다. 실제로 왕이 그의 신하들의 비리를 듣게 되는 것은 아주 드문 현상이다. 더구나 신하들 사이에는 나쁜 소식이 왕에게 전해지는 것을 막을 수만 있다면 왕은 어떤 나쁜 소식도 듣게 해서는 안 된다는 관습이 있다.

물론, 다른 나라 국적의 사람에게 잘못이 저질러졌을 때에는, 그 잘못은 외교적인 또는 영사관 측의 채널을 통해서 왕의 귀에 들어간다. 그리고 그 처벌도 신속하고 확실하다. 내가 이 나라에 머무는 동안, 외무부서의 장의 한 친구가 일본인에게서 돈을 꾸어 오면서 그 부서장이 그의 보증을 선 일이 있었다. 조선에서는 원금이 한 달에 5~6%의 이자를 증식시킨다.

그런데 그 빚을 상환하지 못했을 때 그것은 굉장히 빨리 불어나 그 부서장은 이를 지불할 수가 없었다. 그 일본인은 영사를 통해서 임금에게 호소했고, 그 결과, 외무부서의 장이자 조선에서는 최고위직인 동시에 널리 알려진 관리 가운데 한 사람인 김윤식[4]은 그의 지위와 직책을 빼앗긴 채 먼 지방으로 유배되었다. 그는 한 외국인에게 웃으면서 "나는 곧 되돌아갈 거야."라고 말했다. 이는 그가 다시 부름 받게 되는 것을 의미한다. 그러나 그 점에서 그는 착각했다. 왜냐하면 왕은 진노하여 그가 추방된 상태에서 그에 관한 모든 것을 깨끗이 잊었기 때문이다.

관리들은 위에서 지적한 방식으로 권력을 남용할 뿐만 아니라 무수히 많은 친인척을 벼슬에 등용시키기도 한다. 성년의 나이가 되기도 전에 고위 관리의 자손들이 예외 없이 공직에 진출하는 것은 사실이다. 우리 학교의 학생들 가운데에는 고인이 된 영의정의 아들이면서 26세가 되지도 않은 어린 나이에 굉장히 높은 벼슬인 참의 벼슬을 얻었다. 또한 18세도 안되었는데 주사의 벼슬을 이미 차지한, 어느 영의정의 아들인 또 다른 학생도 있었다.

이 어린 사람의 경우는 특기할 만하다. 그는 매우 명석했고 그의 능력은 매우 비범했다. 그러나 그는 매우 게을렀으며 영어 학습에 흥미가 태만해졌

---

4) 김윤식(金允植 : 1835~1922) : 호는 운양. 과거에 급제하여(1874), 영선사(1881)로 청국에 건너가 한미수호통상조약(1882)의 체결을 주선함. 공조 · 예조 · 병조 판서를 지냈고, 독판교섭통상사무(1885)가 되어 거문도 사건을 해결함. 외무독판 · 외무대신(1895), 중추원 의장을 지냈고 합병 당시에는 자작과 은사금을 받음. 3 · 1운동 때는 독립청원서를 제출했다가 작탈됨. 당대 최고의 문장가로서 『운양집』은 일본학사원 상을 받음.

고 학습에 거의 주의를 쏟지 못했다. 그런데 중요한 것은, 그가 왕 앞에서 시험을 치르게 되었을 때 그는 전혀 준비가 되지 않은 상태였다는 점이었다. 그러나 관리들은 그러한 경우에 전혀 흔들림이 없었다. 왜냐하면 그렇게 높은 관리의 아들은 결코 실패하지 않아야 하기 때문이다. 특별 참고서를 마련해 학생들에게 배부하여 시험에 대비하도록 되어 있었다. 그 학생들은 쉽게 일을 끝내 버릴 수 있을 것으로 생각되었다.

그러나 임금이 과거시험을 선생들의 판단에 일임시킬 수도 있다는 사실을 관료들은 간과했다. 실제로 그런 일이 일어났다. 임금이 각 학생들이 어떻게 했는지를 선생에게 물었기 때문에 우리는 학생마다 그의 노력에 따라 얻은 점수를 줄 수밖에 없었다. 그 영의정의 아들은 사태가 어찌 되어 가는 바를 알려고 처음에는 학생들을 보내다가, 나중에는 그의 아버지가 영의정이라는 구실로 그에게는 높은 점수를 주어야 한다고 간곡히 요청하려고 교육 부서의 한 관리를 보냈다.

그러나 그의 아버지의 직책이 이 문제를 뒤집을 수 없으며 그가 쓴 오답은 그에게 불리하게 기록될 것이라고 우리는 대답했다. 그 결과, 그 젊은이는 최하 등급으로 분류됨으로써 위신을 크게 손상당했다. 그를 우수한 학생으로 합격시켜 공직에 승진토록 하는 것이 학교 관리들의 목적이었다. 시험은 정부의 시정에 참여할 수 있는 능력을 지닌 학생들을 선발하려고 치러지지만, 그러한 학생들은 대개의 경우 관리의 자제 가운데서 나온다는 것은 조선에서 잘 알려진 사실이었다. 시험관들은 뇌물을 받고 뇌물 제공자의 답안지를 찾아 임금에게 우수 답안지라고 보여줌으로써 그에게 선망되는 영예를 가져다 줄 수가 있다.

나의 선생님은 박식할 뿐만 아니라 예외적으로 존경할 만한 분이다. 그는 매우 벼슬을 얻고 싶은데 거기에 필요한 돈도 없고 영향력도 없기 때문에 그렇게 할 수가 없다고 나에게 말했다. 능력 있는 자를 뽑고자 시험이 치러지는 때에 돈과 권력이 필요하다니 그것이 어떻게 그리 되는가를 묻자 그는 다음과 같이 말했다.

"그것이 사실이오. 많은 답안지가 작성되지만 왕은 아주 극소수의 답안지만을 봅니다. 그리고 왕의 근신들이 나머지를 선발합니다. 내가 그 사람들 가운데의 어느 한 명을 안다면 그에게 나의 답안지를 보고 그것을 왕에게 보여주라고 설득할 수 있거나 또는 얼마의 돈으로 그의 눈을 번쩍 뜨게 만들 수 있습니다."

"그러려면 얼마만큼의 돈이 필요합니까?"

"약 10만 냥쯤(약 50달러)이 필요합니다."

"만일 제가 선생님께 그 만큼의 돈을 빌려 드린다면 어쩌겠습니까?"

"그대는 매우 친절하군요. 그대의 제의를 고맙게 생각하지만 그러한 방식으로 벼슬을 얻는 것은 나의 양심에 맞지가 않소."

교양 있는 계급과의 교류를 통해 우수한 재능과 학식을 갖춘 사람들이 한 번에 1천명이 넘는 과거에서 경쟁해야 하고, 수험 과목인 중국의 고전이 얼마나 방대한가를 고려한다면, 시험관의 눈이 번쩍 뜰만큼의 돈을 가져다주어야 벼슬길이 열린다는 그 선비의 말에 우리는 동의하지 않을 수가 없다. 조선에서 과거 제도가 법망을 빠져나가는 기술은 미국의 정치꾼들을 경탄시키기에 충분하다.

왕을 둘러싸고 있는 신성은 여러 가지 측면에서 왕의 소망이 이루어질 수 없도록 막는 장애물이 되고 있다. 그것은 그가 알았더라면 더 좋았을 것을 알지 못하도록 막기도 한다. 그가 독재자라는 것과 그의 백성 어느 누구에게라도 즉각적으로 사형을 명령할 수 있다는 것도 사실이다. 공직에서 횡령이나 비리를 저지른 것으로 판명된 이가 강등되고 가혹한 체벌을 받는다는 것도 사실이다. 그렇다고 해서 대궐에서 왕명으로 유출되는 선물과 금품들이 그것을 다루는 관리들의 손으로 다소라도 충당되는 것도 아니다.

우리가 도착한 뒤 두 달째 될 때, 왕은 왕립 학교를 위한 건물과 교사의 숙소를 완공할 것과 학생들을 모아 연구토록 하라는 윤음이 내려왔다. 이는 더운 날씨에 학습할 학생들을 위해 부채를 선물하는 방식으로 시작되었다. 그런데, 학교에 학생들이 없었으므로 부채는 대부분 관리들이 착복했다. 그 일이 왕의 귀에 들어가게 되면 누군가 엄중하게 문책 당하리라는 것은 의심할 여지가 없었는데도 그 일에 아무런 추궁도 받지 않았다.

정부의 직책을 담당하는 사람들에게 보낸 선물들 가운데는 분명히 받을 가치가 없는 것들이 꽤 자주 눈에 띄었으나 어명에 따라 전달된 것이라고 생각하는 사람은 아무도 없었다. 처음에는 좋은 선물이 선정되어 아마도 창고에서 가져온 것 같았다. 그러나 그것들은 바뀌어져 있었고 누군가 다시 원래의 것을 착복했다. 지난날 미국의 해군 중위였던 푸크[5] 씨는 공직을 수행하는 모습을 다음과 같이 흥미롭게 기록하고 있다.

> 영문(공직자 거주지)의 뜰에는 언제나 신분을 나타내는 얼룩덜룩한 색의 조잡한 관복을 입은 하인 · 경찰 심부름꾼 · 군인으로 붐빈다. 이들은, 영문에서 멀리 떨어진 곳에서도 들릴 만큼 길게 끄는 날카로운 외침으로 높은 사람들의 명령을 전달한다. 아침부터 저녁까지 대문을 열고 닫을 때에 그들은 언제나 머리를 땅바닥 가까이 조아리면서 높은 자리에 있는 관리들에게 일부러 들으라고 하는 듯한 어조로 말한다. 대문을 열고 닫을 때에는 언제나 고적과 이상한 외침이 어우러진 큰 소란이 일어난다. 모두가 관리의 기품에 필요한 것으로 생각되는 소동과 혼란인 것 같다.

---

5) 푸크(George C. Foulk : 1856~1893) : 미국의 해군. 미국해국사관학교를 졸업하고 중위로 임관되어 아세아함대사령부에 소속되어 일본에서 근무했다. 그는 일본어에 유창했으며, 이때 일본 여인과 결혼했다. 조선 주차 초대 공사 푸트(Lucius H. Foote)가 현역으로 귀임하자 그의 후임으로 1885년 1월부터 1886년 6월까지 조선 주차 임시 대리 공사로 활약했다. 그러나 본국 정부의 냉대로 공사 직을 수행할 수 없게 되자 공사 직과 해군 직을 사직하고 일본에 귀화하여 그곳에 살다가 닛코에서 변사체로 발견되었다. 그의 행적에 관해서는, 본 한말외국인기록 제17권인 W. F. 샌즈의 『조선비망록』(서울 : 집문당, 2019)의 제3장을 참조할 것.

나는 "길정"(영빈관)에 숙소를 배정 받았는데 이는 중앙 뜰에서 떨어져 있었다. 그것은 내가 본 공직자 숙소들처럼 통치자의 숙소와 거의 같은 배치였다. 많은 병사들이 나를 위해 파견되었다. 그들의 시중은 이내 고통스러워졌다. 낮잠을 청하려 하면, "대인께서 주무신다. 조용히 하라"는 말이 퍼졌다. 조금 지나면 병사들이 서로를 조용하게 하려는 노력 때문에 잠을 방해하면서, 외국인을 엿보러 온 주민들을 세차게 때리면서 말다툼과 법석이 시작된다. 음식은 첫 날에 여섯 번, 둘째 날에 일곱 번이 나왔다. 낮 동안은 짧은 간격으로 관리가 찾아와 내가 잘 먹고 있는지를 묻고 그렇다면 내게 고맙다는 인사를 하러 나타났다.[6]

은자의 나라가 대항해 싸워야 할 적지 않은 결정은 통치자와 관리들의 탐욕과 무능이라는 점을 밝힐 수 있는 충분한 얘깃거리들이 있다. 정부에는 동양에서나 볼 수 있는 영악함, 나약한 유치함, 그리고 우유부단함이 기묘하게 조합되어 있다.

조선의 문호 개방은 관세 규정의 채택을 필연적으로 수반했다. 관세 제도를 실시하자마자 그보다 더 좋은 수가 없었다. 관세의 징수는 중국의 관리 하에 두었다가 뒤에 파크스 경[7]의 감독하에 두게 되었다. 이로써 성실하고도 조심스러운 관세 업무를 보장해 주었다.

현재, 징수된 관세의 어떤 부분도 중국 회계에 신입되지 않지만 관세 사무는 중국의 세관 업무의 일부가 되어 있다. 그 사무를 관리하는 데에 드는 비용 이상으로 남는 모든 잉여금들은 조선의 회계로 산입된다. 이 잉여금은

---

6) *Papers relating to the Foreign Relations of the United States, transmitted to Congress* (Dec. 8, 1885), Washington, 1886, pp. 319~323.

7) 파크스 경(Sir Harry Parkes : 1828~1885) : 영국의 동방 전문 외교관. 샴(1855)에 진출한 뒤 광동(1860) · 상해를 거쳐, 일본 주차 공사(1865~1884), 중국 공사(1883~1885)를 지냈으며 한영수호통상조약을 체결했다.

매년 증가하고 있으며 정부는 상당한 액수의 재원을 여기에서 얻고 있다.

정부는 비단의 생산으로 다소 수익을 얻는다. 누에의 배양을 돌보려고 전문가들을 고용했는데 이것이 정부에 부담이 되었다. 몇 년에 걸친 그의 봉사가 낳은 유일한 결과는 성장이 좋지 않은 초라한 뽕나무 밭뿐이어서 약 5년 동안 종사한 뒤에 그 전문가는 그 직책을 떠났다. 그의 임금과 과수원 재배에 든 몇 천 달러의 비용을 지불하고 나면 단 1달러도 남지 않았고 앞으로도 그럴 것이다.

정부의 또 다른 조처는 수도에 조폐국을 설립하는 것이었다. 외국 노동자들이 이를 건설해야 했는데 임금이 비쌌음을 더 말할 나위도 없다. 두 명의 전문가가 기계 설비의 설치를 감독하려고 고용되었다. 공사의 마지막 단계에 가장 비용이 많이 들었는데, 기계의 몇몇 부분은 가장 우수한 부품이어서 유지하기가 매우 까다로운 것이라고 한다. 이 기계 설비는 2년 이상 걸려 지금은 완공된 상태이다. 지금까지 이 공장을 유일하게 사용한 것은, 왕에게 그 공장이 할 수 있는 것을 보여주기 위해서 몇 개의 견본 주화에 구멍을 낸 것이었다.

조폐공장을 건설하는데 20만 달러의 비용이 들었다. 그러나 아직도 구식 조폐소가 가동되고 있는데, 온 나라가 사용할 주화를 지루하고도 느리게 제조하며 때로는 밤낮으로 공장을 가동한다. 따라서 그렇게 엄청난 비용이 든 기계 설비는 점차 녹슬고 있으며 곧 완전히 무용지물이 될 것임은 의심의 여지가 없다. 이 나라에 필요한 것이 무엇인가에 대한 판단의 결여가, 조선 정부로 하여금 엄청난 자금을 쏟아 붇게 만들었다.

평양 근처에는 지표 가까이 노출되어 있는 질 좋은 석탄 광산이 몇 군데 있다. 중국과 일본에서 나타난 것처럼 외국인의 손에 그 채굴권을 허용하는 것에 대하여 경계심을 갖고 있는 조선 정부는 이 석탄을 캐내고자 외국 기업과 계약하는 일을 거절했다. 외국인 감독 아래 기계를 설치해 자신들이 채굴하겠다는 의도로 그들은 채굴 설비를 사들였다. 외국인 관리 아래에서라면 이러한 채굴 작업은 매우 큰 수익을 도모할 것이다.

현재의 실정을 보면 광산은 어느 정도 작동되고 있지만 매우 비경제적인 방식이다. 기계 설비는 전국 도처에 보호되지 않은 채 녹슨 채 흩어져 있어 쇠붙이며, 너트 그리고 모든 분리가 가능한 부분들이 도둑맞고 있으며, 거기에 함유된 구리나 다른 금속을 빼내어 처분한다. 적절한 관리 능력이 없고 최상의 국가 이익을 위한 판단이 서지 않아 보여주는 또 다른 증거가 바로 여기에 있다.

이에 대한 또 다른 사례는 얼마든지 있다. 조선의 군대는 매우 소규모이다. 그 능률을 높이려고 노력을 기울인 적이 있었다. 지금, 조선은 특이한 상황에 놓여 있다. 조선은 일본과 중국이라는 두 강대국 사이에 끼여 있다. 그러므로 조선은 자신이 공격당할 경우에 저항을 보여주기 위해서라도 매우 강력하고, 훌륭하게 무장된 군대가 필요하다. 그렇지 않으면 조선은 단지 경찰 직무를 위한 군대를 유지하면서 국가의 안전을 위해 자신의 자율성이 양국에 필요하다는 점을 표방하면서 자신을 보호하는 일을 그들에게 맡겨야 할 것이다.

1888년에 미국에서 3명, 일본에서 1명의 장교가 초빙되었고, 사관생도단을 훈련하려고 서울에 있는 4천 명의 군대를 훈련시킨다는 계약을 맺었는데 그 비용은 한 달에 1,100달러였다. 이들은 일을 시작하려고 시도해 보았으나 자신들이 너무 방해를 받고 온갖 애를 먹고 있어 아무 것도 해낼 수 없음을 알았다. 더구나 그들의 급료가 몇 개월째 나오지 않는 점까지 겹쳐, 이러한 모험은 관련자 모두에게 재앙이 되었다. 어떤 지시도 하달되지 않았고 돈은 제복 값으로 지출되었으며, 이 장교들을 고용한 어떤 효과도 나타나지 않았다.

이와 같은 실패와 더불어 더 이상 화약을 만들지 못하는 화약 공장과 수확이 없는 농장의 실상도 부연되어야 한다. 일단 사업에 착수하면 위에서 언급한 것과 같은 계획들은 원활히 수행되어야 하고 거기에 속해 있는 모든 이를 위해 실시되어야 한다는 점을 정부가 인식하지 못한 데에 이러한 실패의 원인이 있다. 이러한 모든 계획들은 군대 개선을 위한 사업 이외에는 잘될 수도 있었고 좋은 성과를 거둘 수도 있었다. 그러나 모두는 주도면밀함의 부족과 실제 사용의 부족으로 중단되고 말았다.

아마 전반적인 사태의 근원은 다음과 같은 사실에 있을 것이다. 왕에게는 외교 고문이 한 명 있었는데 그는 자격이 한 번도 진지하게 검토되지 않은 사람이었다. 이 사람이 다양한 사업 계획에 어긋나는 조언을 했다. 정부가 그것을 철저하게 처리할 위치에 이르러 거기에서 이익을 얻을 수 있는 때가 되어서야 비로소 그는 그러한 사업을 미뤄야 한다고 주장했다. 이 사람은 한 달에 1천 달러의 보수를 받고 정부가 따르지도 못할 조언을 제공했다.

외국인이 조선 정부와 관계하는 것 일체를 방해하는 관습, 조선 정부 하의 직책에서 아무리 성실히 일해도 결코 행복을 느끼지 못하게 하는 외국인 기피증은 외국인의 고용을 하나의 소극으로 만들었고 그에게 주는 돈을 순전한 낭비로 만들었으며 정부의 모든 사업 계획을 완전한 손실로 만들어 버렸다.

이제 왕과 그의 고문들이 곧 이러한 일들을 상식으로 처리할 것인가, 그들이 "외교 고문"의 조언을 받아들일 것인가, 그리고 그들이 고용해 일을 맡도록 계약한 바에 따라 일을 처리하고 그들이 추구하는 목적을 이룰 수 있도록 내버려 둘 것인가를 결심하는 일만이 남아 있다. 조선 정부가 유능한 사람으로 하여금 사업을 감독하게 하는 것에 만족하기만 한다면 나라와 정부의 재정은 금세 호전될 것이다.

제 3 장 서울의 모습

우리는 흔히 조선의 수도를 "서울"이라고 부르면서 도시의 명칭이려니 생각하지만 사실은 수도라는 뜻을 가진 단어이고 실제로는 "경기" 혹은 "경기도"라고 부른다. 서울이 곧 국가라고 말할 사람도 있을 수 있다. 그곳의 밤거리를 다니면서 받는 첫인상은 『아더왕』의 조정에 마크 트웨인(Mark Twain)의 양키 하나가 들어와 있는 듯하다. 그곳은 사방으로 문이 닫히고 벽으로 둘러싸여 있는 완전한 중세풍의 도시여서 벽을 헐어 내지 않는 한 빠져나갈 수 있는 가능성이 전혀 없고 땅거미가 진 뒤에는 어두워서 손에 등불을 들고 그 컴컴하고 인적이 드문 거리를 돌아다니게 되어 있다.

이탈리아의 로마와 비슷한 위치에 있는 그 반도 국가의 수도는 남서해안의 항구로부터 약 28마일 정도 떨어져 있고 성 바깥 쪽 아래에 몰려 있는 거주지를 모두 포함해서 인구가 약 25만 내지 40만에 이른다. 관청은 높이가 22~30피트 정도이며, 주위가 10마일 정도의 정방을 이루는 성안에 위치하고 있다.

성벽은 사각형의 돌로 축조되었는데 어떤 부분은 듬성듬성하고 어떤 부분은 매우 견고하다. 서울은 두 개의 산으로 감싸여 있는데 산의 높이는 각기 800피트와 1천 피트이다. 성의 축조 방식은 밑 부분의 두께를 약 3피트로 하고 위로 쌓아 올리면서 비스듬히 각도를 주어 윗부분의 두께를 약 2피

서울의 성벽

트 이하로 쌓고 그 위에 갓들을 덮었다. 꼭대기에는 대포가 아닌 궁수들을 위한 구멍과 총안들이 파여 있다.

성벽 안쪽에는 윗부분의 두께가 6~10피트 정도 되는 흙더미를 쌓는데 성벽 꼭대기의 높이에 이르면 4피트 이내로 좁아진다. 물론 이것은 성이 공격을 당할 경우를 대비하여 수비대로 하여금 유리한 위치를 차지하도록 만들고자 함이다. 평화 시에 이 길은 쾌적한 산책로가 되는데 성벽의 경사가 빨라 우뚝 솟은 지점을 통과할 때는 다소 조심해야 한다.

이 성곽은 약 500년 전에 축조되었으며 몇 부분을 제외하고는 완전히 보수되었다는 사실로 미루어 보면 이 성벽이 얼마나 훌륭한가를 이해할 수 있다. 표면은 그다지 반질반질하지 못해서 많은 부분이 기어오를 수 있도록 되어 있고 중간마다 경사가 매우 완만해서 성문이 열리고 닫히는 시각을 맞추지 못한 사람들이 상습적으로 이곳을 드나들어 닳아 있는 것이 눈에 뜨인다.

성벽 꼭대기의 몇몇 부분은 파손되었지만 방어적인 가치를 약화시킬 정도로 심각한 것은 아니다. 언덕의 만곡과 지표면의 굴곡을 따라 방위 능력의 유리한 지점을 확보하려고 쌓은 이 성벽은 문이 8개가 나 있는데 그 가운데 하나는 비밀 통로로서 북한산 요새로 통하는 소로가 나 있다. 이것은 유사시에 왕이 탈출할 수 있도록 만든 것이다. 이 소로는 왕이 지나가자마자 곧 흔적이 없어지는데 이는 추적을 불가능하게 만들기 위함이다.

이 문들에는 모두 한 가지 특이한 점이 있는데 그것은 수비자들이 공격을 저지할 때 공격자들을 측면 화기로 제압할 수 있도록 요각 부분에 위치하고 있다는 점이다. 이와 같은 특이점은 성의 곡면 아치 위의 대문으로부터 돌출한 보조 벽에 숨어 방어하는 데 있다. 이를테면 적들이 약 20피트 너비의 도로를 통해 통나무를 들고 문을 부수려고 문 앞으로 돌진할 때 이 보조 성벽의 화기에 노출되게 마련이고 그 좁은 도로는 재공격의 기회를 주지 않으므로 효과적인 방어를 할 수 있게 되어 있다.

이 문들은 어떤 나라에 내어놓아도 아치 축조의 완벽한 모범이라고 할 만큼 훌륭하게 다듬어진 돌로 맞춘 16피트 높이의 아치 위에 너비가 약 14~16피트 정도로 건조되어 있다. 이 아치야말로 이 나라에서 볼 수 있는 가장 사실적인 작품이다. 성문은 튼튼하고 웅장한 아치에 견주면 조금 왜소한 느낌이 없지 않다.

약 3인치 두께의 나무로 만들어진 문은 1인치의 1/4~3/8 정도 되는 철갑으로 양면을 둘렀고 양쪽 문짝이 가운데로 맞닿아 닿게 되어 있으며 한 명이 옮기기에는 힘 꽤나 듬직한 크고 투박한 자물쇠로 잠근다. 이 문들은 목조 건축의 대표적인 구조로서 8개중 2개는 2층이고 나머지는 1층이다. 이들은 접근자를 막는 파수대의 기지임을 의미하며 그 화려한 자태는 여행자들의 눈에 확실한 좌표가 된다. 반면에 그 성벽들 특히 아치는 5파운드의 대포나 개틀링 총[1]에도 견딜 수 있다.

서울의 성 안쪽에 들어가면 13세기 식의 거대한 성벽에 둘러싸인 도시를 보며 중세적 인상을 떨쳐 버릴 수 없다. 방문객들이 알기로, 서울에는 단지 3개의 대로가 있다. 셋 가운데 한 길은 도시를 동서로 가로질러 동대문에서 끝난다. 다른 두 길은 이 길에서 꺾여 나가는데 하나는 왕궁의 문으로, 다른 하나는 남대문으로 간다.

단 하나의 대로만이 언제 보아도 훤하게 뚫려 그 너비를 확연히 알 수 있는데 그것이 바로 왕궁으로 통하는 길이다. 다른 길 위에는 노점과 상점이 즐비해서 마차 하나 지나갈 만큼의 너비밖에는 되지 않는다. 뒤에 다시 언급하겠지만, 도시에 특별한 행사가 있게 되면 상점들은 철시하고 이 도로의 본래 너비가 눈에 들어오게 된다.

그밖에 다른 길은 모두 다 좁고 구불구불하며 대부분이 두 사람이 겨우 스치고 지나갈 수 있을 정도로 좁다. 좀 더 자세히 조사해 보니, 거리 위에

---

1) 미국의 총기 발명가인 개틀링(Richard J. Gatling)이 1862년에 만든 소총.

물건을 진열하는 행위는 계약에 의한 것이 아니었다. 점차로 양쪽 길의 상점 주인들이 길을 잠식해 들어가 자꾸 길 안쪽으로 가게를 늘리고 무단 거주자로서의 주권을 주장하면서 방해받지 않는 가운데 공로를 거의 막다시피 한다. 이 길을 통과할 때는 길이 좁고 또 초가와 기와지붕 처마가 삐져나와 있기 때문에 말을 타고 지나는 사람은 반드시 머리를 조심하여 숙이고 말안장에서 떨어지지 않도록 몸을 좌우로 흔든다.

한때 이곳에는 하수 처리 체계가 정비되어 있었음 보여주는 충분한 근거가 있다. 도시 전체에 걸쳐 그 중심부에 개천이 있는데 가장자리에 벽을 쌓고 너비를 6~25피트로 확장했다. 하수구의 깊이는 아직도 4피트 정도이며 모래와 오물이 섞인 진흙이 밑에 깔려 있다. 이 작은 수로를 통하여 도시 전체의 모든 하수와 오물들이 장마철에 모두 쓸려 내려간다. 이 도시의 설계를 살펴보노라면 이 하수 처리의 지침만 주어진다면, 서울은 세계에서 가장 건장한 도시들 가운데 하나로 만든다는 것이 얼마나 용이한가를 알게 될 것이다.

도시의 가장 낮은 지대는 서쪽에도 동쪽으로 완만하게 경사를 이루며진 중심부를 통과하는 계곡으로서, 도심으로부터 몇 마일 떨어져 있는 한강으로 깊은 골을 이루며 뻗어 있다. 도심부로의 남쪽에는 숲이 울창하고 아름다운 800피트 정도 높이의 언덕이 갑자기 우뚝 솟아 있고 몇 군데에는 199피트가량의 절벽이 보인다. 이 언덕이 남산이다.

도심을 대각선으로 가로질러 북서쪽을 향하게 되면 또 하나의 높고 여러 군데 바위만 보일 뿐 나무가 별로 없는 산이 있는데 이를 북한산이라 부른다. 도시의 북쪽과 북서쪽 방면은 300피트 높이로 우뚝 솟은 바위 덩어리이다. 이는 불안정한 지층의 땅으로 급하게 경사져 내려오는 언덕으로 끝난다. 그래서 도시의 하수 처리는 북쪽, 남쪽, 서쪽에서부터 도심을 향해 동쪽으로 흐르는 물로 흘러내려 한강으로 보낸다.

위생이라는 관점에서 볼 때, 훌륭하게 보이는 곳은 드물지만 하수를 처리하는 계획은 매우 인정할 만하다. 도심의 거리를 조성하면서 거리마다 하수구 역할을 하는 도랑을 파 놓았기 때문이다. 그러나 길 위를 마구 침범하면서 집을 지어 집들이 현재는 거리 전체를 거의 모두 차지하고 하수도는 그 집들 뒤쪽으로 흐르고 있다.

서울에는 현재 세 개의 궁전이 있다. 왕실이 거처하는 곳은 북한산 바로 밑에 담장으로 둘러싸여 있고 상당히 잘 지었으며 담장 높이는 15피트 정도로 성벽이 뻗어 북한산에 이르고 있다. 또 다른 궁전은 이전에 통치자가 사용하던 곳으로 뒤에 조폐국으로 사용되었다가 현재는 황량한 폐허로 남아 있으며 대지는 조정에서 양잠을 장려하려고 뽕나무 숲을 만들어 놓았다.

세 번째 궁전은 바로 몇 년 전까지만 하더라도 왕가가 거처하던 곳으로서 내부에 많은 아름다운 전각이 있으나 지금은 다 쓰지 않아 낡았으며 대부분의 지역은 관목으로 덮여 있고 그 뒤쪽에는 암호랑이와 그 새끼들이 있다고 한다. 그곳을 조경하려는 시도가 있었으나 불행하게도 거주지에 관한 한 토지는 담장으로 나뉘어 건물들을 따로따로 지어 다른 건물과 담장으로 막아야 한다는 것이 조선 사람의 기본적인 의식이다. 그 이유는 우리가 조선 사람들의 사회 생활을 이야기 할 때 보기로 한다.

조선 사람들이 사는 주택 지붕의 소재는 풀잎이나 기와 두 가지 종류로 구분되는데 초가는 물론 가난한 사람들이 사는 집이다. 농부의 집은 대개 한쪽 면은 길 쪽으로 향하고 마당은 가운데 있는 ㄷ자형의 주택이다. 집들 사이에는 높은 담장이 있어 이웃의 마당 안을 들여다보기란 쉽지 않다. 가게나 상점으로 쓰이는 건물을 제외하고는 모두 1층이다.

내가 한 번도 잔디가 깔린 마당을 가진 주택을 보지 못한 것을 보면 조선 사람들은 정원에 별로 관심이 없는 것 같다. 어떤 사람들은 간혹 정원에 국화나 접시꽃을 가꾼다. 부유한 사람의 집일수록 넓은 마당이 있고 마당을 가운데 두고 있으며 ㄷ자로 빙 둘러서 기와를 얹어 짓는다. 그 마당은 대문으로 통하는데 그 안에 주인의 거처가 있고 식객이나 하인들의 거처와 다용도 곡간과 헛간이 있다. 대지 위라고 해서 모두 건물을 짓는 것은 아니며, 성 안에 많은 공터를 남겨 두어 도시가 적의 공격을 받을 경우에 주민들에게 양식을 제공하기 위한 밭으로 남겨 두고 있다.

서울의 인구는 정확히 알려져 있지 않다. 인구 조사는 호구별로 이루어진다. 결론적으로 도시와 도시의 외곽 인구는 25만에서 40만을 헤아린다. 아마도 25만이 올바른 숫자가 아닌가 여겨진다. 남대문에서 중심가에 이르는 거리는 상업 지역으로서 사거리에 시장이 선다. 대낮에 포졸이 없다는 사실은 이 나라 사람들의 질서 의식을 대변해 준다. 치안 업무는 주로 밤중에 병사와 사설 경비원들에 의해 이루어지는데 그들이 하는 일은 외국인이나 공사관을 경비하는 것이다.

그러나 대낮에는 대개 근무 중인 경비병이 없다. 아주 드물게 행사가 있어 경찰력이 필요한 예외적인 경우가 있다. 고래고래 고함치는 사나운 꼴을 보이는 사람을 보기란 정말 드문 일이다. 그와 같은 장면은 내가 이곳에 2년 동안 머물면서 다만 두 번 보았다. 그 비슷한 추태를 여남은 번 보았는데 그것은 술 취한 사람이 길바닥에 누워서 술에서 깰 때까지 자고 있는 장면이 고작이다. 때때로 싸우는 장면을 보는데 싸우는 방법은 서로 머리채를 잡고 밀고 당기는 것이다.

조선 사람들은 상처를 입는 것을 매우 저어한다. 아마도 마크 트웨인의 『엉클 톰스 캐빈』에 나오는 마크스(Marks)의 이론처럼 내 몸은 바로 내가 가진 유일한 소유물인데 왜 소홀히 하겠는가! 하는 식으로 이 사람들은 싸움을 피한다. 여행하는 외국인들은 이들의 대화를 듣고 싸움이나 시비를 걸고 있지 않나 하고 생각할 것이 분명하다.

우호적인 조선 사람들도 대화를 할 때면 목소리를 크게 내기 때문에 나는 때때로 땅콩을 살 때 값을 물어 보기 전에 우선 귀먹지 않았으니 조용히 말해 달라는 당부를 꼭 했다. 그렇지만 도시 안이든 밖이든 어디든지 사이에 이곳에서의 생활은 매우 안전하다.

대궐의 모습

갓 입국한 외국인들에게 적지 않게 이상한 감흥을 주는 것은 땅거미가 진 뒤의 완벽한 적막함이다. 어둠이 깔린 뒤에 들리는 소리라곤 때때로 개 짖는 소리와 여기에 호응하는 다른 개들의 소리 혹은 여름철에 시끄러운 개구리 울음소리뿐이다. 20만이 사는 도시에서 듣는 개구리 소리라니! 하나 더 있다면 아낙네들이 다음날 바깥 주인의 외출을 위해 두루마기를 다듬이질할 때 들리는 소리뿐이다. 만약 이와 같은 적막함이 지겹게 느껴질 때가 있어, 산책 삼아 밤을 나와서 보면 등불이 필요한데 이 도시에는 가로등이 없으며 주택지를 둘러볼 때 보이는 것은 몇 천 명의 주민들이 살아 있음을 보여주는 불빛일 것이다.

길을 지나가면서 마치 밖에 나온 것이 죄라도 되는 양 문안으로 획 들어가 버리는 여인이나 혹은 얼굴을 완전히 가리고 손에 등불을 든 채 조용히 지나가는 여인이나 여인네들을 볼 수도 있으며 또 두 명으로 한 조를 이루어 머스킷 총이나 부싯돌 발화장치식 총을 멘 순찰조가 순라를 돌면서 어슬렁거리는 모습을 볼 수도 있다.

주위가 너무 조용하기 때문에 자기의 발걸음 소리가 벽에 메아리 쳐서 들리는 것이 그다지 기분이 좋은 일은 아니다. 여기저기 빠끔히 열린 문틈으로 자그마한 방안에 모여 있는 한 무리의 사람들이 등잔불을 돋우면서 일본 사람들의 바둑과 비슷한 놀이를 하면서 한 사람이 소리를 매기면 다른 사람들이 따라서 부르기도 하고 한사람씩 돌아가면서 재담을 하는데 그 소재가 다양하다.

숙소로 돌아온 뒤 사설 경비원이 근무하는 곳을 떠올리고 있노라면 아마 깊은 잠에 빠졌다가 새벽에 들리는 아주 생소한 철 조각을 막대기로 규칙적으로 치는 소리에 잠이 깰 것이다. 그러면 곧 경비원이 하는 일이라는 것이 그들이 오고 있다는 것을 알리려고 땅 바닥에 놓인 이 철판을 막대기로 치는 것이 여기의 관습임을 알게 될 것이다. 물론 강도는 거의 잡히는 일이 없다. 나는 이것을 보고 늘 이 덜그럭거리는 소리가 경비원의 용기를 북돋아주는 물건이 아닌가 생각했다.

때때로 들리는 또 다른 소리는 개 짖는 소리보다는 좀 더 경쾌하고 경비원의 철판 소리보다는 더욱 빨리 전달되는 나귀의 울음소리이다. 우리 부부는 이곳에 와서 첫 밤을 이런 식으로 지냈다. 처음에는 동물의 울음소리가 들려오고 그 짐승 소리가 마치 구멍 사이로 통과하는 바람처럼 생각될 때까지 구슬프게 계속 들었을 때 아내의 공포심을 금할 수 없었다. 그러나 그 소리의 근원을 알았을 때 그것은 혐오스럽기도 했지만 곧 극복해 낼 수 있었다. 그러나 이와 같은 소음은 단지 일시적인 것이고 도시의 휴식의 평화로움에 깊은 인상을 받게 된다.

만일 방문객이 아침 일찍 일어나 거리를 산책한다면, 모습이 달라진 것을 알 수 있을 것이다. 그는 도심의 아침 시장의 떠들썩한 소리가 귀에 들리고, 거리 중간에 나무로 만든 진열대 위에 놓인 건어물, 과일, 채소, 쌀 등 조선의 식품을 이루는 다양한 물품들이 팔리는 것을 볼 것이다. 상인들은 매우 부지런해서 여름에는 새벽 5시에서 6시까지가 성시를 이루는 시간대이다. 8시나 그보다 좀 지나면 거리 위에 썩기 쉬운 물품들을 모두 거두어들여 가게나 상점 안에서 매매가 이루어져야 한다.

이곳의 특징 가운데 한 가지는 개가 많다는 점이다. 처음 온 사람들은 이곳에 와 거의 모든 대문들마다 밑에 작은 구멍이 하나씩 뚫려 있는 것을 보게 되는데 이는 그 집집마다 개 한 마리씩을 기르고 있음을 의미한다. 개들의 숫자가 엄청난 데다 그것들이 노는 모습이 재미있어 외국인들을 끝없이 즐겁게 해준다.

이 개들은 참으로 별난 것이, 길거리의 조선 사람들에게는 관심도 없다가도 외국인이 살금살금 다가가면 이 낯선 사람을 보고 어쩔 줄을 몰라 하다가 기겁을 하고 꼬리를 감추고는 대문에 뚫린 구멍으로 안전한 곳을 찾기 위해 몸부림치듯 비호같이 사라져 버린다. 그리고는 구멍에서 적당히 거리를 두고 이방인이 지나갈 때 격렬히 짖어 대다가 그가 멀찌감치 사라져 갈 때면 다시 튀어 나와서 자기의 대담한 반항을 소리 높여 울부짖는데 그러면 길가의 모든 개들이 이에 호응하여 울부짖는다.

외국인에 대한 공포심은 조선에 있는 모든 개들의 공통점인 듯하다. 나는 길거리에서 아주 행복하게 놀고 있는 개들을 본 적이 흔히 있는데 내 모습을 보자마자 미친 듯이 도망치면서 숨을 곳을 찾으려고 담벼락을 박박 긁고 난리를 친다. 정말 겁쟁이가 따로 없다. 조선에서 나는 싸울 태세를 하고 버티는 개를 딱 두 번 보았다. 둘 다 무섭게 짖어 댔지만 예외 없이 안전한 거리를 두고 짖었다. 그 개의 종류는 아마도 중앙아시아의 유목민들이 기르는 것과 관련이 있는 듯하다. 이들은 아주 못생겼고 영양 상태가 나쁘다. 여름철에는 몸에 구더기가 들끓어 아주 보기에 흉하고 그 비참한 생애는 보기에 아주 애처롭다.

일몰을 볼 수 있는 위치, 이를테면 남산 같은 곳의 정상 지점과 서대문 밖에서 얼마 떨어진 언덕 꼭대기를 바라볼 수 있는 위치에 섰을 때 외국인들은 중세기적 인상을 제일 많이 받는다. 여름밤의 어둠이 깃들기에 앞서 남산을 바라보면 그들은 첫 번째 봉화가 오른 다음 적어도 네 개의 봉화가 타오르는 것을 계속하여 보게 될 것이다. 이것은 먼 지방에서부터 보내는 신호로 모든 것이 순조롭고 왕실은 편안하다는 신호를 보내는 마지막 지점임을 알 수 있다. 곧 이어 대궐의 종이 울리고 관리들이 입조하여 각 부처의 그날의 업무를 임금께 보고한다.

그와 같은 시각에 서대문 가까이에 사는 사람들은 귀를 찢는 듯한 소리를 듣게 될 것인데 중국에 가보지 않은 사람에게는 그 소리가 생소하게 들릴 것이다. 이 소리는 바로 대궐밖에 있는 한성 판윤의 처소에서 들려오는 악대의 음악인데 이를테면, 저녁의 세레나데와 같은 것이다. 정확히 8시 30분에서 9시 사이에 어둠이 깔리자마자 대문은 닫힌다.

약 9시경에는 마치 영국의 존왕(John) 시대의 만종처럼 거리에서 사람들이 집으로 돌아가야 할 시각을 알리듯 도심에서 큰 종의 그윽하고 풍부하고 낭랑한 소리가 울려 퍼진다. 좀 더 자세한 관습의 고찰은 조선 사람의 관습과 사회 생활을 다루는 장에서 읽게 될 것이다.

제 4 장 언 어

조선에서는 두개의 언어가 통용된다. 두개가 모두 다 구어로 사용되지는 않지만 어쨌든 두개가 사용된다. 어휘나 문법, 작문 방법이 다른 구어와 문어가 나란히 존재한다. 중국이나 조상 대대로 내려오면서 사용한 몇몇 단어를 제외하고는 일본어와 문법이 같지만 어휘가 틀린 토착 언어가 있다. 이 고유어는 왕 이하 모든 사람들이 사용한다. 외국인이 이 나라의 말을 습득하면서 겪는 가장 큰 어려움은 음운 화와 존칭 어법 및 중한 혼용에서 비롯된다.

발음은 산스크리트어와 같으며 여기에서 한글이 비롯되었다. 언어 훈련을 충분히 받지 못한 이에게 조선어는 매우 혼란스럽다. 동사의 어근은 접속사와 알아보기 힘든 축약으로 말미암아 자주 수정되고 합성어의 구성 단어는 종종 감추어져 있어 그 어근을 찾기 힘들다. 존칭 어법이야말로 가장 혼란스러운 항목이며 철저한 숙련이 필요하다. 이 어법은 대명사와 동사에서 등장하는데, 사용법은 다음과 같다.

조선의 관리가 하인들에게 말할 때는 대명사와 동사의 어미가 비어로 바뀌고 왕에게 말할 때는 색다른 대명사와 동사의 어근과 어미 사이에 삽입한 음절로써 그의 존경을 표시한다. 만약 그가 하인보다 조금 높은 지위에 있는 사람에게 말을 할 때나, 자기의 신분이 존귀함을 알리고 싶을 때면 동사의 어미는 잘려나간다.

동등한 신분과 이야기할 때는 어미가 전혀 다른 접미사를 사용한다. 아마도 동사에 붙는 접미사가 길면 길수록 그 존경의 표기도 커지는 것이 상례인 듯싶다. 이 어려운 부분들을 익히지 않고는 어미를 붙일 때 실수하기 일쑤이고, 가끔 주인이 조선 사람 손님을 초대해서 정중히 하마를 권하고 들어와서 좌정을 권할 때 손님에게 "말에서 내려 들어와라!"하는 식의 명령을 하는 실수가 있을 수 있다.

반대로 부인들은 그의 하인들에게 정중한 말을 쓰는 것으로 알려져 있다. 예를 들면 하인 머슴에게 부합하는 말로 무엇을 시킬 때, "석탄 한 통만 가져오시오!"라고 한다. 미국인들 특히 선교사들은 이와 같은 표현법에 대하여 어려움과 도덕적 가책을 느낀다.

그들은 비록 사회적으로는 그렇다 할지라도 실제로는 그렇지 않은 인간 평등의 나라로부터 왔고 만인의 형제애의 복음을 전하려 왔는데 화자의 우월함을 암시하는 언어 방식으로 설교하면서 모순을 느껴 왔다. 그러나 이런 대화 방식이 이 나라의 관습이라는 사실을 알아야 한다. 지위가 높은 사람이 일을 시켰을 때면 하인들은 비굴한 감정을 갖지 않는다. 그것은 일본의 하인들이 짐을 옮기고 인력거를 끌 때 외국인에게 느끼는 것과 똑같이 자연스럽다.

뿐만 아니라 어법이 틀리면 미국의 상류 사회에서 문법을 틀린 정도로 천박해 보일 것이다. 만약 외국인이 이 나라를 여행할 때 하인들을 동등하게 대하여 주면 두 가지 결과가 빚어진다. 첫째로 하인은 그 외국인을 신분이 낮은 사람으로 여기고 온당한 존경을 표하지 않을 것이며, 둘째로 신분이 비슷한 사람이 지나치게 존칭과 높여서 말을 할 경우에 듣는 사람들은 자존심이 손상을 당했다고 모욕을 느낀다.

그러나 조선 사람들은 그들의 언어의 어려움이 외국인들에게는 매우 심각할 것이라는 점을 인식하고 그들이 말하는 도중의 실수를 매우 관대하게 받아들인다는 점을 기억해야 한다. 조선 사람들의 이와 같은 믿음은 때로 조선 사람을 우스꽝스러운 꼴로 전락시킨다.

외국인들이 별로 다니지 않는 서울의 어느 곳을 지나다 보면 한번 이상은 우리가 필요로 하는 물품을 보곤 한다. 그러면 그 외국인은 가게에 들러 값을 물어 보는데 상인이 손짓, 발짓에 동전을 쌓기도 하면서 가격을 알려주려는 몸짓이 우리를 웃기곤 했다. 그 가게 주인이 조선말을 한마디도 안 했지만 그 뜻을 알 수 있다. 한참 그 모습을 보고 있다가 불쑥 그에게 조선말을 할 줄 아느냐고 물으면 그는 놀라며 "예! 예!"를 연발한다. 조선말을 해보라면 농담을 좋아하는 구경꾼들은 대뜸 비웃고 때때로 그 친구를 놀림감 삼아 질리게 만들기도 한다.

조선 사람의 겸손함은 다른 장에서 비친 바와 같이 특히 주목할 만하다. 조선 사람들은 외국인이 자기네 말을 틀리지 않고 술술 해대는 것을 보면 한없이 경이롭게 여긴다. 언제인가 우리가 서울 거리는 걸어가는데 우리들의 외모에 관심을 가진 조선 사람들이 우리를 따라다니며 감시하고 다녔다. 결국 귀찮고 불쾌해서 우리들 가운데 한 사람이 뒤로 돌아서 그들에게 앞질러 가든지 아니면 따라오지 말라고 했다. 그때 그들은 지나가면서 그 가운데 한 사람이 다른 이에게 지나가면서 이렇게 말했다.

"저 사람들 나라에서도 조선말을 하는 모양이지?"

조선어학과 학생들이 이 언어의 유사성 문제를 놓고 토론을 하고 있었다. 그들은 이 말이 굴절어인지 교착어인지의 여부를 놓고 논쟁을 하고 있었다. 조선어의 동사는 특히 수많은 형태의 독립된 단어로 사용되고 있음이 분명하다. 대부분의 경우 말을 끝맺을 때 직접 목적어가 무엇인지 알 수 없거나 불분명하다는 것을 꼭 알아야 한다. 조선어 문법을 연구하는 사람이라면 아마 조선 사람들이 언어학에 대하여 지식이 적다는 점과 과학적 전개 방향에서 그들로부터 얻을 것이 없다는 점과 그들의 진술에서 믿을만한 점을 찾기 어렵다고 틀림없이 생각을 했을 것이다.

어린 짐꾼과 엿장수

그러한 예로써 조선어와 중국어에 정통한 세 사람이 언젠가 어미의 전개에 관한 질문을 받은 적이 있는데 각기 그 대답이 달랐다. 사실인즉 이렇다. 어느 학생은 조선어를 굴절어로 여기고 그렇게 배울지도 모른다. 명사와 동사의 어형 변화는 궁극적으로 조선어의 문법을 숙달함으로써 그 구사가 가능하다.

그러나 그의 지식을 이용할수록 더욱 분명하게 교착어의 성격을 갖는 동사 뒤에 바로 접속사의 대부분이 곧장 와서 붙는다는 사실을 알게 된다. 더구나 생략해도 모호한 점이 없을 때는 명사의 어미가 생략된다. 조선어에는 후치사 기능을 하는 전치사가 전혀 없다.

학습자들이 직면하는 어려움은 또 있다. 그것은 매일 만나는 조선 사람들의 일상 회화를 이해할 수 있도록 학습하는 경험의 문제이다. 귀족이나 고위 관리를 만나서 대화를 하면 오히려 그들이 어렵고 비일상적인 용어를 구사하는 바람에 더욱 의미를 파악하기가 어렵다. 그 원인은 귀족이나 관리들이 유난히 한자어를 구사하는 데 있다. 영어에서도 색슨 계통과 라틴어나 프랑스어 계통으로 나뉘듯이 조선의 언어는 2개 국어를 동시에 혼용하는 성격을 가진다.

고유 언어와 함께 통신문이나 공식 문서 등등의 매개체로 한자가 통용된다는 사실을 우리는 알고 있다. 고유 언어로 글을 쓰지 않는 것은 아니지만 고급 문학에는 고유 언어를 쓰지 않고 값싼 소설류에만 쓴다. 거의 모든 철학, 종교 및 윤리에 관한 글은 한문으로 쓴다. 이와 같은 사실은 중국 문화와 문자가 한반도를 장악하고 있음을 보여 준다.

중국의 공자나 맹자의 고전이 이곳에서 성전으로 통하며 학자로 자처하는 사람들은 반드시 한자를 쉽게 읽고 바르게 쓸 줄 알아야 한다. 이것이 출세의 방편이다. 그렇지 못하면 벼슬을 할 수가 없다. 1/3 이상, 또는 1/2의 조선 남자들이 양쪽 문자에 능통한데 그 이유는 출세에 있다. 관리 등용을 치르는 과거에 대해서는 다른 곳에서도 많은 언급이 있었다. 과거(科擧)는 단지 중요도와 응시자의 수에 따라서 달라지기 때문에 과거를 치르는 장면 하나를 소개하는 것으로 충분할 것이다.

과거는 전국 각지에서 청운의 뜻을 품고 올라온 사람들이 응시한다. 이 응시자들은 정해진 시각에 모여 시제에 맞추어 수필을 쓰거나 시를 짓는다. 시험은 중국과는 달리 답안을 다 작성할 때까지 작은 칸막이에 격리시키지 않고 시행된다. 반대로 탁 트인 광장에서 어떤 이는 뙤약볕 아래에서, 좀 부유한 이는 양산이나 차일을 쓰고 시험을 치른다. 양산이나 차일 하나가 여러 응시자들을 가려 주며 그들은 같은 벼루에서 먹물을 찍는다.

사용되는 시험지는 대형으로 폭이 1야드에 길이 4피트나 된다. 이것을 소정의 양식에 맞게 잘 접어 앞면에 소정의 글자 수를 적어 넣는다. 사용하는 먹물은 인도 잉크와 비슷한데 옴폭 패인 벼루 위에 물을 약간 붓고 먹을 간다. 필기구는 대나무와 털로 만든 붓을 쓴다. 이 붓을 먹물에 찍어서 종이 위에 글씨를 써내려 간다. 이런 식으로 아름다운 작품이 만들어진다.

서울의 고궁 안에는 그 글씨체의 아름다움 때문에 몇 천 달러를 주고 가져왔다는 유명한 중국인의 비문이 있다. 먹을 가는 일이 쉽지 않아 한 사람은 쓰고 한 사람은 먹을 가는 식으로 번갈아 교대한다. 응시자들 사이를 지나다니며 엿을 파는 행상들이 있는데 그 엿은 꿀로 만들어 그 위에 깨를 뿌린 것이다. 엿 이외에도 작은 떡이나 취하지 않을 정도의 술 등이 있으며 그 밖에 머리가 어지러울 정도의 물품들이 있다.

응시자와 관리들 그리고 포졸들이 군중 속을 헤집고 다닌다. 광장의 한쪽에는 지상에서 약 6피트 정도 위로 아담한 건물이 있는데, 여기에 시험의 주관자인 주상께서 시험이 끝날 때까지 머무른다. 왕좌의 앞과 옆은 탁 트였으며 단상의 옆에는 나뭇가지, 봉, 미늘창과 무기들을 밧줄로 묶어 칼과 나뭇가지가 하나로 되게 조합했는데 그 모습이 마치 밀림에서 잔 덤불을 치는 창처럼 생겼다.

병사들은 전통적인 것과 외국산, 구식과 현대식 무기를 휴대한 채 행진을 하기도 하고 어슬렁거리기도 한다. 그 가운데 두 병사는 서 있다기보다 차라리 빈둥거린다고 할 수 있다. 그 가운데 하나는 다소 현대식 화기를 휴대하고 있으며 다른 하나는 견착식이 아닌, 팔의 힘을 이용하는 화기를 휴대하고 있다. 이 보초들은 응시자들의 부정행위를 방지하려고 서 있는 것 같지는 않다. 그들의 주된 임무는 아마도 그 행사의 위엄을 더해 주는 것으로 생각한다.

응시자들은 소년에서부터 머리가 흰 노인까지, 비단과 털옷을 휘감은 양반에서 무명옷의 농사꾼까지 다양하다. 그들은 모두 한결같이 말총으로 만든 높고 검은 갓을 썼다. 답안이 다 작성되면 이름을 쓰고 접지 않고 작은 두루마리로 만들어 밧줄을 쳐 놓은 안쪽으로 건네주거나 던진다.

언제인가는 장난기 어린 작은 소년이 즐겁게 다가가서는 명랑하게 미소를 지으며 문관에서 그의 첫 작품이 될 답안을 밧줄 안으로 던져 넣는 것을 우리도 본 적이 있다. 시험지가 돌계단 위에 쌓이면 그 길이가 몇 피트나 된다. 조금 뒤에 한 나이 먹은 응시자가 맨 앞에 몰려 있는 사람들을 밀고 앞으로 나와 근심이 가득한 얼굴로 조심스레 그의 답안을 시험관 발밑에 던졌다.

그의 전 생애의 학문이 집중되고, 벼슬하고자 하는 한 늙은이의 소망이 담긴 이 답안을 시험관은 무심히 주워들었다. 그가 그의 답안이 아무런 구별 없이 두루마리 더미 속에 놓이는 것을 보고나서 한숨을 쉬고 학의 목처럼 축 늘어진 모습이 되는 것을 보며 우리는 동정을 금치 못했다. 그는 천천히 짐을 싸들고는 집으로 돌아갔다. 우리는 시험이 끝난 뒤 허탈감에 빠져 그의 답안이 제출되는 것을 멍하니 쳐다보는 노인들의 모습에 강한 동정을 금할 수 없었다.

가서 잡고 물어 볼 수는 없었지만 틀림없이 그는 소년 시절에 처음 응시한 이래 여러 번 과거에 응시했을 것이며 아마도 절약하며 공부했을 것이고 먼 고장에서 와서 해마다 응시했지만 그가 그토록 소망했던 꿈은 이루어지지 않았을 것이다. 결국 그는 힘을 축적하고 관리하면서 한 번 더 시도해 보고자 뜻을 보였을 것이다. 이번에 또 실패하면 그는 슬픔으로 죽을는지도 모른다. 불행히도 이 노인의 시도는 다시 좌절되었다. 장원 급제한 사람은 고관대작의 젊은 아들이었다.

이 과거가 매우 어렵다는 것은 의심할 나위도 없다. 종종 중국의 고전에서 중요한 주제들이 나온다. 그 문제를 한번 살펴보면 다음과 같은 것이다.

"부친상을 당했을 때 그 자손들의 의무에 대하여 주역에는 무엇이라고 적혀 있는가?"

그 문제의 해답은 글자 하나 빼지 않고 그 긴 원문을 모두 써야 하는 완벽한 기억력을 요구한다. 우리가 얼핏 보아도 한자의 난해함은 금방 알아챌 수 있었다. 한자를 외워야 하고 그 복잡한 획순이 정해진 대로 되어야지 거기에서 벗어나서는 안 된다는 사실을 볼 때 과거의 어려움이 어떤 것인가를 알 수 있다.

정부에 관한 제2장에서 합격시킬 응시자를 선발하는 방법을 설명한 적이 있다. 응시자의 수효가 거의 몇 천을 헤아릴 때면, 주관자인 왕이 모든 답안을 다 채점할 수 없다. 사실상 그는 답안지의 몇 장 이상을 보지도 않는다. 좀 더 자연스러운 방법으로 미리 점지해 둔 응시자의 답안에 우선권이 있어 여러 답안지 가운데서 그것만이 주상의 채점을 받게 된다.

좀 더 낮은 자격을 위한 과거에서는 가난한 사람들이 합격하는 성공 사례가 흔히 나오는데 내가 아는 몇몇 사람도 말단직에서 높은 자리의 존경받는 관직에 올라간 경우가 있다. 주상의 의도는 의심할 여지없이 그의 주위에 능력 있고 충직한 일꾼들을 모으고자 하는 것이지만 벼슬에 오르는 것이란 한문을 숙달하는 길밖에 없다는 것을 잊어서는 안 된다.

과거 제도는 한문이 지배하는 나라에서 신분을 상승할 수 있는 길 가운데 하나이다. 과거 제도는 문화에 지불되는 댓가를 보여주며 특히 외국인을 기분 좋게 해준다. 왜냐하면 조선 사람들은 우리를 미국의 과거에 급제한 사람들로 여겨 정중하게 예우해 주기 때문이다.

과거 제도를 손상하는 매우 특징적인 타락상은 대리 시험이다. 어떤 사람이 출세하고 싶은데 실력은 없을 때 친구를 찾아가 답안을 써 달라는 요청을 하며 몇 푼의 돈을 지불하고 급제한 뒤에는 더 주기로 약속한다. 어떤 사람은 한 번의 시험에 4개 이상의 답안을 제출하기도 한다. 응시자가 등록을 하는 것도 아니고 손수 제출하는 것도 아니고 밧줄 안으로 던져 넣기 때문에 아주 쉽게 대리 시험이 성공할 수 있도록 여건이 조성되어 있어 실력 있는 학자나 훌륭한 문필가로 알려진 사람에게는 수입을 올리는 원천이 되고 있다.

과거와 관련해서 재미있는 이야기가 많다. 그중 훌륭한 것이 조선판 하룬 알 라쉬드[1)]인 한 군주의 이야기이다. 그 이야기는 다음과 같다.

백성들의 삶을 살피기 위해 미행을 즐겨 하는 왕이 있었다. 어느 날 그는 어느 민가의 창틈으로 들여다보고는 소스라치게 놀랐다. 왜냐하면 주인인 듯한 한 노인은 울고 여자는 노래하고 젊은 남자는 여자의 노래 소리에 맞춰 즐겁게 춤을 추고 있었기 때문이다. 이들의 태도에 이상한 느낌이 든 왕은 호기심이 생겼다. 그래서 문을 두드리고 그 집에 들어가 늦게 지나가던 나그네라고 자칭한 뒤 그가 지켜본 이상한 장면에 대한 의문을 표시했다.

그 집 주인인 젊은 남자는 한참 동안 망설이다가 말문을 열었다. 울던 노인은 자신의 아버지인데 지난날에는 부자였으나 탐관오리가 그의 재산을 빼앗아가 지금은 생활이 매우 궁핍하며 종종 하루의 끼니를 걱정한다는 것이다. 이런 이유로 말미암아 슬픔에 젖었고 아버지의 고통스러운 마음을 달래려고 아들과 그 부인은 노래하며 춤을 추었다는 것이다. 이것이 낯선 나그네의 눈에 비친 이상한 장면의 설명이었다.

왕은 여전히 신분을 숨긴 채 국가의 문제를 화제로 돌렸다. 왕은 젊은 남자가 상당한 지식을 갖추고 있으며 아버지의 슬픔을 위로하려고 스스로의 열망을 억제하는 효자임을 알고서 깊은 감명을 받았다. 왕은 그에게 내일 있을 과거에 응시해 보라고 이야기를 꺼냈다. 주인은 내일 과거가 있는 줄 모른다고 대답했다. 왕은 과거가 실시된다고 강조하며 나라면 응시하겠다고 말했다.

만일 그가 급제를 하면 출세도 하고 부친도 여생을 편안하고 밝게 지낼 수 있을 것이라고 왕은 말했다. 집 주인은 만일 과거가 내일 있다면 반드시 응시하겠노라고 다짐했다. 왕은 무단히 집에 들어온 것을 사과하고 대궐로 돌아와 다음날 과거가 있다는 벽보를 붙이라고 명했다. 도시의 사람들은 뜻하지 않은 시험 공고에 놀랐으나 소문이 퍼져 응시자들이 몰려들었다.

시제가 주어졌는데 보니 "우는 노인, 노래하는 아내, 춤추는 가장"이었

---

1) 하룬 알 라쉬드(Haroun al Raschid) : 사라센 제국의 왕인 저스트(Just : A.D. 765~809)를 의미하며 그의 일화는 『아라비안 나이트』에 소개되어 있다.

다. 응시자들은 깜짝 놀라며, 어느 고전에도 저런 얘기는 없노라고 수군대면서 어찌할 바를 몰랐으나 단 한 사람만은 예외였다. 왕을 기쁘게 했던 그는 처음에 약간 어리둥절했다. 그 주제를 다룰 줄 몰라서가 아니라 시제와 자신의 일이 어떻게 그리 똑같을 수가 있나 해서였다. 어쨌든 그는 부담 없이 능숙하고 정교하게 그 주제대로 답안을 작성했다. 물론 그의 답안만이 주제를 적절히 다룬 것이어서 그가 장원 급제를 했다. 관리가 된 다음날 입조하라는 어명을 받았다. 입조해서 그는 지난밤에 그 호기심 많은 나그네가 어좌에 앉아 있다는 것을 발견하고 놀라게 된다. 왕은 친절히 그를 맞이하여 훌륭한 직책에 임명함으로써 충성스럽고도 능력 있는 신하를 얻게 된다.

이 이야기는 이중적인 면이 있다. 하나는 일반적으로 조선에서 볼 수 있는 장면에 대한 것이고, 다른 하나는 어떻게 단 한 사람에게 혜택을 주고자 거를 실시할 수 있는가 하는 점이다.

조선 사람의 독창성과 문학적인 능력은 다음의 짧은 시들로써 그 훌륭함이 입증된다. 이 시들은 일본어로 썼는데 이것을 루이스(Henry Louis)라고 하는 요코하마 목사가 영어로 번역했다. 그 목사는 그 시의 작자들이 인쇄를 할 때 도와준 사람이다. 작자의 이름 가운데 특히 김옥균이라고 하는 인물은 갑신정변(1884)의 주역으로 기억되고 있다.[2)]

청춘은 그 즐거움과 함께 떠나가고
내 머리엔 백발이 찾아 드네
몇 년의 세월이 지난 뒤
나 역시 가리니

---

2) 김옥균, 박영효, 서재필이 시를 남겼다는 것은 세상에 알려지지 않은 사실이다. 따라서 이 글이 문학사적 가치가 있을까 생각되어 비록 영문이지만 원문 그대로를 여기에 싣는다.

소년 시절의 꿈이 그립구나!
내 가슴속의 이상도
그 젊은 날의 희망과 즐거움도
두 번 다시 떠나지 않으리라

머리는 눈처럼 희어지고
몸은 굳으니 쓸쓸해져도
마음속엔 여전히
젊은 영혼의 열정이 살아 있네!

-김옥균-

Bright youth with all its joys has flown,
My locks are touched with gray,
And when a few more years have gone,
I too shall pass away.
I crave the fleeing of a boy,
And purpose in my heart
That youthful hope and youthful joy
Shall nevermore depart.

My locks may whiten as the snow,
My form grow stiff and chill,
But in my heart shall dwell the glow
Of youthful spirits still.

Kim Ok Kiun

산!
세월을 지켜 온 파수꾼이여
백발의 나이에 한 시대의 빛나는 이름들을
말하고 또 말하라
당당한 자부심도 이 길로 지나갔음을…

앞으로 다가올 날들이 있다면
어떤 나그네는 외치리라
그대에게 똑 같이 요구하리니
내 이름을 편안케 하라…

-박영효-

Oh mountain! Time's great sentinel!
Hoary with age, speak now and tell
What names, illustrious in their day,
In stately pride have passed this way.

And if in ages yet to come
Some passing traveler here may roam,
And make from thee the same request,
Oh, give my name among the rest.

Pak Yong Hio

산 깊은 골에
한 외로운 마을이 있네.
그곳에 내 몸을 눕고 잠들리니

아무 것도 방해됨이 없기를…

옆에서 짖는 개 소리에
단잠에 깨어 거친 침대에서 일어나

아무런 위험도 없고
개 한 마리만 홀로 있다.
바보 같은 짐승 같으니
두려워서 달을 보고 짖고 있었구나!

얼마나 자주 만날 수 있을까
좋은 경치를 보고픈데…
꿈속의 병은 알고 보니
달빛이었네.

-서재필-

Within a mountain recess deep
A lonely hamlet stood,
And there I lay me down to sleep,
With nothing to intrude.
But when in slumber sweetly laid
A barking dog near by
Aroused me from my rustic bed,
To see what foe was nigh,

No form of danger hovered near-
The dog was there alone,

And, foolish brute! in idle fear
Was barking at the moon.

And thus how often do we see,
For want of better sight,
A fancied ill will prove to be
Only the moonbeams light.

Sah Jai Pil

제 5 장 국 민

한반도를 방문하고 온 사람들조차도 이 나라 국민들의 체격에 관한 잘못된 인상을 가지고 있는 것이 사실이다. 여행객들이나 신문사 특파원들은 조선 사람들의 키가 마치 평균인보다 훨씬 더 큰 것처럼 말하거나 기술하는데, 여기에는 두 가지 해석이 가능하다. 첫째, 일본이나 중국을 방문하거나, 거기에서 살았던 사람들은 그 사람들의 자그마한 키에 익숙해 있다가 비교적 더 큰 조선 사람들 사이에 있을 때는 자연히 조선 사람들이 확대되어 보이기 때문이다. 둘째는 조선 사람들의 복장 때문이다.

긴 외투는 키 큰 사람들의 외형을 더 커 보이게 한다는 것은 잘 알려진 사실이다. 조선 사람들은 모두 축 늘어진 외투를 입고 있으며 그 외투가 대부분 흰색이라는 것을 기억한다면, 조선 사람들의 키를 거론할 때 방문객들이 저지른 오해를 이해할 수 있을 것이다. 사람들은 때로는 그 나라에서 살아본 뒤에도 문제에 대한 진실을 발견하지 못한다.

몇 피트 떨어진 사람을 바라볼 때 그 사람이 자신보다 상당히 더 크게 보이는 경우가 많은데, 나란히 비교해 보면 조선 사람의 체격이 작음을 알 수 있다. 내가 아는 한 인체측정학적인 조선 사람의 기록은 없지만 관찰에 따르면, 조선 사람들의 평균 신장은 5피트 6인치(166.2cm)가 조금 넘는, 아마도 5피트 7인치(169.3cm) 정도 될 것이다. 내가 보았던 많은 여인은 훨씬 더 키가 작았는데, 이에 대한 이유는 사회 생활의 대한 제8장에서 다루게 될 것이다.

그들의 머리는 길고 곧으며, 검고 거칠다. 거의 모두가 사용하는 화장이나 염료가 없었더라면 더럽고 황갈색의 색조를 띤 경향이 있다. 그러나 머리는 남녀 모두의 몸단장에 중요한 부분이기 때문에, 이러한 경향은 아낌없이 바른 기름과 흑색 혼합물에 의해 정교하게 감춰진다. 고수머리의 경향은 전혀 없으며, 며칠 동안 머리를 땋아 놓은 뒤에도 곱슬머리의 기미는 거의 없다.

만약 중국인, 조선 사람, 일본인, 북미 인디언, 그리고 일부 에스키모인들의 공통 기원을 주장하는 어떤 특징이 있다면, 그것은 일반적으로 널리 지적되는 툭 튀어난 광대뼈가 아니라 길고 곧으며 거친 흑색 머리가 될 것이다. 이에 관하여, 북미 인디언들이 자신들과 하늘과의 기원 관계의 표시로 한 타래의 긴 머리털을 제외한 모든 것을 면도한다는 사실을 혹시 누가 지적한 적이 있는가? 농담가가 조선 사람들이 싸움을 할 때 상투를 잡는 버릇을 본다면 더 나은 비교를 할 수도 있을 것이다.

조선 사람들은 자신들의 지리적 위치처럼, 체격에서도 여러 모로 중국인과 일본인의 중간인 것 같다. 조선 사람은 평균하여 일본인 보다는 더 크지만 중국인들의 평균 체격에는 미치지 못하는 것 같다. 피부색은 일본인들처럼 그렇게 검지도 않고, 중국인들과 같은 거무칙칙한 황색도 아니다. 가끔씩 이 나라에서 피부가 우중충한 갈색인 원주민들을 보게 된다.

이들 가운데 대부분은 상당히 미인인데, 안색이 아름답기 때문에 분을 바를 경우 서구의 미인들보다 조금도 뒤지지 않는다. 이 분은 쌀가루의 형태로 늘 사용할 수 있도록 되어 있다. 그러나 소녀들의 경우에도 이러한 화장품의 사용을 숨기려는 경향이 없다. (성인 여성의 경우 여기서 많은 말을 할 수가 없다) 이들은 화장품을 넉넉하게 바르며 효과도 좋다. 조선 사람들은 끝이 치켜 올라간 눈과 튀어난 광대뼈, 그리고 결정적으로 납작한 코를 가지고 있어 몽골인종의 특징이 두드러진다.

조선 사람들의 체격은 일반적으로 튼튼하고 잘 발육되었으며 강한 민족이라는 인상을 풍긴다. 그러나 관찰자들은 조선 사람들이 그 풍기는 외모처럼 강하지 않다는 것을 알고는 놀라기도 한다. 조선 사람들이 무거운 짐을 나르거나 들어 올릴 때 법석을 떠는 것을 보고 조선에 처음 온 사람들은 이들을 게으른 사람들이라고 생각한다.

우리가 이들에게 익숙하기 전까지 우리는 몇 개의 가구를 들어 올릴 때 종들이 버둥거리는 것에 여러 번 조급하게 보채기도 했고, 우리 미국인들 가운데 하나가 그들 둘이서도 힘든 것처럼 보이는 짐을 별 힘 안 들이고 들어 올리곤 했다. 이처럼 그들이 약한 것은 확실한 사실이다.

그들의 주식은 주로 쌀이며, 식량이 부족할 때에는 그보다 더 좋은 것이 없다. 콩이나 기장으로 근근이 입에 풀칠할 정도이고 여름에는 소금도 없이 오이를 통째로 먹는다. 쌀을 주식으로 하는 사람들은 육식을 하는 민족이 지니는 근육의 유연성이나 밀도가 부족하다. 조선 사람들이 천성적으로 게으르다고 비난받기보다는 우리가 이해해야 할 더 큰 이유가 여기에 있을 것이다. 평균적인 조선 사람들이 주어진 시간 안에 힘써 일하기를 싫어하는 이유는 이미 여러 곳에서 지적된 바가 있다.

매우 일반적이고 그리고 정확한 보고에 따르면, 거리에서 조선 여인들을 좀처럼 볼 수가 없다고 한다. 미국에서처럼 자유롭고 빈번하게 나다닐 자유가 이들에게는 없다는 것이다. 밖에 나다니는 여인들은 어느 모로 보나 하층 계급 이상의 여인들의 경우이다. 그러나 완벽한 여행자라면 총명함과 통찰력으로, 그 보고서가 사실무근임을 이 나라에 체류한 지 불과 몇 시간 만에 발견하기도 한다.

이러한 부류의 한 신사가 서울에 체류한 뒤 이틀째에 이에 관해 내게 물었다. 그리고 그 말의 진실을 확인하였을 때, 진실이 아닌 것을 세상 사람들로 하여금 믿게 하려는 음모가 있었다는 것 이외에는 그가 납득할 수 없었다. 시내를 돌아다니다 귀가하면서 그는 산책하는 동안 많은 여인들을 보았다고 한다. 이것을 확인시키려고 우리 바로 앞에 있는 사람들을 가리켰다.

그러나 이 실수는 용서될 수 있는 것이었다. 왜냐하면 이 사람들은 남자로서 길고 늘어진 겉옷을 입고 있었는데, 변발을 한 채 뒤로 늘어뜨린 머리가 그들을 여자처럼 보이게 했기 때문이다. 그 여자 같은 사람들이 머리를 항상 그런 모습으로 하고 있는 미혼 총각들이라는 사실을 알고는 이 신사는 상당히 풀이 죽었다. 성인, 혹은 같은 말로 결혼한 남자는 머리 꼭대기에 상투를 튼다.

사회적으로 훌륭한 위치에 있는 여자들은 흔히 외국인들에게서 도움을 받는데, 우리가 만났던 이러한 여자들은 남자들보다 훨씬 작고 신장은 일본인들을 능가하지 않는다. 그들의 평균 키는 5피트 2인치(156cm)를 넘지 않는다. 그들은 동쪽의 이웃 국가인 일본인들 보다 더 무거운 체격을 가지고 있다. 그들은 단단하고 튼튼한 뼈대를 지니고 있어 아마도 힘든 노동도 견뎌 낼 수 있을 것이다.

내가 만났던 사람들은 극도로 겸손한 성격을 지니고 있었다. 얼굴 표정은 우울하고 무겁고 침침하다. 일본을 여행할 때면 사람들 속에서 어떤 활기참을 느끼게 된다. 일본 여자들의 눈에는 거의 항상 즐거운 쾌활함이 있고 유쾌한 생기가 감돈다. 그리고 이들의 눈은 미소로 답례하도록 유혹한다. 그들의 인생은 놀이나 소풍처럼 보인다. 그러나 조선 여인들에게서는 이러한 활기참과 쾌활함, 그리고 생기 같은 것이 부족하다. 이들의 인생은 심각하고 진지하다. 그러므로 우울함이 조선 여인들의 특징적인 모습이다.

그러나 조선 남자들의 경우는 이와 다르다. 그 예로서 우리가 정직하지 못한 종자들의 버릇을 고치려고 준비해 둔 함정이 성공함으로써 야기된 유쾌한 법석을 들 수 있다. 우리의 하인 한 사람이 나무를 훔치려다 발각된 적이 있다. 아주 좋은 막대기가 그의 눈을 유혹했다. 그래서 그는 어두워진 뒤에 막대기를 집으로 가지고 갈 생각으로 그것을 실내에 감추어 두었다.

감추어 둔 장소가 발견되자 우리는 해질 무렵에 가느다란 실을 나무에다

묶고 만약 어떤 사람이 그 나무를 집어 가려고 하기만 하면 돗자리가 말려들 수 있도록 실을 거실의 돗자리에 묶어 두었다. 세 명의 선생들이 거실에서 도미노 놀이를 하면서 참을성 있게 기다렸다. 갑자기 돗자리가 말려들기 시작하자 우리는 출구 쪽으로 뛰쳐나가 한 남자가 집안으로 기어 들어왔던 구멍을 에워쌌다. 그리고 그를 밖으로 불러내어 다른 종자들을 불렀다.

이들 가운데는 세 명의 포졸이 있었다. 이들 가운데 한 사람이 그 남자를 포박하고는 명령을 기다렸다. 그 뒤 우리가 그 상황을 어떻게 알았는가를 하인들은 조사를 했고 그들 가운데 두서너 명은 그것이 함정이었음을 알고는 포복절도하여 문자 그대로 마루에서 뒹굴었다. 우리는 여러 주일 동안 하인들이 자신의 방문객들에게 이 이야기를 하는 것을 들었다.

그리고 식사 시중을 드는 소년은 돗자리가 깔려 있는 문지방을 넘을 때마다 힐끗 훔쳐보고는 그 계략을 생각하면서 미소 짓거나 낄낄거린다. 물욕 때문에 자신을 속이지 말라고 죄인에게 경고한 뒤 우리는 그를 보내주었다. 그 교훈은 그곳에 있던 나머지 사람들에게 효과가 있었다.

조선 사람들은 지분거리는 성격이 매우 발달되어 있다. 우리 아이들을 돌보는 아줌마(보모)는 성격상 약간 구두쇠인데, 가끔 다른 하녀들을 속이는 계략을 짜기도 한다. 우리가 집에서 사용할 수 있는 것보다 훨씬 더 많은 양의 과일이나 고기, 생선 등의 선물이 들어오기 때문에 일반적으로 그 가운데 많은 부분을 하인들에게 나누어준다.

언제인가도 그러한 선물이 왔는데, 그 가운데는 말려서 독특하게 조리한 생선이 있었다. 이것이 유모에게는 굉장한 유혹이었다. 그러나 "그것은 여자에게 해롭다"는 말을 다른 하녀로부터 듣고 그는 불쾌하고 기분이 상했다. 다른 하녀들이 웃으면서 진지하게 이에 합세했고 나도 실망한 그 여자의 얼굴을 보고 웃음을 참을 수 없었다. 그리고 농담을 한 사람은 그것을 생각하면서 2~3일 동안 간헐적으로 웃었다.

일반 국민들 사이에는 외국인에 대한 반감이 조금치도 없는 것 같다. 중국인들이 다른 나라 사람들에게 사용하는 호칭을 우리는 조선에서 듣지 못했다. 양귀라는 이름은 한 번도 들어본 적이 없을 뿐 아니라 조선 사람들과 교제를 하는 동안 외국인이라는 이유로 모욕적인 말을 한반도 들어보지 못했다. 일반 대중은 우리를 우월한 힘과 능력을 가진 것으로 존경한다.

실제로는 결코 그렇지 않은 서양의 함대나 군대, 대포 등의 위력에 대한 이야기를 들은 그들은 입을 벌리고 눈을 동그랗게 뜬다. 조선 사람들은 방문객들에 대해서 존경심 이외의 어떤 것을 느낀다는 증거는 없다. 조선 사람들의 증오심과 광폭한 행동에 대한 이야기를 외국인들로부터 가끔 듣긴 하지만, 우리가 기억해야 할 것들은 이러한 느낌은 가끔씩 있는 경우이고, 이러한 국민들의 발작의 주기적인 재발에서 우리는 항상 중국인 "주재관"인 원세개[1]의 세련된 손길을 추적할 수가 있다는 것이다.

원세개는 현재까지 몇 년 동안 조선에 머물렀던 인물로서 조선 사람들 사이에는 사악한 천재로 알려져 있다. 조선 사람들 스스로에게 맡겨 둔다면, 지배자를 포함한 모든 국민들은 서양 세계의 방법에 점진적으로 분별력 있게 접근하는 것을 환영할 것이다. 고위 공직자들은 두 집단으로 나뉘어 있다. 보수주의와 자유주의가 그것인데 보수주의자는 일본이 채택한 방향을 반대하고 진보주의자는 그것을 지지한다. 보수주의자 가운데는 중국의 영향을 받기 때문에 조선의 발전을 저지하려고 노력하는 인물들이 있다.

이 나라의 대중들은 경솔하게 믿는 경향이 심하고 성질도 급하다. 이들은 외국인들의 방식과 하는 일에 대하여 매우 호기심이 많다. 따라서 이들에 대한 보고서는 그것이 아무리 불합리하다고 하더라도 국민들이 쉽게 받아들인다. 조선 사람들은 서양 문명을 너무 흔쾌히 받아들이기 때문에 중국은

---

1) 원세개(袁世凱 : 1860~1916) : 하남성 출신. 오장경의 휘하에서 성장하여 임오군란 당시 진압 책임자로 부임한 뒤 주재관(사실상 공사)로 활약하다가 청일전쟁이 발발(1894)하자 귀국. 무술정변(1898) 뒤 권력을 장악한 뒤 중화민국 초대 대통령에 취임하였다가 스스로 황제위에 올랐으나 퇴위당하고 울분 속에 죽었다.

한반도를 개방할 것을 그들에게 촉구한 것에 대하여 후회하면서 공공연한 강제력 이외의 모든 가능한 방법으로 중국은 조선의 발전을 방해하려고 노력하고 있는 것으로 보인다. 중국 대사인 자칭 주재관은 이러한 방해 정책에 몸과 마음으로 공명하는 사람이다. 그는 익숙한 모든 기술과 책략으로 이 국가를 개방하려는 경향과 싸우려고 노력했다.

예를 들어 1888년 여름에 몇 명의 소년들이 유괴되어 노예로 팔려진 사실이 발각되었다. 이것은 자주 일어나는 사건은 아니었지만 가끔씩 있는 경우이다. 순식간에 아주 널리 소요가 퍼져나갔다. 위에서 말한 중국인은 첫째, 일본인들이 어린이들을 사서 요리를 하여 먹고, 두 번째는 외국인들이 약으로 만들기 위해 어린이를 사고, 셋째는 사진을 만드는 데 희생자의 눈알을 이용한다는 소문을 밖으로 교묘하게 전파함으로써 불꽃을 소동의 불길로 선동하였다.

이 책이 입증하듯이 나는 사진 촬영을 취미 삼아 하는 사람이다. 그 소문

어느 농부의 가족 사진

은 나의 귀에도 들어왔다. 서울은 흥분으로 들끓었다. 백성들은 외국인이 시내에서 눈에 띌 때마다 음울한 눈썹 아래로 매섭게 쏘아보았다. 주민들은 떼를 지어 몰려 다녔고, 몇 명의 이간질하는 사람이 소리쳤다.

"저기 어린이 도둑이 간다."

그런 일로 군중들에 짓밟혀 죽은 일도 두세 번 있었다. 자녀들을 데리고 시내 중심가를 가던 외국인이 그러한 외침 때문에 공격을 받은 적도 있었고 마침 근처를 지나가던 하급 관리에게 애원하여 재판관 앞으로 불려 가서야 겨우 구출된 적도 있다. 이 남자가 재판장 앞에서 무죄로 입증되고 그 아이가 자신의 아들이라는 확실한 증거를 제시한 뒤에도, 군중들은 부루퉁해서 재판관이 외국인들에게 어린이를 파는 사람들이나 외국인들과 연결되어 있다고 비난하고 협박했다.

이러한 흥분들이 너무 격렬하였기 때문에 왕은 그 소문이 거짓이며 국민들은 자중할 것을 당부하는 포고문을 발표했다. 이것조차도 효과가 없었고, 하루 이틀이 지난 뒤에는 그러한 소문을 유포하다 체포되는 사람은 누구를 막론하고 처벌할 것이며, 모든 무질서는 즉시 진정되어야 할 것이라는 포고문을 발표했다. 외국인들에 대한 온갖 협박이 자행되었다.

외국인에게 봉사하는 조선 사람들도 협박을 받았고, 어떤 경우에는 습격을 받기도 했다. 원주민이 아닌 모든 사람들은 이러한 위협에 겁을 먹고는 아주 필요한 간단한 소지품을 꾸려 두고 필요할 때면 벽을 올라갈 수 있는 줄과 올가미를 준비해 두었다. 또한 언제라도 위급할 때는 30마일 떨어진 항구로 즉시 이동할 수 있는 준비를 했다.

이 나라 국민들의 소심한 성격을 잘 알고 있는 나는 매일 밤 몇 개의 특별 예방책을 마련한 뒤 신중한 정찰을 하기 전까지는 큰 길 쪽의 큰 대문을 절대 열지 말라고 당부하고서야 평화롭게 잠을 잤다. 조선 사람들은 자신들이 특히 두려워하는 연발총과 리볼버 권총을 내가 소유하고 있는 것으로 알았다. 따라서 적대적이거나 약탈하는 무리들로부터의 어떠한 공격도 걱정하지 않았다.

열흘이 채 안되어 흥분은 가라앉았다. 불과 며칠 앞서 성난 군중들이 모였던 곳에서는 웃고, 낙천적인 게으름뱅이들과 상인들, 물건을 사려는 사람들의 일상적인 숫자만이 보일 뿐이었다. 그러나 외국인들이 두려움을 모르도록 도움을 준 것은 조선 사람들이 무기를 가지고 있지 않다는 사실을 알고부터였다는 점을 기억해야 할 것이다.

무기는 금제 품목이며 조약 규정에 따라 원주민들에게 무기의 매매를 금지하고 있었다. 세관은 외국인들이 관리하고 있었기 때문에 조선으로 들어오는 무기가 거의 없다는 것을 그들도 알 수 있을 것이다. 따라서 공격용 무기는 주로 화살이나 창, 검 등에 한정되었다. 그리고 거의 병사들의 수중에 있는 조선 구식 소총은 화승총이었기 때문에 그리 위험하지 않았다.

조선 사람들은 무장한 외국인에게 두려움을 가지고 있었는데 이는 외국인들에게 매우 유익했다. 따라서 흥분이 벌어졌을 때 무장을 한 단호한 사람이 거리의 질서를 잡는 것은 결코 대단한 일이 아니다. 나쁜 마음을 가진 많은 사람들을 쉽게 도망치게 할 수 있다는 것은 의심할 나위도 없다. 이러한 흥분과 경솔함의 특징이 국민의 발전 여부를 의미하는 것은 물론 아니다. 이러한 특성이 존재한다는 것은 이 국가가 서구의 방식으로 상당한 진보를 할 수도 있을 것이며, 아울러 단 한 번의 흥분의 기간에 이제껏 달성했던 발전을 뒤집어엎고 무효화시킬 수도 있다는 것을 의미하는 것이다.

한편으로는 조선 사람들은 일본인들보다 더 변덕스럽지 않다. 1890년 봄처럼 지금도 일본인들은 아주 아무 것도 아닌 이유로 저항할 의사가 없는 외국인을 떼 지어 습격하기도 한다. 그러나 조선에 오래 살아 본 사람들은 이 나라가 일본인의 변덕스러움보다는 중국인의 꾸준함에 더 가깝고, 국민들을 더 높은 수준의 생활로 끌고 갈 수 있는 훌륭한 감각의 저류가 있다고 생각한다.

조선 사람들이 가지고 있는 또 하나의 독특한 특징은 호기심이다. 한반도

나의 한국어 선생님 부부

에서 이러한 특징은 결코 배타적으로 여성에 대한 것만은 아니다. 남자가 여자보다 더 호기심에 감염되지 않았는지의 여부는 의문스럽다. 물론 외국인은 아직 호기심의 대상이다. 여자들에게는 더욱 그렇다. 만약 여자를 동행한 채 외국인들이 시내 구경이나 쇼핑을 목적으로 산책을 나갈 때면 그들이 종종 너무 가까이 다가온다.

불편하기는 하지만 모두 선량한 천성을 가진 여남은 명 이상의 군중들이 외국인의 뒤를 따른다. 모든 동작을 지켜보며 이러쿵저러쿵 하며, 우리가 말을 하려고 시도하면 고맙다거나 알아들었다는 듯이 미소를 짓는다. 많은 주목을 끄는 주제에 많은 사람들의 시선이 집중될 때 우리의 숙녀들에게는 그에 대하여 무관심할 수 있는 자유가 있다.

미국인들이 물건을 사려고 할 때와 자신들에게는 거의 쓸모없어 보이는 물건들을 이 "미친 외국인"이 집어 들 때 조선 사람들은 가장 흥미롭게 생각한다. 그 결과 상인들은 물건을 팔기 위해 온갖 종류의 물건을 집으로 가져온다. 그리고 그들은 가치가 전혀 없는 사소한 것도 엄청난 값을 요구한다.

한편으로 진짜로 가치 있는 물건들은 단지 하찮은 것처럼 집어 든다. 이러한 고객들은 외국인들이 물건을 구입하는 법을 알고 싶어 하는 바람을 만족시켜 주는 구실을 한다. 우리가 정말로 흥미 있는 물건들을 보고 있는 동안 주인은 반쯤 열린 문을 통해 은밀하게 엿보고 있다.

조선 사람들은 외국인 지역에서 근무하는 하인들에게 이방인의 집에서는 무슨 일이 일어나고 있는가를 묻는다. 그 해 어느 날 여자들 여럿이 구경하러 모여들었다. 그들의 목표 가운데 하나는 미국 사람의 집 내부를 보는 것이다. 미국인들 가운데 특히 선교사들은 그들이 볼 수 있도록 집 내부를 공개한다. 이것은 확실히 현명한 조치이다. 조선 사람의 집에는 우리가 편의시설로 생각하는 것들이 많이 부족하다.

아마도 서구 문명이 우리의 편의에 얼마나 도움이 되었는가를 그들에게 보여줌으로써 서구 문명의 우월성을 그들이 절감하게 할 수는 없을 것이다. 확실히 유교도나 불교도에게는 "우리 종교가 편의 시설을 좀 더 훌륭하게 발전시켰고 좀 더 높은 생활의 즐거움을 가능하게 했다는 점에서 당신들의 종교보다 우월하다"고 말하는 것이 더 효과적인 주장처럼 보인다. 외국인과의 단순한 접촉도 사물을 보는 방식에 놀라운 변화를 야기하는 경우는 흔히 있다.

나는 매우 깔끔하고 신사다운 작은 조선 사람을 선생님으로 모시고 있다. 그는 규칙적으로 우리 집에 왔는데 자신이 본 서구 문명에 대하여 전혀 놀라움을 보이지 않았다. 약 3개월 동안 나를 방문한 뒤 어느 날 그는 자기 부인을 데리고 와서 우리 집과 가구들을 보여주어도 좋은지를 물음으로써 나를 놀라게 했다. 이것은 나중에 나타나겠지만 이상한 요청이었다. 그가 처음 왔을 때, 그러한 제안을 했더라면 그것은 아마도 모욕으로 생각되었을 것이고, 어쩌면 그의 방문을 중지시켰을 것이다.

그러나 그가 우리 집에서 본 외국인들, 이를테면 왕립 학교의 선생들이나 그들의 방문객들과의 친교로 말미암아 그의 부인이 방문해도 아무런 해도 일어나지 않을 것이라는 것을 알게 되었다. 결국 하루는 그가 부인을 데리고 왔다. 매우 귀엽고 작은 몸집의 부인은 순진해 보였으며 자기가 본 모든 것에 대하여 놀라며 잘 웃었다. 그 부부는 우리와 함께 점심을 들었는데, 부인은 중요 식사를 들지 않으면서 남편의 손에서 과일, 케이크, 밤 등을 아주 공손한 태도로 받으며 고마워했다. 그들이 떠나기 전에 그 부부가 나란히 있는 사진을 찍어 두었는데, 위에 실려 있는 사진이 그것이다. 양반 계급의 여인의 사진은 아주 드문 것이다.

조선 사람들은 지독히도 가난하다. 단순히 미국의 기준에 따라서 가난한 것이 아니라 훨씬 더 낮은 수준에서 보더라도 가난하다. 가난의 척도의 하나는 그들의 임금 수준에서 알 수 있다. 노동자들이 외국인의 집에서 노동할 경우, 정원사의 일당 임금은 일반적으로 약 12.5센트에서 15센트이다. 숙련 노동자의 경우 목수와 벽돌공은 일당 25센트를 받는다. 이 숙련 노동자들은 일을 끝내고 난 뒤 몸을 씻고 깨끗한 의복을 갈아입고 난 뒤 자신들의 쉬운 생활 방식과 풍족한 수입을 기뻐하며 양반 걸음으로 거리를 점잖게 걸어간다. 이런 임금 수준으로도 그들은 1주일에 4일 이상을 일하지 않는다.

침모와 유모는 한 달에 4달러를 받는다. 문을 돌보며 나무를 패고 나르며 석탄도 가져오는 문지기는 4달러를 받는다. 모든 하인들은 "자기 분수를 스스로 안다." 세탁은 한 점에 3센트를 받는다. 그러나 외국인은 집안의 일을 계속 꾸려 나가는 데 많은 사람들이 필요하다는 것을 알고 있다. 상대적으로 외국인의 집에는 많은 사람들이 필요한데, 그것은 하인들이 자기 분야의 특별한 임무만 수행하기 때문이다.

조선 사람들의 또 다른 특징은 조국에 대한 사랑이다. 그들의 열성적인 애국심은 스위스에 못지않다. 이것은 우리가 직접 목격한 것이다. 우리가

1886년 일본에 도착했을 때, 1884년의 갑신정변 당시의 정부 고위층이었고 쿠데타를 지시한 것으로 비난을 받았던 김옥균이 요코하마에 머물고 있다는 것을 알았다. 우리는 도착 직후에 그를 만났는데, 이러한 사실은 우리가 조선에 있는 동안 조선 사람들에게 말하지 않았다.

또 다른 조선 사람이 우리와 함께 호텔에 머물고 있었는데, 그는 좀체 보이지 않았고, 방을 거의 떠나지 않았다. 우리는 그 호텔의 경비를 받고 있고 일본 경찰이 배치되어 있기 때문에 그가 조사 받지 않고서는 호텔을 떠날 수 없다는 사실을 알고 놀랐다. 결국 이 조선 사람이 김옥균을 암살할 목적으로 일본으로 온 것임을 알게 되었다. 그리고 그 계획을 달성하려고 물론 비밀리에 정부로부터 의뢰를 받았다고 우리는 의심했다.

어쨌든 일본 정부는 그를 생포하여 조선에 호송하여 관리에게 인도했다. 물론 조선식의 동양의 정부들의 방법을 잘 아는 모든 사람들은 그가 자결을 하려 그렇게 했을 것이라는 점도 의심하지 않았다. 그가 정부에게 약속한 사실이 그러한 결과를 만들었을 것임이 확실하다. 그럼에도 불구하고, 우리가 조선의 해안이 보이는 곳에 이르렀을 때 그는 기쁨을 드러냈는데 그것은 실수로 그런 것이 아니었다. 우리가 제물포항에 정박했을 때 그는 우리에게 와서 도시를 가리키며 영어로 말했다.

"내 조국이다. 나는 매우 기쁘다."

이 말은 그가 아는 유일한 영어였는데, 그것도 일본 호송원에게서 배운 것이다. 우리는 그 뒤 그에 관한 소식을 전혀 듣지 못했다.[2)]

또 다른 때에는 몇 명의 곡예사와 마술사들이 우리 구내에서 묘기를 연출했다. 바넘[3)] 씨가 만약 "많은 돈"을 보증한다면 1년 동안 미국에 갈 것인지

---

2) 김옥균을 암살하려고 조선 정부가 밀파한 자객은 장은규, 지운영, 이일직, 홍종우 등의 4명이었다. 그러나 필자가 여기에서 언급하고 있는 인물이 그들 가운데 누구인지는 확실치 않다.

3) 바넘(Phineas T. Barnum : 1810~1891) : 미국에서 최초로(1871) 서커스를 창시한 흥

를 그들에게 물었다. 그러자 그들은 이렇게 대답했다. “매우 감사합니다. 그러나 우리는 우리 나라를 떠날 수 없습니다. 왜냐하면 고향이 그리워 죽을 것이기 때문입니다.” 이 씨[4]가 워싱턴 주재 조선 공사관의 일등 서기관으로 있을 때, 집에서 떨어진 생활을 견딜 수 없음을 알고 그는 귀국을 요청하여 돌아갈 수 있었다.

여행자들은 종종 조선 사람의 어린애 같은 천진스러움을 이야기한다. 이것은 그들이 어린애를 다루는 데서 나온 것이다. 그들은 특히 아첨에 약하다. 조선 사람에게 “당신은 훌륭한 사람”이라고 말해 보라. 그러면 당신이 그에게 원하는 것을 그는 확실히 해 줄 것이다.

외국인들이 처음 정착했을 때 조선 사람들은 자신들의 흥미를 끄는 것은 무엇이든지 물어 보는 데 결코 주저하지 않는다. 민영익이 상처에서 회복한 뒤 알렌[5] 박사는 항상 그의 부름을 받곤 했다. 한번은 알렌의 고무 장화가 눈에 뜨이자 그는 용도가 무엇인지를 물었다. 그 용도를 들은 민영익은 즉시 의사에게 그것을 자기에게 줄 수 없느냐고 물었다. 그 장화는 알렌이 갖고 있는 유일한 것이었지만, 거절하는 것이 공손치 않다고 생각하여 그것을 민영익에게 주었다. 다음날 그 신발이 맞지 않아 “좀 더 큰 것을 구해 달라”는 말과 함께 되돌아 왔다. 의사는 이 이야기를 하면서 이렇게 말했다.

“물론, 그는 아무 것도 얻지 못했다.”

행사.

4) 이승수(李承壽)를 의미함. 1893년 3월 10일 자로 미국 주차 임시 서리공사로 발령을 받았으며, 그 뒤 변리 공사 겸 총영사(1894)로 승진했다. 그는 아마도 1895년까지 근무한 것으로 보인다.

5) 알렌(Horace Newton Allen : 1858~1932) : 미국의 선교사. 의사. 외교관. 웨슬리언대학 신학과(1881), 마이아미대학 의과(1883)를 졸업하고 1884년에 조선에 입국해 광혜원을 통한 의료 사업에 종사했다. 1890년 이후 공사관, 서기관, 총영사, 대리 공사를 역임했으며 1892년 이래 『코리언 리포지터리』와 『조선견문기』(1908)를 간행하고, 1900년에는 왕립 아시아학회 한국 지부를 결성했다. 그의 생애에 관한 자세한 기록은 본 한말외국인기록 제5권인 『조선견문기』(서울 : 집문당, 2019)의 역주자 서문을 참조할 것.

아편이나 담배와 같은 중국인의 사회악은 이 나라에서 매우 드물다. 마약의 특성은 잘 알려졌다. 학교 선생 가운데 하나가 이렇게 말한 적이 있다.

"이 약은 매우 훌륭하다. 그러나 이것은 조선 사람들이 사기에는 너무 비싸다."

이것이 사람들에게 아편이 상용화될 가능성은 없음을 보여준다.

조선 사람들은 청결의 문제에서는 많은 비난을 받을 것이다. 동양에서는 경구를 배운다. 외국인들은 조선 사람들을 빗대어 재담하기를 좋아한다. 그래서 한 영국인은 이런 말을 했다.

"내가 조선에서 본 가장 깨끗하다는 사람이 그가 본 가장 더러운 사람이었다."

그가 뜻하고자 한 것은 조선 사람들이 지구상에서 가장 더러운 사람들이라는 것이다. 조선 사람들은 우리가 홑이불로 사용하는 것과 같은 밝은 색의 면직의 옷을 입는다는 사실을 기억해야 할 것이다. 그러므로 그들의 의복은 쉽게 더럽혀진다. 깨끗하게 세탁한 옷을 입고 아침에 집을 나선 사람이 밤에 돌아올 때는 옷이 창피할 정도가 된다. 의복의 경우, 옷을 만드는 재료를 생각해 본다면 조선 사람들이 그렇게 더러운 것 같지는 않다. 어린이들의 옷은 매우 더러워지기 쉽다. 더욱이 상의와 외투의 목 부분과 등은 더러워지기 쉽다.

머리를 윤나게 하려고 조선 사람들은 검게 하는 기름을 바른다. 그 머리가 등으로 내려뜨려져 있기 때문에, 자연히 옷의 변색을 유발한다. 그러나 소년들은 어디나 마찬가지로 부주의하고 성인들도 대부분 비슷하다. 거리에서 눈에 띄는 얼마 안 되는 여인들은 항상 외모가 참으로 멋지다. 그들의 신은 하얗고 버선은 마치 눈처럼 희다. 그들의 바지는 치마 아래에 흠잡을 데 없이 달려 있다. 치마는 햇빛에 빛나고 외투는 거의 더러움이 없다.

겨울에는 모습이 덜 매력적이다. 겨울옷은 두 겹의 솜이나 아마포, 혹은 비단 사이에 솜을 넣거나 그것을 누벼서 만든다. 이렇게 해서 만든 의복을 세탁하려면 이들을 뜯어야 하기 때문에 자연히 겨울옷은 세탁하기에 앞서 헤질 정도로 오래 입는다. 이때의 조선 사람들의 외모는 불결하다. 그들의 주머니 사정은 모직 제품을 살 정도로 넉넉지 않다. 우리가 입는 것과 같은 내의는 없다. 사실 모직물은 조선에서 생산되지 않는다.

조선 사람들도 다른 지역 사람들이 걸리기 쉬운 질병에 잘 걸린다. 말라리아는 가장 일상적인 고통 가운데 하나이다. 이것은 부분적으로는 불완전한 하수 처리에 원인이 있다. 조선의 하수 시설은 막히기도 하고 비효과적이다. 또 어느 정도는 잘못 배수된 논 때문인데, 이러한 논은 도처에서 볼 수 있다. 키니네를 도입해서 서울과 그 인근 지역 사람들에게 상당한 효과를 거두었는데, 아주 많은 사람들이 그 효과를 깨닫고는 광범위하게 사용하기 때문이다.

콜레라가 발생하는 계절에는 이로부터 상당히 고통을 당한다. 이에 대한 이유는 우물에 대한 설명에서 이미 한 바 있다. 이 병의 상당 부분이 여름 음식에서 전염된다. 왜냐하면 종종 통째로 먹은 설익은 오이가 유일한 식사의 자양분이 되기 때문이다. 인분은 결코 살균되지 않은 채 당나귀나 소 등에 올려져있는 그물로 된 바구니에 담겨 도시에서 시골 농지로 옮겨 거름으로 사용된다.

조선 사람의 관습 가운데서 의사가 경험하는 어려움 가운데 하나는 사람들이 외국의 약을 싫어하고 혐오한다는 점이다. 많은 죽음이 의사에 의한 처방을 따르지 않거나 거절한 여인들의 완고함 때문에 직접적으로 빚어진다. 조선 사람이 콜레라에 걸린 것을 우리가 직접 치료했던 일이 있었다. 알렌 박사와 헤론[6] 박사는 그에게 처방을 했고, 그는 상당히 회복 가운데 있었다.

---

6) 헤론(John W. Heron : 1856~1890) : 영국 태생의 미국인 선교사. 의사. 테네시의과대학을 졸업하고(1884), 도일(渡日)하여 한국어를 배운 다음 한국에 입국하여(1885) 광혜원에서 의료 봉사(1887~1890)하면서 성서를 번역했다. 선교사공의회 회장(1889), 대한성교서회(1890)에서 활약했고, 지방 선교 가운데 과로로 사망하여 양화진 외국인 묘지에 묻히었다.

그런데 하루는, 그의 부인이 사라져 버렸다. 나중에 안 사실이지만 그 여자는 상당히 효과가 있었던 의사가 제조해 준 약을 감추거나 버린 후, 약을 구하려고 토착 점쟁이나 무당을 찾아갔던 것이다. 하루 이틀이 경과한 뒤 그는 사라졌고, 그 결과는 뻔했다. 남자는 악화되었고 그 부인이 돌아왔을 때는 그는 이미 죽어서 매장되었다. 원주민 의사들이 행하는 미신과 무당에 대한 두려움 때문에 이러한 어려움이 생기지만, 우리 의사들의 능력과 선행이 널리 알려짐에 따라서 양약에 대한 반대와 미신은 사라질 것이다.

약전은 한자로 쓰여 있다. 인삼은 중국에서처럼 그렇게 많은 역할을 하지 못한다. 왜냐하면 너무 비싸기 때문이다. 외국인은 조선 사람의 치료약을 복용하기보다는 모든 병을 참고 견디는 편이 더 낫다고 말하는 것이 옳다. 예를 들어 어떤 병에는 호랑이 발톱이 특효약이다. 그러나 미국인 의사가 제조한 치료 지식이 널리 퍼짐에 따라 사람들은 이에 더 신뢰를 갖기 시작했다. 그들은 종종 약에 대하여 이상한 생각을 가지고 있다. 이러한 현상은 왕실을 치료하면서 드러났다.

알렌 박사가 이 나라를 떠난 뒤 왕비가 한 때 병에 걸렸다. 그를 진찰하고, 약간의 약을 주었더니 그 약이 맞지 않다는 전갈이 왕국으로부터 왔다. "알렌 박사가 전에 이병을 치료한 적이 있는데, 그가 준 약은 이러저러한 색깔과 맛을 가지고 있고, 이러저러한 모양의 병에 담겨져 있었다. 그러니 그러한 것을 더 보내라"는 것이었다. 결과적으로 면밀하게 메모를 조사해서 약 맛을 바꾸고, 색깔을 혼합하고, 병의 모양을 만들어야만 했다. 왕비는 약병도 치료의 일부인 것으로 믿은 것이 확실하다.

콜레라가 유행하는 계절이면 외국인들은 때때로 병든 하인들에게 조금의 브랜디를 주곤 했다. 그 결과 하인들 사이에는 진통이 빈번하게 일어났다. 한 하인의 진통은 거의 만성화되어 2~3일마다 그는 굉장한 고통을 호소하며 나타났다. 과감한 조처가 필요한 것처럼 보였다.

1회 분의 진통제가 조제되었는데, 한 번의 복용으로 충분할 것 같았다. 우리는 창문에 모여서 그가 찌푸린 얼굴을 하는 것을 보았다. 그러나 그는 아무 것도 의심하지 않은 채, 아무 것도 잘못된 것으로 생각하지 않은 채, 단숨에 한 잔을 들이켰다. 그리고서 미소를 띠며 얼굴이 밝아지면서 "조오오습니다."(Cho-o-o-sim-nida)라고 하였다. 외국인의 약에 대한 그의 신뢰는 결코 약화되지 않았다.

제 6 장 가정 생활

서양과 매우 대조적인 조선의 제도로서는 그들의 사회 생활을 들 수 있다. 조선 사람의 생활의 열쇠는 여인들이 격리된 생활을 하고 있다는 것이다. 누구든지 거리를 건너거나, 거리를 따라 걷다 보면 거의 여자를 볼 수 없다. 우리가 만나 보았던 여인들 가운데 대부분은 의무적으로 여러 종류의 가벼운 천, 이를테면 일반적으로 녹색 비단으로 된 가리개[장옷]를 쓰고 있었다.

가리개는 머리를 덮고, 남자들을 만났을 때는 단단히 얼굴 위로 들어 올려 단지 눈만이, 때로는 한눈만 또는 두 눈 모두가 보이지 않는 경우도 있다. 이 덮개를 쓴 사람은 매우 수줍어서 이렇게 조심할 뿐만 아니라 등을 거리로부터 돌려 얼굴을 길가 집의 벽을 향한다. 그렇지만 나는 이렇게 수줍고 부끄러워하는 여자를 만날 때 언제나 확실히 한 가지 사실이 발생한다는 것을 느낀다. 그것은 내가 상당히 지나갔다고 느끼자마자 그의 호기심은 수줍음을 극복하고 낯선 외국인이 어떻게 생겼나 보려고 모든 굴레를 벗어버릴 것이라는 점이다.

따라서 그로부터 몇 발짝 지난 뒤 만약 내가 약간의 장난기를 느끼면, 일반적으로 거의 얼굴 전체를 노출시키고 신기한 의상을 입고 있는 외국인을 두 눈으로 응시하고 있는 그 여인을 어깨너머로 볼 수 있다. 물론 뒤를 살짝 훔쳐보는 것은 그를 당황시켜 그로 하여금 반대 방향으로 종종걸음을 치게 했다.

도시의 여성들은 머리에 어떤 것도 덮고 있는 것을 볼 수 없으며 이들 가운데 많은 수는 상점 주인이거나 음식점 주인으로 돈을 벌고자 얼굴에 아무것도 덮지 않으리라는 것을 짐작할 수 있다. 이런 면에서는 시골이 도시에서 보다 제약이 덜 심하다.

도시로 가는 여인들은 때때로 길을 따라 외투를 말쑥하게 겹쳐 머리 위에 이고 가는 것을 볼 수도 있다. 그렇지만 그들이 도시에 도착했을 때는 그 외투를 펼쳐 머리에 덮는다. 마찬가지로 농촌에서는 여자의 얼굴을 가리는 규범은 다소 완화되어 있다. 여인들의 이와 같은 은둔성은 그들의 가옥 구조에서도 잘 나타나고 있다.

조선의 전형적인 농촌 가옥의 형태는 말굽과 같다. 집의 한쪽 모서리를 따라 길이 있고 말굽의 뒤꿈치 쪽으로 대문이 있으며, 여인들의 숙소는 그 반대쪽에 있다. 숙소는 트여진 뜰 둘레에 배열되어 있어 말굽은 조선 사람 가옥의 구도를 정확하게 나타난다.

부자들의 마당과 정원의 전형적인 구도를 보면 건물들은 길을 따라서 횡렬로 세워지고, 일반적으로 집을 짓는 단위인 6피트 넓이로 하인들의 거처와 나무를 보관하는 헛간 등이 있다. 때때로 이 헛간은 담의 양쪽으로 뻗어가 심지어 삼각형을 이루는 경우도 있다. 그 울타리의 나머지 부분은 벽으로 차단되고 작은 집과 방이 딸린 몇 개의 작은 마당을 만든다. 여기에는 그 집에 고용된 남녀 하인들이 기거한다.

별채로 둘러싸이지 않은 대부분은 5.5~6피트 높이의 담으로 외부와 차단되어 있다. 농민들이 양반 댁의 담장을 넘겨보는 것은 형사상의 법률 위반이라고 나는 확신하다. 주인 집은 마당에서 조금 더 들어가 움푹한 공간에 사각형이나 장방형 모양으로 세워지고 넓이는 일반적으로 4평방 로드(rod)[1] 정도이다. 여인들의 거처는 가장 뒤쪽에 위치하고 있으며 이 내밀한 곳에서 대부분의 시간을 보낸다.

사회적인 예절의 중요한 점은 안방마님이 모습이 보이지 않는다는 데 있다. 따라서 안방마님에 관한 화제는 존재하지 않는다. 그 결과 남편의 친구가 방문 했을 때 그는 안채에는 들어가지 못하며, 주인의 딸이나 안방마님을 소개받는 일이란 없다.

사랑채나 응접실은 내당과 떨어져 있거나, 그 집의 다른 채에 있거나, 아니면 바깥 주인이 거처하는 방의 앞에 있다. 사랑채의 경우에 남자들의 거처가 여인들의 거처를 향하거나 그 안을 들여다 볼 수 있는 창문이나 문이 없다. 방문객은 주인의 앞에서 만나고, 거기서 대접을 받으며, 방문객과 주인이 가까운 친척 관계나 매우 친밀한 관계가 아니라면 그 집의 안방마님에 대해서 말하지 않는다.

여기에서부터 조선의 사회 생활의 모습은 서구의 그것과 다르다는 것을 알 수 있다. 우리의 생활에서 매우 큰 역할을 하는 "여성의 세련된 영향력"을 조선에서는 보기 어렵다. 늙거나 젊거나 간에 여가 선용이나 심지어 저녁 시간의 조용한 놀이를 하려고 남녀가 모이는 일은 없다. 남녀가 겨울에 시간을 보내고자 화롯가에 즐거운 모임을 갖는 일도 없다. 아버지, 어머니, 아들, 딸 그리고 친구들이 한가로이 야산이나 뱃놀이를 하러 가족 소풍 가는 것을 본 사람은 아무도 없다. 소풍을 강으로 갈 수도 있지만 어머니가 따라간다면 그는 밀폐된 배 안에 남아 있을 것이고 관객들은 그가 즐기는 모습을 볼 수 없다.

그래서 가정적인 이름으로 미국의 시골에서 행하여지는 커팅[2]과 같은 풍습은 조선에서 알려져 있지 않다. 조선의 젊은 남자는 기쁨의 동반자나 슬

---

1) 4평방 로드(rod)라면 101.17평방미터로서 사방 10미터 정도이다.
2) 커팅(courting) : 혼기가 된 자녀를 둔 가정에서 배필을 만나도록 하려고 마련해 주는 가든 파티식의 젊은이들의 간친회를 의미함.

농촌의 주택지

픔의 공유자를 고르지 않으며 젊은 여자는 남편의 선택에 어떠한 발언권도 없다. 여자는 남자가 길을 지나갈 때 창문의 구멍을 통해 엿볼 수 있을지 모르지만 남자는 여자가 어떻게 생겼는지, 혼인 날 아내를 볼 때까지는 알 수 없고 그의 어머니나 그 밖의 친지들의 설명을 듣는 것이 전부이다. 약혼은 아버지가 처리하는 가족 문제이다. 그 방법은 다음과 같다.

결혼 적령기인 14~16세의 아들을 가진 아버지는 아들을 결혼시켜야겠다고 결심한다. 그는 결혼 적령기에 이른 딸을 가진 지인들의 명단을 훑어보고 그가 생각한 가문을 결정하면 아내와 그 문제를 의논하고, 그의 동의를 얻으면 어느 날 아침에 일어나 가장 좋은 옷을 입고 거리로 한가하게 나간다. "한가하게" 나간다는 말은 조선 사람은 거의 서두르지 않기 때문에 일부러 쓴 말이다.

서양인들에게 매우 잘 인용되는 속담, 곧 "오늘 할 수 있는 일은 내일로 미루지 말라."는 말이 조선 사람의 마음속에는 또 다른 의미가 있다. 그것이 만약 조선에서 형성되었다면 "내일로 연기할 수 있는 것을 결코 오늘 하지 말라. 만약 오늘 되지 않는 일이 있다면 다른 날이 다가온다. 그 다른 날이 없다면 어쨌든 그것은 문제가 아니다."라고 말할 것이다.

결과적으로 아버지는 유유자적하게 걸어 나가 그의 지인들에게 인사하고 친구의 집에 도착할 때까지 그 문제를 거론하는 것을 삼간다. 친구가 옷을 차려 입고 찾아온 의미를 잘 알고 있는 집주인은 그를 영접한다.

서양 사람들은 마음속의 의도를 즉시 표출하지만 조선 사람들은 그렇지 않다. 그는 부동산의 매매, 생활비, 지난번의 기근, 외국 전함의 위용, 시장의 상태 등 세상 온갖 잡다한 일들을 말할 것이다. 그 대화가 잠시 중단되면 오가는 말도

"그런데 말이야, 나한테 변변치 않은 아들이 하나 있는데 그 녀석이 좀 어떻게 정착되는 것을 보고 싶어."

라고 말을 꺼낸다. 그러면 주인은

"아 그래!"

하고 응수한다.

"나는 자네가 아들이 원하는 알맞은 아내와 잘 결혼한 모습을 만족스럽게 볼 수 있으면 좋겠어."

라고 말한다. 그러면 화제는 다시 그것과는 엉뚱한 것으로 흘러간다. 어느 정도 시간이 경과한 뒤 집주인이 그의 의도(청혼)에 호의적이라면 집주인은

"자네가 아는지 모르겠는데 자네가 오늘 온 것은 팔자인 것 같아. 자네가 이곳에 이끌려온 것과 나에게 과년한 딸이 있는 것을 보면 말이야. 불행히도 그 아이는 변변치 못한데 자네 아들로부터 부도를 배워야 할 것 같아."

라고 말할 것이다.

그런 뒤에 두 아버지는 약혼을 하고 그 뒤에 그 방문객은 아들을 위해 물

색해 낸 아내감과 어느 날에 결혼할 것이라고 아들에게 알려준다. 이제 양가의 여자들이 오고 간 다음 자세한 절차가 결정된다. 물론 그 어머니는 아들에게 용모, 겸손, 미모, 온순, 복종 등 장점들을 자세히 설명한다.

이제 젊은 남자는 사회적으로 신분이 한 단계 상승한다. 그는 이제 어른이 되고 더 이상 등 뒤로 머리를 땋아 내리지 않고 머리의 약간의 부분을 면도해 내고 나머지 모든 부분을 꼭대기에 매듭을 지어 감아올린다. 그는 갓을 쓰고 어른의 위엄 있는 예절과 점잖은 걸음을 흉내 낸다. 이제 주변 사람들도 반드시 품위 있는 말로 그를 상대해야 한다. 그는 얼마 전까지 친구였던 소년들에게 말을 낮출지도 모른다. 그는 이제 "아무개 씨"가 되어 대접을 받는다.

결혼식에 참석하는 관습에 대하여는 13~15세에 결혼할 신부가 결혼식이 진행되는 동안 그 뒤의 인생살이에 책잡힐 위험이 있는 말을 남편에게 하지 않아야 하는 예절을 제외하고는 더 말할 것이 없다. 그러나 젊은 남자는 세계 다른 곳의 젊은 남자들처럼 수난을 당하게 된다. 근자에 결혼한 남자는 결혼 생활 가운데 어느 힘든 때 아내를 기죽일 수 있는 질책 거리나 훈계의 구실이 되는 말을 아내로부터 우려내는 것이 하나의 관습처럼 되어 있다.

결과적으로 결혼과 약혼 사이의 기간은 신부로부터 들은 말에 놀라고 안달하려고 말과 행동으로 꾀를 부리는 데 사용된다. 때때로 그 신랑은 자신에 예상했던 것 이상을 얻게 된다. 한 번 한 말을 주워 담지 못해 스스로 굴레를 쓰게 되었다는 조지 워싱턴(G. Washington)의 도끼 얘기와 같은 일화는 조선에도 많다.

예컨대 첫날밤에는 아내는 놀려 주려고 집적거리는 말을 했다가 그 농담이 끝내 자신을 속박시키는 일이 발생하여 언짢아하는 경우가 그런 사례에 속한다. 그래서 신랑은 무엇이 어떻게 진행되어 가는가를 볼 수는 없지만 들을 수 있는 곳에 여러 명의 친구들을 배치한다. 신랑은 곧 장난을 시작하여 뜻한 바를 이루게 되겠지만 새댁은 오랫동안 비웃음과 조롱을 참고 결국

서울의 성곽과 여인의 외출

일생을 통하여 그 남자에게 붙어 다니며 그를 혼미하게 덮어씌우는 별명이 그에게 붙게 된다.

혼례를 치른 뒤에 신부는 표범이나 호랑이 가죽을 씌운 가마를 타고 시댁에 도착하여 그 가족의 일원으로 정착한다. 이제 신부는 더 이상 친정과의 관계를 지속하지 않는다. 그는 시댁의 한 부분이 되어 그 모든 야망과 희망을 시댁에 쏟는다. 아들 선호 사상은 이러한 이유 때문일는지도 모른다. 아들은 항상 그 가문에 속해 있으며 가문의 이름과 영예를 영속시킬 유일한 희망이다. 그러나 여자는 출가하는 그날부터 가족을 잃고 가문의 명예를 일으킬 희망이 사라진다.

그러나 비록 여자들이 낮에 거리에 나타나지는 않을지라도 그들이 밖에 나갈 수는 있다. 그들은 일반적으로 그렇게 한다. 그렇지만 아직도 그들은 장옷을 덮고 있다. 낮이나 밤이나 여자들은 귀 근처에서 시작되는 외투 소매와 큰 치마를 덮어쓴 괴상한 모습이다. 이때에 길가는 외국인은 누구인가를 방문하려고 떠들며 길을 가는 여자들의 무리를 볼 것이다.

낮에 부인의 방문이 계획되었다면 어느 정도 문제점이 따른다. 그는 밑받침대 양쪽의 손잡이를 잡고 두 사람이 운반하는 높이 3×3×3피트가 거의 안 되는 정방형의 상자인 가마를 탄다. 가마는 휘장으로 가려 있고 부인의 가마는 부인이 타고 있다는 것을 나타내고자 작고 반짝이는 장식 끈으로 덮여 있어 호기심에 찬 눈초리를 막아 준다.

부인이 밖으로 나가려 할 때는 하인 가운데 하나를 보내 가마꾼을 부른다. 그들은 정원 안쪽에 출구를 바라보도록 가마를 놓고 나간다. 가마꾼이 나가면 하녀가 나와 엿보는 사람이 없는가를 살펴본 다음 내당으로 신호를 보내면 마님이 나온다. 가마는 너무 낮기 때문에 등으로부터 뒷 방향으로 마님이 들어가 웅크리고 앉으면 휘장을 내리고 엿볼 수 있는 틈새가 있는가를 살핀 다음 밖에 나가 있던 가마꾼을 다시 불러들인다.

그들은 가마를 메고 지정된 장소에 도착하여 정원 안쪽에 가마를 내려놓고 마님이 내당에 들어갈 때까지 가마꾼들은 물러났다가 다시 가마를 메는 행동을 반복한다. 그렇지만 가마의 휘장은 사람들의 눈길을 막을 수 있도록 정렬되어 있는 상태에서도 가마 안의 마님이 밖을 볼 수 없도록 되어 있지 않기 때문에 마님은 길을 가면서도 밖에 지나가는 것은 무엇이든지 볼 수 있다.

이러한 여자의 은둔은 의료 활동에도 장애를 초래할 뿐만 아니라 제10장에서 보듯이 선교에서도 많은 장애를 일으키고 있다. 왕비를 치료하려면 여성 의료 선교의 유지가 필요하다. 그렇지만 외국인이 있는 자리에서나 집안에서 여자는 모든 구속을 벗어 던지지만 그들이 방문하고 있는 동안에 조선 남자가 들어오면 몹시 서둘러 나간다는 것은 매우 특이한 일이다.

계약 결혼의 방식은 가정을 불행하게 만든다고 생각할 수 있지만 반드시 그런 것 같지는 않다. 나는 이들 가운데 몇 가지 사례를 연구해 볼 기회가 있었고 몇 가지 사례를 직접 목격할 수 있는 기회도 있었다. 그런데 외국의 가정에서 볼 수 있는 것보다 훨씬 더 행복한 모습을 볼 수 있었다.

아내와 함께 우리를 방문한 나의 조선어 선생은 거의 지나칠 정도로 어린 약혼녀를 좋아하는 듯했다. 길을 지나가다 보면 두 손으로 어린이와 놀아주고 애정과 사랑을 담은 모든 표시로 아이들을 안아주는 것을 보면서 사랑은 조선 사람의 가정에서 강력한 요소라고 단언하는 사람도 있다.

이혼은 놀라울 정도로 쉽지만 흔하지는 않다. 남편이 아내에게 떠나라고 말하는 것으로 충분하며 그것으로 이혼이 성립된다. 그러나 우리가 아는 바에 따르면 그런 경우란 단 한 번 있었는데 그럴 경우 그들은 곧 화해하고 다시 결합한다. 조선 사람들은 가정적이며 일반적으로 순수하다. 순수함이라는 면에서 본다면 그들은 이웃인 일본인보다 훨씬 더 높다.

물론 거리에서 양가집 규수의 모습이 보이지 않는 것은 밖에 나다니는 외국인 여자가 매우 신기하게 생각되는 이유가 되고 있다. 조선의 여인들의 입장에서 볼 때 자신의 얼굴을 대중이나 보고 싶어 하는 누구에게나 서슴없이 보여주는 외국인들이 오히려 이상하게 보일 것이다.

그러나 그렇다고 해서 조선의 아녀자들이 생활면에서 아무런 영향력도 없다는 뜻으로 받아들여서는 안 된다. 왕비는 왕과 마찬가지로 매우 강력한 영향력을 행사하고 있고, 매우 많은 것이 왕비의 뜻에 따라 행해진다고 하는 것은 널리 알려진 사실이다. 왕비의 어의가 있는 자리에서 공공 정책을 논의할 때 왕비는 자기가 발언하는 동안 왕은 조용히 있으라고 요구하고 발 뒤에서 관리의 실수를 질책하는 모습을 본 것이 한 두 번이 아니었다.

일상 생활에서도 마찬가지이다. 남자들이 길에서 여자에게 말할 때는 항상 공손하다. 조선 사람들은 큰 소리로 떠들기 때문에 가족의 불화가 생기면 일반적으로 이웃이 나서서 무엇이 어떻게 되어 가는지를 듣고 중재한다. 길을 가다 보면 남편이 그가 사랑하는 상대자에 대한 끝없는 존경의 표시로 그가 생각할 수 있는 모든 이름으로 그의 아내를 부르는 것을 보면서 우리는 마냥 즐거워한다.

여성의 지위를 보여주는 또 다른 사실이 있다. 남자 하인들은 자기를 고용하고 있는 외국인들로부터 으레 하대를 받으리라고 생각하고 있지만 아낙네나 침모나 유모는 정중한 칭호를 듣기를 기대하며 그렇지 않을 때도 저항을 느낀다.

우리가 알고 있는 조선은 중국 문화로부터 깊은 영향을 받았기 때문에 가정 생활에서 중국의 풍습이 강하게 나타나리라고 기대했다. 그러므로 우리는 조선에서 노인이 매우 공대 받는 모습을 보고 싶어 한다. 조선 사람들 사이에서 백발은 영광의 표시이며 대머리는 지혜의 상징이다. 선교의 역사를 아는 사람들은 한미수호조약이 체결된 뒤 조선에 온 첫 번째 선교사가 알렌(Horace N. Allen)이었다는 것을 기억할 것이다. 그는 다소 대머리였다는 사실로 국왕과 정부의 신뢰와 인기를 얻었다는 것은 의심할 나위도 없다.

언제인가는 외국인들이 스케이트를 타러 나간 적이 있었는데 알렌도 그 무리 안에 있었다. 연못은 얼음판 위에 펼치는 우리의 스케이트 묘기를 구경하려는 조선 사람들로 둘러싸였다. 그런데 갑자기 그의 모자가 날아가 버리고 사람들이 그의 넓은 대머리를 보았을 때 조선 사람들은 "아, 그는 늙은 사람이구나!"라고 놀라면서 그가 펼치는 민활함에 더욱 경탄했다. 따라서 아버지나 할아버지는 존경의 대상이며, 노인을 향한 젊은이의 예절은 서양 사람들이 본받아야 할 것이다.

중국에서와 같이 조선에서도 큰형[장자]은 희망과 자랑이었고 아버지가 죽은 뒤에는 그 가족의 가장이 된다. 가정의 어린 구성원들은 모든 일에서 그에게 복종하도록 가르침을 받으며 일생 동안 형의 다음으로 영향력을 행사할 수 있다. 그는 가족의 어린 구성원들에게 형벌을 가할 수 있다. 나이가 들어감에 따라 두 번째 아들이 셋째보다는 우월하며 계속 그렇게 내려가다 보면 막내는 부러워할 수 없는 존재가 된다.

우리는 아버지가 죽고 어머니는 늙고 허약한 두 형제를 고용했다. 언제인가는 형이 동생에게 몇 가지 명령을 내렸는데 동생이 듣지 않았다. 형이 그 동생을 질책하는데 그 고함소리가 연구실의 나에게까지 들렸다. 무엇이 문제인가를 안 나는 때리는 것을 막으려고 사람을 보냈지만, 그는 돌아와 형이 동생을 때리는 것을 멈추지 않으며, 형이 아랫사람을 벌 줄 수 있는 조선의 관습에 따라 그가 아우를 때릴 권리가 있다고 말했다. 동생의 비명이 애처로워 나는 조선의 법 아래서 그의 권리가 무엇이든 간에 외국인의 장소에서 그러한 일은 용인될 수 없다는 것을 이해시켰다.

나는 나중에 이 무책임한 16세의 형이 그의 팔목만큼이나 굵은 몽둥이로 그의 동생은 때려 잔인하게 상처를 입혔다는 것을 알았다. 그들이 우리에게 고용되기 전에도 매질이 자행되었으므로 그 형의 권위는 독재자와 같아 다른 동생들을 불쌍한 인생으로 만드는 것은 그가 마음먹기 나름이었다. 당시의 상황에서 외국인들은 조선의 법률을 따르지 않았으며 심지어 그들의 하인들조차도 영사의 동의가 없이는 체포할 수 없었다. 그러므로 그 소년을 엄한 형벌에서 구하고 간섭할 수가 있었다.

조선에는 일부일처의 규율이 있지만 일부다처를 금지하는 법이 없어서 많은 조선 사람들이 두 명의 부인들을 거느리고 있다. 달리 말하자면 축첩은 법적으로 용인된 관행이다. 두 명의 부인 또는 부인과 첩은 남편의 옷을 자주 다리는데 누가 다림질을 많이 하느냐에 따라 누가 부인이고 누가 첩인지 쉽게 구분되다.

조선 사람이 사용하는 인사는 아주 동양적이다. 가장 잘 쓰이는 세 가지가 있다. 아랫사람에게 "별일 없지?"라고 묻고, 좀 존대하는 사람에게는 "건강하시죠?"라고 물으며, 웃어른에게는 "편안하십니까?"라고 묻는다.

조선에서는 성격상 난잡한 모임이 허용되지 않지만 밤이 되면 흔히 사랑방에 모이는데 날씨가 추워지면 히바치[3] 주위에 둘러앉아 재담하고, 노래

---

3) 히바치(火鉢) : 일본 사람들이 쓰는 화로.

하고, 한 사람이 책을 읽는 것을 듣는다. 노래이든, 편지이든, 책이든 아니면 기도 모임이든 간에 조선 사람들이 무엇인가를 읽을 때면 거기에 음률을 가미한다는 것이 처음 보는 사람의 눈에는 매우 신기하게 보인다.

이것은 조선의 문화가 중국과 어떤 연관이 있음을 암시해 주는 것으로서 중국어의 억양을 반영해 주는 것이라고 볼 수도 있다. 남자들의 작은 모임들은 미국의 시골 가게에서의 모임을 연상시켜 준다. 이러한 모임에서 떠들썩함이 일어나는 것은 당연하며 조선에서 그토록 오랫동안 숨어서 포교해야 했던 제수이트교파들이 "성모"와 "그의 독생자"를 얘기하면서 이러한 장소를 이용했다는 것은 잘 알려진 사실이다.

이 나라에서 집안에서 즐기는 놀이는 빈약하다. 중국인들은 자기들이 바둑을 발명했다고 인도와 논쟁하는 것은 잘 알려진 사실이지만 중국 문화가 장기를 조선에 가져왔다고 생각한다. 그러나 서양 장기를 두는 사람은 동양의 장기판과 알을 보고서 그것이 체스라는 것은 알아보지 못할 것이다. 장기 알은 넓적하고 양면에 말의 이름이 새겨 있다. 장기는 빈칸을 따라 행마하는 것이 아니고 선을 따라 경기한다.

바둑은 처음부터 판 위에 늘어놓고 시작하는 것이 아니라 각기 통속에 들어 있는 알을 집어서 선 위에 놓는다. 이 놀이는 일본의 바둑과 같은 것으로서 선의 교차선 위에 놓는다. 이 놀이에는 각기 200개의 알이 필요하다. 그들은 도미노도 하며 카드와 서양의 드래프트와 비슷한 놀이도 한다.

조선에서 의심할 여지없이 국가 발전의 장애물이 되고 있는 전통이 있는데 그것은 다름 아닌 양반들이다. 비록 그들의 재산이 자신의 삶의 영위할 수 없을지라도 그들은 생계를 위하여 육체적인 일이나 생산 활동을 하지 말아야 한다. 양반은 굶거나 구걸할지라도 일하지 않는다. 친척의 도움을 받거나 아내가 생계를 꾸려 나가는 한이 있더라도 양반은 절대로 그의 손에 흙을 묻이지 않는다. 그 관습이 너무나 철두철미하여 실생활에서 지속적으로 준수한다.

만약 양반이 지위와 재산을 잃으면, 일반적으로 좀 더 재산 있는 그의 친척집에 모든 것을 의탁하면서 다시 벼슬을 얻을 수 있는 운세가 다시 돌아오리라고 믿고 있다. 비록 조선의 내국인들에게는 생계비가 매우 싸 5센트면 하루의 식비가 해결되지만 관리의 숫자가 증가함에 따라 이 비생산적인 양반이 늘어 가고 있으며 국가의 재화에 아무런 보탬이 되지 않는다. 이에 대한 유일한 처방은 아마도 새로운 문명을 채택하는 일일 것이다. 그리하여 조선 사람들이 보기에 존귀한 서양 사람들이 노동을 결코 불명예스럽게 생각하지 않는다는 사실을 인식하는 것이다.

교사들이 왕립 대학이라 불리는 왕실 학교[육영공원]를 맡기 위해 조선에 도착했을 때 그들은 훌륭한 미국인이 과거에 합격한 사람의 지위를 얻게 됨으로써 조선 사람들로부터 부러움을 사고 있다는 사실을 발견했다. 다른 말로 표현하면 조선 사람들이 보기에 외국인 교사들은 양반으로 추앙을 받았다. 지금 양반들은 어떠한 짐도 손수 나르지 않게 되어 있다.

모두 귀족들로부터 선출된 우리 교사들은 연구실로부터 강의실로 책도 나르지 않는다. 하인이 그들을 위하여 그 일을 해야 한다. 양반이 외출을 나갈 때면 언제나 그의 재산과 지위에 따라 다소간의 소유물을 운반하는 한 무리의 하인들이 수행한다. 양반은 심지어 담뱃대조차도 나르지 않는다. 그러므로 우리가 외출할 때 우리가 물건을 나르는 것은 하인들의 뜻에 대단히 거스르는 것이었다.

우리가 조선에 도착하자 왕명에 따라 한 군인이 연락책임자 겸 개인 수행원으로 모든 선생에게 파견되었다. 우리들이 사냥을 떠나면 시중드는 군인은 사냥터에 도착할 때까지 항상 총을 들고 날라야 한다. 나는 권총과 장총을 함께 가져갔기 때문에 나의 수행원을 더욱 애처로웠다. 그는 그 가운데 하나를 내가 휴대하도록 부탁하지 않을 수 없었다.

어느 봄에는 교사들 가운데 한 분이 그가 특히 좋아하는 정원 손질을 시작했다. 삽으로 일을 시작하자 한 하인이 삽을 빼앗고 하인들이나 하는 일을 그가 한다고 나무랐다. 그 하인은 미국의 부인들이 집안의 힘든 일을 많이 하는 것을 이해하지 못한다. 조선 사람으로서 자기와 같은 높은 벼슬에 있는 양반이 노동이란 불명예가 아니라고 생각하는 장면을 보게 된다면 그것은 큰 흉을 잡히는 일이 된다.

귀족도 육체 노동을 할 수 있다는 외국인의 풍습은 이미 그 열매를 맺어가고 있다. 그러한 사례로 돈이 없는 어느 양반이 친척집의 신세를 지느니보다는 어느 선교사의 집안에서 일자리를 찾아 하인으로 무거운 육체 노동을 함으로써 생계를 유지하고 있는 경우를 지적할 수 있다. 그 조선 사람은 가히 영웅이라 할 수 있다. 왜냐하면 지난날 자기 밑에 있던 사람들에게 눈을 부릅뜨고 경어를 쓴다거나 자기 나라의 전통을 뿌리치고 "식객"이 되기보다는 자신의 빵을 번다는 것이 쉬운 일이 아니기 때문이다.

요즘에도 조선 사람의 사회에서는 싸우면서 하는 말이 있는데 이는 좀 더 나은 삶을 위한 민중들의 정서에는 어떤 근거가 있음을 보여주고 있다. 어떤 사람은 상대방에게 "빌어먹을 놈"이라고 부를 것이다. 이것은 재판을 청구할 만큼 모욕적인 표현이다. 조선 사람들이 노동의 귀중함을 깨닫게 될 날이 올 것이다.

지금 조선에 살면서 조선 사람들의 주목을 받고 있는 외국인들이 할 수 있는 것으로서는 노동을 비난하지 않음으로써 노동에는 귀천이 없다는 것을 보여주는 것보다 더 훌륭한 일은 없다. 동양에서처럼 노동력이 값싸고 하인이 많은 사회에서는 게으른 천성을 합리화시키고 매사를 되는대로 내버려두려는 경향이 있다. 오늘날 앵글로 색슨족이 세계적으로 우월한 지위를 누리는 것은 그들의 지칠 줄 모르는 정력과 노동을 신성한 것이라고 생각하는 양식에서 비롯된 것이다.

그러므로 조선에 살고 있는 외국인들은 조선 사람들이 자신의 양반으로서의 지위를 잃을까 두려워 노동의 개념을 오해하는 일이 없도록 하고, 외국인들을 조선 사람보다 우월한 위치에 놓이게 해준 문명의 우수성을 유지하면서 그러한 문명의 우월성은 유용한 노동에 종사하면서 자연스럽게 얻어진 것임을 입증하는 것이 바람직하다.

조선에는 인도의 카스트 제도를 닮은 것이 없다. 과거 제도를 통하여 사람들은 농민으로부터 학자나 양반 계급으로 신분 상승이 가능하다. 그러나 백성들 사이에는 지위에 커다란 차등이 있으며 어떤 관리는 다른 관리에 대하여 그 차등을 요구할 수 있다. 예컨대 정사를 논의하면서 참의 정도의 낮은 벼슬아치는 윗사람의 허락이 없는 한 윗사람 앞에서 앉을 수 없다.

그러므로 외국인 교사들이 교육의 임무를 수행하려고 왕립 학교에 도착하여 책임자를 만났을 때 그 집에는 모두를 위한 의자가 준비되어 있었지만 통역관들은 감히 앉으려 하지 않았으며 앉으라는 우리의 요구를 거절하는 이유를 설명했다.

관리들이 길을 지나갈 때면 병졸과 하인들이 앞장서서 주인을 위해 길을 치우고 모든 사람에게 일어나 경의를 표하도록 소리친다. 고관이 행차할 때면 어떤 계급의 군인들이 거의 100야드나 가마에 앞서 "길을 비켜라"고 계속하여 목청껏 소리친다. 일반적으로 두 늙은 병사들이 이 임무를 수행하는데 둘이 번갈아 가며 소리친다.

나는 결코 그 용어의 정확한 번역을 들어보지 못했으나 그 의미는 이해할 수 있었다. 그것을 "여봐라 대인이 납신다. 길을 비키고 인사할 준비를 하라"라는 뜻이다. 앞선 두 병사가 거리의 양쪽에서 걸어가면 뒤이어 3~4명의 군졸이 따르고 무관이 행차할 경우에는 2~3등급의 병사들이 총칼을 차고 가마를 에워싸고 따라가며 그 뒤에 다시 각종 도구를 든 하인들이 따른다.

예절은 극도로 정교하게 등급이 매겨져 있다. 심지어 손님이 떠날 때 주인이 배웅하는 거리는 그 손님의 벼슬의 높낮음에 따라 결정된다. 말을 타고 길을 가다가 친한 친구를 만났을 때 서로 말하거나 아는 척 하지 않는 것은 참으로 진기한 풍습이다. 조선 사람이 가마를 타고 길을 가다가 아는 외국인을 만나면 가마를 세우고 내려서 하루를 보낸다. 이것은 존경의 표시로서 자기 국민들 사이에서는 이런 예우가 치러지지 않는다.

누구나가 부채를 들고 있는 것도 외국인을 놀라게 한다. 심지어 군인들도 장비 가운데 하나로 큰 부채를 가지고 있다. 하인을 데리고 있는 모든 사람은 여름의 필수품인 부채를 공급받도록 되어 있는데 이는 사람을 시원하게 할 뿐만 아니라 너무 호기심이 많은 구경꾼들로부터 얼굴을 가리는 데 쓴다. 말을 타고 가는 조선 사람들이 흔히 그들의 얼굴이 보이지 않도록 얼굴 앞에 부채를 잡고 가는 것이 외국인들로서는 흥미로운 모습이다.

일본에서와 같이 집으로 들어갈 때 그들은 신발을 벗는다. 신발은 샌들이나 슬리퍼의 한 종류이기 때문에 어떤 어려움도 없다. 그것들은 쉽게 벗겨지고 방문이 끝났을 때 다시 신을 수 있도록 문 앞에 놓는다. 이 신발을 벗는 이유는 집의 마루를 묘사하는 다른 장에서 설명하게 될 것이다. 모자는 벗지 않지만 그것은 가벼운 망건이기 때문에 모자를 썼다고 해서 불편할 일은 없다.

흡연 문제에서도 예절은 특별하다. 담배 예절은 미국의 군대에서 볼 수 있는 관습과 어느 정도 유사하다. 장교들의 사회에서 직무상의 상하 관계가 아닌 한 불필요하고도 거추장스러운 예절을 지키지 않는다. 미국에서 말하는 소령과 대령의 사사로운 모임에서는 경례를 하지 않는다. 일등병이 장교를 만나거나 지나칠 때면 언제나 경례를 한다.

그와 마찬가지로 높은 지위에 있는 사람은 더 높은 지위에 있는 사람이 있어도 다 같이 담배를 피우지만 하인은 결코 주인 앞에서 담배를 피울 수 없다. 따라서 외국인에게 고용된 하인들은 담뱃대를 물고 있다가 주인에게 들키면 그것을 얼른 뒤로 감춘다. 이른 아침에 백조를 보려고 강으로 내려갈 때면 나는 흔히 병사를 데리고 가는데, 해가 뜨고 안개가 걷히기를 기다리는 동안 그에게 담뱃불을 붙여 주는 기쁨을 주고자 주머니에 시가를 하나씩 가지고 간다.

그러나 결코 그는 내 앞에서 담배 피우려 하지 않았다. 내가 해돋이를 기다리는 동안 그는 배 뒤에 숨어서 보이지 않게 담배를 피웠으며 함께 걸을 때면 그는 나로부터 어느 정도 떨어져 따라 오곤 했다. 만약 양반이 길을 지나가면 담배를 피우던 평민들은 그가 지나갈 때까지 담뱃대를 숨긴다.

담배는 일반적이어서 아이나 여자들도 피운다. 담배 주머니는 조선 사람들의 옷의 일부여서 그곳에 부싯돌이나 성냥 등이 들어 있다. 그것이 없이는 결코 밖에 나가지 않으며 담배나 담뱃대 장수는 미국보다 훨씬 더 흔하다. 담뱃대의 길이를 보면 그 사람의 지위를 알 수 있다는 어느 여행자의 기록은 아주 적절한 지적이다.

관리들은 담뱃대의 끝에까지 손이 닿지 않으므로 성냥으로 불을 붙이지 못한다. 그래서 지체가 높은 사람은 하인들이 담배를 채우고 불은 붙이기 때문에 양반이 담배를 태우려면 흔히 두 명이 필요하다. 담뱃대에는 온갖 장식들이 부착되어 있다. 담배를 담는 부분과 빨부리는 흔히 금속이다. 가끔 빨부리가 옥으로 되어 있는 것이 있는데 상당히 비싸다.

매우 멋진 빨부리는 마노(瑪瑙)로 만든 것도 있다. 거의 모든 상점에는 다양한 크기의 담뱃대가 진열되어 있다. 평민들이 사용하는 평범하고도 짧은 줄기는 대나무이다. 보다 값비싸게 우아한 형태로 장식된 것의 값은 25센트에서 1달러에 이른다. 빨 뿌리와 홈통은 동으로 만들어졌고 니켈로 도금된 것도 있다. 손으로 잡는 외국의 짧은 파이프는 평민들 사이에서 사용되지만 출세한 사람들은 이를 싫어한다.

만약 조선에서 의회 정부가 출현한다면 최소한 현재의 규칙들이 시행되고 있는 한 유권자를 매수하는 일이나 "중언부언하는 일"을 다루기가 쉽지 않을 것이다. 모든 남자들은 신분증에 해당하는 호패를 차고 다닌다. 거기에는 남자들의 출생 연도와 이름이 기록되어 있다. 모든 조선의 남자들이 길이 3인치, 넓이 3/4인치, 두께 1인치의 나무 조각을 가지고 다니는데 거기에는 그의 이름과 주소가 찍혀 있다. 이 신분증으로 말미암아 도둑이 외국으로 도망가지 않는 한 간단한 검열로써 도둑의 신분이 밝혀져 체포된다.

호패의 소지는 강제적이다. 나는 여러 번 그것을 살려고 했지만 번번이 실패했는데 이는 호패가 얼마나 중요하고 또 그에 관한 규율이 엄중한가를 보여 주는 좋은 증거가 되고 있다. 내가 데리고 있는 어느 한 사람이 어느 날 약간의 은을 주고 그것을 얻으려 했을 때 그 필수품의 중요성은 잘 보여 주었다. 내가 물었다.

"그것을 왜 나에게 줄 수 없습니까?"

그는 단지,

"만약 이것이 없어지면……"

하고 그의 손가락을 목둘레에 들어 올리고 참수되는 시늉을 하면서 어깨를 으쓱거리는 것으로 설명을 마쳤다. 그는 아마 내가 쉽사리 믿는 것을 보면서 속으로 즐거워했을지 모르지만 그의 대답에는 어느 정도 근거가 있음직했다.

조선의 가옥의 건축 방식은 특별하고 값이 싸다. 사람들이 매우 친절하여 새로운 입주자나 화재를 당한 사람이 생기면 서로 뭉쳐 그 사람의 건축을 도와주는 것은 흔한 일이다. 그들의 건축 양식은 다음과 같다. 높이 1피트에 15×15인치의 주춧돌은 6피트 거리로 쌓고 그 위에 줄을 팽팽히 당겨 수평을 잡는데 이것이 외벽의 기초가 된다. 외벽의 밖에는 집의 넓이에 따라 6인치, 12인치, 16피트 거리로 내벽과 수평을 이루며 돌을 쌓는다. 그 위에 높이 8~10피트, 8×8인치의 소나무 기둥을 세운다. 이 기둥의 아래위로 그 집의 골격이 연결되는 가로 기둥이 연결된다. 중앙에 가로지르는 대들보가 양쪽 끝에 놓이고 그 위에 서까래를 얹으면 이제 건물의 구조가 완성된다. 창틀과 문틀이 자리에 놓이고 기둥 사이에는 잔가지를 집어넣어 공간을 채운다. 그 위에 점토를 바르고 마른 뒤에 생기는 틈새를 메우기 위해 다시 한 번 더 흙을 바른다. 그 위에 회벽을 칠하고 다시 종이로 도배한다.

지붕은 2~3인치 두께의 서까래가 대들보로부터 추녀 방향으로 배열되어 기둥 밖으로 3~4피트 나가도록 되어 있다. 작은 서까래가 배열되면 그 사이를 나뭇조각으로 채운다. 지붕에 기와를 얹을 경우에는 흙을 바르고 기와를 올려 가지런히 놓는다. 기와에는 암키와와 숫키와의 두 가지가 있다. 암키와는 넓이가 8인치에 4인치 깊이로 굽어 있고 숫키와는 4인치 넓이에 2인치의 방사선 모양으로 굽어 있다.

오목하게 파인 부분이 위로 향하도록 암키와를 가지런히 놓고 숫키와를 그 이음새에 얹어 놓은 다음 점토와 몰타르로 접착시킨다. 용마루에는 암키와를 몇 겹 쌓기 때문에 배수는 완벽하다. 지붕의 물매가 매우 빠르기 때문에 장마철일지라도 지붕이 새어 고생하는 일은 없다. 특히 동양의 건축에서는 지붕이 우아한 곡선을 이루면서 중앙에는 조금 가라앉고 끝이 조금 치켜 올라간다.

한옥의 온돌과 마루의 배열은 특이하다. 널빤지가 깔려진 여름 방이 있지만 주요한 거실은 다른 방식으로 되어 있다. 열을 내고 요리하는 난로는 조선에 알려져 있지 않고 다만 일본의 히바치와 같은 작고 뚜껑이 없는 냄비가 있다. 난방을 위한 설비는 다른 한 종류가 있다. 가난한 집에서 음식을 요리하는 불이 거실 겸 침실을 따뜻하게 해준다. 불을 때는 아궁이는 약 1피트의 넓이와 깊이로 옥외에 설치되어 있고 요리를 위하여 솥이나 냄비가 놓여 있다.

불을 때는 곳은 거실 다음에 있는 부엌의 가장자리에 있다. 굴뚝은 거실의 끝에 있다. 부엌에서 시작된 고래는 방의 크기에 따라 두세 갈래로 나뉜다. 고래는 마치 배수로처럼 되어 있는데 폭이 1피트 정도가 되며 돌로 만들어진 구들장 밑을 지나 방 끝에서 하나로 합쳐져 굴뚝으로 이어진다. 굴뚝은 대개 집밖에 매우 조악하게 만들어져 있다. 따라서 부엌에서 때는 불은 요리와 난방의 두 가지 역할을 한다.

구들은 찰흙과 1~2인치 두께의 석판을 가지런히 놓아 만든다. 바닥의 흙이 마르면 얇은 초배지를 바르고 그 위에 두꺼운 기름종이로 장판을 한다. 이 종이는 서양에서 볼 수 있는 융단의 역할을 하며 무늬를 넣는 경우도 있다.

부유층에서는 돗자리나 유명한 강화도의 화문석을 바닥에 깐다. 요처럼 사용되는 이 돗자리가 없을 경우에는 이를 대용할만한 융단이나 깔개가 없다.

이와 같이 구들장이 특수하게 고안되었고 신발이 뒤축이 그것을 뚫을 수도 있다는 사실 때문에 방밖에 신발을 벗어 놓는 습관이 생겼다는 것은 의심할 나위가 없다. 조선 사람들은 방바닥 위에서 잠을 잔다. 비록 가끔 보이기는 하지만, 조선 사람들은 침대를 쓰지 않으며, 가지고 있다 하더라도 단순히 장식을 위한 것이어서 높이가 몇 인치에 지나지 않는다.

겨울에는 위에서 설명한 바와 같이 방바닥을 데우고 이런 방식으로 방안 공기가 더워진다. 때때로 부속물로서 숯불을 담은 화로를 방안에 들여놓지만 일반적으로는 단지 온기는 위에서 설명한 아궁이를 통해 열을 공급한다. 이 장치는 경제적으로나 편리함으로 보나 주거용으로 가장 적합하다. 구들의 방식은 비록 요리할 수 있는 시설을 갖추고 있지는 않지만 외국인들의

건물의 외벽 모습

방에 쓰이곤 한다. 난로는 석탄을 태울 수 있고, 경제적으로 열을 제공하기 때문에 겨울에 난로를 즐겨 이용한다.

방바닥이 따뜻하기 때문에 겨울에 두텁게 입지 않고서도 추위를 느끼지 않는다. 연료는 잡초, 마른풀, 낙엽, 덤불, 나무 등 쓰이지 않는 것이 없다. 나무는 서울 근교에서는 비싸기 때문에 덤불, 마른풀, 잡초가 주요한 연료이다. 조선 사람들은 석탄을 거의 사용하지 않는다. 조선에는 석탄을 때는 받침쇠가 없어 아궁이에서는 석탄을 땔 수가 없다.

겨울이면 조선 사람들은 방안에서 뜨거운 열기와 오염된 공기를 견디며 지낸다. 그들은 유리창을 거의 밀봉하고 가능한 한 단단하게 문들은 만든다. 빛을 밝히고자 그들은 소기름이나 밀납 또는 갓이 없는 등잔을 사용한다. 등잔은 미국인들로서는 참을 수 없을 정도로 공기를 오염시키는데 조선 사람들은 별로 불편하지 않게 익숙해 있는 듯하다. 집안이든 밖이든 악취는 그들에게 불편함을 일으키지 않는 것 같다.

벽의 안쪽은 한지나 중국산 또는 일본 종이로 바른다. 벽지는 두루마리가 아니라 사각형이라는 점에서 특이하다. 조선의 도배장들이 두루마리로 된 외국 벽지로 외국인의 집을 도배할 때면 잘 감시해야 한다. 그들은 네모난 종이를 더 잘 다루기 때문에 두루마기 벽지를 토막 내어 붙인다. 밖으로 노출된 기둥과 서까래는 검은 갈색으로 착색되어 있어 광택이 나며 서까래 사이의 공간에만 종이를 바른다.

끝마무리가 잘 된 내부는 정말 예술적이다. 바닥에서 대들보까지의 높이는 12피트 정도이기 때문에 통풍이 잘되어 습기가 차는 일도 없고 건강에도 좋다. 한옥을 개축하여 사는 외국인들은 유리창을 사용하지만 조선 사람들은 일본인처럼 투명한 흰 종이를 사용하지 않고 반투명한 것을 사용한다.

지난 10년 동안 작은 유리의 사용이 늘어나 이제는 거리를 다니다 보면 1~2인치 크기의 유리가 문에 붙어 있는 것을 볼 수 있다. 이는 집안에 사는 사람들이 밖을 내다보려고 부착한 것이다. 길가 쪽의 벽에는 거의 창문이 없는데 이는 집안에 사는 사람들의 사생활이 노출되지 않게 하려는 관습 때문이다.

조선 사람들은 경제적 재료인 흙으로 벽을 만든다. 벽을 만들기 위해 그 기반을 돌로 쌓는다. 이 기초를 따라 6~8피트 거리로 말뚝을 박고 이것들의 흩어짐을 방지하려고 꼭대기를 단단히 고정시켰다. 1.5피트 정도의 넓이에 16~18피트 정도 길이의 널빤지를 말뚝 안쪽 가장자리에 넣으면 그 널빤지 안쪽의 공간은 벽을 만드는 넓이와 같다. 묽게 반죽한 흙을 이 널빤지들 사이에 단단히 쑤셔 넣고 다진다.

그 공간을 채우면 그 널빤지를 더 높여 당초에 계획한 높이에 이를 때까지 이런 식의 공법을 계속한다. 이윽고 판자를 옮겨 그만큼의 길이로 다시 세우는 작업을 계속한다. 그런 뒤 벽을 건조시킨 다음 회반죽을 바르고 그 꼭대기는 벽의 바깥쪽으로 돌출하는 기와지붕으로 보호한다. 돌같이 단단하며 내구성을 갖도록 흙으로 메우고 단단하게 다진다. 이때 주의해야 할 점은 표면 배수의 문제이다. 왜냐하면 우기에는 큰 비가 내리기 때문이다.

종종 경사가 가파를 때에는 물의 침식력이 크기 때문에 표면 배수가 불충분하거나 부주의로 말미암아 많은 벽이 무너진다. 40년 전에 만들었다고 하는 이런 형의 벽은 구조물이 매우 단단하므로 기와와 회반죽이 떨어져 나갔음에도 불구하고 지팡이로 쑤셔도 무너지지 않는 것을 볼 수 있다. 벽에서 지붕을 3~5피트 정도로 돌출시킨 것은 장마 때에도 벽을 보호하기 위한 것임을 지적하지 않을 수 없다.

조선 사람 생활의 색다른 모습은 물장수이다. 물론 조선에서도 급수 시설과 같은 것은 알려져 있지 않다. 비록 상당한 규모로 공동 수도 사업을 하는 것은 꿈에도 상상할 수 없는 것임에도 불구하고 대도시에 물을 공급한다는 점에서는 조선보다 더 좋은 자연 조건을 가진 나라는 별로 없다. 몇몇 집만이 개인 우물을 가지고 있기 때문에 외국인들은 깨끗한 물을 손쉽게 구할 수 있도록 마당에 우물을 파야만 했다.

취사와 가정 용수는 보통 길가에 6~8피트 정도 깊이로 판 공동 우물에서 길어 온다. 종종 6피트 내에, 때때로 3피트 내에 하수구가 흐르고 있기 때문에 많은 오수가 그 우물 속으로 스며들어 간다는 것은 의심할 나위도 없다. 집밖에 또는 그 정도의 편리한 위치에 가정의 음료와 취사 용수를 담아 두는 돌이나 항아리를 놓아둔다. 이들은 각 구역마다 일정한 번호가 있고 어떤 조합에 속해 있는 물장수가 우물에서 가져온 것이다.

물장수들은 스위스나 영국의 우유 장수들이 사용했던 것과 매우 흡사한 지게를 멘다. 물지게는 어깨로 메도록 되어 있다. 지게의 끝에는 밧줄이나 쇠사슬이 달려 있고 그 끝에 고리가 달려 물통의 손잡이에 달린 고리에 연결할 수 있도록 되어 있다. 이러한 양동이는 각기 약 3갤런을 담을 수 있으며 지게의 양쪽에 두 개를 나를 수 있다. 그들은 아침 일찍부터 이웃들에게 물을 공급한다. 물을 공급한 댓가로 그들은 각 가정으로부터 한 달에 얼마씩 돈을 받는다.

정부가 집에 우물을 파주지 않았기 때문에 우리는 이웃에서 물을 공급을 받았다. 그런데 이웃의 우물은 보통 우리가 공급을 받아야 할 공공 우물보다 조금 멀었기 때문에 결과적으로 공동 우물에서 공급을 받는 배달 비용보다 더 많은 돈을 지불을 해야 했다. 더구나 우리는 일반 조선 사람 가정에서 소비하는 양의 8~10배 정도의 물을 사용했다. 그러나 우리가 지불했던 돈은 한 달에 약 1달러 정도였다.

물론 물장수들은 길가 어디서든지 만날 수 있으며 비록 그가 지게를 메지 않았더라도 그의 걸음걸이로 알아볼 수 있다. 그들이 어떻게 양동이에 물을 가득 담고 물 한 방울 흘리지 않고 보폭과 진동을 유지하는지 외국인들의 눈에는 신기롭기만 하다. 그들은 물이 넘치지 않도록 양동이에 덮개를 씌우지도 않았다.

물은 윈치나 양동이로 퍼 올리는 것이 아니라 세 가닥의 짚으로 엮어 만든 새끼줄에 매달린 두레박으로 퍼 올린다. 두레박을 우물에 넣고 독특한 방법으로 우물 속 넣은 다음 가득 채워 퍼서 양동이에 부어 담는데 그 방법을 배우기란 쉽지 않다. 어떤 우물에는 도르래 장치가 되어 있으나 흔하지는 않다. 세탁은 일반적으로 집에서 하지 않는다. 몇몇 물건들은 집안에서 세탁을 하지만 대부분의 세탁물은 둠벙이나 냇물에서 빤다. 보다 자세한 것은 여성의 생활을 다룬 제8장에서 설명될 것이다.

조선 사람의 생활의 이상한 장면 가운데 하나는 교역이 이뤄지는 장터이다. 이러한 장터는 항상 냇가 근처나 네거리의 편평한 장소에서 벌어진다. 몇 개의 여관과 상품의 보호를 위한 조그마한 창고가 있는 곳이면 그곳은 장이 서는 곳이다. 한 마을에도 몇 개의 장이 서서 이웃에 대한 상품 교환의 매개 역할을 한다.

이러한 장은 매 5일마다 열린다. 다른 날에는 사막같이 보이다가 장날에는 북적거리는 인파와 행상들의 외침으로 활기를 띤다. 상품들은 좌판에 펼쳐져 있거나 노천에 진열되기도 하며 큰 우산이 교환될 상품의 저장을 위한 장소가 되기도 한다. 장은 다른 지역에서 다른 날에 열리기 때문에 행상들은 이곳에서 저곳으로 움직이는데 전번 장에서 팔리지 않고 남은 짐을 소나 당나귀 또는 그들 자신의 등으로 옮긴다.

이런 관습으로부터 전문적으로 짐을 나르는 사람과 행상을 하는 사람이 생겼다. 이 행상들은 부상이라 불리는 조합을 이루고 있다. 또한 짐꾼들은 보상을 조직했다. 부상은 정부의 감독과 보호 아래 있으며 1천명을 단위로 나누어 내부에 의하여 지도자나 책임자가 정해져 있다. 이 사람들은 여러모로 정부의 일을 돕는다.

예를 들어 그들의 유랑 생활은 정보원으로 상당히 가치가 있었기 때문에 그 방면으로 활용되기도 하고, 군역에 봉사하기도 쉬었다. 그들의 숫자는 약 15만정도이며 애국심이 매우 높다고 한다. 서울 주재 공사관의 무관이고 그 당시 미 해군 기수였던 푸크(G. Foulk) 씨가 작성한 문서는 길드의 역할에 대한 뛰어난 설명을 보여준다. 그것은 푸크 씨가 수도의 강력한 요새 가운데 하나인 송도를 방문하고 돌아온 경험담이다.

우리가 돌아오려고 할 때는 땅거미가 질 무렵이었다. 보부상의 책임자였던 지사는 도장을 사용하려고 가져 왔고, 산을 내려가는 우리에게 길을 밝혀 주려고 부상 30명을 불렀다. 분명히 사람이 살지 않는 험한 산악 지대에 우리가 있었으므로 그들이 어떻게 왔는지 그리고 어떻게 불렀는지를 나는 이해하지 못했다.

보부상은 신속하고 몸집이 크고 거친 산악인으로 보였으며 무명으로 된 둥그런 방울이 달린 밀짚모자를 쓰고 있었는데, 그 가장자리에는 "충의"라고 쓰여 있다. 우리는 매우 험준하고 길고 구부러진 비탈길을 내려갔다. 다른 무리들이 어디에 있나 살피면서 길을 밝혀 주고자 끊임없이 소름끼치게 외치는 보부상들의 관솔불 불이 우리의 길을 밝혀 주었다.

갑자기 우리가 첫 번째의 어두운 협곡에 도착했을 때 작은 천막이 있었는데 거기에는 200여명의 보부상이 화롯불이나 횃불을 들고 개울가에 모여 있었다. 책임자의 명령이 떨어지자 그들은 산에서 한밤중에 잔치를 준비했다. 그 책임자는 지난날 미국 공사였던 민영익으로부터 송도 지역의 보부상 책임자로 갑자기 부름을 받았는데, 그 무리들의 유용함과 충성심을 나에게 보여주려고 했다. 그들은 한밤중에 산 가운데를 그러한 장소로 택했다. 그 광경이 놀랍고 감동적이었다는 것은 더 말할 나위도 없다. 부하들에 대한 책임자의 태도는 매우 관대하고 친절했으며 부상들 또한 책임자에 대하여 극도로 공손하게 복종심을 보여주었다.

나는 그 잔치에서 주빈으로 자리를 배정 받았는데 가장 커다란 테이블 앞에는 다양한 음식이 쌓여 있었다. 옷을 잘 입고 친절한 얼굴의 늙은 보부상 우두머리가 나타나더니 그들의 일생에서 처음으로 외국인과 이야기를 나누는 사실에 대하여 신기함과 친절함을 표시했다. 조선에서의 나의 여행은 그들을 매우 기쁘게 한 듯싶으며 다른 외국인 동료들의 경우에도 마찬가지였을 것이다.

> 도시로 돌아올 때 책임자의 요구에 따라 우리의 호위는 후미에 배치되었다. 그들은 8마일에 이르는 바위 계곡과 위험한 협곡을 내려오면서도 모두 활력에 넘치며 기뻐하면서 우리를 호송했다. 평지에 가까운 마을에 이르자 30~40명이 횃불을 가지고 일정한 간격으로 오솔길 따라 도열하여 길을 밝혀 주었다. 오후 3시 우리는 영문에 도착하자 보부상들은 그들의 집이 있는 산으로 돌아갔다.[4)]

지구의 다른 쪽에 살고 있는 사람들이 우리들과는 다른 관습을 가지고 있다는 것을 예상할 수 있는 일이다. 따라서 다음부터는 우리의 모습과 다른 것들을 말하고 싶다. 그들은 집안에 들어갈 때나 길에서 아는 사람을 맞이할 때도 모자를 벗지 않는다. 그러나 남의 집을 방문할 때면 우리의 슬리퍼와 닮은 신발을 문 앞에 벗어 놓는다.

조선말은 단어로 쓰지 않고 음절로 쓴다. 그러므로 그것은 위에서 아래로, 왼쪽에서 오른쪽으로 읽거나 그 반대일 수도 있다. 일반적으로 쓰는 방법과 인쇄하는 방식은 내려쓰기인데 오른쪽으로부터 써내려 간다. 서문과 작자의 이름은 앞부분에 기록되어 있다.

시계는 시계 주머니에 넣지 않고 허리띠에 달고 다닌다. 그 결과가 사람들이 시간을 알려고 할 때는 시계를 들어올린다. 학교에서 학생들이 선생님의 시계를 보고 시간을 알려고 할 때면 학생들은 시계를 거꾸로 보아야 하는 어려움이 있다. 조선 사람들은 우리보다 더 많이 앉아서 일을 한다. 여자가 세탁이나 다리미질을 할 때, 목수가 평면을 고르거나 노동자가 장작을 쪼갤 때도 앉아서 일을 한다. 보행은 좌측통행인데 이러한 방법은 처음 겪는 사람들을 혼란스럽게 하고 있다.

---

4) (원저자 주) "Papers Relating to the Foreign Relations of the United States, transmitted to Congress"(December 8, 1885), Washington, 1886, p. 320.

손으로 셈하는 방식도 또한 특이하다. 모든 손을 움켜잡고 엄지, 검지 등으로 펼치고 여섯은 새끼손가락을 오므리고 일곱은 새끼와 무명지를 오므린다. 11은 다시 엄지손가락을 편다.

중국에서와 같이 가족 이름이 앞으로 나와 만약 김철모라고 쓰면 김이 성씨이다. 그러나 그들은 그런 방식으로 소개하지 않고 김 서방이니 김 씨라고 부른다. 모든 칭호는 성의 다음에 온다. 그러므로 귀족들은 "백작 민"이라 부르지 않고 "민 백작"이라고 부른다.

열병식에서는 기병대가 길을 따라 말을 타고 나타난다. 네 가지 방위를 말할 때 그 순서는 동서남북이다. 따라서 중간 방위를 표현할 때는 "남동"이나 "북서"가 아니고 "동남"이나 "서북"이라고 한다.

농부들은 쟁기를 왼편에 두고 골을 내며 농토를 편평하게 만드는 대신에 옥수수 경작지의 그것과 매우 유사하게 골을 낸다. 판자나 널빤지를 켜기 위한 톱니는 한 방향으로 튀어나온 것이 아니고 끝을 향하여 중앙에서 바깥쪽으로 튀어나와 있다.

남자들은 낮에 외출하는 데 익숙해져 있다. 통행금지의 종이 울린 뒤면 남자들은 집안으로 들어가고 여자들이 외출을 한다. 분수에서 분모가 앞에 나와 3/4이 아니라 4분의 3이다.

주연에서의 상석은 주인의 왼쪽이다.

계절의 순서는 똑같지만 하늘에 있는 태양의 운행이나 기온과 무관하게 첫 번째 3개월은 봄이고 다음은 여름 순이다. 다음의 장에서는 조선에서의 외국인이 주의할 점과 그렇지 않아 무례를 저지르는 것에 관해 설명하고자 한다.

제 7 장 복식과 장식

동아시아에 처음 오는 서구의 여행객들은 충격적인 느낌을 받는 것 같다. 만약 그때가 밤이라면 해변이 눈에 들어오기도 전에, 아니 몇 백 마일 바깥에서부터 바다에 온통 고기잡이 어선의 불빛이 깔려 있는 것을 보고 놀랄 것이다. 이 어선들은 날씨가 좋을 때면 언제나 출어한다. 만약 그때가 여름철의 대낮이라면 배의 모양뿐만 아니라 어부의 의상까지도 다른 문화권에 진입해 있음을 알게 해준다.

6월이 지나면서 내가 소속한 단체는 1야드짜리 넓은 품의 옷을 걸친 일본인 선원을 만날 준비를 했다. 해안에 도착해서 항구로 들어가며 나는 이 옷이 선원의 복장이라고 생각했다. 왜냐하면 지난날에 완전히 성장(盛裝)한 일본인을 본 적이 없었기 때문이었다. 우리는 상륙하고 난 뒤 인력거를 타고 외출했는데, 허리에 걸친 옷을 제외하고는 모두 벗은 노동자들을 자주 보게 되면서 점차로 익숙해졌다.

그들이 떠난 뒤에도 우리가 본 사람들은 모두 훈도시 바람으로 나다니고 있었다. 일본의 하인들은 고용주에게 복종하는 뜻으로 성장을 하지만 어부나 마을에 있는 사람들은 이 나라 거리의 습속 때문에 벗고 다가와도 신경을 쓰지 않는다는 사실을 알게 되었다.

조선의 의류의 종류는 보통 표백을 안 한 무명, 표백된 모슬린 비난과 초의이며 모직물이 없다. 한반도에서는 수도 부근의 몇 곳과 북부 지방 몇 곳 그리고 중국 국경 지대를 제외하고는 양을 사육하지 않는다. 모피의 부족으로 조선 사람들은 모직 의류를 입을 수 없다. 주류를 이루는 색상은 그들의 성향이라 할 수 있는 백색이다. 그러나 여자들의 무명옷은 옥색으로 물들이고 아이들의 옷은 붉은 색이나 분홍빛으로 염색한다. 검정색은 모자에만 쓰인다.

거리를 다녀 보면 색상의 종류가 그 지위나 신분에 따라 다양하고 밝다. 푸른색, 붉은색, 분홍색, 흰색 그리고 푸른색이 섞여 변화무쌍한 풍경을 연출한다. 어떤 옷은 이 모든 색깔을 다 가지고 있다. 스타일에서는 변화가 없다, 유행이 한번 결정되면 모든 사람들이 이를 고수한다. 그래서 조선 사람들은 고리타분하다고 어느 중국인 보수주의자가 말했을 정도이다. 지금의 의상은 400여 년 전에 들어온 것으로서 15세기 중국의 의상과 일치한다. 의류의 모델은 중국이지, 일본이 아니다. 조선에서는 벗고 다닐 수가 없다.

조선 사람이 몸단장에서 가장 신경 쓰는 곳은 머리이다. 머리 스타일은 남자와 여자 그리고 아이들에 따라 다르며, 중국인들의 변발에 동화되지 않았음이 분명하다. 중국인들은 머리 꼭대기 부분만 남기고 모두 밀어 버린다. 조선의 아이들은 모두 머리를 땋아 내린다. 조선 사람들은 머리를 가꿀 때, 검은 착색료가 들어 있는 기름을 사용해서 검고 윤기 나는 머리를 만들려고 애쓴다. 그 결과 아이들의 땋은 머리가 바람에 이리저리 날리는 바람에 상의의 등 부분과 어깨 부분이 더러워진다.

소년이 약혼이나 결혼을 하게 되면 성인이 되어 머리 스타일에 변화를 가져오게 된다. 신붓감이 결정되고 약혼을 하면 신랑은 머리를 틀어 머리 꼭대기로 빗어 올려 2인치쯤 되게 위로 솟도록 잡아 묶는데 이것을 외국인들은 top-knot(상투)라 부르지만 조선 사람들은 알이라고 부른다. 이 상투의 길이는 2인치 정도이며 마치 작은 뿔같이 머리 위로 솟아 있다.

상투를 제자리에 고정시키려고 줄로 묶는다. 다음 순서는 망건을 매는 것이다. 이는 띠의 일종으로 1.5인치 정도 넓이의 말갈기로 만든 것이다. 망건은 이마의 중간쯤까지 내려와 머리 주위에 동인 다음 머리 주위를 단단하게 돌려 뒤로 묶는다. 묶을 때 매우 아프고 이마 주위에 깊이 자국이 남는데 한 계절이 지나면 영원히 자국이 남거나 혹은 거의 머리 주위에 1/8인치 정도 깊이로 패여서 확연히 그 자국이 보인다.

망건을 쓰는 목적은 머리털을 제자리에 있게 하려 함이다. 몸단장 용구 가운데는 작은 뼈나 조개껍질로 만든 칼이 있는데 그 모양은 종이를 자르는 작은 칼과 같다. 머리가 흐트러졌다거나 삐쳐 나왔을 때 이것으로 머리칼을 안으로 밀어 넣으며 때때로 이것을 가지고 망건이 조이는 것을 완화시켜 아픔을 더는 경우도 있다.

한 한 달쯤 망건을 쓰고 나면 아픔도 가시고 필수 불가결한 치장이 된다. 그들은 망건과 함께 항상 작은 핀과 거북 뼈 혹은 심지어 옥으로 만든 빗을 가지고 다닌다. 소년이 일단 이것을 쓰게 되면 이제 어른이 된다. 이제부터 그에게 말을 할 때에는 하대해서는 안 되며 "아무개 어른" 또는 "아무개 씨"의 경칭을 써야 한다.

여자들은 머리를 양쪽으로 갈라 가운데에 가르마를 타고 곧 바로 머리 뒤에 모아서 목 뒤쪽으로 그리스 스타일처럼 꼬아 이 사이로 비녀를 꽂아 고정을 시킨다. 비녀는 둥글고 둘레가 1/4인치 정도에 아마 길이가 5인치 정도 될 것이다. 이것은 거북 껍질이나 금속으로 만드는데 조선의 여인들은 비녀를 간절히 가지고 싶어 한다. 비녀의 머리는 옥이나 진주 혹은 마노와 같은 귀금속으로 장식한다. 외국인의 직장에서 일하는 간호원이나 침모들은 처음 한 달에서 석 달 치 봉급으로 4~5달러짜리 비녀를 구입한다.

일반적으로 사용되는 의류는 모자인데 망건까지 합쳐 서너 종류를 한 번에 다 쓰게 된다. 허리까지 내려오는 상의를 입고, 속옷 위에 품이 풍성한 바지를 입고, 댓님으로 발목을 묶고, 솜을 집어넣은 버선을 신는다. 그 위에 소매가 넓고 엉덩이 아래까지 내려가서 손목 바로 밑에서 끝나는 도포를 입는데 그 소매가 어찌나 큰지 상인들은 종종 그곳에 놀라울 만큼 많은 물건들을 넣어 가지고 다닌다.

관리들은 이 주머니 안에 부채와 손수건, 쪽지 그리고 말린 물건들을 넣고 다닌다. 또 필수적인 지갑, 칼, 담배쌈지, 담뱃대와 부싯돌 혹은 성냥 등은 조선 사람이라면 다 가지고 다닌다. 고관대작의 경우에는 위에 열거한 물품들을 하인이 가지고 다니게 한다. 외국인들로서는 그 물건들을 차례로 다루어 보면 재미있고 신기하다.

조선은 세계적으로 유명한 모자의 나라이다. 종류는 다양하지만 변화가 없다. 아마존 밀림에서 머리 위에 걸쳐 있는 가지로부터 떨어지는 뱀을 막아 주는 우산처럼 생긴 것을 제외하고는 조선이야말로 모자의 첨단을 걷는 나라이다. 모자는 아마도 챙에서 꼭대기까지 2피트 정도 되는데 규격이 동일하다. 그 소재는 말총, 비단, 대나무이며 모자 폭이 좁아 머리에 잘 맞지 않아 망건을 쓰고 갓끈으로 턱 밑에 묶는다.

어떤 사람들은 끈 대신 아름다운 호박이나 거북의 등껍질로 만든 구슬을 실에 꿰어 쓴다. 이것은 정장용 모자로 우리가 쓰는 중절모나 실크 햇트에 해당한다. 대체로 한 번에 한 개의 모자를 쓰지만 어떤 때는 세 개를 함께 쓴다. 첫 번째가 망건이고 그 위에 과거를 보았거나 학자의 서열을 나타내는 모자를 쓰고, 그 위에 갓을 쓴다.

과거에 합격된 사람의 모자는 특이하게도 2층으로 되어 있다. 앞쪽의 이마 부분은 낮고 여기서부터 모자는 머리 중심에 이르면 층을 이룬 다음 뒤쪽으로 와서 높아진다. 대궐에서는 외출용 모자를 쓰지 않으며 관리의 모자 대신에 그와 비슷하게 생긴 모자를 쓴다.

그 모습은 날개같이 생긴 부착물이 모자 뒤쪽에 붙어서 귀 바로 위에서 둥글게 양쪽으로 펴져 내려온다. 이 날개처럼 생긴 것이 안쪽으로 둥글게 펴진 것은 왕의 명령을 들으려고 시자나 신하들의 귀가 항상 열려 있다는 것을 상징한다. 왕도 그와 같은 종류의 모자를 사용하지만 뒷날개가 위로 치켜 올라 있다. 곧 그에게는 아무도 명령할 자가 없음을 뜻한다.

갓은 세 가지로 구별되는데 일꾼들의 것, 상주의 것, 승려들이 용도에 따라 저마다 다르다. 일꾼들의 모자가 제일 크고 상주가 쓰는 것도 크기가 비슷하지만 모양이 약간 다르다. 그 모양은 모두 편평한 원추형이지만 그 테두리의 모습이 다르다. 일꾼들의 것은 곧게 펴진 테이고, 승려들의 것은 부채꼴 모양에 가운데가 돌출했고 상주의 것도 부채꼴이지만 안쪽으로 굴곡이 져 있다.

승려의 모자는 차양이 좀 더 작고 더 두꺼우며 크고 모자 둘레가 약 18인치 정도인데, 풀을 엮은 것이다. 일꾼들의 모자는 대개 나무를 벗긴 것으로 매우 얇고 마치 엮어 만든 바구니와 비슷하다.

상주의 모자가 가장 크고 짚으로 만들었으며 얼굴 쪽에 층을 두었다. 이 모자들은 모두 머리에 맞게끔 모자 안에 틀을 가지고 있다. 상주의 모자 크기가 큰 것은 초상을 당한 그 죄인의 가족에 대하여 하느님이 노여워하고 있으므로 얼굴을 가려 하늘을 볼 수 없도록 한다는 뜻이다.

이 모자를 쓴 다음 가로 12인치 세로 8인치 규격의 풀잎으로 만든 가리개를 두 끈으로 갓에 매달아 밑 부분까지 내려와서 얼굴을 완전히 가린다. 이것은 남자 어른만이 쓴다, 가톨릭 신부들은 이를 위장용으로 이용하여 몰래 들어와 머물 수 있었다고 한다. 이 모자 밑에서 그 사람 얼굴을 들여다보는 것은 금지되어 있는데 이 예법이 신부들의 안전을 도모했다.

초상을 당한 사람은 도성의 출입이 금지되어 있다. 결과적으로 상을 당한 신하는 3년 동안 조정에서 물러나 갓을 쓰고 3년 상을 치러야 한다. 그러나 왕이 특별히 지시를 내려 그를 대궐로 부를 때에는 그 기간이 빨리 끝날 수도 있다. 왕족이 상을 당하면 모든 국민이 다 상복을 입는다. 더 자세한 장례 풍속은 뒤에 다시 언급하기로 한다.

신분이 다르면 모자의 모양도 다르다. 군인들은 거친 촉감의 동일한 모자를 쓴다. 기생은 독특한 모자를 쓴다. 과거가 시행되는 날이면 선비들은 지

스님과 상주

원자임을 나타내려고 특별하게 생긴 모자를 쓴다. 여자들은 겨울에만 모자를 쓴다. 소년이나 남자들도 챙이 없는 털모자를 쓴다. 장옷으로 얼굴을 가리는 것이 그들에게는 모자 역할을 해준다.

중국과 마찬가지로 조선에서도 모자를 쓰는 것이 상대방에게 존경을 표시하는 행위이다. 나의 조선어 선생님은 수업을 시작하자마자 갓을 벗고 탕건으로 바꿔 쓰더니 나를 슬그머니 쳐다보면서 이것이 결례인지를 내가 아는지 모르는지를 살폈다. 모자를 쓰는 방법이 특이하고 매우 훌륭하여 고관들에게는 모자가 그들의 감투를 대변한다고 말할 수 있는데 그들의 용어를 빌리자면, "그리 요란스럽지 않다."

저고리는 셔츠처럼 입는다. 소매가 있고 길이가 아주 짧은 신사복 윗옷을 닮아 입기에 아주 쉽고 편리하다. 바지에 대해서는 별로 말할 필요가 없다.

품이 풍성하고 자루처럼 생겨 주아브[1] 병사의 복장 같다. 무릎 아래서부터는 폭이 좁아지며 발목까지 행전으로 조여 맨다.

버선의 모습도 매우 특이하다. 버선은 흰색인데 속에 솜이나 원사 패드나 비단 천 등을 넣어 만든 것으로 생각보다 둔하지 않고 오히려 아주 맵시 있다. 패드는 신발의 구조상 필요한 것이다.

신발은 그 소재가 나무, 짚, 끈, 천 및 가죽 등으로 되어 있다. 일꾼은 맨발에 짚신을 신고 더러움을 타는 일을 하려고 거리에 나간다. 나막신은 나무를 잘라 땅에서 3인치가량 위로 올라오게 두개의 굽을 달았다. 이 신발은 비올 때 신는다. 이런 종류의 신발은 매우 딱딱하고 발에도 잘 맞지 않는다. 버선을 신게 되면 안 신은 것보다 훨씬 부드럽고 편하다. 이것을 신고 걸으려면 상당한 연습이 필요하다.

어느 서양 여인이 어느 날 문간에 놓인 나막신을 보고 문 바깥의 진흙탕을 가볼까 하는 생각이 들었다. 그는 신을 신고 발을 내디뎠지만 발이 진흙 속으로 푹 들어가 버리고 말았다. 짚신은 몇 푼 안 되는 싼 신발로 오래 신지 못한다. 도로 사정이 괜찮은 길을 하루 걸으면 망가진다.

끈으로 만든 신은 매우 세련되고 다양한데 잘 만든 것은 날렵하고 예쁘며 자주 빨고 표백을 해서 매우 희다. 이 신발은 신발에 달린 올가미에 발가락을 밀어 넣어 신게 되어 있고 뒤꿈치에도 걸림 장치가 달려 있으며 밑에는 가죽 창을 대어 매우 질기게 만든다. 서양의 신발에서 볼 수 있는 굽은 없다. 가죽과 천은 바닥에까지 올라와 있지 않으나 두껍고 밑에 톱니 같은 것이 있는 밑창을 쓰는데 보기가 매우 좋고 누가 신어도 편할 것같이 보인다.

어느 유럽 사람이 신어 본 결과 버선을 신지 않은 채 신발을 신고 걸으면 바닥의 돌출부와 혹 같은 것에 의해 물집이나 굳은살이 박인다고 한다. 관

---

1) 주아브(Zouave) : 알제리인으로 편성된 프랑스의 경보병으로서 아라비아의 고유 의상을 입었다.

리들이 등청할 때는 어두운 색깔의 장화를 신는데 분명 다른 곳에서는 이를 신지 않을 것이다. 조선 사람들은 집에 들어갈 때 문밖에 신을 벗고 버선발로 들어간다. 집안의 하인들은 신발을 벗고 조용히 돌아다닌다.

일본에서 살아온 사람의 경우, 하인들이 신발을 질질 끌고 다니는 것이 보기에 좋지 않았겠지만 뒤를 묶지 않아 매우 편하다. 일본의 신발은 집에서 신는 슬리퍼로서 엄지와 검지 발가락에 고정되게 짚으로 구멍을 만들어 편편한 밑창에 단다. 그 결과 앞쪽이 들리면서 뒷굽이 바닥에 끌리기 때문에 소리가 나 신경을 건드린다. 조선의 의상은 일본의 그것을 단연 능가한다.

도포는 여러 가지 종류가 있는데, 꼭 정장한 연미복처럼 뒷부분이 매우 길다. 어떤 것은 앞서 언급됐듯이 소매가 풍성하며 마치 신사복 상의와 같은 것이다. 그 색상은 보통 흰색인데 장가가는 청년들은 분홍색을 입으며 때때로 연푸른색도 있고 녹색도 흔히 볼 수 있다. 흔히 색깔이 다른 단으로 만든 도포를 한꺼번에 입는데 멋이 있지만 좀 이상스럽다. 겨울에 입는 도포는 옷감이 같지만 솜을 넣고 누빈다. 부자들은 족제비나 밍크 털로 재단해서 입는다. 겨울에는 바지와 저고리에 솜을 넣고 누벼 혹한을 견딘다.

여인들의 옷은 위의 것과 약간 다르다. 그들도 남자들처럼 나막신이나 가죽신을 신고 버선을 신으며 같은 바지를 입고 댓님을 매지만 그 위에 푸른 치마를 무릎 밑까지 가린다. 처녀들은 분홍치마를 입는다. 거리에 나다니는 여인네는 깔끔함이 표본처럼 보이며 신발이나 버선이나, 치마나, 댓님이 모두 햇빛에 빛나는 눈과 같다. 그들은 치장을 좋아하며 피부에 뽀얗게 분을 바르는 데 익숙하다.

여인들은 은으로 만든 쌍가락지를 낀다. 금을 장신구로 쓰는 경우란 거의 없다. 여인들의 옷 가운데는 머리 위에 쓰는 장옷이 가장 특이하다. 이것은 녹색이나 청색 옷감으로 만드는데 그 유래는 이렇다.

언제인가 이 나라에 난리가 일어나 남자들이 서둘러 군대에 나갔는데 여벌의 옷을 집으로 가서 가져올 수가 없었다. 이와 같은 상황에서 아낙네들은 남편을 위해 도포를 지어 남자들과 함께 그들이 있는 곳에 그 옷들을 뒤집어쓰고 가 재빨리 남편에게 넘겨 줄 수 있도록 했다는 것이다.

이 이야기가 진실인지 아닌지는 모르지만 분명히 지금으로서는 그 이유가 합당한 것이 아니라고 생각된다. 왜냐하면 여자들이 쓰는 장옷이 너무 짧고 작으며 따라서 추위를 막아낼 것 같지가 않기 때문이다. 아마도 햇빛을 가릴 의도로 입는 것 같다. 그 유래와는 달리 실제로 장옷을 쓰고 다니는 것을 보면 시체 같은 모습이 얼굴을 가리고 소매를 휘날리며 나다니는 것 같아 보기에 좋지 않다.

복식을 거론하면서 관리들의 의상을 빼어 놓을 수는 없다. 그 재료는 앞서 잠깐 말했지만 겉은 녹색 도포로서 여러 가지 문양을 새긴 네모꼴을 등 뒤에 단다. 그 문양은 학이나 호랑이를 쓰는데 학은 문관이고 호랑이는 무관을 뜻한다. 어느 직위 이하의 관리들은 하나의 문양뿐이지만 어느 직위 이상의 관리는 두 개를 쓴다.

덧붙여서 귀 뒤쪽의 망건 위에 붙은 동곳으로도 벼슬의 높낮이를 구별한다. 참의는 흰 단추를 쓰는데 대개는 옥이고, 참판 이상은 금단추를 쓴다. 주상께서 외국인에게 벼슬을 내릴 때는 대개 선물로 이것을 보낸다.

여름에는 피서를 위해 특이한 기구들을 사용하는데 몸에 대나무로 만든 옷을 입는다. 이 대나무 제품은 몸에 옷이 붙는 것을 막아 준다. 그리고 공기가 그 사이로 들어오게 해서 시원하게 해 주는 것이다. 팔에도 마찬가지로 말 털로 만든 토시를 끼는데 그 용도는 마찬가지이다.

상복은 누른색을 띤다. 상주의 옷은 베로 만든 것으로 그다지 바랜 빛깔은 아니다. 비가 올 때 조선 사람들은 겉옷이나 어깨에 도롱이를 걸치는데 그 소재는 짚이나 나무 혹은 풀로써 초가집 지붕처럼 비가 스미는 것을 막는다. 이와 같은 비옷은 조선에서보다는 일본에서 더 일반적이다.

대개 비를 막는 데는 방수 외투를 입는데 그 재질은 비를 막아내는 데 쓸모가 꽤 있는 기름종이를 쓴다. 우산 대신에 일종의 지붕처럼 대나무로 만든 갓을 쓴다. 따라서 빗물은 모자 위로 떨어져 흘러 도롱이 위로 떨어지고 이것이 다시 땅으로 떨어지게 된다. 비올 때 신는 신발도 같은 재료로 만드는데 도료를 칠한다.

모든 재료는 앞서 언급한 바와 같이 조잡한 초의에서 중국 비단에 이르기까지 다양하며 착용자의 부유함에 따라 선택이 다르다. 여러 가지 점에서 볼 때, 주된 색깔은 흰색이어서 옷에 쉽게 흙탕물이 튀어 얼룩이 생겨 더럽혀진다. 따라서 조선 사람들은 누군가 주장하는 것처럼 그렇게 불결하지 않다는 것을 기억해야 한다. 하루의 일과가 끝나면 몸을 씻고 깨끗한 옷을 갈아입고 집에 갈 때 마치 저녁 산책을 하는 신사처럼 걸어간다.

조선 사람들은 시계를 마치 칼처럼 허리띠에 차고 다닌다. 대부분의 신사들은 밤이면 시계를 침대 옆에 고정시켜 놓고 낮이면 수놓은 상자 속에 넣고 다닌다. 때로는 속옷에 붙은 여자 핸드백과 같은 주머니 속에 넣어 다니기로 한다. 노동자를 중심으로 조선과 일본의 의상을 비교해 볼 때 조선이 훨씬 더 단정하다. 동시에 조선의 도포를 제외한다면 일본에서 볼 수 있는 그림 같은 모습이 조선에 없다고 말할 수는 없다.

제 8 장 여성의 생활

여성들의 은둔 생활로 미루어 볼 때 그들은 이 나라의 정치, 경제 및 사회 생활에서 거의 할 일이 없다고 여겨질지도 모른다. 아마도 해외에 알려진 그러한 인상은 틀림이 없을 것이다. 여성들은 또한 집안에서도 하찮은 존재라고 외국인들은 생각했다. 그들은 교육 제도에서 아무런 역할을 담당하지 않는다. 우리는 때때로 개화된 여성들에 대한 얘기를 듣거나 조선의 소설이나 이야기 속에서 그러한 인물들을 보게 되는데 그것은 그들이 극히 예외적인 존재이거나 그들의 관계는 불가사의한 것이라는 점을 명백하게 나타내 주는 것이다.

처녀가 결혼을 하면서 자기 부모들의 처분대로 한다는 점은 그가 거의 독자성을 누리지 못하는 것처럼 보이며 자신의 남편으로부터 이혼 당하거나 버림받을 수 있다는 사실은 그를 가련한 존재로 보이게 만든다. 그러나 여성의 지위가 외국인들이 생각하는 것만큼이나 그렇게 열악하지 않다는 사실을 보여주는 사례는 허다하다. 나는 여성이 존경받고 있다는 사실을 이미 밝힌 바 있다. 남편과 자녀들은 그에게 말할 때 예의바르고 정중한 용어를 사용한다. 사업 문제에 대하여 자신의 부인과 상의하는 것은 남성들의 습관이며 여성의 선천적인 섬세함은 흔히 여유 자금을 사용할 때 나타난다.

대부분의 조선 사람들은 왕이 왕비의 제안에 무척 관심을 기울이고 있으며, 때때로 왕비는 당연히 발 뒤에서 얘기를 하고 있다는 사실을 조만간 알게 된다. 한 마디로 말해서 미국에서와 마찬가지로 조선에서는 가정주부가 매우 중요한 인물이며 그가 그러한 상황에서 열쇠를 쥐고 있는 것과 마찬가지로 가정을 화목하게 만들거나 혹은 그 반대로 만들 수 있는 수많은 일을 할 수 있다. 여성들의 특수한 생활 양식이라든가 여성들을 규방에 가둬 두는 은둔 생활의 관점에서 볼 때 대담성은 조선 여성의 특징이 아니라는 것은 당연하다.

조선에 머무는 동안 나는 이러한 부류의 여성들과는 다소 동떨어진 부류의 여성들을 딱 두 번 목격했는데 하나는 행실이 바르지 않은 기생들이었다. 또 다른 하나는 천한 재능을 지닌 여성들과는 달리 우리 집을 방문했던 조선의 여성들은 예절바르고 매혹적인 소박함을 지니고 있었다. 이들 가운데 한 사람은 나의 조선어 교사의 부인이었는데 그는 아내로서의 헌신이 물씬 풍겨 나는 표본적인 사람이었다.

그는 남편의 말 한마디 한마디에 다소 수줍은 듯한 미소를 머금고 있었으며, 그에게 남편은 완성의 극치였다. 그와 동시에 그는 분명 자기 남편의 마음속에 간직된 가장 사랑스런 존재였다. 어버이로서의 애정을 불러일으키면서 다소 부족함이 있기는 했지만 그들의 행복을 채우면서 부족함이란 아무 것도 없는 것처럼 보였다. 도시나 지방에 가는 곳마다 자녀들에게 아버지들의 다정함은 지극한 것이어서 조선에서 이뤄지는 인습적인 결혼이 미국에서 얘기되는 것만큼 그 결과에서 불행한 것은 아님이 분명하다.

조선에서의 여성의 노동은 미국에서와 마찬가지로 매우 동일한 방향으로 이뤄지고 있다. 여성은 부엌일과 세탁 일에는 여왕과 같은 존재이다. 그는 재봉사이자 재단사이며 남편의 계급장을 명주실로 수놓음으로써 자기 존재의 단조로움에 변화를 주고 있다.

조선의 요리법은 매우 제한되어 있다. 쌀이 주식으로서 그것으로 밥을 지어먹는다. 국은 보통 우리 나라에서처럼 고깃국으로서 거의 동일한 목적으로 차린다. 고기는 우리만큼 그렇게 흔치 않지만 그것을 먹을 때는 대체로 불에 익혀 먹는다. 그러나 가정주부는 채소와 우리가 사용하는 것처럼 그렇게 맵지 않은 고추를 이용하여 다양한 음식을 만드는데 이것이 가족의 식욕을 돋우는 것처럼 보인다.

미국에서와 마찬가지로 조선의 몇몇 주부들은 음식을 만드는 솜씨가 매우 뛰어나 가장 선망의 대상이 되고 있는 솜씨 가운데 하나가 독일인들이 즐겨 먹는 배추절임(김치)이다. 이는 냄새가 향기로운 음식의 조리인데, 그것은 맛과 배합물에서 독일의 그것과 비슷하다고 한다.

조선의 신부들이 겪는 고통 가운데 하나는 시어머니가 현재까지 만들어 준 자기 구미에 맞는 음식을 남편이 기억하고 있다는 점이다. 과일을 캔에 보존하는 일은 거의 없다, 왜냐하면 조선에는 설탕이 거의 알려져 있지 않기 때문이다. 과자는 꿀과 여러 가지의 씨앗이나 콩으로 만들어진다. 그들은 일부 과일들, 특히 감을 말리는데 이는 수많은 식사의 양념으로서 사용된다.

빵을 만드는 과정 가운데 어느 것도 우리의 방식과 유사하지 않다. 내가 이제까지 살펴본 바에 따르면 조선에는 제분소가 없다. 팔레스타인에게 사용되고 있는 것과 비슷한 맷돌은 완두콩과 강낭콩의 껍질을 벗기거나 으깨는데 사용되지만 밀가루는 나무로 만든 커다란 절구통 속에 넣고 빻는다. 밀은 단지 적은 경지에서만 재배되며 서양에서 전래된 지 얼마 되지 않는다.

사용되는 공이로는 두 가지 종류가 있다. 그 가운데 하나는 단단하고 잘 말린 참나무로 만들었는데 공이의 한 가운데는 움푹 들어가 아래위 가운데서 어느 한 쪽 끝을 사용할 수 있다. 이러한 종류는 대체로 여성들이 사용한다. 다른 것은 커다란 망치의 형태를 띤 것으로서 상단부는 길이가 1피트 혹은 그 이상 되며 폭은 2~2.5인치나 된다. 그리고 그것은 나무 손잡이가 달린 돌이나 혹은 쇠로 만들어진다. 이것은 남성들이 의해 사용하며 무겁고 성가신 기구이다. 이러한 방법을 통해 아주 양질의 밀가루가 만들어진다.

빨랫터에서 돌아오는 여인

떡은 쌀가루로 만드는데 우리의 주식인 빵과는 다르다. 조선 사람들에게 떡은 음식에서 그다지 커다란 비중을 차지하지 않는다. 그들의 주식은 쌀이다. 쌀로 된 떡을 만들면서 효소를 사용하지 않는다. 그것은 주로 남성들이 만들며 성인의 힘을 필요로 한다. 가루에 물을 섞은 뒤 만들어진 반죽은 문짝 하나 정도 크기의 떡판 위에 올려놓고 기다란 손잡이가 달린 무거운 떡메로 두들기거나 아주 건장한 남성들의 어깨로 휘둘려 반죽된다.

여성은 종종 떡메로 한 번 내리치는 사이사이에 가루를 뒤집거나 능숙하게 그 언저리를 말아 올림으로써 반죽되는 것을 도와준다. 이와 같이하여 가루는 표현할 수 없을 정도로 흐물흐물한 덩어리로 반죽된다. 서구인에게 그것은 필시 잘 소화되지 않을 것처럼 보인다. 반죽이 되고 난 뒤 잘게 잘라서 소시지 정도 크기로 동그랗게 말은 뒤 숯불 위에 굽는다.

조선 사람들에게는 소화 불량이 많다. 떡은 그들의 시련을 잘 설명해 주고 있다. 일종의 옥수수빵과 같은 떡은 그것이 보드라워질 때까지 옥수수를 끓이고 연한 덩어리가 되도록 맷돌로 간 뒤 바싹 말려 굽는다. 거기에는 버터가 사용되지 않는다. 왜냐하면 젖소들이 사육되지 않기 때문이다.

그러나 여러 가지를 고려해 볼 때 요리는 단지 조선의 주부 생활에서 아주 작은 부분을 차지할 뿐이다. 주부의 가장 피곤하고도 그칠 새 없는 노동은 빨래이다. 대부분의 빨래는 집밖에서 이뤄진다.

가족이 사용하는 물은 대체로 돈을 받는 물장수에 의해 공급된다고 알려져 왔다. 가족 생활에서 절약은 매우 긴요한 것이기 때문에 이러한 방법으로 얻어지는 물은 부엌일이나 목욕을 하는 데에만 국한하여 사용한다. 따라서 빨래는 주로 우물가나 길가 혹은 시냇가나 강가에서 이루어진다. 심지어 다른 어떤 곳보다도 오물이 덜한 계곡 물이 흘러내리는 주요 하수구조차도 이런 목적을 위해 이용된다.

아침에 일어나 서울의 거리를 산보할 때면 머리에 옷 꾸러미를 이고 얼굴을 자그마한 옷깃으로 가린 채 가족의 빨래를 하러 성문 밖 개울이나 강가로 걸어가는 수많은 여인들과 마주치게 될 것이다. 서울의 외곽에는 이런 목적에 적합한 지형을 갖춘 장소가 여러 군데 있으며 화창한 날에는 빨래를 말리려고 풀밭이나 수풀 위에 널어놓은 아마포로 말미암아 거의 하얗게 보인다.

여기에 아낙네들이 길이가 1피트에 폭이 3인치 정도 크기의 자그마한 빨래 방망이를 가지고 와서 늘 이용하는 반질반질하고도 닳아빠진 돌 위에 쭈그리고 앉거나 무릎을 꿇고 앉는다. 그리고 하천 바닥의 움푹 들어간 곳에 옷가지를 올려놓고 계속해서 옷의 얼룩을 두드린다. 옷을 뒤집어서 덜 빠진 얼룩을 빼기 위해 또 다시 방망이로 두드린다. 그들은 마치 가락을 맞추는 것처럼 일정하게 방망이를 두드리며 지속적으로 내려치고자 방망이를 한 손에서 다른 손으로 잽싸게 옮겨 잡는다.

단추는 거의 달려 있지 않고 실이나 끈으로 꼬아 만든 매듭으로 옷을 여미기 때문에 방망이는 빨랫감에 아무런 손상도 가져오지 않는다. 빨래를 말리는 데 줄은 거의 사용하지 않는다. 왜냐하면 빨랫감들은 바위나 풀밭 혹은 수풀 위에 널어 말리기 때문이다. 이것이 바로 겨울과 여름철의 세탁 방법이다. 겨울철에는 물론 빨래를 하려고 얼음을 깨트려야 한다.

비록 나는 그 점에 대한 어떤 불만도 결코 들어보지는 못했지만 틀림없이 겨울철에 빨래를 하는 데에는 많은 고통이 뒤따르리라고 생각된다. 이러한 세탁 방법은 직물의 경우에 더 많은 어려움이 뒤따를 것으로 생각될 수도 있다. 그러나 비록 조선의 의류가 간혹 얇은 천으로 만들어져 있다고 할지라도 방망이질을 하는 것은 우리의 비벼 빠는 방식보다 옷감을 덜 손상시킨다. 효과에 대해서는 이견을 제시할 수가 없다. 왜냐하면 표백을 위한 세탁 방법으로서는 이보다 더 탁월한 것이 없기 때문이다.

쌀로 빚은 풀은 옷을 빳빳하게 하는 데 사용된다. 특히 흥미로운 것은 그들의 다림질 방법이다. 우선 다리미는 나무로 만들었으며 밑바닥이 평평한 대신 둥글고 짤막한 야구 방망이처럼 생겼다. 다림질 판은 평평한 널빤지

대신에 지름이 약 3인치에서 6인치 정도 되는 나무 롤러로 되어 있으며 그 주위에 옷감을 문지른다. 그들은 인두를 달구지 않으며 평평한 돌을 달구어 그 위에 다리미를 놓는다.

다리미질은 주름을 펴려고 서서히 누르는 대신 마치 북을 치는 것처럼 민첩하게 톡톡 두드리는 식이다. 두드리는 소리의 빈도로 미루어 볼 때 한 집안의 남자는 한두 명의 부인을 거느리고 있다고 말할 수 있다. 만약 두 명의 여인이 다듬이질을 하고 있다면 그들은 율동적인 움직임으로 두드림으로써, 보다 정확히 말하자면 아주 가까이 붙어 있지는 않지만 외견상 마치 아이를 어르는 것같이 하면서 다듬이질을 교대한다. 이러한 작업을 하려고 맨 끝에 앉아 있는 하녀가 옷감을 뒤집는다.

이상에서 말한 것 외에도 덧붙여질 것이 있다면, 대부분의 다듬이질은 밤에 이뤄진다는 점이다. 그런데 우리의 다림질 방식과 정반대의 것으로는 이 밖에도 또 어떤 것을 생각할 수 있을까? 그것은 다름 아닌, 이런 방식을 통해서 옷감에 아름다운 윤기가 나타날 뿐만 아니라 천에도 아무런 손상이 입히지 않는다는 것이다.

시골에서는 여성의 은둔 생활과 관련하여 엄격성이 덜하다는 점은 이미 앞에서 언급한 바와 같다. 따라서 들판에서 농사일을 돕고 있는 여인을 보는 것은 특이한 일이 아니다. 그들은 농작물의 수확을 돕거나 종종 그 준비하는 일을 돕는다. 그러나 일본의 여성에 비교해 볼 때 조선의 여성이 야외에서 하는 일은 적은 편이다.

여성들은 바느질에 매우 능숙하며 아주 섬세하다. 많은 일이 하루에 다 이루어지지는 않지만 일단 시작한 일은 아주 훌륭하게 처리한다. 명주로 된 누비이불과 같은 몇 가지 견본들은 그것을 살펴본 사람들로부터 커다란 찬사를 받아 왔다. 조선의 의복은 항상 매우 솜씨 있게 만들어진다. 그러나 수놓은 사람들의 솜씨가 아주 좋은 편은 아니다.

이 점에서 그들은 일본인들만 못하다. 수채화로 풍경을 묘사한 자수는 마치 그대로 본을 뜬 것처럼 보인다. 바위를 묘사하는 방식은 모든 작품에 반복되어 나타난다. 한편 새나 박쥐 그리고 나비를 묘사한 것들은 놀라울 정도로 실물에 가까우며 대나무와 여러 가지 꽃과 같은 인상적인 사물을 재현해 내는 데 정확한데, 다만 작품의 일반적인 효과는 단조롭고 볼품이 없다.

조선 사람들의 설명에 따르면 숙련된 자수가들은 궁궐에서 병풍을 수놓는 일하고 있다고 한다. 이 병풍은 때때로 관리들에게 선사되거나 때로는 중개상들을 통해 외국인들의 수중으로 들어가기도 한다. 이러한 방법을 통해 나도 특히 후덕한 조선 사람들로부터 하나를 얻게 되었다. 바느질을 하거나 수를 놓을 때에는 명주나 면으로 덮인 판지로 된 골무를 집게손가락에 끼운다. 이것은 그 일이 완만하게 이루어지고 있음을 설명해 준다는 것은 의심할 나위도 없다.

조선의 경우에 여성들의 성격은 공손하며 가톨릭교도들이 가장 번성한 것도 바로 여성 사회이다. 서울에서의 집회에는 500명 이상의 사람들이 온 경우도 있다. 그들은 대단히 진지하며 기독교에 대한 신심이 매우 열렬하다. 여성이 강하고 억센 남성보다 사회적으로 낮다고 생각하는 요즘의 통념이 모순된다는 것은 더 말할 나위도 없다. 그러한 사실은 단지 가끔씩만 자신의 부인과 대화를 한다고 알려져 있는 남편조차도 그가 자신보다 훨씬 미천한 존재라고 여기는 부인에게 말할 때는 경어를 사용한다는 점을 통해 이미 어느 책에서 지적된 바 있다. 나는 그 밖의 다른 사정에 대해서는 잘 알지 못한다.

기생에게는 무례한 용어가 사용되는 반면 기혼 여성들에게는 경어가 사용된다. 그런데 이것은 단지 표면적 용어 사용뿐만이 아니다. 어린이들은 여성들을 존경하며 대체로 순종적이다. 지체 높은 사람에게 결례를 하거나 또는 그러한 결례를 저질렀다고 여겨지는 어린이들이 약삭빠르게 그 잘못을 고치는 것을 본 사람이면 누구나 어린이들이 이러한 어머니의 높은 지위에 얼마나 커다란 존경심을 지니고 있는가 하는 점을 곧 알게 될 것이다.

그와 동시에 다른 한편으로 남성은 단순한 거부로써 이혼할 수 있다는 사실을 당연히 인정해야만 한다. 그러나 이혼에 대한 보상 청구는 아주 드문 편이다. 이혼은 필연적으로 세상에 알려질 수밖에 없는 일이며 가족 문제에 관한 한 이혼은 최후의 수단이다. 내가 알고 있는 한 이런 식으로 아내를 내쫓은 뒤 부부가 다시 화목하게 되었다는 것은 있을 수 없는 일이다.

제 9 장 놀이 : 공손함과 진지함

앞 장에서는 조선 사람들의 두드러진 특징으로서 근엄성을 지니고 있으면서도, 결코 즐거움을 누리는 것을 싫어하지는 않는다는 것을 나타내 주는 사항들을 충분히 설명했다. 그들은 정신면에서 일본인들처럼 경박하지 않지만 그렇다고 해서 중국인들처럼 둔감하지도 않다. 그들은 "그들 자신의 자그마한 농담을 좋아하며" 오락은 음식만큼이나 그들에게 소중한 것이다.

가까스로 설 수 있는 걸음마 단계의 어린애로부터 머리가 희끗희끗한 나라의 정승에 이르기까지 모든 사람들은 웃음을 좋아하며 또한 웃음을 자아내는 데 일정한 몫을 담당하고 있다. 그런 사람들 가운데 특히 어린아이들은 오락의 결핍으로 말미암아 고통을 당할 것 같지는 않다. 시내의 거리를 걷거나 도로를 따라가다 보면 마치 미국에서 볼 수 있는 것처럼 다양한 놀이가 벌어지고 있는 것을 많이 볼 수 있는데, 각각의 놀이는 그에 적절한 계절에 행해지고 있다.

일 년 가운데 어떤 시기에는 하늘이 연으로 물드는가 하면, 또 어느 계절에는 아예 연을 볼 수 없다. 그러나 어린이들이 노는 것 외에 아무 것도 할 것이 없다고 생각해서는 안 된다. 조선 사람들의 거의 대부분이 한글을 읽을 줄 알며 상당수는 한자를 읽거나 쓸 줄 안다. 그러므로 어린이들은 상당 부분의 시간을 학교에서 보내야 한다. 이러한 제도는 우리 제도와는 전혀 상반된 것이다.

정부 안에는 국민들의 교육을 전담하는 교육 부서가 없다. 교육은 개인적인 사업이다. 학교는 통상 소리가 나는 곳에 위치하고 있다. 거기에 다니는 어린이들은 중국에서처럼 큰 소리를 내며 공부를 한다. 따라서 몇몇 사람들은 소리가 크면 클수록 학생들의 수는 더 늘어나게 된다고 말하고 있다. 학업 원칙으로서의 이러한 것을 통해 15~20명의 학생들이 어떻게 웅성거리는 소리를 내는가 하는 것을 상상하기란 어렵지 않다. 소녀들은 학교에서 거의 찾아볼 수가 없다.

그러나 그들 가운데 다수는 국어를 읽을 줄 알며, 심지어 일부는 한자를 이해하는데, 그들은 학식 있는 형제나 혹은 부모로부터 지식을 얻어야 한다. 그러나 그들의 활동 가운데 대부분은 집이나 혹은 거리에서 아이를 돌보거나 가사 일을 보살피는 데 어머니를 돕는 것에 국한된다. 이러한 일을 하는 데 소요되지 않는 시간에는 거리에서 놀이를 할 수 있다.

그러나 아무래도 소녀들의 놀이 시간은 짧은 편이다. 왜냐하면 12세 정도의 나이가 되면 그들은 결혼할 시기가 되며 최소한 그러한 시기가 되기에 앞서 몇 달 동안은 남자들의 눈에 띄지 않는 여성들의 규방에 갇혀 있어야 하기 때문이다. 그렇기 때문에 그들의 세계관은 그들의 집의 창호지 문에 붙어 있는 1~2평방 인치의 유리를 통해 볼 수 있는 것에 국한되거나 아니면 그들이 거리에 나설 때면 언제나 착용하는 장옷의 깃 사이로 보는 것에 국한된다.

아기들은 일본에서와 마찬가지로 주로 좀 더 큰 아이의 등에 업혀 크며 업은 아이는 시궁창이나 혹은 업힌 아이의 무게에는 무관심한 채 즐겁게 그들이 좋아하는 곳이라면 어디에나 가 논다. 이처럼 등에 업힌 그들을 업고 다니는 좀 더 큰 아이들의 관심에는 아랑곳하지 않은 채 아기는 잠을 자거나 울거나 혹은 웃는다. 아기가 연을 날리는 소년의 등에 업혀 공중에서 반짝이는 연을 바라보거나 혹은 목이 마치 급작스럽게 떨어져 나갈 것 같은 자세로 등에서 머리를 떨군 채 잠들어 있는 모습을 보는 것은 결코 진기한 것이 아니다.

가장 대중적인 오락은 연을 날리는 것이다. 조선의 연을 날리는 것은 미국의 연을 날릴 때 요구되는 것보다 훨씬 숙련된 기술을 필요로 한다. 조선에서는 그것을 연이라고 부르는데, 연은 특이한 구조를 지니고 있다. 연은 거의 네모난 것으로서 질긴 종이로 덮인 얇은 대나무 가지로 이루어져 있고 가운데에는 구멍이 하나 나 있으며, 연의 윗부분 가까이의 양끝과 밑 부분의 중심부와 연결되는 세 가닥의 끈이 줄로 연결되어 있다.

연의 균형을 잡는 줄을 달려면 훌륭한 기술과 많은 연습을 필요로 한다. 윗부분 근처의 점은 연이 돌진하면서 오른쪽으로 기울어질 때 그러한 사항을 연을 조정하는 사람에게 알려주는데, 이는 연의 안전을 보장하려고 가장 필수적으로 알아야 할 사항이다. 연에는 대체로 꼬리가 없다. 그렇기 때문에 줄이 상당 부분 풀려질 때까지 연의 움직임은 대단히 불안정한 편이다. 줄을 잡아당기거나 푸는 데 조선 사람들이 사용하는 얼레는 서양의 것보다 훨씬 뛰어나다.

연을 날리는 사람들은 모두 기선의 외륜을 축소한 것과 같은 얼레를 사용한다. 굴대는 손잡이를 이루는 한 쪽으로 연장되어 있으며, 감는 손잡이는 다른 쪽에 있는 굴대 위에까지 미치고 있다. 연의 당기는 힘으로 줄이 팽팽해지면 굴대가 달린 얼레를 줄과 평행되게 하면 줄이 풀려 나간다. 소년은 줄을 잡아당기려고 줄과 엇갈리게 굴대를 돌리고 한 손으로는 얼레의 끝을, 그리고 다른 손으로는 굴대를 잡는다. 그리고서 전체를 한 번 휘두른 뒤 빠른 속도로 줄을 잡아당긴다. 이와 동일한 조종 방식이 낚싯줄과 갈고리로 낚시를 할 때 사용된다.

미국이나 영국 또는 일본이나 중국의 연을 날리는 것은 조선의 연을 조작하는 것보다 훨씬 더 쉽다. 어느 휴일에 세 명의 미국인 교사들이 이것을 시도해 보았다. 그들은 집에서 연을 날려 본 뒤 아무런 어려움이 없으리라고 기대했다. 그들은 줄을 조정하면서 조선 사람들이 취하는 기묘한 행동과 몸짓에 유념해 왔지만 이것이 조선 사람들의 선천적인 연 조종 기술의 결과라고 생각했다.

그러나 그 경우에 연날리기가 유일하게 성공되는 것은 몇 개의 연을 잃어버리고 난 후라는 것을 깨달았다. 그것은 곧 연이 돌진하면서 이웃집 마당에 떨어지거나 아니면 근처에 있는 소년들의 수중에 들어가게 된다는 것을 말한다. 꼬리가 없는 연은 이러한 노리개를 불안정하게 만든다. 그리고 줄을 풀면 연은 대개 곧바로 돌진하게 되는데, 그때는 신속하게 연을 조정하고 아주 잽싼 눈길로 주목해야 한다. 그러나 조선에서의 연날리기의 특징은 모든 세대의 어른과 소년들이 그러한 유희에 빠져든다는 사실에 있다.

연 싸움은 모든 사람들이 즐기는 놀이의 하나이다. 이러한 광경을 지켜보려고 가게 주인은 손님 접대를 중단하거나 매상의 손실을 감수할 것이다. 손님들도 대개 그 놀이를 보는 데는 아주 열심이다. 연싸움의 방식을 보면 공중에 떠 있는 연을 바라보면서 연이 움직이기에 알맞은 방식으로 연줄을 움직여 대는 어른이나 소년은 우선 재미를 즐기고 다소의 흥분을 불러일으킬 것을 결심한다.

그는 자신의 연을 띄운 뒤 적당한 거리에서 줄을 풀어놓는다. 그리고 그가 떨어뜨리기를 바라는 상대편의 연줄을 가로질러 가도록 하려고 연을 조정한다. 상대방의 연줄 끝에 있는 사람이 똑같이 솜씨가 좋을 경우가 종종 있는데, 그럴 경우에 그는 공격을 피하려고 자기의 연을 피하거나 비틀어 돌릴 것이다. 일단 두 개의 줄이 마주치게 되면 그들은 서로 얽히게 된다. 그리고 연들은 자신들이 살아 있다는 것을 쉽게 나타내기 위한 방법으로 공중에서 돌진하거나 뛰어오르고 상대방의 연을 향해 돌진하여 추락시킨다.

연이 서로 얽히면 상대방 연을 잡을 수 있는 곳까지 끌어당기거나 그럴 수 있을 만큼 상대방의 줄을 많이 확보함으로써 상대방 연을 생포한다. 또는 상대방의 연줄을 끊거나 그것에 손상을 주기 위해서 상대방 연의 끈에 마찰시킨다. 그러려면 능숙한 전략이 필요하다. 왜냐하면 공격하는 연이 패배하거나 승리할 가능성은 동등하기 때문이다.

때때로 연은 습격이 너무나 급작스럽고 신속해서 공격받은 연의 줄이 마치 칼로 자르는 것처럼 끊어져 나갈 수 있다. 공중에서의 이러한 회전에 대한 관심은 아주 대단한 것이기 때문에 때때로 약 1천 명의 사람들이 모여 숨막힐 듯한 흥분과 아주 예리한 관심을 갖고 이를 지켜보게 되는데, 어떤 사람이 점수를 얻거나 또는 경기에서 이길 때마다 격려나 또는 실망의 절규와 외침을 나타내게 된다.

이러한 유희는 설날이나 단오절에 그 절정을 이루는데 그때 수많은 어른들과 소년들은 그러한 유희를 즐기고 그 밖의 다른 많은 사람들은 그러한 광경을 지켜보게 된다. 밤이 될 무렵 연줄이 하나 둘 끊어져 연이 날아가 버리면 그 연을 소유하고 있는 사람들의 마음으로부터는 혹시 자신들에게 불운이 닥치게 될는지도 모른다는 예감이 들게 된다.

그 다음으로 인기 있는 경기는 조선에서만 볼 수 있는 제기 차기이다. 약간의 유연한 풀 타래가 중앙으로 함께 묶여 밤나무 가시나 또는 가시 크기의 소모사로 말아 올려 작은 공과 비슷하게 만든다. 이것을 공중으로 던진 뒤 손을 대지 않은 채 능숙하게 발로 톡톡 찬다. 그러한 묘기는 많은 연습을 필요로 하지만 열두 살 정도의 소년들은 8분 동안 그것을 공중에 놓고 계속 찰 수 있다. 제기차기는 발가락이나 발끝으로 하는 것이 아니라 발목 바로 밑의 발 옆으로 한다.

이러한 이상한 물체는 동전에 종이를 묶어 만드는데, 수술은 동전 밑으로 단단하게 묶여 있다. 흐트러진 상태로 되어 있는 수술은 마치 화살 맞은 깃털처럼 움직이며 무게가 나가는 끝 부분이 먼저 떨어진다. 이러한 노리개를 가지고 둘이나 셋 또는 그 이상의 사람들이 한 사람씩 돌아가면서 그것을 차며 논다. 이러한 게임의 유형은 남자들 사이에 인기가 있는데, 그것은 뉴욕시의 월 스트리트에 해당하는 수도의 지역인 종로에서 가장 잘 눈에 띈다. 그것을 가지고 수도의 중개인들은 월 스트리트의 중매인들이 하는 경매에 해당되는 내기를 한다.

여름철에 어린이들은 개들을 쫓는 데 약간의 흥미를 느끼게 된다. 물론 그들은 조선 사람들이기 때문에 이것을 독특한 방식으로 한다. 개를 고문하는 기구는 ㄴ자 모양의 노리개인데, 그것은 아랫부분은 쇠로 된 가냘픈 날이나 또는 튼튼한 철사로 되어 있는 반면에 손잡이는 동글며 길이가 약 2피트 정도 된다. 그들은 쇠꼬챙이로 거리에 쓰레기 더미나 감자 조각, 순무와 무 조각, 진흙 덩어리 등을 끄집어 올린다. 그리고서 조심스럽게 목표물을 겨냥하여 개의 쳐든 다리를 향해 낫자루나 혹은 ㄴ자형의 노리개를 잽싸게 내려침으로써 개를 향해 돌멩이 등을 던진다.

돌멩이는 개의 다리 아래로 빠져나가기도 하나 간혹 목표물을 맞힐 때도 있다. 이러한 놀이는 때때로 개의 주인과 소년 사이의 싸움을 당연히 불러일으키지만, 생활의 풍취를 더해 주는 그러한 놀이를 단념시키지는 못하고 있다. 물론 조선에도 다른 나라처럼 불량한 소년들이 있는데 이러한 장난꾸러기들은 때때로 보다 커다란 놀이에 목표를 둔다. 이따금 일부 품위 있고 위엄 있는 어른의 당당한 발걸음은 눈에 띄지 않는 곳에 숨어 있는 장난꾸러기들이 강력한 팔다리를 통해 새총으로 발사하는 냄새 고약한 오물 덩어리나 갑작스런 진흙 덩어리 세례를 받아 멈추거나 발걸음이 빨라지게 된다.

겨울철이나 이른 봄에 가장 즐기는 유희는 줄넘기이다. 이러한 운동에서 조선의 어린이들은 서양 어린이들과 그리 비교가 되지 않을 만큼 놀이를 복잡하게 만들었다. 그런데 미국이나 영국에서 보는 바와 같이 일부는 그러한 놀이를 즐기고, 다른 일부는 그것을 별로 좋아하지 않는다. 어린이들은 몸이 유연하고 날랜 편이며, 우리가 동양에서 배워야만 하는 것 이상의 인내심을 보이고 있다.

해마다 어느 시기에는 널뛰기가 대단히 유행인데, 대다수 서양 어린이들이 사용하는 것과는 다르다. 조선에서는 휘어진 튼튼한 판자나 널을 놓고 그것을 땅으로부터 1피트나 그 이상 치켜 올리고자 널의 한 중앙에 한 다발의 지푸라기나 모래주머니를 놓는다. 그 옆에는 어린이들이 닿을 수 있는 적당한 높이에 도약하는 사람들이 잡을 수 있는 줄이 늘어져 있는데, 그것은 그들이 널뛰기를 하는 동안 계속 설치되어 있다.

이 휘어진 널빤지 양쪽 끝에 두 어린이들이 서서 그 가운데 더 무거운 어린이가 널빤지로부터 도약했다가 그 위에 다시 내려앉게 되면, 그 충격으로 다른 어린이는 공중으로 뛰어오르게 된다. 이처럼 도약한 어린이는 널빤지 끝에 가능한 힘을 동반한 채 내려앉게 되는데, 이렇게 두세 번 정도 도약을 하다 보면 그 두 어린이는 약 6피트 높이 정도로 공중에 솟아오르게 된다.

그러한 높이는 미국에서 행해지는 놀이보다 훨씬 더 격렬한 것이기 때문에 종종 휴식을 필요로 한다. 또한 그것은 보다 숙련된 기술과 민감성, 예리한 관찰 그리고 보다 훌륭한 균형 감각을 필요로 한다. 그 높이를 적절히 유지한다면 그것은 근육과 신경에 아주 유익한 결과를 가져다줌에 틀림없을 것이다.

동전치기는 젊은이와 노인이 가장 좋아하는 놀이이다. 한 무리의 집단이 그 지역 챔피언인 두 소년의 주위에 몰려드는 것을 흔히 볼 수 있는데, 사람들은 그들의 던지기 기술에 대하여 논쟁을 벌이며 그 유희에 참여한다. 소년들은 또한 거리에서 팽이치기를 하는데 서양에서 하는 방식으로 줄에 감아서 돌리는 팽이는 아직 그 나라에는 보급이 되어 있지 않은 편이다. 조선에는 미국에서와 같이 미끄럼 타기를 아주 좋아하는 사람들이 있는데, 미국의 매끈하게 포장된 인도만큼이나 조선의 거리에서는 손발이 크게 다칠 위험이 도사리고 있다.

나무로 만든 신은 뉴욕 사람이나 혹은 브룩클린 사람들로 하여금 마치 자신들이 고향에 있다고 느낄 정도의 향수를 불러일으키기에 충분하게 도로나 반질반질한 빙판 길을 신속히 내닫게 한다. 조선 사람의 신발 제작은 우리의 스케이팅처럼 어떤 스포츠의 발전을 저해하는 것이 아니다.

외국인들이 하는 그러한 스포츠는 조선 사람들로부터 대단한 찬사를 받고 있다. 어느 일정 시기에 서울 부근에는 약 5백 명에서 2천 명 정도에 이르는 군중들이 사람들이 얼음을 지치고 있는 논이나 연못 주위에 순식간에 모여든다. 이러한 유희는 한 때 왕비의 여자 주치의[1]가 왕비에게 얘기한 적이 있는데, 왕비는 그것이 어떻게 이뤄지는가를 보고 싶다는 의사를 표명하였다. 그리하여 서울에 있는 스케이트 타는 사람들에게 그들의 스케이트를 가져와서 한 번 시범을 보여 보라는 초대장이 전달되었다.

아주 많은 사람들이 초대에 따랐다. 지정된 장소는 왕궁 뜰에 있는 자그마한 호수 가운데 하나로서 그것은 둥그런 형태를 띠고 있으며 지름이 약 70야드 정도이다. 호수 한 가운데 놓여 있는 섬에는 예쁘고 자그마한 정자가 있었다. 이 정자에 시종들과 더불어 왕과 왕비가 앉아 있었는데, 시종들은 병풍 뒤에 가려 있기는 하지만 그들도 그 광경을 지켜볼 수 있었다. 그들도 의심할 나위 없이 열렬하고도 흥미 있는 구경꾼들이다.

다양한 등급의 고관들도 그러한 동작을 지켜보고는 찬사와 격려를 아끼지 않았다. 왕비는 특히 스케이터가 아닌 여러 젊은 여자들이 벌이는 아이스 점프(ice-chair)에 흥미를 갖고 있었다. 우리 동료 가운데 한 사람은 숙련된 곡예사이자 피겨 스케이터였는데 그가 전속력으로 질주하다가 의자 위로 도약했을 때 흥미가 절정에 이르렀다. 아마도 왕족들과 시종들의 입에서 터져 나온 것으로 보이는 감탄의 소리가 스케이트를 타는 사람들의 귓전에까지 들려 왔다.

스케이팅이 다른 곳에서도 즐기고 있었지만 구경꾼들은 단지 하층민에 불과했다. 스케이트를 타는 사람들이 거리를 통과하자 외국인들이 빙판 길

---

1) 언더우드(Horace G. Underwood : 1859~1916)의 부인 언더우드(Lillias Horton Underwood : 1851~1921)를 의미함. 그의 생애에 관한 자세한 논의는 본 한말외국인기록 제13권인 『상투의 나라』(서울 : 집문당, 1999)의 역주자 서문을 참조할 것.

에 있다는 말이 개구쟁이들뿐만 아니라 어른들 사이에까지 퍼져 나갔다. 아주 순식간에 몇 천의 군중이 몰려들었고 겉으로 보기에 아주 위험한 것처럼 보이는 발놀림으로 어떻게 움직임이 그토록 우아할 수 있으며 저토록 빠른 질주가 가능한가 하는 점이 끊임없는 의문점으로 남아 있었다.

그 당시에 얘기된 바에 따르면, 어떤 신사가 스케이트를 타는 것을 배우고 있었는데, 그는 새로 스케이트를 타러 오는 사람들에게 "저기 키가 큰 사람들은 제법 능숙한 편이지만, 이 사람은 이제 막 스케이트 타는 것을 배우고 있습니다."라는 말을 가끔 들려주곤 했다. 이처럼 조선 사람들은 아주 빨리 전문가가 되었다.

새롭고 이상한 광경을 보려고 이처럼 사람들이 모이는 것이 조선 사람들의 특징이다. 그들이 가장 즐겨 쓰는 낱말 가운데 하나가 바로 "구경"이다. 그들은 대단히 구경을 좋아한다. 따라서 왕과 세자가 외출하거나 축하를 받거나 그밖에 다른 목적으로 왕궁을 나설 때마다 그 날은 휴일이 된다. 그러한 기회는 그들 스스로를 과시하려는 것으로 보이며, 사람들은 그러한 광경을 구경하려고 모여든다. 비록 미국의 서커스 흥행자인 바넘(Phineas T. Barnum)의 행렬과 같이 계속 반복되는 것은 지루한 것이라고 할지라도 수많은 외국인들에게 왕의 행차가 있는 날이면 구경을 하러 다니는 것이 아주 일상적인 것이다.

왕의 행차가 있는 날이면 외국인들에게는 통상 몇 군데의 선택지가 보장된다. 그러한 경우 시골 사람들은 대거 도시로 올라오는데, 그들은 흰 옷을 입은 생소한 외국인들의 집결 장소 앞에서 종종 모여든다. 그들에게 그 날의 구경거리의 하나는 바로 외국인들을 흘끗흘끗 쳐다보는 것이다.

그들은 특히 얼굴을 예쁘게 단장한 외국 어린이들의 장난과 재롱을 보고 기뻐한다. 그러나 때때로 그들은 외국인들을 보고 웃거나 그들의 태도에 대하여 이러쿵저러쿵 얘기하는 반면에 거리를 행진하는 군인들의 선도 대열에 의해 흩어지기도 한다. 그리고 그들은 네거리로 향하거나 길가에 늘어서 있는 집의 담벼락에 바짝 다가선다.

드디어 행차가 시작되면 사람들은 보다 좋은 자리를 차지하려고 다툼을 벌이며 외국인들은 새로 온 사람들에게 그 구경거리를 설명하거나 이전의 경우에 보았던 광경을 이번의 광경과 비교하려고 자리를 잡는다. 인부들은 흙 바구니를 나르며 왕이 통과하게 될 거리 중앙을 따라 군데군데 놓는다. 한 무리의 군인과 관리들은 모든 것이 적절한 상태로 진행되고 있는가를 살펴보려고 이리저리 오르내린다.

행차의 선두가 나타나게 되면 깃발과 장식 리본을 든 늙은 관리가 길 한가운데에 진흙 바구니가 제대로 놓여 있는가를 감독하려고 말을 타고 왔다 갔다 하는 것을 볼 수 있다. 그러한 전통은 왕이 신성한 존재이며, 왕은 평민들이 밟은 흙 위로 지나가서는 안 된다는 점 때문에 행해지고 있다. 곧 깨끗한 흙을 왕의 발밑에 놓아야 한다는 것이다.

이러한 행차 다음에는 독특한 행렬, 곧 한 무리의 다양한 군인들과 보병, 기병, 창병, 검객과 궁사 등이 뒤따른다. 장군과 지휘관들은 일단의 군인들의 보호를 받는다. 그들은 말을 타고 있으며 자신의 양옆에는 사람들이 따르며, 마부가 말을 끈다. 조랑말은 황동으로 장식된 덮개를 쓰고 있다. 관리들은 가장 호화로운 옷을 입고 있다. 깃발이 바람에 나부낀다.

장대와 방망이로 무장한 사람들이 길가를 따라 걸으며 길을 트고자 장대로 사람들을 밀거나 때리고 때로는 이러한 방식으로 가혹하게 처벌하려고 잘못한 몇 사람들을 가려낸다. 기병 가운데서 일부 검객들은 붉은 소매가 달린 외투를 입는데, 그것을 입는 목적은 전쟁에서 그들의 피 묻은 칼을 소매에 문지르거나 유혈이 낭자한 상처에 의해 병이 발생하지 않도록 하려는 것이라고 얘기를 들었다. 군대 행렬은 피비린내 나는 전쟁터에서 몸에 지니는 상징 깃발과 기장을 들고 있다.

이제 특유한 화승총이나 부싯돌 식 발화 장치의 총을 지니고 있는 일단의 호랑이 사냥꾼들이 다가오고 있다. 그들이 두려워하는 것이란 아무 것도 없다고 한다. 그밖에 누가 감히 그의 소굴에서 당당한 식인종의 턱에 수염을 달 수 있을 것인가? 그들은 푸른색의 화려하고도 멋진 제복과 붉은 장식 술이 달린 두꺼운 테의 검은 모자를 쓰고 아주 인상적인 모습을 보여주고 있다. 그들의 오른 쪽 뒤편, 곧 한 무리의 사람들 앞쪽에는 후장식 레밍턴 총과 사브로식 총검으로 무장하고 외국 풍의 제복으로 보이는 옷을 입고 있는 보병 연대가 행진하고 있다.

장군들은 부하들의 가마를 타고 있어 우스꽝스럽게 무력해 보이는데, 그들은 싸움터에 나갈 때면 말을 탄다고 한다. 문관의 뒤에는 거대한 수행원들이 따른다. 그런데 신기한 광경 가운데 하나는 장정들의 어깨 위에 놓인 가마를 타지 않고 바퀴 위에 자리가 마련된 외바퀴 자전거를 타고 있는 한 관리의 모습이다. 그 관리는 양쪽에 있는 하인들의 부축을 받고 있으며, 가마나 자리의 밑바닥을 가로지른 장대를 밀거나 당기는 인부들의 힘으로 전진한다.

사람들은 왕의 접근을 알리는 일단의 나팔수들의 소음이 있기에 앞서 이뤄지는 갖가지 행렬, 이를테면 우스꽝스럽게도 조랑말을 타고 있는 기병 부대, 중세 또는 근대식 무기로 무장한 보병 부대, 창병, 곤봉을 든 사람, 검객 궁사 등으로 이루어진 한 무리 부대들의 잇따른 행진을 상당한 시간 동안 지루하게 지켜본다. 왕이 가는 곳마다 이러한 나팔수들이 미국의 요새의 감시 초소에서 들리는 것과 동일한 행진곡을 불면서 왕을 따라 다니는 것은 보기에도 흥미롭다.

그러나 왕이 행차하기에 앞서 항상 18명의 남자가 아무도 타지 않은 커다란 가마를 메고 간다. 이 가마는 왕이 타고 있는 것과 똑같은 가마이다. 그러한 풍습은 왕이 항상 폐쇄되어 있는 가마에 타던 시대에 유래된 것이다. 한 때 왕이 행차를 하고 있을 때 그를 시해하려는 음모가 꾸며진 적이 있었다.

자객들은 왕을 시해하려고, 왕이 타고 있으리라고 생각되는 가마에 화살을 쏘았다. 그러나 왕은 마침 또 다른 가마에 타고 있었기 때문에 암살을 겪지 않을 수 있었다. 그 뒤로 문이 닫힌 왕의 행차에는 빈 가마가 동행되었으며 문이 닫힌 가마들이 사용되는 한 왕이 그 안에 타고 있는지를 알 길이 없었다.

그러나 조선의 국왕이 개방되어 있는 가마를 타고 다니기 시작한 이후에도 그러한 풍습은 계속 유지되어 왔다. 그런데 그것은 실제로 타고자 함이 아니라 국왕 시해에 대한 옛날의 시도를 단순히 기억하게 만들기 위해서였다. 그러한 풍습은 그것을 필요로 하는 경우가 이미 사라져 버린 뒤에도 계속적으로 남아 있는 의식의 한 예이다. 그와 같은 사례는 많이 남아 있다. 왕 자신은 공중으로 높이 떠받든 연을 타고 있다. 왜냐하면 그 누구도 왕을 경멸해서는 안 되기 때문이다.

외국인들이 눈에 띄게 되면 왕은 항상 잠시 가마를 멈추는 예의를 보여준다. 만약 왕이 행차를 하는 동안 자신을 알현했던 외국인들이나 심지어는 단지 명성에 의해서만 알고 있는 사람들 곁을 지나칠 때 그는 대체로 정중한 인사와 아주 호감이 가는 미소를 띠며 그들을 알아본다. 왕의 뒤로는 통상 두 번째의 빈 가마가 따르며, 그 다음에는 대체로 부왕을 따라 다니는 세자의 가마가 뒤따른다. 그들 뒤로는 다른 군인들이 뒤따르는데, 그것은 거의 이미 진행됐던 것의 반복이다.

나는 왕이 행차하는 날 조선의 수도 서울에서 펼쳐지는 그토록 다양하고 웅장한 색채의 광경을 미국에서는 거의 본 적이 없다. 군대의 다양한 제복, 비단으로 수놓은 화려한 기장과 깃발, 화려한 말 장식과 궁중 신하들의 찬란한 옷, 그리고 나들이옷을 입고 길옆에 늘어서 있는 백성들의 모습들은 아마 인도를 제외하고는 세계 그 어느 곳에서도 찾아볼 수 없는 장관을 연출하고 있다. 이것은 바로 백성들이 휴일을 지내는 하나의 경우이자 그들이 가장 좋은 옷을 입는 구실이 되고 있다.

그것은 또한 왕이 자신을 드러내는 수단인 동시에 백성들로부터 호감을 얻을 수 있는 수단이다. 왕이 일 년에 네댓 차례 행차를 함에 따라 그는 백성들의 인기를 계속 누릴 수 있으며, 아울러 그러한 때를 제외하고는 대중들이 접근할 수 없게 함으로써 "왕을 둘러싸고 있는 위엄"은 쉽게 지탱된다. 그와 더불어 "하늘의 총애자"인 조선왕국의 존엄한 통치자에 대한 일반 백성들의 경외심을 북돋운다.

이처럼 구경을 좋아하는 사람들은 전라남도 지방으로부터 온 줄타기 광대나 곡예사 그리고 어릿광대로 이루어진 유랑 극단에 심취하는 경향이 있다. 줄타기 광대들은 대개 소년들이며 짚으로 된 단단한 밧줄 위를 걸어 다니거나 느슨한 밧줄 위를 균형대도 없이 걸어가는데, 이는 정말 볼만한 가치가 있다.

그들은 구경꾼들에게 내뱉는 농담으로써 그들의 공연을 장식하는데, 대부분 그들의 희생이 뒤따르게 된다. 곡예사들은 대개 성인들로서 모든 종류의 난폭한 놀이를 곁들여 온갖 재주넘기와 공중제비를 하는 매우 훌륭한 연기자이다. 이러한 패들은 이따금씩 관청에 불려가 공공연히 공연하며 그때는 주최자의 외국인 친구들이 공연을 구경하도록 초청된다.

또 다른 구경거리는 사람들에게 영국의 신비롭고도 기적적인 연극의 이야기를 상기시켜준다. 언덕에 있는 공터에 노천극장을 만들면 수많은 군중들이 몰려든다. 무시무시한 가면을 쓴 배우들은 전설적이고 신화적인 인물을 분장하며, 공연은 2~3일 동안 지속된다.

이러한 공연의 목적을 알기란 어려운 것처럼 보이는데, 매우 이상스럽게도 관리나 근처의 양반들은 이를 보러오지 않는다. 정통파 유교도들은 광대에 대하여 얼굴을 찡그리는 것처럼 보인다. 기부금이 모금되지도 않을 뿐더러 입장료를 요구하지도 않는다.

그러나 늦겨울과 이른 봄에 모두가 들썩거리는 것은 돌싸움이다. 조선 사람들이 놀이를 통해 평소의 삶을 분발시키고 대부분의 열정을 불러일으킨다. 영국에서도 이와 유사한 놀이가 경쟁 지역의 소년들 사이에서 종종 벌어지는데, 조선에서는 소년들이 어른들의 놀이에 참가한다. 마을은 일반적으로 분지에 형성되어 기복 있는 구릉과 산맥의 지맥의 측으로 갈라져 있다.

그렇게 형성된 두 마을 사이에는 흔히 편평하고 커다란 땅이 있고 이곳이 일 년 간 싸움터가 된다. 놀이는 대체로 기분 좋게 시작하고 끝날 때까지 계속되지만 그것은 거의 불화나 격노를 불러일으키지 않는다. 싸움에 참여하는 숫자는 마을의 크기에 비례하는데, 한 마을에서 대략 800~1,000명이 참여한 돌싸움이 내가 보았던 가장 많은 인구였다. 그러나 부락 인구가 10여 명을 넘지 않는 곳에서도 이 돌싸움은 일어난다.

소년들이 오후 일찍 싸움을 시작하며 저녁 무렵까지 산만한 싸움이 지속된다. 그리고서 어른들이 도착하여 여기에 참가하면 전쟁은 격렬해진다. 해가 지면 싸움도 끝난다. 참가자들의 무기는 손이나 밀짚 줄로 만들어진 줄로 던지는 돌과 곤봉이다. 곤봉은 짧고 딱딱하고 이따금씩 그랬듯이 이를 휘둘러 상대방을 즉사시킬 수도 있다. 싸움은 각 편의 몇 명이 두 마을 사이에 있는 땅의 중앙에 모임으로써 시작된다. 안전하게 퇴각할 수 있는 거리를 유지하고 야유를 보내면서 상대편에게 돌을 던지며 도전한다.

싸움꾼들이 모일 때 근처와 멀리서 온 구경꾼들은 이따금씩 돌멩이가 참가자들 사이에 떨어질지라도 위험이 미치지 않는 곳에 모인다. 두 편의 거리는 돌멩이의 사정거리 이상이지만 선발대처럼 보이는 전투 부대의 선두는 돌을 던지면서 적을 쉴 새 없이 공격하고 밀집한 무리로 돌을 던지는 대담한 인물들이다. 곤봉으로 무장한 사람들은 공격을 주도하면서 돌을 던지는 무리의 엄호를 받으면서 일진일퇴한다. 반대편에서는 곤봉을 든 무리들이 공격자들을 대적하려고 기다리는 동안 전위 부대는 공격하는 편의 명사수들로부터 고통을 겪는다.

돌격이 성공하면 "가자"[2]라는 큰 합창으로 신호를 보내고, 소떼 소리와

---

2) (원저자 주) "가자"라는 말은 영국의 속어로 "놈들"(gits)이라는 뜻이다.
(역자 주) 이 부분은 필자가 오해하고 있는 것으로 보인다. 여기에서 "가자"라는 외침은

닮은 이 소리가 일어나면 상대편은 적을 상대할 만큼 충분한 용기가 생겨날 때까지 전력 질주하여 후퇴한다. 주력 부대보다 훨씬 앞서 따라오던 부대의 숫자가 적은 것을 본 퇴각 부대가 되돌아서면서 "가자"고 외치면서 반격하면 잃었던 땅을 되찾을 수도 있다.

내가 목격했던 가장 큰 싸움 가운데는 아마 2천 명의 어른들과 소년들이 참가했는데, 그 때도 한쪽 편이 돌격해서 상대편의 절반을 그 마을로 몰아넣었다. 한숨 돌린 후, 돌진이 계속되고 선발대가 자기의 집으로 쫓겨 들어가면, 패배자들은 적들이 승리의 흔적을 남기기 위해 돌을 던지면서 건물의 외관을 망가뜨리는 동안 이를 무기력하게 바라보고만 있을 수밖에 없다. 물론 이것은 험악한 느낌을 준다. 어떤 사람은 "내일 사람들을 모아서 이단자들을 박살내자"고 말한다.

때때로 이러한 투석전은 단순한 놀이 이상으로 발전하여 마을 사이에 생겨난 나쁜 감정을 푸는 기회가 된다. 이 돌싸움은 각 마을이 분견대를 강화하고 이웃 마을들끼리 힘을 겨룸으로써 주민을 더욱 강건하게 만들던 지난날을 회상하는 행사라고 말하는 사람도 있다. 해마다 정월에 주민들은 이러한 모의 전투에 몰두한다. 이따금씩 너무 많은 사람들이 참가하고 너무 많은 소동이 일어나고 너무 위험하여 그 소식을 들은 왕이 이를 중지시키는 명령을 내려야만 할 때도 있다.

그러나 부상자가 적다는 것은 참으로 놀라운 일이다. 솜을 넣어 만든 길게 늘어진 외투를 포함해서 참가자들이 겨울옷을 입는다는 것을 생각할 때, 당초 예상했던 것보다 위험이 훨씬 적었던 것을 우리는 기억하고 있다. 조선을 방문하고도 이런 싸움을 전혀 보지 못한 여행자는 이런 낯선 사람들 사이에서 목격되는 가장 특징적인 광경 가운데 하나를 놓친 것이다.

"돌격"이라는 뜻이었다.

조선 사람들은 지나치게 언덕을 좋아한다. 그 결과 남산은 사람들을 위한 가장 훌륭한 휴양지가 되었다. 북한산은 궁터에 속해 있으므로 백성들에게 공개되지 않는다. 봄, 여름, 가을 가운데 거의 화창한 날에는 작은 무리들이 산을 넘어 거닐거나 나무 아래 누워 때로는 도시의 벽에 기대앉아 남쪽의 강의 경치를 즐기는 것을 볼 수 있다. 때때로 그 무리 가운데 어떤 사람은 주둥이가 갈대나 대나무, 또는 청동의 빛으로 되어 있는 클라리넷과 코르넷을 복합한 악기를 가지고 있을 것이다.

이 악기는 놀랍게도 소리가 크며 이것에 숙달된 자가 연주하러 외국인 집에 올 때면, 소리가 울타리 친 집을 통해 여과되도록 하려고 대개는 헛간 뒤로 물러가서 그 악기를 연주한다. 그럴 때면 군중들이 음악을 들으려고 모이는데 그 무리를 쫓아내는 것은 매우 어렵다. 악기의 소리에 대한 그들의 애호는 매우 대단하다.

저녁 식사 때 연주되는 음악에는 악대까지 따라오지만 서양인의 귀에는 그 느낌이 판연하게 불쾌하다. 악기는 원래 중국에 들어온 것이어서 매우 불완전하다. 음악은 단조롭다. 남산은 울창한 나무로 된 훌륭한 휴양지이지만, 그곳이 유일한 곳만은 아니다.

서울에 이웃해 있는 모든 언덕에는 잘 닦인 길이 있고 늘 남자와 소년들이 홀로, 짝을 지어 또는 무리지어 산책하거나 바위에서 쉬며 즐겁고도 만족한 표정을 짓고 있는 것을 볼 수 있다. 산에 오르자마자 모든 사람들은 노래 부르기를 강요당하는 것처럼 보이는 점이 매우 흥미롭다. 나는 조선 사람들과 산에 올라 노래를 부르지 않았던 적이 없다. 정상에서 만난 모든 사람들은 소년이든 어른이든지 사이에 노래 부르거나 흥얼거릴 것이다.

조선 사람들을 보노라면 산과 노래를 좋아하는 스위스의 두 가지 특징을 연상하게 된다. 그들의 노랫소리는 그들의 악기만큼이나 서양인의 귀에 이상하다. 어떤 노래는 서양인의 맛을 지니고 있지만 대부분의 노래는 지나치게 단조로워 중세 수도승의 노래를 연상시킨다. 단일 음계를 유지하고, 길

기생들

게 빼어 발음하며 음의 하모니는 없다. 조선의 음악은 단지 가락만 가지고 있다. 저음조차도 없다. 따라서 외국의 악단은 그들에게 음의 특수한 소리를 내는 것처럼 보인다.

그러나 어떤 경우에 외국 함대의 악단이 서울을 찾아왔을 때 군중들은 그를 듣기 위해 모여들었는데, 그에 대한 의견이 기이하고 색달랐다고 한다. 남의 청을 받아 노래하는 것을 언짢게 생각하는데 익숙한 서양 사람들이 볼 때 노래를 부탁 받고 선선히 노래를 부르는 조선 사람들이 이상하게 보인다.

소년과 어른들은 무척이나 노래를 부르고 싶어 한다. 그렇다고 해서 그들은 노래를 뽐내지도 않는다. 우리는 일꾼이나 하인 또는 길 따라가는 소년들에게 노래 부르도록 종종 유도할 수도 있다. 이따금씩 하인들에게 저녁 식사 자리를 마련해 주면 독창이나 합창을 하면서 그들은 드럼이나 몇 개의 다른 악기를 달라고 부탁한다.

춤 또한 조선 사람들이 좋아하는 오락이다. 일본이나 인도의 무희의 방식에 따르면 춤은 오히려 마음을 가다듬는 것이다. 팔과 손의 물결 같은 동작과 물결 모양으로 몸을 꼬면서 하체가 알맞게 미끄러지는 소년·소녀들이 춤을 추는데 특히 소녀들이 전문적으로 춤을 출 경우에는 기생이라고 부른다. 문학과 대중의 이야기 속에서 기생은 매우 흔히 등장한다.

엄숙함이 쾌활함으로 변화하는 것은 늘 뜻밖의 일이 아니다. 미소와 눈물의 뿌리는 같기 때문이다. 조선 사람의 엄숙함은 죽음의 생각으로 갇혀 있다. 숭배와 죽음은 그 자체로서 사람들의 엄숙한 감정을 불러일으킨다. 아직 사람들은 죽음을 두려워하는 것처럼 보이지는 않는다. 그들의 신앙은 그들로 하여금 내세의 삶을 기대하도록 유도한다.

노년에 이르지 못한 친구와 친척을 데려갈 때, 하늘은 분노하지만 벌을 받은 사람은 생존자들이지 죽음을 당한 사람들이 아니다. 죽은 이에 대한 애도는 자연적인 의무이다. 그러므로 전문적인 조문객을 고용하여 여자 친척들이 공공연히 나타낼 수 없는 슬픔을 대신 표현해 준다.

이승에서처럼 저승에서도 부자와 가난뱅이는 상당한 차별이 있다. 구릉은 묘지이다. 왕실을 위하여 한 개의 무덤이 하나의 언덕을 차지하며 그 밖의 어떤 사람도 거기에 묻히지 못한다. 부자나 고위 관리들은 한 구릉을 통째로 사용할 수 있다. 그러나 백성들은 여럿이 함께 매장되기 때문에 그들의 무덤은 될 수 있는 한 가깝게 인접해 있다.

서울을 지나가는 여행자는 계곡이 아닌 한, 구릉의 꼭대기와 비탈과 야산에서 늘 묘지를 만날 것이다. 서울의 문안에는 어떤 무덤이나 사원의 건축이 허락되지 않는다. 사람들이 사대문을 통과하자마자 마주치는 광경은 대개 구릉과 야산이다. 거기에는 2피트가 넘지 않는 조그마하고 둥근 무덤들이 길가를 따라 산 밑까지 덮여 있다. 죽은 사람이 평생에 유지했던 사회적 지위는 봉분의 크기와 무덤에 딸린 공간의 넓이를 추정될 수 있다.

즐겁게 걸을 수 있고, 나무와 관목이 아름답고, 죽음을 뛰어넘는 사랑이 그들의 안식처를 아름답게 꾸며 주고, 가지런한 모습에 익숙해진 우리의 눈으로 볼 때 누가 여기에 묻혀 있는지를 가르쳐 주는 비석이나 팻말이 가끔은 있지만 그런 것도 없이 어지럽게 널려 있는 무덤의 모습은 이상하고 애처롭다.

무덤의 모습도 우리에게는 낯설다. 둥그스름한 봉분은 지구를 닮은 그 모습에 대한 기억을 지워 버리려는 듯이 옹기종기 돋아 있다. 어떤 걸음이나 달음박질이나 발길도 한 가족의 죽음과 다른 가족의 죽음을 분별할 수 없지만, 무덤의 위치를 정하려고 초청된 눈먼 지관이나 점쟁이들이 길지라고 말하는 곳은 어디든지 무덤이 된다. 그러나 왕자와 거지가 나란히 누워 있는 것은 생각할 수도 없다.

설령 굶어 죽을지라도 양반은 노동을 해서는 안될 만큼 신분의 벽은 두꺼워 그 신분의 차별은 죽어서도 그치지 않는다. 가난한 사람들은 자연히 함께 묻히는 것과는 달리 부자들은 무리를 지어 구릉을 차지하고 더 많은 공간을 차지한다. 부자들은 더 크고 더 넓고 더 높은 봉분을 만들며 무덤 주변에 있는 공간은 평평하다.

무덤 뒤의 구릉은 그 위에 있는 무덤과 구별하려고 초승달 형태로 날개를 만들고, 잔디는 바싹 자른 뒤 갈퀴로 다듬는다. 유일한 장식은 녹색 잔디의 천연 카펫이나 반짝이는 눈뿐이므로 그것을 꾸미기 위해 관목이나 꽃조차도 놓을 수는 없다. 최고의 귀족 가운데는 이런 종류의 장식조차 떳떳치 않게 여겨 개인 묘지를 위해 구릉을 모두 차지한다.

서울 주변에는 오직 단 하나의 무덤이 차지하는 몇 개의 구릉이 있는데 여기에는 다른 사람은 매장할 수 없다. 이럴 경우에 무덤은 언덕 위에 높이 있고 무덤 뒷쪽으로 담장을 쌓으며 측면과 정면에는 울퉁불퉁하게 조각된 양과 소 또는 문무상들이 놓여 있다. 거무스름한 소나무로 이루어진 초승달 모양의 배경은 구릉을 돋보이게 한다.

구릉 정면의 가까운 거리에는 2개의 높은 기둥이 가로보로 장식품과 연결된 홍살문이 있는데 일본 신사 앞에 있는 도리와 비슷하다. 구릉 발치에는 건물이 있고 그 안에는 제기들이 있으며 그 앞부분에는 마치 현관처럼 생긴 부분이 튀어나와 있는데 마치 국기 게양대처럼 생긴 이곳에는 기와를 얹고 휘장을 둘렀다.

이 집 옆에는 기와를 얹은 작은 집이 있는데 울타리가 양옆으로 둘러져 있고 그 안에는 고인의 이름과 지위와 행적이 적혀 있는 비석을 모셔놓았다. 이 비석은 표면이 아름답게 연마된 화강암이다. 이러한 무덤은 흔히 그림처럼 아름다운 곳에 위치해 있고 주변의 풍광이 아름답기 때문에 종종 외국인들의 소풍 놀이를 위한 회합지가 된다. 왕실은 시신을 모시려고 전국에서 가장 아름다운 곳을 선택해서 왕릉을 정한다.

조선의 장례식은 슬픔을 불러일으킨다. 어느 가정에 초상이 생기면 이웃들은 그 일을 모른 채 하지 않는다. 여인과 소녀, 소년들은 으스스하고 찢어지는 듯한 목청으로 곡을 하는데 그 소리는 무서운 느낌을 주면서 밤공기를 가른다. 종종 고용된 곡쟁이들을 불러들이는데 그들의 울음소리는 밤을 무섭게 만든다.

생존자들의 의무 가운데 하나는 문상을 하고 사자의 옷을 태우는 일이다. 이런 일을 흔히 밤에 대문 밖 길거리에서 행한다. 나는 아침에 사냥을 하려고 이른 아침에 총을 들고 집을 나섰다가 곡을 하고 있는 여인들을 보고 깜짝 놀란 적이 있었는데, 이제는 곡을 하는 여인들의 갑작스런 움찔거림과 울음의 갑작스런 끝마침을 보는 데 익숙해졌다.

여자 친척들은 무덤까지 따라가지 않는다. 죽은 이가 가난하다면 둘레를 갈대로 꾸미고 종이를 절반만 덮은 초라한 관 위에 싣고 두 명의 상여꾼이 메고 간다. 시신은 밀짚으로 감싼 채 매장을 준비한다. 관도 사용하지 않는다. 상여꾼들이 주막에서 아침 식사나 술을 벌컥벌컥 마시는 동안 시신은 땅바닥에 놓아둔다. 그렇게 매장을 하는 데 드는 전체 비용은 2~3달러 정도이다.

무덤은 특히 겨울철에는 종종 아주 얕게 판다. 내가 조선에서 목격한 가장 기괴한 광경 가운데 하나는 거의 땅 위로 노출된 시체의 발을 개가 먹는 모습이었다. 봄의 해빙은 봉분의 형체를 사라지게 만들어 시신이 밖으로 노출된다. 개가 배부르게 먹고 나서 그 자리를 떠날 때까지 까마귀는 불과 몇 피트 거리에 떨어져 앉아 기다리고 있다.

조선 사람들이 산에 묻혀 있는 풍부한 광물의 개발을 꺼려하는 것은 아마 구릉을 묘지로 사용하기 때문이며, 무덤을 훼손한다는 두려움 때문일 것이다. 제사는 무덤 속에 있는 시신의 영혼을 달래려는 것이므로 무덤을 훼손한다는 것은 사람들에게 신성모독과 같은 것이다. 이러한 감정은 이 나라의 자원 개발에 대한 욕구를 억제시키는 그럴 듯한 이유가 되고 있다.

조선 사람들이 외국인들에 대하여 느끼는 반감은 오페르트[3]가 그의 『금단의 나라』라는 저서에서 묘사했던 그 수치스러운 도굴 탐험에서 실제로 자행했던 일에 대한 연상 때문에 생겨난 것이다. 서울에서 죽은 자와 그 유족에 대하여 외국인들이 보여준 존경심과 궁핍한 생존자들을 만나 보여준 친절함은 앞서 말한 바와 같은 그러한 탐험이 단지 불법 행위이며 외국인들 사이에는 무책임한 것이라는 것을 입증하는 데 도움이 되었다. "1만개의 섬을 가진 나라"의 본토인들보다 더 고도의 문명을 누리고 있는 외국인 대표들에 대하여 높은 호감이 점차로 증가하고 있다.

---

3) 오페르트(E. Oppert : 1832~1903) : 유대계 출신의 독일 상인. 1866년 2월과 7월에 내한하여 통상을 요구했으나 거절당하자 1868년에 세 번째로 충남 덕산에 들어와 남연군의 묘를 도굴하다가 실패하고 돌아갔다. 저술로는 『금단의 나라 조선 기행』(1880)이 있다. 이에 관한 자세한 논의는 본 한말외국인기록 『금단의 나라 조선』(서울 : 집문당, 2019)을 참조할 것.

제 10 장 종 교

조선의 종교는 중국에서의 성숙미나 일본에서의 사치스러움을 갖추고 있지 않다. 일본에서는 예술과 자연이 그들의 호기심을 종교적 정열로 심화하는 데 도움이 되고 있다. 사원과 사당은 예술가와 숙련공들의 헌신과 부의 자원을 흡수했다. 그 결과 일본을 찾아오는 관광객들은 아름다움을 간직하고 있는 사원과 사당을 방문할 수 있게 되었다.

사람들은 개인적으로나 집단적으로 사원과 친숙해 있다. 방문객들은 그 보물에 돈을 던지고 종을 치면서 화해를 바라는 신의 주의를 끌려고 손을 합장하고 기도하며 서 있는 모습을 보는 데 익숙해 있다. 짐꾼들은 잠시 짐을 내려놓고 기도하고 기술자들은 일터로 가는 길에 잠시 발길을 멈추고 주문을 외운다.

많은 성직자들이 목탁을 치면서 염불을 외거나 독경하는 소리를 들을 수 있다. 눈먼 자나 병든 자들이 나무나 돌로 된 물신들 그리고 한 장의 종이 쪽지를 주는 신도에 그들의 고통을 가져온다. 어느 곳을 가나 종교 생활의 모습이 두드러지게 나타나고 있다. 곳곳에 사원과 참배객들이 있으며 고대 로마 시대처럼 각 가정마다 가족 제단이 있다.

중국의 종교는 굳어 있다. 나무가 규산화되어 가는 과정에서 딱딱해져 좀 더 무겁고 차갑게 되어 그 아래에 있는 물체를 압박하는 것과 마찬가지로 중국의 종교는 그 처방이 생활의 공식이 되는 동안에 완고하고 무거운 존재가 되었다. 중국의 종교적 믿음은 보수주의의 보루였다.

당신은 국내 환경의 차이점에서 그들을 조화시킬 수 있다. 가령 서구의 진보적 문명이 그들의 종교 생활에 접합될 정도에 이르게 될 때까지 그들은 사회적·정치적·경제적 문제에 서구 문물이 들어오는 것을 용납했지만 진보는 거기에서 멈출 것이다. 종교라는 것은 외적 표출이 아니라 내적인 열정과 견실함에 있다.

조선에서는 이러한 면이 모두 다르게 나타나고 있다. 사원도 드물고 독창적인 요소도 결여되어 있다. 그것은 이 나라가 가난함을 의미한다. 웅장한 구조, 다가오는 연등 행렬, 다양한 칠기, 장식품과 선물의 풍요함 등이 보이지 않는다는 것이 오히려 돋보인다. 마찬가지로 일본에서도 이러한 모습들이 결여되어 있음을 볼 수 있다.

조선에서 10년 동안 사람들과 넓게 교제해 본 결과, 종교적 변화에 대한 중국인의 강렬한 반대나 보수주의를 조선의 민중에서는 발견할 수 없었다. 한반도에서 일해 왔던 개신교 선교 단체는 처음 6년 동안에는 순조로운 출발을 보였다. 중국과 일본이 각각 세 가지 의식이나 종교 행태를 갖고 있는 것과는 달리 조선은 단 두 가지 곧 불교와 유교가 존재할 뿐이다. 물론 이들은 중국에서 들어온 것이다.

한반도의 문학과 언어를 공부하다 보면 우리는 조선의 종교가 유교라고 말하지 않을 수 없다. 사실이 그렇다. 가장 낮은 농부에서부터 왕에 이르기까지 모든 사람들이 유교의 율법을 지킨다. 그러나 당연히 상류 계층들은 중국의 고전으로부터 가장 많은 영향을 받았기 때문에 기독교 교리에 대한 가장 강력한 반발이 그들에게서 나타나며 모든 혁신에 대한 저항 세력도 그들이다.

위패와 무덤 앞에서 조상을 숭배하는 것이 그들 모두가 실천하는 의식이다. 이것은 언뜻 보아 의무라고 볼 수 있다. 한 해의 특정한 날에 왜 그들이 조선의 위패나 무덤에 가고 제물을 바치는가에 대한 이유에 대하여 질문을 받을 때, 그들의 조상은 자손을 악으로 이끌 수도 있으며 그 때문에 그 힘을 두려워하고 그래서 그들은 자신의 생활에서 조상의 적극적인 은혜를 빈다고 그들은 대답한다.

그래서 우리는 물어본다.

"조상에게 삶의 매개가 되어 줄 것을 탄원합니까?"

그러면 관리나 농부들은 한결같이 이렇게 대답한다.

"아니오. 우리는 악을 염려하지도 않고 선을 열망하지도 않습니다. 그것은 법이며 관습이기 때문에 지킬 뿐이라오."

우리는 더 이상의 대답을 들을 수 없었다. 따라서 조선 사람에게는 종교가 의지를 통제하고 감정을 조절하며 생활을 통제하는 원동력이 되는 힘이 아니라 오히려 종교는 쇠퇴해 가고 있는 것처럼 보인다. 그것은 단지 오랜 세월을 통해 이루어진 관습에 대한 의무적인 추종일 뿐이다.

물론 유교가 그 나라를 지배하고 있다. 왕관의 보석과 같은 효성은 천국에서와 마찬가지로 조선에서도 가장 큰 덕목이 되고 있다. 젊은이들은 노인의 사회적 지위가 아무리 낮을지라도 그들의 말을 늘 존중한다. 유교는 국가의 틀을 형성해 왔다. 그래서 기아와 역병이 만연할 때면 왕은 그것을 피하려고 하늘에 기원한다.

지난날 이 나라 전역에서 부처를 숭배했던 흔적이 엿보인다. 지금 불교가 금기시되어 있지는 않지만 신도들은 거의 없다. 사실상 몇몇 성채를 지키고 있는 사람들은 수도승들이다. 그들은 이러한 봉사의 댓가로 왕으로부터 사전을 받았다. 길을 따라 여기저기 자리 잡은 조그만 암자를 돌보는 수도승들은 이런 혜택을 받지 못하지만 사람들에게 탁발을 함으로써 경제적 고통을 받고 있지는 않는 것 같다.

불완전하거나 불구도 아니면서 머리를 삭발한 것 외에는 성직자나 수도승들에게서 불쾌감을 느끼는 것은 없다, 아직도 사람들은 불교의 어떤 중도

서울 근교의 불상

도시에 들어올 수 없다는 고정 관념에 사로잡혀 있다. 중이 성안에서 발견되면 죽음을 당하기 때문이다. 결과적으로 성안에는 절이 없다. 유교 의식이 거행될 때는 조상의 위패가 있다. 북서쪽 변두리의 천축사(天竺寺)라는 절 이외에는 한 개의 절도 없다. 그것은 낮은 벽으로 둘러 싸여 있고 널찍이 포장된 공간과 뒤에는 작은 수풀이 둘러 있다.

서울에서 10마일 북쪽에 위치한 북한산 요새를 방문한 사람은 그곳에서 많은 중들을 만날 수 있을 것이다. 그들은 스스로도 이해하지 못하는 염불을 중얼거리면서 굉장히 낡은 절에 몰려 있다. 그들은 어떠한 군사적 · 종교적 의무도 수행하지 않으며 머리를 삭발한 채 서성거리고 있다. 그들에게 질문을 해보면 그들은 깊은 확신이나 종교적 원리를 믿는 것이 아니라 정부에서 주는 쌀로 그러한 모습의 삶을 영위하고 있다는 것이다.

나는 그들 가운데서 한 사람의 진정한 불제자도 만나 보지 못했다. 나는 방문객들이 중들에게 연민을 띤 말투로 비웃음과 냉소로 얘기하는 것을 들었다. 그 중은 결코 남에게 해로움을 끼치지 않았다. 그들은 아무 일도 하지 않음으로써 남에게 해를 끼치지도 않는다.

때때로 사람들은 향토색 짙은 노래를 부르며 그의 절을 위한 보시로 재물과 현금을 받고자 북이나 꽹과리를 치는 모습을 보게 된다. 이러한 시주는 시주자에게 어떠한 해도 끼치지 않고 다만 좋은 일만 생기게 한다는 원칙하에서 시주자를 보호해 달라는 뜻을 담고 있다. 그러나 그러한 효과는 조금도 기대될 수가 없으며 차라리 조선 사람들의 기본 심성인 자비에 의해 이루어지고 있다.

조선 사람의 진정한 숭배는 조상의 위패와 무덤 앞에서 이루어진다. 조상 숭배는 단순한 특징을 가지고 있다. 제례는 단순히 조그마한 상석에 밥과 반찬을 차려 놓고 그 앞에서 절하고 기도를 올리는 것이다. 그렇게 하면 조상의 영혼은 그 제물을 받아 함께 즐긴다고 한다. 시골 사람들보다는 상류 계층 사람들이 이러한 의식에 더 매달려 있다.

사실상 농부들에게는 제사가 의미 없는 의식에 불과한 경우도 흔히 있다. 지식층이 다 그렇듯이 유학에서는 경전을 읽어야 하며 상류 계층은 그들의 우월함을 거기에서 찾으며 유교를 지지하고 모든 다른 형태의 숭배를 반대하는 이유를 거기에서 찾는다. 이러한 의식은 그들을 존경하고 신봉하는 근거가 되고 있으며 그들의 사회적 위치를 영속화시키는 보증이 되고 있다.

그러나 유교와 불교에 대한 보완적인 모습으로서 주목할 만한 형태가 있는데, 그것은 다양한 능력과 성격을 갖는 온갖 잡신들이 존재한다는 믿음이다. 도시의 성문이나 궁궐과 사원, 그리고 사가의 대문에는 괴상망측한 모습의 새나 원숭이 또는 인간의 웅크린 형상의 기와집이 지붕 마룻대와 모서리에 치장되어 있다. 이런 것들은 평화를 파괴하고 번영을 쇠퇴하게 하는 악마가 도시에 들어오지 못하게 쫓아 버린다. 1886년 콜레라가 만연했을 때, 나는 이 거리 저 거리를 돌아다니면서 콜레라 귀신이 그 거리에 들어와서 주민들을 병들게 하지 못하게 하는 주문이 새겨진 부적과 그것을 이어 놓은 끈이 비교적 좁은 길에 가로질러 뻗어 있는 것을 흔히 볼 수 있었다.

또한 악령을 진정시키거나 쫓아내기 위해 토담 바깥에 불을 놓는 경우도 있다. 여행자들은 어느 도로에서나 채색된 헝겊과 종잇조각으로 치장된 나무나 숲을 빈번히 통과하게 될 것이다. 경우에 따라서는 거기에서 치성 드리는 사람을 볼 수도 있고 나무 아래에는 조그마한 돌이 불규칙하게 쌓인 더미를 볼 수도 있다. 이러한 나무나 숲들은 귀신의 집으로서 우연히 그곳을 지나는 사람이 거기에 돌멩이를 던져 놓은 것이다. 여행자들은 그들과 함께 자신의 모든 악운을 그곳에 두고 간다.

여기저기를 다녀 본 여행자들은 당집을 볼 수 있다. 그 안에는 종이 위에 그려진 신상이 있고, 한글과 한자로 쓰인 기원문이 걸려 있다. 그 기원문은 "1년 365일 동안 질병과 재앙들로부터 구원해 주소서"라는 내용이 담겨 있다. 때때로 상당히 거대한 건물을 만나는 경우도 있는데 그것은 아마도 죽은 뒤에 신격화된 위대한 인물을 기념하려고 세워졌을 것이다. 그 문을 통해서 안쪽으로 들어가면 그 문의 양쪽에는 작은 건물이 있다.

그 안을 들여다보면 너무 추해서 말로 표현할 수 없는 형상을 한 마부의 목상이 자리 잡고 있고 매우 다양한 색깔의 목마가 모셔 있다. 그곳을 지나면 안마당이 나온다. 그 한쪽에는 주 건물이 있고 그 반대에는 비록 울타리로 단절되어 있지만 정면에 열린 채로 공개된 건물이 있다. 그곳의 안벽에는 천편일률적인 괴상망측한 모습의 그 전사의 생전의 주요 장면이 그려져 있다. 주 건물은 대개가 어둠침침하다.

그러나 문을 열면 그 어둠침침한 데서 의자에 거만하게 앉아 쏘아보는 듯한 두 눈과 불가능한 콧수염을 갖고 있는 신격화된 전사의 모습을 볼 수 있다. 좀 더 가까이 다가가 보면 봉헌물이 보인다. 여기에 워터베리[1)]의 시계가 마치 비웃기라도 하듯이 초침을 흔들고 있는 동안 전통적인 수법으로 만든 칼이 지키듯이 걸려 있다. 한 사당 앞에서 나는 그 귀신 앞에 너무 낡은 고무 장화가 놓여 있는 것을 보았는데 그것은 아마도 기증자가 도시의 어느 외국인 거주지의 잿더미에서 건졌거나 심술 난 사냥꾼이 버린 것이었으리라.

그러나 이미 일본의 사원을 본 관광객이라면 구경삼아 절을 찾아갈 만한 가치가 없다. 조선의 절은 종교 생활의 둔감함과 예술과 기호의 퇴폐를 보여준다는 점만이 흥미로울 뿐이다. 시골에서는 가끔 조그마한 가족 사당을 볼 수 있으며 대로변에는 개인 사당들이 있는데 여행자들은 그 사당을 세운 사람이나 관리인에게 돈을 주고 기도한다. 그러한 곳의 신위는 하얀 벽지 위에 서툴게 그려져 있다.

조선 사람은 미신을 매우 믿는다. 서구인들에게 명확하게 알려져 있거나 의심 없이 받아들여지는 사실도 그들은 무시무시하고 으스스한 것으로 받아들인다. 내가 조선에 도착한 지 얼마 되지 않아 근심에 가득 찬 얼굴로 하늘의 개가 달을 잡아먹고 있으니 나와서 보라고 헐레벌떡 달려오는 한 남자 때문에 놀란 적이 있다. 그 당시에 월식이 있었다.

---

1) 워터베리(Waterbury) : 미국의 지명. 이곳에서는 싸구려 시계가 생산되는 것으로 유명하다.

나는 그 현상을 보기 위해 달려 나갔다. 내가 집밖에 나오자 커다란 징 소리와 도시 전체에서 총을 쏘아 대면서 북을 두들기고 쇠붙이를 두드리는 소리가 들려 왔다. 곧이어 궁궐에서부터 소총 부대의 사격 소리가 들려 왔다. 그리고 미국의 개틀링 기관총의 급박한 소리가 그 식욕이 왕성한 괴물인 달을 향해 퍼부어졌다. 그러한 모든 것이 무엇을 의미하는가를 물어보고서야 나는 그것이 하늘의 개를 쫓아내기 위한 소음이었다는 것을 알게 되었다.

이런 방법은 조선에서 늘 성공적이었으며 그 불개는 달을 거의 다 먹어버리면 주민들의 행사가 끝나기에 앞서 겁에 질려 달아났다고 한다. 간단히 말해 이러한 소음은 달을 쫓아내는 매우 좋은 약이었으며 계속해서 그 방법을 사용할 것이라고 한다. 이러한 방법으로 여러 가지 육체적인 질병은 귀신과 악마의 나쁜 영향의 탓으로 돌린다. 이런 방법은 콜레라를 막는 마법으로도 이용된다. 죽은 사람으로 하여금 평안히 잠들게 하고 무덤으로 가는 길에 악령이 유족에게 따라붙거나 영혼이 집안으로 되돌아오는 것을 막으려고 지관(地官)을 고용할 경우에도 이런 방식은 여전히 나타나고 있다.

귀신들린 재물에 대한 믿음은 매우 널리 퍼져 있다. 이런 믿음은 수많은 사람들의 흥미가 커짐으로써 더욱 증폭되었다. 무당과 지관은 귀신들이 자리 잡고 있는 병을 몸에서 몰아내면서 그들의 능력을 사용하기 위한 핑계를 가장 평범한 병에서 찾는다. 이 나라를 돌아다녀보면 꽹과리의 소음이 들리는 곳에는 그 푸닥거리의 결과를 알기 위해 호기심에 가득 찬 사람들이 집 주위에 모여 있는 것을 흔히 볼 수 있다.

푸닥거리의 장면을 자세히 살펴보면 어떤 귀신이 그 집에 들어와 가족 가운데 한 명이 병든 것을 알게 된다. 일주일 밤낮을 계속 굿을 하는 동안에 끊임없이 두드리는 꽹과리 소리에 환자의 신경이 아주 지쳐 버려 죽음의 결과가 오든지 아니면 스스로 회복되어 건강을 되찾게 된다.

좋은 영혼, 나쁜 영혼, 나쁜 귀신, 좋은 귀신, 친절한 요정, 나쁜 요정들은 언덕 위나 골짜기, 바위 틈새나 구석 또는 속 빈 고목이나 감쪽같이 감춰진

장승

동굴 속에 많이 있다. 생활의 모든 사건이 그 귀신들의 간섭을 받을 수 있다. 모든 국민 경제 활동에 운명이 작용한다. 여러 가지 질병에 대한 특효약은 상당히 많은데 어떤 병은 요정이나 악마의 보살핌으로 낫기도 하고 그들의 악의로 발병한다.

밤이면 널리 퍼져 있다는 귀신 얘기로 아이들은 좋은 일을 하고도 놀라고, 어른들은 아예 집에 틀어 박혀 있다. 어떤 새들이 날아오르는 것에도 운명의 징조들이 보인다. 밤잠을 설치게 하는 꿈도 운명의 징조가 된다. 어떤 기회에 생기는 사건들을 보면서 조선 사람들은 미래를 예견한다.

정부의 부처들 가운데 예부라는 곳이 있다. 그곳에서는 예언이나 마법에 대하여 공부한 관리들이 전통이나 어떤 사건에 생기는 징후들에 대한 과정을 안내함으로써 벼슬아치나 왕의 행동을 규제한다. 어떤 일을 시작하다가 불길한 사건이 일어나면 아예 그 일에서 손을 뗀다.

우정국의 설립에 때맞춰 일어났던 사건(갑신정변)은 앞으로 몇 년 동안 이 계획의 완성을 연기시키게 될 것이다. 운명의 여신을 찾아가거나 그의 계략에 빠지는 것은 징조에 대한 믿음의 결과로 빚어진 구실들이다. 정월 보름에 끝나는 연 날리기 철은 공중에 연이 날아갈 때 그 연의 끈을 자름으로써 끝나게 된다. 그 연이 날아가면 연의 주인에게 떨어질 악운도 그와 함께 멀리 사라져 버린다.

이 계절에 자신을 닮은 허수아비를 만들어 그 속에 현금과 함께 한글이나 한문으로 "1년 열두 달 동안 모든 역병과 질병이 나에게서 떠나가소서."라는 몇 가지 기도문을 쓴 종이를 그 속에 감춘다. 허수아비의 주인은 그것을 갖고 싶어 하는 소년에게 그것을 준다. 그러면 그 소년은 허수아비를 헤집어 가능한 한 많은 돈을 찾은 다음 그것을 교차로에 버린다. 이렇게 해서 생긴 허수아비들이 교차로에 수북이 쌓이는 경우가 흔히 있다.

지나가는 사람들은 그것에 불을 지르거나 발로 차거나 여기저기 몰고 다니거나 혹은 소년들이 미처 찾지 못한 현금을 찾으려고 면밀히 조사하면서 즐긴다. 이러한 허수아비가 더 많이 잘리면 잘릴수록 그것을 만든 사람의 운이 더욱 좋아지고 그들을 해코지할 악마로부터의 면역성이 더욱 높아진다. 그렇기 때문에 그 형상을 될 수 있으면 완전히 파괴하도록 교묘하게 현금을 감춘다. 이것이 변화되어 이제는 기도나 주문을 허수아비에 써넣어 멀리 가져다 버리도록 아이에게 돈을 줌으로써 자신과 완전히 멀어지게 한다.

또한 이 계절에 줄다리기를 하는데 이기는 쪽은 일 년 내내 풍요롭게 되고 또한 진 쪽에는 즐거움이 없다고 한다. 또한 정월 보름에는 같은 마을에 사는 사람들이 거리를 지나갈 때 서로의 이름을 부르는 것이 풍습이다. 그 때 만일 부름 받은 사람이 다른 사람에게 대답하면 그 부른 사람에게 떨어질 수도 있었던 병이나 불행이 그에게서 떠나 대답한 사람에게로 옮겨간다고 한다. 그러므로 그날에는 모든 사람들이 각종의 불가피한 부름에 대답하지 않도록 정신을 차리고 있어야 한다.

여기서 우리는 만우절에 대한 우리의 특별한 관습을 떠올리게 된다. 이날이면 모든 사람들은 다가올 한 해 동안 음식의 풍요와 다양함을 바라면서 오곡밥을 함께 먹는다. 이 식사 가운데 귀밝이술이라는 특주를 마시게 된다. 그것은 청각을 예민하게 하고 귓병을 막아 주는 효과가 있다고 한다. 이날 밤에는 통행금지가 없으므로 남자들은 도시를 돌아다녀도 체포되지 않는다. 어떤 사람이 성안의 도시를 가로질러 모든 다리 위를 통과하게 되면 그는 1년 내내 다리가 튼튼해진다는 미신 때문에 이러한 특권이 부여된다.

이날은 9가 행운의 숫자이다. 따라서 아홉 번의 식사를 하게 된다. 만일 남자가 장작을 가져오더라도 아홉 묶음을 가져와야 하고 여자는 아홉 타래의 물레를 짜야 한다. 조선의 정월대보름은 기후나 수확의 전조 시기이다. 만일 그날에 수탉이 꼬리를 움직일 만한 바람이라도 분다면 그해 봄에는 바람이 많이 불 것이다. 그 계절에는 당연히 많은 바람이 휘몰아치게 된다.

남자들은 보리밭에 나아가 가을에 뿌린 보리의 줄기를 뽑아 보는데 만일 보리가 단지 한 개의 뿌리만을 갖고 있다면 수확이 적을 것이며, 두개의 뿌리가 있으며 풍년이 들 것이며, 뿌리가 세 개면 대풍이 들 것이다. 어떤 예언자는 어느 달에 비가 많이 올 것이라고 말한다. 대나무를 쪼개어 그 속에 12개의 콩을 키워 넣어 들판에 가지고 나가 습기나 이슬이나 비가 차도록 가볍게 묻는다. 그래서 몇 번째의 콩이 부풀어 오르면 그 달에 상당한 비가 많이 내릴 것이다.

이러한 많은 미신들은 실제로 종교와는 거의 관계가 없지만 너무나 보편화되어 있어 선교사들이 얼마나 큰 저항에 부딪치는가를 알 수 있을 것이다. 그들의 강력한 주장은 상당히 끈질기다. 특히 조선의 귀신 이론은 선교활동에 상당한 장애 요인이 되고 있다. 이에 대해서는 어떤 적절한 연구도 아직 없었다.

그토록 보편적이고 끈질긴 귀신에의 믿음은 기독교 정신에 눈을 돌리게 하는 데 상당히 어려운 조건이 되고 있다는 것은 의심할 나위도 없다. 이와 같은 연구가 이루어진다면 그것 자체가 흥미 있을 뿐만 아니라 선교에 매우 실질적인 도움이 되는 지식을 제공함으로써 오늘날 이 나라에 살고 있는 선교사들에게 훌륭한 기회를 제공할 것이다.

제 11 장 자 원

한 나라의 수출입이나 개발 중인 산업에 따라 측정해 보면 조선은 아마도 여러 국가 가운데서 가장 형편없는 나라일 것이다. 그러나 그 나라의 가능성에 따른다면 조선은 가장 우수한 상태에 있다. 이미 언급했듯이 일본이나 중국과 같은 인접국들과 견주어 보면 조선은 전혀 안정되어 있지 않다. 따라서 설령 언덕까지 택지화한다고 할지라도 특히 중국과 같이 토지의 경제화나 국토의 열정적이고 신중한 발전을 조선에서 볼 수는 없다.

개략적으로 말해 경작 가능한 땅의 20%도 경작되지 않고 있다. 한반도의 산업을 살펴보면 상당히 둔감하다는 사실을 알 수 있다. 해외 시장에 눈을 돌릴 만한 공장도 없다. 많은 광물 자원을 보유하고 있음에도 불구하고 개발되어 있는 것은 조잡하며 또한 낭비적 형태로 개발되고 있다. 마찬가지로 삼면이 바다인데도 그들이 최선을 다했을 경우 얻을 수 있는 수입의 절반도 얻지 못하고 있다.

산림을 살펴보면 당연히 도시의 주위에는 아무 것도 없다. 아직도 한반도의 북서부 지역은 산림이 울창하다. 수도 근처의 산은 황폐하고 땔감은 높은 가격에 팔리고 있다. 현재의 산림은 외국 자본의 도움만 있으면 많은 목재를 생산할 수 있다. 일본과 중국은 목재의 수요가 많아 높은 부가가치를 얻을 수 있다.

조선에는 광물이 매우 풍부하게 있지만 앞에서도 언급했듯이 개발되지 않았다. 지난날의 수도였으며 지금도 여전히 중요한 도시인 평양 근처에는 훌륭한 광맥이 있다. 그것은 지표밖에 드러나 있으며 무연탄으로 보이는 양질의 석탄이며 불길만 닿으면 점화가 될 정도의 역청탄이다. 이 석탄은 아주 단단하고 잘 타며 거의 연기를 내지 않으며 가루조차도 버릴 것이 없다.

같은 양의 진흙과 함께 그 가루를 섞어 조개탄을 만들어 말리면 훌륭한 연료가 된다. 이 조개탄은 상당한 화력을 가지고 있어서 함께 섞인 흙조차도 붉게 타게 만든다. 우리가 믿기에, 아직은 여러 곳에 존재해 있을 법한 이러한 탄전 가운데서 오직 한곳만이, 조선 사람에 의해서 개발되고 있으며 그나마 그 방법이 매우 낭비적이다.

물론 그들은 과학적 채광을 모르고 있으며, 어떠한 기계도 가지고 있지 않다. 그들은 가장 쉬운 방법으로 채탄하며, 갱을 뚫어 채탄하면서 나온 바위와 흙을 다시 갱 속에 덮어 버림으로써 귀중한 자원을 묻어 버리고 있다. 채탄 굴대나 갱에 대한 지식이 없으며, 만일 그들 스스로만 채탄한다면 석탄이 수입의 원천이 될 수가 없다. 광산은 거의 규모가 크고 항해에 적당한 강의 둑에 위치해 있기 때문에 지리적으로 매우 유리하다.

일본의 석탄이 톤당 10~12엔에 서울로 들어오고 있다. 따라서 조선의 석탄은 조선에서뿐만 아니라 중국과 일본에서도 가격 경쟁력이 뛰어나다. 외국인들을 다루면서 자신들이 얼마나 앞서갈 수 있었던가를 생각하면서 동양인들은 별반 걱정과 주의를 기울이지 않는다. 일본 정부는 몇 년 동안 점차적으로 외국인 고용원을 해고시키고 일본인으로 대체했다. 그러나 자국인이 외국인의 지식을 충분히 배웠거나 일을 다루는 방법을 알게 되었다고 공직자들이 확신할 때까지는 그러한 교체를 하지 않았다.

그렇지만 조선에서는 처음부터 자원을 개발하면서 외국인에게 인색했다. 독일이나 미국과 같은 외국인 회사는 광산을 개방하면 정부 당국에 그 생산량의 상당 부분을 주겠다는 제안이 있었다. 그렇지만 조선 사람은 광산 운영에서 상당히 수동적 역할만을 담당했다. 한때 외국인 고문단의 충고와 세관의 설득에 따라서 수도의 주민들에게 겨울 동안에 땔 석탄을 제공했다. 모든 사람들이 소망했던 바와 같이 그 석탄은 일본의 탄보다 더 깨끗하고 양질이었기 때문에 상당한 호기심을 불러 일으켰다.

그러나 그 뒤 아무도 그 겨울이 다 지나도록 석탄을 얻을 수가 없었다. 지금 석탄은 궁전에서만 사용되며 평민들은 좀처럼 얻을 수가 없다. 작은 가지나 마른 풀, 장작을 때는 조선의 아궁이에는 석탄을 땐다는 것이 부적절하기 때문에 서민층에서는 석탄의 수요가 없다. 탄광이 인접한 곳에 양질의 철광이 발견된다는 것을 우리는 알고 있다. 서로 인접한 두 주요 광물의 대량 공급으로 조선이 부유해질 수도 있다는 말은 근거 없는 것이 아니다.

현재 조선의 또 다른 중요 수입 가운데는 사금이 있다. 이것을 얻는 데에도 가장 조잡한 방법을 쓰고 있다. 사광을 파는 사람들이 한정되어 있음에도 불구하고 단지 납작한 냄비나 삽으로 채취된 사금이 해마다 몇 십만 달러어치나 일본에 수출되고 있다. 다양한 방법으로 채취되지 않았는데도 현대적 방법으로 얻어질 수 있을 정도로 그렇게 많이 생산되고 있다.

특히 하천에서는 금의 원천인 석영의 맥이 발견되고 있다는 것은 상상의 날개를 펴도록 유혹하기에 충분하다. 그렇지만 정부의 정책이 이런 부존 자원의 완전 개방을 약속할 것 같지 않은 것이 사실이다. 또한 상당량의 은이 다른 곳에 집적되어 있다. 위에서 언급한 광물 외에 구리가 상당량 발견되고 있으며 어느 것보다 쓸모가 많다. 많은 양의 구리가 매년 채굴되어 제련되고 납도 많이 매장되어 유기를 만드는 데 사용된다.

이상의 것이 그 존재가 알려진 광물의 모두이다. 그러나 이 나라는 지질학자들에게 알려지지 않았고 과학적으로 탐구되지 않았으며 그 지질 구조가 너무나 다양하기 때문에 지질학에 능숙하지 않은 사람들은 암석 구조의 비교에 싫증을 느낀 나머지 한반도에 인접한 지역의 구조에서 그 차이를 가까스로 알게 되었다는 것을 기억해야 한다.

가래질

수도와 평양 사이에 위치한 어느 지점에서 보면 북쪽에는 석회암만이 보이고 남쪽에는 화강암만이 보인다. 지질이 그토록 다양하며 많은 광물이 존재한다는 것이 알려져 한반도가 탐사자에 의해 탐험될 때 그 조그마한 왕국을 부유하게 할 많은 것들이 그 언덕과 숲 속에 널리 매장되어 있다는 것은 충분히 짐작할 수 있다.

동부의 농업은 규모가 작다. 고지대와 저지대가 모두 경작되고 있으며 저지대에는 쌀이 경작되고 고지대에는 여러 가지 작물이 경작된다. 인구 밀도가 높은 조선에서 소규모로 경작할 수밖에 없는 이유는 영농 인구의 부족에 있는 것도 아니고 땅을 얻기가 어려운 때문도 아니다. 알렌(H. N. Allen) 박사는 이렇게 지적하고 있다.

"점유되지 않은 모든 땅들은 왕에게 속해 있다. 누구나가 자작 농지를 가질 수 있으며 그 땅을 경작한 뒤 3년 동안 그에 대한 세금을 지불하면 그 땅은 그의 소유가 된다. 그리고 정부가 그것을 필요로 한다면 구매해야 한다."[1]

조선의 농지가 적은 것은 농부들이 사용하는 농기구가 빈약하기 때문이며 동시에, 대토지가 필요로 하는 끊임없는 관리의 필요성이 적기 때문이다. 보통의 조선 사람들이 농지를 돌보는 것은 1년 동안으로 충분하다. 그 이상의 노력을 기울일 필요가 없다. 잘 개발된 곳은 상당히 비옥하다.

조선의 쟁기는 일본의 것보다 더 우수하지만 이랑을 좌우로 만들지 않고 왼쪽으로만 만든다. 아마도 그들의 도구 가운데서 가장 뛰어난 것은 가래인데 그 작업 형태가 매우 특이하다. 이 기구는 약 7피트 길이의 곧은 손잡이가 쇠로된 날에 꼭 끼워져 있다. 손잡이는 나무이며 그 끝에 양날의 쇠붙이가 달려 있다. 그 양날의 위쪽 모서리에 구멍이 뚫려 있고 거기에 끈이 묶여 있다.

이런 모양 때문에 그것을 작동하려면 세 명의 홀수의 인부가 필요하다. 손잡이를 잡을 사람은 이를 거의 수직으로 진흙 속으로 집어넣으면 하나나 둘 혹은 세 사람이 각 끈을 잡아끌어 필요로 하는 장소에 흙을 던지거나 옮기게 된다. 이런 방법은 매우 재빨리 진행되며 이러한 가래질로 장대 두 개의 정도의 거리에 흙을 던지는 사람들을 본 적이 있다. 이러한 도구가 농사일에서 사용되는 중요한 용도는 도랑이나 배수로를 깨끗이 치우는 데 있다.

조선의 토지에는 웅덩이가 많고 더욱이 우기에 내리는 많은 양의 비 때문에 배수를 위한 도랑을 뚫어야 할 필요가 있다. 텃밭은 주로 괭이로 경작된다. 농장에서는 나무 이빨을 가진 조잡한 써레와 빗솔이 달린 멍석으로 토양을 평평하게 한다. 밭은 평평하게 경작되지 않고 연속된 이랑으로 이어져 있어 마치 옥수수 밭처럼 보인다. 텃밭에서는 곡식들의 윤작이 일 년 내내

---

1) (원저자 주) H. N. Allen, *Korean Tales*(New York and London, 1899), p. 8.

이루어진다. 기후는 미국에서 볼 수 있는 거의 모든 생산물이 자랄 수 있을 정도이다.

과일에는 상당히 종류가 많다. 외국인이 사과라고 부르는 과일은 많지만 우리가 서양에서 본 것과는 달리 약간 마르고 흰 가루가 덮여 있으나 우리 사과보다는 상당히 맛이 좋다. 몇몇 선교사들이 일본이나 중국에서 잘 자라는 접목된 나무를 가지고 왔다. 몇 가지 종류의 배가 있지만 그 맛을 개량할 필요가 있으며, 그것을 좋아하기까지에는 다소의 금식 기간이 필요하다.

어떤 것은 매우 쭈글쭈글하며 그것을 먹는 사람으로 하여금 미국산 돌배를 연상케 한다. 조선에서 가장 흔한 배를 처음 먹어 본 사람들은 배가 아닌 것을 먹은듯한 착각에 빠지기도 하고 속은 듯한 느낌을 받기도 한다. 배의 외모는 붉은 사과를 닮아 둥글고 거칠며 황갈색을 띠고 있다. 우리는 그 과실을 처음 보았다.

나가사키와 제물포 사이를 오가는 증기선에 그 배를 저녁 식탁 위에서 본 우리들의 눈은 상당히 빛났다. 그것을 깨물어 보고서 딱딱하고 거칠다는 것을 안 우리는 매우 실망했다. 우리 동료 가운데 가장 변덕이 심한 사람이 늦게 식사하러 왔기 때문에 그는 우리가 왜 실망하고 있는지를 알지 못했다.

뉴잉글랜드 출신인 그는 러셀 사과를 매우 좋아해서 들어오자마자 후식을 먹으려고 식탁으로 달려갔다. 그의 심중을 알아차린 우리는 서로 눈짓을 했고 곧이어 그 일그러진 얼굴을 보면서 폭소가 쏟아졌다. 처음 먹어 본 사람들에게 실망을 주기는 했지만 즙이 매우 신선한 그 배는 제철이나 아니면 매년 여름쯤에는 그가 그것들을 좋아하게 될 것이다.

비록 계절이 짧기는 하지만 자두는 양도 많고 맛도 좋다. 그것은 서양에서만큼 다양하지는 않지만 맛이 뛰어나며 바구미가 많이 먹는다. 캘리포니아 산만큼이나 맛이 좋다. 값은 매우 싸지만 동부에서는 복통을 일으키기 때문에 다소 주의가 필요하다.

복숭아는 매우 많지만 우리가 서양에서 본 것과는 다르다. 모양은 길쭉하며 씨에 과육이 단단히 붙어 있고 붉은 줄무늬가 그어져 있다. 그 즙이 옷에 떨어지면 자국이 매우 오래 남는다. 복숭아 과육의 결은 거칠지만 맛은 매우 좋다. 그것은 우리의 시세로 보아서 비싸지 않지만 다른 과일에 비해서는 비싼 편이다. 그들은 비교적 우리 것보다 큰 것이 개당 12센트에 팔린다.

조선 사람들은 단순히 과일을 얻기 위해서만이 아니라 꽃을 보기 위해 나무를 키운다. 복숭아꽃은 잎이 피기 전에 나온다. 그 꽃의 대부분이 진주홍이고 두 겹으로 피기 때문에 꽃이 핀 봄의 복숭아 과수원은 어떤 곳에서나 볼 수 있는 가장 멋진 광경이다. 복숭아꽃은 조선과 일본에서 예술가들에 의해 매우 널리 형상화된다.

야생 포도인 머루가 많이 있지만 맛이 별로 없다. 매우 큼직한 청포도가 드물게 열린다. 이것은 송이가 매우 크며 맛은 토카트[2] 지방의 그것과 비슷하다. 나는 한때 50센트를 주고 2.5파운드나 되는 머루 한 송이를 얻은 적이 있다. 그것은 내가 보았던 것 가운데 가장 멋진 것이었다.

그렇지만 그 해의 마지막에 맛보았던 과일로 말미암아 우리는 조선 생활에서의 놀라움을 겪은 적이 있다. 귀국한 뒤 어느 오후에 나는 그 은둔의 왕국에 대하여 물어 보는 동료를 만났다. 그들은 내가 거기에서 가장 좋아했던 과일은 무엇인가를 물었다. 이에 대하여 나는 주저 없이 "감"이라고 대답했었다. 이에 그들은 "그 맛이 얼마나 형편없는데!"라고 말하며 커다랗게 웃음을 터뜨렸다.

그들이 실컷 웃고 난 뒤에 나는 그들에게 서양의 야생 감만을 알고 그 야생 감의 떫은맛에 진저리를 치는 그들의 입을 벌려 놓았다. 그렇지만 그것이 익지 않았을 때는 결코 멋진 추억 거리가 되지 못한다. 감은 외모와 크기에서 크고 둥글고 붉은 토마토와 많이 닮았다. 그래서 조선 사람들은 토마

2) 토카트(Tokat) : 터키의 터키주의 주도.

토를 미국 감이라고 부른다.

감의 씨는 서양의 씨보다 크지 않다. 이 과일은 9월 초순에서 중순 사이에 시장에 나오며 2월 초순까지도 흔히 팔린다. 감은 식탁에 자주 오르며 사람들은 싫증을 느끼지 않는 것 같다. 이 달콤한 과일을 먹는 방법은 꼭지를 따고 숟가락으로 과육을 떠내서 먹는다. 냉장고에 넣어 차게 해 놓으면 9월이나 10월 초의 따뜻한 날에 갈증을 해소시켜 줄 정도로 신선하다.

일본이 감의 나라라고 불릴 동안에도 그곳에서조차 조선 감의 뛰어남을 깨닫지 못했음이 분명하다. 조선 사람들이 감을 이용하는 방법은 일본과 같지 않다. 다행히 그것은 날것으로만 먹는 것이 아니라 말리고 눌러서도 먹는다. 그런 상태에서도 그것은 여전히 맛이 좋아 무화과의 좋은 대용품이 될 수 있다.

10월과 11월에는 비록 완전하지는 않지만 감이 캘리포니아에서 생산되어 뉴욕에서 구할 수 있다는 것은 별반 널리 알려진 사실이 아니다. 나는 그것이 플로리다에서도 재배될 수 있다고 믿는다. 그것이 더욱 널리 알려지게 되면 사치스러운 사람들의 기호에 강하게 작용할 것이라고 나는 감히 예언한다. 대추도 상당량이 소비된다. 그러나 그것이 어떤 사람의 취향에는 맞을는지 몰라도 설사를 일으키기 때문에 추천할 수는 없다. 참외나 수박은 미국산만큼 완전하다고 할 수 없지만 재래종임에 틀림없다.

조선의 수박은 결코 붉지 않으며 참외는 결코 익지 않는다. 원산지에서 가져온 씨가 1889년까지 결코 익지 않았다는 사실은 매우 특이한데 이는 아마도 재래종에서 날아온 꽃가루를 수정했기 때문이 아닌가 여겨진다. 때때로 사람들은 시장에서 향이 좋은 참외를 볼 수 있다. 그러나 그것은 대체로 맛이 없고 외국인의 입맛에 맞지 않는다. 외국인들이 자신들의 식탁을 위해 딸기를 재배하고 있는데 질과 맛에서 훌륭하다.

채소는 양도 많고 그 종류도 다양하다. 감자는 우리처럼 일상의 주요 산물은 아니지만 북쪽에서 재배된다. 보고된 바에 따르면 감자는 소출량이 많

곡물상

지만 그 크기가 작다. 고구마는 남쪽 이외에서는 자라지 않는다. 그것은 일본에서 "가난한 사람의 음식"으로 매우 많이 생산된다. 가지는 우리가 흔히 볼 수 있을 만큼 크지는 않지만 그 양도 많고 값도 싸다.

조선 사람들에게 일상 음식의 가장 중요한 품목은 상치나 배추이다. 그것은 두 가지 식물의 잡종인 것 같다. 그것이 샐러드로서는 너무 거칠고 녹색인 채로 잘 삶아지지 않기 때문에 외국인들은 잘 먹지 않는다. 조선 사람들은 그것을 날 것으로도 먹고 다른 채소들과 잘게 썰어서 버무려 먹는다. 조선 사람에게 주요한 또 다른 채소는 오이인데 서양에서 우리가 흔히 본 것보다 크다. 조선을 여행하지 않은 사람들은 아무도 이 생산물이 그들에게 얼마나 많이 사용되는가를 알 수는 없을 것이다.

많은 음식이 오이만으로 만들어지고 소금 없이 껍데기 채로 먹는다. 묵은 쌀이 소비된 뒤 햇곡식의 추수가 이루어지기 전가지 사람들은 오이를 먹고 산다. 재난이 기승을 부리는 계절에 많은 음식물 가운데서 오이를 주식으로 먹는데 콜레라가 만연하는 동안에 수많은 사람들이 죽어 간 것은 그 때문이었다는 사실은 의심할 나위도 없다. 또한 널리 재배되는 것은 파로서, 많은 곳에서 자라고 있다.

규모는 작지만 콩이나 렌틸콩이 많이 자라고 있다. 그것은 사람이나 짐승 모두에게 사용된다. 겨울에는 대부분의 식탁이 맛있는 콩나물로 꾸며지는데 이는 외국인의 입맛에도 잘 맞는다. 비록 영국이나 미국에서 수입된 씨로 완두콩이 풍부히 재배되고 있지만 나는 그것을 본 적이 없다. 풍부한 양과 큼직한 여러 가지 과일즙들이 발견되어 싼 가격으로 팔리고 있다. 대부분이 거의 2피트에 이르는 것을 한 묶음에 4센트를 지불하고 산 적이 있다.

아주까리는 의학적이고 장식적인 목적으로 거의 항상 다른 작물들의 경계 부분에서 재배된다. 매우 널리 재배되는 또 다른 작물은 고추이다. 이 채소는 풋고추로 먹거나 말려서 먹는데 조선 사람들은 거의 모든 음식에 이를 섞는다. 그렇지만 조선의 고추는 우리가 알고 있는 미국의 고추만큼 맵지 않다는 것을 지적하지 않을 수 없다. 가을에는 그 작물을 따서 말리려고 초가지붕 위에 널어놓는 것이 풍습이다. 여행을 하다가 마을이 내려다보이는 언덕에 올라서면 선홍색을 띄며 점점이 이루어진 모습이 장관을 이룬다.

곡식류로서는 쌀이 가장 주요하다. 대부분의 계곡은 이 곡식을 재배하려고 이용된다. 우기에는 상당량의 쌀이 재배되고 있으나 사람들이 필요한 만큼 충분하지 못하다. 그 부족분은 일본에서 수입된다. 보리는 적당량이 생산되어 때때로 비교적 가난한 사람들의 주식으로 사용되지만 주로 사료로 쓰인다. 밀은 얼마간의 양이 북쪽에서 재배되고 있고 서울 주위에서 조금씩 자라고 있지만 거의 알려지지 않고 있다.

사람들에게 매우 널리 유용되는 것은 조이며 그 종류도 몇 가지가 있다. 조는 가장 사랑 받는 곡식 가운데 하나이며 그것이 익어서 꽉 찬 알이 무거워 강한 줄기에 달린 채 바람에 물결칠 때면 아름다운 한 폭의 그림을 이룬다. 조는 매우 맛이 좋아 오트밀, 밀가루 그리고 미국에서 얻은 여러 가지시리얼의 대용품으로 사용되기에 좋은 품종임을 알 수 있다.

조선 사람들은 새들로부터 논을 지키는 방법을 알고 있다. 이 나라는 까치와 참새로 가득하다. 따라서 조나 쌀이 익을 때면 새들이 떼 지어 몰려든다. 그들이 곡식을 망치는 것을 막으려고 농부들은 논 주위에 말뚝을 박고 그 말뚝에 논을 가로질러 끈을 연결시키고 그 말뚝 위에 누더기를 걸친 허수아비를 달아 놓는다.

또한 반대편에도 허수아비를 세우고 그 팔에 끈을 서로 연결한다. 아이들이 그 들판을 지키며 새들이 몰려오면 말뚝과 끈을 흔들며 크게 고함을 지르도록 고용한다. 새들을 쫓기 위해 줄과 말뚝과 허수아비의 도움으로 서너 명의 소년들은 날개 달린 도둑들의 약탈로부터 그 넓은 들판을 보호한다.

앞서 말한 목록들을 음식에 대한 조선 사람들의 중요한 자원들을 나열한 것이다. 커다란 곡창 지대는 중요 도시와 성안에 위치해 있으며 그 안에서 국가적인 이용을 위해 공물이 저장된다. 곡식이 부족한 때에는 백성을 위해 때때로 이 창고가 개방된다. 그렇지만 이러한 창고의 진짜 목적은 공물을 받는 것이다. 이 공물은 여러 종류로 지불되는데 이를테면 군대나 왕조의 신하들을 위한 봉록으로 지급된다.

또 다른 농작물로는 목화가 있지만 질이 좋지도 않고 양도 부족하다. 남쪽에서는 비단을 뽑으려고 뽕나무가 재배하고 있다. 조선의 비단은 얇고 훌륭하게 직조되어 있지 않다. 그것은 매우 얇은 명주와 비슷하며 상품 가치는 없다. 아마는 몇몇 지역에서 재배되고 있으며 상당량의 조잡한 아마포가 생산된다. 견과류로는 영국 호두와 커다란 밤나무가 특히 많다. 밤나무는 매우 많으며 훌륭한 일상 식품이다.

논밭을 경작하는 것은 소이다. 모든 농장 일들이 손으로 이루어지고 있다. 황소는 매우 크다. 거리에서 흔히 눈에 띄는 가축들은 영국인들이 자랑하는 것보다도 더 크다. 조선 사람들은 버터나 우유를 먹지 않기 때문에 밭갈이나 짐을 나르는 짐승으로만 사육된다. 외국인들은 낙농의 목적으로 소를 사지만 우유가 2쿼트[3]도 되지 않을 만큼 적다. 우리의 하인들은 낙농업을 이해하지 못하기 때문에 우유량을 늘리지도 못한다.

소의 중요한 목적은 짐을 나르는 것뿐이다. 아침에 말을 타고 몇 마일을 가다 보면 도시에 땔감으로 팔려고 건초나 잡목 그리고 장작들 아래에 거의 파묻힌 채 천천히 길을 따라 움직이고 있는 몇 백 마리의 참을성이 있는 짐승들을 만날 수 있을 것이다. 그러나 소가 큰 반면에 말이나 당나귀는 지나치게 작기 때문에 그것을 탈 때는 균형을 맞추어야 한다.

당나귀의 키는 56인치 정도 된다. 그 결과 키가 큰 외국인들은 나귀의 등에 있는 안장에 올라 발을 쳐들어야 한다. 조선 사람들은 이러한 어려움을 해결하려고 나귀의 등에 있는 안장을 높인다. 이 나라에 도착한 첫날 내가 마주친 우스꽝스런 장면 가운데 하나는 이 조그마한 동물의 등에 키가 큰 외국인이 타고 있었는데 그는 땅에 다리를 질질 끌면서 그 동물을 멈추게 하려고 애를 쓰는 것이었다. 그 결과 그 사람과 말이 땅에 엎어졌다. 그 사람은 하얀 바지를 입고 있었기 때문에 먼지를 뒤집어 쓴 그와의 첫 만남은 그렇게 훌륭해 보이지는 않았다.

닭은 그 숫자도 많고 크며 마리 당 15센트면 살 수 있기 때문에 외국인의 기호품이 되고 있다. 계란은 1야드 길이의 꾸러미로 팔리고 있다. 그것들을 나란히 놓아 건초 짚단으로 감싸고 있다. 그 길이는 약 1야드 정도 되는데 그 안에 열 개의 계란이 들어 있다. 우리 입장에서 보면 계란의 값은 싸다. 이 나라에는 칠면조가 없다. 그러나 때때로 기업열이 대단한 사람들이 중국으로부터 성탄절과 추수감사절을 기념하려고 칠면조를 수입한다.

해산물이 풍부함에도 불구하고 국가의 재정에 도움이 되지 않는다. 왜냐하면 어부는 단지 이 나라의 국민에게만 생선을 팔기 때문이다. 거대한 양

---

3) 1quart=1.14 ℓ

을 말리고 다양하고 이상한 방법들로써 그것을 저장한다. 진주가 소수 발견되기는 하지만 멋진 모양과 색깔을 가진 조개는 드물며 비록 크다 할지라도 납작하고 어둡다. 사람들은 진주를 높이 평가하며 벼슬아치들은 높은 가격을 치르고 진주를 매입한다.

많은 양의 인삼이 재배되고 있으나 중국에 대한 인삼의 수출이 왕의 독점이기 때문에 왕실에 매도하려면 관리에게 그 가치를 평가받아야 한다. 중국은 많은 인삼을 소비하고 있고 이를 가장 좋은 약으로 인정하고 있다. 인삼 수출을 통해 얻는 수익은 상당히 많아 조선에 상당한 수입을 가져다준다. 이 나라로부터 인삼을 밀수입하는 것은 극형을 받는다고 한다.

그리피스(E. Griffis) 박사가 그의 저서 『은자의 나라 조선』에서 지적한 바에 따르면, 한반도에 대한 일본의 마지막 침략[4]은 조선의 산업과 예술을 죽이고 이 땅에 일본의 예술을 부활시킨 것이라고 한다. 일본인들은 철수할 때 그들이 배울 수 있는 모든 기술자들을 데려 갔기 때문에 일본에서는 산업과 예술품의 생산이 부흥된 것과는 달리 조선에서는 그 모든 것들이 사라지게 되었다. 따라서 조선에 대해서는 어떠한 중요한 기술 산업도 요구할 수 없다.

가장 많이 만들어지고 있는 두 가지는 가구와 유기 제품이다. 조선에서 살고자 하는 선교사들은 가족을 위해서 장롱을 가지고 갈 필요가 없다고 말할 수 있다. 그들은 서양에서 보다 싼값으로 크고 널찍하고 장식적인 가구들을 조선에서 얻을 수 있을 것이다. 우리가 조선에 있는 동안에 6피트 높이에 넓이는 4피트였고 깊이는 반 피트짜리인 단단한 가구를 가지고 있었다. 굽이치는 단풍나무 합판에 아름답게 조화를 이룬 무늬가 새겨져 있었고 모서리는 나비 등의 모양을 갖춘 무거운 놋쇠로 장식되어 있었으며 놋쇠 경첩

---

4) 임진왜란(1592~1598)을 의미함.

에 꼭 맞는 문이 달려 있었다.

그 가구는 두개의 큰 벽장 같은 공간을 갖고 있었고 14개의 칼집으로 적합한 조그마한 실합과 조그마한 탁자가 달려 있었다. 그토록 훌륭한 가구의 값이 금화로 5달러였다. 그릇을 서서 씻을 수 있는 좀 작은 가구는 그 당시에 3달러에 살 수 있었다. 그것은 쉽게 움직일 수 있어서 매우 편리한 가구 제품이었다. 수도의 한 거리는 그 양쪽의 가게가 거의 모두 이러한 가구만을 팔기 때문에 외국인들은 이곳을 "가구 거리"라고 부른다. 이러한 가구의 가격과 그들이 미국에서 갖는 가치를 고려해 보면 미국인의 사용을 위해 공급이 달리지 않았다는 것이 의아스럽기만 하다.

조선은 유기 제품의 기술이 뛰어나며 특히 멋진 식기 세트 제품을 생산한다. 내가 가지고 있는 식기는 32개로 되어 있는데 그 훌륭한 제품을 사려고 나는 금화 3달러를 지불했다. 이러한 제품들은 국내 소비만을 위해 만들어지며 단 한 개도 수출되지 않는다. 장롱과 유기 제품을 만드는 데는 어떠한 독창성도 보이지 않으며 각 부분은 매우 정확하며 모형을 본 따서 제조된다. 모든 것이 판에 박힌 것처럼 보이고 복제된 것처럼 보인다.

남쪽 지방에서는 매우 아름다운 자개 산업이 성행하고 있는데 그 규모는 작지만 예술적 감각이 뛰어나다. 앞서 내가 가지고 있는 것과 꼭 같이 양쪽에 상감 세공을 하고 앞면에 뛰어나게 멋진 작업을 한 장롱이 멕시코화로 35달러에 제공되었고 24달러에 팔렸다. 뉴욕에서라면 그 장롱은 200달러를 호가하리라는 것을 의심할 나위도 없다.

다양한 크기와 모양 그리고 목재로 된 부채가 이 나라에서 만들어져 종류별로 국왕에게 공물로 상납된다. 왕은 궁궐에서 종사하는 귀족이나 신하에게 선물로 주고자 상당한 양의 부채를 보유하고 있다. 이 부채는 튼튼하다. 한 면에만 배접되어 있지만 일본인이 만든 것보다 더 튼튼하다. 골격을 구성하고 있는 대나무는 윤이 나며 제조공의 엄청난 인내가 담긴 아름다움으로 장식되어 있다. 종이로 만들어진 태극선은 색감에서 뛰어나다. 내가 미국에 있는 친구에게 보냈거나 갖고 있는 것들은 여기에서 볼 수 있는 어떤 것보다도 뛰어나다. 그들은 별스러운 물건에 놀랄 것이다.

조선에 특유한 또 다른 산업은 강화도의 화문석이다. 이는 강화도에서 재배된 골풀로 만든다. 강화도라 함은 1872년에 미국의 해병이 포대의 포격을 맞고 도주한 곳이다. 이 화문석은 약 3~4피트의 넓이에 8~16피트의 길이로 만들어진다. 화문석은 마치 색깔을 칠한 것 같이 보이지만 실은 왕골의 조각으로 모자이크하여 짠 것이다.

그 기술이 어찌나 정교한지 자세히 들여다보지 않고서는 그 비밀을 알 수가 없다. 이 강화 화문석은 내수용이 아니며 오직 왕만이 사용할 수 있다. 그러나 왕이 신하들에게 하사한 것이 시장으로 흘러나와 일반인도 구입할 수가 있는데 그 장사꾼에게 웃돈을 얹어 주어야 한다. 대나무를 쪼개어 매우 멋진 해 가리개를 만드는데 실처럼 가는 끈으로 묶고, 비단을 두른 다음 아름답게 색깔을 입혔다.

이제 조선은 더 이상 아름다운 도자기의 생산지가 아니다. 모든 제품들은 이제 중국과 일본에서 만들어진다. 거리를 걷다가 이 나라의 역사를 알고, 그래서 일본에서 수입된 도기류로 가득한 상점이나 노점들을 보거나, 도자기 만드는 방법을 일본에 가르쳤던 사람들이 강제로 일본으로 납치되어 갔으며, 이제 조선에서는 도자기가 잊힌 예술이 되었다는 사실을 기억한다는 것이 조선 사람으로서는 매우 분통터지는 일일 것이다.

그렇지만 일본으로서 떳떳한 것은 그 예술이 그들에게서 정체되지 않았다는 사실을 인정하지 않을 수 없다. 조선 사람들은 인내심 있는 일본인이 생산한 우아하고 정교한 제품을 결코 만들지 않았다는 것을 의심할 나위도 없다. 나는 조선이 생산했던 가장 멋진 수준의 조선 도자기를 많이 보았다. 그러나 그것의 어느 하나도 완성미, 무늬의 정교함, 그리고 형태의 아름다움에서 현대 일본의 아름다운 도자기를 따라잡지 못한다.

다소 조잡한 수준의 쓸 만한 도기류는 많이 만들어진다. 그리고 기와나

담장의 모습

옹기 관과 여러 가지의 장독들을 만드는 데 조선 사람들은 여전히 세련되어 있다. 조선의 예술품은 매우 적다. 조선의 예술은 자수, 자개장의 생산, 식탁, 베갯잇 등과 편지꽂이를 새기는 기술, 부채와 병풍 장식의 채색, 집이나 마당 벽의 장식 등에 한정되어 있다.

지난날 침략을 통해 예술가들을 강제로 압송해 감으로써 조선에서 예술의 쇠퇴를 초래했다는 것은 이미 설명한 바 있다. 자개 제품으로서는 검고 윤이 나며 매우 접착력이 강한 풀로 조개 조각이 붙어 있고 시간이 지나도 잘 견디는 재료로 단단하게 만든 장롱, 식탁 그리고 상자와 같은 것들이 여전히 만들어진다. 이 자개 제품 가운데 어떤 것은 매우 멋있으며 예술적 가치와 영구성에서 일본에서 만들어지는 것보다 뛰어나다.

자수는 궁중에서 끊임없이 제작되고 있으며 거기에는 훈련된 일단의 여자들이 이 목적을 위해 양성되고 있다. 그들은 비단으로 병풍 작업을 한다.

비록 바위, 구름, 물 그리고 경치 등을 다루는 데 지나치게 전통적이긴 해도 새, 나비, 박쥐, 파초 그리고 대나무 등의 형상은 매우 정확하고 생동감이 넘친다.

나는 조선의 그림을 거의 보지 못했고 궁궐에서 한두 점을 보았다. 그들은 가장 기본적인 원근법의 지식도 보여 주지 않기 때문에 서구인의 눈에는 매우 이상하게 보인다. 신격화된 영웅을 숭배하려고 세워진 사당에는 대개 중요한 사건과 영웅의 생전의 업적을 잘 묘사하는 수많은 그림들이 걸려 있다. 이들은 제작 기법이 같기 때문에 일본의 그림과 매우 닮았다.

여행자들은 거리를 따라 지나갈 때 흔히 작품을 장식하는 수놓은 헝겊, 또는 진주조개 층을 가진 나무 상감, 조각된 작품들의 원형을 본다. 이러한 원형은 지름이 4인치에서 10인치까지 다양하며 항상 짝으로 있다. 당연히 그에 대한 호기심이 일어날 것이고 그것들이 베갯잇이라는 것을 알 때는 더욱 호기심이 일어나게 된다. 왜냐하면 베개가 무엇인가를 아는 사람에게 암시하게 하는 것이 아무 것도 없기 때문이다.

조선의 베개는 솜으로 가득 찬 원통형이며 이러한 원형이 그 양쪽에 있는 것이라는 것을 관광객은 알게 된다. 그것은 소유자의 기호와 수단에 따라 장식이 달라진다. 이들 가운데 어떤 것에는 장식이 되어 있는데 그들이 좋아하는 것은 호랑이, 박쥐 그리고 한자이다. 나는 이것들을 수집하여 가지고 있는데 이런 종류의 장식을 사랑하고 조선 사람들의 기호를 잘 보여주고 있다.

여행자에게 가장 많은 사랑을 받는 골동품은 조그마한 쇠로된 수수께끼 상자이다. 그 상자는 여러 가지 형태인데 이상한 방법으로 은을 상감해 넣은 것이다. 이러한 작업은 아마도 일본에서 만든 것 같은데 한반도 밖에서는 그것을 본 적이 없다. 조선 사람들은 일본 사람들처럼 양각으로 나무에 판 도장을 찍은 편지지를 사용하는 것을 좋아한다. 내가 소장하고 있는 것 가운데 이러한 낙관을 찍은 훌륭한 작품들이 있다.

외국과의 상거래에서 외국인을 조선으로 이끄는 유인은 아직 없다. 중국에는 일본처럼 외국 상품의 대부분을 구입할 수 있는 상점을 열고 있는 중국인이 많이 있다. 중국인과 일본인은 서양의 상인과는 다르게 생활비를 적게 쓰기 때문에 서양의 상인들이 많은 물건을 팔 수 없으며 따라서 상인들이 그곳에 정착할 이유가 없다. 이러한 점 이외에도 사람들이 매우 가난하기 때문에 그들은 많은 돈을 주고 외국 제품을 살 수가 없다.

독일과 미국의 두 회사가 서울에서 무역하고 있는데 그들의 물품은 직접 왕실이나 정부 측과 교역하고 있으며 품목으로는 무기, 개틀링 총, 가구가 있다. 샴페인과 기타 주류는 빼놓을 수 없는 물품이다. 일상 용품은 다행히도 일반 백성에게는 매우 고가이기 때문에 술을 과음함으로써 조선 사람들이 타락할 위험은 거의 없다. 영국으로부터 수입되는 가장 중요한 품목은 옷을 만드는 재료인 표백되지 않은 무명천이 있으며, 일본으로부터는 쌀과 비단이 그리고 중국으로부터는 비단이 수입되고 있다.

조선 사람들의 기호품으로는 뻐꾸기시계가 있다. 조선에서 뻐꾸기는 새이기 때문에 사람들은 가게에 들어가서 시간을 알려주는 이 뻐꾸기시계의 소리를 듣기 좋아한다. 수십 개의 뻐꾸기시계가 상점에 진열되어 있으며 이익을 많이 남기고 팔리고 있다. 조선 사람들은 모직품을 쓰지 않는데 이에 관해서는 7장에서 설명되어 있다.

다른 어떤 용구보다 농사 용구가 많이 팔릴 가능성이 있다. 가래, 호미, 삽, 써레, 쟁기, 도끼, 망치 그리고 기타의 목수 용구는 아마 조선 사람이 만든 것보다 성능이 좋기 때문에 더 잘 팔릴 것이다. 손으로 톱질을 하기 때문에 아마도 마력을 이용하는 자그마한 회전식 톱에 쉽게 적응될 것이다. 불행히도 동양의 시장은 영국인에 의해 완전히 점유되어 있다.

중국, 일본, 조선은 영국으로부터 면화와 그밖에 물품을 수입하여 사용한다. 적어도 일본과 조선에 일말의 민족 감정이 있다면 무역의 거래 선을 미국에게로 돌릴 것이다. 나는 관세에 관한 복잡한 논쟁을 벌이려는 것이 아니라 이 동양 국가들이 영국보다는 미국에 가까이 있고 약 5억에 가까운 인구가 그들의 주요 무역 상대국인 영국보다 미국에 더욱 호의를 보이고 있음에도 불구하고 실제로는 모든 무역이 영국과 이루어지고 있다는 사실을 말하고자 하는 것이다.

어쨌든 미움과 두려움을 느끼고 나라들의 경쟁에서 우리들의 생산자들을 단절시키고 우리로 하여금 강제로 국내 소비에만 눈을 돌리게 하는 정책은 지금이야 어떨지 모르지만 멀지 않은 장래에 잘못된 것이 될 수도 있다는 점은 생각해 볼 여지가 있다. 미국인이 상당한 생산량을 수출하기 위한 출구로서 외국과의 무역을 열망할 시기가 다가오고 있다는 것만은 분명하다.

동양 국가들의 보수주의적인 경향과 자본의 거대함을 고려할 때 그 땅에 최초로 발을 들여놓은 국가가 가장 오래 머무는 것이기 때문에 세계 인구의 1/3 이상이 되는 사람들의 수용에 비위를 맞추는 문제를 고려해 볼 수 있다. 일찍이 현지에 고용되어 있고 이미 세워진 공정한 거래에 대한 평가에 힘입어 미국은 가까운 장래에 1,200~1,500만 인구의 조선과의 무역에서 흑자를 기록할 것이며 몇 억의 중국인과의 무역에서도 뒤떨어지지 않을 것이다. 미국에서 온 등유는 매우 널리 사용된다. 다른 물품들도 유리하게 소개될 수도 있다.

동시에 평균적인 통상 행위는 매우 적다는 것을 기억해야 한다. 조선의 엽전은 단일화되어 있지 않다. 서울에서 당오전으로 불리는 엽전은 1/4 센트의 가치를 가지고 있다. 이 당오전이 계산의 기초이다. 이것으로 25달러를 옮기자면 짐꾼 하나가 필요하다. 가장 광범위한 상행위의 가장 작은 단면을 여기에서 볼 수 있다.

외국과의 거래에는 멕시코 달러가 기본으로 사용되고 있지만 그것은 너무 가치가 떨어진 데에다가 중국인이 더럽혀놓아 부정하게 사용되기 때문에 대부분이 일본의 엔화로 대체되었다. 엽전은 디자인이 너무 아름답고 훌륭하게 연마되어 있기 때문에 엽전에서 은을 빼내고 그것을 감쪽같이 복원하는데, 전문가인 중국인조차도 그것을 어쩔 수가 없었다.

등유는 약 한 5) 양으로 소매된다. 조선 사람들은 흔히 물로 등유를 묽게 하여 팔기 때문에 만약 조선 사람들이 석유를 일정한 통에 넣어 판다면 사업이 크게 번창할 것이다. 그런데 이런 식의 방법은 소매의 범위를 위한 척도일 뿐이다. 아직도 인내심을 가지고 저렴한 양모 상품을 소개하고 자원을 개발하여 바람직한 무역이 이루어진다면 한 때 은둔의 나라였던 조선이 발전하리라는 것은 의심할 나위도 없다.

조선에서의 무역 역조는 사금의 수출로 대체되고 있다. 때때로 일본에 대한 콩의 대규모 위탁 판매로 무역 역조가 감소하고 있다. 이 나라는 초기에 주요 자원을 개발하는 방법을 배울 때까지는 안전하고 건강한 재정 상태에 있다고 볼 수는 없다. 비록 자원의 개발을 책임져야 할 사람들에게는 다소 거슬린다 하더라도 조선이 무역을 어떻게 추진하는 것을 알게 될 때까지는 더욱 건전하고 정열적인 농업을 계획해야 한다.

그리고 외국 자본에 의한 적절한 규제 하에서의 광산의 이익을 개방하는 작업을 해야 한다. 비록 조선이 중국의 간섭이나 지도로부터 자유로워져 여건이 좋아진다 하더라도 현재의 능력에 따라 정직하게 경영하고 중국 사람이 할 수 없이 손을 완전히 떼게 된다면 재화와 번영을 향해 전진하는 과정에서 조선이 일본의 경쟁국이 되는 것을 머지않아 보게 될 것이다.

5) 1gill=0.118리터.

제 12 장 문명화로의 진보

조선이 국제 사회의 일원이 된 지 8년이 지났기 때문에 자연히 어떤 발전이 이루어지지 않았느냐는 추측이 제기될 수 있다. 한편에서는 일본이 경이로운 발전을 이루어 왔다. 일본은 봉건주의의 악몽을 떨쳐 버리고 일본은 이미 세계 시장에 진입했으며 그들의 생산품들은 전 세계 교역량의 수치를 높이고 있다. 일본인들은 모든 측면에서 서구화되고 있다. 전통 사찰에 대한 국가의 지원은 철회되었다.

일본의 청년들은 유럽과 미국의 대학에서 수학하고 있다. 일본의 학는 서구의 모델을 본떴다. 유럽인과 미국인들은 일본 교육의 자문단 역할을 맡고 있다. 일본의 육군과 해군 장교들은 서구의 군사 학교에서 교육을 받았으며 유럽의 정치 체제와 흡사한 편제가 채택되었다. 일본의 정치 체제는 유럽과 미국의 정부 기관을 본떠 절대군주제에서 입헌 정부로 변모되었다. 사실상 일본의 오리엔탈리즘은 상당히 퇴색하고 있다. 동양풍의 퇴조는 조선의 위대한 이웃인 일본에서 하나의 시대적 추세이다.

그렇다면 중국은 어떠한가? 일본이 급진 또는 진보를 대변하는 것과는 달리 중국은 극명한 보수로 대변된다. 강제력이 행사되지 않는다면 중국의 서구화는 거의 진척되지 않을 전망이다. 과거에서 탈피하려는 중국의 거의 모든 움직임은 서구 열강의 무력에 의해 진행되어왔다. 지난날 컬럼비아 대학에서 수학한 한 중국인은 나에게 다음과 같이 말하고 있다.

> "진보를 향한 걸음을 내딛는 매 순간 중국은 고난을 겪어 왔다. 중국이 벌인 모든 전쟁과 중국이 경험한 모든 패배는 교훈이 되었다. 몇 년 전에 영국의 소규모 병력은 천진에서 북경까지 별 어려움 없이 행군했다. 그러나 오늘날 그들은 그렇게 할 수 없다. 순간 마다 중국은 손을 내젓고 고개를 절레절레 흔들면서 입을 다문 채로 "나는 싫어"라고 말했다. 그렇기 때문에 중국을 서구화할 수 있는 유일한 방법은 강압적으로 입을 벌리게 한 다음 목구멍에 서구 문물을 들이붓는 것이었다. 중국은 그것을 끝내 토하지 않았다."

이것이 중국인들의 실상이다. 일전에 어느 중국 연구자는 그들의 종교에 관해 언급하면서 이렇게 말했다.

"중국인들의 신념 속에 깊이 각인된 중국이라는 성인을 변모시키기란 다 자란 소나무를 숲으로부터 정원으로 옮겨와 기르는 것만큼이나 어려운 일이다."

따라서 이와 같은 국민적 기질을 알고 있는 사람들은 자연히 조선 또한 일본과 서구주의 또는 중국과 동양적 보수주의의 뒤를 따르리라고 조심스럽게 내다보고 있다.

그렇다면 조선에서는 어떠한 일들이 일어났는지 살펴보자. 단지 협정의 체결에 따라 세 항구가 개항되었다는 사실 외에 특기할 만 한 점은 없지만 개항의 결과는 눈여겨볼 만하다. 1883년에 고종은 민영익 공을 단장으로 하는 사절단을 미국에 파견했다. 사절단은 미국에서 대대적인 환영을 받았으며 다양한 문물들을 시찰했다. 그들은 정부의 운용에 대하여 많은 내용을 경청했다. 우리의 교육 제도는 그들의 시각을 교정하는 데 영향을 미쳤다.

방문을 마치고 미국 군함에 승선했을 때 조선사절단은 서구 정치 체제의 탁월함과 우월성을 인상 깊게 술회했다. 그들은 왕실이 후원하는 학교의 건립을 상의해 왔는데, 이에 대하여 미국 정부는 그 학교의 운영과 교육을 책임질 세 명의 유능한 청년[1)]을 파견하기로 약속했다. 이 사안과 관련한 교섭은 미국 해군 푸크(L. Foulk)가 능숙하고 신중하게 주도했으며, 그는 미국 측의 임시 대리 공사가 되었다. 나는 이 때 지명된 세 명 가운데 한 사람이었는데, 우리는 1884년과 1885년 초 동안에 이 일이 진행될 것으로 생각하고 있었다.

그러나 1884~85년의 한겨울에 과격하고 피에 주린 일단의 급진주의자들이 경솔하게 추진한 혁명(갑신정변)으로 말미암아 우리의 열성적인 준비는 수포로 돌아가는 듯했다. 이에 따라 우리의 출발 계획은 1886년까지 미루어졌다. 우리는 그 해 봄에 초청되어 7월 4일 조선 땅을 밟았다. 조선 정부는 우리를 극진하게 맞이할 준비를 하고 있었다. 그들은 우리에게 집무실이 딸린 집을 내주었고 학교 및 학자들이 거처할 공간의 신축을 계획하고 있었기 때문에 모든 일이 전도유망해 보였다.

그러나 늑장부리기로 소문난 동양인들은 개교하기 전인 9월 마지막 주까지 우리들을 애먹였다. 학생들은 왕이 지명한 귀족들 가운데서 선발되었다. 35명이 첫 학년으로 배정되었고 그 가운데 30명이 출석하기 시작했다. 우리는 그들 가운데 아무도 영어 단어를 알지 못한다는 사실을 알게 되었다. 그래서 우리는 알파벳부터 가르치기 시작해야 했다. 교사 1인당 세 명의 통역자가 배정되었다. 곧 그들의 도움이 필요 없게 되긴 했지만 우리는 시작에서부터 도움을 받아야 한다는 것을 깨닫게 되었다.

여기에서 우리는 학교의 목적에 대하여 언급할 필요가 있다. 조선에는 두 개의 파벌이 있다. 이들은 보수파와 진보파로 나눌 수 있는데, 그 가운데 진보파의 핵심은 국왕이다. 자신의 백성을 신뢰하는 이 통치자는 급진적이지

---

1) 헐버트(Homer B. Hulbert), 벙커(Dalzell A. Bunker), 그리고 이 책의 필자인 길모어(G. W. Gilmore)를 의미함. 이에 관한 자세한 설명은 이 책의 역주자 서문을 참고할 것.

는 않았지만 적절한 속도로 생활 수준을 높여 가며 백성들에게 은덕을 베풀었다. 그는 중국의 교조주의와 보수주의에 심취한 사람들에게 둘러싸여 있었다. 외교 관계를 기술하는 제12장에서 설명하겠지만 중국은 조선의 진보를 지체시키기 위해 일관되게 개입하고 있다. 중국은 여러 가지 방법으로 왕의 정책을 지지하는 고문들에 대한 날조와 모략을 감행했다.

따라서 진보적인 수단으로 황제를 지원할 준비를 갖춘 사람들의 충원이 지속적으로 요구되고 있었다. 우리의 학교는 이러한 역할을 하리라 기대되었다. 다시 말해서 계몽과 그것의 수혜를 체득하면서 서구 문화와 학문적 지식을 전달하는 사람들과의 교류를 통해 학자들이 민주주의자가 되어 확고한 왕의 지지 세력으로 뿌리내리는 것이 바로 그 역할이었다. 그러나 그 목적을 달성하기까지는 아직 멀었다. 지배 계급의 지지자들을 얻는 것으로써 기초를 다지는 것이 현재 열악한 상태의 조선을 끌어올리는 문명화의 길은 아니라는 것이 교사들의 생각이다.

다시 학교의 업무로 되돌아가 보자. 학자들은 매우 빠르게 배웠으며 특히 한자를 배움으로써 그들의 비상한 기억력은 더욱 계발되어 있었다. 우리는 일상을 응용해서 가르쳤다. 학자들이 기본 어휘를 익히자 우리는 곧장 자연과학과 수학을 가르쳤고 그들은 이런 식으로 영어를 습득했다.

자신들의 작은 왕국이 상대적으로 비중이 적다는 사실을 처음 듣게 된 지리학을 통해 그들은 세계에 대해서 처음으로 눈을 떴다. 그들의 나라는 위대한 조선, 곧 "대조선"이라는 이름으로 통용된다. 그들은 "대"(大)라는 수식어가 부적절한 이름이라는 것을 깨달았다. 또한 국가들 사이의 순위가 어떻든 간에 자원을 개발하고 부채를 상환하는 나라가 세계의 존경을 받는다는 실상을 이해시킨 경제학은 그들의 주목을 끌었다.

조선 사람들의 지적 능력은 우수하다. 그러나 우리는 단순히 기억력만을 기르는 학습을 경계하지 않으면 안 된다는 사실을 깨달았다. 그런 식의 학습은 단지 문장에 의존해 차후에 사용 가능하도록 하는 저장 작업에 불과하다. 그럼에도 불구하고 우리는 그들이 훌륭한 논리학자이고 총명한 수학자이며 재능에 따라서는 전도가 유망한 철학자임을 알았다.

불행하게도 우리의 작업은 외국인들에 대한 동양인들의 일반적인 불신으로 말미암아 방해를 받았다. 학교 관리는 해이해진 학자들의 결석을 못 본 척 눈감아 주었다. 우리의 완강한 사고는 조선 사람들의 비위를 거슬렀다. 배움에 왕도는 없다는 말처럼 우리 학자들은 학업에 충실해야만 했다. 우리는 자연히 분발심이 일어나 최선을 다해 지식을 전수하고 그들이 소화할 수 있도록 노력했다.

겨울이 되자 학교 수업은 하루에 6시간에서 4시간으로 짧아졌다. 우리는 이것을 문제 삼았지만 아무런 소용이 없었다. 그들의 생각에 학업이 너무 벅찼고 관리의 소임을 맡고 있는 학자들은 왕에게 자신들의 애로를 설득시키는 데 충분한 영향력을 가지고 있었다. 곧 우리는 이 학자들이 "대궐에서의 업무"를 핑계로 수업을 빼먹고 있다는 것과 그것이 하루 이틀이 아니라 석 달씩이나 되는 것은 그가 아무리 출중한 학자라 할지라도 성적에 치명적이라는 것을 인식하게 되었다.

학교의 회장과 부회장은 성실했지만 그의 동료들은 적당히 넘어가려 했다. 그들은 우리의 불평에 늘 이러저러한 핑계를 둘러댔다. 마침내 관료 또는 관직에 있는 학자들은 거의 출석하지 않았다. 그들은 영어를 수박 겉핥기식으로 익혔기 때문에 대화가 거의 불가능했고 너무 나태해서 공부할 뜻이 없어 보였다.

그와는 달리 젊은 학자들은 열심히 학업에 참석했다. 훌륭한 학자들은 오히려 가장 어린 소년층이었고 그들은 영어 학습을 통해 성장을 기대해 볼 수 있는 사람들이었다. 왕이 임석한 시험에서 공부하지 않은 학자들을 통과시키려는 학교위원회의 노력이 좌절된 것은 당연한 결과였다.

우리는 이러한 체험을 통해 노력하는 사람들을 구제하는 방법을 고안했다. 곧 학생들은 모두 비공직자로 제한하며 성적에 따라서 장학금을 수여하고 규정 출석 일에 미달하는 사람은 퇴학 처분을 내리는 것이 그것이었다. 그때부터 학습 효과가 향상되기 시작했다.

예외가 있긴 했지만 수업에 출석해 온 학자들은 교사들과의 교류를 통해 대부분 쇄국 정책의 반대자가 되었다. 학교를 개설한 한 가지 목적만큼은 얻었다고 할 수 있었는데, 중국의 계략이 실행되지 않고 수도에 설립된 학교가 대단히 괄목할 만한 성과를 낳은 일본의 학교 체제처럼 발전이 허락되기만 한다면 한반도의 발전 가능성은 단순히 개연성이 아니라 확실하다는 것이다.

세 명의 교사들이 조선에 도착했을 때 그들은 비록 학자는 아니지만 찬사를 받아 마땅한 핼리팩스(T. E. Halifax) 씨가 가르치고 있는 통역 학교가 있다는 사실을 알았다.[2] 그는 이 나라에서 무엇을 가르칠 것인가를 스스로 체득한 사람이었다. 그는 영국에서 태어나 줄곧 그 곳에서 생활했으며 평범한 선원이었다고 한다. 그는 전신학을 공부했으며 조선으로 건너와 전신 서비스 업무에 종사했다. 그는 통역관들을 양성하는 학교의 개설을 강력하게 요구했지만 실망스럽게도 그의 훌륭한 작업은 성사되지 않았다.

우리는 그러한 결과를 예견했으면서도 이 학교가 지속되기를 바랐다. 우리는 공사관 및 외무부서 그리고 그 밖의 다양한 다른 부서에 통역관이 필요했기 때문에 많은 통역 교사들을 잃을 것 같았다. 통역관들은 조선에서는 고액이라고 할 수 있는 매달 25달러에서 100달러까지 받을 수 있었기 때문에 그러한 지위가 장려된다면 우리는 최고의 학자들을 빼앗겼을 것이다.

불행히도 학교는 폐쇄되었다. 앞서 말한 것처럼 비록 이런 사태는 우리의 기대에 배치되는 것이었지만 핼리팩스 씨는 교사들을 비난했다. 예상했던

---

2) 핼리팍스(T. E. Halifax) : 본시 영국인으로서 묄렌도르프(Georg von Moellendorff)가 이홍장의 제의로 창설한 영어학교에 부임한 것은 1883년 10월 1일이었다. 그는 중국 유학생 당소의를 교사로 채용하여 학교를 운영하였는데 이것은 그 뒤 육영공원의 모체가 되었다.

동대문

일이 일어났는데, 최고의 학자들 가운데 한두 명이 이런 종류의 작업에 대하여 세세하게 설명했다. 우리는 학자들이 실용적인 위치에 배치된다면 그들이 받은 교육의 수혜를 되갚음으로써 문명의 잇점을 확산하려는 정부의 후원자가 될 수도 있다는 것으로 자위했다.

그러나 이상의 두 학교는 단지 영어와 서구 학문만을 교육하는 장소는 아니었다. 선교사 신분의 두 교장은 매일 규칙적으로 수업을 진행했다. 감리교단의 대부분의 선교사들은 영어와 기초 분야 교육에 기여했다. 교장이 목사였고, 선교사들이 조성한 재원으로 학교가 운영되고 많은 학자 또한 같은 방법으로 지원 받기 때문에 교육은 비종교적일 수 없으며 다소 종교적이다. 이 학교는 정부가 이미 공직에 내정해 둔 사람을 교육하고 있다. 통역관들은 세계, 인간 대 인간, 국가 대 국가와 관련된 새로운 사고를 가지고 학교를 떠나 관직에 참여하고 있었다. 감리교회는 그렇게 조선의 발전에 기여하고 있다.

국왕의 재가를 받은 장로교회는 소년 소녀들을 위한 고아원을 설립했다. 이 소년 소녀들은 약정에 따라 정규적으로 봉사를 하면서 모든 면에서 교육을 받으며 자랐다. 언더우드[3] 목사의 관장 아래 조선의 장로교단의 가장 두드러진 특징으로 여겨지는 이 일은 현명하게 운용되었다. 소년들은 성인이 될 때까지 그들 또래와 마찬가지로 교육받고 있다.

그들은 매일 영어뿐만 아니라 국어와 중국어에 대해서도 교육을 받는다. 이런 방식으로 그들은 학교로부터 왕의 각료로 적응해 갔다. 한문학의 통달을 통해서만 충원되던 공직 사회에서 그들의 영어 구사 능력은 높은 평가를 받게 만들었다. 우리는 제12장에서 이 왕국의 발전에 미친 그 고아원의 영향에 대하여 더 많은 이야기를 할 것이다. 그것은 교육의 발전에 큰 공헌을 했다.

군대를 발전시키는 과정에서는 군비의 강화에 주로 역점을 두었다. 조선의 재래식 화기는 현대식 서구 무기와 비교할 때 매우 비효율적이었음은 더 말할 나위도 없다. 내가 보기에 몇몇 큰 부대는 점차 여러 종류의 소총 무기고를 갖추고 현대식 총으로 무장했다. 왕의 행차 때 적지 않아 보인 낡은 화승총을 짊어진 군인들 그리고 후장총과 기병도를 지닌 군인들이 정연하게 행진하는 광경은 진기했다.

이 행렬에서 새롭게 선보인 여러 종류의 개틀링 기관총이 자주 시험 발사되었는데, 그 총소리는 특히 국왕을 기쁘게 했다. 또한 화약 공장의 설비가 수입되어 설치되었다. 군인들이 입고 있는 군복은 대부분 불편한 모양새이기는 하지만 그림 같은 모습을 벗었다. 아마도 그것은 서구의 군복 양식을 모방했을 것이다. 그러나 그 군복은 면을 염색한 것으로서 우스꽝스럽게 탈

---

3) 언더우드(Horace G. Underwood : 1859~1916) : 미국 북장로교 선교사. 1885년 내한하여 새문안교회(1887), 대한기독교서회(1889), 대한기독교청년회(1990), 경신학교를 설립했다.

색되었으며 옷감의 재단은 매우 독특해서 군인들이 행진하는 모습은 절도가 있기 보다는 괴상했다. 정부는 미국인 군사 교관을 고용함으로써 군사 교육 계획을 추진해 나갔다.

1886년에 4명의 군사 교관이 확보되었다.[4] 그들은 일본에서 복무했던 한 미국인과 각기 다른 업무를 담당하고 있는 다른 미국인 장교들인데, 그 가운데 두 명은 미국 남북전쟁에 참전한 사람들이다. 이들 가운데 젊은 두 사람은 매우 용맹하고 진취적이었으며 동양, 특히 조선에서의 생활 경험이 많은 사람들을 놀라게 했다.

그들은 개혁적으로 군대의 규칙을 제정 또는 개정하는 작업에 착수했기 때문에 군대 창설과 효율적인 운영에 영향을 미쳤다. 그러나 여러 달이 지나도록 작업에 착수하기조차 힘들었다. 우리는 조선 사람들이 외국인에게 지휘권을 넘겨주고 싶지 않기 때문에 일이 풀리지 않는다는 것을 알았다.

사관생도단은 기상 점호 나팔 소리를 듣고도 일어나지 않았다. 병사들은 어떤 군사 훈련도 거의 받지 않았다. 일사 분란함과 시간 엄수 따위는 전혀 볼 수 없었다. 군인들은 단지 밥을 먹기 위해 복무했으며 군인 정신이 없었다. 교관들은 환대와 높은 대우를 받는 것과는 달리 장교들의 태만과 무관심 그리고 불신 때문에 군사 장비를 효과적으로 사용하지 못했다.

더구나 정부는 빈털터리였다. 네 명의 군사 교관의 월급은 1,150원(920달러)에 이르렀으나 정부의 수입은 매우 일정하지 않았다. 교관들이 군대를 능률적으로 운영하지 못하자 그들의 봉급도 체납되었다. 이로 말미암아 교관들은 불평을 터뜨렸다.

그들 가운데 한 사람은 자기 나라의 신문과 영어와 한자로 발행되는 정기

---

4) 이때 초빙된 미국의 군사 교관은 닌스테드(F. J. H. Nienstead) 대령, 다이(William M. Dye) 소령, 리(John G. Lee) 소령, 그리고 커민스(Cummins) 소령이었다. 그리고 이들이 한국에 도착한 것은 1886년이 아니라 1888년 4월 28일이었다.

간행물에도 글을 투고했는데, 그로 말미암아 물의가 일어남으로써 조선 정부는 그를 해고했다. 그의 자리에 임명된 인물도 곧 해고되었다. 이들 두 명은 미국 장관이 교섭했던 약정서를 근거로, 계약 기간 동안의 봉급이 지불되지 않았기 때문에 해고 조치를 받아들이지 않았다.

결과적으로 그들의 요구는 공사관을 통해 받아 들여졌다. 그러나 이 문제는 상당한 시간이 경과하여 공사관과 조선 정부가 여러 차례 교섭을 벌인 뒤에야 해결되었다. 이 두 장교는 본분에 충실하여 군대의 훈련 체제와 효율성을 향상시키려 애썼지만 그들의 노력은 매우 열정적으로 일을 추진했던 사람들의 노력처럼 성공을 거두지는 못했다.

유럽이나 미국식으로 군대를 개조하려는 시도가 있을 것으로 보였다. 재래식 복장과 무기는 폐기되고 전쟁을 수행하는 데 필요한 힘을 육성하는 방안들을 취했다. 그러나 이러한 측면에서 조선의 위치는 스위스와 같았다. 그들은 설령 최대 규모의 군대를 보유하고 있다고 해도 성공적으로 전쟁을 수행할 수는 없을 것이다.

다시 말해서 모든 남자들을 징집해서 가용할 수 있는 모든 전투 병력을 무장시킨다 해도 그들은 결코 중국이나 일본의 무력에 성공적으로 대적할 수 없을 것이다. 그들은 훈련받지 못했고 전술은 개발되지 못했으며 군비도 거의 없다. 경험 있는 군부대가 진격해 올 경우 군사상의 엄폐물도 없다. 병사들은 수도의 경찰로서 왕궁을 보위하는 업무에는 유용하다. 조선이 평화를 지킬 수 있는 가능성은 군사력에 의해서 담보되는 그들 스스로의 능력이 아니라 자신의 중립과 독립을 유지시키려는 인접국들 사이의 이해 관계에 따른 것이다.

따라서 과다하게 투입되는 군사 비용은 낭비이며 분별없는 행동으로 비춰질 것이다. 수도의 중심부를 요새화한다거나 재래식 총포를 현대화하려는 움직임은 없다. 정부는 아직까지 너무 빈곤하다. 그들은 현재 돈을 빌리려고 애쓰고 있는데, 이 점에서 돈으로써 안전을 구하려고 투기 거래를 하는 그들의 근시안이 명료하게 드러난다. 예컨대 석탄 개발과 같이 투자 보장을 위한 권리를 요구하면 이를 외국인에게 넘겨줄 뜻은 없으면서 생산성을 높이고 개발에 착수하기 위한 수단만을 요구하고 있다.

제3의 방식으로 조선은 서구화의 경로로 접어들기 시작했다. 조선은 외국들과 외교관을 승인하고 파견할 수 있는 조약을 체결했다. 조선은 이러한 권리를 활용했다. 서울의 조정에 파견된 미국의 외교관은 공사였으며 일본은 자기 나라의 이해 관계의 처리를 대리 공사에게 위임했다.

프랑스 또한 외교 사절을 파견했으며 러시아는 수도에 공관을 설치했다. 조선은 미국과 일본에만 대표부를 설치했다. 또 다른 공사가 유럽으로 떠나려 했지만 중국의 계략 때문에 그들이 항해할 때마다 이용하는 중국의 항구에서 출발하는 것이 좌절되었다. 이에 대해서는 조선 · 중국 · 일본 삼국의 관계를 언급하는 제13장에서 상술할 것이다.

조선의 공사는 미국에서 커다란 환영을 받았다. 우리는 조선 사절들에게서 순박함과 성실함 그리고 온순함과 우리의 문명에 대한 찬탄을 읽을 수 있었다. 공사관에 재직하고 있는 이 여사[5]의 온화하고 매력적인 풍모는 미국인들의 가슴에 은둔 국가의 따뜻하고 선한 마음씨를 아로새겨 주었다.

외교 업무와 관련해서 왕은 특히 골치를 앓았다. 미국에 근무하는 조선의 외교관들은 귀띔으로 들을 수 있을 뿐이었다. 조선이 서구와 처음으로 조약을 체결할 수 있었던 것은 중국 총독 이홍장의 권고 때문이었다. 물론 조약의 체결은 자율적이었다.

중국은 한미조약의 체결 과정에서 자신의 종주권을 확인하는 조항을 삽입하고자 했다. 그러나 조약은 "주권국들" 사이에만 성립될 수 있기 때문에 이러한 조건하에서 조약은 결코 체결될 수 없었다. 따라서 결국 중국은 이

5) 미국 주차 변리 공사 이승수의 부인을 의미하는 것으로 보임.

조항의 삽입을 포기해야 했으며 조선이 독립국임을 승인할 수밖에 없었다. 그러나 협정서가 날인되어 조선이 공사와 대표자들을 파견하려 하자 중국 정부는 이의를 제기하며 협정을 거부했다.

중국의 서울 주재 공사 원세개는 대표단으로 파견될 관리를 납치하려 했다. 그러나 조선은 위에서 언급한 대로 작은 왕국을 대변할 수 있는 황금 같은 발언권을 가진 대표단을 바다 건너로 파견했다. 비록 지금은 남의 주목을 끌 만한 일을 하고 있지는 않지만 조선은 또한 여러 국가에서 사절로 활동할 상인들을 갖고 있다.

비록 아직은 그 열매가 무르익지는 않았지만 그 밖의 다른 시도들이 진척되고 있다. 1884년의 급진 개화파 정부는 국제우편연합(IPU)에 가입할 계획을 준비하고 있었다. 우표가 인쇄되는 등 우정 업무를 관장할 제반 계획들이 완결되자 연회를 경축하려고 외교관들을 초청한 연회가 열렸다. 연회가 진행되던 도중에 왕의 신임이 두터운 요인인 민영익이 큰 상처를 입어 피범벅이 된 채로 비틀거리며 연회장으로 들어왔다. 민영익이 진보적인 정책을 철회하는 듯이 보였기 때문에 급진주의자들이 그를 암살하고자 한 것이었다.

반란이 뒤따랐다. 그러나 유혈극에 따른 반감 때문에 급진주의자들은 도주했다. 보수파와 친중 세력은 외세에 대한 증오감을 부추겼다. 며칠 동안 조선에는 모든 이국인들을 휩쓸어 버릴 위험이 도사리고 있었다. 수도에서는 총을 휴대한 이방인들이 밤낮으로 거주지를 순찰했다. 몇 몇 모반자들은 붙잡혀 처형당했지만 주모자는 일본으로 달아났다. 흥분은 점차 가라앉았다.

조선 사람들은 이번의 문제가 외국인들의 탓이 아니라 점진적으로 개혁을 추진하지 못한 관료들의 조급함과 불균형한 감각 때문이란 사실을 알게 되자 외국인에 대한 분개는 서서히 사라졌다. 그러나 우정국은 전소되었다. 호기심을 가진 수집가들은 우표를 사들였지만 그것을 사용하지는 않았다. 비록 조선에 편지들이 배달되긴 했지만 그것은 우정국을 운영하고 모든 수

서대문

입을 독차지하면서 그 재원으로 우정 업무를 관장하는 일본 정부에 의해서였다.

다른 측면에서도 희망적인 진보가 추진되었는데 그것은 국립 조폐국의 건립이었다. 조선의 화폐는 엽전인데 엄격하게 말해서 다섯 냥이 기본 단위이다. 다섯 냥은 1센트의 1/5에서 1/4까지의 가치를 가지고 있다. 이것은 가운데에 네모난 구멍이 뚫려 있고 놋쇠나 구리로 제조되었다. 엽전은 서투르게 만들어졌기 때문에 그 형태가 투박하고 거칠었으며 여러 종류의 질과 무게를 가졌다. 엽전 꾸러미는 200개가 한 묶음으로서 짚을 엮은 끈으로 꿰어져 있었다.

엽전은 화폐로서의 가치는 매우 적은 것으로 알려져 있다. 시세에 따라 다르긴 하지만 엽전 420냥은 일본화 1엔에 해당하며, 1엔은 미국 금화로 75~90센트의 가치를 가지고 있다. 그런가 하면 때에 따라서는 동시에 270냥 이상을 가질 수 없다. 계산의 단위는 엽전의 1이 아니라 1의 1/5이다. 이외에 현재 유통되고 있지는 않지만 크기와 가치가 보다 작은 주화가 있다. 따라서 현재 이 왕국에서 유통되는 화폐는 없는 것처럼 보인다.

큰 규모의 교역을 위해서 멕시코 달러가 유통되기도 했으나 중국은 위조 화폐를 유통시켰다. 이를 감시하려고 화폐감정인의 고용이 필요했으며 끝내는 일본의 엔화로 이를 대체했다. 이러저러한 이유들, 특히 기존 엽전의 조악함 때문에 조폐국의 설립이 제안되었다.

조선 정부는 독일의 왕립 조폐창으로부터 전문가를 초청하여 새로운 국가 화폐를 주조할 수 있는 건물을 설립했다.[6] 그들은 최고급 기계를 사들여 설치하고 새 디자인을 만들었다. 조폐창은 1888년에 완공되어 몇 차례 가동되었다. 구경삼아 시찰을 나온 왕을 위해 200개의 구리 주화가 제조되기도 했으나 머지않아 기계는 멈춰 섰고 녹이 슨 채로 방치되었다.

독일인 전문가는 귀국했고 2년 간 작업이 이루어지지 않아 아마도 20만 달러 정도로 추정되는 비용이 낭비되었다. 아직도 연간 1백만 달러어치의 사금이 조선으로부터 수출되고 있다고 알려지고 있다. 감시자들이 몇 푼 되지도 않는 돈 때문에 조폐국을 운영하기 위해서 놋쇠 너트와 부품을 몇 백 달러에 팔아치울 가능성이 농후했다.

교사들은 처음에 정부로부터 현찰로 급료를 지불받았는데, 비록 그 총액은 월 160달러에 불과했지만 한 사람 치 월급을 가져다주는 데 한 달 동안 5명이 동원되었다고 알려졌다. 현금 상자는 견고하고 안전하게 곡물을 저장하는 데 사용되는 궤와 매우 흡사하며 현금 가치의 250~600달러에 상당하는 가치를 갖고 있다. 누군가 시내로 쇼핑을 나간다면 1달러에 해당하는

---

6) 이 당시에 조폐기술자로 초빙된 사람은 독일인 크라우스(F. Kraus), 화학자 리트(C. Riedt), 조폐 기사 디드리히트(C. Diedriecht)이었다. 이들은 1885년 4월에 한국에 와서 서소문 근처의 곡물 창고에서 조폐를 시작하여 1887년부터 새로운 화폐가 유통되었다. 이들은 1888~1889년에 각기 귀국했으며, 조폐국은 1892년에 인천으로 이전했다.

엽전 약 8파운드 무게를 나르는 사람들을 구해야 했다. 이러한 교환 수단은 엉성하게 보일 수 있으나 아직까지는 모든 교역의 기초가 되고 있다.

또 다른 측면의 노력은 농업의 수준을 끌어올리는 일이었다. 농장은 경작의 유형을 만들려고 챙겨 두었다. 외국의 종자를 사들여 오고 농장주를 고용했으며 가축을 번식시키고자 가축을 사육했다. 이는 한동안 성공적으로 추진되는 듯했으나 곧 관리의 미숙함이 드러났으며, 농기구는 아무렇게나 방치되고, 조선 사람은 관리자로서 지나치게 무사안일했다.

그러던 가운데 별안간 관리자가 죽자 농장은 목적이 달성되는지를 점검하는 관리자가 없게 되었다. 대부분의 기업이 그렇듯이 이런 상황에서 정부는 재정 부족으로 곤경에 빠져 있었으며 노동을 효율적으로 투자하려는 개선은 이뤄지지 않았다. 이러한 과정에서도 가장 큰 소득은 말의 품종을 개선한 것이다. 앞서 말한 것처럼 조선의 말의 주종은 기껏해야 조랑말인데, 그것은 수레를 끄는 동물로서는 적합하지 않다.

거대하고 지면과의 마찰 때문에 조종하기 곤란한 수레를 끄는 데에는 황소를 이용한다. 주로 짐을 나르는 데 이용되는 조랑말은 약 200파운드의 짐을 싣고 하루에 30마일을 갈 수 있다. 그것은 안장을 얹어 말처럼 이용되기 때문에 유용한 작은 짐승이었다.

또한 품종이 개량될 가능성도 있으며, 농장의 주요한 목적들 가운데 하나인 그것은 결실을 얻었다. 이러한 시범 농장을 통해 얻을 수 있는 잇점은 밀의 경작을 확대할 수 있다는 것이었다. 그것은 북부 지역에서만 재배되었지만 소규모이긴 하나 현재는 수도 근처의 많은 지역에서도 재배되고 있다. 농장의 관리자는 원하는 경작자들에게 이 씨앗을 보급함으로써 적지 않게 공헌했다.

그러나 소수의 경작자들만이 이 외래 종자를 파종했기 때문에 이 미국산 작물이 이곳에서 폭넓게 재배될 가능성은 거의 없어 보인다. 이런 면에서 조선 사람들은 식용할 수 있는 어떤 품종도 환영하는 일본인에 견주어 새로운 농법을 수용하고 응용하려는 태도가 부족하다. 왕의 식탁에는 흔히 그 밭에서 수확된 작물들이 올라가며 왕족들은 외국의 식탁에 심심치 않게 등장하는 다양한 야채들의 맛에 익숙해지고 있다.

수도에서의 흥미로운 볼거리들 가운데 하나는 병원이다. 지금으로부터 채 4년이 되지 않은 1886년에 병원의 개원이 약정되었을 때 그것은 경이로운 일이었다. 병원은 대부분 왕이 지불한 비용으로 운영되었다. 알렌(H. N. Allen) 박사는 천우신조로 왕의 신용을 얻어 빈곤에 시달리는 수많은 이들을 치료하는 구원과 은혜의 손길을 뻗을 수 있는 사람들을 미국에서 구할 수 있었다.

그는 그 방안에 대하여 고종에게 설명할 수 있는 기회를 얻었다. 이것은 왕의 시선을 끌었으며 곧 병원 부지가 마련되고 건물이 신축되어 병원이 전면적으로 가동되었다. 이 사례뿐만 아니라 그 직후에도 왕의 재가를 얻어 감리교단이 병원을 개원했으며 조정의 재가를 얻어 이곳에서 하는 일을 조선 사람들에게 알리는 한자로 된 현판이 대문 위에 걸렸다.

장로교의 의학 선교사인 해론(J. W. Heron) 박사의 죽음 때문에 개원 작업은 지체되었다. 그러나 정부와 협의하여 사업을 수행할 한 외과 의사가 뉴욕으로부터 파견되었다는 것을 우리는 알게 되었다. 이러한 사업은 국가의 재원으로 충당되어야 했는데, 재무부와 같은 것이 없고 국가의 돈이 사실상 정부 그 자체인 왕에게 귀속되어 있는 조선에서 사업이 진행될 수 있었던 점은 왕의 우호적인 감정을 증명하고도 남음이 있다.

우리는 매일 언덕 꼭대기에서 이 왕국의 안녕을 전달하는 신호 방식에 대하여 이야기 할 기회가 있었다. 몇 년 전에 수도가 남쪽 항구인 부산, 그에 부속된 제물포항 그리고 중국의 수도와 전체 바깥세상과 연결됨으로써 엉성한 이런 식의 중세적인 소식 전달 체제가 전신을 이용한 현대적 수단으로 대체되었다.

1882년만 해도 은둔 국가였던 조선은 1885년에 들어 와서 서방의 섬과 전신으로 의사를 소통할 수 있게 되었다. 그러나 다른 국가와 조약을 체결함으로써 조선 사람들의 가정 생활에 일어난 변화는 거의 없었다. 다만 몇몇 소수의 조선 사람들의 생활 방식만이 변화되었다. 대부분의 외신 기사들이 알려준 것처럼 국민의 대다수를 차지하고 있는 조선의 빈곤층들에게는 외국인이 만들었다고 여겨지는 사치를 향유할 권리가 배제되어 있다.

궁궐의 가구들은 대부분 유럽과 미국으로부터 들여온 것이다. 왕의 처소에는 값비싼 서구풍의 가구들이 갖추어져 있다. 그리고 왕이 주재하는 연회를 열도록 궁궐에는 서구풍의 식탁과 주방 설비도 갖추어져 있다. 왕이 연회에 모습을 드러내지 않을 때는 관리들이 그를 대신했다. 종이로 덮인 격자형 차폐물이 연회장의 일부를 가리고 있고 그 뒤로 왕족들이 모여 앉는데, 종이에 구멍을 뚫어 놓았기 때문에 왕족이 연회 참석자들의 시야에 들어왔다.

수도에 거주하는 몇몇 부자들은 외국인의 집에서 본 스프링 침대에 넋을 빼앗겨 자신이 사용하려고 그와 같은 침대를 구입했다. 중국인과 일본인이 운영하는 서울의 상점에는 각종 수입 산품들이 판매되고 있다. 다른 곳에서 언급했듯이, 이들 상점에서 가장 인기를 끄는 상품들 가운데 하나인 뻐꾸기 시계는 많은 가정에서 눈에 띈다.

가장 수요가 많은 외국 산품은 일상복인데, 그것은 옥양목 천으로 된 면제품이다. 그밖에 연간 몇 천 가지의 상품이 수입되며 품목은 매년 대폭 증가했다. 서구의 제품들은 조선의 국내 경제에서 기반을 잡아 나갔으며 수입품이 사용됨에 따라 그 제조국들에 대한 관심이 확산되고 그런 과정 속에서 조선은 진보해 갔다.

이러한 다양한 교역이 국가를 발전시킬 것이라고 예측하기에는 아직 너무 이르다. 교역은 조선에 파견되거나 체류하고 있는 여러 국가들의 대표단의 특성에 대단히 크게 의존할 것이다. 그러나 대부분의 외국인들이 존경받는 계층이라는 점은 다행이다. 그 동안 외교 사절들은 대개 비난받아 왔다.

열정적으로 전도를 확산하고 있는 선교사들은 조선에 대하여 편견을 갖고 있지만 유교주의자들의 보수주의에 경종을 울리고 관리들의 종교적인 질시를 일으키는 수단을 쓰지 않으면서도 적절하게 균형적인 판단을 추구하고 있다. 조선은 빈곤하기 때문에 무역업자들을 매혹시킬 수 있는 유인책이 거의 없지만, 주요하게 두 개의 무역 상사가 거래를 하고 있다. 대체로 조선 사람들은 점진적으로 외래 사고의 유입을 수용하는 방향으로 유도되고 있다.

조선의 정부 관료들과 선교사들이 지출하는 돈은 대다수의 빈곤층들에게 혜택을 준다. 조선이 중국의 방해와 간섭이라는 걸림돌에서 벗어나 자신의 욕구를 추진해 간다면 점차 서구화의 길로 접어들 것이다. 말하자면 많은 혼란스러운 요인들을 감안해서 균형 있게 가능성을 모색할 필요가 있는데, 그에 관한 장에서는 현재 추진하고 있는 서구적 개명을 이룰 수 있는 자료들을 점검하고 논의해야 한다.

이 장에서 명료하게 언급하지 못한 문제는 1886년 2월 6일에 실시된 세습적인 노예 제도의 폐지이다. 이 "야만적인" 민족이 자신의 결단으로써 거보를 내딛기를 바랄 뿐이다.

제 13 장 외교 관계

조선의 독립이나 자치권은 그 자체로서 흥미로울 뿐만 아니라 이 나라의 경제적·종교적 발전과 관련되어 있다는 점에서 중요하다. 조선은 독립국인가 아니면 중국의 속국인가? 이에 대한 결론은 쉽게 내려지지 않는다. 한편으로 조선과 조약을 체결한 나라인 일본·미국·러시아·프랑스·이탈리아 등은 조선의 독립에 호의적인 나라들로서 이 나라의 독립을 승인하고 있다.

조약이란 독립국가들 사이에만 체결된다. 그러나 이러한 조약들이 중국의 충고로 이루어졌다는 점을 기억해야 한다. 다른 한편으로는 조선이 중국의 종속국인 상태에서 그러한 조약이 체결되었다는 사실은 중국의 입장에서 조선의 독립을 부인하는 논리로 인용될 수도 있다. 조선의 자원 개발과 재정 운영에서 중국은 간섭을 시도하고 있다.

조선의 수도에 상주한 중국 주재관인 원세개의 행동을 보면 그가 조선의 왕을 뛰어넘는 대표 자격이 있다고 주장한다. 서구의 시각에서 볼 때 조선의 왕이나 정부가 중국에 대하여 취하는 처사는 조선의 국왕 스스로 자신이 제왕으로서의 독립성을 확신하고 있지 못하다는 주장을 불러일으키고 있는 것으로 보인다.

역사적으로 일본과 중국은 조선이 자신의 제국의 일부라고 각기 주장해 왔다. 그러한 주장은 이미 역사적으로 공인되었고 불가피했던 정복 전쟁에 그 기초를 두고 있다. 그러다가 일본은 1876년 조선과 조약을 교섭하면서 조선에 대한 소유권을 포기했다. 이듬해에 중국은 강화도를 습격한 일본의 행위에 대한 책임을 묻지 않음으로써 조선이 자신의 속방이 아님을 인정했다.

이와 관련해서는 17세기 중엽의 한 중국 황제의 성명이 덧붙여져야 할 것이다. "한국은 동쪽의 작은 지역이며 중국의 통제 하에 있지 않다."[1] 이 문제는 두 사람 곧 록힐[2]과 1888년에 인쇄된 『청한론』의 저자이며 국왕의 외국인 고문인 데니[3] 판사에 의해서 충분히 논의되어 왔다.

록힐은 중국의 역사 기록으로부터 그의 논의를 이끌어 냈으며, 최근 몇 년까지 중국은 조선을 독립국으로 본다는 결론에 무리 없이 이른다. 데니 판사는 중국에 대한 조선의 조공에 동의하면서도 조공이라는 것이 어떠한 경우에서나 예속을 의미하는 것은 아니므로 현재 논의되고 있는 것과 같은 결론에 이르는 것은 아니라는 것을 보여주고 있다.

외교적 관점에서 보면 조선은 자주 국가이다. 국제법상으로 조선이 주권 국가로서 활동할 수 있다는 것을 알고 있는 중국이 조선의 체약 행위를 중지할 수 있음에도 불구하고 조선이 조약을 체결하는 것을 묵인함으로써 조선은 열강과 조약을 체결했다. 비록 그 조약의 명칭이 "한청상민수륙무역장

---

1) (원저자 주) W. W. Rockhill, *Journal of the American Oriental Society*, 1888.

2) 록힐(W. W. Rockhill : ?~?) : 미국의 외교관. 젊어서 독일 육군사관학교를 졸업하고 독일 군인으로 복무하다가 1884년에 중국에 온 것이 인연이 북경 주차 미국 공사관의 2등 서기관이 됨. 그 뒤 푸크의 뒤를 이어 1886년 12월부터 1887년 4월까지 조선 주차 대리 공사를 지냄. 조선에서의 임기를 마치고 다시 중국으로 가 몽골과 서장을 탐험했으며 (1888~1892) 1893년에 귀국하여 국무성에 근무하다가 중국 공사(1905), 러시아 대사, 터키 대사(1909~1913)를 마치고 귀국. 원세개 정부가 들어서자 그의 고문으로 있다가 병사함. 저서로는 『몽골 · 서장 여행 일기 : 1891~1892』가 있음.

3) 데니(O. N. Denny : 1838~1900) : 미국 오리건 출신의 변호사. 1877년 청국의 천진 주차 미국 영사로 부임한 것이 인연이 되어 이홍장의 천거로 조선 국왕의 외교 고문이 되었다. 친청파인 묄렌도르프(P. G. von Moellendorff)와 맞서 조선의 주권을 옹호하는 입장이었으나 그 뜻이 관철되지 않자 1891년에 귀국했다. 이에 관한 자세한 논의는 본 한말외국인기록 제9권인 『청한론』(서울 : 집문당, 2019)의 역주자 서문을 참고할 것.

정"이었지만 중국은 조선과 조약을 체결했다.

조선이 중국에 종속되어 있다면 조선의 국민은 없으며 중국의 국민만이 있기 때문에 이 조약의 명칭이 의미하는 바에 따라 중국은 양국 관계를 언급하면서 주권에 관한 논쟁을 포기했다. 그러므로 외교적으로 고려되었던 문제들의 성격이 명백하다면 그것은 논의할 필요가 있을까라는 의문이 당연히 제기된다. 비록 조선이 중국 정부의 완전하고도 자유로운 동의와 인정으로 협정을 체결했고 중국이 종주국이라고 주장하는 행위가 어떤 결과를 야기하리라는 것을 알았다고 할지라도 중국 정부는 그 협정을 체결한 이후에도 종주권의 주장을 거듭해 왔다.

중국은 1887년에 평양을 개항할 때 이를 중단시켰던 경우와 같이 내정에 간섭했으며 조선의 사절이 외국을 예방할 때는 중국 대표단과 상의하고 중국 대표에 의해 소개되어야 한다는 등, 대외 문서에서 강대국으로서의 힘을 행사해 왔다. 중국의 주권 침해는 여기에서 그치지 않았다. 중국은 한미수호통상조약의 초안에 중국이 조선의 종주국임을 미국이 인정해야 한다는 문구를 삽입했다.

1887년 조선 주차 영국의 부영사가 사본을 가지고 있다가 미국은 조선을 독립국으로 인정하지 않았다는 증거로써 공개했다. 그러한 주장이 아직도 제기되고 있고 또 반복된다는 점에서 조선에 대한 중국의 종주권 논쟁을 간단히 살펴볼 필요가 있다. 조선의 종주권에 찬성하는 입장은 다음과 같다.

(1) 군대에 의한 반도의 정복 : 중국과 조선의 역사에서 볼 수 있는 바와 같이 조선의 역사에는 여러 차례의 정복 전쟁이 있었다. 조선은 침입자에게 상당한 손실을 입히면서 반도에서 그들을 쫓아내기도 했으며, 또 어떤 때는 굴복해야만 했다.

(2) 중국은 조선의 왕에게 중국의 종주권을 깨뜨리려는 반란과 이를 지원한 세력을 처벌하도록 요구했다.

(3) 중국에 조공을 보냈고 지금도 여전히 규칙적으로 보내고 있다는 엄연한 사실.

(4) 조선의 왕이 중국 황제에게 편지를 보내어 외국 궁정에 대표단을 보내는 것을 허락해 달라고 요구했다는 사실.

(5) 공물에 대한 답례로 조선에 오는 칙사나 특사를 맞이하는 조선 국왕의 테도 : 조선의 국왕은 대전의 알현실에서 그들을 맞이하지 않고 지체 없이 도성의 밖으로 나가 사신을 맞이했다. 이것보다 더욱 분명한 사실은 1890년에 서울에 있는 중국 사신의 임시 거주지를 왕이 방문했다는 점이다. 이러한 사실은 조선 사람들의 의전으로서는 있을 수 없는 일이었다. 한미수호조약이 체결된 이후에 일어난 이러한 행동은 조선의 독립을 주장하는 사람들을 당황케 했다.

(6) 이 나라에서 조선인과 외국인을 상대하는 중국 관리의 태도는 당황스럽다고까지는 말할 수 없지만 의미심장하다. 그러한 예로 중국의 조선주차관으로 사실상 조선 주차 중국 공사인 원세개는 드러내놓고 왕에게 자원 개발의 방법을 항의했다. 이 주차관은 왕에게 면담을 무례하게 강요했고, 사업 방법을 비난했다. 결국 국왕은 어떤 구실로도 원세개의 접견을 허락하지 말라고 명령했다. 서울의 미국 공사관 해군 무관인 푸크(G. C. Foulk)의 경험에 따르면 중국 사람에 대한 조선 사람들의 일반적인 태도와 자신이 법위에 존재한다는 중국인의 생각을 다음과 같이 기록하고 있다.

"원세개는 영문이라는 건물에 일단의 종을 데리고 머물고 있었다. 어느 날 내가 그의 사무실을 방문하여 그가 자리에 있느냐고 물었더니 거기에 있던 조선 사람은 대답을 회피했다. 왜냐하면 한 고위 관리가 호출을 당하여 안에서 원세개를 만나고 있었기 때문이었다. 나는 사람들이 호기심으로 나의 숙소에 들어오지 못하도록 엄한 명령을 내렸고 그 명령은 잘 지켜졌지만 중국인들은 무례하게도 나의 숙소를 기웃거렸고 이에 대하여 조선 관리는 부드러운 말로 항의했지만 중국인들은 들은 척도 하지 않았다. 이 사건을 통해 나는 조선에 대한 중국의 태도에 조선 정부가 두려워하고 있다는 인상을 받았다. 원세개와 3천명의 중국 군대가 조선에 들어온 뒤 2년 전에 두 나라 사이에 체결된 합의문에 따르는 것만이 이 문제를 해결해 줄 것이다. 이 협정은 서양 사람들에게는 전혀 알려져 있지 않다."[4]

이 협정에 대하여 푸크 씨는 다음과 같이 말을 계속하고 있다.

"비록 서광범과 김옥균에 의해서 누설된 이후의 일이기는 하지만 1884년 12월에 중국 군대를 동원한 결과 조선과 청국 사이에 체결된 새로운 협정을 더욱 강경하게 적용하게 되었으며 그 결과 과거 어느 때보다도 청한 종속 관계가 강화되었다는 말이 나에게 구체적으로 들려 왔다.…… 왕과 진보주의자들은 한미통상조약을 매우 중요하게 여겼으며 적어도 정치적인 측면에서 볼 때 이 조약은 조선을 중국으로부터 독립시켜 줄 것이라고 환호했다. 한미수호조약이 체결되기 이전에 조와 민 씨 일파에 의해서 청한 종속 관계가 과거 어느 때보다도 경직되었다는 것이 조선 사람들에게 얼마나 비통했으리라는 것은 이해할 만하다."[5]

한미수호조약이 비준되고 푸트[6] 공사가 부임함으로써 조선 사람들의 이러한 걱정을 덜었다고 푸크는 말을 이었다. 이러한 사실은 조선 사람들에게 두 가지의 의미를 주는 것이었다. 첫째로 청한 종속 관계를 이해하고 있는 미국이 조선의 독립을 강력하게 승인하였다는 점이고, 둘째로는 미국은 청한 종속 관계를 알지도 못했고 따라서 한미조약은 향후 조선의 완전 독립을

---

4) (원저자 주) *Foreign Relation of the United States : 1885*, pp. 321～325.

5) (원저자 주) *Ibid.*, p. 327.

6) 푸트(Lucius H. Foote : 1826～?) : 미국의 외교관. 캘리포니아주 재판관, 칠레 주재 미국 영사를 역임한 바 있으며 1882년에는 조선 주차 초대 미국 공사로 부임해 한미수호통상조약 비준서를 교환했다. 그 뒤 그는 조선에 대한 미국 정부의 냉대에 불만을 품고 사직했다.

확보하는 데 지렛대의 역할을 할 수 있음을 의미하는 것이었다.

이상의 사항들이 나에게는 청한 종속 관계를 지지하는 논거로 보인다. 이에 대하여 청한 종속 관계에 대한 다음과 같은 반론이 제기되고 있다.

(1) 1882년 이전에는 중국인이 조선에 거주하거나 해안에 상륙하는 것을 허락하지 않았다.

(2) 중국의 사신이 방문했을 때 사절의 일행은 아주 소수로 제한했다. 사신 이외의 모든 사람들은 조선의 국경선 너머에서 기다리고 있었다.

(3) 중국인들이 은밀하게 조선에 잠입하는 것을 감시하려고 두 나라 사이에 중립 지대를 유지했다. 비록 이것은 당초에 중국의 희망에 의한 것이었고 그 뒤 중국은 이 중립 지대에 정착하기를 희망했으나 조선은 항상 이를 거절했고 중국은 조선의 그와 같은 반대를 인정했다.

(4) 중국에 대한 적이나 반란군을 진압하려고 조선 군대의 파견을 요구했을 때, 조선은 도움을 주지도 않았을 뿐만 아니라 대답을 하지도 않았고, 그러한 요구에 대하여 아무런 견해도 피력하지 않았다.

(5) 앞에서 록힐 씨가 인용한 바와 같이, 조선의 공공연한 행위에 대하여 중국은 관할권도 없고 조선에 대한 주권도 없기 때문에 중국의 입장에서는 책임이 없다는 중국 황제의 공언에서도 나타나고 있다. 한일수호통상조약이 체결되기 이전인 1875년에 일본이 조선에서의 자신의 입장에 관한 서한을 중국에 보냈을 때도 중국은 여전히 그와 같은 입장을 보였다.

(6) 비록 조선이 중국에 분명히 공물을 바쳤다고 하더라도 국제법을 인용하여 자신의 입장을 존중했던 록힐 씨나 데니 판사는 조공 관계가 주권에 영향을 미치는 것은 아니라고 강력하게 이의를 제기했다. 예컨대 록힐 씨의 주장에 따르면 영국은 버마를 병합한 뒤에도 버마가 중국에 계속하여 관례적인 조공을 보내는 것을 용인했다. 그렇다고 해서 영국이 중국의 조공국은 아니며 버마가 영국에 병합되었다는 것을 부인하는 것도 아니다.

(7) 슈펠트[7] 제독이 한미수호조약을 협상했을 때 중국의 이홍장은 조약

문에 청한 종속 조항을 삽입할 수 있는 길을 모색했다. 슈펠트 제독이 그런 일은 있을 수 없다고 거부했음은 더 말할 나위도 없다. 다만 조선은 독립국이라는 전제 위에 조약은 협상될 수 있었다. 결국 중국은 이 논쟁에서 물러섬으로써 그들의 종속 관계를 묵시적으로 포기했다.

(8) 열강과의 조약의 실질적인 협상은 조선의 독립을 전제로 한 것이었다.

(9) 조약의 발효와 더불어 조선은 외교 사절을 접견했을 뿐만 아니라 외국에서 조선의 사절은 자국을 대표했다는 점에서 위의 전제는 더욱 기정사실화 되었다.

(10) 중국은 조선의 왕과 함께 조약을 체결하는 데 참석할 수 있는 기회가 있었다. 그러한 상황에서 중국은 그 조약을 "한청상민수륙무역장정"이라고 부르고, 조선에 "주차관"을 주재시킴으로써 당연히 나타날 수 있는 논리를 무효화시키고, 그 결과를 회피하려고 시도했지만, 중국은 조선과 무역할 수 있었다.

(11) 이 조약의 규정에 따라 중국의 상인들은 조선으로 몰려와 거주지를 소유하게 되었다. 이러한 일은 종전에는 없었던 일이었다. 그리고 다른 열강에게 조차가 허락된 이후에야 중국에도 조차가 이루어졌다.

(12) 미국과 러시아는 조선의 왕에게 외교 사절을 파견했고 그가 파견한 대사를 접견함으로써 조선의 독립을 지원했다.

(13) 록힐 씨의 고백에 따르면 그는 외교 사절을 외국에 파견하는 문제와 관련하여 조선의 국왕이 중국의 황제에게 문서를 보낸다는 것이 무엇을 의미하는지 이해하지 못했다. 그러면서도 그는 그 문서에서 사용되고 있는 용어들이 피차 동등하다는 사실을 지적했다. 동양 사회의 예법에 따르면, 사

4) 슈펠트(Robert W. Schufeldt : 1822~1895) : 미국의 해군 제독. 1867년 아시아 함대 소속의 함장으로서 제너럴 셔먼호 사건을 알아보기 위해 방한한 것이 인연이 되어 한국 문호를 개방, 1882년에 한미수호통상조약을 체결했다. 그의 활약에 대해서는 『은자의 나라 한국』의 제48장 참조.

용되는 용어의 격식과 용어 그 자체가 말하는 이와 듣는 이의 관계를 나타낸 다는 것은 가장 잘 알려진 사실이다. 이러한 사실은 록힐 씨의 지적에서도 보이며, 조선의 왕이 중국의 황제와 평등하다는 추측이 아무런 저항도 받지 않았으며 이는 조선의 왕이 스스로 독립된 주권자로 보았다는 가장 확실한 증거가 된다. 더 나아가서 록힐 씨가 보여준 바에 따르면, 두 국가 사이에 교환할 경우에 사용되는 표현들은 "평등에 기초한 이웃 나라들 사이에 사용되는" 용어들이었다.

조선의 독립을 주장하는 논거와 부정하는 논리를 견주어 보면 중국의 종주권 주장을 부정하는 증거가 더 우세해 보인다. 지금으로서 또 다른 결론에 이를 수 있는 중요한 사실은 앞서 지적한 바와 같이 "서울 주재관" 원세개의 위압적인 행위와 조선의 군주와 백성들의 위축된 태도이다. 조선 사람들의 이러한 태도는 중국의 거대한 잠재력과 비교해 볼 때, 자신이 미력하다는 사실을 대외 관계에서 인식했다는 데 그 원인이 있다.

조선 군주의 눈으로 볼 때 "대조선"은 자신의 입장에 부합된다. 중국의 종주권 주장을 직접적이고도 결정적으로 부인할 경우에 조선이 외국으로부터 어떤 지지를 받을 것인가에 대한 전망이 불투명하고 중국이 내정에 간섭할 때 보여주는 분노가 불분명하기 때문에 조선의 군주는 나약하고 우유부단하게 보인다. 극동에서 오랫동안 거주해 온 덕분에 중국 · 조선 · 일본 · 러시아의 기질을 잘 알고 있는 사람들은 서슴없이 다음과 같은 의견을 제시하고 있다.

(1) 만약 조선의 왕이 좀 더 단호한 태도를 취한다면 중국은 뒤로 물러설 것이다.

(2) 일본은 한반도에서의 자신의 이해 관계를 저해하는 어떠한 행위도 용납하지 않을 것이다. 예컨대 중국이 조선을 점령하는 것은 분명히 그러한

예에 속하는 문제이다.

(3) 그와 같은 사태가 벌어진다면 러시아도 똑같이 단호하게 개입할 것이다.

조선의 독립은 일본의 중요한 관심사이다. 조선이 중국에 속방된다면 부산은 몇 시간 안에 일본을 침투할 수 있는 해상 교두보가 된다. 조선의 독립은 일본과 중국의 완충지대이다. 마찬가지로 조선은 러시아의 블라디보스토크를 공격할 수 있는 중국의 교두보가 될 수도 있다. 따라서 조선의 독립은 일본과 중국의 중요한 관심사임이 분명하다.

아울러 중국은 자신의 입장에서 조선의 독립이 러시아와 일본에 대한 방벽이 될 수도 있다고 생각할 수도 있다. 그러므로 외국의 고문들이 조선 정부로 하여금 중국의 요구를 단호하게 거절할 것과, 이 나라의 안녕과 질서를 깨트리는 중국인을 이 나라에서 철수하도록 중국 정부에 강력히 요구할 것과, 조선의 내정에 대한 중국의 간섭이 즉시 그리고 영원히 중지되어야 한다고 주장하는 데에는 그럴 만한 이유가 있다.

조선에 대한 중국의 태도가 변한 이유를 설명하기란 쉽지 않다. 중국의 병합 정책은 중국이 조선에 대한 종주권을 포기한 2년 후인 1885년이었다고 데니 판사는 생각하고 있다. 그러한 정책은 현재 서울 주재관인 원세개의 계략과 음모에 의해 제기되었다는 것은 의심할 나위도 없다. 이 사람은 전형적인 동양 사람으로서 특별한 능력도 없이 교활함과 음험함만이 비정상적이리만큼 팽배해 있다. 원세개는 본디 미천한 사람이었으나 1885년에는 주재관의 지위에까지 신분이 상승되었다.

조선 국왕의 붙임성과, 모든 체약국과 선린 관계를 유지하고 싶어 하는 소망을 간파한 원세개는 자신의 계획을 추진하는 데 이를 이용했다. 당시의 정치적 중요성과 아마도 자신의 생각에 따라서 중국의 요구가 관철되었다는 사실에 마음이 부풀어 오른 원세개는 부조리하고도 무례한 "건의서"를 왕에게 올리도록 만들었다. 그 가짜 조약문을 그가 집행하지 않았지만 그것

영은문

을 구상한 원세개가 그 가짜 조약문에 청한 종속 관계를 언급했다는 것은 의심할 나위도 없다.

원세개는 자신의 직권을 이용하여 다량의 인삼을 밀수했다는 혐의를 받고 있는데, 이는 조선에서 중죄에 해당되는 것이다. 그는 이런 방법으로 조선의 국법을 어겼다. 그는 대궐 안에 가마를 타고 들어옴으로써 오만불손함을 보였다. 조선의 관리들은 이런 짓을 결코 한 적이 없다. 따라서 그는 이제까지 모든 열강들이 존중하고 준수했던 이 나라의 관습을 짓밟았다.

원세개는 중국의 개입을 위한 구실을 만들고자 왕을 납치하고 퇴위시키려는 음모를 꾸몄다고 데니 판사는 비난하면서 분명하고도 확신에 찬 증거를 제시했다. 원세개는 폭동, 방화, 살인 등을 수반한 음모를 수행하려고 모든 준비를 갖추었다. 중국 정부가 그러한 정보를 알고서는 그러한 비행을 철회하도록 지시했지만 무시되었다.

고종이 원세개의 소환을 단호하게 요구하지 못한 것은 서글픈 일이다. 만약 그런 정도가 못되었다면 그에게 여권을 돌려주고 그를 국경까지 호송했어야 했다. 단호한 입장과 단호한 요구는 분명히 원하는 결과를 얻어낼 수 있다. 어떠한 경우라도 조선의 위치는 분명히 알려져야만 하며 조선의 상황이 지금의 상태보다 더 악화되어서는 안 된다.

공식적으로 본다면 한일 관계는 가장 우수하다. 조선의 서민과 일본의 상인들 사이에는 때때로 심리적인 마찰이 있는데 이는 일본인들이 강경하게 홍정을 몰아가고 터무니없는 요구를 하기 때문이다. 그러나 일반적으로 일본인들 입장에서는 선의의 바람이었으며, 일본 정부는 조선의 번영을 강력히 소망하고 있다.

러시아와의 관계는 가장 우호적이다. 웨베르[8] 공사와 그의 가장 완벽한 아내는 서울에서 호감을 받고 있으며, 러시아의 영향력은 조선의 독립을 위해 긍정적으로 작용하고 있다.

조선과 미국 사이에 존재하는 우호적인 느낌에 대해서는 더 말할 나위도 없다. 미국의 외교관들이 겪었던 한결같은 정중함과 그의 의사가 늘 사려깊게 받아들여지자 미국의 외교관들은 의무감 때문이 아니라 즐거운 마음으로 그들의 의무를 수행하게 만들었으며 조선의 성공을 진심으로 바라면서 그들의 직분으로부터 물러났다.

조선의 사절들이 워싱턴에서 얼마나 호감을 느끼게 했는가는 잘 알려진 사실이다. 그들이 보여준 단순함과 좋은 인상은 그들을 만난 공사관의 직원들에게 애정을 느끼게 해 주었다. 조선 사람들은 미국을 마치 부모처럼 바라본다. 미국인들의 태도는 최선의 것으로 인식되었고 미국인은 가장 친절

---

8) 웨베르(Karl I. Waeber) : 제정러시아의 외교관. 북경과 천진에서 외교관으로 있다가 멕시코 공사로 전임될 때까지 14년 동안(1884~1897) 주한 공사, 총영사로 부임해 러시아 남진에 기여했다.

한 국민으로 인식되었으며 미국의 문명은 가장 진보적인 것으로 인식되었다. 조선에 살고 있는 모든 사람들은 정부로부터 인정을 받을 만큼 훌륭하게 처신했기 때문에 그들은 조선에서 자신의 경험을 불평할 이유가 없다.

조선에서의 경험을 비난하는 사람들이 소수 있기는 하지만 그들은 정부의 호의적인 입장과 지속적인 우의의 노선에서 스스로 이탈했다는 점에서 그와 같이 호의적 감정과 우호적 관계에 관해서는 선교사의 문제를 다루고 있는 이 책의 마지막 장에서 언급된 밝은 전망과 관련하여 더 많은 논의를 하게 될 것이다.

제 14 장 조선에서 살고 있는 외국인들의 생활

동양에서의 생활에 맛을 들인 사람들은 서양 문명에 다시 돌아가기 싫어하는 것이 일반적인 경험이다. 조선에서 생활했던 사람들도 마찬가지이다. 여기에는 몇 가지 이유가 있다. 그 이유들 가운데 첫 번째는 동양에서 생활하기가 더 쉽다는 사실이다. 방문객이나 여행자들은 예를 들어 뉴욕이나 시카고에서의 사업의 특징인 붐빔과 혼잡이 없다는 것을 이내 깨닫게 된다.

미국에서의 사업은 좀 더 신중하게 진행된다. 우리들이 일을 처리하는 특징인 조급함과 서두름, 무거운 압박감이 동양에서는 전반적으로 나타나지 않는다. 사람들은 대부분 중국인, 일본인, 조선인, 힌두인이다. 일반적으로 서두르는 것을 싫어하고 일을 처리하는 방법에 위엄이 있고 여유가 있으므로 미국인들이 법석대는 것조차도 잘 누그러뜨려 신중하게 접근하게 할 수 있다.

서양인들을 화나게 하지만 나중에는 편안한 마음을 갖게 하는 동양인들의 느린 거동에는 무엇인가 독특한 점이 있다. 노동 시간은 더 짧다. 별로 빈번하지 않은 통신 수단 때문에 교신하는 데는 더 큰 신중함이 필요하다. 행동의 원기를 빼앗는 어떤 힘이 활력을 누그러뜨리게 하고 있음이 틀림없다. 따라서 미국인들이 동양 생활에 처음 접할 때, 늘 보여주는 활력은 좀 더 신중한 행동으로 변하여 힘이 빠진 듯이 보인다. 바로 이 점이 동양의 생활이 서양에서 태어난 사람들의 매력을 끄는 이유의 하나임에 틀림없다.

서양 사람들이 동양에서 살고 싶어 하는 또 다른 이유는 외국인들이 동양의 주민들 사이에서 차지하는 위치 때문이다. 일본에서 조차 외국인은 동등한 위치의 자국인보다 더 큰 세력의 보호와 훈련을 받아 더 우월한 능력을 지닌 것으로 인식된다. 일이나 예술, 기술의 문제에 접촉할 때 외국인들이 보여 주는 신속성과 단호함이 이러한 결과를 만들어 냈음이 분명하다.

동양인들은, 예를 들어, 상아로 된 체스의 말을 조각하거나 라커를 칠한 세공품을 만드는 것과 같은 인내를 필요로 하는 일에서는 우수하지만 서양인들은 상업적인 능력에서 우수하다. 그리고 동양인들에게는 놀라운 꿈의 실현처럼 보이는 재산을 서양인들은 대등한 기간 동안에 달성하게 될 것이다. 따라서 조선에서는 대학 졸업자가 굉장한 학식을 지닌 사람인 것처럼 보인다. 미국 사회에서 중간 위치의 사람은 조선 사회에서 높은 위치를 차지한다. 그리고 거의 모든 외국인들은 조선인에 견주어 우월하다는 찬사를 듣는다.

따라서 면밀한 관찰자, 특히 냉소가들에 따르면 인간성이 특히 영향을 받기 쉬운 종류의 아첨을 한반도에 거주하는 외국인들이 받는다고 한다. 외국인들이 길을 지나갈 때면 조선 사람들은 길을 양보한다. 어떤 구경거리를 볼 때 좋은 자리는 외국인이 편하게 보도록 남겨 둔다. 축제 때 높은 자리는 그에게 돌아간다. 그리고 그의 시야가 넓어지도록 빈번히 배려해 준다. 그런 대접을 받다가 그가 만약 서구의 생활로 되돌아간다면 얼마나 화날 것인가?

그가 지나갈 때 눈에 띄는 사람들이나 기계, 날품팔이꾼 등이 그를 위해 서로 밀침으로써 이 나라는 모든 사람들이 "자유롭고 평등하다."는 생각이 나게 될 것이다. 태평양의 반대쪽에서는 그의 의견을 물어 보고 존경심을 갖고 경청하지만 미국에서 그는 별로 대수롭지 않은 사람이며 단지 그의 정신적 관록과 진실한 가치를 통해 얻을 수 있는 영향력을 행사할 수 있을 뿐이다. 그러므로 자연히 그는 동양에서의 생활로 되돌아가기를 열망한다. 이러한 측면에서 조선에서의 생활은 외국인들에게 유쾌한 것이다.

이제까지 조선에 갔던 외국인의 부류로 볼 때 이 나라는 특히 운이 좋았다. 지금까지 간 사람들은 대부분 선교사들인데, 이들은 특히 타산적이지 않으며 여러 면에서 사회의 존경심뿐만 아니라 왕이나 궁정의 신임을 얻었다. 그곳에 있는 거의 모든 외국인들은 외교관이나 영사관 아니면 세관에서 일하거나 교육 활동을 하려고 간 사람들이다.

상인들은 별로 없는데 그것은 조선에서 얻을 수 있는 상업적 이익이 많은 사람들로 하여금 주택을 얻기 위해 경쟁을 유발할 만큼 크지 않기 때문이다. 그래서 많은 국가들, 특히 아프리카에서 저주의 대상이었던 위스키 통을 원주민들에게 판매하는 것과 같은 외국인들의 침입으로부터 면제된 것은 이 국가가 궁핍하기 때문이다.

외국인이 거주하는 집들은 지극히 일부를 제외하고는 추가 건물을 짓거나 칸막이를 서둘러 짓거나 우리의 습관에 맞게 다양하게 고침으로써 집의 방들은 아주 작다. 그러나 칸막이들이 종이를 바른 나무 구조에 불과하기 때문에, 쉽게 제거할 수 있고 이렇게 해서 하나로 만든 여러 개의 방들은 편안한 숙소가 되었다.

외국인들은 일반적으로 상류 계층으로부터 집을 구입했고 이 집들은 일반적으로 넓은 터를 가지고 있기 때문에 경비를 얼마 들이지 않고서도 부속으로 잔디밭과 화원, 그리고 때로는 테니스 코트를 가진 쾌적한 주거지로 변형시킬 수 있다. 벽지를 다시 바르고, 가구를 비치하고 종이로 된 창을 유리창으로 바꾸었기 때문에 이러한 조선 가옥들은 여름과 겨울 모두 매우 편안한 주거지가 되었다. 창과 문이 많기 때문에 여름에는 통풍이 쉬웠고, 겨울에는 그곳에서 대량으로 구할 수 있는 단단한 종이로 그 창들을 봉할 수 있기 때문에 추위가 지속되어도 편안하고 유쾌하게 지낼 수 있다.

우리가 본 바와 같이 우묵한 뜰 주위에 지어진 집의 모양은 모든 방마다 채광이 좋고 처마는 4피트 이상 돌출되어 있다. 이미 말했듯이 진열장, 다양한 종류의 놋그릇, 중국식 물주전자, 곡식이나 음식물을 담을 수 있는 흙으로 만든 항아리, 멍석과 돗자리 등이 이곳에서 집안 살림을 꾸릴 때 사용할 수 있는 유일한 품목들이다.

물론 일본과 중국에서는 영국이나 미국으로부터 수입한 모든 종류의 외국 제품들을 구입할 수 있고 중국인이나 일본인들이 만든 모조품들도 구입할 수 있다. 그러나 일본인이 만든 가구는 사지 않는 것이 좋다. 이것은 자기가 사용하려는 것이 아니라 팔려고 만든 것이기 때문이다. 예를 들어 일본제 의자는 마음 놓고 앉기 위한 상태로 유지하려면 꾸준한 수리가 필요하다. 결과적으로 현명한 사람들은 영국이나, 미국에서 온 비품들을 산다. 왜냐하면 상해나 요코하마에서 온 똑같은 제품들을 사게 되면 돈이 두 배로 들기 때문이다.

카펫, 돗자리, 다양한 종류의 벽걸이, 침대와 침구, 난로와 부엌 가구 그리고 다양한 종류의 돗자리 등은 일본에서는 유리하게 특히, 더 훌륭한 등급을 구입할 수가 있다. 이곳에서는 참으로 우아한 식기와 찻잔을 얻을 수 있다. 물론 구입자의 주머니는 미국에서와 마찬가지로 이곳에서도 잘 고려해야 한다. 그러나 터무니없는 가격을 매기는 외국인 상점을 피하도록 주의해야 한다.

조선의 자원에 관한 장에서 말했던 생산품 목록은 토착 생산품이 식료품 저장실에 얼마나 의존할 수 있는가를 보여준다. 사실상 살림을 꾸려 가는데 필요한 모든 것은 비록 크게 오른 가격이긴 하지만 중국이나 외국 상인들의 상점에서 살 수 있었다. 외국인들은 샌프란시스코나 런던에 많은 주문을 했고 상해에도 많이 의존했다. 중국이나 일본의 외국 상인들은 매우 친절하고, 나도 상해의 매켄지상사와 다른 회사에서 매우 친절한 대접을 받은 적이 있다.

밀가루, 설탕, 통조림 제품, 방부제가 첨가된 잼, 고기, 조미료 등과 같은 모든 주산물들을 런던이나 샌프란시스코에서 구한다. 샌프란시스코에서 주문을 받는 데는 적어도 3개월이 걸리는 것과는 달리 런던에 주문해서 물건이 도착하는 데는 6개월이 걸린다. 쇠고기와 양고기는 일본과 중국에서 수요를 공급해 주기 때문에 사람들이 필요한 만큼의 양을 서울에서도 얻을 수 있다. 과일은 계절에 따라 얻을 수 있고, 특히 동양의 인기 과일인 감을 살 수 있다.

국산품의 문제에서는 중국과 일본, 그리고 조선인들 사이에서 선택해서 사야 하며 그것은 정확히 임금 수준에 맞아떨어지고 있다. 일류의 중국인 "보이"(boy)는 한 달에 약 12~15달러를 벌 수 있다. 모든 중국인 남자 하인들은 연령에 관계없이 보이라고 부른다. 일본인 요리사와 그 부인은 한 달에 15달러를 받는다. 그런가 하면 조선의 어른이나 소년은 4달러에서 6달러에 고용되고서도 "자기의 직분을 다한다."

조선 사람들은 조금만 가르쳐도 매우 솜씨가 좋고, 이들은 그들 고용주의 개성에 매우 빨리 적응한다. 우리는 미국 공사관에서 훈련을 받은 바 있는 조선 요리사를 두고 있는데, 그는 어떤 경우에도 매우 믿을 만한 식사를 준비할 수 있다. 재료가 매우 부족한 것 같은데 훌륭한 식사를 만드는 그의 재간으로 그는 신임을 받고 서투른 사람이 상상할 수 있는 것보다 더 다양한 방법으로 조선에 있는 외국인들의 평균 식사 요리인 닭 요리를 할 수 있다. 우리는 이 사람에게 그가 요청한 대로 6달러를 월급으로 준다.

우리가 처음 집안 살림을 꾸릴 때, 창고에 들어가는 열쇠를 요리사에게 주어 재료를 사용할 수 있도록 하곤 했었다. 그러나 창고의 물건이 급속히 감소하자 우리는 다른 계획을 생각하게 되었다. 아직도 물품이 상당히 빠르게 없어지는 것 같았다. 우리는 곧 요리사의 재간이 특별한 음식을 만드는 것 이외에 다른 방면으로 발휘되는 것을 알게 되었다.

우리는 하루에 필요한 만큼의 양만 매일 그에게 할당하는 것이 필요하게 되었다. 어느 날 이러한 조치를 취한 직후에 먼지 막이 덮개를 찾았지만 어디에서도 찾을 수가 없었다. 요리사의 집은 1마일도 채 안 떨어 졌었는데 갑자기 그가 부엌에서 사라졌다. 그가 돌아온 뒤 그는 잃어버린 덮개에 관해 질문을 받고는 잠깐 찾은 뒤 부엌의 구석에서 그것을 찾아냈다.

그러나 이에 대하여 이상한 일은 그 천의 한쪽 중심부에 밀가루 자국이 있었는데 그 가장자리와 끝에는 모두 주름이 잡혀져 있었다. 알뜰하고 좋은 요리사는 횡령할 기회가 적음을 알고는 비록 집에 가서 굽더라도 몇 덩이의 밀가루 반죽이 호구지책에 좋은 것이 될 것이라고 생각했던 것이다.

조선인 하인들이 정확히 무엇을 할 것인가에 대해서는 항상 불확실하다. 그런데 이 점이 이 나라에서 생활의 맛을 느끼게 하는 것이다. 우리는 요리사에게 일정량의 현금을 지불하고 그는 그것을 가지고 국이나 요리에 곁들이려면 닭이나 육류를 제공해야 했다. 때로는 수입을 늘리고자 그는 많은 닭을 한꺼번에 사곤 했었는데 그렇게 함으로써 더 싼값에 닭을 구할 수가 있었다.

물론 우리가 이것에 반대하지는 않았다. 그러나 하루는 족제비가 닭 한 마리를 죽인 것을 요리사가 발견했다. 이것은 특별한 섭리인 것처럼 보였다. 그러므로 그는 칼을 사용할 필요가 없었다. 그러나 그 집의 부인은 그 닭이 우리의 식탁에 쓸 작정인가 하는 의심을 품었다.

잠시 뒤에 그는 부엌에 나타나서 요리사가 그것을 요리하기 전에 막 집으려고 하는 것을 보았다. 그는 영어와 온갖 몸짓과 조금의 조선어를 써서 우리는 그런 식으로 죽은 닭을 먹을 수 없다는 것을 가까스로 요리사에게 이해시켰다. 그러나 요리사는 그가 그것을 집으로 가지고 가서 마음대로 처분해도 좋다는 이야기를 듣자 다소 만족스러워 했다.

또 어떤 때는 점심 한 시간 전에 명백히 저녁용 수프가 요리되고 있는 그릇이 난로 위에 놓여 있는 것을 발견했다. 조사를 해보니 닭의 다리와 발톱이 달린 발, 목 그리고 볏, 눈 등이 모두 달린 머리가 발견되었다. 요리사는 그 때 나가고 없었는데, 그가 돌아오자 그에게 수프를 만드는 것이냐고 물어 보았다. 그 자신이 먹으려고 그것을 요리하는 중이었다는 확신에서 나의

남대문

아내는 일시적으로 그를 용서했다.

점심 식사를 마친 뒤 난로 위에 똑 같은 양의 물과 내용물이 들어 있는 그릇을 발견했을 때, 나의 아내는 새삼 놀랐다. 즉시 그 요리사가 수프에 필요한 고기를 사는 데 필요한 현금을 착복하고 알 수 없는 방법으로 요리된 닭의 사지를 차려 내는 것이라고 단정했다. 그릇의 윗부분에서 흐물흐물해진 고기 한 점을 숟가락으로 들어내는데, 나는 그것이 쇠고기임을 알아차렸다. 아내는 고기를 여러 번 뒤집어 본 뒤에야 암소는 자신이 아무리 좋아한다 해도 자기 몸에 수탉의 볏을 자라게 할 수 없다는 것을 확인했다.

조선의 종들은 매우 배우고 싶어 하지만 그들을 훈련시키는 방식에는 많은 참을성을 요구하는 괴로움이 있다. 애당초부터 조선인들에게는 목욕할 필요성이 없는 것 같다. 집안 살림에 절대적으로 필요한 청결함을 이들에게 유지하도록 하려는 꾸준한 주의가 필요하다. 이들은 그의 가정에서 배운 방식대로 산다. 그리고 상당한 기간 동안은 그들이 배운 방식대로 일을 하며 자신들의 의무에 익숙케 되었을 때, 해이해지기 시작한다.

꾸짖는 방식으로 어느 정도 "강하게 다그치는 것"이 그들로 하여금 의무를 이행하도록 하는 데 필요한 것 같다. 하인들의 행위 가운데서 특이한 것은 그들이 알아듣지 못하는 영어로 꾸짖는 것이 조선말로 꾸짖는 것보다 훨씬 효과가 있다는 것이다. 내가 화를 냈던 유일한 때는 하인 하나가 식탁에 시중드는 소년인 그의 동생을 때릴 때이다. 나는 매질을 중지시키고 다시는 그러지 말라고 했다.

그러나 내가 틈이 없다고 그가 생각할 때는 매질을 계속했다. 나는 그의 야만성과 말을 듣지 않는 데 대하여 그를 꾸짖었다. 그는 두려움으로 창백해졌다. 왜냐하면 내가 그에게 그렇게 말을 한 적이 없었고 내가 화를 내는 것을 본 적이 없었기 때문이다. 나는 가끔 이러한 특징이 사실이라는 점을 이야기로 듣긴 했었지만 전혀 경험하지 못했었다.

가끔 하인들이 무지하고 재빠르게 일을 하려다가 이상한 실수를 저지른다. 하루는 어느 미국인이 통조림으로 된 파란 콩을 저녁 식사로 먹고 싶어서 요리사에게 통조림을 주면서 준비를 하라고 일렀다. 이 통조림은 그에게는 새로운 것이어서 김이 빠져나가는 구멍을 뚫어 놓는 주의를 하지 않은 채 난로 위에 뚜껑을 열지도 않고 올려놓았다.

갑자기 큰 폭발음이 들려서 손님들을 접대하고 있던 주인이 부엌으로 달려가 보니 다른 하인들은 나가 버렸고 요리사 혼자 있었다. 그는 멍한 상태에서 마루에 앉아 있더니 갑자기 "노새비, 노새비"(no sabby, no sabby)라고 뜻 모를 소리를 질렀다. 콩들은 사방으로 흩어져서 면밀하게 제거하는 과정이 필요했지만 이 사건으로 식사의 즐거움이 결코 감소되지는 않았다.

서울에는 대체로 일을 잘하는 일본인 세탁업자가 있었다. 동양에서는 보통의 세탁비가 크건 작건 한 벌에 3센트이고 긴 양말이나 커프스와 같은 한 벌로 된 것도 하나로 계산한다는 것을 안다면 미국의 주부들은 흥미로울 것이다. 여러 점에서 불편한 일이 많아 어느 주부가 세탁 일을 시키려고 조선인 남자를 고용해서 가르치려고 했다. 이 부인은 조심스럽게 좋은 옷에 풀을 먹이고 있었다. 그날 그는 세탁을 하다가 중요한 시기에 밖으로 나갔다.

부인이 돌아왔을 때 세탁부가 풀을 다 먹인 것을 발견했다. 세탁부는 자신이 모든 일을 끝마쳤음을 자랑스럽게 말했다. 다음 주에 그의 남편이 옷을 입으려 했을 때 가슴과 소매뿐만 아니라 전체에 풀을 먹였고 그 옷이 어찌나 뻣뻣했던지 어떠한 위치로도 완전하게 혼자 세워놓을 수 있음을 알았다. 조선 사람들은 처음에는 외국인의 일을 맡기를 주저한다. 그러나 한번 맛이 들면 식욕 촉진제 역할을 한다. 그리고 그 뒤 그들은 열심히 외국인의 집일을 보는 자리를 찾는다.

그러나 그들에게는 두 가지의 결점이 있다. 하나는 그들이 선천적으로 큰 것은 아니지만 작은 것들을 횡령하는 사람들이라는 것이다. 작은 것들 특히 야채가 집에서 꾸준히 없어진다. 또 다른 곤란한 점은 이들을 믿을 수 없다는 것이다. 이들은 몇 주나 몇 달은 잘 있으며 일도 잘한다. 그러나 아일랜드 풍으로 이야기한다면, 행방불명이 된다. 그것도 가장 불편한 시간에 없어진다. 가끔 병이 났을 때, 또는 그들이 가장 필요할 때, 혹은 친구가 저녁을 하기로 했을 때, 하인의 친척이 병에 걸린다거나 조상의 묘를 찾아가야 하기 때문에 그는 자리를 비워야 한다.

시간이 지남에 따라 이러한 일들은 잦아지는데 그러면 사람을 바꿀 필요가 있다. 가끔 잘했다는 칭찬을 듣거나 그 때문에 다른 거류민들로부터 부러움을 살 때쯤 되면 하인은 믿을 수 없는 사람이 되어 해고해야 했다. 이것이 조선의 하인들의 결점이자 큰 약점이다. 대부분이 거의 그렇다. 우리는 가지고 있지만 자신들은 갖지 못한 연장이나 도구, 부엌 용품에 대한 대용품을 만드는 데 그들은 가히 천재적이다.

조선 생활의 결점의 하나는 많은 수의 하인들이 필요하다는 것이다. 여러 가지 사정으로 말미암아 주부가 자신의 일만 하는 것이 불가능하다. 만약

한 사람이 말이나 소를 기른다면, 하인 하나가 그것을 돌보는 것이 필요하다. 문지기가 필요한데 그의 임무는 큰 길 쪽의 대문에 신경 써야하고, 방문객의 명함을 가져오고 헛간에서 나무나 석탄도 나르고, 때로는 심부름도 해야 하는 것이다. 때로는 심부름하는 임무만을 책임지는 사람이 필요하기도 하다.

그리고 어린애가 있으면 일반적으로 유모가 필요하다. 만약 어린이가 없다면 유모는 바느질이나 수선을 하기도 한다. 이외에도 요리사는 항상 필요하고 더욱이 식탁을 돌보는 소년이나 잡일을 하는 소년이 필요하다. 조선에서는 수행원이 필요한데, 그것은 각자가 자신의 임무만을 수행하기 때문이다. 때로는 적정한 임금 인상으로 청지기는 문지기 임무와 말구종과 마부의 임무를 수행한다. 그러나 이것은 경비가 낮을 때나 가능한 일이다.

조선의 양반들은 너무 많은 하인들을 거느리고 있기 때문에 이들은 얼마나 되는 사람이 집안 살림을 꾸려 나갈 수 있는지를 알지 못한다. 어느 정도의 하인이 적절한 숫자인지에 대한 조선 사람들의 관념에 관해서는 전도 사업의 장(15장)에서 다루어질 것이다. 조선의 하인들의 또 다른 특징은 쥐어짜기인데 이는 중국에서도 알려진 일이다.

조선의 상인들이 집으로 들여오는 모든 것에 대해서는 문지기가 부과하는 구전이 있다. 이 구전은 집안 살림을 맡은 하인들에게 배분된다. 그 결과 물건을 팔려는 상인은 항상 하인들에게 구전을 주어야 하는 양을 공제해야 한다. 조선의 상인들이 물건을 팔 경우에는 늘 그렇다. 중국인이나 외국의 상인들에 대해서는 구전을 쥐어짜는 통제력을 발휘할 수 없다.

마찬가지로 하인이 집에서 쓸 물건을 사려고 밖에 나갈 때도 그가 봉사료를 챙긴다는 것은 더 말할 나위가 없다. 우리에게 고용된 요리사는 물시계와 항아리를 샀는데, 우리에게 8백 냥을 청구했다. 그러나 이것은 단지 약 3백 냥에 불과했다. 우리는 조선에 체류한 첫해 동안 샀던 많은 물품들에 대하여 조선 사람들이 같은 것을 살 때 지불했던 값어치의 두 배를 지불했다는 것을 뒤늦게야 알았다.

그러나 조선인들은 전혀 값어치 없는 물품들을 유용한 것으로 고치는 데 매우 쓸모가 있다. 우리는 5갤런 통에 담겨진 석유를 10갤런씩 사곤 했었다. 위가 넓게 되어 있고 가장자리와 측면 주변에 쐐기 모양의 나무 보강제가 붙은 이 통들을 깨끗이 한 뒤 매우 가볍고 유용한 물통으로 사용했었다. 일반적으로 조선의 통 제조업자들은 크래커 상자나 양품류 상자를 우수한 들통이나 빨래통 그리고 심지어는 목욕통으로 변형시켰다.

일본의 하인들은 조선 사람들보다 훈련이 덜 필요하다. 일본인은 계몽이 잘되어 있기 때문에 그들이 모시는 가족의 개별적 취향을 보여주지 않은 채 별로 훈련을 하지 않아도 필요한 모든 것을 할 수 있을 만큼 충분한 경험을 가지고 있는 사람들을 확보하는 것은 어려운 일이 아니다. 이들은 역시 아주 유능했고 일도 훨씬 잘했으며 조선인 두 배의 수보다 더 확실하게 일을 한다. 이 사람들의 주된 결점은 향수병으로 괴로워한다는 것이다. 그리고 갑자기 그것도 부적당한 시기에 떠난다는 것이다.

조선에서 경험한 바에 따르면 누구도 오랫동안 일본인의 도움을 받을 수 없었다. 따라서 아마도 가장 좋은 방법은 중국인 집사나 중국인 우두머리 하인을 두고 그에게 대부분의 관리를 일임하는 것이다. 중국인들은 가장 만족스러운 도움을 준다. 이들은 믿을 만하고 꾸준하다. 그리고 만약 가족에 소속되면 개인적인 불편함까지도 감수하면서 계속 남는다. 이들은 조선 사람을 다루는 요령을 알고 있다. 그래서 조선 사람들의 도움을 받는 한 중국인이 살림을 매우 유연하게 꾸려 나간다.

동양의 국가에서 건강에 대한 가장 큰 위협은 내장병에서 온다. 콜레라는 특히 천벌이다. 콜레라는 그것이 풍토병인 인도에서 싱가포르를 거쳐 홍콩까지 무역 경로를 따라 이동하여 일본과 한반도로 전염되어 들어온다. 그 결과 극도로 주의를 해야 하는데 특히 식탁에 사용되는 물이 그러하다. 조선에서 물은 일반적으로 집안이나 개인적으로 울타리를 친 우물에서 얻으

가마

며 거리의 공동 우물에서 길어 먹지 않는다.

이런 정도로 주의하는 것으로는 불충분하다. 그래서 물은 끓이거나 여과시킨다. 조선에서 콜레라로 외국인이 죽는 경우는 매우 드물다. 조선에서 이 병균으로 말미암아 전염되는 큰 치명상은 이미 지적했듯이 공동 우물이 복개되지 않은 도시의 하수구와 가깝다는 사실에 거의 전적으로 원인이 있다. 일본에서는 이미 위생에 많은 주의를 쏟고 있어 전염병은 덜 치명적이다.

조선에서의 여행에는 세 가지의 방법이 있다. 가마를 타는 것이 일반적이고, 다음은 말이나 당나귀를 타는 방법이 있고, 다음은 걸어가는 방법이다. 물론 대중 교통 수단은 없다. 일본에서는 구루마와 인력거가 공공 교통 수단이다. 조선에서는 이것을 대신할 것들이 없다. 외국인들은 저마다 가마를 가지고 있으며 한 달씩 짐꾼을 고용한다.

도시나 근교에서는 역말이 필요치 않다. 그러나 서울에서 항구로 가는 것과 같은 오랜 여행에서는 교체할 말이 따라가며 매 1마일이나 2마일마다 바꾼다. 가마는 안락하고 한 사람이 의자에 앉는 것처럼 되어 있기 때문에 옆과 뒤에 창이 있고 아주 훌륭하게 내부를 꾸며 놓았다. 여름에는 공기가 들어 갈 수 있도록 열 수 있고 겨울에는 냉기를 막을 수 있도록 닫을 수 있다. 가마는 약 3.5평방피트이며 4.75피트의 높이로 되어 있는데 양쪽에 V자 모양의 끈으로 이어져 있는 두 개의 손잡이로 메고 간다.

그림에서 보는 바와 같이 앞뒤로 두개의 가로대에 힘을 모아 손잡이와 같은 방향으로 다시 교차한다. 손잡이 부분은 짐꾼의 어깨에 메며, 두 번째와 세 번째 두 사람은 손잡이 안쪽에 있고 첫 번째와 네 번째 사람은 바깥쪽에 서게 된다. 모든 것이 준비되어 신호가 떨어지면 지상에서 1피트 높이로 가마를 든다. 짐꾼들은 한 시간에 거의 5마일의 속도로 힘차게 달린다. 경험이 풍부한 짐꾼이 메는 가마의 동작은 매우 편안하다. 따라서 거북스러운 자리가 따분하게 될 정도로 오래 탔을 때를 제외하고는 아무런 불편 없이 책을 읽거나 잠을 잘 수 있다.

서울 근교를 걷기를 좋아하는 사람들에게 산책하기 좋은 곳들이 많다. 어느 방향으로 가든 눈을 매혹할 정경들을 발견하게 된다. 눈여겨보면 방향과 계절에 관계없이 기묘하고 흥미로운 장관을 보게 된다. 걸어가면서 볼 수 있는 이러한 장관을 말을 타고 가면서 봐도 흥미롭기는 마찬가지이다.

시내에서 걸어서 부녀자가 소풍을 가는 데는 한 가지 결점이 있다. 그것은 다름이 아니라 사람들의 호기심이다. 사람들은 길에서 여자를 만나는 것에 익숙하지 않기 때문에 사람들의 시선으로부터 얼굴을 가릴 수 있는 가리개가 없이 말을 타거나 걸어가는 서양 여자들의 광경은 신기할 것이다. 사람들은 이런 독특한 서양 사람들을 자주 볼 수가 없는 것 같다. 따라서 따라오는 것이 허용된다면 시장이나 산책을 가는 사람들에게 가까이 따라오는 군중을 저지하려고 포졸의 권위가 필요하다.

동양 생활의 권태감이 부인들을 무겁게 짓누른다는 것은 더 말할 나위도 없다. 일본만 하더라도 부인들이 즐길 일이 많다. 연주단이 전국을 돌고 있어 어느 정도의 즐거움을 얻을 수 있다. 그리고 넓은 외국인 조계가 있고 다양한 종류의 직장도 구할 수 있다. 그러나 조선에서도 시간을 즐겁게 보낼 수 있는 즐거움이 많이 있다. 서울에 있는 외국인 조계는 쉽고, 친숙하고 불편 없이 상호 교제를 할 만큼 딱 맞는 크기이다.

일본인을 제외한 외국인의 숫자가 약 50명에 이르러 그들 사이에는 일체감과 이익의 공동체가 형성되어 있다. 이러한 것들이 조선에서의 생활에 큰 기쁨을 준다. 각 계절에는 그 나름대로 즐거움이 있고 연이은 사회적 즐거움으로 세월은 대부분 만족스럽게 지나간다. 부인들은 일반적으로 살림을 해야 하는 일이 주로 아침에 있다는 것을 그는 알고 있다.

봄과 가을이나 때로는 여름과 겨울에도 여러 곳으로 말을 타고 가노라면 매우 유쾌한 레크리에이션을 즐길 수 있다. 이미 언급했듯이 매우 매혹적인 경치들이 많이 있고 간단한 등산을 할 수 있는 많은 길들이 단조로움에 변화를 주며 휴식을 심화시킨다. 이러한 장소로 소풍을 가는 경우도 흔히 있다.

때로는 강까지 약 3마일 떨어진 곳에서 피크닉을 하기로 결정되기도 한다. 그리고 원주민의 배로 강을 건너면 반대편의 높은 절벽 위에서 집결 장소가 보인다. 때로는 북한산의 성채를 방문하기도 하는데 이곳은 서울에서 북쪽으로 약 15~18마일 떨어져 있다. 이곳에 가면 다양하고 거칠지만 매우 훌륭한 경치들을 볼 수 있는데 그 경치가 매혹적이다.

고개를 돌리면 어느 방향에서나 흥미로운 대상들을 발견할 수 있다. 다양한 꽃들이 언덕과 풀밭을 밝고 향기롭게 한다. 부드럽게 향기 나는 하얀 제비꽃은 꽃을 사랑하는 사람에게 향기 더미에 푹 빠지도록 유혹한다. 봄이면 언덕은 서양 협죽도로 덮여 있고, 소풍객들은 집에 돌아오면 자신들의 거주지를 자홍색과 하얀색으로 밝게 빛나게 한다.

또 다른 대중적인 즐거움으로는 테니스가 있다. 외국인 거류지 안의 많은 사람들이 우수한 테니스 코트를 가지고 있다. 여기에서 부인들은 친구들을 손님으로 초대해서 오후를 즐겁게 보낸다. 4시에서 5시까지 일을 끝낸 사람들은 훨씬 일찍 떠날 수 있기 때문에 오후를 단조롭지 않게 보낸다. 일반적으로 복식 팀과 단체전에는 우호적인 경쟁 정신이 있기 때문에 단순히 최고를 향한 경쟁의 묘미가 스포츠에 가미된다. 9월 1일부터 12월 1일까지의 기간에 테니스를 칠 수 있는 날씨는 확실히 어느 곳에서도 발견할 수 없다.

이 무렵이면 기온은 8월의 한 더위로부터 기분이 좋을 정도로 시원하게 된다. 기온이 점차 떨어짐에 따라 격렬한 운동이 증가하며 폭풍 때문에 운동에 적합하지 않는 경우란 드물다. 한 때 나는 3월 15일부터 12월 16일까지 테니스를 친 적이 있다. 이때쯤이면 땅이 얼어 라켓을 놓는다. 물론 여름에는 6시 이전에는 운동을 시작할 수 없다. 그 때가 되어야 태양의 열기가 감소된다.

이러한 옥외 활동 외에도 저녁에는 지적인 즐거움과 오락을 즐긴다. 저녁 파티는 어떤 사람의 집에 사람들을 모으기 위한 구실이다. 여기에서 독서, 제스처 게임, 목소리나 악기로 하는 음악적 선택, 잡담, 장기, 도미노 그리고 교양 있는 사람들의 다양한 재주들이 공동 관심사와 즐거움을 끌어낸다. 조선에 있는 외국인들 사이에는 기량과 재주를 가진 음악가와 가수들이 많다. 손님 접대를 위해 일본을 끌어들이는 경우도 있는데 환상적인 요술이 모여 있는 사람들을 넋을 나가게 한다.

사냥을 좋아하는 신사들에게는 엽총 사냥이 있다. 나는 총을 들고 야생 비둘기, 오리, 백조, 거위 그리고 야생 꿩 등을 쫓아다니는 날이 많았다. 텅 빈 사냥 주머니를 가지고 오는 경우란 좀처럼 없다. 이곳에서 사냥꾼은 도시를 벗어나면 전혀 방해를 받지 않는다. 왜냐하면 "침입자는 엄벌함"이라는 냉정한 경고문이 사람들로 하여금 매혹적인 산림 지대에 가까이 오지 않도록 주의를 주기 때문이다. 인적이 미치지 않는 곳 어디라도 대부분 갈 수 있다. 사슴을 원한다면 서울로부터 5일간의 여행을 한다면 아무리 허탕을 쳐도 사슴의 넙적 다리를 들고 오게 될 것이다.

좀 더 큰 사냥을 원한다면 며칠 만에 표범이나 호랑이가 출몰하는 곳에 도착하게 될 것이다. 사실 내가 서울에서 거주하는 동안 표범이 우리 집으로부터 1/4마일이 채 안 되는 곳에서 포획되었는데 그 장소의 1백 야드 내에서 표범을 여러 번 보았다. 이 동물은 겨울의 많은 눈 때문에 오래된 성의 벽 한 쪽으로 내려왔다. 그는 도시 안에서 무수히 발견되는 개를 잡아먹고자 했던 것임에 틀림없다.

가을이면 여러 종류의 오리가 있고, 야생 거위는 시내에서 5마일도 안 되는 곳에 몇 천 마리씩 살고 있다. 백조는 시내로부터 4마일도 안 되는 곳에서 서식하고 있다. 나는 이곳을 가본 적이 있어 여러 차례 내 친한 친구 둘을 데리고 가서 150야드에서 300야드 정도의 거리에서 내 윈체스터 총으로 백조를 잡았다. 독자들에게는 내 경험 가운데 하나가 흥미 있을 것이다.

어느 날 오리를 찾으려고 애쓸 때 강 아래 쪽 약 반 마일쯤에서 오리 두 마리가 오르내리는 것을 보았다. 나는 홍수 때 돌 받침대를 만들 한 무더기의 돌을 등진 채 그들을 따라갔다. 거기에서 나를 본 몇 명의 조선 사람들이 나에게 급히 오리를 쏘라고 외쳤다. 내가 구석 쪽을 엿보았을 때 오리가 날아갔다. 그러나 하나는 남아 있었다. 그는 물속으로 잠수했다가 매우 빨리 나타났다.

그의 기괴한 짓과 이상한 행동은 나를 당황케 했으나 달아날 것 같아 발사를 해서 그것을 잡았다. 물결이 매우 빨랐다. 그래서 배를 타고 그것을 강가로 가지고 오려고 조선 사람들을 불렀다. 그런데 그들이 오지 않는 것을 보고 놀랐다. 그것을 가지고 오는 사람에게 돈을 주겠다고 약속을 했는데도 말이다.

더욱 나를 놀라게 한 것은 내가 잡았다고 생각했던 오리가 갑자기 머리를 물속에 집어넣더니 매우 이상한 방법으로 강가 쪽으로 나아가는 것이었다. 조선 사람들은 내가 볼 수 없는 구석 쪽에 있었다. 오리를 잃어버릴까 걱정하면서 그들을 재촉하려고 이리 저리 뛰어 다녔다. 내가 그들에게 도착했을 때 놀랍게도 죽은 새는 강가 가까이 있었다. 그런데 그것은 목에 단단하게 매어진 줄이 옭아 있었다.

그리고 남자들과 소년들은 자신들이 "대인"(이것은 외국인들에 적용되는 명칭이다.)을 이용했다는 농담을 하며 얼굴에 홍조를 띠며 웃고 있었다. 나도 나의 투자를 생각하며 따라 웃으면서 그들의 설명을 기다렸다. 그들은 오리 사냥을 하다가 이것을 잡았다. 그러나 줄이 약해서 잡아당기기가 겁이 났다. 그 오리가 컸기 때문이다. 따라서 그들은 내가 그들을 도와주는 것을 환영했다. 나는 오리를 내려놓았다.

나는 나를 따라 온 사람에게 손짓을 하며 그것을 집어 가방 속에 넣으라고 했다. 그랬더니 상황이 돌변했다. 그 새를 잡았던 사람은 곧 냉정한 표정으로 그 새는 자기의 고리가 잡았고 그의 실로 잡아 당겼으므로 자신의 것이라고 주장했다. 그래서 나는 그가 그것을 고리고 낚았다고 하더라도 결코 잡을 수 없었고 내가 총으로 쏴서 죽였다고 주장했다.

구경꾼들은 이러한 논쟁의 반전에 다시 한 번 웃었고 어부는 대답을 하려고 머리를 긁었다. 조금 더 담판을 진행하여 내가 그 문제에 앙갚음을 했다고 생각이 들 때까지 지분거린 뒤 그 새의 반은 그 사람 것이고 반은 내 것이라고 하는 타협안을 제시했다. 이 제안에 대해서 그는 전적으로 동의했고 나는 그가 요구하는 금액인 약 10센트에 해당되는 금액에 그 절반을 샀다.

따라서 은자의 왕국에서는 운동 부족이란 없으며 남자답고 활력적이며 점잖고, 원한다면 고상하기도 한 유쾌함과 오락을 찾을 수 있을 것이다. 자신의 기회를 가장 잘 이용하고자 하는 사람에게 조선이라고 하는 지구의 이 작은 구석은 살 집을 선택하는 데 가장 불편한 장소가 결코 아니다.

아마도 외국인에게 가장 견디기 어려운 시기는 약 7월 1일이나 15일부터 시작하여 약 6주간 지속되는 우기 동안이다. 호우가 지속적인 것은 아니지만 억수같이 쏟아지고 어떤 때는 하루 종일 내리기도 한다. 그리고서 하루나 이틀 해가 나기도 하지만 땅은 전혀 마르지 않으며 집에는 완전히 습기가 차게 된다.

이때에는 아궁이에 불을 피워 방을 건조시킬 필요가 있다. 인공적인 열로 옷을 건조해야 한다. 왜냐하면 주위가 철저히 물에 젖어서 습기가 집의 구석구석을 침투하고 있기 때문이다. 온도는 그늘에서 결코 95°F(34°7′) 이상 올라가지 않으며 90°F(32°) 이상 올라가는 경우도 좀처럼 없다. 밤에는 항상 잠을 잘 수 있다. 그러나 열기는 꾸준하고 습기가 높기 때문에 특히 견디기 어렵다.

다행히 이 기간은 길지 않고 그 다음에 이어지는 훌륭한 가을에 사람들은 한여름 몇 주의 불쾌함을 이내 잊어버린다. 그러나 밀폐된 통 속에 장갑을 넣고 우기 동안 여러 차례 철저하게 이들을 건조시키는 주의를 기울이지 않는다면 얼룩진 장갑의 모양에서 우기 동안의 축축함에 대한 기억이 되살아날 것이다. 주의를 기울이는 것만이 고통을 줄여준다.

치외법권의 원칙이 외국인에게 적용된다. 조선 사람을 제외한 어느 누구도 조선의 법에 구속되지 않는다. 외국인에게 고용된 사람들조차도 고용주들의 영사관을 통해야 체포할 수 있다. 외국인들은 자신의 나라를 대표하는 영사의 지배만을 받는다. 외국인의 고용인에 대하여 이 원칙을 확대하는 것은 하인이라는 이유로 곤경에 빠지는 것을 방지하려는 것이다.

이러한 치외법권의 원리가 동양에서는 보편적이다. 이들 국가에서는 정의의 형태가 우리들 것과 다르고, 처벌도 우리가 옳다고 생각되는 것과 모순되기 때문에 자연히 이곳에서 성행하는 형벌 결정과 규칙에 복종하려고 하지 않는다. 이들은 조선의 법에 저촉되어 죄수의 방면이나 처벌을 완화시키는 데에 영향력을 행사하고 있다. 우리가 여러 차례 관찰한 바에 따르면 선교사는 선교사에게는 적용되지 않는 이유로 투옥된 다른 사람을 석방할 수 있다.

다른 곳에서 겪은 일이지만 나는 농촌 관리에 의해 자신의 부인이 체포된 남자로부터 이런 종류의 호소를 들은 적이 있다. 그러나 외국인들은 이러한 방법으로 정의롭고 억제적인 기능을 할 수가 있지만 그 영향력을 사용하는 데에는 신중한 판단이 필요하다. 모든 동양의 고관들처럼 조선 관리들도 외국인들의 영향력을 약화시킬 뿐만 아니라 그들을 분노하게 만들음으로써 머지않아 이 나라에 거류하는 사람들이나 지금 누리고 있는 특권을 축소시키는 결과를 초래하게 될 것이다.

정부에 고용되어 있는 서양인들에게 신기한 것은 한 해의 어느 때가 되면 궁중으로부터 선물을 하사받는다는 사실이다. 왕의 생일이나 왕비, 왕자 그리고 가까운 왕가의 친인척의 생일이며 왕은 우리의 내무부 장관의 임무와 상당히 일치하는 내부대신에게 지시하여 정부와 관련 있는 외국인들에게 선물을 보내도록 한다. 이러한 선물들은 절기에 따라서 다소 다르다.

한 번은 약 50파운드의 쇠고기와 각각 10파운드에서 20파운드에 이르는 6개의 큰 생선, 한 줄에 10개씩 밀짚 줄로 싸여 있는 4백 개의 계란을 받았다. 우리는 야드를 단위로 계란을 사는 농담을 하곤 했었다. 우리는 6마리의 살아 있는 닭, 약 반 부셸[1]의 큰 밤 그리고 같은 양의 영국 호두를 받았다. 감이 열릴 때는 감미로운 감 3~400개가 다른 품목 대신 하사했다. 때로는 열두 마리의 꿩이 나오기도 한다. 여름에는 40~80개의 다양한 형태의 부채들이 들어온다. 이러한 짐을 나르는 짐꾼들에게 우리는 약 1달러나 1달러 반 정도의 수고비를 주기로 되어 있다.

일반적으로 생선은 명백하게 그리고 구린내가 날 정도로 상해 있기도 하고 고기도 흔히 똑 같은 상태이다. 그러나 다행히 조선인들은 냄새나는 고기와 생선을 좋아하기 때문에 이런 종류의 선물들은 하인들에게 환영받는다. 외국인에게 고용된 조선의 하인들은 이러한 선물들이 도착하면 항상 환호하며 좋아한다. 왜냐하면 포도주 찌꺼기는 아니더라도 이것은 그들에게

---

1) 부셸(bushel)=36 ℓ

좋은 축제를 의미하기 때문이다. 아무리 향기가 독하다고 하더라도 조선인들은 음식을 기쁘게 받아들여 즐겁게 먹는다.

그러한 선물에 대한 보답으로 외국인들은 내부대신에게 선물에 대한 감사와 고마움을 표시하기로 되어 있다. 이러한 선물을 주는 것은 현재 정부와 외국인 사이에 고용 관계로 존재하는 유쾌한 관계를 지속하는 또 다른 좋은 징조이며 아울러 조선 사람들이 외국인들의 봉사를 매우 높이 평가한다는 증거가 되고 있다.

제 15 장 선교사업

이 책자를 마치면서 나는 끝으로 기독교의 선교에 관해 언급하지 않을 수 없다. 조선에 관한 책자들은 대부분 조선에서의 선교 사업이 이루어지기에 앞서 복음 전파의 일에 특별한 관심이 없는 사람들이 썼다. 하느님을 위한 사랑이나 사업에 종사하는 선교사와 그 밖에 다른 사람은 조선의 종교적인 복지에 관심을 가지고 때때로 뉴욕의 『인디펜던트』지와 같은 정기간행물에 선교 사업에서 발생한 사건과 관련된 일이나 사건과는 무관한 일을 쓰거나, 매년마다 사업의 성과를 요약하여 게재했다.

그러나 선교사의 상황, 기독교에 대한 정부와 국민의 태도, 대중의 이해력, 선교 사업의 장애와 제약 등을 서로 연결시켜 설명하지 않았다. 그리고 이런 문제들에 관한 미국인들 사이의 관심은 매우 일반적인 것이다. 내가 설교하거나 조선에서 지냈던 일을 언급하는 어느 곳에서나 "그곳에서의 일에 대하여 우리에게 말해 달라."는 요청이 들어왔다. 열성적인 문의와 정곡을 찌르는 질문은 그들이 은자의 나라 조선에서의 기독교의 인상을 알고 싶어 한다는 사실을 실감 있게 보여 주었다.

알렌(H. N. Allen) 박사의 주의 깊고도 현명한 행동과 그의 의학적인 지식과 활동의 도움으로 출구가 마련되었으며 수도 서울에서 이룩된 기독교인의 사업의 확고한 기반은 기독교에 대한 관심을 증대시켜 주고 있다. 이러한 사실을 알고 있는 사람들은 민영익이 연회에서 암살의 위협으로 말미암아 피를 흘리고 비틀거릴 때 알렌 박사가 그 자리에 동석하게 해준 하느님의 섭리를 주목했다.

그 뒤에 조선인과 선교사 사이에 극적인 요소가 전혀 없었던 것은 아니다. 비극이 일어날 때마다 장막을 거두지 않은 데 대하여 이 나라를 지배하시는 하느님께 감사하지 않을 수 없다. 지난 몇 년 동안에 심각한 사태가 일어난 것이 한두 번이 아니었다. 한때는 기독교에 대한 박해가 쉽게 가열된 적이 있었던 것과는 달리 눈에 거슬리는 일도 없고, 우리가 알고 있는 한 예수를 믿는다는 이유로 효도를 저버리는 일로 마음 상하는 일도 없다.

조선 개신교의 복음 선교의 초기 사업은 중국 봉천의 로스(John Rose) 목사 덕분이었다. 조선은 북서쪽에 만주와 국경선을 마주하고 있다. 예로부터 두 나라 사이에는 중립 지대의 띠가 있었다. 이곳에 정착하려고 어떠한 허락이 필요한 것도 아니었다. 그러나 이 좁고 가느다란 띠에 점차적으로 국경선의 벽이 설치되었다. 두 나라 사이에 대화가 없을 것 같았지만 중립지대의 성격을 가진 이 땅에 점차로 정착 운동이 전개되었기 때문에 두 나라 사이의 대화는 더욱 빈번해졌다.

이러한 사실 이외에도 조선의 왕이 중국에 보내는 진상품을 가지고 가는 사절단은 단지 북경을 지나가는 것 이상의 목적이 있었다. 북경에서 조선으로 성서를 복사해 가지고 들어오는 일이 발생했다. 이와 같은 방법을 통해서 북방지역의 조선 사람들은 기독교를 알게 되었고 읽은 것에 대한 갖가지 의문점들을 설명해 주고자 복음전도사를 필요로 하게 되었다. 로스 목사는 한국어를 공부하여 『신약성서』를 번역했다. 그 번역은 어설픈 것이었지만 그 의도하는 바를 충실히 이행했다.

기독교를 배우고자 하는 조선 사람들이 중국을 방문하게 되었고 조선의 몇몇 사람이 입교하기 시작했다. 그들은 스스로 복음전도사가 되어 더 멀리 하느님의 소식을 전해갔다. 이와 같은 개방은 로스 씨 자신에 의해서 이루어진 것이다. 1873년에 그는 교사를 구하려고 국경 지역의 한 마을을 방문하여 끝내 이 일에 성공을 거두었다.

그의 일은, 동료 매킨타이어[1] 씨의 도움을 받아 『신약성서』 번역을 하는 일이었다. 한 조선 사람을 고용하여 조판을 하도록 했다. 로스 씨는 이 조선 사람이 성서를 조판하면서 기독교의 진리에 동화되어 신자가 된 사실에 기쁨과 놀라움을 금치 못했다. 곧 조판을 더 잘하는 다른 사람에게 조판을 맡기고, 그 사람은 교육을 받은 다음 성서보급자가 되어 조선어로 된 『누가복음서』를 가지고 전도 여행을 떠났다. 로스 씨는 전도사를 보내는 방법을 알게 되었으며 곧 조선의 한 고관이 세례를 받고자 한다는 소식을 받았다. 로스 씨는 직접 조선을 방문할 수 있었고, 개신교의 전도 사업의 발판이 마련되었다는 사실을 알게 되었다.

이 일은 알렌 박사가 미국의 장로교회 해외선교부로부터 중국에서 조선의 수도로 가라는 명령을 받아 선교 분야의 실제적 사업이 이 나라에서 시작되기 이전의 일이었다. 미국에서 조선으로 파송되는 모든 목사는 기독교를 설교하거나 가르쳐서는 안 된다는 조약이 두 나라 사이에 체결되어 있었다. 선교사들은 조선어를 배운다는 목적으로 이 나라에서의 거주가 허용되었다

알렌 박사는 처음에는 선교사로 알려지지 않았다. 알렌 박사가 조선 정부에 나가도록 그에게 준 직책은 미국 공사관원을 위한 의사였다. 그 무렵 조선주차 미국 공사였던 푸트 장군조차도 알렌이 선교사로 파견된 것을 모르고 있었다. 1884년의 불행한 폭동 사건으로 궁궐에서 가장 저명한 고관으로

---

1) 매킨타이어(John MacIntyre) : 스코틀랜드 연합장로교회 민주선교사. 존 로스(John Ross) 목사와 처남 매부 사이. 1972년에 봉천에 도착하여 한국 선교에 뜻을 두고 거기에서 한국어를 습득한 뒤 『한국어론』(1879)과 『한국풍물지』(1880)를 저술. 로스 목사, 이응찬, 김진기, 백홍준 등과 함께 1882년에 『누가복음』을 필두로 한글 성서의 번역, 출판에 전념함으로써 한국개신교 역사에 큰 발자취를 남겼다.

왕을 보좌하던 민영익이 공격을 받게 되었고 알렌 박사는 서양의 의학기술을 시범으로 보일 기회를 얻게 됨으로써 직접적인 선교 사업의 길이 열리게 되었다.

부상을 입은 민영익을 살린 그의 성공은 왕과 왕의 친척들을 치료해 달라는 요청을 받을 만큼 위치가 격상되었다. 이제 그의 의학적 성공은 그로 하여금 조선에 머물도록 해 주었다. 그는 의학 이외의 문제를 조언했고 그의 조언에 담긴 보수성과 놀라운 상식은 왕의 신뢰를 얻기에 충분했다. 따라서 미국에 사절단을 파견할 때, 그는 이미 외부의 고문이 되어 사절단을 수행했다.

갑신정변이 일어난 뒤에, 왕과의 대화하면서 고종은 서양의 병원에 관해 관심을 갖게 되었으며, 그들에게 효과와 효능을 준 의사의 처방은 왕의 관심을 불러일으킴으로써 알렌의 제안이 실행에 옮겨졌고 서울에 병원이 설립되었다.[2] 이것은 알렌 박사에게 상당히 고무적인 일이었다. 병원을 위한 별도의 건물이 마련되고 건물의 유지를 위해 일정한 기금이 헌납되었으며 알렌 박사는 그 병원의 원장이 되었다. 한편 중국인 관리자가 이곳을 관리하려고 파견되었고, 필요한 여러 일을 할 사람을 고용했다. 알렌 박사는 용의주도함과 보수성을 통하여 조선인에게 선교 사업이 인정되기 약 2년 전부터 이 땅에서 선교 사업을 위한 길을 열어 놓았다.

장로교의 해외선교부가 이전부터 전념해 온 이 분야는 곧 더 많은 일꾼이 필요하게 되어, 그 다음 해에 매우 전도가 유망한 의사이자 선교 사업에 헌신적인 선교사로서 헤론(John Heron) 박사가 서울에서 의술을 통한 선교 활동을 하고 있었던 알렌 박사를 돕기 위해 부인과 함께 파견되었다. 같은 해에 언더우드(Horace G. Underwood) 목사가 파견되었다.

---

2) 1885년 2월 25일에 창설된 광혜원을 의미함. 이는 4월 제중원으로 바뀜.

이 두 사람은 굉장한 열성과 신념으로 이 일에 투신했다. 헤론 박사는 곧 병원에서 근무를 시작했으며 그의 놀라운 치료 기술은 조선인들 사이에서 큰 명성을 얻게 되었다. 그의 외과 전문 지식과 백내장 수술의 성공은 이미 이곳에 와 있었던 외국인의 평판을 더 좋게 만들었고 그 이후에 오는 외국인들에게도 드높은 명예를 안겨 주었다.

언더우드 씨는 일본에 있는 동안 그 곳에서 만난 몇몇 조선의 학자에게서 지도를 받았다. 그는 빠른 속도로 한국어를 습득함으로써 왕의 주의를 끌게 되어, 왕실의 통역자가 되었다. 그러나 선교 사업을 할 목적으로 파송된 그가 궁중에서 영향력을 행사할 수 있는 기회는 더 늘어났으나 그러한 지위는 오히려 활동적인 선교 사업에 참여하는 데 커다란 방해가 되었다.

따라서 그는 왕실 통역의 1위를 사퇴했다. 그는 조선 사람들에게 의학 공부를 시킬 목적으로 병원에서 의학교를 시작했다. 그들은 영어로 강의 받도록 되어 있었으며 언더우드 씨는 영어로 젊은 생도를 가르치기 시작했다. 그가 한국어로 강의를 하기 까지는 그리 오랜 시간이 걸리지 않았다. 이는 그가 얼마나 빠르게 한국어를 습득했던가를 보여 준다. 그러나 언더우드 씨의 노력은 의료 사업에서 그치지 않았다.

언더우드가 접촉하고 있는 몇몇 아이들에게 필요한 것은 고아원을 설립하는 것이었다. 그는 이 일을 조선의 고위층에게 알렸고 그들을 통해서 왕에게 이 계획이 알려지자 왕은 이를 윤허했다. 이 계획은 본국의 선교 사업부로부터 승인을 얻게 되어 곧 고아원이 설립되었다. 처음에는 소녀들을 돌봐 줄 여성 봉사자가 없었기 때문에 단지 가까운 소년들만을 기탁 받았다. 오래지 않아 그곳에 수용된 아이들은 40명이 넘게 되었고 이들에게는 침식이 제공되고 교육도 실시했다. 당시의 교육 내용을 보면,

(1) 유능한 본국의 학자 밑에서 자기 나라의 말을 가르쳤다.

(2) 조선인 교사들이 한문을 가르쳤는데 이는 그들을 학자로 만들어 이 나

라의 토착 지식으로 만들기 위함이다.

(3) 아울러 그들이 영어로써 사회적 지위를 누릴 수 있을 만큼 성장하게 되면 과학을 가르치기로 되어 있다.

(4) 교육의 근본을 기독교에 두기 위해 도덕과 종교를 학습시켰다.

가르치고자 들어온 사람들과 양반 계급 가운데서 지식인들이 관리가 되고자 하는 열망이 얼마나 간절한가를 아는 사람들은 고아원의 설립이 기독교인들에게 안겨 준 고마움을 이해할 수 있을 것이다. 그 학교에서 배출되는 과정을 들어서 알고 있었고, 그들이 이룩한 학문의 진척을 지켜본 국왕은 이미 가장 경험 많고 진보적인 학자들 가운데 두 명을 관리로 임명하고자 하는 뜻을 피력했다고 한다.

이 고아원에서 한국어와 한문을 배운 젊은이들이 이 나라의 최고 지식인이 될 수 있으리라는 가능성은 충분히 입증되었다. 아울러 서구 학문을 습득한 그들은 이 나라의 일반인들보다 어 높은 문명 의식과 질서 의식을 갖게 될 것이다. 그러나 이 모든 것보다 가장 중요한 것은 이들이 그리스도의 사랑으로 가득 찼다는 사실이다. 서울에서 기독교의 위대한 결과를 약속해주는 것으로서는 고아원 사업보다 더 효율적인 것은 없다는 사실을 알 수 있다.

"미국인 교사들"이 정부와의 협정에 따라 왕립학교를 세우려고 파송된 것이 바로 1868년이었다. 장로교는 앨러스[3] 박사가 왕비의 주치의 겸 병원의

---

3) 엘러스(A. J. Ellers : 1860~1938) : 벙커(D. A. Bunker) 목사의 부인으로 미혼 시절의 이름임. 당초 미국의 북장로교회의 파송 선교사로 왔다가 벙커와 결혼한 뒤 감리교회로 옮겼다. 보스턴의 한 의과대학을 졸업하고 페르시아로 전교를 떠나려고 준비하던 가운데 알렌의 요청으로 1886년에 육영공원의 의사로 부임했다. 알렌이 어의였으나 남자였기 때문에 민비를 진료할 수 없게 되자 엘러스가 민비의 어의가 되어 왕실의 두터운 신임을 얻었다. 그는 정동여학당을 창설했으며, YCMA의 창설에 기여했다. 1926년에 귀국하여 캘리포니아에 정착했다가 남편이 죽자 다시 한국에 와 소래교회에서 봉사하다가 한국에

여성 병실을 맡을 의사로 파송되었다. 1년 반이 지난 뒤에 호튼[4] 박사가 부임해 오자 그는 부담을 덜게 되었다. 호튼은 의술이 뛰어나고 재주 있는 의사로서 선교 분야에서 조선인에게 꼭 필요한 요소를 가지고 있었기 때문에 사람들에게 커다란 호소력을 가지고 있었다.

엘러스 양은 미국인교사 가운데 한 사람인 벙커[5] 목사의 부인이 되었으며, 선교 업무에서 손을 떼고 고아원이 딸린 여학교의 설립에 착수했음에도 불구하고 결과적으로 궁내와 병원에서의 그의 일은 큰 수로를 덜게 되었다. 그 뒤 그는 건강이 크게 나빠져 무보수로 하는 선교 사업을 포기하게 되었다. 그러나 다행스럽게도 장로교는 이와 같은 사업에 그들이 정력을 헌신할 수 있고, 서울에서 여성 봉사자들을 확보하고 있었다.

이 분야에 투신하여 최초로 봉사한 사람은 장로교인인 로스 씨와 알렌 박사였다. 알렌 박사에 대한 왕실의 신뢰와 그가 영사관으로 전보된 뒤에 헤론 박사가 그 뒤를 훌륭하게 이룸으로써 적어도 자선 사업에 관한 산 선교사들의 활동은 조정으로부터 절반의 승인을 얻게 되었다. 이 상업은 가장 효율적인 후원을 받으며 시작되었다. 그러나 장로교선교부는 미국 감리교회 해외선교부에서 이 분야를 위해 시작한 것보다 더 많은 것을 하지는 않았다.

1885년 초 높은 수준의 의술을 가진 스크랜튼[6] 박사가 그의 부인 및 모친 스크랜튼[7] 여사와 동행하여 입국했다. 그의 모친은 가장 믿음이 깊은 여성

서 죽어 양화진 묘지에 안장되었다.

4) 호튼(Lillias Horton) : 뒤에 언더우드(H. G. Underwood)와 결혼함.

5) 벙커(D. A. Bunker : 1853~1932) : 미국감리회 선교사. 교육가. 오하이오주 오벌린대학을 졸업(1883)한 뒤 유니언신학교를 졸업. 육영공원의 요청으로 길모어(G. W. Gilmore), 헐버트(H. B. Hulbert) 등과 함께 내한(1886). 육영공원이 폐쇄될 때까지 이곳에서 영어를 가르쳤으며 뒤에 배재학당의 교사로 일함(1895).

6) 스크랜튼(William B. Scranton : 1856~1922) : 예일대학교 의과대학 출신이자 미국 감리교 목사. 1885년에 내한한 이래 의료와 성서 번역에 종사했으나 감리교의 내분으로 뜻을 이루지 못하고 성공회로 옮겨 일본으로 건너가 사망했다.

으로서 조선의 여성을 위해 헌신적으로 일할 결심이 있었을 뿐만 아니라, 자신의 노력에 도움이 될 수 있는 수단도 가지고 있었다.

아펜젤러[8] 목사와 그의 부인은 감리교 선교 사업부의 지시를 받으면서 선교 사업을 시작했다. 스크랜튼 씨가 첫 번째 관심을 둔 것은 사립병원을 짓는 것이었다. 여기에서 사립이란 정부의 지시를 받지 않는다는 것을 의미한다. 그는 자신의 손을 통해 치료를 받고자 하여 오는 많은 사람들의 병을 치료해주는 일로 격무에 시달렸다.

그 동안 아펜젤러 씨는 매일 영어를 가르치기 위한 학교를 열었으면서도 종교적인 교육의 막중한 의무에 결코 소홀하지 않았다. 스크랜튼 부인은 커다란 한옥을 건립하고 짧은 시간 내에 기독교 여성으로서의 훈육을 받고 싶어 하는 관심 있는 소녀 계층을 그의 주변에 모았다. 여성의 사회적 위치 때문에 그들을 부적절한 방법으로 수용하여 가르치는 것이 이 여학교의 목표는 아니었다고 말할 수 있다. 스크랜튼의 목적은 여성이 겪어야 할 상황 아래서 전형적인 주부로 그들을 교육시켜 그들이 주변이나 친척에게 십자가의 사업을 하도록 하는 것이었다.

이 사업의 개척자들은 해가 거듭될수록 본국 선교사둘로부터 파송되는 또 다른 원조자들로 활기를 띠었다. 몇 년 동안 이들은 개신교를 대표하는 유일한 집단이었다. 최근 2년 안에 캐나다 장로교회가 원조자를 보냈는데 선교사드로부터 진심으로 그리고 정중하게 환영을 받았다. 남부 오스트레일리아의 식민지 개척자들도 쓸모 있는 사람들을 보냈는데 그들은 이미 설립되어진 장로교 선교부를 돕고 있다. 1년 뒤에 영국 성공회가 선교의 문을 열고, 선교부를 관장하는 주교와 다른 원조자들을 파송했다. 그들이 무엇을

---

7) 스크랜튼(Mary F. Scranton : 1834~1909) : 1885년에 미국 북감리교회의 파송선교사로 아들과 함께 입국하여 이화학당을 설립했다. 한국에서 죽어 양화진 묘지에 묻혔다.

8) 아펜젤러(Henry G. Appenzeller : 1858~1902) : 미국의 감리교 목사. 1885년 내한하여 배재학당(1885)을 설립하고 성서의 번역과 보급을 통해 한국의 개화에 이바지했다.

했는지에 대해서는 뒤에 언급할 것이다.

우리는 이제 선교사가 하는 일에 어떠한 한계가 있었는지 고려해 보아야 한다. 이것은 상당히 어려운 주제이고 이 분야에 있는 사람들조차도 동의하지 않는다는 것을 시인하지 않을 수 없다. 정부의 직위와 지배 계급은 독특하다. 개종 곧 복음 전파의 활동은 정부의 공개적인 허가를 받지 못했다. 한미수호통상조약이나 기타 열강과의 조약에서도 포교활동은 인정되지 않았다. 이미 언급한 바와 같이 이는 조선에 주재하고 있는 미국 정부 사절단의 공통된 의견이었다.

정부는 한두 번 정도 미국 주재 관리에게 미국에서 온 선교사들이 복음 전파의 사업을 중단하도록 요수하는 서신을 보낸 적이 있었다. 그러나 이러한 사실의 이면에는 선교사가 조선에 오는 목적이 무엇인지 그리고 그들이 그의 목적을 실행에 옮기고 있다는 사실을 조선의 국왕은 너무나도 잘 알고 있다. 또한 우리는 조선의 정치적 격동기에 미국 공사의 항의가 전달되었고, 그 무렵에 복음 전파의 노력이 선교사와 신자에게 심각한 위협을 초래했을 뿐만 아니라 당시의 정치적 긴장 강태를 조장했다는 사실에 주의를 기울여야 한다.

따라서 정부가 선교 사업의 박해에 눈짓을 보냈던 것은 사실이다. 공개적인 설교가 허락되지 않았다. 가르치는 것조차 금지되었다. 그러므로 선교사들은 그들을 개종시킬 목적으로 사람들에게 접근하는 듯 보이는 공격적인 투쟁을 전개하지 않았다. 그들이 취한 방법은;

(1) 복음 선교 사업은 중국어판 성서를 보급하고 판매하는 방식으로 시행되었다. 이 책들은 서울에서 선교사들에 의해 번역된 『마르코복음』과 틈틈이 준비한 소책자와 번역 문서들이었다.
(2) 선교사들은 교육을 목적으로 하는 대화의 방법을 인용했다.
(3) "지방 설교자"와 성서반포자로 활동하는 조선의 개종자를 위하여 그

들과 친분이 있는 사람들에게 새 소식을 전하고 그들의 친척들에게 주님의 지식을 반포해 주었다. 물론 이 모든 행위는 법률을 위한하는 것이었다.

그러므로 이러한 법을 준수하는 데에는 문제가 있었다. 적극적 선교와 관련해서 본다면 이러한 상황은 완전한 침묵을 의미하는 것이며, 능동적인 복음화 운동은 이 나라의 법률을 위반하는 것이며, 미국의 영사가 만든 조약에 따라 미국의 선교사가 건물을 짓는 것은 조선의 법정에 서는 것을 의미했다. 이것은 우리로서는 견디기 힘든 일이었다.

사람들이 예수님에 대한 가르침을 듣고자 선교사들을 찾아온다. 성서를 읽고 그것이 진실임을 알게 된 사람들이 신앙에 대한 질문을 했고 준비된 사람들은 세례 받기를 간청했다. 이 모든 것은 기독교 전도자가 개인적으로 간청한 결과가 아니라 기독교에서 만족감을 얻었다는 주민들의 확신과 믿음이 필요하다는 통찰력 때문이었다. 선교사들이 하느님 앞에 인도되고자 하는 이 "주님의 추종자"들의 가르침을 어떻게 거부할 수 있으며, 그들을 불만족스럽게 돌려보낼 수 있겠는가? 선교사들은 이렇게 말했다.

아니다. 우리는 모든 겉치레의 과시를 피한 것이다. 우리는 신자의 고백을 증거하려고 대중을 초대하지 않을 것이다. 우리의 과감한 도전은 어떠한 권위 앞에서도 조종당하지 않을 것이다. 조선의 정부는 우리의 사업을 알고 있다. 그들은 모든 사실을 조용히 지켜보고 있다. 그들은 기독교 목사로 알려져 있는 사람을 기꺼이 학교에 고용할 것이며 선교사를 병원에 고용할 것이다. 그리고 우리는 조선의 현 집권자가 기독교를 믿게 된 조선의 개종자들에 대하여 큰 관심이 없다고 믿는다.

선교사들이 이와 같이 생각하는 데에는 그럴 만한 충분한 근거가 있었다.

우리는 이미 그러한 근거의 일부를 제공했다. 그 한 분야를 지금 언급하고자 한다. 감리교 선교부의 학교와 병원에서 그러한 언급이 있었다. 정부의 허락을 얻은 이 학교와 병원의 입구에는 그들의 취지에 맞는 한문 간판이 대문 위에 걸려 있다는 것을 언급하지 않을 수 없다. 아펜젤러의 학교에서는 어느 정도 기독교의 특색 있는 교리를 가르치고 있다고 알려져 있다.

정부의 허가로 병원은 물론 학교의 입구에도 간판이 걸려 있다. 기독교에 대한 정부의 태도가 일본과는 다르다는 것을 확실히 기억한다면 그러한 상황은 더욱 명백하게 이해될 수 있을 것이다. 일본 정부는 기독교에 대하여 완전히 무관심했다. 그들은 불교와 신도 사원의 지원을 철회했다. 종교의 유지를 위한 국고 보조금도 지급되지 않았다.

더욱이 그들은 외국인들로 하여금 개항장 밖에서 살게 하는 특권에 대한 보답으로 일정한 시간 동안 학교 교사로 일하도록 요구함으로써 교육자로서 기독교 선교사를 이용했다. 이 선교사들이 교과서로 기독교 서적을 제한적으로 사용하는 것까지 허용했다. 이러한 태도는 "여러분이 학생들을 가르치면서 기독교를 가르치고 개종시키는 일을 우리는 묵인하겠다."는 의미였다.

이와 같은 기회가 조선에서는 주어지지 않았다. 기독교는 명목상으로 금지된 종교였다. 그러나 실제적으로 선교사들은 그들의 행동이 정부의 경계심을 불러일으키지 않거나 정치적으로 복잡한 문제가 항의를 불러일으키지 않는 한 종교 활동을 했다. 수도 서울에서와 지방에서의 직접적인 선교 사업은 어떤 결과로 유발했는가? 서울은 물론 서울에서 중국에 이르는 대로상의 도시에서도 선교의 노력이 경주되었다. 단 한 사람이 부산에 단기간 동안 있었다는 사실을 제외한다면 서울의 남쪽에서는 선교 사업이 활발하지 않았으나 영국의 성공회주교[9]가 여기게 정착하여 문호를 열었다. 로스 씨

9) 여러 가지 정황으로 볼 때, 조선에 최초로 입국한 성공회 신부인 울프(J. R. Wolf)를 의미하는 것으로 보인다. 1885년 11월에 입국한 그는 부산에서 주로 포교했다. 그러나 교회

대궐 안의 풍경

가 노력한 덕분에 북쪽에서는 선교 사업의 기반이 닦여졌다. 그는 많은 예비적인 사업을 수행했다. 복음 전도는 결코 전적으로 새로운 것만은 아니었다. 씨앗은 이미 뿌려졌으니 필요한 것은 물을 주고 경작하는 것뿐이었다. 기독교 세력이 너무나도 작아 힘을 집중하여 분산시키지 않은 것이 꼭 필요한 요소였기 때문에 초기에는 서북 지방에 관심을 쏟았다.

서울에서 선교사 사업의 결과로 처음으로 기독교로 개종한 사람에게 세례를 주었다. 이 세례는 어느 선교사의 자택에서 거행되었다. 다른 조선 사람들은 참석하지 않았다. 조선의 어떤 방문객이나 그의 하인들이 갑자기 의식에 침입하여 성찬의 의식을 위험에 빠뜨리지나 않을까 하는 걱정 때문이었다. 이 세례 사실이 당국에 알려질 경우에 이 입교자나 선교사에게 어떤

사로 볼 때 성공회가 창설된 것은 1890년 7월에 입국한 초대 주교 코르프(1843~1921)가 인천에서 포교한 때로부터였다.

일이 벌어지리라는 것을 누구도 알 수 없었다. 그 자리에 있었던 모든 사람들은 위험을 깨닫고 있었으며 이 의식은 매우 엄숙하게 진행되었다.

몇 주 동안 한 관리가 선교사를 호별 방문했을 때 세례에 대한 불평이나 하지 않을까 하는 생각이 들어 몹시 두려웠다. 그러나 세례자에게 심각한 결과가 일어나지도 않았고 선교사들에 대한 비난도 없이 시간이 지나갔다. 다른 입교자들이 나타나 세례를 받았다. 외국인의 집을 찾아오기를 좋아하는 관리나 그 밖의 어떤 사람이 불쑥 찾아옴으로써 집회가 깨지는 일이 없도록 각별히 주의를 기울였다.

선교사들은 더욱 대담해졌다. 언더우드 씨는 "주께서 그대에게 더욱 가까이"와 같은 찬송가를 똑같은 박자를 사용해 조선어로 번역했고, 조선 사람에게 외국의 관습을 가르쳤다. 곧 성서를 가르치려고 조선 사람을 만나고, 기도해 주고, 고백을 듣기 위해 만나는 것이, 길거리에서도 들을 수 있는 씩씩한 찬송으로 드러나게 되었다. 뿌려진 씨앗의 빠른 성장은 선교사들에게 상당한 힘이 되었다.

그들은 지금의 풍성한 수확의 첫 열매를 맺게 하려고 12년이란 세월 동안 지루한 기반을 닦아야 했던 일본에서의 생활을 회상했다. 선교 사업이 2년도 되지 않아 기반을 닦아 성장했다는 것은 선교사들의 그 큰 믿음으로도 예기치 못했던 것이다. 내가 두 사람에게 세례를 준 뒤 2년이 지나서 65번째, 66번째로 개신교로 개종한 사람이 생겨났고, 서울과 북쪽 국경선 사이에 약 100명 정도의 개종자가 교리 문답과 세례를 기다리고 있었다.

여행자나 심지어 조선에 거주하는 사람들의 가족의 말에 따르면, 소위 개종자들에게는 진실성이 없으며 그들에게는 기독교를 받아들이는 척하는 다른 궁극적 동기가 있다고 한다. 특히 중국의 가족을 보면 진실로 개종한 사람이 단 한사람이라도 있었는지 의심스러우며 개종을 희망하는 기독교적인 고백의 동기가 단지 선교사의 집이나 다른 외국인들에게 고용되기 위한 것이거나 성서 판매자로 종사하기 위한 것은 아닌지 의심스럽다고 한다.

바꿔 말해서 이렇게 비난하는 사람들의 말에 따르면 중국에서 개종한 사람들은 위선적이며, 보수를 목적으로 하고 있다는 것이다. 중국에서 일하고 있는 선교사들은 중국인 개종자에 관한 이런 비난을 부인하면서 명백하게 논박했다. 이와 같은 비난이 한국에서의 개종자들에게도 쏟아졌다는 것은 의심할 나위도 없다. 다음과 같은 일이 있었다.

1888년 여름, 로마 가톨릭 선교사의 분별없는 처사로 말미암아 서울에서는 상당히 격앙된 감정이 일어나고 있다. 이와 같이 쌓이는 불만은 서울에 "거주하는" 중국 교민들을 분노하게 만들었다. 사건의 시초가 되는 폭동이 일어난 것이다. 조선 정부는 미국 공사관을 통해서 기독교 선교를 중지해 줄 것을 요구했다.

이 당시 언더우드 씨는 반드시 만나야만 하는 개종자에게 교리 문답과 세례를 주려고 북쪽 지방에서 선교하고 있었는데 그는 서둘러 서울로 돌아오라는 통지를 받았다. 그가 통지를 받아보았을 때는 기독교에 대한 믿음을 고백하는 사람들이 20~23명 함께 있었다. 전갈의 내용은 기독교인으로 알려져 있는 사람들이 체포될 위험이 있다는 것이었다.

그 말을 듣자 동료 개종자 가운데 두 사람은 기독교에 대한 믿음을 버렸으며 그 나머지 사람들은 모두 죽음까지도 감수하겠다고 선언했다. 우리가 단지 몇 년 전에 가톨릭교도에 대한 박해 사건으로 약 2만 명 정도가 순교당한 것을 기억한다면 기독교인의 위험이 전혀 근거가 없는 것이 아니라는 것을 알 수 있다. 사실 기독교 신자들은 그가 기독교인임을 고백하게 될 때 그의 인생은 완전히 그의 손에 맡겨지게 되는 것이다. 이러한 사실을 통해 우리는 조선의 기독교 신자의 성격을 미루어 볼 수 있다.

조선의 기독교도들이 보수를 목적으로 기독교를 믿었다고 보기는 어렵다. 지금까지 개신교 신자로서 잘못된 동기를 가지고 있다는 이유로 징계와 비난을 받은 사람은 단 한 명뿐이었다. 개종자의 성격은 선량한 것이었다. 자신의 인생에 끼친 그리스도의 영향은 주위 사람들의 주목을 받았으며, 관리들은 그 부하의 생활에서 그리스도의 가르침은 상당히 유익한 효과를 가져왔다고 진술했다.

최소한 둘 내지 그 이상의 토착교회가 장로교회에 의해 조직되었다. 감리교회에서도 많은 일을 했고 교회를 설립했음은 물론이다. 그 결과 한반도에서 개신교가 서서히 뿌리를 내리기 시작했다. 훌륭하고 전도가 유망한 출발이 이루어졌으며 일꾼들이 일을 찾아 급히 돌아왔다. 1888년이 되자 교인의 숫자는 5배로 증가했다.

독자들에 의해 제기될 수 있는 의문은 더 말할 나위도 없이 기독교 신자들이 겪을 수도 있는 개인적인 위험에 관한 것이다. 여기에는 단지 잠정적인 대답만이 있을 수 있다. 선교사들은 외국인으로서 조선 정부의 지배를 받고 있지 않으며, 공격을 받을 경우 그의 영사에게 구원을 요청할 수 있는 것과는 달리 한국의 기독교 개종자들은 조선 정부의 법률에 구속되어 있다. 이 법률에 따른 박해는 언제든지 가능하다.

유교가 이 나라의 종교로 존재하지 않고, 유교의 교의가 사람들에게 법적인 복종만을 강요하는 한, 불과 칼에 의한 믿음의 시련은 언제나 일어날 수 있다. 만약 그와 같은 일이 일어나더라도 선교사와 외국인들은 그것을 중지시키고자 법적인 공권력을 행사할 수 없다. 선교사들은 개별적인 사안에 따라 감옥에서 풀려나도록 해주고, 가벼운 경범죄로 대치하여 처벌받도록 관리에게 영향력을 행사하고 있지만 그 성격상 종교적 탄압을 유발할 수 있기 때문에 그들의 형벌을 뒤집고자 효과적으로 개입하지 못하고 있다.

조선 사람들은 국내 문제를 처리하는 데 대한 어떠한 간섭도 참지 못한다. 치외법권에 따라서 선교사들의 안정은 보장되었으나 기독교 신자들의 안전을 위해서는 아무 일도 하지 못했다. 지난날의 사건들을 들춰냄으로써 앞으로도 심각한 박해의 가능성이 있다고 판단할 수 있다.

가톨릭교는 약 1백여 년 전부터 조선에 들어와 있었다. 그 동안 그들은 몇 가지 심각한 시련을 견뎌 냈다. 1868년에 일어나 마지막 박해 당시에는 약

2만 5천 명 정도의 가톨릭 신자가 죽임을 당했다.[10] 이와 같은 참변을 저지른 기관이 여전히 존재하고 있다. 그러므로 지금으로서는 그러한 사건이 다시 일어나서 조선의 조정이 그러한 처분을 또 내릴 것인지 아닌지의 문제만이 남아 있다.

앞에서 살펴본 사실들에 따르면 기독교에 대한 정부의 태도라는 면에서 볼 때 지금의 권력자들이 기독교인을 학살하거나 억압할 것 같지는 않다는 것을 알 수 있다. 관리나 정부는 많은 사람이 개종하고 있다는 사실을 알고 있고, 개종하게 된 개인적 사정을 잘 알고 있으면서도 선교사의 전도 사업에 대하여 한두 번 정도 공식적으로 경고했다.

1888년에 무분별한 가톨릭교도들이 궁내에서 뿐만 아니라 조정 대신들 사이에 나쁜 감정을 불러 일으켰을 때 그런 일이 있었다. 조선 정부는 한미수호통상조약에 따라서 기독교를 전파하지 말아 달라는 요청서를 미국 영사관에 발송했다. 이에 부담을 느낀 미국 공사는 조선 측의 요구를 어느 정도 따르는 것이 좋겠다고 판단했다.

이에 다라 미국 공사관은 미국인 선교사에게 서한을 보내어 조선 측으로부터 선교 중지의 요구가 있었음을 알리고 한미수호통상조약의 조문에 불응하면 미국의 국익에 손상을 초래할는지 모른다고 귀띔했다. 이것은 소위 조선에서의 "견제"와도 같은 것이었다. 몇몇 선교사들은 이 경고에 현명하게 주의를 기울이면서 반면에 그들의 선교 사업을 철저히 중단하지 않은 채 선교 사업을 거의 표면적으로 드러내지 않고 조용히 진행하려고 노력했다.

그러나 이러한 긴장이 지나가자 곧 선교사들은 거리에서 서로 인사를 나누고 신자의 수가 증가했다는 소식에 조선 측의 견제를 웃어넘겨 버렸다.

---

10) 이 부분에 대해서는 필자가 오해하고 있는 것 같다. 아마도 병인박해(1866)를 의미하는 것 같으며, 그렇다 하더라도 2만 5천 명이 처형되었다는 것은 과장된 숫자이다. 아마도 8천 명 정도가 순교했을 것이다.

그들은 선교 사업에 어떤 중단이 있었다고 비난하는 본국의 신문사에 반론을 표명하는 서신을 보냈다. 그러나 이 분야와는 관계없는 객관적인 위치에서 편협하거나 편견 없이 사태를 주목하고 있던 사람들은 조선의 그러한 "견제"가 모종의 조치를 쉽게 내릴 수 있음을 의미하는 것이라는 점을 알고 있었다.

그러한 사람들은 조심스럽게 활동하는 고위층의 인사들로서 기독교인들이 수행하고 있는 의술이나 교육 쪽 이득을 강조하면서도 기독교는 그러한 보호막 아래에서 심지어는 복음 전파를 할 경우에도 진정한 발전을 이룩할 수 있다는 사실을 인식하고 있었다. 사리에 밝은 선교사들은 정부와 맞서서 도적하는 일이 없어야 하며, 가능하다면 자신의 사업에 대하여 정부의 눈길을 다른 곳으로 돌려야 한다고 생각했다.

사실상 조선 정부는 미국 독립기념일의 시경의 입장과 같았다. 이쪽 모퉁이에서 폭죽 소리가 나면 그의 순찰 방향은 반대쪽을 향하게 된다. 그러나 그의 코앞에서 장난꾸러기가 폭죽을 터트리면 경찰은 직무상 그 철딱서니 없는 소년을 체포할 수밖에 없다. 그와 마찬가지로 기독교는 조선 왕조에 아무런 해를 입히지 않았고, 오히려 개신교의 선교사는 유익한 행위를 많이 했다.

선교사들은 조용하게 활동했으며 심지어는 조선 정부가 유능한 학자들을 전보시키려 할 때도 영사는 조용히 있었기 때문에 선교사들은 아무런 방해를 받지 않았다. 정부의 권력자들조차도 기독교는 유익한 행동과 보다 나은 생활을 하게 만드는 집단으로 인정하기 이르렀다. 그러나 정치적 흥분과 대중적 조작의 시기에는 이루 말로 형언할 수 없는 무분별한 행위가 기독교도를 말살하는 갈등을 초래할 수 있었다.

결론적으로 말해서 한국에서 기독교인이 되려는 사람은 심각한 위험에 빠지게 된다. 그러나 그러한 위험은 일상 생활에서 그렇게 실제적인 것은 아니었다. 보수적인 행위와 진실성 있는 노력이 가장 절실히 요구되는 상황이었으며 이와 관련된 일련의 행동이 유지되는 시간이 길어지고 지난 박해 이후로 세월이 경과하면 경과할수록 개종자들에 대한 안정은 더욱 증가되었으며 그들에 대한 절박한 사태도 점점 줄어들었다. 이것은 학교와 관련된 관리의 행동에서 예를 들어 볼 수 있다. 미국 정부에 의해서 임명된 교사가 목사라는 것을 국왕에게 알린 것은 현명하지 못한 일이었다.

관리들이 이를 수상히 여긴 것은 당연한 일이었으며, 기독교의 유리한 입장을 충분히 이용하리라는 것을 저들이 감지했던 것 같다. 그 결과 최소한 3개월 이상 적어도 1명의 관리가 언제나 학교에 임석했다. 그는 교육 부서의 장이거나 아니면 서기였다. 우리는 그러한 상황에 순응했다. 만약 학교가 그 나라의 복음화를 위한 기구였다면 사람들에게 반감을 사게 될 만한 것은 아무 것도 없다는 결론에 이르렀다.

우리는 정부에 고용되어 있었다. 우리의 사생활은 우리의 이야기가 아닌 그리스도의 일화를 말해야 했다. 우리는 은혜 받은 사람들에게 두려움을 주어서는 안 되며 그들을 구세주에게로 인도해야만 한다. 우리는 대단히 신중하게 행동했다. 우리는 그 나라의 관습이 우상이 아닌 한 그것을 비난함으로써 그들이 떠나는 일이 없도록 했다.

우리는 하느님의 역사하심이 불명예스럽게 되지 않도록 교리를 실천하고 설교했다. 우리는 기독교를 특정 종교로 언급하는 내용을 교과서에서 삭제했다. 그 결과 1학기가 끝나자 학자만이 남게 되었다. 단 몇 분 동안선교사들이 방문하는 일도 감시를 받으며 이뤄졌다. 곧이어 이러한 방문조차 없어지고 드디어는 공적인 방문도 줄어들었다. 우리는 예수님에 대한 언급이 학자들을 공격하는 것이 아니라는 점을 알게 되었다.

하느님의 이름은 이제 더 이상 학자들 사이의 눈 흘김을 유발하지 않았으며, 그에 대한 효과적인 토의와 논박이 벌어지고, 유교와 기독교가 가진 각자의 장점을 생각해 보려고 위해 학자들을 초대했다. 이러한 변화에 대하여 일부 선교사들은 보수적인 행동을 한다고 믿을 만 했다. 몇 세기 동안 은자

대궐 입구 : 광화문

로 살았던 조선 사람들에게 의심도 받았지만 조선 사람들은 자신을 명예롭게 상대해 준 것을 호의적으로 생각했으며 그들의 편견을 따뜻하게 이해해 준 것을 감사했다.

여기에서 다루지 않은 한 가지 문제는 여성들의 선교 사업이다. 성서보급자와 그 밖의 사람들이 여성에게 접근할 기회가 거의 없었던 것은 앞서 지적한 바와 같이 당시의 사회적 관습과 여성의 은둔적인 생활 방식과 관련이 있었다. 남성의 접근이 어려웠기 때문에 조선의 부인과 어머니 선교사가 필요했다. 조선에서는 모든 분야에서 여성의 영향력이 상당히 컸던 것은 이미 잘 알려진 사실이다.

만일 여성들 사이의 선교 운동이 좋은 출발을 보였다면, 그 효과는 훨씬 컸을 것이다. 가톨릭은 매우 큰 여성 집회를 운영하고 있었다. 이들은 매우 열성적이며 열의 있는 일꾼이었다. 우리 가족 가운데 여성재봉사는 가톨릭 신자인데 그는 기회가 있을 때마다 예수님을 믿고 따름으로써 신의 은총을 받는다고 다른 하인들에게 전도했다. 남성에게만 주어졌던 선교 사업에는 한계가 있었다. 아이들에게도 효과적으로 접근할 수 없었다. 기독교인이 되기 이전의 그들은 유교적인 생활 방식에 사로잡혀 있었다.

이런 점에서는 감리교인들도 매우 비슷했다. 스크랜튼 여사는 자신이 이 문제의 전문가가 되기로 결심했다. 그는 감리교의 여성원조부에서 보내 준 부인들의 도움을 받았다. 스크랜튼 부인은 가사 일이 허락하는 한 도움을 주었다. 장로교인인 앨러스(A. J. Ellers)양은 이미 민비의 주치의로 파견되었고 헤론(J. W. Heron) 박사가 건립한 병원의 여성부에서 책임을 맡았다. 알렌(Mrs. Allen) 여사는 다른 일을 할 시간이 없을 만큼 일에 몰두해 있었다. 헤론 여사는 일을 분담 받아 수고를 아끼지 않았으며 가사도 병행하여 너무도 정확히 수행해 나갔다.

호튼(Miss Horton) 박사가 앨러스 양의 조수로 파견되었다. 그는 언더우드 박사의 사업에 너무나도 고마운 원조자였다. 그리고 그들은 서로의 일을 무척이나 기쁜 마음으로 도왔고, 그 뒤 언더우드 박사와 결혼하게 된다. 그는 어린 아들을 돌봐야 했기 때문에 선교 사업 활동에서 잠시 손을 떼었다.

지금은 하이든[11]양이 헤론 여사와 함께 일을 맡고 있다. 헤론 여사는 남편이 죽은 뒤에도 조선에 머물면서 일을 하기로 결정했다. 이 책을 쓸 무렵에는 여성 선교 분야에 적절한 인력이 없었다. 여성들은 이 분야에 한정되어 있었으나, 인생의 가장 좁은 길인 기독교의 진리에 따라 감사의 축복과 행복의 희망을 바라보며 힘차게 그 길을 걸어가고 있다.

조선에서 특별한 힘을 발휘하고 있던 이교도에 대한 선교 복음 전파의 요인이 무엇인가를 간과하는 경향이 흔히 있다. 선교 사업은 그 일이 안되기

---

11) 하이든(Franz J. Hayden : 1857~1900) : 기포드 목사의 부인으로서 미혼 시절의 이름. 미국의 파크대학을 졸업하고 1888년 9월 내한하여 앨러스의 후임으로 2대 정동여학당 당장으로 활약하다가 기포드와 결혼한 후로는 선교 사업에 주력했다. 본래 건강이 좋지 못한 그는 1900년에 남편이 죽자 상심하여 곧 남편의 뒤를 따랐다.

를 바라는 사람과 하찮은 일에 공연히 트집을 잡고 그 가치를 깎아내리는 사람들로부터 비난받는 경우가 있다. 기독교의 가르침에 따르면 물질적인 이득이 이러한 요인을 이루고 있다.

조선의 일반 민중의 가난함에 대해서는 여러 차례 언급한 바가 있다. 어떤 사람이 기독교인이 되려고 할 때, 그 사람은 자연히 기독교를 믿음으로써 생기는 이득을 요구하며 기독교를 믿는 것이 불교나 유교를 믿는 것보다 어떤 점에서 더 좋으냐고 묻는다. 이런 질문에 대해서는 독특한 기독교 문명의 이득을 설명하고 기독교인이 누릴 수 있는 우월한 안식을 지적해 주는 것이 가장 효과적인 대답이 될 것이다.

조선 사람은 외국인의 집을 방문하기 좋아했다. 그들은 외국인의 가정 생활에서 볼 수 있는 온갖 이기와 값비싼 사치품을 보고 감탄했다. 그들은 인간의 삶을 지배하는 종교야말로 인간의 삶을 더욱 즐겁게 해주는 것이라는 점을 골똘히 생각하면서 집으로 돌아간다. 그들은 우리가 생기 있게 생활하는 모습과 즐겁게 생활하고 있는 모습에서 매우 깊은 인상을 받고 그 이유가 무엇인지를 생각한다.

그들은 또한 서양 과학이 이룬 업적에 대한 이야기를 귀담아 듣는다. 거대한 도시들, 신비롭기만 한 철로, 경이로운 증기선은 우리 문명의 힘에 대하여 깊은 인상을 심어준다. 그들은 이 모든 것이 기독교의 산물이고, 개발에 의한 것이라는 것을 깨닫게 될 때, 기독교의 실제적 가치는 강력한 호소력을 가지고 그들에게 접근하게 된다. 그러므로 중국에서 우리 선교사들이 때때로 편안한 가정 생활을 한다는 것은 전혀 부끄러운 일이 아니다. 그들이 어떻게 그러한 생활을 할 수 있는가 하는 의구심 때문에 중국인들에게 호소력을 가질 수 있는 것이 사실이다.

이런 점에서 조선 사람의 경우도 마찬가지이다. 그리고 장로교는 이러한 논리에 가장 큰 잇점이 있다는 것을 알고 있으며 조선에서 외국인의 높은 생활비를 고려하여 그곳에서 일하는 선교사의 봉급을 현명하게 인상해 준다. 이러한 일들은 고위층에 있는 조선 사람들이 자발적으로, 아니 열성적으로 선교사를 찾아와 유리한 선교 조건을 맺어 줌으로써 실현된 것이다.

나는 여기에서 한국의 선교 사업에서 꼭 필요한 또 다른 하나의 주제를 언급하고자 한다. 헤론 박사가 타계한 뒤 알렌 박사가 서울 주재 미국 공사관의 서기관으로 근무하기 때문에 장로교에는 현재 8명의 선교사가 봉사하고 있다. 그들 가운데 3명의 여성 선교사는 결혼을 했기 때문에 결과적으로 조선에서 더 이상의 선교 활동을 할 기회를 제한 받게 되었다.

3명이 새로 임명되어, 지난날에 했던 사업에 모든 정력을 쏟고 있다. 언더우드 씨는 한국에 올 모든 선교사에게 유익한 기간을 가질 수 있도록 하는 2권의 책을 쓸 준비를 하고 있었는데, 그 책은 『조선어사전』과 『조선어문법』 및 『조선어입문서』이다. 이러한 일 이외에 그는 이미 그들이 영어로 부르던 찬송가를 조선 사람의 가락에 맞게 열심히 번역했다. 그리고 기독교에 대한 요약서와 소책자를 쓰고 교리문답서를 번역했다.

감리교의 해외 선교부는 의사인 2명의 선교사를 대표로 파견했다. 헤론 박사가 별세하고 알렌 박사가 서울에서 장로교 의학부의 선교 활동을 그만둔 뒤에 장로교는 활기를 잃었다. 언더우드 부인은 혼자서 이 일을 수행해 나갈 수 없었기 때문에 알렌 여사와 헤론 여사가 수행했던 일을 열성적으로 맡아 줄 의사가 필요했다.

이 분에는 뜻 있고 교양 있는 동료들이 많이 있었으며 이 분야는 인생의 특별한 즐거움을 맛볼 수 있는 곳이었다. 이곳은 헌신적인 의사들이 만성적으로 고통 받는 육체뿐만 아니라 무지와 죄의식으로 병들고 상처받은 영혼을 고쳐줄 수 있는 우수한 기회를 가질 수 있는 분야이다. 다소의 박탈감은 느낄 수 있으며 세속적인 부는 성취할 수 없다고 하지만 풍요로움과 안락한 생활은 보장받고 있다.

이러한 자리에 필요한 사람들이 어서 임명되어 자리가 채워지기를 바랄 뿐이다. 장로교는 서울에서 목사를 보낼 계획이며 여기서는 이 사업을 늘리는 것이 바람직하다. 그러나 이러한 성격의 조직이 다 그렇듯이 자금의 부족으로 많은 기회를 상실하고 있다. 만약 자금이 제공된다면 봉사할 수 있는 자리는 얼마든지 제공될 수 있다.

첫째로 여성 사회에서 일할 수 있는 여성 선교사들이 필요하다. "이 땅에서는 여성의 일을 남성에게 맡길 수 없다." 지금 여성들은 일손이 바쁘다. 가사를 하고 난 뒤에 남는 시간은 충분하지 못하며 매일 제공되는 일손으로는 성취하기에 꼭 필요한 것의 1/10도 안 된다. "더 많은 여성들이여 앞으로!"라는 것은 조선을 위한 외침이다.

둘째로 더 많은 남성들이 서울로 가 언어를 배울 필요가 있다. 앞에서 시도한 바와 같이 사태는 해마다 더욱 유리하게 진행되고 있으며 이 일을 위한 기회는 더욱 많다. 언어를 배우면서 당초의 기회를 잡으려고 온 사람들이 언어를 습득하는 동안 게을러진다거나 비생산적인 사람들이 될는지도 모른다고 걱정할 필요가 없다. 고아원에서 일할 수 있는 기회도 충분하고 나머지 시간은 학교에서 보내면 된다. 일거리도 매우 다양하다. 이런 여러 가지 방법으로 생산적으로 언어를 습득할 수 있는 기간이 마련되어 있다.

이곳의 모든 선교 분야에서 "더 많은 일꾼"이 절대적으로 필요하다. 헤론 박사가 별세한 뒤 선교 분야에서 가장 중요한 의료 사업은 거의 중단되다시피 되었다. 만약 그 부서에 다른 의사가 있었다면 헤론 박사가 별세하고 파워[12] 박사가 소환되었을 때에도 병원일이 중단되지는 않았을 것이다. 건강이 나쁘다든가 그 밖의 다른 필요로 장로교 선교부의 고참 선교사들이 소환된다면 다른 사람들은 지금의 일을 계속해 나가고자 최선을 다하게 된다.

이밖에도 고려해야 할 요소가 있다. 몽골 사람들 사이에서 이뤄졌던 사업

---

12) 파워(Charles Power : 1855~1904) : 미국북장로교회 소속의 의료 선교사. 1888년 가을에 내한하여 제중원에서 의료 봉사 활동을 하다가 1889년에 귀국하여 애리조나에서 죽었다.

가운데 어느 것도 금전이나 노동의 댓가를 받지 못했는데, 이러한 현상은 조선 사람들에게도 확대되고 있다. 장래가 유망한 나라에서 자신을 드러낼 수 있는 서막이 사그라진다는 것은 그 자체로서 매우 슬픈 일일 뿐만 아니라 부끄러운 일이다.

나의 교육적인 경험에 비추어서 제안할 필요가 있는 부분이 또 있다. 고아원과 병원의 학교에 대해서 나는 많은 이야기를 했다. 이러한 제도들로부터 선교사들이 얻은 소득에 대하여 적절하고도 충분한 설명이 있어야 한다. 학교에는 많은 교육족인 장비를 필요로 한다. 지리와 역사 공부를 위한 지도와 도표, 물리와 화학을 실험하기 위한 도구, 조그만 망원경, 현미경과 이와 유사한 기구 실험 장비들과 작은 천문대는 학자들의 관심을 증진시켜 준다. 뿐만 아니라 그들은 배움을 명확하고 완전하게 해 주며 그들을 고용하고 있는 조직에 새로운 힘을 더해 주게 된다.

기독교 교육자들과 기독교 선교뿐만 아니라 개방과 계몽에 관심이 있는 사람들에게 조선의 선교사를 지원해 줄 것을 호소하려는 것이 나의 의도였다. 왜냐하면 이러한 장비가 학교 내에 갖추어짐으로써 그들의 효율성이 크게 증가될 것이기 때문이다. 이 일은 매우 큰 배당금을 얻을 수 있는 투자가 될 것이다. 하느님께서 조선에서 많은 수확하시리라는 것은 나의 소망일뿐만 아니라 확신이다.

후기

이글을 쓴 뒤에 나타난 한 사건은 나의 결론을 수정하지 않을 수 없게 만들었다. 조선의 어느 지방에 한 가톨릭 신부가 살고 있었다. 조약 문서에 따르면 여권이 없는 외국인은 서울과 개항장에서만 거주할 수 있도록 되어 있으므로 그의 지방 거주 자체가 불법이었다. 그런데 그 신부가 자신의 실수로 지방 수령으로부터 퇴거 명령을 받았다.

조선 사람들이 커다란 힘 앞에서는 멈칫거린다는 사실을 잘 알고 있는 프랑스 영사는 자신의 면책 특권을 이용하여 그 신부의 귀환을 거칠게 요구했고 그런 조치를 한 지방 수령을 처벌받도록 하려고 노력했다. 프랑스와 이 문제를 가지고 다툴 수 없다고 느낀 조전에서는 귀환을 허락했고 처벌을 단호히 거절했다. 그 결과 최혜국대우 조항에 따라서 미국 선교사들도 그들이 가고 싶은 내지에 가겠다고 주장할 수 있게 되었다. 만약 그러한 문제가 조용히 해결되어 기독교인들이 떠들썩하지 않게 선교 활동을 할 수 있었더라면 "전국에" 그리스도의 가르침이 이를 수 있었으리라는 것은 의심할 나위도 없다. 그러나 지금 우리는 개항장에서 봉사할 인력마저도 확보하지 못하고 있는 실정이다.

역주자 참고문헌

강만승(편역), 『그레슨 박사 선교 수기』(서울 : 청해출판사, 1970)

『구한말조약휘찬(상 · 중 · 하)』(서울 : 국회도서관 입법조사국, 1964~65)

『기독교대백과사전』(서울 : 기독교문사, 1983)

金源模, 『근대한미관계사 : 한미전쟁론』(서울 : 철학과 현실사, 1992)

金源模(편저), 『근대 한국 외교사 연표』(서울 : 단국대학교출판부, 1984)

민두기, 『일본의 역사』(서울 : 지식산업사, 1977)

민경배, 『한국기독교회사』(서울 : 연세대학교 출판부, 1993)

朴大憲, 『서양인이 본 조선』(서울 : 壺山房, 1996)

성경

『세계인명대사전』(서울 : 문공사, 1973)

『세계지도』(서울 : 서문당, 1980)

신복룡, 『한국정치사』(서울 : 박영사, 2003)

유홍렬, 『한국천주교회사』(서울 : 가톨릭출판사, 1962)

이광린, 『개화당연구』(서울 : 일조각, 1973)

이광린, 『한국 개화사 연구』(서울 : 일조각, 1970)

이선근, 『한국사 : 최근세편 · 현대편』(서울 : 을유문화사, 1961)

이홍직, 『국사대사전』(서울 : 지문각, 1965)

『한국가톨릭대사전』(서울 : 한국교회사연구소, 1985)

『한국인명대사전』(서울 : 신구문화사, 1967)

『한국학대백과사전』(서울 : 을유문화사, 1972)

Avison, O. R., "Mrs. H. G. Underwood," in Federal Council of Evangelical Mission in Korea, *The Korea Mission Field*, Vol. XVII, No. 12, December, 1921.

Barhart, Clarence L. (ed), *The New Century Cyclopedia of Names*(New York : Appleton-Century-Crofts, Inc, 1954)

Encyclopedia Britannica (Chicago : The University of Chicago, 1963)

Hall, B, *Account of A Voyage of Discovery to the West of Corea and the Great Loo-Choo Island* (London : John Murray Co, 1818)

McCune, Geroge M. and Harrison, John A. (ed.), *Korean-American Relations*. Vol. I (Berkeley and Los Angeles : The University of California Press, 1951)

Palmer, Spencer J. (ed.), *Korean-American Relations*, Vol. 2 (Berkeley and Los Angeles : The University of California Press, 1963)

Webster's Biographical Dictionary (Springfield : G. and C. Merriam Co., 1951)

Who Was Who among English and European Authors (1931~1949) (Detroit : Gale Research Co. Book Tower, 1978)

Critical Dictionary of English Literature and British and American Authors (Philadelphia and London : J. B. Lippincott Co., 1897)

Who Was Who : 1929~1940 (London : Adam and Charles Black)

The Encyclopedia of World Methodism (Nashville : The United Methodist House, 1974)

신복룡(역주), 『조선견문기』(서울 : 집문당, 2019); H. N. Allen, *Things Korean* (New York : Fleming H. Revel Co., 1908)

신복룡(역주), 『대한제국멸망사』(서울 : 집문당, 2019); H. B. Hulbert, *The Passing of Korea* (London : William Heinemann Co., 1906)

이병도(역주), 『하멜표류기』(서울 : 일조각, 1954)

정기수(역), 『조선교회사서론』(서울 : 탐구당, 1966); Charles Dallet, *Histoire de L'Eglise de Corée* (Paris : Victor Palme, 1874.

조선비망록

Undiplomatic Memories

W. F. 샌즈 지음/신복룡 역주

집문당

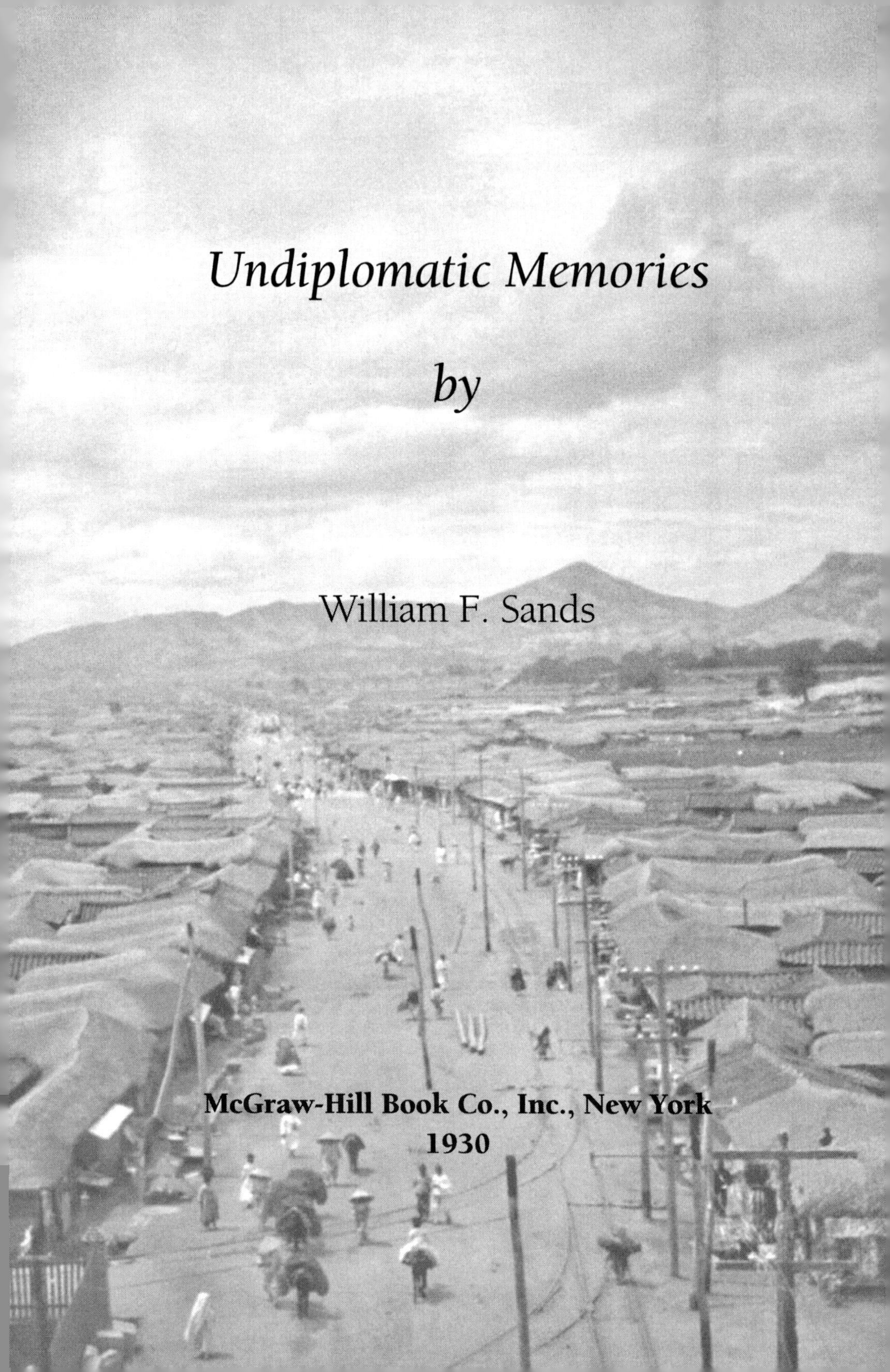

Undiplomatic Memories

by

William F. Sands

McGraw-Hill Book Co., Inc., New York
1930

샌즈(William Franklin Sands)

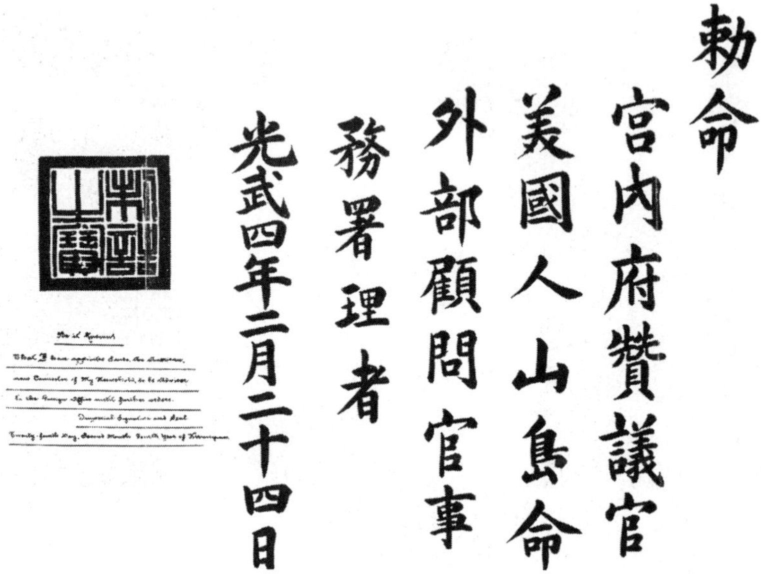

勅命
宮內府贊議官
美國人山島命
外部顧問官事
務署理者
光武四年二月二十四日

샌즈의 임명장

필자와 한국인 친구

역주자 서문

소위 조선의 개항기라고 말할 수 있는 서세동점의 19세기 중엽부터 20세기 초엽까지 이 땅을 찾아온 사람으로서 글을 남긴 사람은 꽤나 많으며 책의 권수로 따지자면 아마도 190종 정도는 되리라고 추산되고 있다. 그 필자들을 분류해 보면 선교사가 가장 많았고, 그 다음이 의사, 직업 외교관, 모험가(탐험가) 등이 있었다.

그런데 이들의 글은 그 직업이 무엇이냐에 따라서 그 성격이 조금씩 다르다. 선교사와 의사의 글은 백색우월주의를 바탕에 깐 연민과 착한 사마리아인의 냄새가 풍기며, 모험가의 글은 호기심과 탐구심으로 가득 차 있다. 그런데 흔치 않게도 직업 외교관이 쓴 글은 비정하면서도 리얼리티가 있어서 역사학이나 정치학을 공부하는 사람들에게 많은 시사를 주고 있다.

◆ ◆ ◆ ◆ ◆

여기에 소개하는 샌즈(William Franklin Sands)의 『조선비망록』(*Undiplomatic Memories*, 1930)은 몇 가지 점에서 참으로 의미 있는 책이다. 우선 그가 명문 대학에서 정규 과정의 학업을 마친 정통 직업 외교관이었다는 점이 이 책의 역사학적 의미와 함께 정치 · 외교사적 문헌으로서의 가치를 높여 주고 있으며, 둘째로 그가 고종(高宗) 황제의 고문으로서 격동의 시기에 권력과 국제 관계의 핵심을 목격한 증인이라는 점이며, 셋째로는 그의 남다른 박식함과 기지가 돋보인다는 점이다.

그러나 이러한 장점에도 불구하고 이 책은 번역한다는 것은 쉬운 일이 아니었다. 왜냐하면, 당대 최고 지식인으로서의 지적(知的) 오만(傲慢), 그에 뒤따르는 현학(衒學), 그리고 주어를 생략한 채 축어적(縮語的)으로 기술된

난해한 문장 때문이다. 이러한 어려움 때문에 이 책의 역주는 내게 더욱 특별한 보람을 느끼게 해 준다.

필자인 샌즈는 1874년 7월 29일에 워싱턴에서 태어났다. 그는 이 글의 도처의 행간에서 드러나고 있는 것처럼 동부의 명문가의 후손이었다. 그의 할아버지(Benjamin F. Sands : 1811~1883)는 미국의 해군 제독으로서 멕시코전쟁에 참전(1848~1850)했으며, 남북전쟁 당시에는 남군을 지휘 해군 소장(1871)이었다. 샌즈 자신의 자랑에 따르면 그의 할아버지의 저택은 당대 최고급의 정치적 살롱이었다고 한다.

아버지(James H. Sands : 1845~1911)는 그의 할아버지와 마찬가지로 해군 제독으로서, 조지타운대학과 해군사관학교를 졸업(1863)하고 남북전쟁 당시에는 초급 장교로 남군에 가담하였다. 그 뒤에 그는 아세아 함대에 배속(1870)되었다가 스페인전쟁이 일어나자 구축함 콜롬비아호를 지휘했다. 그는 해군사관학교 교장(1905~1907)으로 재직하면서 학제를 개편하여 지금의 기틀을 잡았으며, 필라델피아 해군 기지 사령관(1898~1901)을 끝으로 현역에서 예편한 뒤에는 해군재향군인회장(1902)으로 여생을 마쳤다.

필자인 샌즈는 유년 시절에 오스트리아의 휄드커크(Feldkirch)에 있는 초등학교로 유학을 떠난다. 그의 설명에 따르면 그의 할아버지와 아버지는 그를 탁월한 외교관으로 키우고자 외국어를 훈련시킬 겸 어린 나이에 외교의 무대인 유럽으로 유학을 보냈다고 한다. 유럽에서 청소년기를 보낸 샌즈는 귀국하여 그의 아버지가 다닌 조지타운대학에서 예술 학사(A. B.)와 법학사를 받고(1896) 곧바로 국무성에 들어갔다.

샌즈의 첫 임지는 도쿄 주차 미국 공사관 2등서 기관(1896)이었다. 이곳에서 2년의 초급 외교관 생활을 보낸 샌즈는 좀 더 모험적이고 미지의 세계인 조선으로 가보라는 주위의 권고에 따라 조선 근무를 자청하여 1898년에 조선 주차 미국 공사관 1등 서기관으로 부임하여 곧 변리 공사로 승진했다. 그는 1900년에 공사직을 사직하고 고종의 고문이 되어 격동의 한국 근대사의 목격자가 된다.

을사조약과 함께 조선의 공사관이 철수하자 그는 귀국하여 파나마(1905~1907), 과테말라, 멕시코 대사관(1908~1910)에서 근무한 것을 끝으로 공직을 사임했다. 그는 그 뒤 뉴욕의 제임스 스페이어상사(James Speyer & Co.)를 운영하면서 사업로 변신했다. 1911~1913년에는 푸에르토 리코의 센츄럴 아귀르상사(Central Aguirre Co.)에서 설탕 딜러로 활약했으며, 1914~1916년에는 런던에서 면화 딜러로 활약했다.

1916년, 샌즈는 센트 페테르부르크에 있는 러시아 포로송환 위원회에서 활약하면서 150만 명의 독일과 오스트리아 포로 송환을 협상에 성공했고, 그 명성으로 스웨덴 · 덴마크적십자사에서도 포로 송환을 협상했다. 1918~1922년에 그는 미국 · 러시아국제협력협회(American International Corporation in Russia)의 연락관으로 활약했다.

이후 샌즈는 자기 일생에서 가장 자랑스럽게 생각하는 과업으로 1927년에 조지타운대학교 역사 · 외교대학(School of American History and Diplomacy)에 세미나 코스를 설강하여 생애를 마칠 때까지 여기에서 봉직했다. 그는 이 과업이야말로 자신이 미국에 외교학을 정립한 선구적 업적이라는 자부심을 늘 가지고 있었다. 1929년에 그는 세계 평화를 위한 천주교 회의의 회원으로서 멕시코에서 종교와 국가 사이의 갈등을 중재했다. 샌즈는 미국 지리학회와 미국국제법학회 회원으로 활약했다.

샌즈는 조선에서 봉직할 때인 1901년에 일어난 제주도의 이재수(李在守)의 난 당시에 프랑스 선교사를 보호한 공로로 프랑스 정부로부터 뢰종 도뇌르(Legion of Honor)를 받았다. 그는 천주교도였으며, 취미는 승마와 사냥이었다. 그는 1909년에 키팅(Edith G. Keating)과 결혼하여 아들 4형제를 두었으며, 1946년 6월 17일 워싱턴에서 사망했는데 이 책 이외에 자서전『우리의 정글 외교』(*Our Jungle Diplomacy*, 1944)를 남겼다.

◆ ◆ ◆ ◆ ◆

언제 출판될 수 있으리라는 기약도 없이 한말 외국인 기록을 번역한 지는 꽤 오랜 세월이 흘렀다. 나는 10여 년 전에 건국대학교 대학원에서 한국정치사를 강의하면서 이 책을 교재로 썼는데 그 내용이 너무 좋아 수강생들과 함께 번역에 착수했다. 그때 수강생으로는 이현출(李鉉出) 박사(지금은 건국대학교 교수), 손태식(孫泰植) 군(독일 유학), 배동수(裵東洙) 박사(서울시 교육공무원), 박규태(朴圭太) 박사(지금은 국제과학문화연구소 연구원) 등이 일부 초역(草譯)에 참여했으며, 나머지는 내가 틈틈이 번역했다.

번역을 마쳤으나 출판 경기의 어려움으로 활자화하지 못하고 있던 차에 『한말 외국인 기록』 전집 23권을 출판하겠다는 집문당 임경환(林京煥) 사장님의 제의를 들었을 때 기쁘기도 했지만 너무도 엄청난 일이라 엄두를 낼 수가 없었다. 그러던 차에 이러한 고충을 들은 1998~99학년도 건국대학교 정치외교학 과목의 나의 수강생들 300명이 한 장씩 컴퓨터에 입력해 주겠다고 나섰을 때 나는 한없이 고마왔고 크게 용기를 얻었다. 나는 그 300명의 이름을 여기에 일일이 적을 수 없는 것이 미안하고 유감스럽다.

모두가 고생했고 고맙지만, 특히 이형구(李衡求) 군과 변영욱(邊泳旭) 군은 컴퓨터의 입력 작업을 하느라고 많은 고생을 했다. 사내답지 않게 수줍음이 많은 조교 박성진(朴城進, 지금은 한국학중앙연구원 연구원) 군은 마음이 넉넉지 못한 나의 방에서 마음 고생이 많았으리라고 생각되며, 주석을 찾기 위해 각국의 대사관과 문화원을 찾아다니면서 싫은 내색 한 번 하지 않았다.

건국대학교 대학원 박사 과정의 고경민(高敬旼, 지금은 제주대학교 교수) 군은 컴퓨터 작업을 하느라고 많은 고생을 했다. 그들의 고생이 단순한 고생으로 그치지 않고 앞날의 그들의 학문 생활에 좋은 경험이 될 수 있다면 나로서는 미안함을 덜 수 있을 것이다. 성공회대학교의 이재정(李在楨) 신부님께서는 성공회 역사에 관한 귀중한 자료를 제공해 주셨으며, 사진 촬영은 건국대학교 홍보실의 이명호(李明浩) 선생이 맡아주었다.

본디 미국에서 공부할 때 복사한 것을 대본으로 번역했기 때문에 원본의 사진을 얻을 수 없어 고생하던 차에 이를 소장한 한국연구원(韓國硏究院)의 천부택(千富澤) 선생님의 도움으로 사진을 얻을 수 있게 된 점에 대해서도 깊이 감사한다. 필자의 사진과 그의 가계(家系)에 관한 자료는 미시간주립대학(MSU)에서 박사 학위를 준비하고 있는 나의 딸 나리(현재는 충북대학 교수)가 구해 주었다. 편집 교정과 출판 과정에서 고생하신 집문당의 우진주(禹軫柱) 상무님과 편집부 직원 여러분, 그리고 신세진 모든 분들에게 깊이 감사한다.

1999년 9월
2019년 11월에 가필함
역주자 신복룡 씀

차 례

서론 : 외교란 무엇인가?

“직업” 외교관의 초창기에 관한 기억들은 일반적으로 직업 외교와 특수하게는 미국 외교의 실제에 대한 설명이 없이는 불완전하다고 할 수 있다. 일반적으로 루스벨트 대통령(Theodore Roosevelt : 1901~1909)와 더불어 우리의 직업적 외교 업무가 시작되었다고 볼 수 있다. 왜냐하면 루스벨트 행정부 이전에는 직업적 외교 업무를 시작한 사람이 아무도 없었기 때문이다. 우리는 전문 경력자를 장려하지 않는다.

사실상, 직업적 외교 업무는 루스벨트보다 훨씬 앞지른다. 클리블랜드 대통령(Stephen Grover Cleveland : 1893~1897)과 올니[1]는 블레인[2]이 가졌던 생각보다 앞서 공통된 느낌을 가지고 있었다. 예컨대 외교에 종사하는 매우 많은 젊은이들은 편안히 사회적 위치를 향상시켰고, 다만 교류만을 목적으로 유럽 궁정에서의 근무처를 원하는 부유한 계층의 젊은이들이며 이

1) 올니(Richard Olney : 1835~1917) : 미국의 정치가. 매사추세츠 출신. 미국의 법무장관(1893~1895), 국무장관(1895~1897)을 지냈으며, 재임 가운데 영국과 베네수엘라의 국경 분쟁에 대한 미국의 정책을 입안했다.

2) 블레인(James G. Blaine : 1830~1893) : 미국의 정치가. 젊어서는 신문 기자로 활약하다가 의회에 진출하여(1863~1876) 국회의장을 지냈으며, 상원의원(1876~1881)을 거쳐 공화당 대통령 후보로 지명되었으나(1884) 선거에 패배했다. 2회(1881, 1889~1892)에 걸쳐 국무장관을 역임했다.

러한 뛰어난 자질의 인재들이 만족한 성과 없이 그 과정에서 물질적으로 타락했다는 것이다.

클리블랜드와 올니는 감수성이 강한 젊은이들을 유럽의 궁정으로 보내서 그들로 하여금 황금 신사가 되도록 길들여질 수밖에 없다고 믿었다. 따라서 그들은 몇몇 외교관을 뽑아 처음에는 태평양 지역으로, 남부 미국의 자본이 있는 곳으로 또는 극동으로 보내어 궁정 생활의 매력과는 동떨어진 영향력과 달리 외교가 일반적으로 가능한 지역의 이권 외교 활동을 연구하기로 결정했다. 곧 젊은 외교관들로 하여금 현재 미국의 국익에 큰 영향을 줄 수 있는 지역에서 있는 그대로의 유럽 외교를 지켜보도록 하기로 결심한 것이다.

그곳에서의 업무가 끝난 뒤 신참 직업 외교관들은 고국으로 돌아와 미국의 유명 대학에서 주로 역사와 경제를 중심으로 그들이 보아 왔던 것에 대한 보충적인 특별 강의를 들었다. 그들은 새로운 관점에서 미국을 연구했으며, 실질적인 미국의 국익이 무엇인가에 대한 건전한 해석을 할 수 있었다. 그런 다음 그들은 국무성으로 진출해서 일상적 업무뿐만 아니라 미국의 전반적인 정치 체계의 운용 방법을 학습했다. 그런 뒤에 그들만이 유럽으로 파견되는 것이 허용되었는데 정부는 이들을 가장 신임했다.

내가 그렇게 임명된 최초의 외교관이었다는 점에 대해서는 특별한 이유는 없으며 다만 대통령과 국무장관이 내 부친의 친구 분들이며, 우선 내가 몇몇 유럽의 언어를 구사할 수 있다는 점과 유럽의 대학에 입학했던 점 때문이었을 것이다. 내가 매우 중요하게 생각했던 것은 칠레에서의 1등 서기관과 도쿄 공사관의 2등 서기관에 대한 선택권이 주어졌을 때, 도쿄를 택했다는 것이다. 내가 도쿄를 택한 이유는 아시아에서 임무를 마치고 남미로 돌아가 유럽에서 축적된 지혜와 경험을 발휘하고자 함이었다.

내가 초임 발령을 받았을 때 나는 아직 스물한 살도 되기 이전이었으므로 나의 업무가 법적으로 정당할 때까지 기다려야만 했다. 대통령과 국무장관이 나에게 원하는 바가 무엇이며 그 이유가 무엇인가를 설명하면서 그들이 곤란함을 느낀 것은 매우 당연한 일이었다. 나와 대통령이나 국무장관과의 관계가 그토록 수월했다는 것은 존경할 만한 일이 아니었다고 생각한다. 아더 대통령(Chester Arthur : 1881~1885)만이 나의 할아버지의 인정을 받지도 못했고 그래서 할아버지의 집에 출입하지 못했지만, 그 밖에 그랜트 대통령(Ulysses S. Grant : 1869~1877) 이후의 대통령들이 그토록 빈번하게 나의 할아버지의 댁을 비공식적으로 출입하지 않았더라면 지금의 내가 존재할 수 있었을까?

국무장관 이외의 국무성 사람들이 나의 존재에 대하여 완전히 무관심했다고 해서 나의 침착한 신념을 흔들어 놓지는 못했다. 국무성은 그 무렵에 친밀한 자치 단체로 구성되어 있었는데, 그 집단 내의 시각에서 보는 국무장관은 하나의 국외자였으며 믿을 수 없고 위험한 사람이며 필요하다면 감시와 방해가 당연한 것으로 생각했기 때문에 외교 업무와 영사관은 "공적"의 관계에 있었다.

이러한 두 단체들은 대개 미국의 우체국장처럼 정치적 피임용자로 구성되어 있었다. 그들은 끝까지 국무성의 일원으로 남아있을 사람들이 아니었으며 재임 가운데 고민거리를 해결하고자 가치 있는 역할을 하지 못한다고 생각했다. 국무성 내부 자치 단체의 주된 희망은 대통령의 임기 말 징후로 말미암아 어느 오지로 쫓겨 가지 않기를 바라는 것이었다.

활기 넘치는 20세의 젊은 30일 동안의 법적 교육 과정 동안에 극동에서 돌아온 뒤 나는 국무성을 대폭 개혁하리라는 결심을 하게 만들었다. 클리블랜드-올니 계획의 시작은 정확하게 한 해 동안 지속되었다. 이듬해에 매킨리 대통령(William McKinley : 1897~1901)은 대사관원에 대한 정화를 단행했다.

루스벨트가 그 생각의 일부를 실현시킴으로써 미국의 외교 업무는 실제로 국무성 직원과는 상당히 다른 다양한 개혁가의 손질로 성숙했으며 점차 나은 방향으로 미국의 요구에 적응되었다. 다소 부적절한 미봉책과 모든 공공 업무의 일부분이 되어 왔던 파벌적 경향에도 불구하고 국무성은 외교 업무를 갖춘 훌륭한 집단으로 성숙해 갔다. "로저스법"[3]은 진정한 진보의 일면이었다.

이전에 유행했던 임기 말 징후나 통속적인 외교의 시절에도 업무 능력에서 1급 인물들이 있었고 조국에 봉사하고 미국의 국익을 증가시키려는 노력이 있었다. 내가 생각하기로 그들은 우리가 구식 외교를 얘기할 때 늘 비난의 대상이 되는 사람들의 부적절함이나 졸렬함을 조롱함으로써 미국의 국가적 이익을 증대시켰다.

나의 외교관 생활은 이러한 전환기에 걸쳐 성장했다. 그러한 현장에서는 행동 이전에 유용한 선례나 누구의 도움도 없었으며 오늘날 잘 체계적으로 정리된 외교 생활과는 매우 동떨어진 상태에서 즉각적인 조치가 필요했다. 내가 여기에서 묘사하려는 것은 바로 그러한 시대의 개인적인 체험들이다.

전직 외교 업무의 기원을 아는 사람으로서 공정한 사업가의 관점에서 현대 직업 외교 업무를 살펴보면서 나는 끊임없이 현실 문제로 충격을 받고 있다. 주요한 외교가 요구될 때에는 영[4]을 보냈거나 아니면 도즈 장군[5], 맥코이 장군[6], 브리스톨 제독[7] 또는 모로[8]가 등장하는 것을 나는 목격했다.

---

3) "로저스법"(Rogers Act) : 1924년 5월 24일에 미국 의회를 통과한 법. 종래의 미국 외교 업무는 공사의 업무와 영사의 업무가 명확히 구분되어 있었으나 이 법령을 계기로 두 업무가 통합되었다.

4) 영(Owen Young : 1874~1962) : 미국의 변호사. 제너럴 엘렉트릭사(GE)의 회장(1922~1939, 1942). 도즈와 함께 제1차 세계 대전 이후 독일배상위원회의 위원(1924~1929)과 위원장을 역임(1929)하면서 영 플랜을 마련함. 히틀러의 등장과 함께 독재자 출현을 방조했다는 비난을 받았다.

5) 도즈(Charles G. Dawes : 1865~1951) : 미국의 군인이자 정치가. 제1차 대전 당시 육군 준장으로 참전(1917~1919)하였고 예편한 뒤에는 예산국장(1921)의 자리에 있으면서 독일배상위원회 의장(1923)으로서 도즈 플랜을 성안하여 전후 처리의 공로로 노벨 평화상을 받았다.(1925) 그 뒤 부통령(1925~1929)을 거쳐 영국 대사를 역임함.

6) 맥코이(Frank R. McCoy : 1874~1954) : 미국의 군인. 육사 졸업(1897). 쿠바(1898),

그리고 일상적인 문제에 대해서 후버(1929~1933) 씨는 그의 대통령 특권을 이용하여 몇 명의 뛰어난 경제학자와 실무적 업무 담당 행정 관료들을 상무성에 있는 사무실로 불러들여 외교 업무에 끌어들일 가능성은 매우 높다.

그 이유는 무엇일까? 그것은 간단하게 설명할 수 있다고 나는 생각한다. 외교란 비록 그것이 유럽의 왕조들이 투쟁하는 동안에 형성된 관습을 일반적으로 따르고 있다 하더라도 이제 더 이상 전근대적이지는 않기 때문이다. 현대 외교는 두 가지 기초에 근거하고 있는데, 그것은 국가 이익과 국제 이익이다. 적당히 질서가 잡힌 현대 외교는 이러한 두 이해 관계를 화해시키며 각기 이해 관계의 마찰을 극복해야만 한다.

국가적 이익과 국제적 이익은, 전적으로 그렇다고는 할 수 없지만, 대개 경제적인 것이어서 이를 풀기 위해서는 이론적으로 뿐만 아니라 실제상으로 그 이익이 무엇인가를 정확히 아는 사람이 필요하다. 오늘날의 외교에서 우리는 분석가뿐만 아니라 행정가를 요구한다.

만약 대사가 소식을 전달하는 심부름꾼에 지나지 않는다는 것이 지난날의 현실이었다면 오늘날은 그렇지 않다. 오늘의 외교는 지난날과 같은 방법으로 진행될 수 없다고 나는 확신한다. 우리는 외교에서 행정가가 필요하다. 그리고 우리가 직업 외교의 바깥에서 그 행정가를 발견해야만 하는 이유는 통속적인 아마추어와 임기 말의 권력 누수 현상으로부터 벗어나기 위해 노력하고 업무를 지속시키고 그 속에 계속해서 능력 있는 사람들을 유지

멕시코(1915~1916) 등 주로 외국에서 근무했으며, 필리핀 총독 보좌관(1921~1925), 니카라과 대통령 선거 감독관(1928), 볼리비아-파라과이 분쟁조정위원장(1929)을 역임했고 1938년에 퇴역한 뒤에는 극동위원회 위원장(1945~1949)으로 활약했다.

7) 브리스톨(Admiral Mark L. Bristol : 1868~1939) : 영국의 해군 제독. 아나폴리스 해군사관학교 졸업(1887). 미국-스페인전쟁과 제1차 세계 대전에 참전했으며, 터키 주재 고등판무관(1919)을 거쳐 아세아함대 사령관(1927)을 역임함.

8) 모로(Dwight W. Morrow : 1873~1931) : 미국의 변호사 · 은행가 · 외교관. 멕시코 대사(1927~1930), 런던해군회의 대표(1930), 상원의원을 지냄.

하는 과정에서 우리는 행정관이 아닌 뛰어난 비서관을 양성하려고 극단적인 훈련을 시켰기 때문이었다.

현재의 체계 안에서는 직업 외교관을 훈련시킬 수 없다고 말할 수 있다. 행정관과 전문적 비서관은 심리적으로 매우 다르다. 그 실무의 책임자는 일반 정책으로서 그가 원하는 것을 어떻게 성취할 수 있는지를 전문가에게 물어 보고 그 댓가를 지불한다. 그는 전문가를 이용하거나 고용한다. 훈련받은 외교관은 비록 그 계통에서는 전문가라 할지라도 창의적 능력과 다른 전문가의 의견에 대한 자신의 의견을 조화시키는 능력을 계발하지 못했다. 그는 다른 전문가들이 활동하는 분야를 숙달하도록 항상 훈련받는 것은 아니다. 그는 정책을 입안하거나 실행하도록 훈련받은 것도 아니다.

사물을 신중하게 분석한 뒤에 그것을 결정하는 능력은 그것을 연습하고 습관화함으로써 발전된다. 포쉬[9]의 말에 따르면 결정 능력이란 긴급한 상황에서 본능적으로 옳게 행동하는 능력이라고 한다. 왜냐하면 그 사람은 옳게 행동하려고 이미 사고하고 분석하는 것이 습관화되었기 때문이다. 그것은 개척자 정신을 대체했던 회사의 기계와 같은 심성이며, 정부 모든 부처의 관료주의 경향이라기보다는 오히려 개척자 정신 그 자체인 것이다.

업무를 위한 훈련이나 공공 업무를 위한 훈련은 그러한 경향을 고려하고 극복해야 한다. 훌륭한 업무행정관, 훌륭한 장군, 훌륭한 외교 사건 담당자는 개척자 정신을 잘 보존하고 그 관습을 이용할 수 있는 사람이며 그를 훌륭하게 만든 그의 부하들의 자질을 낙담시키지 않는 사람이다. 다른 말로 표현하면 그는 영이나 후버 씨를 훌륭하게 만들었던 그 무엇을 소유해야 한다. 지시할 수 있는 능력과 전면적으로 책임을 양도할 수 있는 능력은 안전

---

9) 포쉬(Ferdinand Foch : 1851～1929) : 프랑스의 군인. 파리정치학교를 졸업하고 군에 투신하여 중장으로 진급, 육군사관학교에서 전략학을 가르치다가 제1차 세계 대전이 발발하자 20군단 사령관으로 임명되어 칼레 등의 전투에서 무공을 세우고 유럽 연합군 최고 사령관(1918), 원수(1918)가 되었다.

과 양립할 수 있다.

업무를 수행하다 보면 불만이 생긴다는 것은 세상이 다 아는 일이다. "로저스법"이나 다른 입법의 뛰어난 형식에도 불구하고 카[10]가 국무성에서 평생 동안 헌신적으로 봉사했고 이지적으로 건설적인 일에 몰두했으며, 국무성이 이전 업무 분야에서 성장한 일등급의 사람들의 모임에도 불구하고 그들이 아직 적실한 업무를 성취하지 못했다는 것은 세상이 다 아는 일이다.

만약 한 원로 외교관이 어떤 제안을 내놓았다고 하자. 이성이란 실수에 대비하는 능력이다. 국무성의 외교 업무와 영사 업무를 미국의 외교 업무로 조화시키려는 것은 매우 탁월한 진보이다. 그것은 굉장한 전환이었으며 많은 실망을 수반했고 결과적으로 많은 사람을 사임시켰다. 이것은 예상했던 일이었다. 외교관들은 "그 업무가 너무나 민주적"이라는 이유 때문에 사임하고 있다. 이전의 공사관원들은 "그 업무가 법의 취지에도 불구하고 여전히 파벌에 의해서 좌지우지된다."는 이유 때문에 사임했다.

상・하 양원은 외교관으로부터 온 편지로 홍수를 이루었는데, 어떤 제안은 미래의 입법에 관한 가치 있는 제안이었고 어떤 것은 단순히 "불공정"이니 "정실주의"니 하는 것들을 불평한 것이었다. 의회는 대통령과 국무장관의 소망을 조화시킬 수 있도록 하는 건전한 경험을 가지고 있다. 그들은 그렇게 함으로써 미국의 요구에 적절히 봉사했다. 이러한 행위는 우리가 배출한 그 탁월한 인물들을 기초로 하여 이루어진 것으로서 국가와 같은 훌륭한 집단이 적절히 다루기만 한다면 이룰 수 있는 일들이다.

20년 동안 나에게는 평탄해 보였던 업무에 대한 하나의 단점은 새파랗게 젊은 사람이 외교 업무에 투신한 이래 한번도 일관된 훈련을 받지 않았다는

---

10) 카(Wilbur J. Carr : 1870~1942) : 미국의 외교관. 조지타운대학, 콜롬비아대학, 조지워싱턴대학에서 공부한 뒤 국무성에 들어가(1892) 버마 총영사(1902~1907), 국무성 예산관(1924~1928), 인사위원장(1928~1937), 외교연수원장 등을 역임함.

것이다. 그가 신분이 보장된 서기관의 위치와 미국의 대외 이익을 대표하려고 준비하고 충분한 능력을 갖춘 대사가 되기 위한 마지막 시험에 회부될 준비가 된 상태가 되기 전까지 그를 안팎으로 검증하려는 일관된 업무가 없었다.

승진의 경우, 승진을 시켜 주는 사람들에게 사사롭게 알려진 사람들이 선택되는 것은 지극히 당연하다. 그러한 경우는 어디서나 일어난다. 업무상으로 국무성 내에서 책임 있는 권위자에게 개인적으로 절 알려지지 않는 사람들이 있다는 것은 바람직하지 않다. 국무장관은 그 사람들을 일일이 알 정도로 오랫동안 국무성에 머물러 있지 않는다. 차관보들의 자리도 또한 일시적이다.

비교적 최근까지만 해도 외교 업무 관리의 기록은 독단적이었으며, 대사의 입맛이나 개인적 목적으로 공사관이나 대사관을 사용할 수 없는 미국 여행자들의 기분 나쁜 일들, 그리고 심지어 워싱턴에서 외국 정부에 의해 고용된 대리인을 통해 표현된 외국 정부의 불만들에 의존하고 있다. 워싱턴에서 보편적으로 추측되는 것보다 많은 정부들이 워싱턴에서 그러한 대리인을 고용하고 있다.

그러한 상황과 그리고 고국에서는 자신을 변호할 방비책이 없는 상태에서 승진을 위한 음모와 흑막은 업무에서 더욱 활개를 치고, 실제 아첨을 싫어하거나 어떤 특별한 경우에 상사의 구두를 닦아주는 것을 싫어하는 외교관들이 손해를 겪는다는 것은 매우 당연한 현상이다. 그러한 관습은 빚지지 않고 외국에서 사치스럽게 생활할 수 있을 만큼 개인적 재산을 가진 사람을 승진시키게 된다는 문제를 발생시키며 그렇게 할 수 없는 뛰어난 사람은 여전히 핸디캡을 안게 된다는 것은 당연하다.

그러므로 반드시 품위와 존엄에 기초하여 사람을 뽑아야만 한다. 아무도 그가 부자라고 해서 그의 지위를 보장받고 그가 가난하다고 해서 뒤로 물러나거나 배제될 수는 없다. 그러나 그 두 가지 일이 동시에 발생하고 있다는 불만이 보편적으로 제기되고 있다.

우리의 외교 업무는 행정적 책임에 대한 끊임없는 교육이어야만 한다는 것은 분명하다. 외교관의 교육은 오늘의 미국처럼 미국 생활의 모든 영역을 접촉하도록 배웠다가 몇 년의 세월이 흐른 뒤에 어떤 이유로 그 자리를 떠나게 되면 결과적으로 버림받게 되는 그런 식의 교육이 되어서는 안 된다. 그것은 누구에게도 도움이 되지 않는다. 그렇다면 그에게 투자된 공금은 너무나 낭비적이다.

젊은 외교관을 따라 다니면서 그에게 유용한 학습 코스를 지속하도록 요구하고 공평무사하고 적실하게 해외 근무를 시킨 뒤 시험을 볼 수 있도록 일정 기간의 여유를 주는 영원한 외교관이 국무성 내의 어디엔가 있어야 한다. 그러한 위원회는 국무성 관리, 대학 교수, 사업가 그리고 국회의원으로 유용하게 구성될 수 있다. 그러한 여러 난제들을 극복한 사람이야말로 전방위 인재라고 할 수 있을 것이다.

국무성의 이러한 상임 관리는 실질적인 승진과는 아무런 관련이 없다. 그는 여러 가지 음모나 이면 공작의 의혹으로부터 안전할 수 있다. 그는 하나의 개인적인 관리자가 되는데 젊은 초년병들이 대사의 지위에 오를 만큼 성숙하기까지 그들의 사적인 감독의 임무가 위임된다. 그는 직장에서나 가정에서 초년병들을 개인적으로 인지하는 것이 그의 임무이다.

모든 후배들은 충분한 여유의 시간을 가진 다음 집으로 돌아가며 국무성에서의 의무뿐만 아니라 승인된 학교에서의 규칙적 특수 학습과 광범위하게 구성된 위원회에 의한 시험이 승진을 보장하게 될 것이다. 결국 외교관들은 가장 중요한 공공 업무의 종사자들이다 그들의 업무는 그들 자신들을 보다 넓게 펼칠 수 있어야 하며 사람을 옹졸하게 만드는 경향을 보여서는 안 된다.

이러한 경향은 이미 제시되었던 것들이다. 내가 기초를 마련한 국무성 내의 외교관 학교는 굉장히 발전했으나 그것만으로 충분한 것은 아니다. 그것은 좋은 예비 훈련이었으나 그 이후의 발전은 여전히 젊은 사무관들이 근무처에 출근했을 때 그가 만나는 상관이 어떤 인물이냐에 달려 있다. 이제까지 성취된 모든 좋은 일과 훌륭한 인력의 소유에도 불구하고 우리는 아직도 당초에 생각했던 업무를 완전히 이루지 못했다.

우리가 하고 있는 것은 사람들을 계발시키는 경향을 보여주지 못하고 있다. 그러한 환경을 극복한 사람들은 틀림없이 확실한 사람이지만 그러한 조건에도 불구하고 그들이 그만한 인물로 성장한 것은 그들 자신의 능력 때문만은 아니었다. 일관성과 규칙적인 개인 관리와 지속적 교육의 결핍은 외교 업무에서 하나의 거대한 실책인 것처럼 보인다. "로저스법"에 따라 지난날의 두 갈래의 기구를 합병함으로써 야기된 전환적 관점에서 보면 외교 업무를 알맞게 정립하기 위한 현재의 신선한 출발은 매우 중요하다.

업무의 일반적 효능이라는 점에서 고려되어야 할 또 다른 중요한 문제점이 있다. 현재와 같은 전환기의 업무를 발전시키려면 현지에서 근무하는 요원들을 국무성의 지역국으로 소집할 필요성이 있다. 왜냐하면 국무성에서 대민 업무에 종사하고 있는 직원들은 현지에서 근무해 본 경험이 없기 때문이다. 어떤 조직의 책임자가 그의 부하들이 근무하는 단체를 개인적으로 잘 알지 못하는 한 그 업무를 잘 처리하지 못한다는 것은 사업에나 외교나 마찬가지이다.

따라서 현지의 요원들을 국무성으로 되돌아오게 할 필요성이 있었다. 불행하게도 본부의 전환기적 체계는 현지 외교의 효능을 감소시켰다. 젊고 경험이 없는 서기관들이 국무성에 들어와서 국장이나 과장이 되었을 때, 그들은 자신의 지혜를 발휘할 수 없었다. 어떤 외교관은 최고의 자질을 갖춘 사람이었고 어떤 외교관은 시행착오를 거치면서 우수한 사람이 된다. 그들은 경험을 통해 일반적으로 더 훌륭한 사람이 되고 있지만 우리의 제도는 여전히 잘못되어 있다.

국무성 안의 그러한 직책들은 새로이 부임한 국무장관이나 대통령이 국가의 정책을 수행하면서 그들의 활동의 기초로 삼도록 되어 있다. 미국의 성숙한 사업가들이 국무성 내에서 접촉하는 부서는 이러한 과(課)와 지역국이다. 왜냐하면 국무성은 외국에서 활약하는 미국의 사업가들이 자신과 접촉하기를 요구하고 있기 때문이다. 각 국장들을 매우 노련하고 경험이 많으며 공사관의 일상적 업무뿐만 아니라 미국의 사업에도 능숙하다는 것은 분명하다.

그들은 이러한 문제들을 결정할 수 있으며 최소한 국무장관의 생각과 결정을 위해 사실들을 수집하며 제시한다. 이러한 과와 지역국은 전도가 유망한 젊은이들을 성숙하도록 발전시키는 장소임에 틀림없을 뿐만 아니라 교육 과정에서 젊고 미성숙된 사람들이 책임을 맡은 부서가 아니라는 것은 또한 확실하다. 어떤 부서를 보면 전혀 적임이 아닌 사람들이 그 자리를 차지하고 있다. 우리가 이러한 문제에 대비하여 아무런 조치도 취하지 못했기 때문에 그러한 현상은 불가피한 것이었다 하더라도 잘못된 제도임에 틀림없다.

우리는 우리 외교 업무의 조잡한 단계를 극복해야만 했다. 이제 국무성과 더불어 의회와 사업계 그리고 대학교수단이 지난 20년 동안에 있었던 좋은 점과 나쁜 점을 함께 조사하여 국무장관과 대통령을 위해 건전한 기초를 정립하도록 준비해야 할 때이다. 만약 그러한 일을 하기에 기회가 성숙되었다면 지금이야말로 "로저스법"을 둘러싸고 야기되는 격변을 피할 수 없다.

새로운 업무가 "너무나 민주적"이라는 비판은 무엇인가 급진적으로 잘못되어 감을 나타내 주고 있다. "민주적"이라는 용어의 정의가 잘못된 것 같다. 우리의 업무는 "반드시" 민주적이어야 하며, 지위 상승이라는 뜻으로서의 진실한 미국인의 상식에서 말하는 "민주적"이라 함은 개인의 더 높은 발전을 의미하는 것이다.

만약 무능한 사람에게도 국무성에서 효율적인 공공 업무를 수행할 기회를 줄 수 있다는 가능성이 있기 때문에 외교 업무가 지나치게 "민주적"이라는 뜻으로 비판이 가해진다면 그것은 민주주의를 "귀족주의"로 해석하는 잘못을 저지르고 있는 것이다. 아마도 그러한 해석이 최근 우리의 외교 업무에 대한 비판의 대부분을 야기했으며 그러한 비판은 온갖 결점에도 불구하고 일급 업무를 수행하고 있는 국무성 내부의 일등급 사람들 모두에게 가혹하게 떨어졌다.

아마도 그러한 해석은 또한 때때로 훈련받은 사람이 탈락하는 경우에 국무성을 다소는 냉소하게 만들었다. 국무성에 들어오려는 열망이 대단히 큰 부잣집 청년들이 줄을 잇고 있으며 그들은 미래에 대하여 걱정할 필요가 없을 정도의 행운아들이다. 그러한 가운데서도 몇몇 젊은이는 결국 자질이 훌륭한 사람으로 판명될 것이다. 그렇게 된다고 해서 그것이 다른 사람에게 손해를 끼치는 것은 아니라는 의견을 개진하는 경향이 가끔 나타나고 있다. 그것은 그들의 굳건한 행운이라는 것이다.

지금의 우리의 제도가 문호를 확장하기보다 좁혀지고 그렇게 함으로써 그 위를 올라서는 정말 뛰어난 사람을 뽑을 수 있다는 것은 그리 중요한 문제가 아니다. 우리는 확실히 뛰어난 몇몇 사람들을 보유하고 있다. 그러나 맥코이가 니카라과로 파견되고 해군도 니카라과로 파견되었다. 맥코이의 매우 높은 자질과 해군의 효능을 고려한다면 그런 일은 외교의 파산을 공식적으로 고백하는 것이다.

제 1 장 일 본

[지금(1930)으로부터] 35년 전만 하더라도 일본은 1840년대의 그리스처럼 누구든지 자신의 싯적 날개를 펼쳐 볼 만한 주제였다. 비록 그 시(詩)가 무엇을 의미하는지 잘 모를지라도 거기에는 시가 있었다. 아무리 둔감한 비단 장수나 차(茶) 상인이라도 그 싯적 낭만의 미묘한 마법으로부터 헤어나지 못할 것이다.

그 당시 한창 기운이 넘치는 공사관의 2등 서기관이었던 나는 그 마법에서 벗어날 수가 없었다. 그것은 단지 20대의 인생 황금기에 있던 청년의 문제만은 아니었다. 어디든지 우리를 매혹시키고 초조하게 하는 신비가 있었지만 우리는 그것을 감지하면서도 그것으로부터 벗어날 수 없었다.

일본인 자신들, 그들이 살아온 섬, 그들의 관습과 언어는 우리의 그것과는 너무도 딴판이어서 이방인들로 하여금 그것을 이해하도록 열중케 하기도 했고 달리는 이방인들이 그것을 이해하기 불가능한 것으로 거부하게 만들기도 했다. 비록 일본인들이 서구의 방식과 풍습에 가까워졌을 때도 이와 같은 과도기는 서구의 것을 좋아하지 않던 사람들에게까지 잃어버린 것에 관한 헛된 실망을 불러 일으켰다.

세상 어느 곳에도 벚꽃이나 진달래가 만발한 봄이든, 국화나 연꽃이나 빨간 단풍이 되는 가을이든, 아니면 겨울옷을 갈아입었든 간에 일본의 풍경과 똑같은 곳은 없었다. 산들은 들쭉날쭉 환상적인 모양으로 솟아 마치, 일본의 인쇄물이나 가케모노(족자)와 같다. 대기에는 질감이 없어 특히 이른 아침에는 일본 미술에서 비현실적이고 불가능해 보이는 투시 화법으로 온갖 조화를 이룬다. 무너진 화산의 배경은 대나무와 침엽수를 진기하게 혼합하여 참으로 매끄러워 보여 일본 회화의 특징을 보여 주고 있다.

후지산은 정말 그림처럼 보이고 한 번도 같은 모습을 보이지 않는다. 농부가 무릎 깊이의 진흙 속에서 선조들이 몇 천 년 동안 일했던 방식으로 같은 농기구를 가지고 일하면서 논으로부터 떨어진 좁은 도랑을 따라 말을 타고 오는 서구의 거만한 "야만인"을 호기심 어린 눈으로 바라보았다.

농부는 그 야만인이 미국 학생으로서 갑자기 관리 생활에 접어든 만만찮은 존재라는 것을 알지 못한 채 그에게 "예기치 않은 행동"을 했을 때면, 목을 쳐버릴 수 있는 오래된 일본의 규칙에 복종하지 않는 그 야만인을 이상하게 생각했음에 틀림없다.

여기에서 "예기치 않은"이란 용어는 서구인이 무례하다거나 불손하다고 말하는 것에 해당하는 말로서 모든 계층과 연령층에게 기대했던 예의가 지켜지지 않았음을 의미한다. 일본 생활의 엄격한 의식으로부터 조금만 어긋나도 그것은 예기치 못한 일로서 예의 바르지 못한 것이 된다. 이 의식을 엄수하는 것은 일본인의 일상 생활에 연습이 잘된 화려한 행렬과 같은 것이다. 이 규범 안에서의 행위는 신중하게 고려되고, 완벽하게 수행된다.

유럽인들이 "무례함"과 기계의 사용이 그 행렬의 순조로운 진행에 방해가 된 뒤에도 그러한 규범은 지속되었다. 농부가 도시로 나가는 드문 경우나 증기기관차를 타고 성지나 경치 좋은 곳에 순례 여행을 떠나는 드문 경우에도 그들은 여전히 차안에 자리를 잡기 전에 기차 플랫폼에서 신발을 벗어놓았다. 왜냐하면 그 일본인은 자기의 더러운 신발을 방안에 들여오지 않아야 했으며 열차는 하나의 움직이는 방이었기 때문이다.

도시에서 일본인과 외국인들은 모두 유모차의 크기와 비슷하고 가벼운 두 바퀴의 인력거를 탔다. 그것이 개인 소유의 운송 수단이라며 제복을 입은 2명의 빠른 인력거꾼이 그것을 끌었으며 자동차의 회사 표지와 마찬가지로 주자의 셔츠에 주인마님의 문장이 새겨져 있었다. 말을 타면 제복을 입은 구종이 나의 주인보다 앞서서 거리를 달리며 행인들에게 길을 비키라고 소리친다.

낮 시간에는 많은 군중들이 비단옷이나 솜옷을 입고 있었고 작업부들은 겉옷을 입지 않고 얇은 천만 걸치거나 그 위에 짧은 웃옷을 입은 채 격조 있게 대화를 나누면서 온 거리를 가득 채웠다. 맨발을 살짝 집어넣은 높은 나막신의 리드미컬하게 긁히는 소리도 들린다. 이것은 얇은 나무 두개를 밑받침으로 하여 만든 것으로서 그것을 신고 걸을 때면 음악적인 화음을 이루어 낸다.

밤의 거리는 텅 비었고 정적이 흐르는 가운데 여름에는 무수한 벌레들의 울음소리가 들리는데 이는 일본 시의 오랜 주제가 되었다. 기와나 이엉으로 엮어진 낮은 지붕의 넓은 평면 위로 화재 감시인이 건조한 목재 주택에서 부주의로 말미암아 발생하는 끔찍한 화재로부터 위험의 신호를 알리기 위해 취약한 교수대 탑의 횃대를 차지하고 있는데, 이것은 상존하는 위험에 대비한 것이다. 밤이면 웅성거리는 소리가 조용한 지역에서 흔히 들린다. 처음에는 잠을 깨우는 육성이, 다음에는 놀라움과 경고를 뜻하는 날카로운 외침 소리가 지진처럼 온 도시를 뒤흔들듯이 들여온다.

외국인은 원한다면 일본식 집에서 살게 된다. 일본 집은 섬세하게 채색 나무를 골라 세우고, 뾰족한 모서리 처마 쪽으로 회색 타일이 우아한 곡선을 그리며 뻗어 있다. 마루에는 부드러운 다다미가 깔려 있고, 안방은 불투명한 종이를 바른 문이 미끄러지듯 나무 홈을 타고 들어가면 근처 정원이나 넓은 공원의 활짝 펼쳐진 매혹적인 경치가 눈에 들어온다. 몇 백 년 된 침엽수가 광택 나는 좁은 베란다에 그늘을 드리고 있어 더욱 좋다.

그 사람도 나처럼 시주시치로닌지[11)]를 내다보면서 살 수 있다. 일본 기사도의 전형인 이 낭인들의 이야기는 일본의 위대한 고전 가운데 하나이다. 가을밤의 정적 속에서 정원 담장 뒤에 숨은 어떤 여인이 그의 비파 가락에 맞춰 일본의 고시를 노래할 때면, 그는 어쩌면 달빛 아래서 무장한 모습을 보기를 기대하면서 낭인의 묘비를 바라보고 있을지도 모른다. 실제로 그런 장면이 불가능한 것은 아니다.

나는 한 무리의 사무라이들을 만난 적이 있었다. 어느 날 밤 커다란 사찰의 공원을 지나 집으로 돌아올 때의 일이었다. 그들은 완전 무장한 채로 각기 2개의 칼을 지니고 투구를 쓰고 냉혹한 얼굴 위에 복면을 한 채 유럽의 비단 모자나 연미복에 익숙한 듯한 인상을 보이면서 다가오고 있었다. 봉건 시대의 사무라이의 복장은 그들의 자연스런 치장이었다. 현대의 기차, 은행, 전화, 의회, 신 정당에도 불구하고 그들은 이전에 그들의 두목이었던 사람에게 오래도록 진행되는 충성의 방문을 가는 중이었다.

많은 사람들이 일본에 대한 좋은 글을 써 보려고 애썼지만 일본이 산업화되기에 앞서 편견 없는 마음으로 흘러 들어오는 복잡한 인상을 잡아내거나, 그것을 남에게 전한 사람은 거의 없으며, 헌[12]만이 실제로 그것을 포착해 냈다. 누구도 그만큼 일본을 표현해 내지는 못했다. 아마도 그의 통찰력은 아일랜드의 군인이었던 그의 아버지의 뒤에 숨어 있는 켈트족의 신비성에

---

11) 시주시치로닌지(四十七浪人寺) : 도쿠가와 이에야스가 1612년에 지은 절로 본디의 이름은 센가쿠지(泉岳寺)이며 에도의 3대 명찰로 꼽힌다. 여러 차례 전란으로 불탔다가 복구되었다. 겐로쿠 14년(1701)에 에도의 성주 기라 요시나카가 정적인 아코의 번주 아사노 나가노리의 손에 죽자 이듬해 그의 부하 48명이 다시 아사노를 습격하여 주군에 대한 복수를 하고 47명이 자살했는데 이들 47인의 사무라이들의 위패를 이 절에 봉안했기 때문에 시주시치로닌지라 부른다. 이 47인의 이름은 모두 "인"으로 시작한다.

12) 헌(Lafcadio Hearn : 1850~1904) : 영국 군의관의 아들로 그리스에서 출생하여 미국으로 이민(1869). 『센츄리 매거진』과 『하퍼스 매거진』의 기자로 활약하다가 일본으로 건너가 영어 교사가 됨(1890~1903). 일본 여인과 결혼하여 귀화하고 이름을 고이즈미 야쿠모로 바꿈. 『고이즈미 야쿠모 전집』(18권)은 서양인의 눈으로 본 일본학 연구의 고전이 됨.

있는 듯하다.

영국의 군대는 약간의 기이한 분위기를 조성했는데 키플링[13]을 아는 사람이라면 나의 말을 이해할 것이다. 아마도 그는 그리스 태생의 어머니의 핏속에 섞여 있는 고대의 헬레니즘의 우상 숭배의 기원으로부터 그것을 도출해 냈을 것이다. 그 근원이 어디에 있든지 그는 일본을 알았고, 헬라 신이 그의 모든 것이었다.

독자들은 황금기의 그리스의 전원 생활과 풍습이 어떠했으리라는 상상도 해보지 않고서는 아무리 밝은 날이라고 하더라도 외항 쪽의 외국 식민지 소굴로부터 떨어진 해안으로 나가거나 대로에서 벗어난 어떤 숨겨진 마을에서 차를 세우기도 힘들 것이다. 우리들의 지난날의 삶의 모습은 도시로부터 떨어진 단순한 생활이나 우리들 자신의 지나간 세계를 계시하는 것은 평범한 사람들의 인생을 통해서 나타난다.

고대 아일랜드인과 정신적인 것과의 점잖은 만남, 그리고 고대 그리스의 농촌에서 볼 수 있었던 모든 자연의 신성시 현상이 오늘의 일본의 모습이다. 로티[14]로 하여금 일본을 인식하는 데 실패하게 만든 것은 켈트-그리스의 정신 세계와 그 가치를 이해하지 못한 때문이었다.

그는 말로는 훌륭한 풍경화를 그렸지만 일본에서의 그의 생각은 콘스탄티노플에서처럼 항상 빨리 지나가는 정서적인 모험에 불과했다. 로티는 일본의 정신과 영혼에 접근하지 못했다. 그러나 정신은 분명히 있으며 우연한 베일이 아닌 한 그것을 가리지 못한다. 그 정신은 일본의 모든 구성 부분을 채우고 있다. 바로 그것이 정신의 본질이다.

낯설음과 이방성이 이해의 장애물이었다. 새로운 유럽의 존재 양식의 밑

---

13) 키플링(Rudyard Kipling : 1865～1936) : 영국 작가로서 인도의 봄베이에서 출생. 노벨 문학상 수상(1907). 그의 대표적인 작품으로는 『정글북』(1894)이 있다.

14) 로티(Pierre Loti : 1850～1923) : 프랑스의 해군이자 소설가. 일본, 세네갈, 통킹의 프랑스 함대에 근무하면서 주로 소설에 몰두함. 『가을의 일본』(1886) 등의 작품이 있음.

바닥에 깔려 있는 정신과 실체를 이해하지 않고서는 누구도 일본을 알 수 없다. 자연스럽게 친절하고 우아한 사람들 사이에 뭔가 낯설고 어색한 기분을 느끼지 않는다는 것은 불가능하다. 아무도 자신의 환경에서 옛날 학교 시절의 일본을 본 적이 없다.

내국의 어떤 소박한 장소에 이방인이 존재한다는 것은 모든 보통 사람에게 직접적인 트집거리였다. 본토인이 구사하는 영어를 매체로 하여 의사를 전달하기는 더욱 쉽지 않으며 따라서 언어는 장벽이 된다. 왜냐하면 그들은 자의식이 강하고 마치 건방진 서양인의 면전에서는 그렇게 하라고 배우기라도 한 것처럼 그들 자신과 관습에 대하여 과묵하기 때문이다.

외국인이 주민들의 습속에 익숙해지고, 매우 어려운 용어로 쓴 정신사의 문제나 시를 점차적으로 이해하게 되고, 우정 어린 교재를 나누는 가운데 그들의 타고난 수줍음을 극복하게 되면, 외국인들은 그들 속에서 왕래하면서 그들의 삶을 방해하지도 않을 것이며, 그들을 비웃기보다는 이해하려고 노력하는 천부적인 예의 앞에서 대화를 막는 장애는 더 이상 존재하지 않을 것이다.

진정한 장벽은 인종의 어떤 차이점에 있다거나 "동쪽은 동쪽이고 서쪽은 서쪽으로서 그 두개는 만날 수 없다"는 기정화된 철칙에 있다고 생각되지 않는다. 그러한 장벽은 우리가 최초로 유럽에서 생활을 해 오면서 생긴 먼 거리감과 우리 자신들의 내면에서 생겨난 것 같다. 우리의 경험과는 너무 반대되는 것으로 나타난 많은 것들은 실제로 그렇지 않다는 것을 이해하지 못한다는 것이 나로서는 견딜 수 없다.

그들 가운데 많은 것이 우리 자신에게 있다. 단지 우리는 자신의 과거의 경험을 잊었거나 제쳐 두었을 뿐이다. 아마도 미국인들이 당연한 것으로서 인정하는 것을 유럽인들은 인정하지 않을 것이다. 유럽 사회는 약 400년 전에 기독교적 기사도 정신 위에 세워졌고 유럽 문명은 로마나 그리스 시대부터 시작되었다.

서양 사람들은 무사도의 실체를 이해함이 없이는 일본에서의 오랜 생활을 견뎌 낼 수 없다. 유럽의 관습이 기초하고 있는 기독교적 기사도를 잊은 유럽인들에게 무사도는 환상적으로 보인다. 우리는 이런 일본의 율법의 엄격성과 서구 상인 세계에 끊임없이 일어나는 사소한 다툼들 사이의 외관상 다툼에 당황했다.

그것은 일찍이 유럽에서처럼 일본 사회에서는 무사, 시인, 농부에 의해서 성장해 왔으며 구라파 사회에서는 상거래가 명예와 기사도를 기대하지 않는 도시에서의 거주자나 멸시받는 중산 계급에 남아 있다는 사실을 우리는 잊어버리고 있기 때문이다. 무사도는 무사의 수련이다.

그것은 로마의 어떤 엄격성을 가지고 지난날 황금기의 로마의 수련의 의미를 가지고 있으며 거칠고 야만스러운 싸움을 하는 중세 유럽의 종족을 "완전히 너그러운 기사"로 만들고자 평화의 종교에 의해 실시된 기독교적 훈련의 성격을 가지고 있다. 무사도와 그것을 중심으로 하는 모든 삶은 스페인 사람에게는 신사도라는 말로 완전히 이해될 수 있다. 그것은 토지를 매개로 하는 두 종류의 사람 곧 스페인 농부의 온순함과 카스트 제도에서 나오는 스페인 귀족의 아주 강압적인 감각을 의미한다. 무사도와 그에 관계되는 삶은 대부분 프러시아의 귀족과 같은 것이었다.

우리의 원시 종족 생활에서의 모든 일들이 우리의 기억으로부터 사라짐으로써 우리가 일본을 이해한다는 것은 정말로 희망 없는 일처럼 보인다. 그러나 이러한 현상은 말하자면, 우리가 『이상한 나라의 앨리스』[15]의 거울을 통하여 모든 것이 거꾸로만 보이는 아름다운 정원을 통과했기 때문이다.

외교사절단들은 외항과 요코하마의 사업 세계로부터는 오히려 거만할 정도로 냉담하지만 이 새로운 나라의 진정한 힘을 칭송하고 있다. 만약 일본

---

15) 『이상한 나라의 앨리스』(*Alice's Adventures in Wonderland*) : 영국의 수학자이며 작가인 루이스 캐럴(Lewis Carroll : 1832~1898)이 1865년에 쓴 동화.

이 강성하게 된다면 그들은 구라파를 동화할 능력을 가지고 있으며 위험의 요소도 안고 있다. 이러한 현상은 유럽 왕조의 적대 관계와 투쟁을 점차로 종식시킬 외교의 배후에서 원동력이 되었던 국가적 자존심에 질투를 불러일으킬 정도이지만 그 근대화의 방향이 어느 쪽을 향하게 될는지는 지금으로서는 확실하지 않다.

외교사절단장인 새토우[16] 씨는 비록 나에게는 친절했지만 그의 국민들은 그를 두려워했다. 그는 1862년에 외교가에 첫발을 내딛었을 때의 자신과 마찬가지로 나를 정교하지 못한 애송이로 취급했다. 그는 내가 불합리하다는 것을 알아보았지만 또한 내가 외국인 업무를 교육하는 프로그램에 따라 클리블랜드(Stephen G. Cleveland : 1885~1889 ; 1893~1897) 대통령과 올니 씨에 의해 임명된 첫 번째 사람이라는 것을 알고 있었다. 그런 것을 차치하고라도 매우 젊고 경험이 없는 사람을 우리의 가장 중요한 공사관 가운데 하나인 도쿄 주재 2등 서기관에 임명한다는 것은 우스꽝스러운 것이었다.

나는 대학을 갓 졸업했고 유럽의 언어에 대한 지식 이외에는 어떤 준비도 없었다. 나는 영사 아래의 두 번째 자리에 있다. 만약 영사나 일등서기관에게 어떤 일이 생긴다면 나는 세계의 4대 강국으로 성장하고 있는 일본제국에서 미국의 권익을 책임져야 했다. 그러한 상황에서 유일한 안정책으로서 일본어를 구사하기 때문에 "일본인" 비서관이라는 명칭을 가지고 있는 밀러[17]의 경험과 유능한 재능이 있었다.

---

16) 새토우(Sir Ernest M. Satow : 1843～1929) : 영국의 외교관. 1865년에 요코하마 영사관의 통역관으로 외교관 생활을 작한 이래 에도 공사관 서기관을 지냈으며, 1864년의 4대국 연합함대의 시모노세키 공격을 주도하는 등 영국으로 하여금 반막파를 지지하도록 만드는 데 중요한 역할을 했다. 1884년에 일본을 떠나 우루과이 대사(1888), 모로코 대사(1893)를 거쳐 1895년에 다시 일본 공사로 부임했다가 중국 대사(1900～1906)를 지냄. 『일본편람』, 『영일사전』, 『외교 입문』을 씀.

17) 밀러(Ransford Miller : 1867～1932) : 미국의 외교관. 코넬대학 졸업(1888). 도쿄영사관 번역관(1895～1906)과 서기관을 거쳐 국무성 극동국에서 활약했으며(1909～1913)

밀러는 우리의 사업을 수행하면서 유창한 언어를 구사할 수 있는 유일한 사람이었음에도 불구하고 우리 조직에서 그는 승진에서 열외에 있었다. 어떤 이유에서이든 새토우 씨는 언제나 외교 사절단의 다른 병아리들과는 다르게 나를 대하여 주었다. 그는 34년 전에 외교계에 첫발을 들여놓았는데 그런 점에서도 그는 나와 비슷했다. 그는 현장에서 경험을 쌓았고 그것을 지혜로 이용했다.

그 무렵이 메이지유신 이전인 1862년이었다고는 하지만 공사관 직원들 사이에는 파벌과 사소한 분쟁이 늘 벌어졌으며 대로상에 외국인들이 쓰러지는 일은 거의 매일 일어났다. 쾌활한 마음을 가진 19세 소년인 새토우 씨는 일본의 어떤 비밀을 간파했음에 틀림없다. 이럴 무렵에 고위층에서는 불신의 배경이 조성되었다. 새토우 씨가 보기에 그들은 낭만과 모험의 시대에 사는 사람들이었다.

새토우가 51년이 지나서 책을 출판했을 때, 그 책은 그곳에서 그가 겪은 자신의 조그만 경험에 대한 빈약한 설명과 함께 새로운 일본의 정치적 삶과 성장에 관한 것이었다. 정치가의 마음속에 잊히거나 각인된 것은 위험이나 공무상의 불쾌감에도 불구하고 일본을 알고자 학구적이었으며 자신 또래의 일본 소년들과 오랫동안 우정을 맺은 분별없는 소년의 기억들이었다. 이러한 경험들은 그들이 나이든 정치가가 되고 억압적 파벌의 잔재를 벗어나 새로운 세계 힘의 구조를 조정할 수 있게 되었을 때 그에게 외교의 힘을 제공해 주었다.

주일 러시아 공사인 히트로보(Mihail A. Hitrovo)는 일본에 대하여 어떤 것을 알 만한 사람이라고 여겨지지도 않았고 또 알기를 바라지도 않았다. 그는 정부의 대대적인 암살이 그가 근무하던 공사관의 안전에 너무 가까이

서울 주차 영사(1913)와 주일 대사관을 거쳐 국무성 극동과장, 서울 주차 총영사(1919)를 지냄.

임박해 왔던 발칸의 수도로부터 도쿄로 급히 전임되어 왔다.

프랑스 공사는 비록 문무를 겸비한 뛰어난 사람이었지만 단지 러시아의 책략에 경계만 했다는 것은 모든 사람이 알고 있는 사실이었다. 프랑스, 오스트리아, 이탈리아는 외교적 사교의 중심을 형성하고 있었다. 프랑스의 운명은 러시아에 달려 있었다. 이탈리아는 일본이 아니라 프랑스와 독일을 주시했다.

내가 생각하기로 독일은 구치미드 남작[18]으로부터 정보를 거의 얻을 수 없었다. 그는 공공의 거리에서 자신의 채찍으로 제국의 사관생도를 후려치고서야 그의 기행을 그만둘 만큼 외교관으로 어울리지 않는 공사였다. 황제의 제복을 만지는 것과 황제가 아끼는 관리를 구타하는 것 가운데서 어느 것의 죄가 더 크다고 말하기는 어렵다.

더구나 소년들은 어떤 귀족이나 강력한 문벌에 속해 있다. 구치미드의 배경에는 프러시아에 귀족이라는 특수 계급이 있었고, 황제의 제복과 황제의 군함에 승선한 사람들에 대한 존경심이 있다는 것을 알고 있었다고 나는 생각한다. 그러나 다른 나라에 있는 어느 사람의 유사한 관습을 철저히 무시하는 것은 개인이 결정할 문제가 아니며 모든 외국인이 준수해야 할 모습이다. 우리는 동질성을 모색하는 것이 아니라 다양성을 모색하고 있었다.

벨기에는 이미 극동에서 러시아와 프랑스를 닮아 가고 있었다. 그러나 벨기에 공사인 안탕[19]은 독특한 사람이었다. 나는 그가 도쿄에서 가장 빈틈없는 사람이라고 생각한다. 만약 어떤 사람이 먼 장래를 내다본다면 아마도 친절하고도 냉소적인 조그만 남작을 주목해야 할 것이다. 나는 출판을 위해

---

18) 구치미드 남작(Baron Alfred von Gutschmid : 1831～1887) : 독일의 역사학자. 동방학자. 드레스덴 출신. 동양의 언어를 공부하고 킬대학(1866), 쾨니히스베르크대학(1873), 예나대학(1876)에서 강의하다가 튀빙겐대학의 역사학 교수로 일생을 마쳤다.

19) 안탕(Baron Julius J. d'Anethan ; de Nathan : 1803～1888) : 벨지움의 외교관. 뒷날 벨지움 보수당의 당수가 되어 수상(1870～1871)과 상원 의장(1884～1886)을 지냄.

그가 일지를 남긴다는 말을 듣지 못했다. 그것은 흥미 있는 일이다. 남작 부인은 해거드[20] 경과 같은 시인이었다. 그의 즐거움은 언제나 문학적 향기를 가지는 것이었다. 그는 주변의 문제를 재치 있게 처리했으며, 프랑스공사관의 무도회에도 참석했다.

외교사절단에서 가장 보편적으로 호감을 사는 사람은 스페인 사람들이다. 2년 뒤에 우리가 전쟁을 하고 있을 때 스페인과 미국 공사관의 임원들은 중립국으로서의 예절을 지켰다. 어느 날 스페인 공사관원이 우연히 외교사절단 사무실에 들렀다. 그곳에서 그는 "적국"의 인사를 만났다. 먼저 와 있던 "적국"의 외교관은 외교 의전에 따라 자리에서 일어나 새로이 도착한 사람에게 형식적이지만 깍듯이 예의를 차리고 떠나려 했다.

그러나 스페인 사람들은 전쟁의 진전에 대한 그들의 소식을 듣지 못했으므로 아무 것도 모르고 미국인들에게 개인적으로 다가왔다. 미국인들도 마찬가지로 역시 공식적인 것을 잘 알지 못했으므로 고국의 신문에서 읽은 모든 소식들을 그들 서로에게 얘기했다. 우리의 국가들은 서로 전쟁 상태에 있을지도 모르지만 우리는 증오하지 않았다. 나는 그것이 비공식적인 외교였다고는 하지만 그들이 그 문제에서 신사처럼 행동했다는 것을 믿고 자부할 수 있다.

우리의 공사는 아무리 생각해 봐도 직업 외교관과는 거리가 먼 사람이었다. 얼굴이 불그스레하고 몸집이 큰 이 스코틀랜드계 오하이오 출신은 농업 전문가로서 홋카이도에 있는 정부의 실험 농장에 종사해 왔다. 물론 그는 일본어를 아는 사람으로서 공사관의 일등 서기관에 임명되었다가 다시 공사가 된 인물이었다. 태양처럼 투명한 던[21] 공사는 새토우 경만큼이나 철저

20) 해거드(Henry R. Haggard : 1856~1925) : 영국의 낭만주의 소설가. 한때 남아프리카에서 공직 생활을 한 적도 있음. 『솔로몬 왕의 금광』(1885), 『여인』(1887) 등의 작품이 있음.

21) 던(Edwin Dun : 1848~1931) : 미국의 외교관. 1873년에 일본으로 건너가 홋카이도

하게 일본을 신뢰할 사람이었다.

일본인들은 그들이 알고 있는 모든 것을 던에게 말하지 않았지만 일본 사람들이 그에게 흉계를 꾸미지도 않았다고 나는 생각한다. 그들은 서로가 서로를 신뢰했는데 이는 성공적 외교를 위해 이제까지 궁리한 최선의 토대이다. 나는 한 인간으로서 그를 좋아하지 않는 사람이 없다는 것을 안다.

나의 가까운 동료이자 영국 공사관원인 젊은 로터[22]는 비록 공식 만찬에 관한 그의 해박한 이론 때문에 유명해지긴 했지만 그의 남자다운 성품으로 말미암아 아름다운 기억으로 남아 있다. 그가 차린 조촐한 만찬은 완벽했다. 파티의 참석자는 모두 여섯 명으로서 그 가운데 네 명은 고정 멤버였고 두 명은 낯선 사람이었는데 그 숫자와 사람 선택이 마음에 들었으며, 음식, 술, 담배, 서비스 등이 넘치지도 않고 부족하지도 않아 좋았고 대화도 훌륭했다.

그 뒤에 로터는 콘스탄티노플 대사로 부임했다. 당시 그곳은 그에게 가장 적임이 아닌 세계의 한 수도였다. 제1차 세계 대전까지 대대로 영국의 식민지 재배를 받아 온 이 노제국에서 영국인이 할일이라고는 아무 것도 없다고 겸손히 그러나 단호히 확신했던 그는 혁명의 피로 얼룩진 이 신생 터키를 이해할 수도 없었고 친구를 사귈 수도 없었다.

그러면서도 그는 정장에 황갈색 구두를 신곤 했다. 로터는 신생 터키를 개발할 수 있는 사람은 결코 아니었으나 워싱턴이나 마드리드에서는 일류 대사가 될 수도 있었다. 그때 동양에는 유명한 사람이 많이 있었다. 똑같이 선원 출신이고 같은 훈련을 거쳤고 취향도 같고 둘 모두 신사이며 좋은 친

농업국에서 10년 동안 근무했으며, 도쿄 주차 서기관(1884)과 주일 공사(1893~1997)를 지냄.

22) 로터(Gerard Lowther : 1858~1916) : 영국의 외교관. 1879년에 외무성에 입사한 이래 마드리드, 파리, 콘스탄티노플, 비엔나, 소피아, 부카레스트, 도쿄, 부다페스트, 워싱턴, 칠레 등지에서 근무함.

구인 스페[23] 백작과 크래독[24] 경은 도쿄에서 논의하곤 했던 이론들을 제1차 세계 대전에 적용해 보려고 노력했다.

1897년 말미에 이미 노인이 된 듀이 제독[25]은 스페인과의 피할 수 없는 전쟁을 한탄했다. 그는 아무 일도 일어날 수 없는 아시아 지역에 배속되었다. 그는 이렇게 말했다.

"어쨌든 스페인과 싸우는 것은 부당한 것이다. 지금 또한 프랑스가 참전하면 우리는 체면을 세울 수 있으나 무엇보다도 독일이 참전한다면 더 바랄 것이 없다. 독일의 참전을 설득할 수 있다면!"

듀이는 마닐라 만을 예측하지 못했다. 또한 일찍이 프랑스의 한 포병 소령이 나와 함께 체재했는데 그는 여러 해 동안 나와 활동적으로 교제해 왔던 가장 호감 가는 인물이었다. 그는 뒤에 부와롱[26] 장군의 참모로 전출되었다. 나의 기억이 정확하다면 그는 당시 무명의 조프레[27] 장군의 참모로 배속되어 있었다. 그가 바로 뒷날의 니벨르[28] 장군이었다.

---

23) 스페(Maximillian von Spee : 1861~1914) : 독일의 해군 부제독. 제1차 세계 대전 당시 칠레 해안에서 영국의 크래독 제독(George F. Cradock)이 이끄는 함대를 격파했으나 곧이어 영국의 스터디 제독(Charles D. Sturdee)이 이끄는 함대의 요격을 받고 배와 함께 사망함.

24) 크래독(Admiral C. George F. Cradock : 1862~1914) : 영국의 해군 제독. 타쿠요새 사령관을 거쳐 대서양 무역보호 사령관을 지냄. 『함상의 휘파람』(1907)을 씀.

25) 듀이(George Dewey : 1837~1917) : 미국의 해군 제독. 아나폴리스 해군사관학교를 졸업(1858)하고 아세아함대사령부에 배속되어(1898) 스페인전쟁 중에는 동 · 남지나해에서 스페인 함대를 격파하고 마닐라를 함락하는 데 큰 공을 세웠다. 제독(1899)이 된 뒤 해군성에서 근무함(1900~1917).

26) 부와롱(Émile J. F. Régis Voyron : 1838~1921) : 프랑스의 장군. 마다가스카르의 정복에 전공을 세우고 극동에 배속되어 의화단의 난을 진압하는데 참전하였으며, 프랑스-페르시아전쟁(1870)에서 공을 세우고 뢰종 도뇌르를 받았다.

27) 조프레(Joseph J. C. Joffre : 1852~1931) : 프랑스의 군인. 준장(1902), 사단장(1905)을 거쳐 제1차 세계 대전 당시에는 독일군의 파리 입성을 저지함. 1917년에 원수가 됨.

28) 니벨르(Robert G. Nivelle : 1856~1924) : 프랑스의 군인. 1914년에 육군 준장이 됨. 제1차 세계 대전 당시 사단장(1915), 2군단장(1916), 북동군사령관(1916)이 되었으며, 1917년의 전투에서 패배하고 해임되었으나 그 뒤 조사위원회에서 무죄 평결을 받음.

프랑스·독일·영국·미국에는 여러 측면에서 일본을 연구해 온 사람들이 있었다. 그들의 연구는 일본 역사의 한 부분에 지나지 않는다. 새토우 경이 말한 바와 같이 그러한 연구들은 단지 우리의 관점이 일치하지 않았다는 점과 일본인의 현대사가 아닌 것을 다뤘기 때문에 아직 글로 쓰이지 않았다. 브링클리[29] 대령, 콘더,[30] 챔벌린,[31] 페놀로사,[32] 폰 밸츠[33] 박사 그리고 많은 다른 이들이 새롭고 매혹적인 분야에서 그들의 명성을 얻었다.

도쿄와 내륙의 오지에서의 생활은 귀중한 경험이었다. 어두운 부분은 개항장에서 겪은 것들이다. 그곳에 사는 사람들의 태도는 거칠고 상호간의 신뢰도 없었으며, 우발적인 충돌이나 인종 대립의 발발도 없었다. 분쟁의 주요 원인은 유럽인들과 일본 여자들의 관계였다. 하급 관리의 편파성은 너무도 흔히 나타나는데, 이런 곳에서 분쟁이 일어나면 외국인과 본토인과의 갈등이 생기고 경찰관의 부당한 폭력도 허다하게 자행된다.

---

29) 브링클리(Francis Brinkley : 1841~1912) : 본시 런던 『타임즈』의 도쿄 특파원으로 일본에 입국(1867)한 이래 일본 유선회사 고문을 거쳐 도쿄해군포술학교 수석 교관(1867), 도쿄 해군학교 수석 교관(1871), 도쿄 왕립공부대학 수학 담당 교수를 지냈으며, 『저팬 메일』을 발행했다. 『일본』(1901), 『일본과 중국』(1903), 『일본의 사원과 보물』(전 3권, 1910), 『영일박물관 도록』(1910) 등의 저서를 남겼으며, 귀국할 때는 왕실로부터 욱일 3등장을 받았다.

30) 콘더(Josiah Conder : 1789~1855) : 영국의 저명한 서적상 겸 출판인. 『현대 여행기』(전 30권, 1825~1829)를 남김.

31) 챔벌린(Basil H. Chamberlain : 1850~1935) : 영국의 일본 연구 학자. 도쿄제국대학에서 언어학을 가르침. 『일본의 고대 시』(1880), 『일상 일본어 사전』(1907), 『일본의 시』(1910), 『일본어문법』(1924), 『일본의 문물』(1927) 등의 저술이 있음.

32) 페놀로사(Ernest F. Fenollosa : 1853~1908) : 미국의 동양 학자. 하버드대학 출신(1874). 1878년부터 도쿄제국대학에서 영어·정치학·철학·경제학을 강의했으며, 메이지유신 이후의 격동기에 파괴되는 일본의 문화재 보존을 위해 노력했다. 그 뒤 귀국(1890)하여 보스턴박물관 동양과장, 컬럼비아대학 교수로 활약함.

33) 폰 밸츠(Erwin von Baelz : 1849~1913) : 의사이자 인류학자. 도쿄대학 교수로서 메이지천황의 어의였음. 일본 보건의학부를 창설했고, Baelz씨병(동아시아인의 입술에 나타나는 화농증)을 발견함. 쇼틀랜더(F. Schottlander)가 쓴 그의 평전 『어느 독일 의사의 생애』(1931)가 있음.

양쪽의 폭력은 상호 두려움에서 비롯된다. 새로 입국한 외국인들은 일반적으로 일본인의 우월한 기민함에 두려움을 느끼며, 일본인은 외국인의 월등한 힘과 우월한 몸집에 두려움을 갖는다. 결국 그들은 필요 이상의 폭력을 수반한 싸움에 돌입하게 된다. 일본인보다 더 매섭고 빠르게 주먹질을 하며 분개하는 사람은 이 지구상에 없다.

일본인들은 싸움을 하면 상대편을 죽이거나 아니면 불구로 만든다. 싸움은 전쟁의 일부분이었다. 유럽의 오랜 역사에서 보면 신사가 무기를 가지고 있는데 주먹질을 한다는 것은 가문에 대한 모독이 된다. 일본의 종문은 스코틀랜드와 마찬가지로 그 직업이 아무리 하찮은 것일지라도 신사에 속하며 따라서 일본 사회에서 목소리가 크다는 사실이 그러한 영원한 오해의 비밀의 일부를 이루고 있다.

하는 일이 다르다는 것은 어느 사회에서나 있는 일이지만 이는 서로에게 적지 않은 나쁜 감정을 유발한다. 일본인의 생활은 30년 전의 거대한 봉건 씨족 사회에서 서서히 생성되고 있다. 정확하게 봉건 유럽의 잊힌 시대와 같이 환전상과 무역상이 낮은 위치로 전락한 것은 그리 오래전의 일이 아니다.

사무라이들은 사족이었다. 그의 명예는 돈으로 얻을 수 있는 것이 아니었다. 따라서 차와 비단 중계인, 상인, 은행가, 실업가인 미국인과 유럽인들은 일본인들과 거래하는 동안에 중국의 상인들과 비교하여 어떤 점이 불리한가를 알게 되었다. 질 낮은 상품의 출하나 계약 위반 같은 경우에 그것은 품질과 상품의 특성 또는 계약의 성격의 문제였지 오해의 경우는 그리 흔치 않았다. 계획적인 부정직함의 경우도 흔히 나타나는데, 먼 거리 사이에 전개되는 합법적인 거래에서 나타나는 이런 식의 저차원적인 명백하고도 의심스러운 속임수에 대해서 앞으로는 저항이 나타날 것으로 보인다.

그러나 외국인 사업가나 외교관이나 무분별한 표현을 하지 않도록 배운 신참자 사이에는 그와 같은 잠정적인 견해가 보편적으로 받아들여져 우리 "새로운 유럽인"(신참자)은 우리의 공사관 수뇌를 상당한 경외심을 가지고 바라보고 있으며, 상당히 높은 위치에 오르고자 그는 자신이 무엇을 하고 있고 왜 그것을 하고 있는지를 알아야 한다.

그것은 오랜 외교관 생활에서 얻어진 신념이 아니라 경륜을 통해 자리 잡은 것이다. 나는 어떤 사람이 사물의 모든 것을 마음속에 담고 있고 또 그럴 수 있으리라고는 생각하지 않는다. 일본 외교의 팽창이나 식민지 정책은 그 자체가 일본적이라는 사실이 오늘날 명백해지고 있다. 거기에 어떤 다른 비밀이 있는 것이 아니다.

유럽은 일본인에게 새롭고 두려운 현상이었다. 그들은 구체적으로 로마 제국을 회상하면서 그들의 국민들은 국가를 설립하고 그들의 국가는 유럽 국가나 제국과 동등한 기반 위에 서야 하며 그렇게 못한다면 사라질 것이라고 다짐했다. 그들은 서구의 생활 양식에서 배운 모든 것들을 그들 자신의 실용적인 관습으로 변화시키고 있으며 그러한 목표를 향하여 그들의 모든 경제력을 용해시키고자 이용하고 있다. 그 과정에서 실수도 있었고 서투름도 있었다.

도구들은 아직 그들의 손에 익숙하지 않았다. 그러한 것들을 수행하는 데에는 의구심이 머리를 스치고 무자비한 생각이 들기도 하고 이러한 장애를 극복하려는 단호함을 보여주면서 한편으로는 두려움과 불신이 일어나기도 했다. 어떤 신비스러운 저력이 새로운 도래자의 어설픈 상륙을 분쇄하는 경우도 있었다. 우리는 마쓰가타 마사요시,[34] 이토 히로부미,[35] 나무 의족을

34) 마쓰가타 마사요시(松方正義 : 1835~1924) : 가고시마 출신. 메이지유신 뒤 나가사키현 지사를 거쳐 대장성에 들어가 내무경(1880)과 대장경(1881)을 역임하고 일본은행을 설립함. 총리대신(1896), 추밀원 고문(1903), 내무대신(1917)을 지내고 공작의 작위를 받음. 하버드대학 교수이자 주일 대사였던 라이샤워(Edwin Reischauer)의 처 할아버지이다.

35) 이토 히로부미(伊藤博文 : 1841~1909) : 일본 메이지유신의 정치가. 요시다 쇼인의 쇼카의숙에서 공부함. 공작. 메이지유신과 더불어 효고현 지사로 정계에 진출한 뒤 구미 시찰을 거쳐 초대~4대 내각 총리대신(1885~1901)을 역임. 그 뒤 조선 특파 전권 대사

한 오쿠마 시게노부,[36] 유럽 분위기를 풍기는 사이고 다카모리,[37] 나베시마 나오히로,[38] 천황만큼의 의미를 지닌 새로운 권위를 부여한 도쿠가와와 같은 사람들의 모습 뒤에 있는 실제의 생각과 계획을 의심했다.

어떤 사람은 그들이 집으로 들어갔고 보기에 따라서는 그들을 이해하게 되었다. 그들은 모두가 위대한 정치가였고 그들의 일부는 위대한 사족이었기 때문에 사람들은 그들을 존경하지 않을 수 없었다. 우리는 이와 같은 사실들을 이해해야 한다. 그들의 외교는 아직도 무사들의 외교이며 그들의 율법에 따라서 조율된다. 그들은 아직 문관을 양성하지 않았다. 그들은 유럽의 외교에 사업가적 힘을 실어 준 중산층을 양성하지 않았다.

나는 일본을 연구할 뿐만 아니라 틀을 잡아가고 있는 유럽의 외교를 알아보려고 일본에 왔다. 나는 틀을 잡아가고 있는 일본의 외교와 그것이 유럽에 끼치는 영향을 보기 위해 좀 더 먼 동방으로 가야만 했다. 매킨리 대통령은 우리 모두를 공직에서 물러나게 했다. 록힐[39]은 우리 외교관 가운데서

가 되어 을사조약을 체결하고 초대 한국 통감(1905~1909)을 지냄. 귀국 뒤 추밀원 의장이 되어 만주 시찰 가운데 한국인 안중근에게 피격 · 절명함.

36) 오쿠마 시게노부(大隈重臣 : 1838~1922) : 사가현 출신. 메이지유신 이후 대장성에 들어가 대만번지 사무국장(1874)을 지냈으며, 입헌개진당을 창당하고, 와세다대학을 설립함.(1882) 1888년 이후에는 외무대신, 추밀원 고문관, 상무대신을 거쳐 총리대신(1898)을 지냈으며, 정계에서 은퇴한 뒤에는 와세다대학 총장으로 여생을 보냄.

37) 사이고 다카모리(西鄕隆盛 : 1827~1877) : 일본의 정치가이며 군인. 메이지유신의 왕정복고에 전력하여 혁명 뒤에는 참의, 근위도독을 역임했으며 1873년에 정한론을 주장하다가 관직을 버리고 하야했다. 그 뒤 고향인 가고시마로 돌아가 향리의 자제 교육에 힘쓰다가 이 학생들에 옹립되어 서남역을 일으켰으나 관군에 패해 자살했다.

38) 나베시마 나오히로(鍋島直大 : 1846~1921) : 메이지유신 당시의 사가 번주. 전권 공사로 스페인과의 조약을 체결하였으며, 원로원 의관, 식부장관을 지내고 후작을 받음.

39) 록힐(W. W. Rockhill : ?~?) : 미국의 외교관. 젊어서 독일 육군사관학교를 졸업하고 독일 군인으로 복무하던 가운데 1884년에 중국에 온 것이 인연이 되어 북경 주차 미국 공사관의 2등 서기관이 됨. 그 뒤 푸크(George C. Foulk)의 뒤를 이어 1886년 12월부터 1887년 4월까지 조선 주차 임시 대리 공사를 지냄. 조선에서의 임기를 마치고 다시 중국으로 가 몽골과 서장을 탐험했으며(1888~1892) 1893년에 귀국하여 국무성에 근무하다가 중국 공사(1905), 러시아 대사, 터키 대사(1909~1913)를 마치고 귀국. 원세개

가장 많이 세상을 돌아본 외교관이었으나 그도 자리에서 물러났다. 그는 나에게 활기찬 현상이 이제 막 일어나고 있는 동방으로 돌아가라고 내게 주장했다. 그는 이렇게 말했다.

> "조선이 바로 그곳이다. 누구도 그곳을 원하지 않는다. 그곳은 너무도 무의미한 나라이다. 그러나 당신은 거기에서 풋풋한 외교를 보게 될 것이다. 장갑도 끼지 않고, 향수도 뿌리지 않고, 미사여구도 없는 곳이 그곳이다. 국무성이 당신을 격하시켰다고 해서 그 일을 저버려서는 안 된다. 조선으로 가서 그곳을 보라. 우리는 조선의 모든 것을 알 수 있는 어떤 인물이 필요하다. 우리는 거대한 음모가로부터 우리의 정보를 얻어서는 안 된다."

롯지[40] 상원 의원은 대통령으로부터 비어 있는 자리를 구해 나를 임명토록 해주었다. 그 자리는 누구도 원하지 않는 곳이었다. 새로이 부임한 차관보의 눈에는 조선이 그리 중요하지 않다고 생각했기에 나를 조선의 영사로 임명하고자 한다고 말했다. 순진한 나는 다만 서기관이 되기만을 바랄 뿐이라고 그에게 말했다. 그리고 나는 조선으로 떠났다.

정부가 들어서자 그의 고문으로 있다가 병사함. 저서로는 『몽골 · 서장 여행 일기 : 1891~1892』가 있음.

40) 롯지(Henry C. Lodge : 1850~1924) : 보스턴 출신. 하원의원(1887~1893)과 상원의원(1893~1924)을 지냈으며, 상원외교분과위원장 시절에는 강화조약과 국제연맹의 가입에 반대했다.

제 2 장 조 선

제물포는 입항을 하려면 큰 모험을 무릅써야 하므로 관문으로서는 적합하지 못하다. 검은 바위와 갈색 모래뿐 관목도 없고 높지 않은 척박한 언덕이 간조 때에 모습을 드러냈다. 항구는 활기가 없이 한강 어귀에 위치해 있었으며 섬들이 그 주위에 많이 있었다. 주민의 배들이 간조 때 개펄에 널려 있었고 몇몇의 조그만 증기선들은 훨씬 더 밖에 머무르면서 만조 때 17피트까지 물이 차기를 기다리고 있었다.

방파제를 따라서 주민들이 묵묵히 쭈그리고 앉아 미동도 않고 나를 지켜보고 있었다. 그들은 솜을 넣어 꿰맨 면바지와 뒤꿈치까지 오는 길고 거무죽죽한 흰 솜 외투를 입고 있었고, 두툼하게 댄 솜 장화를 부착시킨 짚신이나 나막신을 신고 있다. 입에는 긴 대나무로 만든 곰방대를 물고, 금색의 노란 담뱃대에 담배를 넣어 입에 문 채 손은 따뜻하게 하려고 반대쪽 소매 속으로 깊숙이 찔러 넣었다. 머리는 두개의 손가락 크기로 땋아 돌려 매듭을 지어 올린다.

조선 사람들의 몸집은 컸으며 긴 수염에 회색과 푸른색 그리고 갈색의 눈에 머리칼은 붉고 안색이 좋았다. 그들을 처음 보았을 때 혈색은 혼혈이라고 생각하기 쉽지만 인류학자들은 그렇게 생각하지 않는다. 몇 세기에 걸쳐 중국 및 일본과 혼혈되었음에도 불구하고 조선 사람들은 원래의 인종과 많이 다르며 선사 시대의 반도로 이민한 흔적이 다소 보이며 대륙의 인접국과의 간헐적 접촉과 남쪽으로부터의 유입한 흔적도 보인다.

제물포는 서울로 들어가는 유일한 항구였다. 내륙은 실로 매력적인 곳이다. 이 나라는 눈 덮인 모자와 같은 구릉의 나라이며 넓은 평원은 거의 없다. 내륙과 해안의 구릉은 화강암이지만 조선의 오래된 명칭인 "고요한 아침의 나라"의 단조로움과 아름다움과 평화가 있었다. 왜 이 나라가 이토록 황폐한가에 대한 이곳 사람들의 설명은 참으로 한국적이다. 그들의 말에 따르면 가능한 한 외국 사람들을 낙담시키기 위해 연안은 황폐하게 되었으며 내륙에는 호랑이를 몰아내려고 숲을 불살랐고 언덕은 그 정상에 있는 토양이 씻겨 내려오도록 헐벗어 있었다.

계곡의 바닥을 따라 농경지가 개간되어 있고, 화강암 자갈로 꾸며진 강길을 따라 들과 마을이 형성되어 있다. 일본처럼 쌀이 주식인데, 그보다 훨씬 더 질이 좋아 동양에서 평판이 좋다. 일본의 논농사는 말레이의 경우처럼 한창 자라는 기간에 홍수가 겹치지만 조선은 건조하여 벼가 잘 자란다. 다른 곡식들도 풍부한데 조그만 언덕배기에는 보리, 호밀, 밀, 완두, 콩을 재배한다.

일본과는 달리 조선에는 크고 작은 가축들이 많이 있다. 황소는 쟁기질을 하거나 무거운 짐을 나르는 데 사용되며 말은 일본이나 중국의 것보다는 작으며 웨일즈의 말보다는 크지 않았다. 이 고약한 조랑말은 일본의 종마처럼 갑자기 길에서 뛰어나와 공격하기 때문에 느리고 양순한 소보다 훨씬 위험하다. 일본과는 달리 돼지들은 문과 부엌 가까이에 있다.

수많은 개들이 낯선 사람을 노려보고 있다. 외국인의 입국이 거절되던 시절에 얼굴을 상주처럼 감추고 입국한 초기의 선교사들은 이 주인 없는 개떼들의 공격을 받았다. 얼굴을 가림으로써 주민들을 속일 수는 있었지만 "아무리 조용해도" 냄새 때문에 이 개들을 속일 수는 없었다. 개항을 했음에도 불구하고 외국인들은 이 토종개들을 미치게 만들었다. 계곡을 따라 돌 위로 흐르는 물이 샛길과 함께 흐르고 있고, 몇 마일마다 부락이 옹기종기 모여 있으며 밤나무와 은행나무가 짙게 그림자를 드리우고 있다.

가옥들은 모두 단층이었다. 벽은 진흙으로 되어 있다. 초가지붕 위에는 건조를 위해 고추가 널려 있으며 그 위에 태양이 아주 맑게 빛난다. 조선에서는 겨울에도 햇볕이 따사롭다. 마늘, 버섯과 함께 담배가 처마에 걸려 있으며 마을이 가까운 어느 곳이나 들판 가장자리엔 꿩들이 모여 울고 있었다. 야생 거위와 오리가 들에서 볍씨를 쪼고 있고 넓은 들판에는 능에 들이 떼 지어 있다.

시골 식 방들은 조그만 하며 온돌이 깔려 있다. 온돌 장치는 그 집의 한쪽 끝에 있는 아궁이로부터 반대편 굴뚝으로 통한다. 모든 요리가 아궁이가 있는 밖에서 이루어지며 나뭇가지, 마른 풀, 콩깍지 그리고 기타 잡동사니를 연료로 쓴다. 집 내부는 깨끗하게 될 수 있지만 보통은 빈대가 기생하고 있다. 방바닥은 열기가 통과하도록 방의 길이만큼 얇은 구들장을 마치 미로처럼 깔아 놓았다. 이 단단하고 편평한 바닥 위에 두터운 장판지를 바르는데 시간이 흐르면 그 빛깔은 마호가니처럼 훌륭하다. 벽과 창문은 얇지만 질긴 흰 종이를 바른다. 이 종이는 매우 질이 좋으며 칠을 제조하려고 수액을 뺀 옻나무로 만든다.

약 2피트 넓이의 얇은 멍석을 바닥에 깔고 방석이나 침대로 사용한다. 놋쇠로 만든 촛불은 나무 탁자에 낮게 고정되었는데 독서나 식사를 할 경우 사용된다. 식사 시간은 그 집안의 가장이 원하는 시간이다. 그가 배고픈 시간을 빨리 아는 것이 여자의 할 일이다. 식사는 풍성하여 고추로 된 반찬과 번쩍거리는 놋주전자에는 도수가 높은 막걸리가 담겨 있다. 따뜻한 숭늉은 식후에 마셔 고추 반찬으로 말미암은 매운 맛을 덜어 준다.

기와집들은 다듬어진 화강암의 주춧돌 위에 세워지고 벽은 큰 밤나무로 구조를 잡고 참나무 기둥은 높은 기와지붕과 우아한 처마를 떠받들고 있다. 그리고 훌륭한 짚으로 만든 돗자리로 기름종이로 만든 바닥을 덮는다. 산수

화가 있는 병풍, 아름답고 광택 나는 놋쇠로 장식된 문갑, 인쇄물들이 그 방을 장식한다. 중국의 그림이나 글 그리고 주인이 지은 시가 벽에 장식되어 있다. 시는 고전 교육을 바라는 모든 사람의 언어이다.

심지어는 폭포나 고갯길 또는 특히 아름다운 경관이 있는 곳의 화강암 위에 시를 새기는데 광고 포스터로 우리 주위를 장식하는 방법보다 훨씬 더 평화스럽다. 봄에 물이 넘칠 때 노인들은 낚시와 투망을 하러 밖으로 물로 나간다. 그날 고기를 잡은 뒤 저녁에는 시 짓기 경시와 음악으로 시간을 보내고 걸쭉한 민속주로 여흥을 돋우기도 한다.

양반 댁에는 길가 쪽으로 같이 기거하는 하인의 행랑채가 있으며 한 개 또는 여러 개의 안뜰이나 정원은 매우 높은 담에 둘러싸여 있다. 주인의 취향, 재산, 계급의 서열에 따라 정원은 아름답게 설계될 수 있다. 조선의 모든 양반들은 큰 집과 더불어 산 속에 은거할 수 있는 조그만 별장을 가지고 있지만 언제나 아름다운 환경 속에 있는 것은 아니다. 그곳은 때때로 혼자 있고 싶어 잠적하거나 또는 정치가 혼탁할 때 공직 생활을 은퇴하여 찾는 곳이다.

이런 조그만 은둔지에는 보다 엄격한 예의가 있는 것 같다. 대역죄를 짓지 않은 한 그는 정적으로부터 방해받지 않으며 그가 낙향했다는 것이 알려졌을 때 친구들도 그를 찾아가지 않는다. 재산이 많은 사대부들은 결코 서울로 올라가지 않으며, 그들에게 서울이란 하나의 도시에 지나지 않을 뿐이다.

남부 지방의 어느 노인은 자신의 논을 약 400명의 소작인 가족에게 분배했다. 이런 가족은 그 댓가로 그해 매일 번갈아 가며 그 집에서 하루 종일 봉사할 의무가 있다. 그들 자신과 주인의 가족을 위해 봉사하는 동안에 먹을 음식을 가지고 온다. 마을은 그들 자신과 주인을 위해 세금을 지불하고 그에게 매년 그의 가족이 옷을 해 입기에 충분한 면과 원산 비단을 공급한다.

이런 상태에서 그들의 땅을 자유롭게 경작하고 대를 물리면서 그 땅에서 살아가고 있다. 그 책임은 소작인들에게 강제적인 것은 아니다. 그곳은 그

성벽과 수문

의 땅이고 그들의 마을이기 때문에 그 마을에는 법이나 정부가 없으며 모든 것은 관습에 따라 조용히 해결한다. 종종 논쟁이나 어려움에 부딪힐 경우에는 그 주인의 충고를 따르고 택한다.

조선에는 노예 제도가 있지만 그것은 여자에게만 한정되어 있다. 천민 계급의 어린 소녀는 태어날 때부터 노비이며 상전의 허락 없이 그에 대한 봉사를 그만둘 수 없다. 조선의 노비는 인격적인 대접을 받으며 대부분의 경우 성가신 일도 없다. 어린 노비가 결혼할 나이가 되면 그 집에 정착하는 경우도 있고 아니면 자유인을 남편으로 삼는 경우에 주인은 그가 일한 만큼 돈을 지불하는 대신에 쌀이나 음식 또는 옷감을 제공한다. 그들의 아들은 자유인이지만 딸은 자유인이 아니다.

조선의 종교는 신기하다. 사람들은 유일신을 믿는다. 그 신은 매우 착하고 온유하다. 그러나 인간의 일상과는 상당히 동떨어진 것이다. 그와는 달리 악귀는 병원균이나 미생물처럼 모든 곳에서 떼를 짓는데 그들을 속이고

북한산의 정자

회유하는 것이 절대 필요했다. 인간이 어느 정도 속일 수 있는 악귀는 다소 어리석다. 악행을 저지를 수 있는 그들의 힘은 무한하지만 인간의 생각을 알아볼 수 있는 힘은 똑똑한 사람 이상은 아니었다.

악귀가 원하는 것은 숭배이다. 인간은 정성스러운 의식을 통해 그들을 숭배하는 체 하든지, 그들을 회유하여 해악을 막을 수도 있다. 인간의 마음을 잘 알고 있는 신은 조잡하지만 최선을 다하지 않는 인간들을 책망하지는 않는다. 마을 어귀와 산 입구에 들어선 큰 나무에는 악의가 있거나 수호신의 정신이 깃들어 있다.

당나무에 제물이란 자신의 어떤 부분을 바치는 것이다. 침을 뱉거나 자신의 옷으로부터 천을 찢어서 덤불 위에 걸든지 또는 근처의 돌무더기 위에 돌을 쌓거나 닭의 피나 한 움큼의 닭털을 뿌린다. 이러한 미신은 고위직에 있는 인사도 마찬가지여서 무당과 점쟁이에 의해 철저히 오용되는데, 병을 고치기 위해서는 과도한 지불도 필요하다고 믿는다. 양반 집안의 남자들은 이런 일에 참을 수 없지만 여성들은 그들에게 집착한다.

동양의 남자들은 거의 천여 년 동안 비록 사소한 희생을 치르더라도 여성들의 습속을 따르는 것이 최선이라는 것을 알았다. 그러나 이와 같은 우상숭배가 반드시 필요한 것이라고 생각하는 것은 아니다. 남자들은 스스로의 믿음을 가지고 있어 점쟁이에게 집착한다. 그들은 후손이 번성하는 것은 훌륭한 묏자리의 선택에 있다고 강조한다. 그것은 점성학과 연관이 있으며 우상 숭배보다는 과학적이라는 점에 그 장점이 있다.

여성들은 극심하게 격리되어 있음에도 불구하고 가정을 지배한다. 일본 여성은 그들 자신만의 사회가 있으며 심지어 공공장소에서 남자들이 예의를 지켜 준다면 그들에게 인사하고 말할 수도 있다. 기원 뒤 초기의 몇 세기 동안 일본의 궁정 귀족과 부인들은 남부 프랑스의 음유 시인들의 사회와 비슷했다. 그러나 조선 여성은 너무도 엄격히 보호되기 때문에 그들이 어느 침입자들로부터 폭행을 당했을 때라 하더라도, 그들은 고발하기보다는 이를 숨기는 것이 안전하다고 생각한다.

조금 높은 계급에 있는 여성들이 집밖으로 벗어났을 때는 장옷으로 얼굴을 가린다. 그럼에도 불구하고 그들은 집안에서는 힘이 있다. 남자는 능력이 허락하는 한 밖에서 여러 살림을 차릴 수 있지만 아내는 단 한 사람뿐이다. 집밖에서 태어난 아이는 어떤 연령에 이르면 연장자들로 구성된 친족회의에 상정되어 가족으로 받아들일 수도 있고 거부할 수도 있다.

조선의 가족 생활은 고대 씨족 체제에 기반을 두고 있다. 왕족인 이씨, 오래되고 가장 높은 귀족인 민씨, 박씨 등과 같은 몇 가지의 비교적 적은 숫자의 성이 있다. 이름을 지을 때면 이 성이 언제나 제일 먼저 나오고 형제나 사촌들에게는 같은 항렬이 따라오며 그 다음에 개인의 이름이 붙는다. 민영환,[1] 민영익,[2] 민영휘[3] 같은 사람들은 민씨 일가의 같은 세대의 사람임을 알 수 있다. 세습적인 왕족에게는 언제나 높은 관직이 부여되지만 중하위직 공직자들은 9개 등급으로 나눠지는데 일단 공직에 오르면 신분이 높아진다.

빽빽하게 숲이 우거지고 은거할 수 있도록 나무가 울창한 금강산의 여기 저기에는 수도승들의 절이 있다. 조선의 역사상 삼국 시대의 한 나라에서는 불교가 국교로 지정되었다. 귀족이나 심지어 왕족도, 봉건 시대의 유럽에서처럼 이런 절로 들어가 중이 되었다. 조선은 16세기의 임진왜란 때에 입은 상처에서 아직도 회복되지 못하고 있는데 이 당시에 고대의 귀중한 사적들이 약탈되어 일본으로 건너갔다. 뿐만 아니라 학살된 조선 사람들의 귀를 소금에 절여 가져갔는데 이 귀 무덤이 아직도 일본의 한 고도에 남아 있다.

그 이전에 불교도의 정치적 야심과 부패 때문에, 스님들이 많이 죽었고 도시로부터 추방되었다. 시간이 지날수록 그들의 삶은 암담하여 구걸로 살아갔으며 방랑자나 고아가 된 거지 아이들이 스님의 대를 이었다. 그들은 글을 모르고 미신이 강한 계급이지만 굉장히 친절하고 자비하다. 경치가 좋고 평화스러운 지점에 위치한 절은 여행이나 사냥 때의 휴식 장소로 매력이 있다. 절이 있는 산속에는 대단히 크고 격렬한 호랑이, 곰, 늑대, 야생 수퇘지 등 사냥감이 풍부하다.

---

1) 민영환(閔泳煥 : 1861~1905) : 척족 민겸호의 아들로 민태호에게 입양했다. 형조판서(1893~1894), 한성 판윤(1893)을 역임했고 1896년에는 러시아 황제 니콜라이 2세의 대관식에 참석했고 구라파 6개국의 특명전권대사로 파견되었다. 원수부를 창설하여 육군을 통활하다가 친일 각료의 입각과 더불어 시종무관장으로 물러 서 있는 동안 을사조약이 체결된 직후에 자결했다.

2) 민영익(閔泳翊 : 1860~1914) : 호는 운미. 민 씨의 척족. 문과에 급제한 뒤(1877) 이조참의를 거쳐 임오군란 사죄 사절(1882), 견미 전권대신(1883)을 역임했다. 당초 개화파의 일원이었으나 이에서 이탈하자 갑신정변 당시 제일 먼저 저격당했으나 목숨을 부지하고 한성 판윤 등을 역임했으나 친일파에 밀려 홍콩으로 망명하여 그곳에서 죽었다.

3) 민영휘(閔泳徽 : 1852~1935) : 민영준의 개명. 1877년에 문과에 급제한 뒤 평안관찰사(1887), 강화유수(1889), 이조판서(1891)를 지냄. 민 씨 세력의 영수로서 한때 귀양·망명한 적도 있으나 재기하여 중추원 의장이 되었고 한일합방 당시 자작을 받음. 휘문학교의 설립자.

조선 사람들은 이제 막 정착한 마을의 유목 민족과 같은 인상을 준다. 도시에는 유적이 있고 규모도 크고 매우 번성했을 것 같은 왕궁이 있으며, 외딴 곳에는 브리타니나 서부 영국에서 볼 수 있는 고인돌과 돌기둥이 있다. 서방 세계의 모습이나 발명품을 바라보는 그들의 자세는 아브라함[4] 시대의 이스라엘 사람들이 철도와 전차 그리고 복잡한 유럽의 정치를 보는 것처럼 당혹스러워 한다. 어떤 것도 이해할 수 없고, 또 이해하기를 원하지도 않는다. 그들은 "은둔의 왕국"으로 있기를 원한다.

조선의 역사는 이제 황혼기로 퇴보하고 있다. 초기에는 중국 문화에 의해 영향을 받았으나 그들의 문명은 한때 일본의 문명보다 앞섰다. 초기의 일본은 자주 조선의 해안 마을을 노략질했으며 두 번이나 무력 침공을 했다. 두 번째인 16세기에 대대적인 정복군을 파견한 데는 이유가 있었다. 일본은 그 당시에 기독교화될 위험에 빠져 있었다. 조선은 일본에 어떤 문제가 발생하면 그에 대한 해결책을 제공하는 전통이 있었는데 이 전통은 역사적으로 탐구해 볼만큼 흥미로운 일이다.

조선은 그러한 전통에 따라서 일본의 장군에게 해결책을 제공했다. 그는 기독교인들로 구성된 정복군을 파견하고 곧 이어서 늙은 가토 기요마사 장군의 이교도(불교도) 군대를 파견하여 기독교 군대로 하여금 적(조선)과 이교도 사이에 사로잡히게 만들었다. 이렇게 하여 파견된 첫 부대는 돌아오지 못했다.

중국은 그들과 맞서고자 거대한 대군을 남쪽으로 파견하자 기독교인으로 구성된 일본군은 붕괴되었다. 조선은 황폐화되고 도시가 파괴되었으며 절의 서고는 약탈되거나 파괴되었으며, 도공들은 일본으로 끌려가 뒤에 독특한 일본 예술로 알려진 사쓰마 도기를 발달시켰다. 아마 이런 조선의 포로

---

4) 아브라함(Abraham) : 유태인의 조상으로서 이삭의 아버지임. 『구약성서 창세기』 21 : 2~3.

들은 일본의 천민 계급인 에타[5]가 되었을 것이다.

이 시대에 조선 사람들이 하나의 역사적 사건으로 받아들이고 있는 신화가 만들어졌다. 일본의 침공은 조선의 한 장수(제독)인 이순신의 천재적 전략에 의해 무거운 철로 평평하게 씌우고 뱃머리에 쇠로 만든 충각을 달고서, 한 척의 배로 일본군을 격파하였다는 것이 『실록』에 기록되어 있다. 일본의 해군에는 이순신의 메리마크호(후에 버지니아호로 이름을 바꿈)에 필적할 만한 모니터호를 가지고 있지 않았던 것으로 보인다. 이순신의 배는 아마도 테네시호에 가까웠던 것으로 보인다.[6]

일본과 중국은 쇠약한 이 국가에 대하여 서로 종주권을 주장했다. 1894년 청일전쟁까지 양국은 조선으로부터 조공을 받았는데 그 전쟁에서 패배한 중국은 조선에 대한 모든 요구를 철회했다. 그러나 조선은 조선에 거주하던 미국인들의 제안에 따라 일본 함대를 타고 미국에 대표를 몰래 파견하여 조약체결권을 승인 받았으며 결과적으로 주권과 독립을 인정받았다.

북경이나 도쿄가 중국과 일본 국민의 생활의 중심인 것처럼, 서울은 그 나라의 심장이고 생활의 중심이다. 서울과 조선과의 관계는 파리와 프랑스의 관계와 같다. 왜냐하면 오래된 도시들이 쇠퇴하고 쓰러졌으며 폐허가 된 대궐이나 큰 거리는 오래된 성곽 내에 거의 고립된 마을들로 둘러싸여 있기 때문이다. 북쪽에는 독특하고 그 나름의 생활이 있는 평양이 있다. 이 도시는 고대로부터 현재에 이르기까지 가장 불쾌한 4대 도시 가운데 하나로 알려져 있다.

한강으로부터 수도에 이르기까지 해마다 홍수가 일어나 남은 넓은 자갈

---

5) 에타(穢多) : 일본의 메이지유신 이전까지 사민의 밑에서 하대를 받고 산 천민 계급. 이들은 예전부터 존재했던 계급이지 임진왜란 때 납치된 조선 사람의 후손은 아니다.

6) 미국의 남북전쟁 당시에 메리마크호(Merrimac)는 남군의 함정이었고 모니터호(Monitor)호는 북군의 함정이었는데 이들은 모두 철갑선이었다. 메리마크호는 본디 북군의 함선이었으나 남군이 노획하여 버지니아호로 이름을 바꾸어 많은 전공을 세웠다.

바닥을 따라 빠르고 푸른 물이 흐른다. 도로는 붐비는 마을에 다다르며 소나무가 있는 야산과 넓은 계곡 속에 놓여 있는 그 도시를 향하여 언덕 옆으로 묘지들이 있고 북한산 정상으로부터 아래로 내려오는 돌출부가 사방으로 서울을 보호한다. 한가로운 나루터에는 흰옷을 입은 사람들과 당나귀, 우마차가 붐비고 망루의 문에는 아직도 반역자의 머리가 걸려 있고 그 밑을 지나면 두개의 큰 교차로를 만나는데 이곳이 서울의 간선 도로이다. 이는 브라운[7]의 작품이다.

성벽은 화강암으로 이루어졌으며 그 위는 편안히 걸을 수 있을 정도로 충분히 넓다. 그 언덕의 정상을 벗어나면 소나무가 있고 봄에는 모든 색조의 진달래, 철쭉, 자두꽃으로 불타오른다. 북한산의 성채는 더없이 큰 바위로 이루어졌으며 높은 방어선과 연결된다. 그 산에는 절이 있으며 국가가 위험 때면 왕이 지나갈 수 있도록 좁고 험한 길이 피난처와 연결되어 있다.

서울은 각각의 이름이 붙은 몇 개의 지역으로 나뉘어 있으며 옛날에는 씨족들이 떼 지어 있거나, 양반과 상인들이 집단을 이루어 살고 있던 곳이다. 북쪽 지역에는 버려진 거대한 궁전이 있으며 매우 열정적인 대원군의 새로운 궁전이 있다. 동쪽 궁전에는 살해된 작은 몸집의 진보적인 여왕이 있었으며 서쪽 궁전에는 때때로 길 잃은 늑대와 살쾡이의 출현으로 황폐해진 장엄한 알현실과 정원이 있다.

몇 개의 넓은 하수구가 이 도시를 가로지르는데 아름다운 아치형의 대리석의 다리가 그 위에 놓여 있다. 좁고 고약한 냄새가 나는 골목이 그 마을을 지나가면 양쪽 출입구에 널빤지나 통나무들의 진입 다리가 있는데 더 좁고

7) 브라운(John McLeavy Brown : 1842~1926) : 영국의 외교관이며, 법률학자, 법학박사. 중국에 진출하여 북경 주차 영국 공사관의 문부사(1864~1872), 참찬관(1871~1872), 해관(1872), 세무사(1877) 등을 지냄. 영국의 대한 진출의 일환으로 1893년 탁지부의 고문으로 부임했다가 러시아의 압력으로 1897년에 퇴진했다. 그 뒤 북경 주차 영국 공사관 참찬관(1906)으로 봉직함.

더 냄새가 나는 돌로 쌓은 수로가 있다. 이곳은 마치 항해할 수 없는 베니스와 같다.

집은 옹기종기 붙어 있고 개천과 골목을 따라 모여 있다. 홍수의 계절을 제외하고 푸른 찌꺼기 투성이의 하수는 바닥을 따라 흘러나와 장티푸스, 천연두, 콜레라를 옮긴다. 이런 우물에서 여자들은 즐겁게 빨래를 하고 날마다 음식을 씻는다. 배수로 표면에서 악취가 나는 이 얕은 우물보다 더 나쁜 곳은 없다. 지저분한 하층민의 집에는 토속 반찬인 김치의 시큼한 냄새가 난다. 김치는 배추와 무를 절여 만든다.

개들은 콘스탄티노플의 유명한 주인 없는 개처럼, 물어뜯고 짖어댄다. 때때로 개 도살업자가 개를 잡는 것을 보게 되는데 그들은 개를 올가미 밧줄로 묶어 의식을 잃고 있는 개를 죽을 때까지 흔들어댄다. 좋은 고기를 살 수 없는 사람들은 이를 먹으려고 역겨운 냄새가 나는 것을 끓인다. 이스라엘처럼, 여기에서는 개와 돼지를 음식찌꺼기로 키우는 것을 보면서 모세의 율법에서 그들이 깨끗하지 못하다고 말한 이유를 알게 된다.

큰 주요 거리의 교차로 주변에는 좋은 상점들이 닭, 꿩, 계란, 피를 빼지 않아 거무튀튀한 소고기를 팔려고 진열해 놓았다. 이곳에는 도시의 하수구로부터 나온 거름으로 재배한 야채와 고유의 주식인 많은 양의 쌀도 진열되어 있다. 조선과 중국의 비단, 면, 피륙, 여자를 위한 녹색과 붉은 신발, 남자를 위한 흑색과 백색의 신발, 근로자나 여행자들을 위한 짚신, 조객을 위한 백색종이 끈으로 짠 신발들이 터키 식으로 보이는 노점에 진열되어 있다.

은과 니켈을 연속으로 상감한 철제 담배 갑, 황동과 니켈, 은으로 만든 대통 그리고 1야드 길이의 양반용 간죽과 12인치 길이의 서민용 간죽, 햇볕에 말린 솔방울, 향내 나는 노란 파이프용 담배가 좁은 가게의 쟁반 위에 놓여 있다.

도시의 중심에는 곡선의 지붕 아래 "그 도시의 목소리"인 매우 큰 종이 있다. 이 종은 세계에서 가장 큰 것 가운데 하나로서 여인들이 금과 은을 넣고 한 여자 아이를 화해의 희생양으로 끓는 쇳물에 넣어서 만든 것이다. 희생된 아이의 우는 듯한 높은 음의 그 깊은 울림은 시내 곳곳과 먼 산에 이르기까지 들린다.[8)]

이 도심의 안팎으로 할일 없는 사람, 흰옷 입은 사람, 몇 천 명의 남자들이 아무런 관심도 없이 어슬렁거린다. 그들은 어떤 갑작스러운 일이 생겨야 흥분한다. 낮은 대우를 받는 여성들은 얼굴을 가리고 호기심 어린 까만 눈을 반짝이며 머리에는 녹색 장옷을 쓴 채 그들의 자루와 같은 바지의 윗부분과 팔과 어깨의 상단을 덮는 좁은 소매의 저고리 사이가 벌어져 있는 것도 모른 채 종종걸음으로 군중들 사이를 빠져나간다.

부인들은 두 명의 가마꾼이 멘 밀폐된 가마를 타고 대나무 발 사이로 잘 보이지도 않는 바깥을 살피면서 군중 사이를 미끄러져 간다. 긴 댕기를 땋은 소년들과 분홍색 옷을 걸친 소녀들은 용모양의 종이 연을 날리고 팽이를 치며 그들의 발로 돌 차기나 제기차기를 하거나 군밤을 사 달라고 소리치며 이리 저리로 움직인다.

적은 인원의 군대는 1870년대의 베르단이나 그라스와 같은 구식 단발총으로 무장한 채 이 지역에서 저 지역으로 천천히 이동하고 있었다.[9)] 안전을 위해 그들은 탄약을 나르지는 않았으나 길고 가느다란 창 모양의 무기들을 여전히 차고 있었다. 장교들은 비틀거리는 중국산 조랑말을 타고 황급히 나갔다.

여기저기에 말 탄 양반들은 풀 먹인 하얀 관복을 입고 관복 위에는 생생한 색깔의 비단 깁을 걸친 채 토착 식 안장 위에 높고 의젓이 걸터앉아 마부

---

8) 필자는 서울의 종각과 에밀레 종(성덕대왕 신종)을 혼동하고 있는 것으로 보인다.

9) 베르단(Berdan)은 1868~1870년에 미국의 베르단(Hiram Berdan : 1823~1893)이 발명한 수동식 노리쇠의 소총으로서 소련군의 주무기가 되었으며, 그라스(Gras)는 그라스(Basile Gras)가 1866~1874년에 개발한 소총으로서 미국의 남북전쟁 당시의 주요 화기였다.

들에 실려 거리 사이를 지나갔다. 어느 귀족은 그의 수행원과 함께 엄숙하고 진지하게 그의 얼굴 앞에 부채를 펼치고 네 남자의 어깨에 얹힌 거대한 가마에 높이 타고 지나간다.

뒤에는 네 명의 교대 가마꾼이 따라오고 양쪽에는 하인들이 담뱃대와 도장과 손가방을 든 채 따라오며 간사스러운 집사가 헉헉거리며 따라온다. 작은 무리의 포졸들이 철컥거리는 칼을 차고 따라간다. 그리고 몽둥이를 든 구종들은 물어뜯을 듯이 소리치는 짐말과 고집스럽게 힘센 황소 사이에서 나리를 위해 길을 뚫으며 달려간다.

집 담장 위로는 셀 수 없이 많은 꽃나무와 개나리라고 부르는 꽃들이 쭉 늘어져 있었다. 수정처럼 맑은 하늘에는 얼룩덜룩한 까치 떼가 돌고, 솔개는 아득히 먼 아랍의 말울음 소리처럼 우짖는다. 언덕에서는 산의 슬픔에서 나오는 우울하고도 긴 읊조림의 음조와 맑은 하늘의 경쾌하고 밝은 음조가 들여온다.

밤이 되면 집에서는 한 면을 대나무 가지로 두드리고 다른 한 면은 손가락으로 두드리는 장구 소리가 들린다. 그 장고는 마치 서양의 모래 시계를 눕혀 놓은 것처럼 생겼다. 토착의 백파이프의 단음과 갈대 피리의 울림과, 여자들이 남편의 다음날의 관복을 위해서 옷을 부드럽고 하얗게 빛나게 하는 끊임없는 다다미 소리가 섞여 들여온다.

밤은 여인들의 시간이다. 그들은 빨래하고 다림질하고 내일의 음식을 준비하고 이웃을 방문하여 자기가 아는 모든 세계를 날카롭게 비난하거나 싸운다. 남자들은 밤에 잠을 자거나 남의 집을 방문하거나 조정에 나간다. 예로부터 궁중은 나라의 안전을 위해 밤에도 자지 않고 일을 보는 것이 관습으로 되어 있다.

제 3 장 서울의 외교 사절들

최근 들어 교수와 정치 논평가들이 외교의 가장 중요한 요소로서 제국주의에 관한 책을 쓰고 강의하는 것이 유행하고 있다. 제국주의의 정확한 정의에 따른다면 그들의 말이 맞는다는 것은 의심할 나위도 없다, 문제는, 항상 그랬듯이, 어떻게 정의를 내릴 것인가이다. 대부분의 사람들은 제국주의에 관해 단지 풍문을 근거로 하여 책을 쓰고 있다. 사물을 보고 쓰는 것과 그것에 관한 풍문을 근거로 하여 서술하는 것 사이에는 큰 차이가 있다.

그렇기 때문에 나는 교수들이 무엇을 말하려 하는가를 정확히 이해하려면 이러한 제국주의가 성장해 온 분위기 속에서 생활해 볼 필요가 있고 또 비록 작고 하찮은 역할이지만 그 속에 참여해 볼 필요가 있다고 생각한다. 돌이켜 보면 서울은 최일선에서 "제국주의의 구조"에 관해서 이제까지 보아온 것 가운데 가장 완벽한 사례를 제공해 준다. 학자들은 오늘날 이 문제를 이론적으로만 서술하고 있다.

서울의 남부 지역 곧 한강의 하구 쪽에 위치한 지역은 모두 영사관이나 외국의 거류민들이 차지하고 있다. 그 위치는 군사적으로 대단히 중요한 곳이며 또한 당연히 의도적으로 그렇게 될 수밖에 없었다. 왜냐하면 처음 외국 거류민들에게 서울이 개방되었을 당시 사람들은 가장 신속하고 쉽게 퇴각할 수 있는 장소를 선택했기 때문이었다. 위와 같은 일은 외국인이 거주했던 극동 지역의 대부분의 도시에서는 흔히 있던 일이었다.

때로는 극동에서 퇴각하는 것도 필요했다. 한때 일본에서는 외국 공사관들이 쉽게 보호를 받을 수 있는 요코하마로 퇴각한 적이 있었다. 또한 일본 공사관과 거류민들은 몇 번이나 조선으로부터 퇴각한 적이 있었고 처음에는 조선에 파견된 우리 미국의 공사도 비록 해사 수행원 푸크[1]가 서울의 공사관에 남아서 뒷일을 돌보았지만 중국에 있는 지부까지 퇴각하는 것이 허락되기도 했다.

이 서울의 남부 지역에 거의 모든 외국인들이 거주했으며 그 국가의 공사관이나 영사관이 각 거류민을 관장했다. 이 거류민은 각기 선교 단체, 상업 단체, 조선의 정부에 고용된 사람으로 구성되어 있었다. 모든 단체는 왕실을 의식했으며 겉으로 보기에는 상호 협조적인 것 같았지만 실상은 모두가 경쟁적이었으며 서로를 의심했다.

황제는 민비 시해 사건이 있은 뒤 피난하려고 유럽인들과 미국인들이 밀집되어 있는 이 공사 지구의 서쪽으로 이동해서 러시아 공사관이 지배하고 있던 건물에 거주했다. 이 건물은 미국 공사관과 영국 공사관이 있던 곳의 이웃 빈터에 세워진 것으로서 위엄이나 우아함이 전혀 없는 곳이었다. 이 건물의 유일한 특징은 그 건물을 보호하려고 빙 둘러 쳐진 거대한 화강암 담벼락뿐이었다.

러시아 공관 반대편에는 루아르강[2]에 있던 역사적인 성곽 가운데 하나에서 가져온 유물들로 장식된 프랑스 공사관이 있었다. 미국 공사관의 반대편

---

1) 푸크(George C. Foulk : ?~?) : 미국의 해군. 미국해국사관학교를 졸업하고 중위로 임관되어 아세아함대사령부에 소속되어 일본에서 근무했다. 그는 일본어에 유창했으며, 이때 일본 여인과 결혼했다. 조선 주차 초대 공사 푸트(Lucius H. Foote)가 현역으로 귀임하자 그의 후임으로 1885년 1월부터 1886년 6월까지 조선 주차 임시 대리 공사로 활약했다. 그러나 본국 정부의 냉대로 공사직을 수행할 수 없게 되자 공사 직과 해군 직을 사직하고 일본에 귀화했다가 닛코의 숲속에서 변사체로 발견되었다.

2) 루아르강(Loire) : 프랑스의 남부에서 비스케이만으로 흘러 들어가는 강.

에는 독일 공사관이 있었고, 담으로 둘러쳐진 공사관이 즐비하게 늘어선 좁은 거리의 양쪽 끝 중심부에는 미국 선교사의 클럽과 테니스 코트 그리고 볼품없는 외교 클럽이 있었다.[3] 각 공사관의 주위에는 거류민들의 집과, 학교, 병원 그리고 선교 시설들이 밀집되어 있었다.

이곳으로부터 훨씬 동쪽으로는 중국인 거류지가 시작되었다. 그 지역은 뒤에 중국의 총통이 되었으며 황제가 될 뻔했던 저 유명한 원세개[4]가 오랫동안 공식적으로 집무한 아문 주위에 자리 잡고 있다. 그 아문은 그 당시 유능하고 교양 있는 신사였으며 예일대학 졸업생이었던 당소의[5]가 그때 책임을 맡고 있었다. 그의 논리와 입장은 의화단 사건 동안 불행하게도 청국과 서양의 양측으로부터 오해를 받았다. 왜냐하면 그는 대단히 애국적인 중국인이기도 했지만 서방의 문물이 전부는 아니더라도 부분적으로는 이익을 가져다 줄 것이라고 확신하고 있었기 때문이었다.

그 뒤쪽으로 남대문에서 동대문에 이르기까지 푸른 남산 기슭에는 오래된 양치 식물이 그늘을 드리운 곳에 공사관과 막사에서 내려다보이는 일본인 거주지가 있었다. 일본 공사는 심지어 그가 외교단의 우두머리가 아니었을 때에도 일반 외교 대표단보다 높은 거류민단장 역할을 했다. 그리고 여기에서는 각 영사도 외교적 기능을 수행했다.

---

3) 구한말에 정동에 있던 외국 시절과 한국의 정치인들 사이에 있었던 사교 클럽인 정동구락부를 의미함. 민영환, 이완용, 윤치호, 미국 공사 실, 다이 장군 등이 주축을 이루고 있었다.

4) 원세개(袁世凱 : 1860~1916) : 하남성 출신. 오장경의 휘하에서 성장하여 임오군란 당시 진압 책임자로 부임한 뒤 주재관(사실상 공사)로 활약하다가 청일전쟁이 발발(1894)하자 귀국. 무술정변(1898) 뒤 권력을 장악한 뒤 중화민국 초대 대통령에 취임하였다가 스스로 황제위에 올랐으나 퇴위당하고 울분 속에 죽었다.

5) 당소의(唐紹儀 : 1860~1930) : 광동성 중산 출신. 자(字)는 소. 어릴 때 미국으로 건너가 예일대학을 졸업하고 귀국하여 천진해관장, 영국 대사, 외무부 우시랑, 호녕철도대신, 우전부 좌시랑, 봉천 순무, 우전부 상서, 신해혁명 남북 회담의 북방 정권 대표를 지냈고, 중화민국 수립 뒤에는 국무총리, 재무총장을 지냄. 일본군이 친일파 조직을 권유하자 이를 거절하다가 척살됨.

다른 공사관들은 하사관이 있는 일개 부대에서부터 중대에 이르기까지 각각 해군 수비대를 보유하고 있었다. 일본 공사는 포병, 기병, 공병, 보병, 통신병을 갖춘 축소판 군단을 보유하고 있었다. 상당한 규모의 장교들이 공사에게 배속되어 있었는데 그들은 때로는 군복을 입고 아주 공공연하게, 때로는 민간인 차림으로 개인 여행자처럼, 그리고 때로는 위장한 채로 전국을 누비고 다녔다.

한때 나는 북부 지방에서 한 가난한 일본인 행상인을 만난 적이 있었다. 그의 얼굴은 행상인으로 보기에는 신분이 높은 듯한 모습이었기에 나는 그를 유심히 바라보았다. 나는 그에게 블라디보스토크와 러시아 영토의 반대편 쪽에 위치한 두만강 지역에 있는 도로에 관해 물어 보았다. 그는 둔감하고 무식했으며 또한 외국어에 대해서는 아는 바가 없었으며 단지 내가 하는 일본말을 아주 어렵게 이해했을 뿐이었다.

몇 달 뒤에 나는 나를 잘 알고 있는 듯한 일본 참모 가운데 한 소령으로부터 프랑스어로 훌륭하게 쓰인 한 통의 편지를 받았다. 그는 나를 잘 아는 사람처럼 보였다. 그 편지는 내가 그 소령을 만났을 때 그는 특수 임무를 수행하던 중이었기 때문에 그가 무례하게 행동했다고 사과하는 내용을 담고 있었으며 일본의 참모부가 발행한 조선의 북부 지역 지도를 얻을 수 있는 방법에 대한 내용이 담겨 있었다.

일본 공사는 봉건 시대의 성과도 같은 요새에서 영주처럼 살고 있었다. 그는 그 훌륭하고 부산한 도시를 지배하고 있었으며 그의 군대는 그의 명령에 따라 움직였다. 경찰, 헌병 막사, 공사관 영사 재판정, 학교, 신문발행소도 그가 장악하고 있었다. 심지어는 조선에 남아 있는 불교의 자취를 연구하려고 파견된 승려 단체까지도 그의 지배하에 있었다.

공사는 거류지 일본인에 대한 통제권을 전혀 행사할 수 없다고 수없이 다짐했음에도 불구하고 그의 주민에 대하여 거의 절대적인 권력을 행사했다. 그에게 그러한 권한이 합법적으로 부여되었는지의 여부는 중요하지 않았다. 조선의 왕과 관련된 사건들과 관련하여 일종의 완충기 역할을 해 왔는데 일본 공사가 마치 침입자를 몰아내고 자기가 그 역할을 계승한 것처럼 행동하기 시작했다.

미국의 공사이자 총영사인 알렌[6]이 일본 영사의 권력과 영향력을 견제했다. 알렌이 공사가 된 것은 미국의 무계획적인 임명 방식이 예상보다 훨씬 더 운이 좋았음을 보여주는 또 다른 사례가 되었다. 보통 사람보다는 키가 크고 대단히 말라서 링컨보다 훨씬 홀쭉해 보이며 대머리가 많이 벗어졌고 웰링턴처럼 우뚝 솟은 코와 뾰족하고 타는 듯한 붉은 턱수염을 가진 그는 대개의 공식 외교관과는 다르게 보였다.

그러나 알렌은 강인한 성격의 소유자이며 부드러운 마음을 갖고 있고 조선인의 생활 방식을 잘 알고 있다는 것을 누구나 금방 알 수 있었을 것이다. 알렌은 분명히 미국적인 사람이었다. 클리블랜드 대통령이 베네주엘라에 최후의 통첩을 할 당시에 미국 공사였던 그의 전임자가 미국인 예배당에서 영국 여왕의 적들에게 혼란이 야기되기를 바라는 기도를 한 적이 있었는데 그때 알렌은 그 당시의 모든 미국인이 공감했던 그 기도가 적합하지 못하다고 직언한 적이 있었다.

알렌만큼 조선의 황제와 국민의 신임을 얻었던 외교관은 없었다. 다른 외교관들은 감언이설로 사람들을 속이거나 위협을 했을지도 모르지만 황제가 충고나 위안을 얻고자 했던 이는 바로 알렌이었다. 그는 오하이오 출신으로서 의료 선교사이자 훌륭한 내과 의사였다. 왕실의 소요 사태로 말미암아 황실 일가의 우두머리였던 민영익 공이 죽음의 위험에 빠졌을 때 알렌 박사

---

6) 알렌(Horace Newton Allen : 1858~1932) : 미국의 선교사, 의사, 외교관. 웨슬리언대학 신학과(1881), 마이아미대학 의과(1883)를 졸업하고 1884년에 조선에 입국해 광혜원을 통한 의료 사업에 종사했다. 1890년 이후 공사관, 서기관, 총영사, 대리 공사를 역임했으며 1892년 이래 『코리언 리포지터리』와 『조선견문기』(1908)를 간행하고, 1900년에는 왕립 아시아학회 한국 지부를 결성했다.

는 그를 돌보았고, 그를 보호해 주었으며, 치료해 주었다.

이를 인연으로 하여 알렌은 재직 동안에 확고한 보은의 마음과 신뢰를 받아 외교관으로서의 영향력을 행사할 수 있었다. 청일전쟁 이후 조선이 한 외교 사절을 워싱턴으로 은밀히 파견했을 때, 알렌은 그들과 동행해서 그들을 보호해 달라는 요청을 받았다. 성공적으로 일을 끝마치고 귀국한 그는 공사관의 서기관이 되었으며 그 후, 매킨리 대통령 당시에는 조선 주차 공사가 되었다.

그는 미국의 이해 관계가 걸린 사업의 대부분을 관장했다. 처음으로 개설된 경인선 철도는 미국인들의 손으로 재빠르게 진척되었다. 또한 미국인들은 가장 수익성이 높은 금광과 최초의 발전소, 전구 제조 공장, 공중전화, 상하수도 시설 등 모든 주요 시설을 설립·운영하고 소유했다. 황제의 요구에 따라 왕궁에서부터 도시 밖에 있는 황후의 무덤까지 설치되어 한때는 사치스러운 장남감에 불과했던 전차 노선이 대중적인 목적을 위해 확장되었다.

이 밖에도 교회의 선교 사업이 활발하게 이뤄졌다. 감리교, 남장로교와 북장로교 그리고 그 밖의 선교 단체들은 고아원 시설과 학교, 선교 단체 그리고 매우 활동적인 의료 시설들을 수도뿐만 아니라 큰 도시들에서 보유하고 있었다. 학교에서뿐만 아니라 일상 생활 속에서 조선인들은 미국인의 사고와 관행에 익숙해지기 시작했다.

미국인 거류지에는 사업 단체와 교회 단체 다음으로 미국 고문관들이 조선 정부에 파견되었다. 황실에는 르젠드르7) 장군이 파견되었는데 그는 프랑스 태생으로 남북전쟁 당시에 무공을 세우고 미국 육군의 준장으로 진급

---

7) 르젠드르(Charles W. LeGendre : 1829~1899) : 프랑스에서 귀화한 미국의 퇴역 장군. 남북전쟁 당시에 북군에 참전하였다가 귀국하지 않고 귀화함. 1866년에 아모이의 미국 총영사로 있으면서, 대만의 고산족을 탐사했고, 일본 외무성의 고문이 되어 일본의 대만 침략 당시에는 정보를 제공함. 1890년 데니의 보좌관으로 부임하여 내부협판 정3품을 받고 갑오경장 이후에는 궁내부 고문이 되어 활약하다가 서울에서 사망함.

한 사람이었다. 그랜트 대통령은 일본 정부의 재건을 돕고자 그를 일본으로 파견했다. 그는 일본과 대만에서 훌륭히 임무를 수행한 뒤 관계 국가인 일본, 그의 모국인 프랑스 그리고 남북전쟁으로 인연을 맺은 미국 등 3국의 승인을 받아 조선에 파견되었다.

또 하나의 남북전쟁 참전 용사인 다이[8] 장군은 그랜트 대통령으로부터 터키 치하의 이집트 총독의 고문으로 파송되었다가 이제 조선의 군사 학교의 교장이 되었다. 이 군사 학교는 아주 좋은 인재들을 배출해서 이 학교를 졸업한 조선인 생도들은 도쿄의 육군사관학교에 유학했는데 6명이 함께 그 학교에서 최고의 성적으로 졸업했다.

장군 출신인 G 씨는 한때 일본 개항장에서 총영사로 있었는데 그를 장군이라고 부르는 것은 바로 그 직함에서 연유된 것이다. 그는 어느 남부의 어느 주에서 정치적 거물이었으며 한때는 서부의 유명한 신문사의 편집장이기도 했다. 그는 일류 변호사였고 항상 술에 취해 있었지만 아주 남다른 사람이었다. 그는 술에 취해 있으면 있을수록 더욱 명석해지는 사람이었다. 그가 마신 술은 그의 몸을 비틀거리게는 했지만 그의 두뇌를 마비시키지는 못했다.

한번은 내가 복잡한 법률적인 문제를 해결해야 할 일이 있어서 자문을 얻고자 그를 부르러 사람을 보낸 적이 있었다. G "장군"은 정신을 맑게 하려고 스카치 위스키 한 병을 들고 앉아서는 매 잔마다 반담수와 설탕 한 덩어리를 섞어 마시기 시작했다. 그가 한 병을 해치우고 또 반병을 마시고는 마룻바닥에 주저앉아 자기 주장을 반복해서 말했다.

"자, 이젠 이해가 됐습니까? 분명해요? 빨리 대답해요. 난 곧 곯아떨어질

---

8) 다이 장군(William M. Dye) : 그의 인적 사항에 대해서는 잘 알려져 있지 않다. 다만 그가 남북전쟁의 영웅이었다는 것과 알렌의 추천으로 왕실에 고빙되어 훈련대의 신식 훈련을 맡았고 부분적으로 왕실의 근위대의 책임을 맡고 있었다고 한다.

겁니다.”

내가 이제 알겠다고 말하자마자 G 장군은 무의식 상태가 되어서는 그의 하인에 업혀 집으로 돌아갔다.

켄터키 출신의 그레이트하우스[9] 씨는 조선에 파견된 법률고문으로서 법적 절차를 밟고 조선의 법률적 원칙과 그 응용의 범위를 설정하는 데 많은 도움을 주었다. 확고하면서도 일관된 그의 업적은 브라운(John McLeavy Brown) 경과 견줄 만하다.

끝으로 닌스테드 대령[10]이 있다. 그가 비록 조선의 군복을 입고 있었다 할지라도 어느 누구 하나 조선 정부에서 그의 역할이 무엇인가를 아는 사람은 없었다. 아마 그 자신도 자신의 역할이 무엇인지를 몰랐을 것이다. 그는 우리 해군의 경리병이었는데 아마도 자신을 봉급도 받지 못한 조선군의 경리감으로 생각했을지도 모른다. 일정한 시간이 지나면 그는 보다 높은 계급의 기장이 달린 유니폼을 입음으로써 자기 자신을 진급시키곤 했다.

조선에서의 미국의 전통은 아주 오랜 것이었다. 1880년대에는 미국인 판사인 데니[11]가 조선 정부에 봉사하도록 임명되어 실제적 행정 권한을 행사했다. 그는 단순히 고문관이 아니라 한 부서의 관장이었으며 한때 그는 조선 국민에게 책임 정부의 비법을 가르칠 수 있을 것처럼 보였으며 그의 후

9) 그레이트하우스(Clarence Greathouse : 1846~1899) : 미국의 켄터키 출신. 법부의 고문으로 봉직하다가 한국에서 죽어 양화진 외국인 묘지에 묻혀 있다.

10) 닌스테드 대령(Colonel J. H. Ninstead) : 본시 미국의 군인으로서 고베 주재 영사였으나 조선의 군사 고문 고빙 계획에 따라 1888년 4월에 다이 장군과 함께 내한하여 1898년까지 봉직함.

11) 데니(O. N. Denny : 1838~1900) : 오하이오주 몰건 출신. 젊어서 오리건주로 이주하여 그곳에서 학업을 마쳤다. 윌라메트(Willamette)대학을 마친 뒤 변호사 시험에 합격하여 달레스시(Dalles)의 지방 검사, 포틀랜드 치안 판사를 지냄. 1877년에 천진 주재 영사로 온 것이 인연이 되어 당시 조선 주재관인 원세개(袁世凱)의 추천으로 조선 국왕의 외교 고문으로 부임(1886)한 이래 묄렌도르프(P. von Moellendorff)와 많은 마찰이 있었다. 1891년에 귀국하여 주 상원으로 재직(1892~1896)하며 여생을 보냈다.

계자들처럼 대단히 부푼 희망을 가지고 임무를 시작했음에 틀림이 없다.

그러나 한때 공개되었던 그의 서신의 일부를 읽어보면 그는 마지못해 하는 동양인에게 우리와 같은 헌법 체계를 가르친다는 것이 불가능하다는 생각에 낙담하고 실망했음을 보여 주고 있으며 일본의 대한 정책이 점차로 강화되고 있음을 보여주고 있다.

조선 사람들의 소극성에도 불구하고 그가 해 온 일의 자취가 여기저기에 남아 있다. 비록 그의 농장은 오래 전에 없어졌어도 대부분의 들판이 25년이 지난 뒤에도 봉급을 받는 조선의 지도자들의 개인적 이익을 위해 임대되고 있는 반면 그의 실험 농장에서는 야생마들이 곡식밭이었던 곳을 달리고 있다.

푸크(G. Foulk) 씨를 빼놓는다면 조선이나 일본에 관한 얘기를 할 수 없다. 해군사관학교를 졸업하지마자 아시아 함대에 배속된 그는 그의 집무실에서 일본 예술에 대하여 대단한 관심을 가지고 있는 한 학생을 발견했다. 푸크는 곧 일본의 학문과 언어에 숙달했다. 우리 해군의 역사에는 그의 로맨스에 관한 이야기가 전설처럼 전해지고 있다.

그 당시 나가사키의 언덕에 미국의 해군사관학교 졸업생들에게는 아주 놀랍게도 영어를 유창하게 구사하는 아름다운 딸을 가진 노부부가 경영하는 조용한 찻집이 있었다. 그 찻집은 엄숙한 분위기였으며 그 노부부는 그의 딸을 매우 정중하게 상대했고 장교이든 신사이든 간에 변변찮은 외국인들은 그 소녀에게 말을 거는 것은 물론이고 출입하는 것조차 허용되지 않았다는 것은 잘 알려진 사실이었다. 그 전에 그 소녀에 대한 이야기를 즐겨 하는 젊은 해군사관학교 졸업생들에게 이 찻집은 클럽이 되었다. 그러나 푸크와 그의 딸은 남달리 일본어로 얘기를 했기 때문에 다른 사람들을 따돌릴 수가 있었다. 그는 그 소녀와 결혼했다.

들리는 바에 따르면 사쓰마와 조슈 사이의 전쟁 속에서 조슈의 한 사무라이 가문은 딸 하나를 제외하고 멸족을 당했다. 그러나 그 가문의 우두머리

종 부부가 그 딸을 데리고 항구로 이사를 했다. 그 부부는 그 소녀를 결코 알아보지 못할 만한 사람들에게 찻집을 개방함으로써 그들 자신과 그 소녀를 부양했다는 것이다.

푸크 씨는 뒤에 해군 무관으로 조선에 파견되었다. 미국 공사관이 안전을 위해 지부로 철수했을 때도 그는 조선에 남아 있었다. 그는 일본에 관한 전문가인 것처럼 조선에 관해서도 전문가가 되었다. 미국인에 대한 조선인의 신뢰감과 권위의 대부분은 그에게서 비롯된 것이다. 그는 자신의 봉급으로 공사관을 꾸려 나갔다.

그 뒤 공사관은 철수했기 때문에 어떠한 경비도 푸크에게 지급되지 않았다. 결국 그는 해군에서 물러난 일본에 정착하여 귀화했다. 몇 년 뒤 그는 어느 날 닛코로 가던 길 위에서 시체로 발견되었다. 언제인가 그의 이야기가 한 곳에 모여진다면 그것은 좋은 읽을거리가 될 것이다.

일본과 미국이라는 국가적 이익 집단은 제국주의적 외교의 전형적 스타일을 보여준다. 벨기에 공사관은 러시아의 음모에 대한 연막으로서만 존재해 왔다. 이탈리아인들은 임시 영사로서의 특별 임무를 위해 디 말그라[12]와 같은 매력적이고 유능하며 사리사욕이 없는 해군 장교를 파견했다. 그는 한국에 부임해서 장티푸스로 죽었다.

매우 점잖은 동양 학자이자 신비주의자인 바이페르트[13]와 쾌활한 냉소주의자인 크린[14]은 독일인으로서 뚜렷한 정책 없이 흙탕물에서 낚시질을 하

---

12) 디 말그라(Ugo Francesitti di Malgra : ?~1902) : 이탈리아의 외교관 겸 군인. 1901년 12월에 주한 이탈리아 영사로 부임했다가 이듬해 10월에 당시 유행하던 장티푸스로 사망함.

13) 바이페르트(H. Weipert : ?) : 도쿄 주재 독일 공사관의 통역관 겸 서기관으로 재직하다가 1900년 4월에 서울 주차 독일 영사 대리로 부임하여 그해 9월에 영사로 승진, 1904년 5월까지 재직하였으며 이임할 때 정부로부터 훈이등 훈장을 받음

14) 크린(F. Krien : ?) : 도쿄 주재 독일 공사관의 통역관으로 재직하다가 1887년 5월에 조선 주차 독일 영사 대리로 부임하여 영사(1889)가 되어 1890년 6월까지 봉직함.

고 있었다. 프랑스에서 파견된 플랑시[15]는 진지하고 예의바르고 분별력이 있는 사람으로서 러시아와 교류를 했지만 모든 음모에 관해서는 냉담했다. 지금은 존 경이 된 조단[16] 씨는 미국인 단체와 유사한 집단을 이끌었으며 브라운의 힘을 빌려 실권을 장악했다.

하트 경[17]이 중국의 세관업을 훌륭하게 창설했을 때 조선은 그 일부로 포함되었다. 조선의 세관 업무가 중국으로부터 분리되자 국제적인 참모 조직을 가진 현지의 브라운의 세관 사무소는 조선 정부가 보유한 가장 확고하고도 능률적인 관리 조직이 되었다. 감독관은 미국인이었기 때문에 조선에서의 세관 업무의 보호는 영국의 책임이었다.

러시아 공사가 브라운을 알렉시에프[18]로 교체하려고 하자 3척의 영국 순양함이 재빨리 제물포항으로 들어왔고 브라운 씨는 문제가 해결될 때까지 모든 세관 기금을 상해로 옮겼다. 세관 수익이 탐욕스러운 현지 관리로부터 낭비되지 않고 공공의 개선과 건설적 목적으로 사용되도록 하려고 브라운 씨는 기금의 관리를 독자적으로 처리해야만 했다.

조선과 같은 국가에서 확고한 정부의 기반을 설립하려 했던 외국인들의

---

15) 플랑시(V. Collin de Plancy : 1853~1924) : 프랑스의 외교관. 1887년 5월의 수교와 함께 비준서 교환을 위한 전권 공사로 조선에 와서 공사에 부임. 전권 공사로 승진하여 1905년에 을사조약이 체결될 때까지 주재함.

16) 조단(Sir John N. Jordan : 1852~1925) : 영국의 외교관. 퀸스 칼리지를 우등으로 졸업하고 중국으로 건너가 (1876) 공사관의 통역생으로 외교관 생활을 출발함. 북경공사관의 서기관보로 출발하여(1889) 서기관(1891)을 지냈으며 1896년 10월에 조선 주차 영국 총영사로 부임하여 공사로 승진, 을사조약이 체결된 뒤에까지(1906) 재직함. 그 뒤 북경 주차 전권 공사로 재직함(1906~1920).

17) 하트 경(Sir Robert Hart : 1835~1911) : 영국의 외교관. 퀸스 칼리지 출신. 중국 영사관에 투신하여(1854) 홍콩세관장, 영파 영사(1854~1855), 광동 2등 서기관, 세관총세무사가 되었으며(1863~1903), 사실상 중국 세관의 창시자의 역할을 했다.

18) 알렉시에프(Kir Allexeiff : ?) : 러시아의 외교관. 매클레비 브라운의 후임으로 1897년 10월에 탁지부 고문 겸 해관 총판으로 조선에 부임하였다가 도쿄 주차 러시아 재무관 대리로 전임함.

불법적인 행위에 관해 이론적으로 기록해 놓은 것도 매우 좋은 일일 것이다. 그러나 자신의 주변 세계에서 일어나는 일을 전혀 알지 못하고 전혀 의지력이 없이 그저 상냥하고 마음이 착한 절대 군주의 의지만 있고 법이 없다는 사실을 고려하지 않고서는 그러한 일들은 이지적으로 논의될 수 없을 것이다.

나는 브라운과 같은 헌신적이고 현명한 공무원들의 행동이 비난을 받아야 한다고는 생각지 않는다. 그러나 전반적인 세상의 상황이 비판을 받을 수 있다면 서구 열강들 사이의 시기심과 사소한 경쟁이 현지화의 필요성에 따라 고대의 문명을 개조하려는 시도에는 완전한 장애가 되었다는 사실은 비판을 받을 것이다. 실제로 문제가 되는 것은 조선에 유능한 사람들을 보냈던 영국이 모든 것을 영일동맹과 연계시키려는 고차원의 외교를 추구함으로 말미암아 우리와 협조를 할 수 없었다는 점이다.

조선을 위해 가장 훌륭한 봉사를 했던 또 하나의 영국 사람은 조선 학생들을 위해 세워진 영국 학교의 교장 허치슨[19] 씨였다. 그는 그 학교를 영국의 공립학교처럼 운영했고 많은 학생들이 신기하리만큼 그의 제도에 아주 훌륭하게 적응했다. 그 학교를 졸업하고 런던의 광산학교에 입학하여 우수한 성적으로 졸업하고 돌아와서 조선이 있는 외국 광산 회사에 중요한 위치를 차지한 한 사람을 나는 기억한다. 허치슨의 학교는 다른 외국의 학교들과 마찬가지로 조선 정부에 의해 보조금을 받고 있었다.

영국 공사의 미망인은 어린 황태자의 가정교사의 일을 했지만 다른 경우에도 그렇듯이 모호한 동양식 직책을 받고 부정기적인 봉급을 받았을 뿐 어떤 기능도 수행하지 못했다. 영국의 교회는 전 함대의 군종신부였던 코르

---

19) 허치슨(W. du F. Hutchison : ?) : 영국인. 1885년 우정국 고문으로 초빙되어 세관 업무에 종사하다가 1887년에 이를 사임하고 귀국했다. 그러나 그는 조선에서의 봉사를 희망하며 1893년 강화도에 설치된 해군군관학교 영어 교사로 다시 부임하였으며, 1894년 육영공원의 설립에 기여하고 여기에서 활약하다가 사망함.

프[20] 주교와 유명한 운동선수이자 코르프 씨의 계승자인 터너[21] 씨와 현재 주교인 트롤로프[22] 씨, 이 세 사람이 운영했고 이 세 사람은 모든 사람들의 추앙을 받았다.

도쿄에서처럼 러시아 대표들은 친절하기만 한 관료들의 모습에서 그들의 국가를 전쟁의 위기에 직면하게 한 무서운 사람들로 그 모습을 바꾸었으며, 러시아 공사는 항상 불확실하고 골치 아픈 문제를 야기하는 요인이 되었다. 막연한 이권 획득을 노리는 집단이나 확고한 사업가들 그리고 다소간 한정된 기능을 수행하는 조선 정부의 봉급 대상자들이라든가 각종 교회 단체들을 제외하고도 각 공사와 외교 영사는 대궐 안에 조직화된 자국의 단체를 유지하고 있었다.

공사는 또한 언제든지 왕궁에 출입할 수 있는 공식적인 통역관도 거느리고 있었다. 통역관들은 그들의 공사와 위로는 내시의 장에서 아래로는 황제의 개인 시종들에 이르기까지 왕실 내부의 사람들과 자신이 상관을 중계시

---

20) 코르프(Charles J. Corfe : 1843~1921) : 영국 성공회 신부. 초대 한국 주교. 영국 솔즈베리대성당의 반주자의 아들로 태어나 옥스퍼드대학을 졸업하고 사제 서품을 받은 다음(1867) 종군 신부로 활약하다가 중국의 지부에서 활동했으며 이때 조선에 대한 관심을 갖게 되었다. 귀국하여 1889년에 초대 조선교구장으로 임명되어 1890년 9월에 조선에 입국하여 제물포에 정착했다. 1904년 주교직을 사임하고 북경, 만주, 대련 일대에서 선교하다가 귀국했다.

21) 터너 주교(Bishop Arthur B. Turner : 1862~1910) : 성공회 주교. 옥스퍼드(1885)와 커데스돈대학(1886)을 졸업하고, 성공회의 부제(1886)와 사제(1887)를 거쳐 내한(1896), 주교(1905)가 되어 포교 활동을 하다가 과로로 죽어 양화진 외국인 성당에 묻혔다. YMCA 헌장 기초 위원이자 동회의 2대 회장으로서 교회에 대한 국가의 책임과 선교 원칙을 강조했고, 한국에 축구를 처음으로 소개했다.

22) 트롤로프(Mark N. Trollope : 1862~1930) : 영국 성공회 3대 조선교구장. 커데스돈신학교를 졸업하고(1886) 사제의 서품을 받은 뒤(1888) 1891년 3월에 내한했다. 초창기에 그는 개신교 목사들과 한글 성서 번역에 힘썼으며, 강화도성당에서 시무하면서 코르프 주교의 뒤를 이어 주교 대리로 활약하였다. 1901년에 귀국하였다가 터너 주교가 갑자기 별세하자 3대 조선 교구장으로 임명되어 1911년에 다시 입국했다. 그는 1922~1926년에 정동성당을 준공했다. 영국에 업무 차 갔다가 돌아오는 길에 고베에서 해상사고를 당하여 그 후유증으로 별세하여 정동 지하 성당에 안장되었다.

켜 주는 역할을 했다. 왕실은 게으르고 한자리 차지하려는 배고픈 사람들로 가득 찼으며 그들은 각 공사의 영향력을 자세히 지켜보다가 그에 따라 예우를 했다.

더구나 신념이나 돈줄을 빌려 공사와 관련이 있는 몇몇 고위 관리들을 주축으로 하여 파벌을 조성하는 일이 관례로 되어 있었다. 높은 직위에 있는 내시들만이 독자적으로 황제의 경호원이자 신하로서 언제든지 그에게 접근할 수 있었다. 그들은 황제의 소식통이었으며 왕이 화장실에 있거나 휴식 시간일 때에 그날의 사건들을 전하곤 했다. 자기 나라에 유리한 분위기를 만들려고 아첨과 선물과 현금 뇌물 등을 여러 가지 방법으로 이들에게 전달했다.

서구 방식을 잘 알지 못하는 국가에서는 외교 사절에 속한 모든 사람들이 이론상으로 오직 대사만이 행사할 수 있는 특권들을 참월하게 행사하고 있었다. 그들은 자기 마음대로 황제를 만날 수 있고 그들의 이권에 관련된 모든 문제를 상담할 수 있는 권리를 황제에게 요구했다. 물론 대신들이 열성적이고 애국적이며 그들의 한계 내에서는 유능한 사람들이라고 하지만 결과적으로 그런 현상이 생기는 것은 왕의 절대 권력과 대신들의 무기력함 때문이었다.

그것은 직권 남용이었다. 속삭이는 듯한 목소리로 한 시간가량 황제의 건강에 관한 안부를 던지면서 시간을 끄는 한이 있더라도 모든 영사와 외교관들은 더 자주 황제를 알현해야 한다고 생각했다. 미국의 전당대회에서 스톱워치로 공화당이나 민주당의 대통령 후보의 인기도를 측정하듯이 왕의 알현 시간은 국가의 위신을 측정하는 기준이 되었다.

한 외국 사절에서 왕을 알현할 수 있는 기회가 주어지면 그의 동료들은 그들이 소유하고 있는 모든 비밀 경로를 통해서 그가 무엇을 말했는가를 알아내는 데에 그 주의 나머지를 소비했다. 이탈리아 사람들을 제외한 모든 공사관과 영사관의 사절들은 그들의 노력에 따라 얻을 수 있는 것은 무엇이든지 얻어냈다.

나는 여기에서 중국은 고려하지 않는다. 왜냐하면 그들은 일본에게 크게 패배하고 당소의가 조선에서 마지막으로 물러간 이후 아무 것도 요구하지 않았기 때문이다. 그때부터 영국 정부가 그들의 신변 보호를 떠맡았으며 그것도 정치적인 것이 아닌 법률적인 임무만을 수행해야 했다.

무력한 조선에서뿐만 아니라 외교 단체의 구성원들 서로의 사이에 관한 국제 규약 내에서의 정당한 근거도 없이 여러 가지 외교 업무가 수행되었다. 협박이나 감언이설 또는 매수의 방법으로 조선 정부의 이익의 원천을 미국인 단체들이 개발할 수 있는 허가를 얻는 등 각국의 외교관들은 이권을 겨냥하고 있었다. 어느 공사가 황제로부터 어떤 이권을 얻어내는 데 성공하면 언제나 모든 국가의 외교관들도 그 문제와는 아무런 상관이 없는 조선과의 상업 조약 가운데 "최혜국대우" 규정을 빌미로 유사한 것을 요구했다.

조선은 이러한 과도기적 외교의 가장 좋은 사례이다. 왜냐하면 조선은 내부적으로 취약할 뿐만 아니라 조선 열강들 사이에 확실한 공식적 보호국이나 우호국이 없다는 면에서도 극동 국가들 사이에서도 가장 나약한 나라였기 때문이다. 중국에서도 유사한 일들이 수행되었지만 중국은 사실상 대륙이었으며 중국의 고대 세력이 여전히 왕중왕으로서 그리고 러시아의 초원을 가로질러 유럽 지역을 거의 삼켜 버렸던 침략의 근원으로 유럽인의 기억 속에 남아 있었다.

조선이 상대적으로 작은 국가인 것과는 달리 중국은 여전히 강대국이었다. 모든 공개적인 삶은 수도에 집중되었고 지도자들의 생각은 모든 사람의 연구 대상으로 개방되어 있었다. 그러나 일본과 영국 정부의 정책이 무엇이든 간에 그를 대표단의 눈으로 보기에 국가 정책이 명백하지만 미국의 국무성은 전반적으로 추상적인 것에 얽매여 있었다. 멀리 떨어진 지역에서 우리는 국내에서 6주내지 2개월 정도 늦게 도착하는 일간 신문에 따라 우리의 정책을 추측할 수밖에 없었다. 유럽 국가들이 서로에게 어떤 식의 행동을 취할 것으로 보인다는 편집자들의 생각이 우리의 행동을 결정했다.

예를 들면 영국에 대해서 우리가 가장 사실에 가깝게 추측해 본다면 영국은 인도에 대한 러시아의 의도를 의심했기 때문에 태평양 지역으로 외교 노선을 전환시켰으며 어느 누구 하나 3국동맹이 무엇을 의미하는지 몰랐던 것처럼 일본과의 새로운 영일동맹의 조건에 대해서 어느 누구도 아는 바가 없었으며, 따라서 영일동맹에 관한 그 신비하고 새로운 보고서는 전쟁의 위협처럼 우리에게 다가왔다. 단 한 가지만이 그 문제에 관해 확실해 보였는데, 그것은 다름이 아니라 영국 총영사는 조선에서 일본이 하려는 것을 지원하리라는 것이었다.

프랑스 공사가 모든 개인적인 음모로부터 초연했다는 것을 제외한다면 러시아와 프랑스 사이의 비밀 관계도 마찬가지였다. 어느 누구도 러시아의 독재 정치가 얼마나 강력한가를 알지 못했다. 세상 사람들은 그들의 영향력이 당연한 것이라고 생각했다.

그 무렵 어느 누구도 러시아 정부가 뒷날에 드러난 것처럼 그렇게 약하리라고는 생각지 않았다. 러시아의 힘은 아시아 대륙 동쪽과 서쪽의 모든 지역에 파고들었으며 정당한 방법으로 유럽에서뿐만 아니라 아시아에서 강대국이 되어 가고 있는 것처럼 보였다.

러시아의 흑심이 무엇이든 간에 태평양에서 부동항을 얻는 것이 그들의 준비 작업의 일부라는 것은 아주 분명했다. 조선은 그러한 개척로의 직접적인 선상에 놓여 있었으며 또 조선의 남쪽 끝에서 전속력으로 달리면 몇 시간에 일본의 심장부에 다다를 수 있을 만큼 아주 가까웠다. 일본의 상황이 어떠했으리라는 것은 자명한 일이다.

어느 누구도 일본이 러시아라는 거인과 균형을 유지할 수 있을 것이라고는 믿지 않았다. 많은 사람들은 프랑스가 가세한 러시아에 대항하여 영국이 어느 정도 버텨 낼 수 있을까를 의심했다. 1890년대 후반의 동방은 전쟁의 분위기에 휩싸여 있었다.

한편 러시아의 함대는 일본의 남쪽 섬에 있는 나가사키에서 습관적으로 겨울을 보냈는데 일본을 아는 사람들은 이러한 습관이 러시아에게 불행을 안겨 주리라는 것을 잘 알고 있었다. 교활한 일본의 관찰자들은 힘이 필수적인 바로 러시아의 약점을 조금씩 알게 되었음에 틀림없다. 이론에 대하여 습관적으로 냉소적이었던 러시아 해군 장교들과 병참부는 그들의 막대한 공금 유용을 숨기려 하지 않았다.

악명 높은 두바조프[23] 제독을 제외한다면 러시아 함대 사령관과 중국이나 조선 관리들 가운데서 누가 더 공식적 부정 이득을 취했을지 가릴 수가 없다. 성 페테르부르크에 있는 대장성과 해군성의 묵인 아래 보급과 건설과 수선비가 과다하게 계상되었다는 것은 모든 사람이 알고 있었다. 러시아 순양함이 건조되고 있는 해외에서도 이와 같은 공금 유용이 자행되고 있다는 사실은 천하가 다 아는 사실이다.

러시아가 1904년의 러일전쟁에서 패배한 곳은 바로 나가사키항이었다. 러시아 사람들이 개인적으로 얼마나 훌륭하고 씩씩하든 간에 공식적 부패에 기반을 둔 전투 부대가 효율적으로 오래 버티지 못한다는 사실을 일본인들은 잘 알고 있었으며 그것이 확인된 곳이 바로 나가사키였다.

---

23) 두바조프(Fedor V. Dubasoff : 1845~1912) : 제정러시아의 해군 제독. 해군사관학교를 졸업하고(1870), 러시아-터키전쟁 (1877~1878)에 참전하였으며, 태평양함대사령관(1897~1899), 해군기술위원회 의장(1901~1905)으로 재직하면서 농민 봉기와 모스크바 군인 봉기를 진압하는 데 공을 세우고 국가평의회와 국가안보회의(1906~1907)에서 활약했다.

제 4 장 황 제[고종]

서울에서는 하나의 생활이 되어 버린 모든 음모의 중심은 왕이다. 그는 최근에 황제가 되었으며 이론상으로는 그가 모든 것을 주재한다. 조선의 이론에 따르면 땅과 그 국민은 모두 그의 것이었다. 중국의 체제를 본 땄기 때문에 그는 당연히 국가의 대신을 거느리고 있었으나 그들은 왕의 종에 지나지 않았으며 왕의 의지를 수행하고 왕과 외국의 사절 사이의 완충기와 같은 역할을 수행하는 것을 의미한다. 외국 사절들은 끊임없이 이 명색뿐인 대신들이 의무 이행 능력이 있는 것으로 착각했다.

이 대신들은 책임이 없으며 폐하와 당사자들 사이의 대화에서 아무리 다짐을 해도 결국에는 번복된다는 사실을 깨달은 뒤부터 점점 더 극히 사소한 문제에 이르기까지 모든 문제를 들고 왕에게 직접 찾아가게 되었다. 왕궁으로부터 어떤 문제를 각 대신들에게 다시 돌려보낸다는 것은 그 대신이 호의와 영향력을 상실했다는 분명한 조짐이었다. 그러한 체제 내에서 가장 중대한 결점은 황제가 의지력이 없다는 것이었다.

나는 조선에 도착하자마자 알렌(H. N. Allen) 박사의 도움으로 황제를 알현했다. 비록 그 왕궁의 옆문이 공사관의 입구에서 20야드가 안 되는 곳에 열려 있었지만 고관이 걸어서 들어간다는 것은 보기에 별로 좋지 않았다. 우리는 각각 녹색 천을 두른 가마를 탔다. 각 가마에는 네 명의 가마꾼이 배

고종 황제

치되었다. 평소에는 문지기나 전령 등의 역할을 하지만 제복을 입으면 세도 있는 양반의 수행원에 소속되어 일반 서민과 다소 차이가 있는 구식 군대 복장의 기수와 개인 경호원들이 뒤따랐다.

우리가 공사관을 떠나기 전부터 우리가 접근한다는 것을 알리는 소리가 시작되었다. 파수병들은 거리와 건너편에 있는 왕궁과 내부 황실에 우리의 도착을 알렸으며 뛰다시피 하는 가마는 아주 초라한 벽돌집 앞에 우리를 내려놓았는데 그곳은 우리가 예상한 고궁의 거대한 대사 접견실과는 많이 다른 곳이었다.

겨우 값싸고 번쩍번쩍하는 양탄자와 그랜드 라피즈[1] 산의 접대용 의자가 있는 이곳에서 궁내부 대신과 외부대신, 의전장 그리고 몇몇 황실 통역관과 미국인들에게 우호적인 것으로 알려져 있는 몇 명의 신사들이 우리를 맞았다. "뚱뚱이 대공"으로 알려져 있으며 명랑한 기질과 느릿느릿한 태도 속에 감춰진 놀랄 만한 교활함이 잘 드러나지 않으면서도 민첩하고 쾌활한 거물급 인사인 황제의 삼촌[2]도 그 모임에 참석했다.

곧이어 황제가 알현실로 온다는 것을 고위 환관이 따라 오며 알렸고 주황색 관복과 공작의 깃털이 달린 털모자를 쓴 시종들이 길을 인도하려고 뒤따라 왔다. 두 명의 환관이 무거운 발걸음으로 먼저 화강암 계단에 오르더니 황제 앞에서 마지막 경의를 표했다. 그들은 일어설 때마다 조금씩 옆으로 이동하면서 세 번씩 큰절을 하고는 머리를 숙였다. 그들은 눈을 내리깔고 가슴에 양팔을 교차 시킨 채 그곳에 섰다. 뒤이어 통역관이 똑같은 방식으로 예의를 표시했다.

알렌 박사와 나는 무릎을 꿇고 절하는 대신 세 번 목례를 하고서 황제와 그의 큰 아들인 황태자가 서 있는 맞은편의 작은 탁자 앞으로 다가갔다. 그 장막 뒤에는 뭔가 살아 있는 것이 숨어서 부스럭거리는 소리와 속삭임 그리고 작은 웃음소리가 들려오자 내관은 단호하게 주의를 주었다.

---

1) 그랜드 라피즈(Grand Rapids) : 미국 미시간주의 서남부에 있는 산업 도시.
2) 뒤에 전개되는 여러 가지의 정황으로 미뤄 볼 때 왕의 삼촌이 아니라 형인 이재순을 의미하는 것으로 보임.

알현은 아주 짤막했다. 흰 얼굴에 키가 작고 태도에 신경을 많이 쓰는 듯한 소심한 황제는 제국의 상징인 용을 수놓은 신기한 금빛 비단옷을 입고 있었다. 그는 따뜻하고 친절하며 아무런 의식 없이 우리를 맞이했다. 그는 우리에게 각자 작고 섬세한 손을 내밀었다. 그리고 웃으면서 고개를 끄덕이더니 통역관의 딱딱한 형식을 가리지 않고 직접 알렌에게 빠르게 말을 했다.

그의 아버지와 비슷하지만 심홍색의 옷을 입은 황태자[순종]는 수줍어하고 둔감했다. 내가 생각하기에 그는 당당하고 거만한 태도를 취하려고 애를 쓰는 것 같았으며 그로 말미암아 그 고통을 견디지 못해 안절부절못하는 것처럼 보였다. 나는 그 뒤에 그 불쌍한 사람의 이야기를 듣게 되었다. 나는 친절하고 상냥한 황제를 좋아했다. 그는 분명히 감정을 조절하지 못했고 점점 바뀌어 가는 문화 속에서 자신의 위치가 복잡해지는 것에 적응하려 했으나 그러기에는 적절치 않은 인물이었다. 그는 자신이 이해하지 못하고 통제할 수 없으며 뿌리치려고 노력했던 세력들에 의해 어린 시절부터 고통을 받고 있었다.

황제는 교만하고 지독하며 교활한 성격의 몰락한 왕족의 아들로 어느 마을에서 가난하게 태어났다. 그는 시골 어린아이들과 들판을 달렸고 팽이를 돌렸으며, 연을 날리면서 다른 시골 아이들과 똑같이 생활했다.[3] 후사가 없는 왕이 아프다는 소식이 그 마을에 전해지자 그의 아버지는 서둘러 서울로 향했으며 막무가내로 죽어 가는 왕에게 다가가서 위협과 폭력으로 소심한 내관들과 궁녀들을 방에서 몰아냈다. 잠시 뒤 그는 큰 울음소리를 내며 밖으로 나와 직책상 왕의 침전으로 들어가지 못하고 기다리던 왕족과 대신들에게 왕의 죽음을 알리며 통곡했다.

그리고서는 왕의 후사가 없기 때문에 그 시골 소년이 왕위를 계승해야 하

---

3) 전후의 문맥을 볼 때 이 대목은 철종과 고종의 유년 시절을 혼동하고 있는 것으로 보인다.

며 그의 아버지는 그를 인도하고 정치를 수행하는 섭정이 된다고 선포했다. 선왕이 스스로 서명하고 봉인한 취지의 문서를 그가 보여 주었지만 오래지 않아 그곳에 있던 사람들은 의식이 없어 죽어 가는 사람이 새로운 섭정과의 얼마 안 되는 순간에 그렇게 명백하고 공식적인 필체로 썼을 리 없다고 의심하기 시작했다는 것이다.

옥새가 대원군의 손에 들어갔다. 왕은 비록 죽어 가고 있었지만 그의 친척이 도착하자마자 아마도 자연적인 현상보다는 조금 더 빨리 죽었다는 나쁜 소문이 그 뒤에 퍼졌다. 그러나 조선의 법률상 옥새를 가진 사람은 그 자체로서 통치권을 가지게 되었고 그 미움 받던 대원군이 스스로 왕이 되지 않은 사실에 안도의 한숨을 쉬는 이도 있었다.

왕실보다 더 유서 깊은 가문이며 더 고결한 양반이라고 주장하던 막강한 민씨 일가는 한발 물러서서 화해를 하려고도 하지 않았고 그렇다고 해서 겁을 먹지도 않았다. 궁궐 수비대는 그러한 일 처리의 정당성에 대한 가장 강력한 증거인 옥새에 복종했다. 섭정이라는 이름 아래에 스스로 왕궁에 들어간 대원군은 호위병을 강화시키고 새로운 지지자들을 불러 모았으며 마음 내키지 않는 그의 열두 살 난 아들을 왕으로 등극시켜 강력한 영향력을 행사했다.

대원군은 직접 거대한 북쪽 궁을 지었다. 자금이 없이 그것에 대한 비용을 지불한 방법은 그의 성격을 가장 잘 보여주었다. 그는 건축업자와 설계업자, 노동자, 물자와 돈을 마음대로 징발했다. 그때 그는 칙령에 따라 당시의 구리로 된 "엽전"이 그의 부하들의 손으로 지불될 때는 액면가보다 여러 배의 가치로 사용될 것이라고 명령했다. 이를 거절하는 자는 "엄벌"을 받으리라고 했는데 모든 사람은 그것이 무엇을 뜻하는지 잘 알고 있었다. 왕궁이 완성되자 그는 그 엽전의 가치를 절하함으로써 그 가치는 정상 상태로 떨어졌다.

어린 왕과 그보다 두 살 많은 민씨 가문의 딸과의 결혼이 추진됨으로써 민 씨 일가와의 평화가 찾아왔다. 조선의 소녀들은 열네 살만 되면 결혼이 가능했고 두 가문의 제휴를 위해서는 훨씬 어려서도 결혼을 했다. 민비는 모든 면에서 특별한 여자였다. 그는 똑똑했고 교육도 받았는데 조선의 여성들이 좀처럼 교육을 받을 수 없었다는 점을 고려한다면 그것은 아주 드문 일이었다.

민비는 어린 남편의 관심사도 아주 잘 알고 있었다. 개성이 강하고 굽히지 않는 의지의 소유자이며 나이와 성별을 초월한 정치가였던 그는 애당초부터 대원군에게 무서운 적수가 되었다. 그는 친정아버지의 지시를 받았는지도 모른다. 그렇다면 그의 아버지는 대원군에 대항할 수 있는 좋은 자료를 가지고 있었음에 틀림없다.

대원군은 처음에는 중국과 밀접한 관계를 맺고 있었으나 1894년에 중국이 결정적인 패배를 당하자 일본 정부와 친선을 도모했다. 왕비는 끊임없이 대원군의 억압과 보호로부터 남편을 완전히 독립시키고 외국의 지배로부터 조선을 독립시키려고 꾸준히 노력했다. 왕비를 알고 있는 사람들은 그가 반외세적인 인물이 아니었으며 그의 국가가 서구의 국가들 사이에서 평화롭게 존속하려면 어떤 외국의 문물도 받아들여야 하고 또 정부 개혁이 필요하다는 사실도 깨닫고 있었다고 한다.

그러나 그는 경험이 없어 분명히 혼란이 뒤따를 것을 사람들은 두려워했다. 그는 외국을 어디까지 신뢰해야 하는지를 몰랐다. 그가 바랐던 것은 단지 그의 국가가 자유롭고 풍요롭게 되는 것이었으며 그의 남편이 행복한 왕이 되는 것이었다. 왕비는 한 순간도 안전하게 생활할 수 없었고 그를 살해하려는 시도도 많았다. 그러한 폭력과 음모에 두려워 떠는 남편도 그에게는 짐이 되었다.

대원군의 부하가 왕궁에 침입해서 왕을 체포한 적도 있었다. 아무런 비난을 받지 않고 왕비의 암살을 확실히 하기 위한 문은 활짝 열려 있었으며 그의 죽음을 위장하려고 술 취한 폭도들이 약탈하고 강탈했다. 평양의 북쪽 지방 출신인 한 건장한 시골 광부가 그러한 폭도들 사이로 뛰어 들었다. 어쩌면 그는 왕비의 친구들이 보냈거나 아니면 그 자신이 독자적으로 행동했을는지도 모른다. 어쨌든 그는 왕비가 숨어 있던 장소에서 불쌍한 그를 만나자 부엌에서 사용하는 천으로 그를 감싸고 그의 머리와 얼굴을 가린 뒤 어깨 위로 걸쳐 메고 자기는 노획물을 가지고 있다는 음탕한 농담을 외쳐대면서 왕궁 문으로부터 벗어났다. 폭도들은 지금 그가 업고 나가는 그 인물 때문에 질렸는지도 모른다.

그의 음탕한 농담에 넘어간 대원군의 수비대는 그를 통과시켜 주었다. 그는 도시 성곽의 부서진 곳을 통해서 재빨리 빠져나갔다. 모든 문은 폐쇄되었고 감시를 받았으며 왕비의 친구들은 집에서 감시를 받고 있었다. 그는 산속 오두막집에 민비를 숨겼다. 그곳에서 그는 왕비에게 자신의 충성심을 확인시켰다.

머지않아 왕비의 죽음이 알려지자 많은 사람들이 그런 줄로 알았다. 왕비를 구해 준 이용익[4]이라는 사람은 왕비가 숨어 있는 장소를 그의 일가에게 전해 주었다. 왕비를 사랑하는 도시의 사람들에 의한 반격으로 어린 왕을 구출해 냈으며 왕비를 왕궁으로 복귀시켰다. 이 사건으로 이용익은 유명해졌고 왕실에서 높은 직책을 얻게 되었다.

1894년에 이르기까지 내내 대원군의 음모 때문이든 아니면 그 당시 일본의 공사 미우라 고로[5]가 또다시 합병을 목표로 삼게 되고 왕비가 그 일을 방해했기 때문이든 간에 그는 일본 영사의 미움을 사게 되었다. 조선과 심

---

4) 이용익(李容翊 : 1854~1907)은 심상훈 내각에서 군부대신, 탁지부대신과 내장원경 등을 역임한 바 있다. 그리고 그는 광부 출신이 아니라 북청의 물장수 출신이었다.

5) 미우라 고로(三浦梧樓 : 1846~1926) : 일본의 군인. 야마구치현 출신. 18세에 기병대에 투신하여 사츠마 반란(1877)의 진압에 큰 공을 세우고 1878년에 중장, 1882년에 육사 교장을 지냄. 구미를 시찰한 다음(1884), 귀족원의원(1890)이 되었고, 온건파 이노우에 가오루가 한국에서 물러간 뒤에 강경파의 지지를 얻어 조선 주차 일본 공사(1895)로 부임하여 을미사변을 일으킴. 추밀원 고문(1911)을 지냄.

지어 일본의 증언에 따르면 마침내 왕비를 없애려는 시도가 있었다는 것은 잘 알려진 사실이다. 왕비는 장안의 화젯거리가 되었고 숨길 수 없는 사실이 되었다.

대원군과 일본 공사 사이의 회담의 결과 군사 고문, 왕의 경호대, 훈련대가 구한국군과 교체하려고 조선에 입국했다. 동시에 일본인의 거류지는 도쿄와 고베에 본사를 둔 일간 신문의 기자들과 특파원들로 붐볐다. 앞으로 무엇이 일어날 것인가를 공공연히 떠들고 다녔다. 또한 일본인 거류지는 일본 정치의 행실이 안 좋은 폭력배라는 뜻의 소시[6]라 불리는 무리들이 학생 복장을 입고 곤봉이나 단검으로 무장한 채 정객들의 돈을 받으면서 때때로 일어날 수도 있는 정치적 논쟁에서 그들의 편을 들었다.

사람들은 다소 신비에 쌓인 미국의 총잡이들에 대한 얘기를 들은 적이 있을 것이다. 이 일본의 소시들은 신비스러운 것도 없는 무리로서 언제든지 폭력을 행사할 수 있었다. 그들은 자신의 목적을 달성한 뒤에 정치적 위기가 그들의 희생을 요구하고 심지어는 그들의 두목의 죄를 덮어쓰고 희생당할지라도 결코 "배신"하는 법이 없었다.

1894년 10월 8일 밤에 대원군은 왕의 부부가 거처하는 왕궁으로 쳐들어갔다. 문이 열리자 조선인 차림을 한 일본 장교들을 포함한 이 무리들은 대원군과 함께 안으로 들이닥쳤다. 평양 출신의 호랑이 사냥꾼과 광부들로 구성된 왕비의 호위병들은 장교들의 지휘를 받으며 한동안 용감하게 방어했다. 아버지인 대원군이 항복하도록 설득하자 놀라움을 금치 못한 왕은 밖으로 뛰쳐나와 시위대에게 무기를 버리라고 명령했다. 그들의 지휘관은 단신으로 침입자들에게 달려들었으나 난도질을 당하고 말았다.

몇몇 폭도들이 왕과 대원군을 호위하는 동안 대부분의 소시들은 왕비를

6) 소시(壯士)라 함은 한국어의 장사와는 그 의미가 전혀 달라, 남의 청탁을 받아 행악하는 낭인을 의미한다.

죽이라고 외치면서 여기저기로 흩어졌다. 이번에는 가엾게도 왕비를 호위해 줄 강인한 광부가 없었다. 왕비를 발견한 폭도들은 그를 칼로 벤 뒤 아직 숨이 붙어 있는 그에게 기름을 부어 놓은 나뭇가지 위에 집어던졌다. 결국 그의 시체는 완전히 불타고 몇 개의 뼈만이 매장을 위해 수거되었을 뿐이었다.

일본의 수비병은 "왕을 보호한다."는 미명 아래 왕궁의 병력을 강화했으며 일본 공사는 서둘러 왕에게 위로의 뜻을 전달했다. 이 사건에 대한 소식이 전해지자마자 왕에게 달려온 외교관들이 왕을 알현하는 동안 일본 공사는 계속 왕의 옆에 있었다. 이번 사건에서 일본 공사는 똑같은 통치자에게 신임장을 제정한 동료 외교관의 자세라기보다는 봉신국의 감독자와 같은 분위기였다고 주장하는 외교관도 있었다.

왕은 이 알현에서 앞뒤가 맞지 않는 얘기를 하면서 불분명한 소리를 했고 훈련을 받은 사람처럼 외국 외교관들에게 "일본의 시기적절한 보호"에 대한 감사의 뜻을 되풀이하여 말하고는 털썩 주저앉아 흐느끼며 말을 더듬었다. 며칠 뒤 옥새가 찍히고 친일파에 속한 것으로 알려진 몇몇 대신들이 서명한 교서가 발표되었다.

그 교서는 왕비를 모욕적이고 헐뜯는 용어로 비난하는 내용이었다. 그것은 왕비를 대단히 로맨틱한 인물로 생각했던 민중들의 거센 불만을 불러 일으켰다. 사람들은 현명하게도 왕비의 불쌍하고 나약한 남편이 스스로 왕비의 기억에 대한 모욕을 꾸미지는 않았을 것이라고 생각했다. 외국 사람에게는 왕실의 출입이 어려워졌으며 조선의 국민들에게는 아주 불가능한 일이 되었다. 몇 명의 미국 선교사들은 친일파의 불쾌감에 신경 쓰지 않고 독살을 두려워하는 왕에게 직접 만든 음식을 들고 교대로 방문했다.

얼마의 시간이 지난 뒤 이번에는 러시아 공사가 발표한 또 하나의 선언서가 서울을 온통 술렁이게 만들었다. 이 선언서는 왕비의 비할 데 없는 미덕을 칭송했고 그의 비극적인 죽음을 애도했으며 모든 충성스러운 국민들이 그의 살인자들과 특히 모욕적인 첫 번째 선언서에 서명한 대신들에게 복수할 것을 요구했다.

드디어 국민들은 봉기를 했고 몇몇 흉행의 일원으로 알려진 사람들이 쫓겨났다. 일본 수비대는 왕궁으로부터 철수했으며 일본 공사와 그의 고문, 장교, 기자 그리고 소시들은 급히 일본으로 떠났다. 그 성공적인 대응책은 궁궐 안에 있던 한 궁녀가 꾸민 것이었다. 그는 문을 지키는 보초들이 자신의 얼굴을 익혀 감시를 게을리 할 때까지 하루에도 여남은 번씩 그 문을 통과하면서 대궐 밖으로 나가 찬거리를 사 왔다.

때가 되자 그는 두 대의 가마가 또 한 명의 궁녀를 데리고 나갔다. 보초들은 다시 검문을 했으나 이 일도 또한 반복되자 또다시 무관심하게 되었다. 드디어 그 궁녀는 행동을 개시했다. 그는 대궐 밖에서 가마를 내려 천민들의 녹색 장옷을 뒤집어쓰고 러시아 공사관을 찾아가 대리 공사를 만나 적절한 군사적인 예우를 갖추어 두 명의 귀족 출신 손님을 맞이할 의사가 있는가를 간단히 물었다. 러시아 대리 공사는 재빨리 그 궁녀의 심중을 알아 차렸다.

러시아는 관대하며 손님을 그냥 돌려보내지 않을 것이며 어떤 손님이든 그의 직위에 따르는 예우로써 대접할 것이라고 그가 대답했다는 것은 더 말할 나위도 없다. 그러자 그 여인은 불쑥 자기는 매일 같은 시간에 그의 동행과 함께 왕궁을 나설 것이며 아무 일 없다면 다음날 같은 시간에 다시 올 것이니 이때 즉시 출입이 허용되기를 희망한다고 대리 공사에게 말했다.

콘스탄티노플에서처럼 서울 주차 러시아 공사는 인근 항구에 보호의 임무를 수행하고 가까운 러시아 우체국까지 외교상의 행낭을 전달하는 데 이용되는 여러 명의 군인들이 배치된 작은 포함을 보유하고 있었다. 그 여인의 가마가 다음날 공사관에 나타났다.

외교관이 초대된 러시아의 민속 축제에 참석하려고 도착한 무렵에 완전 무장한 건장한 러시아의 수병들이 때맞춰 도착한 것은 겉으로 보기에는 분명히 우연한 사건이었다. 모든 사람들은 함께 러시아 공사관원이 기다리고 있는 언덕에 올라가 가마로부터 여자의 옷으로 감싼 왕과 왕자가 나왔다. 그 충실한 궁녀인 엄상궁은 뒤에 그의 성공적인 용감함과 그 댓가로 높은 지위에 오를 수 있었다.

러시아의 보호 아래서 안전하게 두 번째 선언서가 발표되었으며 일본의 영향력은 일시적인 침체를 겪게 되었다. 얼마 뒤 미우라 고로 자작의 반란이 드러나게 되었다. 그의 선임자인 이노우에 가오루[7]와는 정책이 너무 달랐기 때문에 유럽의 대사관원들은 그에게 당혹스런 질문은 던졌다. 일본에서도 여론이 들끓었다. 정부가 조치를 취했지만 그 무자비한 친일파는 여전히 정당한 판결을 내리기에는 세력이 너무 막강했다.

구니모토 시게아키라는 서울에 거주하는 일본인과 다른 사람들에게 왕비의 살인자로 알려져 있었고 그의 의형제인 사세 구마데쓰와 조선인에게는 소 스즈키로 알려진 스즈키 준켄과 함께 그는 그러한 사실을 자랑하고 다녔으며 공공연히 그의 동료들의 축하를 받았다. 대부분의 일본 거류민들은 그들이 범인들을 공공연히 비난하지 못한 것을 속으로 비난하며 개탄했다.

히로시마 법정에서 피고가 왕비의 죽음을 계획했고 미우라 백작이 그들에게 왕비를 죽이라고 했다는 사실이 재판장 요시다 요시히데에 의해 입증되어 기록되었다. 그러나 이상한 그 판결은 "피고 가운데 어느 누구도 실제로 근본적으로 자신들에 의해 계획된 범죄를 자행했다고 입증할 아무런 증거도 없다"고 지적했다. 무엇이 일어났는가를 직접 목격한 외부의 목격자들은 증언하지 못했으며 사체 모독에 대한 증언은 무시되었다.

히로시마 법정은 이 사건을 기각했으나 정부는 비우호적인 생각과 의도를 가졌다는 이유로 모든 관계자를 비난했고 그들 가운데 몇몇 관리들은 이

---

7) 이노우에 가오루(井上馨 : 1835~1915) : 일본 메이지시대 정치가. 백작. 이토 히로부미와 함께 영국에 유학한 뒤 외무성에 들어가 활약하던 가운데 한일수호조약을 체결하고 그 뒤 외무대신, 대장대신에 올랐다.

제 직위를 박탈당할 것이라고 선언했다. 비슷한 상황에서 히트로보를 발칸 제국에서 도쿄로 전보했던 러시아 정부와는 달리 일본 정부는 아주 자비롭게도 잠시 동안만 그들의 공사를 퇴임시켰다. 그가 공직에 복귀되기까지에는 그리 오랜 시간이 걸리지 않았으며 그것도 더 좋은 자리를 얻었다.

러시아 공사관에서 안전하게 머물고 있었던 왕은 황제에 즉위했는데 이는 아마도 왕은 황제의 신하가 될 수 있으나 황제는 누구의 신하가 될 수 없으며 황제로서 즉위하면 중국, 일본, 러시아의 황제와 동등해질 것이라는 봉건적 이론에 근거했던 것으로 추정된다.

그 뒤에 엄상궁[8]은 보상을 받았다. 그는 부엌일을 돌보던 여자에서 후궁의 첫 번째 지위에 오름으로써 양반들의 질시를 받았으나 백성들의 환호를 받았으며 셋째 왕자의 어머니가 되었다.

몇 년 뒤 러일전쟁 초기에 최후의 역전의 기회가 왔다. 가까스로 도쿄에서 서울에 다다른 미국인 종군 기자들은 전선에 가는 것이 허락되지 않았으며 보고할 것이 없어 발을 동동 구르고 있었다. 그들 가운데에는 노 젓는 배로 조선에 도착했다고 주장하는 런던(Jack London) 씨가 있었다. 뉴욕의 한 일간지를 대표하는 그들 가운데 한 기자는 좋지 않은 캐나다 클럽의 위스키를 마시고 어떤 사건을 만들어 냄으로써 언론의 힘에 관한 그의 이론을 확신시켜 주었다. 그는 그 신문의 일요판에서 풍부하게 사진 설명을 곁들인 전면 기사를 썼다.

런던 씨는 그 기사에서 한 아름답고 정숙한 미국인 선교사인 브라운(Emily Brown)이라는 사람의 경력을 소개했다. 국왕은 그에게 너무나 매혹된 나머지 그의 마음을 사로잡으려고 사신을 보냈다는 것이다. 그러한 구

---

8) 엄상궁(嚴尙宮 : 1854~1911) : 순헌황귀비 엄비를 의미함. 엄진삼의 딸로 민비가 시해된 뒤 고종을 모시다가 아들 은을 낳고 귀비가 되었다. 양정, 진명, 명신(숙명) 등 학교를 세우는 데 기여했다.

애가 오랫동안 계속되었으며 그 여인은 국왕과 왕국 전체가 그 여자의 종교를 믿겠다는 약속을 받아내고서야 그의 구애를 받아들였다.

결혼식은 대단히 엄숙하게 거행되었다고 한다. 미국인 영사(그 신문에 보도된 달걀 모양의 그림이 그의 사진이다)가 신부를 신랑에게 인도했으며 브라운(McLeavy Brown)과 내가 공식적인 증인이 되었고 사진과 그림들이 그 사실을 "증명"해 주었다. 이러한 허구적인 기사에 따르면 엄비라는 조선식 이름을 갖게 된 에밀리는 그 당시 서울에서 국왕의 배우자로서 마음대로 통치를 했다.[9] 나는 다른 문헌에서도 이 말도 안 되는 기사를 보았고 지루함을 견디지 못한 특파원의 허구 속에 존재했던 여자는 브루크[10]처럼 실제로 동양의 권력가들과 함께 기록되어 왔다.

엄비의 아들은 의심할 나위도 없이 왕조의 희망이었다. 그의 큰 형인 황태자는 태어날 때부터 몸과 마음이 허약했다. 용감하고도 왜소한 그의 어머니는 그가 태어나기 전부터 왕위를 계승할 강력한 황태자를 얻기 위해 의사와 무당들의 도움을 빌어 모든 종류의 짐승 같은 행위를 자행했다. 어머니의 태중의 행동과 정치적 수난 그리고 그의 때에 맞지 않는 야만적인 죽음이 그의 정신과 몸을 파멸시켰다. 그의 배우자는 그의 모후처럼 영리하고 성취욕이 강하며, 모든 서구 지식들을 알려고 했던 똑똑한 태자빈이었다.

궁녀의 몸에서 태어난 둘째 왕자는 결코 왕위에 오를 수 없었다. 동양 관습에 따르면 국왕은 아주 모범적인 남편이었다. 중혼, 곧 여러 명의 궁녀들과 그 자녀들은 세 동양 국가에서는 왕실의 특권의 일부였다. 왕비는 한 명밖에 있을 수 없지만 법적으로는 몇 명의 고정된 숫자의 후궁을 둘 수 있었

---

9) 이 사건의 전말은 필자의 기록과 다소 다르다. 내용인즉, 1903년 11월 29일자 『보스톤 선데이 포스트』가 전혀 사실과는 다르게 한국의 황제가 에밀리 브라운이라는 미국 여인과 결혼했다는 선정적인 허위 보도를 냈다.

10) 브루크(Rajah Brooke) : 1800년대에 보르네오 섬의 사라와크(지금의 말레이시아)를 다스리던 추장 가문을 의미함.

다. 그리고 공식적인 숫자 이외에도 왕은 궁녀를 선택할 자유를 가지고 있었다.

그러나 그 작은 체구의 민비는 경쟁자를 허용하지 않았고 따라서 의화군[11]과 그의 어머니는 불명예스럽게 추방되었다. 그가 점점 성장하고 황태자에게 여전히 아이가 없자 선교사를 통해서 그의 아버지가 그를 미국으로 보내는 데 성공할 때까지 그의 정적들은 그를 일본으로 보내어 타락하게 만들었다.

명랑한 셋째 왕자[12]는 비록 그가 애기였을 때 모든 사람들에 의해 철저하게 귀여움을 받아 응석받이가 되었지만 아주 착실하고 좋아할 만한 아이였다. 그는 일본의 보호를 받으며 성장했는데 국내에서 그에게 기대했던 가능성보다 훨씬 더 발전했다. 일본의 공주와 결혼한 그는 일본 왕실의 직위에 올랐다.

광부이자 민비를 구해 낸 이용익은 엄비에게서 그가 이해할 수 있는 인간상을 발견했다. 민비는 살아 있는 동안 항상 그에게 고마워했으며 왕실의 귀족들이 그를 묵인할 수 있도록 한 것은 민비의 의지가 강했기 때문이었다. 그는 결코 왕실의 복잡한 의식이나 귀족의 예절에 신경 쓰지 않았다. 그는 키가 크고 튼튼했지만 어정쩡한 걸음을 걷고 더럽고 지저분하게 옷을 입고 있었으며 덥수룩한 턱수염과 눈곱이 낀 붉은 눈을 가지고 있었다.

그러나 브래디[13]처럼 그는 문을 열 수 있는 열쇠를 가지고 있었다. 브래디는 100달러짜리 지폐를 둘로 나누어 그 가운데 반을 어느 고집 센 구매 담

---

11) 의화군(義和君 : 1877~1955) : 의친왕 이강공을 의미함. 고종의 다섯째 아들로 귀인 장씨의 소생임. 그의 행적에 관해서는 신복룡, 『대동단실기』(서울 : 선인, 2014) 참조.

12) 영친왕 이은을 의미함.

13) 브래디(Diamond Jim Brady : 1856~1917) : 미국의 억만장자이자 자선사업가. 본명은 James Buchanan Brady였으나 돈이 많아 다이아몬드라는 이름을 얻었다. 미국의 존스홉킨스대학 부속병원과 뉴욕병원은 그의 기부금으로 설립되었다.

당에게 보내고 나머지 반쪽은 밖에서 기다리고 있다는 전갈을 담당자에게 보내기로 작정했다. 이용익은 작은 금괴를 보았다.

이용익은 누구를 만나러 가고 싶을 때면 그는 우선 금괴가 담긴 작은 상자를 보냈지만 그 금괴가 어떤 효과를 낼지는 알 수 없을 경우에는 그것을 보내지 않았다. 왕실에 있는 대부분 사람들에게는 그것이 통했으나 보수적인 양반들에게는 그것이 통하지 않았다. 그들은 이용익을 몹시 경멸했으며 이용익은 그들에게 복수할 기회가 오기를 기다렸다.

엄비가 권력을 잡자 이용익은 그의 호의를 받을 만한 일을 찾아냈다. 그 야심만만한 광부와 성공한 궁녀는 서로를 전부 이해했다. 그들은 내관의 우두머리인 강석호[14]라는 인물을 그들의 동맹에 가담시켰으며 그 두 사람의 영향력을 이용해서는 이용익은 내탕금의 관리인과 조폐국의 책임자가 되었다. 왕이 모든 것의 지배자였기 때문에 그 자리는 왕국 내의 모든 것을 관장할 수 있었다. 국가의 통화를 간단하게 장악하려고 했던 것이 그의 의도였으나 그 계획은 빗나갔다.

조선의 화폐는 25센트 동전만한 놋쇠나 구리 조각으로 만든 중국의 엽전으로서 가운데에 구멍을 뚫어 필요한 양만큼 끈으로 꿸 수 있도록 되어 있다. 장날과 같은 큰 거래에 사용하려면 조랑말 위에 엽전 꾸러미를 쉽게 실을 수 있다. 그보다 다루기 쉬운 돈을 공급하려고 이용익은 미국 회사에 이권을 주고 액수가 찍히지 않은 동전을 수입하는 일에 착수했는데 1개당 일본화로 5전이 들었다.

그러나 그는 일본의 간교함을 간과했다. 그가 아무리 많은 돈을 조폐국에서 발행하든 간에 그는 싸구려 합금과 함께 누구든지 동전을 쉽게 만들 수

---

14) 강석호(姜錫鎬) : 『고종실록』 광무 5년(1901) 3월 17~18일자, 광무 8년(1904) 2월 10일자, 3월 15일자, 광무 10년(1906) 7월 3일자, 및 광무 11년(1907) 1월 16~17일자, 21일자에 그의 행적이 보인다.

있게 해주는 작고 값싼 조폐기를 시장에 내놓았던 천재적인 아들들인 일본인과 경쟁할 수 없었다. 조폐국에서 5달러와 10달러짜리 동전은 발행했지만 그것이 위폐인 것이 밝혀지지 않게 하려고 어느 누구도 감히 그 꾸러미를 펼쳐 보려 하지 않았다.

따라서 동전 꾸러미는 "반지 사냥"처럼 아주 재빠르게 이 사람에서 저 사람에게로 옮겨 다녔다. 돈이 생긴 사람은 믿을 수 없을 만큼 빨리 빚을 청산했다. 왜냐하면 모든 사람들은 돈을 가지고 있기를 두려워했기 때문이다. 따라서 국민들은 큰 피해를 입지 않았다. 이들 세 명은 내밀한 음모를 꾸몄다. 엄비는 결코 일본의 친구가 아니었으며 러시아에 기울어 있었지만, "합리적인 견해"를 가지라고 설득할 수 있으리라는 것이 일반적인 인식이었다.

내관인 강석호는 알렌의 친구였으며 왕실 내의 친미파의 우두머리라는 평을 들었다. 이용익은 계속해서 제멋대로 행동했으며 만약 강하다는 사실이 입증되면 어떤 배경도 받아들일 준비가 되어 있었다. 그가 친러파인 것처럼 인식되었지만 대체로 청렴하여 결코 매수당하지 않는 사람이라고 사람들은 그를 신뢰했다. 그들 셋은 황제를 세심하게 보호했다. 그들을 통하지 않거나 최소한 그들이 모르는 얘기는 왕에게 전달되지 않았다. 왕실의 모든 음모와 대부분의 외교는 모두 그 세 사람이 모르게 황제에게 전달하는 방법을 고안해 내는 데로 향해 있었다.

제 5 장 영사 재판

유럽의 외교와 아시아들의 음모에 대한 직접적인 연구와는 별도로 서울에서 우리의 외교 임무와 영사관 임무의 중요한 부분은 우리가 미국인의 크고 작은 범죄를 알았을 때, 그것을 재판하는 것이었다. 그러나 선교사나 사업가들로 구성된 거류지에서 관련 법률을 찾는 경우는 거의 없었다. 가장 흔한 문제의 원인은 선원들이었는데 제물포에 입항하는 선원들 가운데는 미국인이 드물었다. 해군들이 자신의 상륙 전초 부대를 감시했고 다른 개항장과도 간헐적으로 연락했다.

그러므로 그들을 모를수록 더욱 잘된 일이었다. 모든 영사들은 조선 당국과 문제를 일으킨 자국민의 신병을 신속하게 확보했다. 그러나 문제를 야기한 자국민들의 행동을 저지하려고 공권력을 더 이상 확대하는 일은 거의 없었다. 만약 우리가 그렇게 했다면 미국 관리들은 단지 문제가 일어난 뒤에 자국민을 곤경으로부터 구하려고 존재하는 것이며 그러한 행위를 막거나 그러한 행위를 일으킨 데 대하여 벌을 줄 권리가 없다는 이론에 따라 당사자들로부터 독단적이고 공격적이었다는 비난을 받을 것은 분명했다.

영사 법정의 진정한 목적은 두 가지였는데 첫째는 외국인의 침해로부터 주재 국민을 보호하는 것이며, 둘째는 주재 국민의 침해로부터 자국민들을 보호하는 것이었다. 오늘날 강의실에서 그러한 제도가 어떻게 시작되었는지 잘 모르는 사람들에 의해 왜곡되어 마치 그것이 아시아인들의 독립적인 권리를 침해하는 것이며 우리가 부끄러워해야 할 부당한 조치라는 비난의 소리를 나는 듣고 있다.

고백컨대 나는 그러한 영사 재판 제도가 왜 부당한지를 알 수 없다. 오히려 그것이 지금이야 어떻게 생각되든 간에 그 당시로서는 절대적으로 필요한 일이었다고 나는 알고 있다. 비록 대부분의 사람들이 제1차 세계 대전을 통해 영사 재판을 알게 되었을 때까지만 해도 서구 열강들의 특징이었던 무자비한 외교 정책에 의해 그것이 왜곡될 수도 있지만 영사 재판은 원래 좋은 제도였다.

동아시아 영사 재판에 관해 살펴보면 영국이 마약 업자들에 대하여 개입할 수밖에 없었고 중국과 우리와의 모든 조약을 유발시켰던 아편전쟁은 주재국 정부에 의한 행동의 규제도 불가능하고 본국의 법에 정당하게 따를 수도 없는 외국에서는 많은 외국인들이 살 수 없다는 사실을 명백히 보여주었다.

우리가 처음에 아시아국들과 협정을 체결했을 때 모든 외국인들은 형사범이 아닌 한 아시아국의 법률에 따를 수 없게 되어 있었다는 것은 의심할 나위도 없다. 중세 시대에 아시아를 여행했던 유럽인들은 매우 간단한 이유로 그러한 어려움을 겪지 않았다. 곧 우리뿐만 아니라 그들이 행했던 모든 잔인한 고문을 포함해서 우리와 그들의 법률 사이에는 실제로 별다른 차이가 없었다.

문제는 우리가 로마법에 의한 재판을 재발견하고 그것을 발전시키는 동안에 아시아는 여전히 우리가 버린 그러한 관행들을 따르고 있었다는 점이다. 우리의 법률과 그들의 행정에는 여전히 비난할 것이 많지만 현재의 위치에서 중세의 암흑시대의 상황으로 후퇴할 이유는 없다는 사실은 아주 분명하다. 아시아뿐만 아니라 미국에서도 마찬가지였다. 영사 재판이 곳곳에서 필요하고 정당화되는 미국에서 나는 살아왔지만 그것이 필요하고 정당한 것은 아시아에서도 마찬가지였다.

영국의 법률가들이 지적하고 있는 바에 따르면 영사 재판 제도는 사실상 외국의 사법권을 아시아 지역에 확대 적용한 것이 아니라 아시아 국가들의 주권을 외국인에게 위임한 것이며 그렇게 함으로써 생활 양식이나 관습상의 많은 차이가 있는 양쪽 사람들 사이에 혼란을 방지하려는 것이며 두 국가 사이에 그것을 철회하는 것이 좋겠다고 합의하면 그렇게 할 수도 있다는 것이다.

사람들이 이러한 영국의 이론을 사건의 정당화라고 비난하든 아니면 타당한 것이라고 생각하든 간에 외국인과 내국인 사이의 규약은 양자의 보호를 위해 어떤 통제가 필요했다. 그러나 그 당시에 아시아 국가는 대체로 그 통제권을 제대로 행사할 입장에 있지 못한 반면에 외국은 우리가 아시아에서 비난하는 당파주의를 이용하여 통제권을 악용할 수 있었다. 그때는 양측 모두에 정의를 구현할 수 있는 적절한 장치가 마련되어 있지 않던 시기였다.

동서양이 대립하고 상충하던 전통과 태생적으로 안고 있는 적개심은 긴 역사를 가지고 있으며 그 전통은 우리가 동양에서 살아가는 전반적 외교 구조의 토대가 되었다. 그러한 전통은 아시아 국가들이 더 강대하여 유럽 국가들이 그들에 저항하여 생존을 위한 투쟁을 벌인 시대로 거슬러 올라간다.

그 역사를 연구해 보면 그 전통은 로마가 부흥했던 그리스도 이전의 오랜 옛날 지중해에서 우위를 차지하려고 투쟁하던 때와 로마가 쇠망한 뒤 아시아와 아프리카의 대대적인 침입에 저항한 기독교적 유럽의 생존 투쟁에 기원함을 알 수 있다. 동서의 두 대륙이 철천지원수로 굳어진 것도 그 당시였다.

아직 완전한 기독교도도 아니고 그렇다고 제대로 문명화되지도 못한 유럽의 기독교도들은 생존하려고 아시아와 아프리카의 "이교도"들의 강성하고 우세한 문명에 저항하여 강력하게 그리고 조금은 교만하게 자신을 주장할 필요가 있었다. 유럽이 몇 세기 동안의 발전을 거듭한 뒤 세계의 저편에서 아시아와 다시 만났을 때 두려움이 섞인 예전의 그 모든 교만함이 다시 숨쉬기 시작했다. 그러나 이번에는 칼 마텔[1)]의 쇠망치나 십자군의 문장 대신에 민족적 우월성과 통상의 기치를 올렸다.

미국이 그러한 유럽의 대열에 참가하게 되자 당연히 이러한 전통과 절차의 일부를 받아들이지 않을 수 없었다. 그것은 너무도 자명한 이치였다. 몇 세기에 걸친 유럽 문명의 발전 속에서 아시아인을 다루는 관습이 형성되었다. 그러나 이론적으로 아시아 사람들은 미국과 유럽의 체계를 구분하였지만 실질적으로 모든 아시아인들이 미국인들과 다른 모든 외국의 악당들을 구분할 수 있는 것은 아니었다.

일반 군중들은 미국과 유럽을 구분하여 우리에게 말할 수 없었기 때문에 척화의 선언은 모든 외국인을 포함할 수밖에 없었으며 우리로 하여금 유럽과의 이론적인 구분에도 불구하고 어쩔 수 없이 유럽과 행동을 통일하도록 만들었다. 그 간단한 사례로 상호 공격 행위를 막으려고 영사 재판과 혼성 재판이 설립되었다. 그러나 그 업무를 적절히 처리할 수 있는 권한이 주어지지 않았고, 있다 해도 오용되는 일이 비일비재했다.

우리는 최선을 다해 우리 시민을 보호했지만 그들을 보호하려면 상대국에게 가혹한 판결을 하는 경우가 많았다. 더구나 그것이 무의식적 결과였는지 국가적 우월성을 위해서였는지 모르지만 몇몇 외교관들과 영사들은 필요 이상으로 법석을 떨어 그곳 사람들로 하여금 외국인에게는 어떤 정의도 존재하지 않는다는 절망감을 주었으며, 서방 외국인들과의 외교적·개인적 관계에는 국력만이 기저에 깔린 원천이므로 아시아인들은 그들과 힘으로 겨룰 수 있어야 한다는 사실을 인식시켜 주는 결과를 낳았다.

아시아 지역에서 미국인이 겪는 어려움은 영사 재판이나 외국의 정책이나 이주에 관계없는 특별 지역이나 조차지와 같이 아시아 국가들의 종주권

1) 칼 마텔(Charles Martel, Karl Martell : 689?~741) : 프랑크왕국의 일부인 오스트라지아의 철권 통치자. 독일계로서 남부 프랑스 뉴스트리앙의 시장이 되어 아랍계의 침공을 무자비하게 격퇴하고 Hammer라는 별명을 얻음.

을 침해함으로써 야기된 것이 아니라 우리가 어떤 일을 꾸미거나 알리는 관습에 기인하는 것이다. 예컨대 어떤 사람은 외교 문제가 발생하면 그에 대하여 보고하거나 외교 문서를 작성하는 것만으로써 충분하다고 생각하는 것이었다.

미국인들이 가지고 있었던 그러한 현실적이고도 특별한 확신에도 불구하고 우리는 우리의 개척자들이 아시아 도처에 세웠던 기초를 지속적으로 이용하지 못했다. 말 만으로서는 아무 것도 할 수 없는 것이다. 개척자에 뒤를 이은 사람들의 경험 부족뿐만 아니라 본국에서의 경험 부족과 게으름이 미국의 위치를 강화시키기는커녕 점점 불리하게 만들었다.

만약 우리가 오늘날 극동 지역의 여기저기에서 이전에 누렸던 바와 같이 숭앙 받고 신뢰받는 위치를 굳히지 못한다면 그것은 아마도 우리가 그 위치를 남용해서가 아니라 그러한 위치에 대하여 무관심했던 때문일 것이다. 우리가 아무리 강대국이라 할지라도 그러한 안일한 자세에 머문다면 우리도 또 그렇게 될 것이다.

미국의 영사관과 공사관은 마치 영국의 치안 판사처럼 아주 유화적으로 그 기능을 수행했기 때문에 미국의 영사 재판이 열린다는 것은 하나의 사건일 정도였다. 다른 나라들 특히 영국 · 일본 · 중국과 같은 나라의 공사관은 훨씬 더 치밀하고 복잡한 관행을 실질적이고도 빈번하게 수행했다. 영국은 거대하고 체계 잡힌 중국의 외교 문제를 대변해 주었다. 그것은 이후에 남미에서의 미국 영사관의 역할을 생각하면 이해할 수 있을 것이다. 그러나 일상적인 모든 일은 그들이 모든 다른 곳에서 그렇듯이 중국인들 스스로 해결했다.

일본이 철저하게 운영하는 영사관의 조직은 어느 누구와도 관련이 없었다. 그들은 공사를 통해 본국의 명령에 따르는 일본 고유의 행정 조직을 가지고 있었다. 조선에 있는 일본인들은 일반적으로 본국에서 그렇듯이 평화적으로 그리고 아주 바쁘게 그들의 관심사에만 몰두하고 있었지만 그렇다고 해서 그들이 조선 사람을 좋아하거나 사회적으로 동등하게 취급하지도 않았다. 일본인들은 어떤 특별하고도 엄청난 이익의 부동산을 운영하고 있었는데 이런 일을 제외한다면 그들은 조선 사람들과 합당하고 건전한 거래 관계를 유지했다. 그러한 부동산 운영은 그에 종사하는 사람들에게 이익을 주었을 뿐만 아니라 저당을 통해 모든 토지를 얻어내려는 수작임이 분명했다.

그러나 고단수의 정치 영향을 일본이 거류지와 주재국 국민들과의 관계로 보면 분명히 주목할 만한 가치가 있다. 일본 공사가 혼란을 초래하고 싶어 한다면 그는 언제나 그렇게 할 수 있었다. 영사 재판이든 외교든 아니면 경제 정책이든 간에 일본이 중국이나 만주 그리고 조선에서 추진하는 모든 일은 하나의 목적을 지향하고 있다는 점을 서술해도 주제에 크게 빗나가는 것은 아닐 것이다. 일본의 행동은 서로 유기적인 관계를 가지고 진행되고 있었다. 일본은 분명한 국가적 목표를 지니고 하나하나 수행해 나가는 유일한 나라였다.

조선 사람들은 외국인과 관련된 문제에서 그들의 법률적인 방법이 부적절했다는 것을 깨달으면서 그들 자신의 나약함으로 말미암아 권위가 실추된 데 대하여 깊이 후회했다. 조선과 비슷한 상황에 놓여 있는 중국에서 그러한 감정이 얼마나 팽배해 있던가를 알기란 어렵지 않다. 근대 서구와 접촉할 때부터 유럽이 중국에서 차지했던 위치를 또다시 다른 곳에서 향유하도록 허락해서는 안 된다는 것을 당초부터 인식하고 있었던 일본에서도 그러한 감정은 마찬가지였다.

동양의 국가들은 물리적인 저항 수단을 깨달으면서 절망감에서 벗어날 수 있었다. 요즘 유럽인들의 개인적·국가적 우월성에 대하여 도처에서 나타나는 반발은 논쟁의 여지도 없이 자신의 우월성을 믿는 유럽인들의 가설에 대한 직접적인 결과라고 할 수 있다. 일반적으로 동양에 살고 있는 외국인들 사이에서는 개인적으로는 아무리 그렇지 않다고 확신할지 몰라도 서양인이 본질적으로 동양인보다 우월하다고 생각하고 있다.

힘은 힘으로 대처해야 한다는 신념은 일본의 근대화의 과정 동안에 일본 정책의 이유 있는 근원이었다고 나는 믿고 있다. 이러한 신념이 러일전쟁의 주요 원인의 하나였다. 러시아가 반드시 반도를 통해 남하하여 일본과의 거리가 몇 시간으로 가까워지고 본토가 러시아의 시야에 들어온다는 실질적인 위험은 전쟁의 동기와는 다소 빗나가는 것이다.

러시아의 대조선 정책과 관련하여 생각해 볼 때, "일본의 심장을 겨누는 칼"이라는 표현은 근거 없는 비유만은 아니었다. 일본인들은 유럽의 방식을 모방하는 동안에 유럽인들이 시시각각으로 아시아인들의 신뢰를 잃어 가고 있고 따라서 리더십도 잃고 있다고 느꼈다. 유럽 문명의 우월성은 타고난 자산 때문이 아니라 정치적 · 사회적 · 경제적 이론이나 응용과학 때문이라는 것을 아시아인들은 깨닫지 못했다.

그러나 일본은 그것을 알고 있었다. 일본인들은 이러한 이론들과 원칙들을 섭렵함으로써 아시아와 더 나아가 동양이 유럽에 절대로 열등하지 않으며 오히려 유럽이 우발적으로 취득한 이기들로써 스스로를 무장한다면 아시아의 문명화는 본질적으로 유럽의 그것에 우월하다는 사실을 세계에 입증할 수 있을 것이라고 생각했다.

그러나 중국과 인도는 이를 의식하면서 이론만으로 역사가 이뤄지는 것은 아니라고 주장했다. 그것을 증명하는 것은 전쟁에 이기는 것이었다. 서양의 방법과 기술을 이용한 일본은 중국과의 전쟁을 순식간에 승리로 이끌었다. 그러나 중국은 그러한 이론을 입증하려면 유럽에 패배를 안겨 주어야 한다는 것을 믿지 못했다.

섬나라 제국의 어떤 집단은 이러한 목적을 위해 필리핀에 있는 스페인을 분쇄하는 방법을 생각했다. 그러던 터에 스페인과 미국 사이에 전쟁이 일어났다. 욱일승천하던 일본의 이 실험주의자들은 자신에게 필요하다면 필리핀으로부터 미국을 몰아낼 수 있을 것 같아 보였지만 그들의 생각은 수정될 필요가 있었다.

이러한 때에 러시아가 조선의 지평선 위로 나타났다. 일본의 입장에서 볼 때 다른 나라와의 전쟁들은 이론에 불과했지만 러시아는 정말로 급박한 위협이었다. 러시아의 군사력을 조사해 본 뒤, 일본은 자신이 이길지도 모른다는 신념을 가지게 되었고 만약 그들이 이기게 된다면 그들의 세계적 위치는 확고부동해진다는 사실을 알게 되었다. 미국인들은 그러한 정책을 펴는데 관심이 없었고 극소수의 사람만이 다른 사람에 의해 그것이 추구되었을 때 자기에게 미칠 영향을 알고 있을 뿐이었다.

우리는 올니(R. Olney)가 은퇴한 뒤로부터 헤이[2]가 집권할 때까지 일본과 공유해야 할 내용도 아니고 잘 알지도 못하는 일본의 야망과 음모의 와중으로 빠져들어 가고 있었다. 한편 우리가 판사의 자격으로 가끔씩 법정에 나간 것은 계획적이었다기보다는 우연한 것이었으며 제국주의적이라기보다는 오히려 희극적이었다.

조금은 골칫거리이기도 하고 어느 면에서는 차라리 우스웠던 한 사건이 일어났다. 사건의 내용인즉, 매사추세츠 출신의 늙고 무뚝뚝한 부랑자의 사건이었다. 그는 제물포의 빈민가에서 다른 사람들이 하지 않는 허름한 식료품점을 경영하고 있었다. 어느 날 그가 죽었는데 타살되었다는 소문이 돌았다. 나는 나의 지위에 덧붙여 어쩌다가 영사 대리의 자격으로 제물포로 파견되어 그의 검시관 노릇을 하게 되었다. 나는 검시관의 경험이 없을 뿐더러 검시관을 본 적도 없었다.

처음에는 무엇을 해야 할지, 심지어는 어디 가서 시체를 찾아야 할지 막막했다. 나는 곧장 모든 정보와 지역 생활의 중심지인 술집으로 찾아갔다.

---

2) 헤이(John M. Hay : 1835~1905) : 미국의 정치가. 링컨 대통령의 비서로 있다가 링컨 사후에는 외교관으로 전향하여 파리, 비엔나, 마드리드에서 근무했다. 그는 그 뒤 언론계에 투신하여 『뉴욕 트리뷴』의 편집장으로 있다가 다시 정계로 복귀하여 국무차관(1879~1881), 주영 대사(1897)를 지내면서 미국이 대스페인 전쟁으로 곤란한 시기에 미영 관계의 선린에 공헌했다.

거기서 나는 도움은커녕 사람들에게 비웃음을 받았다. 나는 어디선가 검시 배심원이란 말을 들은 적이 있었지만 그들이 무엇을 하는 사람들인지 어떻게 검시관이 될 수 있는지 알지 못했다. 그러나 나는 야비하게 비웃는 사람들 역시 그것을 모르리라 생각하면서 앙갚음으로 그 술집에 있었던 모든 미국 사람들을 배심 명부에 올렸다.

다행히도 그들은 검시에 관해 아는 것이 없었다. 그들은 큰 소리로 심하게 나를 모욕했지만 감히 동행을 거부하지 못하고 끌려왔다. 나는 피해자의 거처를 찾아냈다. 그곳은 악취와 추악함으로 가득 찼고 시체는 몹시 부패되어 있었다. 비록 강인한 개척자들이었지만 나의 배심원들은 모두 달아나려고 했다. 그 덕분에 나도 잠시 그 자리를 피할 수 있었지만 나는 냉혹하게 있을 법하지도 않은 말로써 그들을 협박하여 그들을 다시 불러들였다. 우리는 가게와 집과 시체를 철저하고도 양심적으로 조사했다. 영국인 외과 의사까지 불러 보았지만 어느 누구도 폭행의 흔적을 발견할 수 없었다.

의사의 보고서에 따르면 죽은 사람의 합병증은 누구라도 죽을 수밖에 없을 정도로 심각했다고 한다. 동양인들은 죽음에 관해 말이 없었지만 우리는 이웃 사람들의 도움을 얻어 그의 습관과 대인 관계, 죽던 날 낮과 밤의 그의 행적에 대하여 가능한 철저히 조사했다. 중국의 이익을 책임지고 있고 중국어에 능통한 영국 영사가 우리를 도와주었지만 폭행으로 죽었다는 것을 의심할 수 있는 어떤 단서도 잡지 못한 채 그 모든 것을 서울의 공사관에 보고했다.

한편 그의 죽음이 처음의 소문과 함께 전신으로 본국에 보고되자 담당 부서는 그 사람의 "살인자를 법에 따라 처벌해야 한다."는 내용의 매사추세츠 상원 의원의 요구서를 공사관으로 보냈다. 롯지(Henry C. Lodge) 상원 의원은 원로 정치인이었는데 외교관은 그 사람을 체포하려고 최선을 다해야 한다는 것이 그의 바람이었다. 우리 배심원의 요구는 수락되지 않았고 나는 다시 한 번 범인을 체포하려고 보안관의 자격으로 제물포에 파견되었다.

피해자와 관계가 있는 유일한 외국인은 정체 모를 선원이었다. 나는 허름한 항구에 흘러 들어온 그 선원으로부터 기대했던 답변을 만족스럽게 들었다. 그러나 나의 뇌리 속에 바로 그가 혐의자라는 생각이 들었다. 나는 큰 권총을 닦고 총알을 장전하는 그를 발견하고 나의 임무를 말한 뒤 총을 놓고 살인에 대한 심리를 받으러 영사 재판에 동행해 달라고 정중히 요청했다. 놀랍게도 그는 고분고분 잘 따라 주었다. 나는 그를 총영사에게 넘기고 공판 때까지 바깥 건물에서 그를 지키도록 한 명의 경찰관을 배치했다.

운명의 날이 왔다. 영사 법정이 설치되고 그 한 모서리에 그레이트하우스(C. Greathouse) 씨가 앉았는데 몹시 졸린 듯이 보였고 어느 선교사는 신경질을 부리고 있었다. 검시관의 보고서를 포함해서 모든 증거가 제시되었다. 모든 변호사들이 알고 있는 바와 같이 증거를 다룬다는 것은 흥미로운 일이다. 그에게 혐의가 없다고 평결했던 제물포 검시관들의 증거에 따라 이번에는 정반대로 그가 사형 판결을 받았다. 재판이 절정에 이르렀다. 영사 재판은 사형을 판결할 수가 없었다. 그레이트하우스 씨가 더 이상 졸지 않고 깨어나 그것을 지적해 주었다.

그러나 총영사는 운동선수 출신이었다. 그는 기금이 없자 자기의 주머니를 털어 작지만 비싼 감옥을 만들어 간수를 고용하고 그 안에 죄수를 가두어 두었다. 그는 집으로 돌아가 얽힌 사건을 풀어 보려고 노력했다. 그런데 그가 본국으로 출항하기 직전에 죄수가 탈옥해 버렸다.

그러나 그는 수감되었을 때가 더 좋았다는 것을 깨닫게 되었다. 감옥에서는 간수가 요리도 해주고 하루 종일 말벗도 되어 주었다. 결국 그는 며칠 만에 다시 돌아오고 말았다. 나는 간수를 해고하고 도저히 탈출이 불가능한 그 죄수를 가석방시킨 뒤 자신의 식사는 자기가 만들어 먹도록 하고 캘리포니아의 세인트 퀜틴 감옥에 이송될 때까지 정원사와 마부로 고용했다. 그는 그곳에서 재심을 받은 뒤에 석방되었다.

프랑스 영사에게 다소 불쾌한 사건이 일어났다. 한 젊은 프랑스인 광산 기술자가 술에 취해 중국인의 결혼식장에 난입하여 하객들을 분노케 하여 큰 폭동이 일어났다. 그는 쫓겨 호텔로 도망가 권총을 들고 나와 가장 앞서서 쫓아오는 사람을 죽였다. 그런데 불행히도 그는 중국의 경찰 국장으로 평판이 좋고 지각 있는 사람으로 숭앙 받고 있었으며 그를 합법적으로 체포하려 하였다는 것이다.

그러나 그 중국 경찰은 범인을 체포해야 한다는 생각에 몰두한 나머지 중국인 거류지를 넘어 그의 관할이 아닌 다른 외국의 거류지로 들어가 버리고 말았다. 그 프랑스인을 알고 있었던 나는 그의 생각을 진술해 달라는 요청을 받았다. 나는 그가 정상적인 상태에 있었으며 어려운 상황에서도 그는 성실했고 믿을 만한 사람이었다고 진술했다. 그에게는 "격정에 사로잡힌 상태에서 범죄를 저질렀을 경우" 지난날의 행실을 참작하는 법(Loi Béranger)을 적용했다. 그 법에 따르면 지난날의 행실이 선량했다면 집행 유예가 선고될 수 있다. 그 청년은 축출되었고 경찰의 유족에게 위자료를 지불했으며 중국 당국에게 해명했다.

외국인 거류민에 대하여 조약으로 개방된 항구들은 도시 중심부로부터 3평방 마일 안에 있는데 몇몇 다른 조직의 관할을 받았다. 현지의 관리들은 모든 조선 사람에 대한 재판권을 행사했으며 일반적으로 일본의 조계나 중국 지역은 그 나라 영사의 사법권 안에 있었으며 조선의 관리들과 세관의 징세원이나 지도급 시민들과 함께 영사들로 구성된 지방 위원회가 그 외의 외국인 거류지를 관할했다. 이 제도 아래는 잘 운용되고 있었다.

작은 항구도시인 진남포에서 프랑스 세관 징수원은 선출된 자격으로서의 자신의 표를 가지는 것 외에도 미국 · 프랑스 · 러시아 · 영국 · 독일의 부영사 대리 직책을 맡고 있었다. 그는 일본 · 중국의 영사와 현지 관료들을 친구로 사귀고 있었는데 그 혼자 7표를 가지고 있는데 견주어 그들은 모두 합쳐야 3표에 지나지 않았다. 그는 항상 의결 정족수일 뿐만 아니라 과반수였다. 그러나 명시적 지시에 따라 러시아 부영사의 자격으로서는 반대해야 하고 미국의 영사 대리로서 찬성 투표를 하게 될 경우에는 물론 예외였다.

제물포에서도 일은 순조롭게 잘 진행되었다. 나이가 많고 존경받을 만한 중국인 야경꾼 한 명으로 구성된 우리의 경찰은 단잠을 깨우곤 하는 나무 막대기를 두드리며 다녔다. 낮에는 아무 일도 일어나지 않기 때문에 그가 필요 없었다. 외국인 거주민들은 그가 밤에 내는 나무 딱딱이 소리를 불평했다. 따라서 시위원회의 엄중한 심의를 거쳐 그를 해고했으며 그의 자리에는 방금 해군 복무가 만료된 렉스(Jimmy Legs)가 비싼 임금으로 고용되었다.

일단 현대적 범죄의 물결이 일면 어떤 집도 안전하지 못하다. 강도 사건이 경찰의 코밑에서 발생했다. 제물포는 본시 평화로운 도시였기 때문에 주민은 몹시 불평했다. 이 문제를 처리하려고 시위원회가 다시 소집되었다. 나의 옆에는 중국 영사가 앉아 있었는데 그는 턱수염을 쓸며 웃고 있었다. 내가 그에게 무엇을 생각하느냐고 물었더니 그는 이렇게 대답했다.

> "당신도 알다시피 우리는 서양인들만큼 영리하지 못해요. 그러나 우리는 사람의 마음을 알고 있다고 생각합니다. 우리 동양 사회에서는 도둑이 물건을 훔치러 나갈 때면 그는 자신이 죄를 짓고 있다는 사실과 하늘이 이를 지켜보고 있다는 사실을 알고 있습니다. 그래서 도둑은 나무 딱딱이 소리를 듣게 되면 그의 죄의식에 대한 하늘의 소리라고 느끼고 달아나 버릴 것입니다.
>
> 곳곳에서 그 딱딱이 소리가 도둑을 지키고 있습니다. 그는 노인이든 약한 사람이든 이 순간에 누군가가 그를 지켜보고 있으므로 죄과를 받게 될 것이라고 느낍니다. 그런데 당신들의 새 경찰관은 젊고 강력하고 잘 무장되어 있지만 조용합니다. 그는 도둑이 내는 소리를 듣지 못하고 도둑은 경찰이 근처에 있다는 것을 알지 못하기 때문에 결국 대담해질 수밖에 없는 것입니다. 도둑질을 하는 사람은 유럽인이 아니라 동양인입니다."

나는 딱딱이를 가지고 다니는 옛날의 그 사람을 복귀시키는 쪽에 투표했다. 그러나 그 뒤 나는 24마일 떨어진 서울에서 잠을 잤다. 그 중국인을 데려오자 범죄의 물결이 거짓말처럼 사라졌다. 아마도 그 중국 영사가 서양인보다 더 현명했던 것 같다.

제 6 장 선교사들

일반적으로 개항장에서 살고 있는 외국인들의 거주지는 그 목적에 따라 공식적으로 인정된 곳으로 한정되어 있다. 조선에서 기독교 복음을 가르치는 사람들의 거주지에 대하여 조선의 관리들은 그들의 행위가 합법성에 의심이 가거나 불법 행위임이 명백할 때라도 문제 삼지 않았다. 선교사의 지위를 특별히 생각하는 근거는 조약의 합의 사항보다는 더 초월적인 곳에 있다. 동양 사람들은 모든 스승에 대하여 깊은 존경심을 가지고 있고 기독교리를 가르치는 사람들에게도 적지 않은 존경심을 가지고 있는데 그 이유는 기독교의 기원이 동양이기 때문이다.

기독교 정신은 전세계의 공동 재산이라고 소개되었으며, 특히 동양의 제도 아래에서는 순수하게 동양적인 종교의 완성이요 꽃이라고 인식되었다. 일본, 중국 그리고 조선의 사상가들은 기독교 정신에 있는 것은 무엇이든지 동양의 사고와 배치되는 것이 없을 뿐더러 동양인들에게 놀랄 정도로 잘 이해된다고 나를 확신시켜 주었다. 뿐만 아니라 다른 곳과 마찬가지로 기독교 정신을 수용하면서 장애물이 되는 것은 기독교 자체에 있는 것이 아니라고 말한다. 그러나 장애란,

첫째로 서구인들의 물질주의이다. 서양 사람들이 기독교 정신을 이해하

지 못하고 상호 분열과 적대감을 나타낸 사실에서 볼 수 있는 바와 같이 서구의 물질주의가 기독교의 껍질을 이루고 있다.

둘째로 그들의 정치적인 목적과 국가적 야망의 확대 실현을 위해 기독교 정신을 한 매개체로 삼는다.

셋째로 그들 스스로 기독교 정신을 이해한 것처럼 동양적인 교훈인 기독교를 동양 사람들에게 설명하려는 서양 사람들의 무례함이다. 서양의 우수하고 진실한 많은 기독교도들은 기독교 정신을 정착시켜 놓으면서 피상적이지도 않았고 자기중심적이지도 않다. 그 당시의 기독교도들 사이에 존재했던 종파적 내분에서조차도 그랬던 것처럼 기독교에는 진리에 대한 좋은 척도가 담겨 있다.

내가 늘 생각해 온 바에 따르면 먼저 공통점을 발견하는 것이 선교 사업을 가능케 하고 유리하다는 것이며 그 다음에 그것을 품위 있고 논리적이고 납득이 가도록 그 위에 선교 사업을 건설하는 것이다. 예외는 있겠으나 내가 경험한 동양에는 그런 점이 이루어지지 않았다. 불교를 이해하고 있는 동양 사람들은 수도 생활, 명상, 종교 의식과 예식, 성직자 제도와 같은 기독교 생활의 여러 면에 대단히 친숙하다.

처음 선교사로 활동한 신부와 수녀들은 동양을 대단히 잘 이해하고 있었다. 의료 선교사의 건전한 가정 생활과 헌신적인 인도주의도 그들에게 친숙해 있다. 미국인 선교사에 문제점이 생길 때면 동양 사람들은 정치나 정치적인 사정이나 사회적인 정의를 이해하고 동정했다. 그러나 냉정하게 생각해 보면 과연 동양 사람들이 기독교 정신의 충분한 가르침을 이해하고 있는지, 바꿔 말해서 그리스도의 사람이 완성되었을 때 나타나는 성직자들의 탈속을 과연 이해하고 있는지에 대해서는 의심의 여지가 있다.

동양 사람들이 생각하고 이해하는 바에 따르면 서양 사람들은 정치적 힘을 위해 정신적인 사업에 몰두하고 있다는 것이다. 동양 사람들은 기독교사도의 몸에서 국가적인 냄새를 느끼고 있다. 그들은 선교 사업이란 포함에 의해, 때로는 불가피하게, 때로는 정당하게 보호를 받고 있다는 것을 알고 있다. 그것이 정당하든 정당하지 않든 간에 이것은 엄연한 현실이다.

동양 사람들은 많은 선교사들이 종교적 열정과 순교를 위해 완전히 준비되어 있다는 것도 잘 알고 있다. 그러면서도 동양 사람들은 서양 정부가 선교사를 고유의 시민이나 신민이라고 보호막으로 감쌀 준비가 되어 있다는 것도 알고 있으며, 외국 정부의 입장에서 볼 때 다소는 실질적이고 다소는 공상적인 침략과 불의를 막으려고 가까운 양귀들을 맹목적으로 살해했는데, 이를 조정에서 막지 못하자 동양의 국가로부터 죽은 사람을 볼모로 돈과 정치적 영향력을 우려내려 한다는 것도 잘 알고 있다.

이러한 문제는 정부가 풀기 어려운 문제점임이 분명하다. 거주민들과 별도로 선교사들을 보호하지 않고 방치한다면 그것은 선교사들을 무법 상태에 노출시킨다는 것을 의미한다. 그렇다고 해서 선교사들을 감싸기만 한다면 그것은 정치적 목적을 위한 매춘이라는 비난을 받게 된다. 이러한 문제들을 해결하려고 초기 단계에 가능한 형태의 토착 교회나 교회 형태를 세우고 토착 선교사를 영입하는 것이다. 이것이 안전한 방법인지에 관해서는 오랫동안 선교 회의에서 논쟁을 불러 일으켰다. 감히 추측컨대 그것은 기독교의 성스러운 뿌리가 어디에서 온 것인가에 대한 답에 달려 있다. 사리를 따져 볼 때 신성한 것은 일어서야 한다.

조선에서 두 가지 주요한 선교 단체가 있는데 하나는 파리외방전교회이며 다른 하나는 미국의 복음주의자들이다. 프랑스의 신부들은 일찍 중국으로부터 은자의 왕국을 몰래 넘나들었다. 그 당시만 해도 외국 사람들이 적발되면 법에 의해 죽는 것을 의미하는 때였다. 대부분이 죽임을 당했음에도 불구하고 그들이 오는 것은 선교사들의 직접적인 활동이 조선에서 전개되기 이전의 천주교 조직이 있었다는 사실과 관계가 있다. 조선은 몇 세기 동안 중국에 대하여 다소 느슨한 상태의 종속 관계에 놓여 있었다.

영의정 조병식(1832~1907)

일본이 청일전쟁에서 승리하기까지 조선의 사신들은 북경의 조정을 방문했고 이들을 통해 중국 학문이 조선의 수도에 전달되었다. 이 사신들은 풍습, 과학 서적, 최신 기술, 문헌 등 중국이 세계 여러 나라와 폭넓은 접촉을 통해 받아들인 문화적 가치가 있는 모든 것들을 가지고 돌아 왔다. 새로운 학문이 담겨 있어 호기심이 나는 것들 가운데는 새로운 종교적인 교리가 자세히 기록되어 있는 여러 권의 책이 들어 왔다.

기독교 사상은 사비에르[1]와 그의 친구들을 통해 중국에 들어온 것이었다. 많은 양반들과 지식층은 점점 열성적으로 기독교 사상을 탐구했으며 1784년에는 천주교 서적을 얻고자 그들 가운데 한 사람[2]이 중국으로 파견되었다. 그가 세례를 받고 돌아오자 더 많은 사람들이 세례를 받았다. 1791년에는 그들 가운데 몇 사람이 전통 제례를 거부했다는 이유로 처형되었다.[3]

1794년에 중국의 신부[4]가 조선에 파견되었는데 그는 약 4천명의 천주교 신자가 있음을 알았다. 이 나라에서는 기독교가 국법으로 금지되어 있기 때문에 프랑스 사제가 극비리에 입국했다. 1839년에 새로운 박해가 일어났다.[5] 이러한 박해는 반기독교 운동이라기보다는 반외세 운동이라고 믿은 프랑스의 앙베르[6] 주교는 조선의 신부들에게 지시하기를, 신부가 체포되면

---

1) 사비에르(Francisco Xavier : 1506~1552) : 스페인의 제수이트교단의 선교사. 볼로냐 대학을 마치고 파리에서 수학(1525~1534)한 뒤 로욜라를 만나 제수이트교단의 창설을 도왔으며, 베니스(1537), 로마(1537~1540) 등지에서 포교하다가 포르투갈의 국왕 존 3세(John Ⅲ)의 명령에 따라 동방 선교의 책임을 맡고 고아(1541~1542), 인도(1542~1545), 몰루카(1545~1546), 실론(1547), 일본(1549) 등지에서 포교하다가 마카오에서 죽음. 1622년에 시성됨. 스페인 및 이탈리아어로는 하비에로 발음함.

2) 이승훈(李承薰 : 1756~1801)을 의미함. 서장관인 아버지 이동욱을 따라 북경에 가서 천주학의 서적을 가져 온 뒤 포교하다가 신유박해(1801) 당시에 순교함

3) 윤지충(尹持忠) · 권상연 등이 조상의 위패를 태우고 처형된 신해박해(1791)를 의미함.

4) 주문모(周文謨 : 1752~1801)를 의미함. 북경신학교를 졸업하고 신부의 서품을 받은 다음 1794년에 조선에 입국하여 포교하다가 신도들의 순교를 보고 스스로 관청에 잡혀 순교함.(신유박해)

5) 앙베르(Lauran M. J. Imbert) 주교 등이 순교한 기해박해를 의미함.

신자들을 보호하려고 스스로 순교하라고 말했다. 그들은 그 지시에 따라 모두 순교했다.

그 뒤 조선은 점점 더 문을 굳게 닫았고 기독교 사상은 전에 없이 더 가혹하게 금지되었다. 그러함에도 불구하고 프랑스 신부들은 바다에서 중국 범선으로부터 조선 어선을 갈아타면서 일상적으로 계속 들어갔다. 1863년에는 신자가 2,500명, 주교가 2명, 선교사가 10명이나 되었다. 그 해에 있은 박해 때 중국으로 되돌아간 3명을 제외하고는 프랑스 성직자 모두가 처형되었다.[7)]

프랑스 정벌대가 그들을 보호하려고 파견되었다.[병인양요] 강화도 진흙더미에서 무참한 학살만 있었을 뿐 얻은 것이라곤 아무 것도 없었다. 한강 어귀에 있는 이 요새에서 75마일을 거슬러 올라가면 서울이 위치하고 있다. 1876년에 새로운 시도가 기독교인들을 활기차게 만들었다. 새로 온 주교[8)]가 체포되었으나 북경 주재 프랑스 공사의 요구로 석방되었고 조선에서 추방되었다.

그러나 1884년의 통상 조약의 체결과 함께 종교의 자유가 허락되었다. 1871년에 미국 소함대가 격렬한 전투 끝에 강화도에서 조선군을 완파했으나, 프랑스와 미국 해군 정벌대의 목적은 조선 사람들 마음속에 오해를 남겼고 자신의 손실에도 불구하고 그들은 자신이 두 서양 함대를 물리쳤다고

---

6) 앙베르(Laurent-Marius-Joseph, Imbert : 1797~1839) : 파리외방전교회 소속의 신부. 마카오, 월남 등지에서 포교하다가 제2대 조선교구장으로 임명되어 1837년 육로로 조선에 입국했다. 정하상의 집에 숨어서 포교하다가 수원에서 체포되어 기해사옥 때 한강변에서 순교했다.

7) 필자는 1866년에 일어나 병인박해를 오해하고 있는 것 같다.

8) 리델(Félix C. Ridel : 1830~1884) 주교를 의미함. 그는 파리외방전교회 소속의 프랑스 신부로서 1861년에 조선에 입국하여 베르뇌 주교 이하 11명의 프랑스 신부와 함께 전교에 힘썼다. 병인사옥(1866) 때는 천진으로 도피하여 사태를 보고함으로써 병인양요를 일으켰으며 1870년에 조선 5대 교구장으로 임명되었다. 1877년에 입국했다가 체포, 일본으로 추방되어 조선어를 연구했다.

믿었다.[신미양요] 통상 조약에 의해 문호가 개방되고 선교사의 안전이 어느 정도 보장되자 프랑스 사람들은 공공연히 정착했고, 미국에서는 주로 선교사들이 들어왔다. 병원, 고아원, 양로원, 학교, 예배당 등이 온 나라 도시의 안팎에 생겨났다.

미국 의료 선교사의 활동이 매우 활발했는데 그것은 내륙 지방을 여행하는 모든 미국인들이 그 지방 사람들에게는 의사로 보였고, 어떤 사람도 미국인의 간단한 치료를 거부하는 사람이 없었다. 조선 사람이 보기에 모든 미국인들은 선교사였으며 모든 선교사는 과학자였다. 이제 그러한 풍토는 기독교도의 업적을 쌓기에 좋은 기반이 되었으며 많은 의료 선교사들은 그들의 인기의 덕을 톡톡히 보았다.

그 무렵 조선에는 서양인들이 모르는 병과 아는 병 등 온갖 질병이 창궐했다. 어떤 의사는 자기 나라의 일상 생활에서보다도 더 좋은 실습을 하면서 자기의 몸을 돌보지 않았다. 고대 그리스의 성의인 히포크라테스(460?~377 B.C.)도 이보다 더 숭고하고 헌신적인 제자를 두지는 못했다.

미국 선교 학교를 졸업한 조선 사람들은 정부의 개혁에 적극적이었다. 미국과 프랑스가 선교 사업에 종사하는 방법에는 중요한 다른 점이 있었으며 그들의 제도는 모두가 비난을 받았다. 프랑스 신부들은 조선의 국민을 기독교도로 만드는 데 일차적인 관심이 있었을 뿐 그들은 조선 사람들을 서구화하거나 서구 언어에 전문가가 되도록 하는 데에는 관심이 없었다.

오히려 그들은 스스로 가능한 한 토착 풍습에 가까이 순응함으로써 그들 자신의 언어를 거의 잊어버리는 예가 많았다.[9] 그들의 학교는 주로 고아원이었으며 거기에서 어린이들은 기독교도로 자라나 서로 결혼함으로써 새로

---

9) 이에 관해서는 다른 견해가 있을 수 있다. 오히려 파리외방전교회는 대체로 유교를 근간으로 하는 조선의 전통 문화를 우상이나 미신으로 취급함으로써 불필요한 마찰을 일으킨 측면이 있다.

운 기독교 가정을 이루었다. 그들은 조선 사람의 문명화를 위해서는 아무 일도 하지 않음으로써 다른 서구인들로부터 반문명주의자라고 낙인찍히기도 했다.

그와는 달리 반면에 미국의 선교 사업은 병원과 학교에서 서양 지식을 가르쳤을 뿐만 아니라 조선 사람의 서구화와 자유화를 시도했다. 따라서 모든 진보주의적 개혁 운동에는 늘 기독교도를 볼 수가 있을 정도가 되었다. 당시 조선에서 그러한 교육은 반란이나 혁명과 같은 의미로 이해되고 있었다. 일본의 합병 노력에 어느 정도 걱정거리를 준 민족주의자 집단은 이와 같은 학교의 출신이었다.

결과적으로 프랑스 사람들이 개화반대론자로 낙인찍혔으며 미국의 기독교도들은 혁명과 서구화의 온상으로 낙인찍혔다. 그러나 그 어느 쪽도 올바른 비판이 아니다. 주로 미국의 소도시 출신으로서 모두가 "100%" 진리를 추구하는 미국의 선교사들이 조선 정부의 불법 행위에 동조하리라는 것은 생각할 수도 없는 일이었다. 그들은 필연적으로 조선 정부에 저항하지 않을 수 없었으며, 따라서 조선의 개혁론자들의 편에 서서 저항했다.

미국의 방식과 프랑스의 방식 모두가 훌륭한 것으로 생각된다. 미국 선교사들이 다양한 자유주의적인 운동의 기초를 세워 놓은 것처럼 프랑스 신부들은 자기 나라의 국가 위신을 높여 주었음을 부인할 수 없다. 당시 프랑스에서는 반기독교 운동이 절정에 이르러 신부와 수녀들이 추방되고 환속하고 있을 때인데도 재외 공관의 요원들은 정장을 하고 프랑스 성당에서 미사에 참석했다. 그러한 행위는 언제나 프랑스의 국가적 이익에 보탬이 되었다.

이 중요한 선교 단체에는 너무나 열성적이어서 그들의 외교관과 민간 자치 기구의 외교 관리들을 당황하게 하는 사람들이 있었던 것은 사실이다. 종교적인 논쟁이 일어날 때면 조선의 관리들은 자기가 빌라도[10]의 불편한 역할을 맡고 있다는 사실을 보고 있는 듯했다.

나는 기독교가 발달하지 못한 나라에 살기 전까지는 빌라도를 결코 이해하지 못했다. 나는 그가 냉소적으로 비판받은 반역자가 아니라 오히려 영토를 통치한 한 직업적인 외국인 관리로서 그 이방의 나라를 지배하였다기보다는 평화를 지키겠다는 유일한 목표를 고수했던 정치가였다는 생각이 들었다. 그는 항상 외교술과 식민지 경영에 가장 능한 유형의 인물이었고 직업 의식이 투철한 사람들의 수호성인이었다.

선교사와 지방 행정 책임자와의 갈등은 피할 수 없는 것처럼 보였다. 선교사는 외국인에게 거주가 허용되지 않은 곳에서 살았으나 누구도 그가 거기에 사는 것을 꺼리지 않았다. 조선의 관리들은 선교사가 하는 일에 간섭하고 싶어도 감히 그렇게 하지 않았다. 어떤 선교사는 이를 의식하고 스스로 준외교관 신분으로 행세하는 경우가 흔히 있었고 그와 같은 특권을 자기와 함께 일하는 전도사 혹은 하인과 같은 조선 사람들에게까지 확대하고 싶어 했다.

따라서 선교사들의 집은 으레 대사관저로 여겼으며 더 나아가서는 도망자의 도피처가 되었으며 결국 선교 활동에 종사하는 조선 사람 기독교도들에게도 조선 정부의 관할권이 면제되기에 이르렀다. 그것은 마치 초기 로마시대에 시작된 주교의 재판권이 그 뒤 로마법에 따라서 인정된 것과 같았다.

그러나 조선에서는 그것이 불화의 결과를 가져왔다. 모든 난봉꾼들이 기독교도가 되었는데 그것은 기독교가 주는 보호 때문이었다. 조선의 관리들은 모두가 유능하지도 못했고 정직한 것과는 거리가 멀었다. 이런 상황에서 충돌은 피할 수 없는 것이었다. 조선의 기독교도가 그의 목사에게 관리들의 박해로부터 보호해 달라고 요청했을 때 불행하게도 그것은 억울한 사건이었던 때도 흔히 있었다.

그러나 몇몇 불한당들이 목사의 울타리 속에서 보호를 받음으로써 처벌

---

10) 빌라도(Pontius Pilate) : 로마제국 당시에 팔레스타인의 총독을 지냄(26~36?). 이 당시에 그리스도가 처형됨.

을 피하는 경우도 흔히 있었다. 이러한 경우에는 참으로 처리하기가 어려웠다. 자신이 소속한 공동 사회가 숭배하고 있는 악마를 퇴치하려고 결심했거나, 마을의 수호신이며 가지로 장터를 뒤덮은 큰 나무를 베어 버리려는 선교사의 종교적 열정도 많은 어려움을 유발했다.

무엇보다도 가장 큰 어려움은 경쟁 관계에 있는 두 종교 지도자 사이의 싸움과 그를 따르는 무리들 사이의 싸움이었는데 그들 사이에는 신학적인 견해에 갈등이 있는 것과 마찬가지로, 서로 다른 국적에도 갈등이 내재되어 있었다. 조선의 기독교도들이 서로 곤봉과 투석으로 싸우는 것보다 더 재미있는 일도 드물었다. 서로 경쟁 관계에 있는 종교 지도자나 혹은 달콤한 말을 퍼뜨리는 편을 위해 마을 건달들이 서로 싸우는 모습은 유럽에서 벌어졌던 종교 전쟁의 축소판과 같았다.

이럴 경우에 조선의 관리들은 전혀 쓸모가 없었으며 서울에 있는 고위 관리들의 귀에 이와 같은 사실이 전해지지 않기만을 바랄 뿐이었다. 그보다 더 나쁜 것은 그러한 사실들이 외국 공사관에 알려지는 것이다. 왜냐하면 공사관이 알 경우에는 결국 모든 책임이 지방 관서로 되돌아오기 때문이었다.

개명되지 않은 문화로 둘러싸여 있는 외국인들이 저지른 또 다른 어려움의 원인은 미국 사람들이 가능한 한 미국 방식대로 살려고 했기 때문이었다. 미국인들의 그러한 태도는 그들이 수행하고자 하는 사업에 갈등을 일으키는 요인을 제공했다. 개항장에서 본국에 있는 여러 수출업자들을 위해 대리점을 경영하고 있는 많은 중개상인들 사이에 미국인 선교사들은 평판이 좋지 않았다.

그 첫째 이유는 미국인 선교사들이 상인들과 달리 외국 거주지를 제한하는 조약을 어기고도 처벌을 받지 않는 때문이며, 둘째로는 그들이 가능한 한 본국에서 생활하던 방식대로 가족과 함께 살고 있었기 때문이다. 그 결과 그들은 자신들이 사용하려고 노력절약용 기계나 농기구를 가져 왔는데 그것은 조선 사람들에게 대단한 관심거리가 되었다. 조선 사람들은 그 기계의 사용법을 배우고 그것을 갖고 싶어 했다.

선교사가 본국에 주문 편지를 보내는 일은 매우 간단했다. 그러나 그렇게 되면 그들은 개항장의 대리점으로부터 대리점 수수료를 빼앗는 결과를 유발한다는 것을 미처 생각하지 못했다. 더욱이 내지에서 필요하지만 개항장에서는 소용없는 물건을 주문하게 되면 본사에서는 물건을 더 잘 파는 사람 곧 선교사에게 대리점을 넘기려 하게 될 것이다. 이것은 상인들의 분노를 샀고 이로 말미암아 전반적으로 선교사들을 맹렬히 비난하게 되었는데 이런 현상은 불합리한 것이었다.

이 모든 문제들은 조선과 미국의 관리들에게로 쏟아졌다. 이로 말미암아 대다수 선교사들의 숭고한 일을 망치는 일이 곳곳에서 발생했으며 조선 사람들을 자극하고 끝내는 순수한 종교적 목적마저도 손상을 입게 만들었다. 속 좁은 신학자나 괴팍하고 무식한 고집쟁이나 재치 없는 광신자가 끼친 손상은 그리스도의 12명의 제자가 평생 동안에도 극복할 수 없는 것이었다.

다행히도 복음을 전도하는 많은 미국 선교사들은 예외적으로 좋은 사람들이었다. 그들이 친목회, 테니스 모임 그리고 추수감사절과 크리스마스 모임을 꼭 지키는 것은 문제될 것이 없다고 나는 생각했다. 서울에 있는 대부분의 외국 관리들은 미혼 남자이거나 아내를 데려오지 않았다. 그러한 독신자들이 선교사들의 가족 모임에 어울리는 것은 큰 구원이었으며 공인의 몸으로 카드놀이, 술 마시기, 승마와 춤추기 등을 즐기는 것은 지옥에 떨어질 일곱 가지의 죄악[11]에 버금가는 것이라고 생각하고 있는 사람들에게는 더욱 그러했다.

나중에 영국 성공회의 조선 주교가 된 터너(Arthur Turner)는, 스스로 그럴 정도는 아니었지만 선교사들이 죄를 짓지 않기에는 시간이 너무 많다고

---

11) 지옥에 떨어질 일곱 가지의 죄악(The Seven Deadly Sins) : (1) 교만(pride) (2) 질투(envy) (3) 분노(wrath) (4) 나태(sloth) (5) 탐욕 (avarice) (6) 탐식(gluttony) (7) 욕정(lust)

생각했음이 틀림없다. 그는 유명한 운동선수였고 영국의 어느 광산촌에 부제의 직분에 있을 때 주먹 한방으로 주위 사람들을 개종시켰다는 이야기가 전해지고 있다. 그 마을은 분명 신의 뜻에 순종하는 마을이 아니었으며 가장 불쾌한 마을이었다.

한 번도 터너 주교를 상대해 본 적이 없는 몸집 큰 녀석이 이끄는 젊은 불량배들은 그를 마을에서 쫓아내기로 마음먹었다. 그들은 터너의 생활을 곤궁에 빠뜨리려고 온갖 방법을 써서 노력했으나 그것이 실패하자 그를 협박했다. 마침내 그 불량배들의 우두머리는 그에게 주먹질을 했다. 터너는 그들에게 매우 침착하게 이렇게 말했다.

> "여러분들은 내가 여기에 있기를 원치 않지만 나는 내가 결심하지 않는 한 이곳을 떠나지 않을 것이며 어떤 다른 방도도 취할 수 없습니다. 왜냐하면 나는 성직을 수행하고 있기 때문입니다. 우리는 이런 식으로 지낼 수가 없으니 싸움으로 결정하기 바랍니다. 여러분들 가운데 어떤 한 사람이 나와 싸워서 내가 이기면 여러분들이 내 뜻에 따르고 내가 지면 이길 때까지 계속 싸우겠습니다."

터너는 그 결투에서 이겼다. 이 이야기는 사실이 아닐지도 모르지만 그에게 매우 있음직한 일이다. 언제인가는 젊은이들 사이에 서로의 감정을 건드리는 언짢은 분위기가 조성된 적이 있었다. 터너는 그것이 너무 지나치다고 생각하고 모두를 우리 집에 모이게 하여 가는 버드나무 가지로 만든 투구와 목검 몇 자루를 가지고 왔다.

터너는 우리에게 허리까지 옷을 벗기게 한 다음 자신은 베란다에 앉아 담배를 피우는 동안 볕이 내리 쬐는 곳에서 각자 짝을 지어 서게 했다. 우리가 아무도 그 꺼림칙한 물건을 어떻게 사용할지 모르는 가운데 커다란 참극이 벌어졌다. 그러나 얼마 뒤에 그는 우리의 결투를 중지시키고서는 내가 가져

온 술과 담배를 나누어주었다. 그런 뒤에야 우리의 마음은 후련하게 풀렸다.

조선 사람들은 미국인들이 선교하는 기독교를 진실로 갈구하였는가는 매우 분명치 않다고 나는 이미 말한 바 있다. 그들이 본 것은 인도주의적인 도덕 생활, 많은 사람들에게 호소력이 있는 정치 원리 그리고 그들이 필요로 하는 서양의 생활 지식이었지 그 모두가 종교를 의미하는 것은 아니었다.

동양인의 사고 방식에 따르면 종교에는 신비주의와 함께 종교적 권위의 이념을 완전히 이해한다. 아시아인들은 과거에 성직자가 정치를 지배하는 데 대하여 곳곳에서 저항한 경험이 있지만 성직자답고 금욕적인 기능은 그들의 마음속에 깊이 자리 잡고 있다. 죄에 대한 응보나 속죄는 그들에게 생활화되어 있으며 대속의 경우도 마찬가지이다.

내가 조선에 머물고 있는 동안 콜레라와 같은 전염병이 만연했을 때 조선 사람들의 죄에 대한 속죄양의 관습을 흔히 볼 수 있었다. 조상들에게서 물려받은 수많은 관습과 모세의 율법이 그들 생활의 일부를 이루고 있다. 사실상 그들은 쉽게 유대 사상에 빠져든다. 유대 사상은 기독교의 뿌리이다. 따라서 조선 사람들은 기독교의 교리에 쉽게 빠져든다.

이러한 사조는 동양인들의 마음을 사로잡고 있는 금욕주의나 명상적 신비주의와 매우 닮았다. 내가 생각하기에 종교와 서구적 지식은 별개이다. 중국인들이 그렇듯이 조선 사람들이 종교를 받아들인다는 것은 자신들의 것과 양립할 수 있는 서구의 윤리적 기준을 받아들이는 것이다. 그들은 마치 편리한 운송 기관을 타고 가듯이 서양의 지식을 도구로 이용하고 있다.

기독교에 대한 그들의 반응은 아시시[12]의 성 프란치스코[13]에 대한 반응

---

12) 아시시(Assisi) : 이탈리아 중부의 페루기아 동남부에 있는 작은 도시로서 성 프란치스코의 출생지와 수도원으로 유명함.

13) 성 프란치스코(St. Francis : 1182~1226) : 이탈리아의 신부로서 프란치스코교단의 창시자. 가난한 사람을 보살피는 수호성인으로서 1224년에 성흔의 기적을 체험함. 1228년에 시성.

이나 위대한 명상적 신비주의에 대한 반응과 같은 것이라고 생각해 왔다. 다만 그러한 반응들은 민족주의나 전철이나 전화 또는 정치 이론으로 단순화 되었을 뿐이다.

나는 서구인들의 선교 활동이 무익하다거나 해롭다고 생각하는 사람들의 입장에 동의하지 않는다. 오히려 조선 사람들에게 진실한 믿음을 가져다준 위대한 심성의 남녀 선교사들은 외국인에 대한 조선 사람의 태도를 혁명적으로 바꿔 놓았으며, 그들의 종파주의적 불쾌감에도 불구하고 그들의 믿음은 과연 서양 사람들은 진실로 기독교를 믿고 있는가라는 조선 사람들의 의구심을 바꿔 놓았다.

많은 동양 사람들은 서양인의 심성이 동양인을 동화하지도 않으며 전적으로 동화할 수도 없다고 생각하면서도 사려 깊은 동양의 많은 사람들은 서구인들의 다양한 노력을 존경하고 있다. 선교 문제와 관련하여 국가는 외교와 복음 전도자들의 활동을 통해서 교회의 문제에 개입하지 않을 수 없으며 그 어느 쪽이든 간에 국가는 자기 나라 시민들의 입장을 고려하지 않을 수 없다. 이러한 문제는 "가서 모든 민족을 가르치라"[14]는 선교사의 계율에 따라 해외에 나가기에 앞서 국내에서 먼저 해결되어야 할 것들이다.

---

14) 『구약성서 에스겔서』 3 : 4.

제 7 장 공사관 생활

미국 공사관은 서울에 있는 공사관 가운데 생활하기에 가장 좋은 곳이다. 러시아 · 프랑스 · 일본 · 영국의 공사관은 일본인이나 중국인 건축업자가 유럽의 건축 양식을 모방하여 지은 것으로 생활하기에 불편하다. 다른 나라의 공사관은 모두 한국식 툇마루가 있고 한국 양식을 임대하여 잘 개조한 것으로, 화강암을 주춧돌로 하여 지었다. 진흙이나 벽돌로 된 담은 비바람에 잘 견디며 무거운 참나무와 밤나무 들보로 받치고 있는 천장은 높은 용마루까지 흙으로 채워 상당한 무게를 지탱하고 있으며 그 위에는 기와를 얹어 여름의 뜨거운 열기나 겨울의 찬바람이 통하지 못하게 되어 있다.

우리 공사관의 대문은 지붕을 얹은 이중문으로, 성문과 같으며 이곳을 나서면 선교사들의 테니스장으로 가는 길이 있고 곧장 가면 영국인들의 거주지와 황제의 새 궁전이 나온다. 문 양쪽에는 문지기가 사용하는 위병소가 있는데, 그들은 중세풍의 군복을 입고 있으며 가마꾼 · 인력거꾼과 더불어 밤이나 낮이나 항상 그 문에서 근무하도록 되어 있다.

오른쪽으로 돌아가면 단층짜리 창고와 작은 안마당이 있다. 그것은 아시아 함대의 임시 막사로 개조되었지만 우리에게는 필요치 않는 것이라고 나는 생각했다. 그 다음으로 안뜰을 둘러싼 공관은 넓은 잔디밭과 큰 집이 산만하게 늘어져 있는데, 공사와 그 가족들이 이곳을 사용했다. 큰 대문을 나서면 왼쪽에는 공사의 하인이 거처하는 방이 있고, 바깥쪽 짧은 층계 위에 있는 문은 히말라야 삼나무로 그늘진 아름다운 정원으로 가는 통로가 된다. 그 정원에는 큰 작약과 진달래로 꽉 차 있다.

건너편에는 또 다른 넓은 잔디밭이 있으며 화강암으로 만든 좁은 녹지대가 삼면으로 둘러져 있는데 국화, 붓꽃, 관목들의 꽃이 만발하여 나무로 덮인 두둑까지 피어올라 있으며 주위는 높다란 담으로 둘러쳐 있다. 정원과 잔디밭 사이에 있는 나의 숙소는 두개의 거실과 침실 하나, 부엌이 딸린 식당 하나, 그리고 하인의 방이 하나 있었다.

겨울에는 바깥 기온이 영하 30~40°를 오르내렸지만 참나무를 때는 미국식 둥근 난로 하나로 온 집안이 따뜻했으며 여름에는 탁 트인 넓은 처마 밑에 여러 가지 나무와 꽃들이 피어 있었다. 잔디밭 한쪽에는 꽃이 가득하고 많은 새들이 놀고 있는 모습이 무척 아름다웠다. 나는 중국 소년을 시켜 양철로 된 욕조를 봄철부터 가져다 놓게 했다.

그러던 어느 날 등 뒤에서 인기척이 들려 왔다. 그때 내 뒤에서 여러 사람의 여자들이 재잘거리다가 얼음처럼 차가운 침묵으로 바뀌었다. 어떤 숙녀가 나의 숙소를 매우 좋아하여 친구들은 데리고 꽃구경을 하다가 작은 뒷문으로 들어 왔다. 그는 내가 집에 없는 줄로 알고 있었다. 나는 모르는 척했으나 그들이 문을 쾅 닫고 가 버린 것이 꺼림직 했다. 누구에게 사과를 해야 할지 망설이고 있을 때, 나의 부도덕한 행위를 몹시 비난하는 쪽지가 숙녀의 남편으로부터 왔다. 이러한 것들은 빅토리아 여왕 시대에나 있을 법한 일들이다.

서울에서의 생활은 쉬웠다. 어떤 사람은 동양의 어느 곳에나 관습화되어 있는 것처럼 많은 하인들을 거느리고 있었다. 네 개의 방이 있는 집에도 수석 하인 한 사람, 차석 하인 한 사람 그리고 막노동하는 인부가 꼭 있었다. 앞의 두 사람은 반드시 중국인이고 막노동하는 인부는 조선 사람일 수도 있다. 막노동자의 일은 힘겨운 세탁, 마루 닦는 일, 벽과 기둥 그리고 집안을 깨끗하게 할 수 있는 모든 일을 하는 것이었다.

막노동자가 한가할 때면 무연탄 가루와 젖은 진흙으로 공같이 둥근 연탄을 만들어 여름 햇볕에 말려 겨울 난로의 땔감 준비를 하는데 그래야 난로 속에서 불꽃을 내지 않고 많은 열을 내며 흰 재로 변한다. 집에서만 저녁 식사를 하는 독신자가 여러 사람과 식사를 할 때면 요리를 하고 접시를 닦는 중국인들이 필요했다. 그뿐만 아니라 거기에는 반드시 인력거꾼, 정원사 그리고 마부가 있어야 한다. 어떤 사람이 공무상 해외로 갈 때면 기수와 가마꾼을 데리고 갔다.

수석 하인과 요리사는 서로 동료로서, 각기 자신의 일에서는 우두머리이지만, 집안의 회계원이자 봉급을 지불하는 수석 하인의 지위가 조금 더 높다. 중국의 상업 영어로는 수석 하인을 Number one Boy라고 한다. 이와 같은 두 직원은 그들 봉급 모두를 저축하며 특별 수당과 부수입이 봉급의 두 배 이상이나 된다.

독신자가 본국에서 정숙한 아내를 데리고 오는 날이면 엄청난 혼란이 일어난다. 처음 오는 그 부인은 그와 같은 상태에서 참고 견디는 이유를 이해하지 못하고 훌륭한 가정주부로서의 일을 시작함으로써 그러한 제도를 바꿔 놓았다. 그들 가운데 수석 하인과 요리사는 오랜 관습에 따라 숙소 관리자가 되는 점이 문제가 된다.

정직한 하인은 부정 소득이 없기 때문에 어떤 경우에도 주인의 돈이 들어가지 않는다. 그들은 주인의 비용을 가장 잘 절약해 주는 사람들이다. 그들은 식료품 등을 살 때 상점 주인이나 계약자들에게 지불하기로 된 금액까지도 에누리한다. 그들을 한 달 정도 채용하면 그들이 예상한 것과 주인이 예상한 것은 두 배의 차이가 있음을 알아야 한다. 그러나 만일 정직한 사람을 채용할 수 있다면 주인은 모든 누수로부터 안전하게 될 것이다.

수석 하인과 요리사의 직책은 어느 정도 세습적인 것이다. 말하자면 수석 하인은 자신의 보조자를 차석 하인으로 선택한다. 주인은 그 문제에 대해서 조금도 관계가 없다. 그가 적당한 소년을 추천하면 주인은 받아들인다. 왜냐하면 당신은 어떤 면에서도 그 조수와 조금도 관계가 없기 때문이다. 당신은 수석 하인에게만 집안일을 지시한다.

일을 물려받을 하인은 늘 수석 소년의 친척으로서 그에게서 훈련을 받으며 직업상의 지시를 받는다. 언제인가 수석 하인이 주인을 찾아와 중국으로 돌아가야 한다고 말할 것이다. 그러면 당신은 그 일을 물려받을 소년이 책임 맡기에 적당한 사람이면 수석 소년으로 승진될 것이며 이어서 새로운 후배가 가족의 일원으로 그의 자리를 물려받게 된다는 점을 알게 된다.

만약 주인이 자주 식사 초대를 하면 요리사는 유명한 사람이 되고 요리학교의 교장 선생님이 된다. 수많은 젊은 중국인들이 부엌에 모이고 그로부터 요리 기술을 잘 배우고자 매달 수강료까지 지불한다. 요리사가 요리하는 과정에 요리를 망치거나 그릇을 깨는 경우가 있다면 요리사가 채워 놓는다.

요리사가 부엌에서 큰 소리를 내는 등 중대한 결례를 저지른 것을 당신이 알았다면 수석 하인에게 무례함을 말해도 좋으나 대단치 않은 일이라면 무슨 일이 생겨났는지는 따지지 않는 것이 좋다. 어떤 소년이 대빗 자루로 맞으며 앞으로는 음식을 망치지도 않고 그릇을 깨뜨리는 일이 없도록 가르침을 받고 있다는 사실을 주인이 알고 있지만 그 도제는 주인의 하인도 아니며 주인이 보수를 주는 것도 아니다.

이와 같이 외국인 숙소에서의 요리 학습은 매우 중요한 일이다. 동양에 처음으로 온 영국인, 프랑스인, 독일인 그리고 러시아인들은 좋은 요리사를 양성하여 그들이 좋아하는 자기 나라 요리 기술을 가르치느라고 무척 고생한다. 그렇지 않은 경우에는 일급 외국인 요리사를 대사관이나 상사로 데려와 중국 요리사를 훈련시켰다. 중국 요리사는 각기 자신의 학교를 세워 그가 배운 과정을 다른 사람에게 정확히 교육시킨다.

만일 당신이 특별한 사람이라면 전문 요리사의 경력을 물어 볼 것이며, 어떠한 요리사가 되려면 2년의 경력이 필요하다는 것을 알게 될 것이다. 숙소의 하인들은 다른 사람들 보다 더 높은 지위를 갖고 있기 때문에 조심스럽게 다루어야 한다. 그들을 비난해서도 안 되며 함부로 말해서도 안 된다. 주인은 체통을 지키면서 그들을 존중해야 한다.

북경에서 귀족의 집이나 공사관에 근무하는 하인들은 낮은 공직의 서열을 가지고 있다. 그들은 거의 모두가 가톨릭 신자로서 사비에르(Francisco Xavier)의 친구들에 의해 최초로 개종된 사람들이었다는 것은 매우 흥미로운 사실이다. 이 사람들은 옷차림이 매우 깔끔하고 조심스럽다. 그는 평상시에는 남색이나 흰 무명옷을 입고 공식적인 경우에는 아름다운 비단옷을 입는다. 그들은 외국인의 집에 고용되어 있다는 사실에 자부심을 느끼고 있으며 주인이 필요로 하는 것이 무엇인가를 재빨리 알아차린다.

독신자들이 함께 모여 사는 곳에서는 종종 6~7명 정도가 모여 그 가운데 어느 사람의 집에서 저녁 식사를 하기로 결정하고 그의 요리사에게 손님의 이름을 통지한다. 아마도 요리사는 충분한 음식을 만들지는 못하겠지만 그것은 문제가 되지 않는다. 손님이 도착하면 거기에는 자기 집에서 가져온 요리와 술과 함께 자기의 요리사가 따라와 있으며 그 요리사는 주빈의 요리사로부터 특별한 지시를 받았음을 알게 될 것이다. 모든 동료들의 권고로 거기에 묵기로 하면 집에 갈 걱정을 하지 않게 된다. 각 숙소의 하인은 다음 날 아침에 깨끗한 옷가지와 필수 소품 등을 가지고 오며 일꾼과 함께 주인의 양철 욕조도 가지고 온다.

인력거를 끄는 사람은 중국인이나 조선 사람보다 일본인을 더 선호하는데 그들은 조선 사람보다 깔끔하고 중국인보다 날쌔기 때문이다. 나는 우수하고 헌신적인 사람을 데리고 있었는데 그가 일본이 아닌 나라에서 그와 같은 일을 하는 것이 그의 품위에 손상이 간다는 것을 나는 미처 깨닫지 못했다. 나는 일본어를 구사할 수 있었기 때문에 그는 모든 일에서 내가 마치 일본 사람인 것처럼 대하여 주었고 옛 씨족 체계에서 주인을 대하는 것과 같이 나의 말을 받아들였다. 어느 날 그가 나에게 말했다.

"저의 권리로 저의 아내를 죽여야겠는데 나리에게 봉사하고 있는 동안은 그렇게 할 수 없으니 떠나야겠습니다."

나는 그가 떠났을 때 어느 정도의 많은 불편을 나에게 줄 것인지 아느냐고 물음으로써 그로 하여금 아내를 죽이지도 않고 나에게서 떠나지도 못하도록 했다. 결국 그는 다른 방도를 취할 수가 없어 나의 결정에 따르기로 했다.

이 사람은 또한 내가 일본군 수비대 사령관으로부터 산 훌륭한 말을 돌보고 있었다. "날아다니는 두루미"라는 뜻의 마이즈루라는 이름을 가진 이 말은 나폴레옹 3세가 일본 황제에게 선물로 보낸 아랍의 종마에서 태어난 것이었다. 조선에는 그와 같은 말이 없었으며 나는 그 말을 매우 아꼈다.

어느 날 나는 매우 덩치가 작은 폴란드 목양업자와 몸집이 크고 힘이 센 러시아 출신의 무식한 아내가 점유하고 있는 땅의 일부를 지름길로 지나가고 있었다. 그 부인은 쇠스랑을 들어 올리더니 무슨 일로 신경질이 났던지 그 불쌍한 마이쯔루를 공격했다. 나는 로데오 경기를 하듯이 말을 돌려 피해를 입지는 않았으나 그 여인의 공격에 놀란 말이 마구 뛰어갔다.

그때 나는 뒤에서 괴상한 소리가 나는 것을 듣고 곧 일어나 돌아보니 내가 데리고 있던 일본인이 그 여자의 목을 졸라 죽이는 것을 보았다. 나는 그에게 이렇게 말했다.

"우리 풍습에는 부인을 죽이려고 목 조르는 법이 없소."

그랬더니 그가 말했다.

"그러나 그 여자는 주인에게 나쁜 짓을 했으며 여자처럼 보이지도 않았고 여자처럼 느껴지지도 않았습니다."

조선의 하인들은 중국인이나 일본인처럼 유능하지도 않고 사회적 신분도 같지 않았다. 수위, 가마꾼, 경비원은 끝없이 갈등의 원인이 되었다. 여자 하인을 두고 있는 일본과는 달리 조선에서는 보통 남자 하인을 두고 있었고 모든 계층이 만성적인 도박꾼들이었다. 일본인들과 중국인들은 가끔 자기들끼리 모여 기분 전환을 하는 일이 있지만 말썽을 일으키는 경우란 거의 없었다. 그러나 조선의 하인들은 그들끼리만 남겨 둘 수가 없었다. 그들은 지배를 받아야만 했다.

언제인가 서구의 책임자들로부터 우리 공사관의 조선 사람 하인들이 공적인 물의를 일으켰다는 연락이 나에게 왔다. 그들은 외교관 숙소의 치외법권을 믿고 그들의 숙소를 공공연한 도박장으로 만들었으나 그 도시의 경찰권의 단속이 미치지 못한다는 내용이었다. 상습적인 죄인들에게 나의 경고는 효과가 없었으므로 나는 그 일에 관해 어떻게 하면 좋을지를 그 책임자에게 물었다. 만일 내가 그들을 경찰에 넘기면 나쁜 관례를 남기는 동시에 어차피 그들보다도 나쁜 사람을 고용해야만 했다. 그가 이렇게 말했다.

"나는 어떤 조선 사람이든지 도박을 할 것이라는 것을 압니다. 그러나 외국인들은 도박에 대하여 지나치게 고지식합니다."

"그래요?"

"어느 개인을 지목할 수는 없지만 몇 달에 한 번씩 우리는 우리 사람들을 처리하기 어려울 때가 있습니다. 그들은 완벽하게 알리바이를 대기 때문에 그들을 잡아낸다는 것은 아주 어렵습니다. 그래서 그들이 노름을 한 다음날 아침에 그들을 불러 놓고 우두머리에게 매질이 잘되는 막대기를 주면서 각기 아랫사람을 심하게 매질하라고 합니다. 물론 주인은 앉아서 그 매질이 너무 점잖지 않도록 감시해야 합니다."

"그들이 그렇게 할까요?"

"분명히 합니다. 그들은 모두 어느 정도 죄를 숨기고 있고 당신이 죄를 지적하지 않는다면 당신도 도박을 하고 있다고 생각할 것입니다. 이번의 경우에 그들은 모두 자신이 죄가 있음을 압니다. 만일 그들이 철저하게 죄의식을 느끼면 한참 동안 분위기가 좋아집니다."

마음 내키지 않았지만 내색하지 않으면서 나는 그들 모두를 잔디밭에 모이도록 했다. 그런 다음 나는 매우 쓸 만한 회초리 꾸러미를 가져오게 하여 마치 고등법원과 같이 엄숙하게 나의 책상과 의자를 가져다 놓았다. 회초리

꾸러미를 바라본 그들은 모두 장차 어떤 일이 일어날지를 알고 있었다.

나는 우두머리에게 회초리를 주면서 그가 하고자 하는 것을 시작하라고 지시했다. 그는 그것을 받아 절을 하고 가장 가까이 있는 사람에게 걸어갔다. 둘 다 허리를 굽히고 우두머리는 자기가 하고자 하는 것에 대하여 양해를 구했다. 매 맞을 사람은 그에게 그런 말을 하지 말라고 하고 조심스럽게 자루 같은 바지를 완전히 내렸다. 열대를 강하게 때린 자가 나를 쳐다보자 나는 말했다.

"본보기로 그 정도면 됐소."

이번에는 사람들이 서로 인사를 나누고 나에게도 절을 했다. 앞서 매를 맞은 사람이 새로운 회초리를 들고 다음 사람에게 같은 매질을 계속하여 죄를 인정하라고 열 대를 쳤다. 그들은 똑같은 일을 관례적인 예법과 같이 반복했다. 마지막으로 맞은 사람이 우두머리를 때렸다. 그들은 모두 나에게 허리를 굽히고 해산되기를 기다렸다. 그들은 내가 친구인 책임자에게 조선의 풍습을 배웠다는 것과 더 이상 도박을 하는 것은 좋지 않다는 것을 잘 알고 있었다.

그런 일이 있은 뒤에 그들은 도박을 계속했지만 공관이 아닌 곳에서 자기들끼리만 모여 했다. 이 이야기는 나의 미국 선교사 친구들에게 충격을 주었지만 앞서 얘기한 것처럼 뒤에 주교가 된 터너(A. Turner) 신부도 이번 경우와 똑같은 이유로 우리 신참 외교관들에게 목검을 주어 서로 구타하게 한 적이 있었다.

하인들 가운데 몇 사람은 꽃을 기르는 데 매우 능숙하다. 그들은 도시 정원을 둘러싸고 있는 좁은 화강암의 모판이 아니면 꽃을 가꾸지 않는다. 그들은 붓꽃이나 국화꽃의 모판에서 충실한 꽃을 몇 송이 가려내어 일본에서 만든 큰 장식용 항아리에 심고 필요한 때에 주인에게 신임을 얻기 위해 온 정성을 다해서 키운다.

국화꽃은 일본 천황의 꽃으로 11월 3일에 바친다. 그들은 늦여름에 다양하고 색깔이 좋은 국화를 꺾꽂이하여 여러 번 옮겨 심는다. 그러다 보면 일반적으로 가장 위에 달린 꽃봉오리만이 가장 튼튼하게 남아 정원사의 정성을 집중적으로 받아 하나의 충실한 꽃모양을 만든다. 비록 그와 같은 특별한 날은 일본에서만 지켜지지만 국화를 가꾸는 풍습은 북아시아 어디에나 널리 보급되어 있다.

나는 여러 곳을 돌아다녀 보았지만 정원이 있는 서울의 공관은 내가 동양에서 경험한 것 가운데 가장 마음에 끌리고 가장 매력적인 것 가운데 하나였다. 조선의 정원에는 내가 세계의 어느 곳에서도 보지 못한 평화로움이 있다. 정원은 그저 조용한 것이 아니라 맑은 공기에 나무 숲속에는 온갖 새소리로 가득 차있으며 지붕 위에는 까치가 있고 하늘 높은 곳에서 수영하듯 솔개들이 서로 지저귄다. 그것은 아일랜드의 전설에서 나오는 쉬[1]나 어느 성지(聖地)에서 느낄 수 있는 완전한 평화이다. 공사관에서 궁전으로 임지를 옮겨야 했을 때 나는 그곳을 떠나기가 싫었다.

내가 프러시아의 하인리히 왕자[2]와 모험을 저질렀던 것도 바로 그 건물이었다. 그는 황제의 무력 사용에 관한 유명한 연설이 있은 뒤에 그의 유명한 동양 방문에 올랐다. 우리는 그때 그의 방문이 무엇을 의미하는지에 관해 아무 것도 알지 못했다.

오늘날에 와서 밝혀진 바에 따르면 열강이 아프리카를 분할한 것과 꼭 같이 영국 · 일본 · 프랑스 · 러시아가 아시아를 적절히 분할코자 한다는 것과 그렇게 되면 독일은 상품 시장에서 매우 불리하게 된다는 점을 독일의 황제

---

1) 쉬(Shee) : 아일랜드의 전설에 나오는 전설 속의 이상향. 이곳에는 시드라는 부족이 사는데 그들에게는 고통도 없고 죽음도 없다고 한다.

2) 하인리히 공(S. K. H. Prinz Heinrich : 1862~1929) : 독일 빌헬름 2세의 아들. 그는 1899년 6월 8일에 내한하여 재한 독일인의 실태와 독일어학교의 상황을 시찰하고 국왕에게 보고서를 올린 일이 있다. 그 뒤 제독이 되어 해군총사령관(1909)과 동방함대사령관(1914~1918)을 지냈다. 그와 한국 관계에 관해서는, Kun-Hwan Kim, Deutsch und Koreanisch(Frankfurt am Mein : Peter Lang, 1994), pp. 33ff 참조.

는 문득 깨닫게 되었던 것이다. 네 나라 가운데서 어느 나라도 무력 사용 외에 다른 방도를 생각하지 않았기 때문에 만약 그들이 간단히 소유물을 처분하려 한다면 독일을 경시해서는 안 된다는 사실을 극동에 연루된 열강들에게 강력히 상기시킬 필요가 있다고 그는 생각했던 것으로 보인다.

물론 세계 무역에서 커다란 도박을 하고 있는 강대국은 극동과 우호 관계를 맺는 것이 득책이라는 것을 알고 있는 것 같았다. 왜냐하면 아세아는 우방이 몹시 필요했기 때문이었다. 지금 생각해 봐도 그러한 정책이 비난받을 필요는 없었다. 미국은 그 당시에 그것을 알지 못했으며 독일뿐만 아니라 서구의 모든 나라들이 취하고 있는 침략 정책이 어디로 흘러가고 있는가를 보고만 있었다.

하인리히 왕자는 철저하게 스코트 경[3]의 작품『흑기사』에 등장하는 기사도에 심취하여 자신의 독립심을 보여주고자 스스로 그리스 황제의 자리에 등극했다. 그는 본래 매력적인 신사였으나 동양에서는 거칠게 행동함으로써 조선에 좋은 인상을 주기보다는 두려움을 주었다. 그는 어디에서도 그렇지 않은 인물이었다. 그것은 과장이자 실수한 정책으로서 다른 유럽 강대국들이 하고 있는 것과 다를 바가 없었다.

우리는 물론 독일 영사관에서 의례적으로 그를 알현했으며 그는 외교관들을 위한 자리를 마련했다. 얼마 뒤에 그는 우리 집에서 나와 함께 머물고 있는 네덜란드의 예술가와 그의 아내를 방문하고 싶다는 것과 농담 삼아 덧붙이기를 나에게 진짜 독일 맥주가 없다면 공식 행사와 손님 접대를 하지 않고 그날 오후를 조용히 보내고 싶다는 전갈을 나에게 보냈다. 나는 독일 맥주를 몇 병 가지고 있었기에 그가 타고 오도록 말을 보냈다.

우리는 즐겁게 오후를 보냈다. 그는 그와 함께 온 보좌관의 독촉에도 불

---

3) 스코트 경(Sir Walter Scott : 1771~1832) : 스코틀랜드의 소설가이자 시인.

이재순공과 그의 손자

구하고 거의 저녁때까지 머물렀다. 그는 즐겁게 대화를 나눴으며 진짜 독일 방식대로 친절하고 허물이 없고 편안했다. 우리가 그를 말에 태우려고 기다리고 있는 말에게로 갔을 때 그는 갑자기 곧게 서서 얼굴을 붉히며 나에게 이렇게 말했다.

"나는 미국 공사관이나 당신을 방문한 것이 아니라 네덜란드 친구를 방문하고 있다고 이해해 주길 바랍니다."

나는 스스로 냉정을 잃지나 않을까 두려웠다. 외교관은 왕족에게 결코 냉정을 잃어서는 안 된다. 오후 내내 나는 우호적으로 사용했던 독일어로 말하였다.

"나는 오늘의 분위기를 완전히 이해했으며 그가 바라는 대로 응하고자 노력했는데 지금의 귀하는 까닭 없이 무례하다고 생각합니다."

그는 나를 칠 것처럼 손을 들었다. 나는 그가 나를 치기 전에 그를 때려눕히려고 돌진했다. 그러나 다행히도 그의 해군 보좌관에 의해 국제적인 추문을 피할 수 있었다. 그는 호감이 가는 사람으로 폰 밀러[4] 대령이다. 나의 생각으로 그는 뒤에 순양함 엠덴호를 이끌고 독일에서 가장 우수한 해상 돌격대원을 지휘한 바로 그 사람이었다. 그는 그를 추적했던 모든 영국의 선원으로부터 대단한 존경과 개인적인 친분을 맺은 해군이었다. 그는 왕자의 팔을 잡고 나를 헤어나게 하면서 말했다.

"샌즈 씨, 참으세요."

그리고 그는 서둘러 나의 말에 왕자를 태웠다. 나의 가엾은 말 마이즈루는 전에 없이 박차를 가하자 공사관 잔디밭을 지나 대문 밖으로 뛰어갔다. 말이 달리는 바람에 독일 영사관까지 먼지가 가득 차고 조선 사람들은 목숨을 부지하려고 도망갔다.

뒷날 생각해 보니 하인리히 왕자가 무력을 사용하는 임무를 과시하려는 것이 아니라면 그가 멋진 오후를 망쳐버린 이유를 상상할 수가 없었다. 그는 나에게 그렇게 할 필요가 없었다. 나는 독일과 독일의 풍습을 잘 아는 사람이었기 때문에 독일의 게임 규칙에 따라 그날 오후의 나의 태도는 적절했다고 기억한다.

나는 지금 그 얘기를 다시 꺼내고 싶은 생각은 없다. 나는 다만 모든 외국인들이 자기 나라가 다른 유럽인이나 아시아인으로부터 배척당하는 일을 하고 있다는 것과 그들 국민으로부터 존경심을 높이겠다는 생각에서 15년 뒤에 올 파산을 준비하고 있었다는 사실을 예로 들고 싶어서 이 얘기를 하는 것이다.

조선 사람들은 하인리히 왕자의 방문과 같은 사건들을 수없이 겪었다. 조선 사람들이 서양 외교의 수완이 부족함을 보여 주는 또 다른 실례가 있다.

---

4) 폰 밀러(Karl von Müller : 1873~1923) : 독일의 해군. 제1차 세계 대전 당시 순양함 엠덴호의 함장으로서 많은 무공을 세웠으나, 1914년에 오스트레일리아의 순양함 시드니호의 공격을 받고 격침되었다.

1년 정도가 지나 내가 대궐에서 근무할 때 정원에서 쿵쾅거리며 달리는 소리, 내시들의 잔소리, 조잘거리는 어린이 웃음소리와 같은 매우 꼴사나운 소리를 들었다. 엄비의 아들이며 특권을 가진 어린 왕자가 무슨 일을 벌이고 있는 것이 아닌가 나는 의심했다. 황제의 숙부인 "뚱뚱한 왕족"이 갑자기 방으로 뛰어 들어오더니 땀을 뻘뻘 흘리며 말했다.

"저 어린이가 나를 죽이려 합니다."

그는 숨을 헐떡거리며 말했다. 그의 뒤에는 팔에 고양이를 안은 어린이와 신경질적인 내시의 무리가 쫓아오고 있었다. 나는 뚱뚱한 왕족의 약점을 알고 있었다. 그것은 그를 병나게 할 정도로 강한 고양이에 대한 혐오감이다. 나는 공사관의 저녁 식사 때 커튼 뒤에 숨어서 보이지 않는 새끼 고양이 때문에 그가 기절하는 것을 본 적이 있다. 그는 보지 않고서도 그곳에 새끼 고양이가 있다는 것을 알고 있었다. 고양이를 쫓아 보내자 노신사는 평온을 찾았다. 나는 그에게 가장 소중한 친구이기 때문에 나를 만나러 오는 길이었으며, 나에게 매우 특별한 것을 주고 싶다고 말했다. 그가 비정상적인 노인이라서 나는 그의 다음 말이 궁금했다.

"당신네 미국 사람들은 왕은 없지만 왕과 왕족 같은 신분은 있습니다. 아마도 그것은 당신 스스로가 왕과 같은 존재라고 생각하면서 왕과 동등하다고 주장하기 때문인 것 같습니다. 내가 들은 바에 따르면 그렇습니다."

나는 그가 무슨 말을 하려는 것인지 잘 알 수가 없었다.

"지금 나는 왕족이고 황제의 숙부입니다. 지난해에는 가장 위대한 나라의 황제의 왕자이자 황제의 형제인 분이 조선에 왔었습니다."

이 대목에서 나는 그의 말에 동의했다.

"그가 돌아간 뒤 그는 자신을 기억해 줄 수 있는 가장 값진 선물을 보냈는데 그것은 한 왕족이 또 다른 왕족에게 줄 수 있는 최고의 선물입니다. 내가 당신에게 준 이 선물이 바로 그것이며 내가 줄 수 있는 가장 훌륭한 선물입니다."

그는 이렇게 말하면서 그 당시 10달러에 판매되고 있는 미국산 시계 한 개를 나에게 주었다. 하인리히 왕자가 자기를 보좌했던 조선의 장군에게 준 선물은 값싼 32구경 스미스 앤드 웨슨사의 연발 권총이었고 황제에게 준 선물은 하르츠산맥[5]에 살고 있는 모든 농가 집에 걸려 있는 목제 뻐꾸기 시계였다. 나의 설명을 듣고서는 나의 친구인 뚱뚱보 왕족은 자신이 하인리히 왕자에게 많은 공을 들인 댓가가 고작 이 정도인가 싶어 매우 화가 났다.

조선 사람들은 최고의 수준으로 하인리히 왕자를 대접했고 그들이 정당하게 소비할 수 있는 액수보다 더 많은 돈을 썼다. 독일은 러시아-프랑스 동맹이나 영국-일본 동맹에 가담하지 않았기 때문에 조선 사람들은 독일의 황제가 다른 나라에 의한 약탈을 막아 주는 친구와 보호자의 역할을 할 수 있으리라고 기대했었다. 그렇게만 된다면 독일은 조선의 친구가 되고 영토 쟁탈에 초연하면서 무역상 많은 이익을 남길 수 있는 좋은 기회였다. 그러나 그때 어떤 사람도 오늘날의 우리와 같이 미래를 예측할 수 없었으며 모욕적인 무력 시위가 뒷받침되지 않는 외교가 가치를 발휘하는 때가 올 것이라는 것을 예견치 못했다.

우리는 공사관에서 많은 노력을 하지도 않았지만 그렇다고 해서 게으름을 피우지도 않았다. 본국의 우편물은 한 달에 한번쯤 오며 어떤 때는 한 달이 넘어서도 편지를 받지 못했다. 이런 탓에 미국의 일간 신문은 쓸모가 없었지만 내지에 살고 있는 선교사들은 그마저도 열심히 기다렸다. 국무성의 지시 사항이 오면 꽤 부지런한 사람도 느긋하게 1주일 동안에 읽고 다음 3주일 안에 답신을 보내거나 접수 사실을 알려주며, 특별한 위치에 있는 사람은 기선이 떠나기 전에 밤낮으로 우편물을 발송했다.

우편물에는 연례적인 것, 6개월마다 보내는 것이 한 번, 3개월에 한 두 번

5) 하르츠산맥(Harz Mountains) : 독일의 중부를 관통하는 산맥으로서 최고봉은 브로켄(Brocken, 1,142m)임.

씩 보내는 것 등, 틀에 박힌 일들이 있었고 봉급 계산의 규칙적인 보고는 우리의 은행이 뉴욕 외에는 알려져 있지 않았기 때문에 런던은행을 이용했다. 내 기억으로 우리는 서울에 있는 미국 전쟁성의 재산에 대하여 6개월마다 보고해야 했다. 전쟁성 재산이라 함은 공사관의 방어를 위해 전에 할당받은 낡은 구식 스프링필드 단발총 12자루와 몇 백 다발의 케케묵은 탄약이었다.

그 무기들에 대한 보고서를 한두 번 작성한 뒤 나는 그 총들을 시험 발사해 보지 않고서는 아무도 재고에 대해서 알 수 없다는 생각이 들었다. 전쟁성이 소모된 탄약을 보충해 줄 것인지도 흥미로웠다. 뿐만 아니라 더 이상 생산되지 않는 구시대의 군수품을 소비해 버렸다면 얼마나 많은 정부의 부서가 군수품 보충 업무를 위해 뛰어다닐까 하는 문제도 흥미로웠다. 그렇게 되면 몇 년에 걸쳐 편지가 오고갈 가능성이 있다는 것을 안 나는 그것은 한번 시험해 보기로 결심했다.

제물포로 가는 도중에 점심을 먹으려고 모든 사람들이 들리는 휴게소를 운영하고 있는 일본인이 그 기회를 만들어 주었다. 어느 날 아침 그는 나를 찾아와 호랑이가 출몰하는 장소를 알았으니 함께 가 보자고 말했다. 나는 함께 갈 광산 기사를 구하고 두 자루의 스프링필드 총과 주머니에 가득할 정도의 탄환을 구했다. 우리는 여인숙 주인에게 새끼 돼지 한 마리를 빌렸다. 마을 전체가 허허벌판이었기 때문에 그날 밤 우리는 멋진 가을 달빛이 비치는 작은 숲속에 새끼 돼지를 놓아두기로 했다. 호랑이가 나타난 흔적으로 발자국이 선명하게 남아 있었다.

우리는 호랑이가 지나간 자리에서 약간 떨어진 곳에 새끼 돼지를 놓고 돼지 뒷다리에 긴 끈을 묶어 놓았다. 우리들 가운데 한 사람은 다른 사람이 잠자는 동안 그 끈을 당겨 돼지가 비명 소리를 내도록 했다. 한밤중이 조금 지나 내가 교대 근무를 할 즈음에 나는 계곡을 따라 내려오고 있는 물체를 보았다. 그 물체는 비명 소리를 내고 있는 새끼 돼지에게로 향하고 있었다. 변덕스런 달빛 때문에 온 정신을 집중하여 추측으로 시야를 조정하면서 호랑이가 어두운 달 그림자에서 밝은 곳으로 나오기를 기다렸다.

그때 갑자기 그 어두운 달 그림자에서 길게 떨리는 중국 노래가 흘러나왔다. 중국 행상인이 내가 지키고 있는 곳까지 걸어오는 동안 나는 장총을 떨어뜨렸다. 다음날 아침 우리 모두가 탄약을 발사해 보았으나 어느 곳도 발사되지 않았다. 나는 멕시코인들이 그들의 혁명 진압을 돕고자 보낸 우리 정부의 무기에 관해서도 같은 말을 하는 것을 들었다. 조선의 호랑이는 같은 장소에 다시 나타나는 일이 거의 없으며 인적이 드문 곳에 나타난다는 말이 맞았다. 나는 그에 대하여 전쟁성에 보고서를 작성하려 했으나 공식적인 비용이 들지 않더라도 그들에게 큰 관심거리가 되지 못할 것이라고 판단하여 그만두었다.

단조롭고 평범한 지시 사항을 처리하는 것은 어려운 일이 아니었지만 수없이 처리했던 과거의 공문에서 전혀 언급조차도 없었던 생소한 공문들을 새삼스럽게 꾸며 보내는 일은 매우 어려웠다. 일본 공사관은 예외이지만 그 밖의 다른 공사관은 흔치는 않았으나 책임자가 외출하였을 때가 편했다.

이때 서유럽 공사관은 여러 하급 관리들을 총동원하여 그들의 비밀 문건을 수집하여 동일한 문건으로 작성해서 유럽의 외무대신이나 미국 정부에 발송하느라고 바빴다. 그 가운데에도 황제가 러시아 공사관으로 피난했을 때, 독일 영사가 작성한 문건만큼 자극적인 것이 없었다. 그가 아관파천에 대한 소문을 듣고 러시아 사람들에게 갔다가 그곳에서 그토록 불합리하고 불가능한 일은 일어나지 않을 것이라고 확신하게 되었다. 독일 영사가 말했다.

"물론 나는 일을 망치고 싶지 않았습니다. 그러나 내가 그것을 보고할 수만 있다면 내 모자에 든 깃털이 어떻게 바뀔 것인지 귀하는 잘 알 것입니다."

"알지요. 알고 있습니다. 일이 매우 단조롭지만 이번 일은 참으로 기괴합니다. 그것은 절대로 사실이 아닙니다."

"그러나 그것이 진실이라면 나에게 말해 주시겠습니까?"

"더 말할 나위가 있겠습니까, 동지여!"

그 독일 사람이 집에 돌아오자 어느 사람이 허둥대며 들어오더니 소문이 모두 사실이라고 그에게 말했다. 그는 격노하여 다시 러시아 공사관으로 달려갔다.

"왜 나에게 거짓말을 했소? 거짓말을 할 필요가 없었는데 왜 거짓말을 했소?"

러시아 공사가 달래며 말했다.

"자, 자, 왜 당신은 내가 억지로 당신에게 거짓말을 하도록 만드는 거요?"

우리는 본국에서 무엇이 일어나고 있는지 알지 못했고 세계의 한 구석인 이곳에서 생기고 있는 일의 중요성을 판단할 수 없었다. 우리는 모두 사무실에서 100m 이내에 살았기 때문에 집에서 점심을 먹었다. 조선 사람들은 영향력이 있는 사람을 찾아 아첨하러 가거나 대궐의 정보를 얻으려 하기 때문에 아침보다 오후가 보통 더 활발하다. 우리는 그들에게 몇 가지를 귀띔해 준 댓가로 저들의 사악한 음모를 감지하고 그것에 근거해서 워싱턴에 보내는 공문서를 꾸몄다.

5시가 되면 하급 직원들과 나이가 좀 먹은 독신자들은 당구를 치고 술을 마시며 카드 놀이를 하려고 클럽에 모였다. 우리의 포커 놀이는 끝없이 계속되었다. 그 중간에 가끔 멈춘 적이 있기는 하지만 포커는 오랫동안 계속되었다. 우리는 포커를 하면서도 그다지 타락하지는 않았다. 우리는 작은 노트에 잃은 금액을 적고 한 달에 한 번씩 어음 교환소를 통해 빚을 갚았다. 만일 우리들 가운데 어느 사람이 너무 많이 잃었다고 생각되면 어음을 돌리지 않고 그가 돈을 따서 갚을 수 있을 때까지 기다렸으며 어음의 약간만을 현금으로 바꾸었다.

언제인가는 새로이 부임한 미국인 기술자가 자리를 함께 하여 우리의 우호적인 관행을 모르고 그의 전표를 모두 현금으로 바꾸었다. 그는 그렇게 번 돈으로 깨끗한 집을 지었고 고향에 있는 처녀에게 그 돈을 보내어 그들 조선에 불러와 그와 결혼했다. 그러나 우리는 그의 결혼에 냉담했고 오랫동안 그의 아내를 방문하지 않았다. 우리의 포커 판을 거쳐 갔던 한 화가는 잃은 어음에 스케치로 서명하고 이름을 쓰지 않았다. 그런데 그 어음을 받은 프랑스 사람이 환전하러 가게 되자 그 화가는 몹시 불쾌했다. 그는 나에게 이렇게 말했다.

"그 그림에 내 서명이 없지만 그 그림 값은 내가 포커에서 잃은 금액보다 더 가치가 있습니다."

다른 경우에 나는 또 한 번 프랑스 친구를 잃었다. 그 새로운 사람이 우리의 놀이에 들어오자 내 친구가 분별없이 너무 많이 잃고 있었다. 나는 그가 돈이 바닥난 것을 알고 그 프랑스 사람에게 그의 전표를 샀다. 그는 내가 그 어음으로 자신을 궁지에 몰려고 한다는 말을 들었다. 우리는 누가 그런 말을 했을까 서로를 의심했다. 그는 그에 관해 몹시 언쟁을 한 뒤 나와는 다시 말도 하지 않았다.

이 사교 클럽은 보통 공식적인 저녁 식사를 하거나 우리들이 비공식적으로 모이는 곳이었다. 공식적인 경우에는 늘 조선 정부의 대신이 참석했다. 그곳에는 여러 가지 음악이 연주되었다. 유럽 사람들은 공무 시간에 관해 그다지 엄격하지 않았다.

모든 사람이 승마를 했기 때문에 승마 모임도 자주 있었다. 북쪽 빈터에 있는 고궁에서 들놀이를 하거나 산꼭대기에 있는 북한산 요새를 답사하고 강이나 벼가 있는 벌판에서 사냥하는 일로 우리들은 생활의 활기를 찾았다. 일부 사람들은 조선이 아닌 해외에서 휴일을 보냈다. 조선에는 어느 곳, 어느 계절이나 탐험할 수 있는 아름다운 곳이 매우 많았다.

조선의 사계절은 내가 살아 본 어느 곳 보다도 뚜렷했고 각 계절은 그 계절다웠다. 겨울에는 평균 영하 30°까지 내려갔고 맑고 건조하며 추웠다. 여름에는 비가 많이 오고 더웠다. 봄에는 온화하고 여러 가지 꽃이 피었다. 가을은 화려하고 태양이 맑게 빛나며 달빛이 아름답다.

이곳에는 처녀들의 인기가 높았다. 어떤 처녀가 길을 잃고 바깥 세계로부터 이곳에 들어오면 우리는 서부 개척 시대의 목동의 무리들처럼 행동했으며 그가 떠나 버린 뒤에야 제정신을 가눌 수 있었다. 우연히 처녀를 만나는 것보다 더 좋은 것은 해군 병사들을 불러들여 만나는 것이었다. 그때 우리는 장교의 지휘 아래 신병들과 함께 승마와 사냥도 하고 함께 훈련하며 권투 경기도 한다. 몇몇 열성적인 여자들과 성직자들이 그들의 야수적인 운동을 반대할 때면 우리는 그들의 명예를 지키고자 고국에 보고서를 작성한다.

영어 학교의 교장인 허치슨(W. du F. Hutchison)은 하늘이 보내 주신 분이었다. 그는 조선의 어린이들과 시합할 수 있도록 우리의 축구팀을 만들었으며 요리 솜씨도 훌륭했다. 우리는 터너(A. Turner) 주교를 주장으로 하여 열심히 운동했으며 허치슨이 손수 요리한 훌륭한 연회에 참석하면 노래와 음악이 이른 새벽까지 이어지곤 했다. 영국이 다른 나라보다 잘사는 이유는 젊은이들로 하여금 중국어와 조선어 그리고 그들의 직업과 관련된 것을 매일 많은 시간 동안 공부하도록 할 수 있는 인력을 확보하고 있었기 때문이었다.

허치슨 선생은 그들을 안정시키고 안내해 주는 훌륭한 지도자였다. 미국은 지금 그와 같은 일을 할 수 없다. 왜냐하면 영국의 외교관들은 외무성에서 하룻밤 만에 만들어 지지 않기 때문이다. 영국의 외교관들은 여러 해 동안 학생 신분으로 옥스퍼드대학에서 개인 교습을 받아 공부할 때처럼 승진을 위해 일을 해야만 한다.

그와는 달리 미국의 외교관들은 처음부터 서로 사이에 실질적인 권위가 없는 공무원이었다. 만일 미국의 서기관이 무엇인가 오래전에 배운 것이 있다면 그것은 치기 어린 젊은 날의 외관과 정신력으로 스스로 겪어 보지도 못했던 사건에 몸을 던져 부딪치고 체험한 것뿐이다.

제 8 장 황제의 고문관

1899년에 나는 황제[고종]의 고문관으로 초빙되어 유럽 정치의 신비스러운 측면을 자문하는 일을 시작했다. 중국의 영향력이 조선에서 무너지고 일본의 영향력이 우세하던 이 시기에 외국인 고문관의 월급을 150달러 아래로 제한하는 법률이 강압적으로 제정되었다. 그 목적은 분명했다. 데니(D. N. Denny)에게 미국인 후계자가 나타나는 것을 원치 않았기 때문이었다.

일본 사람들은 그 액수로 살아갈 수 있었으며 개인 수입이나 그의 정부가 비용 계정을 해줌으로써 잘 살아 갈 수가 있었다. 유럽 출신 고문관도 그들의 정부로부터 보조금을 받아도 되지만, 그렇게 되면 그는 일본의 정객들에게 자기의 국익을 분명하게 제시해야 하고 그렇게 되면 그의 정책은 일본의 언론으로부터 분파주의자라고 공격받을 수 있다.

정상적인 유럽인이나 미국 사람들은 그와 같은 봉급으로 살 수가 없었다. 정부로부터 보조금을 받는 것은 미국의 관습에도 배치되는 것이었다. 일본의 의도는 미국의 전통을 깨는 동시에 합병의 장애물을 제거하려는 것이었다. 왜냐하면 조선에 대한 미국의 영향력은 자위권이라는 이름 아래 일본의 정치인들이 공격할 수 없는 유일한 존재였기 때문이다.

일본을 비롯한 어떤 나라도 조선에서 미국의 역할이 일본이나 제3국에 위협이 된다고 해석할 수 없었다. 그것은 분명히 비정치적인 것이었고 조선에 도움이 되는 것이었다. 일본이나 러시아가 조선이 발전해 가는 것을 원치 않는다는 것은 너무도 분명했다. 그럼에도 불구하고 데니의 뒤를 이어 3명의 미국인이 그와 같은 조건으로 조선 정부를 위해 일했다.

1899년에 황실 고문관 르젠드르(Charles LeGendre) 씨가 갑자기 사망하자 그레이트하우스(Clarence Greathouse) 씨가 그의 뒤를 이었다. 군사 고문이며 군사학교 교장인 다이(W. M. Dye) 장군이 사임하고 고국으로 돌아갔다. 러시아, 일본, 프랑스 그리고 벨기에로부터 자기 나라 출신의 저명한 인물로 고문을 대체하려는 막강한 압력이 황제에게 가해졌다.

황제는 주한 미국 공사를 지낸 바 있는 딘스모어[1]를 기용하려 했지만 그는 이미 의회 의원에 당선되어 있어서 서울로 돌아오려고 그의 의원직을 포기할 뜻이 없었다. 그럴 무렵에 나에게 고문직을 제의하는 전갈이 왔다. 그 초청은 나를 엄청나게 추겨 세우고 있었다. 혈기 방장한 25세의 청년이었던 나는 온갖 어려움으로부터 황제를 구출해 낼 수 있을 것만 같은 생각이 들었으며, 또한 조선 사람을 좋아했다. 미국 공사 알렌(H. N. Allen)은 누구인가 조선 사람들을 구원할 수 있다면 그것은 미국인들만이 그런 일을 할 수 있다고 생각했기 때문에 나의 부임에 환영했다. 나는 다시 헤이(John Hay)에게 자문을 요청했더니 그는 다음과 같이 말했다.

"그대는 가장 재미있는 경험을 하게 될 것이고 그대가 만약에 고국에 돌아온다면 정부에 도움이 되는 것을 거기에서 얻게 될 것이다. 그 말에는 '만약'이라는 단서가 붙어 있다. 그대는 상처를 받지 않고 돌아갈 좋은 기회를 가지고 있다. 그대는 오직 한 가지 분명히 알아두어야 할 일이 있다. 곧 미국 정부는 어떠한 상황 아래에서도 당신에게 어려움을 주는 복잡한 문제에

---

1) 딘스모어(Hugh A. Dinsmore : 1850~1930) : 미국 아칸소 출신의 변호사. 클리블랜드 대통령에 의해 조선 주차 공사(1887~1890)로 임명되어 재직했으며, 귀국한 뒤에는 변호사로 활약 가운데 하원의원(1893~1905)에 당선되었다.

끌려 들어가지 않을 것이라는 점이다. 그대는 어떤 형태로든지 미국 정부나 미국의 영향력을 대표할 수는 없다. 내가 관심을 갖는 부분은 그대야말로 모험가라는 사실이다. 만약에 그대가 계약한 일을 잘 성사시켰을 때 국무장관은 그대의 유일한 경험을 이용할 것이고 그 일에 당신을 복직시킬 것이라고 기대하는 것은 매우 논리적이다."

그의 말은 명쾌했으며 나를 만족시키기는 했지만 그것이 조선 사람들을 어려움으로부터 구출해 낼 수 있는 희망을 말살해 버리는 것인 줄은 미처 몰랐다. 조선 사람들이 바라는 것은 개인으로서의 미국인이 아닌 미국 정부의 호의였으며, 미국인 고문관을 통해 미국 정부가 유럽과 일본 정부 등에 대한 친절한 중계자로 행동해 주길 원했다.

영향력과 특수 이권의 확대를 위한 경쟁의 와중에서 중립화안을 동양적인 사고로 생각해 볼 때 그것은 오직 나약함만을 의미할 뿐이었다. 그럴 경우에 조선 사람들은 미국 정부가 나를 신임하지 않는다고 볼 수도 있다. 어떤 유럽의 외교관도 나의 입장을 이해하지는 못한 것 같다. 황제의 고문관으로서 나는 왕의 측근에서 미국 공사의 정책을 실현하려는 도구이거나, 아무것도 대표하는 것이 없이 궁전 내에서 다른 외교관들의 공개적인 희생자였다.

아시아 나라에서 외교관들을 보호하려고 미개한 나라의 내지에 깊숙이 해군의 무력 시위와 함포 사격과 상륙이 전개되는 상황에서 독자적이고도 불편부당한 고문관으로 성공한다는 것은 어려운 일이었다. 공사관과 나는 헤이가 준 교훈을 글자 그대로 받아들였다. 그리고 그렇게 했다. 공사관이 나와의 관계를 끊은 것은 본국으로부터의 명령에 따라 필요하고도 적절한 것이었다. 그러나 헤이의 공식적인 태도에도 불구하고 내가 고문의 직책을 수락한 것은 조선 사람이나 주한 외교관들로 하여금 나와 헤이 사이에 당초부터 비밀스러운 양해가 있었다고 믿게 만들었다.

주한 외교관들이 번갈아 가며 나를 시험해 보았고 그럴 때마다 미국 공사관은 무슨 의무라는 듯이 여전히 소극적인 자세를 취하게 되자 서서히 진실이 밝혀지기 시작했다. 나는 당초에 환상 속에서 일을 시작했다. 당시 조선 사람들은 적대 국가들의 윤곽이 뚜렷해지자 희망을 잃고 관심을 잃은 채 결국 경쟁 관계에 있는 두 강국인 러시아와 일본에 그들의 운명을 완전히 던져 버리기로 마음먹었다.

나는 내 나름의 계획을 가지고 있었고 대궐 안에는 나를 지지해 주는 무리도 있었다. 우리의 목적은 일본과 러시아가 싸울 경우에는 조선이 중립을 지키는 것이었다. 그럴 경우에 미국의 이익은 아마도 모호하겠지만 그래도 아직은 실질적인 가치가 있는 존재였다. 중립화에 대하여 호감을 가지고 조선과 모든 나라 사이에 절대적인 평화 조약을 보장하려면 일차적으로 행정을 개선하고 교육을 진작시키는 것이 필요했다.

그러나 조선에는 보통 교육이 없었다. 낡은 중국식 제도에 따라 학문은 벼슬을 얻는 데 필요하며 이런 것들은 매년 경쟁적인 과거의 시행으로 결정되었다. 과거제도는 이론상으로는 정당한 것이었다. 그러나 과거는 순수하게 문학과 고전적인 내용을 다루고 있을 뿐 현대적인 조건과는 맞지 않는 것이었으며 공직 선발에는 개인적인 친분과 뇌물 수수가 폭넓게 자행되고 있었다.

그러나 이제는 이와 같은 선임 방식조차도 조선에는 없었다. 과거 제도는 가장 낮은 수준으로 전락했다. 공직에 임용되면 어느 정도의 귀족 서열이 부여되며 따라서 "독직"과 사회적인 명분을 얻으려고 과거에 응시했다. 문과에 합격하려면 문중의 배경이 좋거나 엄청난 뇌물을 바쳐야 했다. 그들을 보충하려면 관직을 얻고자 쓴 경비를 국민들에 대한 과세의 구실로 거둬들였다. 자유재량에 의한 과세는 국내적 무질서의 가장 큰 원천이 되었다.

관직 임용에 뇌물 수수 관행이 너무도 심하여 이를 직업으로 삼는 일본인 고리대금업자까지 등장했다. 그들은 어떤 지방 관직을 얻는 데 필요한 뇌물 준비금을 후보자에게 빌려주고 한 달에 토지와 농산물 거래 때의 통상적인 비율인 12%로 빌려준 다음 공직을 얻은 뒤 짧은 기간 내에 되받아 낸다.

새로 관찰사나 현감이 된 사람의 첫 번째 관심은 어떻게 하면 세금을 통해 그가 지출한 원금과 이자를 받아 낼 수 있을까 하는 점이다. 그런 다음에 그는 같은 방법으로 황제에게 상납할 돈을 조달할 필요가 있었고, 그 다음에는 그 관직이 새로운 후보자로 대체되기 전에 가능한 한 많은 것을 얻고자 백성들에게 세금을 부과시킬 필요가 있었다.

뇌물은 황제에게까지 올라가는데 조선 사람들은 우리가 생각하는 것처럼 뇌물을 그렇게 비도덕적인 것으로 생각하지 않았다. 왜냐하면 땅과 백성은 황제가 바라는 대로 처분할 수 있는 소유물이기 때문이다. 왕은 곧 국가이다. 모든 땅과 백성은 황제의 것이고, 모든 소득은 황제의 것이며 누구의 통제도 받지 않고 처분한다. 관리들은 황제의 징세 청부업자일 뿐이다. 조선 정부에 대한 이런 개념 때문에 뒤마[2]의 소설은 조선의 지식인들이 그 내용을 완전히 이해하면서 읽을 수 있는 유일한 외국인의 책이다.

어떤 관직 후보자가 황제에게 직접 접근할 수 있다는 것은 행운이었다. 왜냐하면 그럴 수만 있다면 그가 관내의 모든 계통을 거치면서 황제를 알현하기보다 적은 비용이 들기 때문이다. 궁전의 관리와 황실 친척의 주변에는 있는 인물들은 연줄의 기회를 찾는 사람들의 대상이다. 다만 정력과 책략과 교활함에 따라 정도가 다를 뿐이다.

이런 점에서 도 단위의 행정은 부패되어 있고 소름이 끼칠 정도였다. 왜냐하면 내륙 깊숙한 곳에서는 아직도 고문이 행해지고 있었으며, 서울에도 포졸의 업무 수행 가운데 그와 같은 것이 재연되고 있기 때문이다. 나는 그와 같은 것을 모두 알고 있었으며 또한 황제에게 어느 정도 영향력을 가지

---

2) 뒤마(Alexander Dumas) : 두 부자 가운데 누구를 의미하는지 알 수 없다. 아버지(1802~1870)는 『삼총사』(1844)와 『몽테크리스트 백작』(1844)을 썼으며, 아들(1824~1895)은 『춘희』(1848)를 썼다. 소설의 성격으로 볼 때 아버지를 뜻하는 것 같다.

고 있다는 것도 알고 있었다.

황제는 나를 신임했고 나의 말에 귀를 기울였다. 나는 조선의 많은 관리들이 정직하며 그들이야말로 오늘의 제도가 있게 할 만큼 훌륭한 인물들이라는 것도 알고 있었다. 권력 있는 여러 양반들은 조선의 후진성을 진심으로 부끄러워하며 개혁이 계획에 도움이 될 것으로 기대되고 있다.

나는 궁정 안에서 친미파가 개혁의 주된 옹호자가 될 것이며 미국 선교사로부터 훈련받은 조선 사람들과 압제받고 있는 하층민들이 개혁을 열광적으로 지지하리라고 계산했다. 나는 브라운 경이나 조단[3] 경과 같은 정직한 사람들의 협력을 얻어낼 수 있으리라 믿었으며, 외국인들에게 통제를 받고 조선 정부의 지원을 받는 여러 언어학교를 통합하여 새로운 교육 체계를 세우려 했으며 장차 그들이 졸업할 때 하위직에 임명하여 장차 중용할 수 있으리라고 믿었다.

그리고 마지막으로 국세 조사에 기초한 명확한 조세 제도를 확립하고 도와 현에까지 정확한 소송법을 확대하고자 했다. 그렇게만 되어 진보와 개혁을 어느 정도나마 보여줄 수 있다면 중립화를 보장할 수 있는 국제 협약이나 평화 조약을 기대할 수 있을 것처럼 보였다. 나는 그것이 30년이나 걸리고 세계의 대전쟁으로 브리앙-켈로그조약[4]을 체결하게 되리라는 것을 미처 깨닫지 못했다.

---

3) 조단(John Jordan : 1852~1925) 영국의 외교관. 1876년 통역학생으로 북경에 파견된 뒤 청국 주재공사관원이 되었으며, 1996년 한국으로 옮겨 총영사 · 대리공사 · 변리공사를 거쳐 1906년 청국 공사가 되었다. 중국과 한국에서 장기간 근무한 것을 이용하여 베이징 외교계를 지배하였다. 신해혁명 때는 일본의 진출에 대항하고 영국의 권익옹호를 위하여 원세개의 정권 장악에 조력하였다. 1920년에 퇴임하였으나, 1921~1922년 워싱턴군축회의에 참석하였다.

4) 브리앙–켈로그조약(Briand–Kellog Treaty) : 미국의 국무장관 켈로그(Frank. B. Kellog : 1856~1916)와 프랑스의 수상 브리앙(Aristide Briand : 1862~1932)이 1927년에 파리에서 체결한 부전 조약. 브리앙은 1926년에, 켈로그는 1929년에 노벨 평화상을 받음.

나는 조선을 미국화 할 생각은 없었다. 오히려 나는 조선이 단지 그들이 불필요한 분쟁에 휩싸이지 않을 정도로 서구 문물에 친숙해짐으로써 가능한 한 토착 문화를 지키기를 바랐다. 나는 외국인들이 서로 경쟁하기 보다는 협력함으로써 국제적으로 조선을 돕기를 바랐다. 나는 처음에 영어, 러시아어, 프랑스어, 독일어, 그리고 일본어를 가르치는 학교들이 각기 해당 공사관의 통제로부터 벗어나 그들에게 투자한 조선 정부의 이익을 위해 협동하게 하려던 것이 희망 없다는 것을 알지 못했다.

그러한 모임이 구성될 수 있다면 미국과 프랑스 선교사학교와 협력하는 것이 불가능하다고 생각하지도 않았다. 개혁에 반대하는 사람들은 인구 조사야말로 조세 제도를 통합하고 단순화시키려는 것이 아니라 조세를 더 걷어 드리려는 짓이라고 농민들로 하여금 의혹을 품게 만드는 것이 얼마나 쉬운 것인가를 깨달은 것은 어느 정도의 시간이 흐른 뒤의 일이었다.

개혁을 반대하는 사람이 많았다. 부정 이득이야말로 지방 행정의 기본이라고 생각하는 사람들은 나의 개혁안이 그들의 기회와 권력을 파멸시키는 것이라는 점을 알고 있었다. 지방의 무질서를 기화로 간섭하고자 하는 중앙정부의 당국자들은 개혁을 바라지 않았다. 나는 여러 외국인 고문관들을 한 조직으로 규합하여 그들을 지지하는 나라의 이익을 위해 봉사하도록 하리라고 기대할 수 없었다. 그들은 아직도 그 자신의 공사관의 요원이라고 스스로 생각하고 있었기 때문이었다.

르젠드르와 그레이트하우스가 사망하고 다이가 퇴직한 뒤 완고한 프랑스 법학자[5]가 프랑스 식민지 노선에 따라 그레이트하우스의 법률 개혁을 다시 개혁했다. 우정국에 배속된 그 친절한 프랑스 고문관은 국제우편연맹(IPU)의 규정의 영향을 받아 활동했으므로 당연히 그 견해가 넓어졌다고는 하지

5) 프랑스의 법학자로서 법부 고문으로 임명된 클레마치(Laurent Cremazy)를 의미함. 그는 1900년 3월부터 1905년 6월까지 재임함.

만 그는 특정 업무 외에는 권한이 없었다.

전신국에 배속된 덴마크 고문관은 자기의 부서 안에서 자기의 일만 했다. 다이를 계승한 프랑스 군사 고문관은 당연히 프랑스 육군의 일원이었다. 전화와 철도는 미국과 일본의 민간인들이 개인적으로 부설권을 얻어 경영했다. 아직 건설되지도 않은 프랑스의 철도 부설권은 설계상 중국의 국경까지 뻗어 있었으며 모든 공공사업을 조차하면서 모든 세관 수입은 브라운의 통제를 받았다.

이 외국인 고문관들로 하여금 나와 뜻을 갖게 하여 정부에 고용된 사람들이 의견의 일치를 보게 하고 일상적인 정책에 동의하게 하려는 미숙한 나의 노력은 비록 단조롭고 무해하다 하더라도 처음부터 철저하게 무산되었다. 내가 알기로, 프랑스를 제외한 모든 나라의 공사들은 한결같이 황제에게 나의 "악랄한" 계획을 항의했다. 프랑시[6]만이 결코 음모를 꾸미지 않았으며 개인적으로 나에게 친밀하고 동정적이었다.

공사들로부터 반대가 있으리라는 것을 황제가 예상했던 것은 물론이지만 미국 공사의 완전한 중립에 당황하지만 않았더라도 그는 미력이나마 나를 지원하고 싶었을 것이다. 그는 미국 공사의 태도를 결코 이해하지 않았으며 이해할 수도 없었다. 미국의 정책을 설명하려는 나의 노력은 내가 공사와의 사사로운 불화를 감추고 있다는 느낌만을 그에게 주었고 말썽꾸러기들은 존재하지도 않는 먹이를 향하여 돌격해 왔다. 우리가 항상 동의하지 않은 것은 사실이지만 황제는 나의 관심과 애정을 요구했고 지금도 그러하다. 알렌은 극동에서 미국의 위신을 세우려고 어느 직업 외교관보다도 더 훌륭하고 진실하고 실질적인 일을 한 미국인 가운데 한 사람이었다.

중립화와 다국 평화 조약에 대한 희망은 러시아 공사 파블로프[7]와 일본

---

6) 프랑시(Collin de Plancy : 1853~1924) : 1887년 5월에 한불수호조약 체결을 위한 전권 특사로 내한한 이래 변리공사를 거쳐 1905년까지 전권 공사로 재임함.

공사 하야시 곤스케[8]의 공공연한 반대에 부딪혀 사라져 버렸다. 그들은 처음이자 마지막으로 의견일치를 본 것이다. 그들의 자신들의 국가 이익이 그것을 원치 않기 때문에 개혁에 반대하는 사람들의 적대감에 의해 개혁에 대한 모든 희망은 사라졌다. 왜냐하면 무질서는 간섭의 구실이 되기 때문이었다.

그 다음에 이어진 4년은 일반적인 상황보다는 개인적인 비리에 맞서고 지방의 무질서를 줄이거나 없애는 일, 무질서를 야기하는 외국인들의 자극을 막는 일, 어떤 개인이 조금이라도 평화롭도록 하는 일, 그리고 괴로움을 당하고 있는 왕국의 붕괴를 가능한 한 오랫동안 지체시키는 일에 몰두했다.

우선 닥쳐온 어려운 문제는 일본의 강요에 따라 몇 해 전에 만들어진 법률 때문에 생긴 고문관의 낮은 고정 월급 문제였다. 그 문제는 너무나도 간단하게 해결되었다. 계약서에 사용된 adviser라는 말은 "고문관"이었다. 나는 같은 것을 의미한 찬의관이라는 이름으로 불렸다. 조선 사람들은 나를 찬의관이라고 부름으로써 강요된 법규로부터 자유로울 수 있었고 나에게 지불하고 싶은 만큼 지불할 수 있다고 생각했다.

고집 센 늙은 광부 이용익이 황제의 돈줄을 쥐고 있을 때 나의 봉급 문제는 바로 그런 식으로 해결되었다. 나의 계약서에 따르면 나의 동의 없이는 다른 고문관을 채용할 수 없으며 다른 고문관이 만일 일을 하게 되면 나와 협력하도록 되어 있었다.

황제는 공사관 숙소 가까이에 집 한 채와 궁전 안에 있는 방을 나에게 하

---

7) 파블로프(Aleksandr I. Pavloff : ?~?) : 러시아의 외교관. 1898년에 대리공사 겸 총영사로 부임하여 현지에서 특명전권 공사가 되었으나(1901) 러일전쟁의 패배로 일시 귀국했다가 다시 부임하여 을사조약이 체결될 때까지 재임했다.

8) 하야시 곤스케(林權助 : 1860~1930) : 일본의 외교관. 도쿄제대를 졸업하고 1899년에 조선에 입국하여 7년 동안 근무하면서 한일합방의 기초를 닦았다. 그 뒤 이탈리아·청국·영국 대사와 각료를 역임했다.

사했다. 주요 외국어를 약간 아는 통역관과 궁전의 고전적인 글씨[한자]로 기록할 수 있는 몇 사람의 서기 그리고 외국인 학자도 함께 배속되었다. 나와 황제 사이에서 주로 통역과 중개인 역할을 한 사람은 현상건[9]이었는데 젊은 양반이었던 그는 용모가 매우 깔끔했으며 완벽하지는 않지만 제법 유창하게 프랑스어를 구사했다. 그는 결코 해외에 가본 적이 없지만 항상 내가 말하는 것에 관해 바르게 알고 있었으므로 호감이 갔다. 어떠한 것도 그에게는 낯설지 않았다.

두 번째 사람은 유서 깊은 양반 가문 출신인 고희경[10]이라는 명랑한 젊은이였다. 그 또한 외국 여행을 해본 적이 없지만 영어를 너무 잘 했고 모든 선진 사회의 풍습에 익숙했다. 내가 그를 특별 사절단의 서기관으로 영국에 보냈을 때 영국 왕실의 가장 보수적인 사람들이 그를 자기 집에 머물도록 데려갔다. 그는 "양반은 사막에서 벗겨 놓아도 표가 난다"는 조선의 격언의 훌륭한 본보기였다.

현상건은 매우 야심에 차 있었는데 그것이 결국 그를 타락하게 했다. 고희경은 보수적이고 정직하며 절대적으로 믿을 수 있는 사람이었다. 나의 일본어 통역관은 더부룩한 수염 때문에 "검둥이 현"이라는 별명을 듣고 있었다. 그는 말수가 적었으며 현상건의 사촌형이었다. 나는 결코 그를 이해할 수가 없었다. 나이 먹은 두 사람은 내 사무실의 우두머리였다. 나는 중요한 일, 황제와의 개인적이 면담 그리고 모국어만 아는 양반이나 관리들과 대화

9) 현상건(玄尙健) : 본시 법규교정소(총재 : 윤용선) 위원으로 있다가 예식원 번역과장을 거쳐 광학국장(주임관 2등)을 제수 받았으나 어떤 이유에서인지 일본에 망명했다.(『고종실록』 광무 3년 : 1899년 8월 17일자; 광무 6년 : 1902년 9월 8일자; 광무 8년 : 1904년 7월 25일)

10) 고희경(高羲敬 : 1873~?) : 서울인. 고영희(본서 11장 각주 2번 참조)의 아들. 진사시에 합격한 후(1891) 일본주차 공사관 참사관(1896), 영국 · 독일 · 이탈리아의 3등 참서관(1898), 궁내부 번역관(1899), 예식원 외무과장(1904), 예식원 부경(1906) 등을 지냄. 일제 시대에는 이왕직 사무관을 지냄.

를 할 때 그들의 도움을 받았다. 나머지 사람들은 번역사로 일했다.

내가 말하고자 하는 것을 정확하게 번역하여 기록해 두는 일은 작업량이 매우 많았다. 먼저 내가 각서를 작성한 다음 고희경에게 그것을 조선어로 번역하도록 했다. 그것을 다시 현상건이 프랑스어로 번역하여 읽게 하거나 다른 사람이 다른 나라의 언어로 읽게 하여 내가 말하고자 하는 것을 확인한 뒤에 보관했다.

언제인가 한번은 궁중에서 사용하는 언어로 번역해 보았더니 너무 복잡하고 고체여서 의미를 알 수가 없었다. 그런 뒤에 그것을 보지 않은 사람으로 하여금 외국어로 다시 읽게 하였다. 황제나 높은 직위에 있는 사람과 의사 소통을 하려면 예술가의 작품처럼 완벽해야 하므로 수석 서사를 불렀다.

이를 한 번 더 읽고 황제에게 가서 현상건이나 고희경을 통해 내가 하고자는 말을 전달하고 황제가 한가할 때 읽도록 말한 내용이 든 서류를 놓고 오지만 황제는 결코 읽지 않았다고 나는 확신한다. 이처럼 주의를 기울였음에도 불구하고 그 의미가 바로 전달되었는지에 대해서 나는 확신할 수가 없었다.

몇 년 동안 말썽을 피운 모반자들이 특사로 일본에서 돌아오자 나는 그들의 권리를 박탈하는 문제를 자문했다. 나는 큰 모반의 영향과 모반자의 가족, 상속인조차도 처벌되는 중세풍의 이론을 설명하고 조심스럽게 서양에서는 그와 같은 일이 이제는 없으며, 어떠한 경우에라도 그들은 황제의 특사로 보호되어야 한다고 설명했다.

그러나 내가 분명히 반대한 내용의 문서가 전달 과정에서 변경되어 전혀 다른 뜻으로 해석되었음을 알았다. 그리하여 그들은 감옥에서 교살되었다.[11] 그들은 황제의 특사를 받은 이외에 일본 정부의 보호를 약속 받았기

11) 전 군부대신 안경수(安駉壽 : ?~1900) 등이 고종 양위 음모를 꾸미다가 일본으로 망명한 뒤 하야시 공사의 주선으로 생명의 안전을 보장 받고 귀국했다가 재판도 없이 처형된

때문에 이 사건은 일본과 매우 불편한 관계를 유발했다. 일본의 언론은 이를 거칠게 비난했으며 불행하게도 조선 정부를 믿을 수 없다는 일본의 주장을 정당화하는 호재가 되었다.

나의 직원들 이외에도 대궐 안에는 진실한 친구가 많이 있었다. 고(故) 민비의 일족들인 민영환, 민승호,[12] 민영기[13] 등은 조선에 대하여 깊은 애정을 가지고 있었다. 민영환과 민승호는 해외에서 생활한 적이 있으며 세 사람 모두가 조선에서는 큰 영향력을 가진 양반이었다. 민승호는 귀족정치론을 주장하는 전형적인 조선 사람이었다. 그의 섬세하고 독수리 같은 모습은 조선, 중국, 인도의 초상화를 수집하는 보스[14]의 소장품에 보존되어 있다.

민영환은 내부 개혁을 위한 많은 시도가 실패하고 일본이 조선을 침탈했을 때 스스로 목숨을 끊었다. 그는 조선 사람에게서 위대한 애국자요 순국자로 명성을 얻고 있었다. 월리[15]가 『무라사키[16] 부인의 겐지 연대기』(1925)

사건을 의미하는 것으로 보임.

12) 민승호(閔升鎬 : 1830~1874) : 민비의 양 오빠. 형조판서 · 병조판서 등을 지냈으며, 대원군에 의해 폭사했다.

13) 민영기(閔泳綺 : 1858~1927) : 민 씨의 척신. 아호는 만암, 포암이다. 본관은 여흥. 경기도 관찰사, 군부대신 등을 지내면서 개화 운동을 탄압했으며, 한일합방 뒤에는 남작의 작위를 받고, 동양척식회사 부총재와 이왕직 장관을 지냄.

14) 보스(네덜란드어 : Hubert Vos, 1855~1935)는 네덜란드의 화가. 마스트리히트 출신으로 브뤼셀 파리에서 공부했다. 유럽 각지에서 전시회를 열었으며, 1885년부터 1892년까지는 영국에서 일했다. 1898년에 조선으로 여행하여 세 장의 그림을 그렸으며, 각 그림을 두 장씩 그려 한 장은 조선에 남겨두고 다른 한 장은 가지고 돌아왔다. 대한제국 고종의 전신 초상화와 민상호의 초상화, 그리고 한성부를 묘사한 풍경화이다. 조선에 남은 그림은 덕수궁에 걸려 있다가, 1904년에 화재로 사라졌다. 1905년에 두 번째 여행에, 중국의 서태후 초상화를 처음으로 그린 서양화가가 되었다. 초상화와 풍경화 이외에, 중국 자기 등을 그린 정물화로도 알려져 있다. 1935년에 뉴욕에서 사망.

15) 월리(Arthur D. Waley : 1889~1966) : 케임브리지대학 킹스칼리지 출신으로 동양학자이자 중국 전문가임. 대영제국박물관의 학예관으로서 『중국시 170선』(1919), 『공자평전』(1939) 등을 씀.

16) 무라사키 시키부(紫式部) : 헤이안조 시대의 여류문인임. 생몰 연대는 알려져 있지 않다. 본디 성은 후지와라였다. 일본 문학, 한문, 음악에 두루 조예가 깊은 예인으로서 남편이 죽자 문학에 몰두하여 일본문학사의 수작으로 꼽히는 『겐지모노가타리』를 남겼다.

가 출판된 이후에야 나는 민영기 공이 일본의 음유시인 시대의 "빛나는 인물"과 비교될 만한 인물임을 알았다. 이 세 사람은 모두 그들이 원하면 언제나 대궐을 출입했다.

강석호[17]는 양반은 아니지만 내시의 우두머리로서 큰 영향력을 가진 인물이었다. 대궐밖에는 쾌활한 성품을 가진 한성 판윤인 이채연[18] 씨가 도시를 다스리고 있었다. 그는 워싱턴에서 생활한 적이 있었고 미국 사람들에게 아주 헌신적이었다. 그는 빈틈이 없었고 친절한 사람이며 야심도 있었으나 조심성이 많았다. 막 숨을 거두기에 앞서 그는 한밤중에 갑자기 사람을 보내어 나를 오라고 했다. 나는 그가 몹시 두려워하며 말을 거의 못한다는 것을 알았다. 그러나 그는 여전히 쾌활하고 웃음을 띠고 있었다. 나는 당장 외국인 의사를 불렀다. 그러자 그가 말했다.

"왜 그러시오? 당신들은 이런 일들을 이해하지 못합니다. 나는 죽어 가고 있고 나의 늙으신 어머니는 외국인들을 믿지 않습니다. 나는 두 가지의 일을 위해 당신을 불렀습니다. 당신은 나의 아들을 구해 준다고 약속해 주시기 바랍니다. 당신은 그를 위해 해줄 수 있는 일이 있습니다. 그리고 나는 당신이 곧 사람을 보내어 나와 함께 저녁 식사를 한 다른 사람들의 상태가 어떠한지 알아주길 바랍니다."

그는 그날 밤 누가 주빈이었는지를 말하지 않았다.

"당신이 원한다면 그 사람을 찾을 수 있을 것입니다. 그러나 당신은 그에

---

17) 강석호(姜錫鎬) : 내시로서 고종의 총애를 받았으며, 1896년 친러파 이범진과 러시아공사관 통역 김홍륙 등의 사주로 고종의 아관파천 때 막후에서 연락 임무를 맡았다. 아관파천 이후 김홍륙과 함께 왕의 총애를 빙자하여 권력을 마음대로 휘두르고 뇌물을 좋아하여 정사를 크게 어지럽혔다.

18) 이채연(李采淵 : 1861~?) : 칠곡 출신. 1887년(고종 24) 8월 주차 미국전권대신 박정양이 도미할 때 번역관으로 수행하였으며, 1894년(고종 31) 4월에 실시된 문과 전시에서 갑과로 합격하였다. 병조참의와 농상협판을 거쳐 두 차례 한성부 판윤에 임명되었다. 1898년에는 한성부재판소수반판사를 겸임하였고, 귀족원경과 시종원경을 지냄.

대하여 어떤 일도 할 수가 없습니다."

심부름꾼이 와서 말하기를 손님들 가운데 한 사람만이 살았다고 했다. 다른 나머지 사람들도 한성 판윤과 같은 증상으로 죽었다. 그가 빙긋이 웃으며 말했다.

"그래요 나 같은 늙은이가 더 잘 알았어야만 했어요, 그러나 그것은 문제가 되지 않습니다. 우리는 나라를 구할 수가 없습니다. 나는 당신의 진실한 친구였으니 나의 아들을 구해 주시오"

그리고 그는 나를 보고 웃음을 띠며 죽었다. 몇 해 전에, 성장하여 성공한 그의 아들이 나에게 편지를 보내어 오랜 우정을 다시 회상하려 했다.

그 모임의 또 다른 사람은 다이 장군의 보좌관이었으며 현재는 군사학교장인 이학균[19]이었다. 그는 매우 좋은 친구였다. 러일전쟁이 일어나자 그는 현상건과 함께 상해로 도피하여 아편에 중독되어 가난하게 죽었다. 외부대신의 자리에 있었던 박제순[20]은 매우 유능하고 미국식 사고 방식에 매우 호의적인 사람이었다. 조선의 대신은 궁중 음모의 한 도구임에도 불구하고 공식적인 책임을 지지 않으면서 위엄과 자유재량을 가지고 공무를 수행했다. 내가 공사관에서 일하고 있는 동안 그와 다툰 적이 있으나 우리의 우정에 손상이 가지는 않았다.

황제는 평양을 외국인들이 주거할 수 있게 해주겠다고 알렌과 약속했다. 북쪽에 위치한 도시인 평양 지방은 매우 보수적이었다. 그곳에 살고 있는 유력자들은 그 지방이 충성스럽고 가장 용감한 군대를 모집하여 주둔시키고 있으므로 황제는 그 약속을 취소해 달라고 요구했다. 포고문이 발표되었

---

19) 이학균(李學均 ?~?) : 군부 참령(1895), 원수부 검사국장(1899), 참장, 육군법원장(1904)을 지냈으나 어떤 이유인지 일본으로 망명했다.

20) 박제순(朴齊純 : 1858~1916) : 1883년에 과거에 급제한 뒤 전라 · 충청관찰사를 거쳐 외부대신에 이르렀으나 을사조약을 체결함으로써 5적의 칭호를 들었으며, 한일합방 이후에 자작의 칭호를 받음.

을 때 평양은 개방된 도시가 아니었으며 외국인들이 무역하며 거주하기에는 적절치 않은 작은 곳이 있었다.

박제순은 포고문의 내용을 지지했다. 나는 황제의 약속을 지지하여 끝내 이겼다. 더욱이 평양은 고대와 현대의 역사상 가장 사악한 4대 도시 가운데 하나라는 평판을 듣는 곳으로서 햇볕과 맑은 공기를 쬐어야 한다고 나는 확신하고 있었다. 그 사건은 미국 제국주의 침략의 전형적인 사례로 최근까지 인용되고 있다. 그 문제에 대하여 글을 쓴 사람은 박제순이 나와 의견이 같았기 때문에 평양의 개항을 주장한 것이 아니라 황제의 명령에 복종할 수밖에 없었다는 사실을 몰랐을 것이다.

이제 25세인 나보다 하루라도 더 나이가 먹어, 나만큼이나마 조선을 아는 사람이라면 러시아와 일본 사이의 전쟁을 혼자서 중지시키려 하지는 못했을 것이다. 이제 와서 그 당시를 돌이켜 보면 나는 그 당시의 나의 처신이 옳았다고 생각한다. 그 모든 것이 어느 방향으로 진행되고 있으며 누가 그 역할을 맡을 수 있을지 확실히 알 수는 없었지만 나는 눈을 부릅뜨고 사태를 직시했다.

나는 무능한 황제가 측은했고 그를 충분히 정력적으로 도울 수 있다는 생각에 일을 착수했다. 뿐만 아니라 이제까지는 협력이 잘되지 않았다 하더라도 앞으로 서울에 있은 외교관들의 도움을 얻으면 그 개혁이 가능하리라 나는 믿었다. 나는 현장에서 보고 배우라는 록힐[21]의 충고를 상기했으며 최전선에 앞세워 놓은 조무래기들을 통해 본국의 수도에서 책략을 부리고 있는

21) 록힐(William W. Rockhill : ?~?) : 미국의 외교관. 그는 본디 미국인이었으나 독일 육군사관학교를 졸업한 뒤 북경 주차 미국공사관 서기관으로 외교관 생활을 시작하여 1886. 12.~1887. 4. 동안에 조선 주차 미국 공사를 지냈다. 조선을 떠난 그는 중국으로 돌아가 중국과 몽골을 탐험하고 1893년에 귀국하여 국무성에서 봉직하다가 1895에 다시 중국 주차 공사가 되었고, 그 뒤 러시아와 터키 공사를 역임했다. 원세개가 집권하자 그의 정치고문으로 활약하다가 중국에서 병사했다. 『몽골 · 서장여행기 : 1891~1892』를 남겼다.

거물 정치인들의 작태를 바라보고 있었다.

헤이(John Hay)의 충고는 전적으로 옳았다. 내가 만약 그 경험을 살릴 수만 있다면 그러한 시행착오를 통해서 뒷날 우리 정부에 도움이 되는 것을 배웠을 것이다. 몇 년 뒤에 루트 서기관은 내가 만약 국무성의 외교적 사고 방식에 따라 나의 두 손으로 문제를 해결하려고 노력했더라면 나는 외교관이 될 수 없었다고 말한 것도 맞는 말이었다.

왜냐하면 나는 어떤 일을 하면서 나 자신의 판단에 따라 모든 장애물에 대하여 나의 방식대로 싸우며 나 자신을 보호하도록 배웠는데, 그것은 훌륭한 외교관이 아니었기 때문이다. 모든 것이 진실이지만 나는 다른 것을 포기하고 싶지는 않았다. 나는 내가 왜 실패했는지도 철저하게 알아보기로 결심했다

제 9 장 대궐에서의 생활과 민속놀이

밤이면 대궐로 들어가야 했고, 낮이면 황제의 업무를 돌봐야 했기 때문에 나는 황제 가까이뿐만 아니라 성안에 숙소를 두어야 했다. 한 미국인 선교사가 신성한 대궐을 내려다보는 곳에 집을 지은 적이 있었다. 어떤 외국인들은 토착 예절과 실정법을 어기면서까지 그런 짓을 했다. 조선 당국자는 외국 공사관에게 그러한 법을 감히 적용하지 못했다. 왜냐하면 그 법에 따르면 무거운 형벌을 내리고 재산을 압수하도록 되어 있지만 자존심 강한 공사관들이 이를 허락하지 않았기 때문이었다.

유일한 구제 방법은 외국인이 요청한 만큼 대금을 지불하고 황제가 그 건물을 매입하는 것이지만 공사관의 위세를 등에 업고 있는 그는 턱없이 많은 대금을 요구했다. 그럴 경우에 그 집이 매우 누추하고 중서부 지방의 빅토리아조 중기의 벽돌집이었지만 왕실은 엄청난 가격에 그것을 구입하여 내가 사용하도록 하사했다. 내가 조선을 떠났을 때 그 집은 일본인들이 지내기에 편하여 참모 본부로 사용했다.

그 집에서 가장 나의 마음을 끄는 것은 내가 가꾸어 놓은 공원이었다. 나는 그 안에 새끼 사슴과 새끼 곰, 어린 두루미, 금붕어 그리고 시골에서 가져온 의지할 곳 없는 동물들을 키웠다. 활기찬 숫염소가 추격해 오거나 곰을 싫어하는 사람들로서는 마음이 편치 않았겠지만 동물들은 잘 번식했으며 유쾌하게 살면서 몰모트처럼 번식했다. 곰은 주인의 말을 따르는 동물이기 때문에 나에게는 순종했지만 다른 사람에게는 좋은 짐승이 아니었다. 그 도시에는 나를 오해하여 싫어하는 사람들이 있었기 때문에 나는 곰들이 그들에게 친절하도록 가르치지 않았다.

이 집은 나의 집이라기보다는 궁전 사람의 공식적인 접대 장소로 사용되었으며 때로는 재미있는 광경이 연출되기도 했다. 어느 날 밤에 나는 지방 여행을 마치고 지친 몸으로 돌아왔다. 면도도 하지 않았으며 흙투성이의 몸은 녹초가 되어 있었다. 나는 하인들의 숙소를 통해 들어오다가 마루부터 지붕까지 불빛이 휘황하고 궁중요리사들이 큰 혼잡을 빚고 있는 광경을 보았다.

몹시 화가 난 나는 내가 없는 사이에 무슨 일이 일어났는지를 알아보려고 식당에 있는 식료품저장실의 문을 열어 젖혔다. 궁중의 모든 고관들이 내 식탁에 빙 둘러앉아 있었고 분명히 미국인으로 보이는 사람이 상석에 서서 다가오는 세계박람회에 관해 연설하고 있었다. 이야기를 중단한 그는 나를 응시하더니 내가 무엇을 원하는지를 물었다.

"목욕과 면도를 하고 음식을 먹을 수 있으면 감사하겠습니다."

"당신은 여기에 올 수 없습니다. 이 집은 개인 집입니다."

"그것은 그렇지요. 이곳은 개인 집입니다. 이곳은 나의 집입니다. 당신이 여기서 무엇을 하고 있는지 말해 주시겠습니까?"

"예, 죄송합니다. 나는 세계박람회의 사무국장입니다. 내 이름은 바레트[1]입니다."

이렇게 해서 나는 매우 좋은 그 친구를 처음 만났다. 나는 뒷날 그의 뒤를

---

1) 바레트(John Barett) : 당시 미국 루이지애나 세계구매박람회의 이사 자격으로 1902년 7월에 조선을 방문하여 1904년에 센트 루이스에서 개최될 예정인 동 박람회에 조선의 출품을 요청하는 초청장을 왕에게 전달하여 그 수락을 받았다.

이어 파나마 공사가 되었다. 그는 전도가 불투명한 라틴아메리카국을 범아메리카연맹이라는 걸작으로 만들어 낸 인물이었다.

나의 사무실은 궁전 안에 있었다. 젊은 외교관들이 찾아와 즐겁게 지내며 음담패설을 했던 나의 집무실은 대궐의 네 번째 방이었는데, 두 번째 방에는 궁녀들이 있었고, 내시들은 세 번째 방에 있었다. 예로부터 관습처럼 일어나는 궁정 혁명 때문에 황제는 밤에 잠을 이루지 못했다.

해가 지면 커다란 궁전 문은 굳게 닫혔으며 작은 성채의 뒷문은 그가 가장 신뢰하는 사람의 감독 아래 있었으며 그의 직접적인 명령에 따라 사람들을 출입시켰다. 따라서 국가 대신이나 의례적인 방문을 한 양반 또는 알현이 허락된 조선 사람들은 해가 지기 전에 대궐에 들어와 기다리며 어떤 때는 해가 떠 문이 열릴 때까지 머물렀다.

시회와 같은 모임이나 비단이나 의상에 향수를 뿌리거나 새로 들어온 궁녀의 춤을 구경하는 등의 행사가 없는 밤에는 국사를 의논했다. 대신들의 일일 보고, 정책 결정, 대신 회의와 같은 황실의 업무는 황제의 여흥을 위해 무산되거나 취소되는 일이 허다했다. 이는 뒤마(Alexander Dumas)의 동양판 무대였다. 나는 해가 질 때부터 뜰 때까지 업무를 보아야 했으며 왕을 알현하여 질문에 대답하고 어떤 보고에 관해 자문할 준비가 되어 있었다.

머지않아 모든 공식적 업무는 나의 방식대로 처리했다. 만일 임금이 스스로 나의 의견을 묻지 않을 때에는 내시 한 명이 서둘러 달려와 병풍 뒤에서 그가 들은 것을 그가 이해한 대로 나에게 들려주었다. 그는 토론에 부쳐질 문제에 대한 의견을 준비하고 그가 그만큼 안다는 것을 신임 받으려고 그런 짓을 했다. 호기심 많은 내시들은 늘 나의 집무실 안팎에서 서성대면서 이것저것을 물었다. 그들은 쉬지 않고 끝없이 물었으며 아무리 대답해 줘도 만족하지 않을 만큼 탐욕스러웠다.

동양 사회에서는 내시들과 함께 생활하면서 궁정 외교의 비밀스러운 내막을 그렇게 완전히 들여다본다는 것이 불가능했다. 비록 그들이 언제라도

정장한 한국의 관료들

황제에게 접근할 수 있기 때문에 궁전에서 국민에게 가장 영향력을 행사할 수 있을지라도 그들의 영향력은 늘 해로운 것이다. 그들은 일반적으로 가난한 집안 출신이며 조선이나 외국에서 어떤 형태의 교육도 받지 않았다.

그렇기 때문에 내시들은 본래 성격이 비뚤어졌고 의심이 많으며, 시기심이 많고 변덕스럽고 갑자기 화를 내고 복수심이 강하다. 그들은 오직 돈에 몰두하며 돈을 얻고자 무엇이든 합리화했다. 그들은 일반인들이 생각하는 것과는 달리 모두 결혼했다. 돈이 많은 내시는 매우 젊은 내시를 입양하여 아들로 키움으로써 성공한 아버지 내시의 뒤를 잇기를 바라며 내시 가족을 이루고 있다.

조선의 내시들은 근동의 전통적인 내시와는 매우 다르다. 조선에서의 내시의 기본적인 역할은 황제를 가까이 모시는 것이다. 이론적으로 본다면 그들은 이 세상의 모든 이익과 욕망으로부터 절연해야 한다. 이론상으로 그들은 속세에 오염되지 않은 금욕주의자이며 수행자이다. 오직 이런 사람만이 왕실의 신성한 분에게 접근할 수 있었다. 그러나 실질적으로 그들은 이런 이상과는 거리가 멀었다.

비록 그들의 공개적 추문이 떠오르면 그들은 무서운 벌을 받았지만 그러느니 그들의 비리를 눈감아 버리는 것이 더 편리했다. 이론상 그들은 정신적 존재로 인식하는 관습 때문에 일종의 성직자로 행세하기에 이르렀다. 하늘 곧 초월적 존재에 대한 제사는 황제가 몸소 거행해야 할 일이었다. 그러나 그 성직을 위임할 수도 있었으며 일반적으로 황제와 가장 가까운 곳에 있는 내시에게 위임되었다. 그와 꼭 같은 이론에서 그들은 왕릉과 원찰의 관리인이 되었으며 궁녀들의 행위를 감독했다.

궁녀들은 비빈과 왕실 가족의 나인들이다. 아마도 이 불행한 여인들보다 더 비참한 존재는 내시의 아내들밖에 없을 것이다. 백성들의 아내와 궁궐의 나인들은 그들이 원하면 밤이든 낮이든 외출할 수 있다. 보다 나은 계급과 양반의 여성들은 밤에 서로를 방문할 수 있으며 거리를 다닐 때면 삼엄한 보호를 받는다. 조선 사람의 유흥에 없어서는 안 되는 기생들은 어느 곳이나 출입할 수 있으며 이곳에 있는 여성 단체에 접근할 수 있다.

기생들은 대중적 접대를 위한 준비의 부분으로 최소한의 교육과 문화의 혜택을 받았다. 그러나 가엾은 궁녀들은 모든 세속으로부터 완전히 단절되어 있다. 마치 회교권의 하렘에 살고 있는 여성들처럼 궁녀들은 수녀와 같은 생활을 해야 한다. 외부 일에 대하여 조그마한 호기심을 보이거나 바깥 세상과 아주 사소한 의사 소통을 하더라도 관계된 모든 사람에게는 엄중한 형벌이 따른다.

그럼에도 불구하고 나의 옆방에 살고 있는 황태자 빈은 내시와 자신의 위험에도 불구하고 서양 서적을 읽고 싶다고 나에게 요청했다. 나는 결코 그를 본 적이 없고 어떤 일도 상의한 적이 없지만 그의 심성에 감명을 받았다. 나는 그에게 내가 구할 수 있는 서양의 역사, 과학, 지리, 철학과 예술 그리고 중국어 및 일본어 소설의 번역물을 보내 주었다.

황태자빈은 이러한 책들의 대부분을 이해할 수 있었다. 그러나 어려운 부분이 있으면 중재자가 나에게 찾아와 그에 관해 논의했다. 그의 의견과 질문은 놀랄 만큼 빈틈이 없었다. 나는 황제께서 이 일을 알게 될까봐 걱정스러웠다. 왜냐하면 동양의 궁전에서는 오랫동안 비밀이 유지되기 어렵기 때문이었다. 아마 황제는 불쌍한 왕비가 서양 지식에 대하여 궁금한 것을 알고 있었으며 그의 며느리가 서양 지식을 알도록 하는 데 만족했는지도 모른다.

어느 주목할 만한 인물은 밤새워 나와 함께 앉아 있곤 했는데 그 사람은 황제에게 개인적으로 역사를 가르치고 얘기를 들려주는 사람이었다. 버튼[2] 경이 수집한 아랍과 페르시아의 이야기와 그의 이야기는 기이하게도 닮았으며 때로는 거의 똑같았다. 일본과 중국의 이야기는 그들 자신의 특성을 가지고 있으며 토속적이었다. 많은 조선 이야기는 마치 바그다드나 혹은 북아프리카의 그것을 번역한 것과 같았다.

그들은 풍부한 몸짓, 흉내, 억양으로 구연하기 때문에 그 나라의 언어를 조금밖에 모르는 사람도 그 얘기를 완벽하게 이해할 수 있다. 얘기의 주제는 폭넓은 반면에 반드시 상스러운 것도 아니면서 박장대소할 정도로 우스웠다. 조선의 구전 설화는 양반들의 까다로운 예법을 벗어나지 않으면서도 모든 것을 얘기할 수 있다. 모든 얘기를 몽땅 털어놓는 것이 아니라 여운을 남김으로써 쉽게 웃지 않는 양반들로부터 웃음을 끌어내야 한다.

대화에서 여운을 남기고 듣는 이로 하여금 스스로 깨닫게 하는 방법은 우연히 만난 나그네나 양반들 사이의 대화에서 사용되는 방법이다. 조선 사회에서의 계급은 대화에서 사용되는 동사의 경칭에 따라서 다르다. 상대편의 사회적 지위에 따라서 동사의 어미변화가 달라지며 이것을 정확하게 구사하는 것이 가장 중요하다. 만일 어느 때 높이고 어느 때 낮추는가를 모르면

---

2) 버튼(Richard F. Burton : 1821～1890) : 영국의 탐험가이자 동양학자. 아프리카를 탐험하고, 다마스쿠스 영사(1869～1871)를 지냈으며, 『아라비안나이트』(1885～1888)를 번역함.

그 사람은 궁중 생활에 적절하지 않은 인물로 낙인찍혀 그 세계에서 살 수 없는 천박한사람이 될 것이다.

우연히 두 사람이 마주 쳤을 때 서로 이름조차 모르는데 양반 계급인 것이 분명하면 한 시간 동안 대화를 나누면서 동사의 말끝을 흐리며 자신의 직업과 신분을 숨기되 상대의 신분을 정확히 알아내기 위해 온갖 수단을 다 쓴다. 그러다가 그 신경전에서 상대편의 정확한 신분과 사회적인 경력을 알게 되어 그에 상응하는 동사의 어미변화를 사용할 수 있게 되면 그제야 어중간한 용어를 쓰게 된다.

만약 그가 사람을 잘못 보았다면 그의 상대방도 그가 예상했던 신분보다 낮은 사람을 상대하는 용어를 씀으로써 그가 진실로 양반이었다면 그런 어이없는 실수를 하지 않았으리라는 것을 암시해 준다. 대화의 정치 부문은 싯적으로 표현한다. 9세기의 일본에서처럼 양반은 어떤 사람이나 주제를 토론하면서 위트와 즉홍적인 운문이나 글자를 바꾸어 쓸 수도 있다.

이런 모든 사회적 게임에서 억양이나 부채를 다루는 법이나 향수의 사용이나 특정한 차림새의 어떤 장식품을 가지고 노는 태도를 통하여 그가 정말로 궁궐의 생활을 완벽하게 아는 사람인지 아니면 들은 풍월로 약간의 법도를 아는 정도의 사람인지를 구분해 낼 수 있다.

가까운 친구들 사이에는 고전적인 싯귀에서 따온 특별한 이름을 갖는데, 그 부류에 속하는 사람이 아니면 그 이름을 모른다. 어떤 동방 국가에서는 외국의 이름은 발음하는 것이 어렵다. 그들은 서로 말은 할 수 없어도 보편적 수단으로 극동의 지식인들 사이에 의사 소통의 수단이 되고 있는 한자로 외국의 발음을 표기하기란 더욱 어렵다.

내가 일본에 있을 때 내 이름을 읽거나 쓰기는 불가능하여 산주(San-dzu)처럼 발음했다. 그러나 그 발음은 어떤 것도 의미하지 않았다. 이름을 쓸려면 그 나름대로의 의미를 가져야 한다. 그래서 일본에서 나의 이름은 산도가 되었는데 이는 일본어로 야마시마로 발음되어 명문가인 듯한 장점을 가지고 있었다. 친구들은 나를 항상 야마시마로 불렀다.

일본보다 중국의 고전에 더 익숙한 조선에서 나의 이름은 우람한 산과 깊은 바다와 관련된 중국의 유명한 시를 회상하게 해 주었다. 산도라는 이름은 파도에 씻긴 바위산을 연상시켜 줌으로써 재주 있는 선비들은 그의 이름에서 나의 처지를 연상했다. 결국 산도라는 두 글자는 내 친구들 사이에 통하는 이름이 되었고, 나는 이를 도장으로 새겨 나의 사신에 찍었다.

봄과 가을에 새로운 꽃이나 달에 유혹을 받을 무렵이면 시회를 갖는 것이 유행이다. 조신들은 늙거나 젊거나 사이에 아름다운 곳을 찾아 강가의 집을 빌리거나 세를 내어 낮에는 낚시를 하고 밤이면 시를 짓고 이를 비평하며 시간을 보낸다. 이 분야의 전문가와 더불어 모든 대화는 적절한 운문으로 이뤄져야 하며 미리 합의된 형식을 따라야 한다.

무슨 일을 하든지 하루 종일을 그 일만으로 보내는 것은 쉽지 않다. 그래서 시회를 여는 과정에서 사소한 실수라도 있으면 벌을 주는데 대체로 진 사람이 이긴 사람에게 좀 더 잘 지은 시 한 수와 함께 벌주를 대접한다. 조선의 양반들은 음주가 심하지가 않다. 신분이 낮은 사람들은 북부 유럽인이나 아메리카인들의 정도는 아니지만 술을 많이 마신다. 그들은 그렇게 많이 술을 마시면 몸이 견디지 못한다. 조선 사람들은 담배를 많이 피우는데 미국인 선교사들이 그러한 버릇을 바꾸려고 무던히 노력했다.

그들은 또한 엄청난 대식가이다. 일본 사람들이 대체로 그렇듯이 술을 조금만 마셔도 몸을 가누지 못하는 사람들이 있는가 하면 그렇지 않은 사람들도 의외로 많다. 낚시는 양반들 사이에 공인된 놀이다. 총을 쏘아 사냥을 하지 않으며 승마도 하지 않는다. 그러나 새로운 조치에 따라 군대에 몸을 담은 사람에게는 그 두 가지가 모두 허용되었다. 고위 군사 직책에 있는 사람으로 군사 훈련을 받은 사람은 거의 없다.

우리는 이제 겨우 군사 학교를 시작하여 첫 졸업생을 배출했다. 이 학교의 교장인 이학균 장군은 다이 장군으로부터 사관학교를 운영하는 법을 배웠다. 그는 몇몇 졸업생을 일본에 보내어 계속 훈련을 받게 했다. 그들은 훌륭하게 훈련을 받았지만 조선에 돌아왔을 때 그들은 일본의 비밀 요원이 아닌가 하는 의혹을 받아 연대에 배속되지 않았다.

나는 그들의 지위를 보장해 주려고 내가 할 수 있는 것이라면 무엇이든 했다. 나는 그들과 함께 승마를 했고 사격을 했으며 심지어 나의 집 정원 모퉁이에 클럽회관까지 지었고 그들이 좋아하는 한 모임을 가질 수 있게 해주었고 중국인 하인을 두어 그들을 돌봐 주었다. 그들을 정부에서 몰아내려면 그들을 의심하는 것보다 더 좋은 방법이 없었다. 그래서 나는 그들과 함께 어울림으로써 그들이 의혹으로 벗어나기를 바랐다.

궁전에서 돌아와 아침을 먹고 있는데 군사학교 학생들 가운데 두 명이 나를 찾아왔는데 얼굴이 푸르스름했고 눈 밑은 검게 주름져 있었다. 그들은 지난밤을 나의 클럽에서 지냈다고 말했다. 나는 그들이 밤을 어떻게 보냈기에 저렇게 되었는지 궁금했다. 그들은 병 속에 있는 것을 마시며 그 밤을 지냈다고 말했다.

저토록 건장한 두 장교를 저렇게 녹초로 만들기에는 술 한 병이 너무 적었으리라고 생각한 나는 그 빈 병을 가져오라고 했다. 그 술은 유럽인들이 희석해 마시는 독주였는데 그들은 물도 없이 컵으로 그것을 마셨다는 것이다. 나는 지금도 어떻게 그런 일이 있었을까를 믿을 수 없다. 그러나 그들은 그 술을 모두 마시고서도 죽지 않고 살아남았다.

작은 운동은 아무 곳에서나 할 수 있었지만 사냥을 할 때면 우리는 곧잘 도시를 벗어나 왕릉이 있는 곳으로 나가곤 했다. 어디든지, 얼마나 오래되었는지에 상관없이 모든 왕릉은 침묵에 잠겨 있으며 숲으로 둘러싸인 계속에 자리 잡고 있었다. 가까이 가서보면 능참봉의 집이 있고 몇 명의 수도승과 절이 있는 경우도 흔히 있었다.

왕릉을 둘러싸고 있는 언덕 밖으로 내려가면 나무가 없는 민둥산이었다. 이런 곳은 반도의 이쪽 끝으로부터 저쪽에 이르기까지 산등성이를 따라 여우, 곰, 표범, 호랑이들이 낮에 은신하는 피난처가 되었다. 노루는 어느 곳에나 있었다. 나는 그것을 사냥할 수 있는 특권을 가지고 있었기 때문에 수렵의 계절이 되면 혼자 말을 타고 나가기도 했고, 때로는 외국인과도 때때로 사냥했으며 이학균 장군과 사격 훈련을 받은 장교 몇 명과 함께 자주 사냥을 나갔다.

광릉은 서울에서 약 20마일가량 떨어진 곳으로서 풍광이 매우 아름다웠다. 나는 그곳에 여섯 명의 토착 사냥꾼을 고용하고 있었다. 조선 사회에서의 사냥꾼은 천민으로서 다른 이들의 죽음을 다루는 매장업자나 갖바치나 백정들과 마찬가지의 취급을 받았다. 조선 사람들은 그들과 직접적으로 교제하지 않는다. 도시에서는 그러한 법이 엄격하게 준수되지만 이학균 장군과 그의 수행원들은 내가 그들과 함께 있을 때면 내가 하는 것과 똑같이 그들을 상대해 주었다.

조선의 사냥꾼들은 어떤 인디언보다도 더 잘 동물을 추적하고 안내했다. 숲속에 들어가면 우리는 그들의 손안에 있어서 마치 메인주의 숲속에 들어온 사냥꾼과 같았다. 이런 천민 사냥꾼들은 매우 흥미로운 존재들이었다. 그들의 신장은 모두 6피트가 넘었다. 그들 가운데는 화려한 빨간 머리 외관과 빨간 턱 수염과 엷은 파란 눈을 가진 사람도 있었다.

사냥꾼들은 먹지 않고서도 언제까지나 걸을 수 있었으며 탁월한 숲속의 사람들이며 낡은 화승총으로 목표물을 정확히 명중했다. 그들은 쇠파이프처럼 생긴 총으로 맞힐 수 있는 목표물을 우리가 놓치는 것을 보며 웃었다. 그들의 화승총은 손으로 혼합한 조잡한 검정 화약과 쇠를 망치로 두드려 만든 총알을 사용했다. 그들은 총신의 움푹 팬 곳에 고운 화약을 담고 그것을 오른쪽 팔에 감긴 긴 끈에 연결해 불을 붙여 발사했다.

탄약은 소중하고 그들의 모난 탄알은 위험도 없고 착탄거리가 짧기 때문에 사냥꾼들은 호랑이나 곰에 가까이 다가가 겨우 몇 피트 떨어진 곳에서 사격한다. 사냥의 우두머리는 장로교인이었다. 그의 말에 따르면 기독교 선교사들은 버림받은 사람과 교제할 수 있고, 그는 교회에서 자신 같은 천민도 사람다운 대접을 받았기 때문에 교인이 되었다고 한다. 이들에게서 인간답지 못한 면을 찾아볼 수가 없었다. 이 단순한 조선의 농촌 사람은 당당히 발전할 능력을 가지고 있었다.

매 사냥은 과도하게 비용이 들지만 고상한 운동이다. 나는 젊은 관리들의 유혹에 못 이겨 경험 삼아 얼마 동안 매를 키웠으나 그것을 계속하기에는 어려움이 너무 많았다. 매는 미국의 말똥가리만큼이나 컸다. 매사냥을 하려면 값비싼 매사냥꾼을 두 명 고용해야 하고 사냥감을 찾는 개 몰이꾼이 필요하다. 고대 유럽이나 오늘날 중앙아시아와 마찬가지로 매사냥꾼은 무거운 장갑에 매를 앉히고 덮개를 씌워 눈을 가리며, 날아간 뒤 그의 행적을 알 수 있도록 목에는 작은 은종을 달고 있었다.

사냥을 마친 매는 사냥꾼의 팔목 위로 돌아오는 것이 아니라 사냥개에게로 돌아온다. 개는 특별히 훈련받지 않았지만 사냥감의 회수에 실패하는 경우가 드물었다. 개의 임무는 떨어진 사냥감을 찾아 주인이 그것을 주울 때까지 지키는 일이다. 매는 사냥꾼이 그를 잡을 때까지 개의 등에 앉아 기다리도록 훈련을 받았다. 그러는 동안에 사냥꾼은 그리고 뛰어간다. 울퉁불퉁한 시골 언덕은 말을 타고 매사냥을 하기에는 적절하지 않다.

매 사냥은 매우 유쾌한 운동이다. 꿩은 매우 손쉬운 사냥감이며 어느 곳에서나 흔하다. 꿩은 좁은 계곡의 반대쪽을 향해 직선으로 날아가며 이때 매는 조금 높이 떠서 꿩의 목이나 머리를 공격하는데 꿩이 반대편에 착지하기 전에까지는 좀처럼 공격하지 않는다. 뚱뚱하고 늙은 귀족들은 매가 꿩을 추적하는 동안 기다리며 여유 있게 즐기지만 혈기왕성한 젊은이들은 매사냥꾼이나 몰이꾼과 함께 힘껏 달려 두 마리의 새를 따라간다.

능에와 오리도 직선으로 나는 종류의 새이다. 산토끼는 급회전을 함으로써 매를 따돌리고 사라진다. 두루미는 매사냥의 극치이다. 그들은 매보다 더 높이 나르려고 애쓰며 매만큼이나 지칠 줄 모르고 날아간다. 그들의 긴 부리는 매가 공격할 때 항상 반격할 준비가 되어 있으며 머리로도 싸운다. 사냥꾼은 매를 굶기고 집적거림으로써 더욱 사납게 만든다.

매 한 마리에는 두 사람이 필요하다. 그에게 그의 힘을 유지하는 데 필요한 만큼만의 먹이만 주며 결코 배불리 주어서는 안 된다. 사냥이 있기에 앞서 허약해지지 않을 정도로만 재워야 한다. 그러려면 한 사람은 불침번이 되어 새를 괴롭혀 계속 깨어 있게 한다. 그런데 매는 사냥꾼의 훈련을 받으면서 수많은 병을 갖게 된다. 만약 당신이 이 고상한 사냥을 즐기려면 매사냥꾼이 매의 상태에 관해 얘기할 때 절대로 말없이 그의 말을 믿어야 하며 그가 귀한 약값이나 치료를 요구할 때면 군말 없이 돈을 지불하는 것이 사냥의 예의이다.

활쏘기는 아직도 활발한 운동이며, 전쟁에서 화살이 사용된 지 그리 오래되지 않았기 때문에 운동 이상의 의미를 가지고 있다. 조선의 화살은 미국이나 옛날 영국의 화살보다 짧으나 훨씬 무겁고 굵다. 활은 쇠뿔을 교묘하게 연결하여 넓은 조각으로 만들었는데 우리 것보다 훨씬 강력하다. 나는 활을 당길 수 없었지만 조선 사람들은 갈대로 만들어 쇠촉을 단 화살을 지속적으로 쏘는데 거짓말 같은 속도와 힘으로 정확하게 목표물을 명중한다. 그들은 45구경 리볼버 권총과 백 야드 거리의 목표를 쏘는 내기에 결코 주저하지 않는다. 나는 2백 또는 심지어 3백 야드나 떨어진 과녁을 계속해서 맞히는 것을 본 적이 있다.

나는 몇 마리의 말을 구입했는데 그것은 사치라기보다는 필요해서였다. 내륙을 여행을 할 때는 말이 아니면 1인승 가마를 타야 했다. 중국 주차 프랑스군 사령관인 브와롱(Émile J. F. Régis Voyron) 장군은 황제에게 아랍의 종마 4마리를 선물했는데 황제가 그것을 다시 나에게 하사했다. 그들은 내가 전에 본 적이 없는 가장 좋은 여행 말이었다.

내가 나중에 안 일이지만 그들은 불치의 병을 앓고 있었기 때문에 골라서 보낸 것들이었다. 나는 그러한 결점들이 아랍 종마의 본래의 특성인 줄로만 알았지 그러한 질병에 걸린 말을 탈 수 없다는 사실을 미처 인식하지 못했다. 그러나 이상하게도 타기가 어려웠지 일단 타고나면 그들이 프랑스 군대로부터 추방당했던 그러한 증상을 보이지 않았다.

내가 도우려고 애를 썼던 조선을 알려면 나는 가능한 모든 곳을 다녀 봐야만 했다. 나는 외국인에게 간섭할 수 있는 구실을 줄 수 있는 문제가 일어났다는 소문이 들리면 빨리 그곳으로 달려가야만 했다. 양반들과 함께 살아보고 비공식적인 삶을 나누어 봄으로써 그들을 알아야 했던 것과 똑같이 나는 수행원도 없이 낯선 지방으로 내려가 가능하면 그들과 함께 지냄으로써 하층민의 삶을 알아야 했다.

나에게는 어느 때나 완전히 신뢰할 수 있는 몇 명의 충실한 하인이 있었는데 그들 가운데 하나는 군인이었고, 하나는 마부로서 일본인 밑에서 컸는데 일본인과 다름이 없었다. 다른 하나는 살인강도를 한 사람으로서 한성판윤 이채연 씨가 나에게 보내주었다. 한성 판윤이 어느 날 담대하고 사격술이 너무 뛰어나 처형하기에는 아까운 사람이 있는데 나에게 필요하냐고 나에게 물었다. 그는 이렇게 말했다.

"그는 유명한 산적이었는데 그가 자는 동안에 나의 부하들이 그를 체포했습니다. 그는 살인죄로 재판을 받기로 되어 있는데 교수형을 당할 것입니다. 만약 귀하께서 그 사람을 원한다면 나는 그를 처벌을 하지 않을 것입니다. 나는 그에 대하여 당신이 그 사람을 원하고 있으며 당신의 충실한 하인이 되겠는가 아니면 교수형을 받을 것인가를 물어 볼 수 있어요."

나는 그와 같은 사람이 필요하며 만일 그를 믿을 수 있다면 그렇게 하겠다고 동의했다. 며칠이 지나 내가 광릉에 사냥하러 갔을 때 나는 시계를 분실했는데 그것은 조상 전래의 귀중한 것이었다. 나는 하인 가운데 한 명을 시켜 시계를 찾으러 보냈으나 그는 시계를 발견하지 못했다고 알려 왔다. 집에 있는 모든 사람을 잘 알고 있는 그는 사람들이 집에 들어오는 것을 금지하였음에도 불구하고 누구인가 새 식구가 집에 접근하여 그런 일이 발생했을 것이라고 생각했다.

나도 그렇게 생각했다. 내가 떠나기 전 날 나는 힘센 그를 불러 가구 몇 개를 옮긴 일이 있었다. 그런 일이 있은 뒤 나의 하인은 그 살인강도의 부인이 살던 곳을 발견했다. 하인은 그 산적의 아내에게 전당표를 내어놓으라고 했다. 그 여자는 처음에는 부정했지만 그것이 없으면 남편이 죽으리라고 설명하자 그는 시계의 전당표를 내놓았다. 그가 전당포 주인에게 몇 마디 하자 주인은 시계를 내어놓았다.

그 시계가 돌아올 때 그 도둑은 나와 함께 있었다. 시계는 돌아왔다. 나는 그에게 시계를 건네주면서 나에게는 소중한 것이니 잘 간직하라고 말하고 그것이 어찌된 영문인지를 알려준 뒤로는 시계가 분실되는 경우가 없었다. 그는 나를 뚫어지듯이 쳐다보며 조금은 어두운 미소를 짓더니 "대인!" 하며 무릎을 꿇었다. 그런 일이 있은 뒤로 그에게 다시는 자그마한 어려움도 없었다.

사람들은 조선 사람을 세상에서 가장 겁이 많은 사람이라고 말한다. 내가 추측컨대, 그들 모두가 국내외적으로 억압받아 왔기 때문에 권위 앞에서 위축되었다는 점은 어느 면에서 수긍할 수 있다. 이를테면 그들은 더 이상 견딜 수 없을 때까지 견디다가 무슨 일이 벌어지면 난폭해지는 러시아의 농부처럼 눈이 먼 듯이 모든 것을 파괴한다.

그토록 불충분한 화승총을 들고 팔이 닿을 만큼 호랑이에게 접근하여 쏴 죽이거나 쇠몽둥이로 때려잡는 그들이 비겁자라는 말을 나는 믿을 수가 없다. 호랑이를 때려잡은 직후 바로 그 사람은 권위 앞에 비굴하게 굽실거릴 수도 있다. 그러나 거기에는 다른 의미가 담겨 있다. 조선군은 강화도 포대에서 화승총과 후장포를 가지고 미국 해군과 대치했으며[신미양요] 미군이 총을 쏘아 그들의 옷을 뚫어도 그가 서 있던 자리에서 죽었다.

미국의 수병들은 그들이 겁쟁이라고 생각하지 않았다. 같은 장소에 상륙했다 쫓겨난 프랑스 수병들도 그렇게 생각하지 않았다.[병인양요] 그들은 서투른 전사이고 그들의 무기는 구식이었다. 그러나 조선의 농민에게는 훌륭한 자질이 들어 있다. 조선은 생존할 가치가 있다. 나는 그들을 보면 볼수록 그의 곁에 있으면서 한 인간이 할 수 있는 일이 무엇인가를 알아보기로 결심했다.

제 10 장 고문, 산적 그리고 반란

국사에 관한 논의가 없이 밤을 보내기도 하지만 그런 날이면 황제는 이른 아침에 몇 번이고 사신을 보내어 나의 안부를 물었다. 이런 밤에는 대궐에 있는 게으른 조신들이 나와 같이 앉아 친밀하게 잡담을 나누었는데 우리가 모두 함께 대궐에 있는 터여서 외부 생활의 일상적인 의례를 벗어날 수 있었기 때문이었다.

이럴 경우에 나의 방에 항상 찾아오는 방문객 가운데는 길고 비단 같은 하얀 턱수염을 가진 덕망 있는 노신사가 있었다. 그는 몇 년 전까지만 해도 경찰 국장과 검찰과 판사를 합친 것과 같은 직책[1]을 역임한 바가 있었다. 그는 남연군 묘의 도굴 사건, 제너럴 셔먼호 선원의 대량 학살 사건 그리고 1866년 천주교의 [병인]박해 등, 초기의 외국과의 접촉 당시의 사건들을 소상하게 기억하고 있었다.

남연군 사건이라 함은 중국으로부터 왕실의 무덤을 도둑질하는 해적들이 쳐들어 왔던 사건을 의미한다. 고대 조선의 왕은 큰 보물과 금관 속에 묻혀 있다고 그들은 추측하고 있었다. 어느 이야기에 따르면 선교사들의 입국이

---

1) 아마도 경무사(警務使)를 의미하는 것이 아닌가 여겨진다. 경무사는 1894년에 좌우포도청을 합쳐 설치한 것으로서 내아문에 소속되었다.

금지된 뒤 그 나라에 들어가려고 어느 프랑스 신부가 그러한 원정을 계획했다고 한다.

또 어떤 이의 말을 따르면 그 신부는 항해를 부추겼으며 그들로 하여금 자신을 그리로 데려가도록 하려고 그 항구에 대하여 인격이 좀 모자라는 사람들의 탐욕을 충동질했다고 한다. 조선에 들어갈 수 없는 사람들은 신성한 무덤을 약탈하려고 시도했는데 그들 가운데는 특히 조선에 입국이 금지된 신부가 있었다는 사실을 나의 그 조선인 친구는 들어서 알고 있었다.

그 친구는 제너럴 셔먼호의 항해도 이와 같은 의도로 추진되었으며 그 선원들을 학살한 데에는 부분적으로 애국심이 작용한 것으로 생각하고 있었다. 조선은 중국과 일본에 의해 몇 백 년 동안 유린되었기 때문에, 조선 사람들이 외국인을 두려워하여 그들의 출입을 허락하지 않기로 결정한 것은 이상할 것이 없었다.

조선 사람들은 이런 식의 탐험을 해적들의 공격이라고 생각했으며 그들이 결코 듣지도 못했던 정부가 파견한 정벌 함대가 두 번씩이나 강화도를 공격하자 모든 서양인은 해적이라고 믿기 시작했다. 그 노신사는 기독교도의 마지막 대학살에 대하여 서울의 조선 사람들 사이에 오고 가는 얘기가 사실이었음을 확인해 주었다.

대원군은 지극히 미신적인 사람이었던 것 같다. 그는 그의 어린 아들과 비극적인 민비를 통하여 왕조의 기초를 세우려고 했던 단호한 성격의 소유자였다. 그의 왕조를 영속적으로 지켜 나갈 수 있는 방법을 점쟁이에게 물었더니 그는 1만 명의 목숨이 필요하다고 대답했다. 섭정은 자신의 백성을 그토록 대량으로 학살해야 한다는 말에 놀라면서도 그에게 적대적인 영혼을 달래고자 끔찍한 피의 제물이 필요하다고 믿던 차에 1만 명의 천주교 신자를 희생시켜야겠다는 다행스러운 생각이 떠올랐다.

천주교 신자들이라면 결코 놓칠 수 없는 표적이며 더구나 그들은 외국인들과 거래를 하고 있었다. 1866년의 천주교 박해는 그렇게 해서 시작되었다. 그러나 대원군이 필요한 숫자를 계산하기에 앞서 그의 점쟁이가 말하기를 그것은 목숨을 바쳐야 할 사람이 1만 명이라는 뜻이 아니라 그의 호(號)가 1만이라는 뜻으로 해석될 수 있는 정적의 이름을 의미하는 것이라고 풀이함으로써 학살은 중단되었다.

나의 오랜 그 친구는 그 무렵 공직에 근무하면서 나에게 말하기를, 자신은 그토록 극단적인 죽음에 익숙하지 않아 견디기가 무척 어려웠다고 했다. 고문은 그를 병들게 했지만 날마다 고문실에서 앉아 있어야 하는 직분 때문에 그는 공포에 질려 반은 실신한 상태였다. 결국 그는 기독교인이 순교하는 동안 그곳에서 식사를 함으로써 스스로의 마음을 굳게 하려고 노력했다.

토막 낸 살점이 방을 가로질러 날아와 식탁에 떨어졌을 때 혼신의 힘을 다해 젓가락으로 그것을 떼어버리고 약간 조급히 식사를 마쳤을 때 그는 자신의 의무감이 승리했음을 느꼈다. 그 노인에게는 외국인이나 기독교인에 대한 적의가 없었다. 그는 조선 사람이 실수하고 있다고 개탄하면서 외국의 영향에 대하여 적어도 공식적으로는 고문이 폐지되었다는 점에 대하여 하느님께 감사하는 것을 잊지 않았다.

법에 따라서 고문이 폐지된 것은 사실이지만 그것은 너무나 토착 관습에 깊이 뿌리박고 있어 쉽게 근절되지 않았다. 고문의 관행은 극동에서 널리 퍼져 있었기 때문에 프랑스는 부드러운 형태이기는 하지만 고문을 그들의 식민지 법정에 허용하지 않을 수 없었다. 그들은 강에 해적이 출몰한다는 것을 알고 있었지만 증인을 찾을 수 없었고 그것을 기대할 수도 없었다. 왜냐하면 주민들로서는 그러한 피해 사실을 이웃에게 말한다는 것 자체가 확실한 죽음만을 의미할 뿐이기 때문이었다.

그러나 고문으로 말미암은 자백을 인정하는 것이 마을의 관습이었다. 만약 법정에서 돌아온 증인이 그의 몸에 생긴 고문의 흔적을 보일 수 있다면 그는 안전했다. 그러므로 프랑스는 해적 행위의 경우에 증인을 심문하기에 앞서 그의 완전한 동의 아래 모든 증인을 철저하게 구타했다. 그들은 카누의 노나 혹은 얇은 크리켓 방망이와 같은 도구로 구타하는데 그렇게 하면 상처가 심하지 않으면서도 타박상을 자연스럽게 보일 수 있었다. 그가 그러한 구타를 감당할 수 있다면 진실을 말하고도 마을 사람들로부터 밀고자로 몰려 맞아 죽으리라는 공포를 느끼지 않았다. 그가 집에 도착했을 때 그는 고문의 흔적을 보여줘야 했다.

조선에서는 때로는 증언을 받아 내거나 벌을 주려고 가벼운 고문을 하는 것이 관례처럼 되어 있었다. 가장 심각한 것은 형틀에 매달고 주리를 트는 것인데 이는 중세 시대의 서양 사람들이 하던 방식과 꼭 같았다. 먼저 두 다리의 바깥쪽에 나무를 단단히 묶음으로써 다리가 굽어지지 않도록 한다. 그런 다음에 무거운 나무 몽둥이로 양다리의 안쪽에 집어넣고 쐐기를 박으면 다리뼈가 천천히 부서지게 된다. 이는 주로 자백을 강요하려고 사용되는 것으로서 유럽에서 합법적으로 자행되었던 것과 같은 방법이다.

또 다른 형태는 무릎과 발목을 단단히 묶고 채찍질하여 구부러지지 않게 한다. 그런 다음 두 개의 막대기를 정강이뼈 사이에 넣고 반대 방향으로 지레처럼 당긴다. 이렇게 하면 모든 관절은 치료가 불가능할 정도로 으스러진다. 고문을 당한 사람이 다시 걷게 되리라고 기대를 하는 사람은 없다. 영구적으로 쉽게 상처가 나는 신체의 미묘한 부분에 다양한 압력을 가하거나 불에 이글거리는 집게로 몸의 일부를 지지거나 발가락을 잘라 내는 등, 여러 가지 방법이 있다.

그 다음에는 압살이 있는데 이는 그가 죽거나 자백할 때까지 신체에 무거운 것을 쌓는 것으로서 중세 유럽의 중벌[2]과 같은 것이다. 사형은 교살에 의해 집행한다. 올가미가 된 밧줄을 목 주위에 감고 단단한 막대기를 끼워 건장한 사람이 필요 없을 때까지 비틀어 댄다. 내지로 들어가는 미국인 선

---

2) 중벌(重罰 : *peine forte et dure*) : 죄인이 자백하지 않을 때 가하는 일종의 가혹형.

교사와 프랑스 신부 그리고 일본의 상인들이 감시한 탓으로 이와 같은 악형은 사라져 가고 있다.

그렇게 되자 범행을 수사하고 치죄할 수 있는 막강한 권리를 가지고 있는 전제적 판사와 같은 방백 수령들에게 현자의 동양적 이상을 대체할 만한 법정과 법정 관행이 없다는 새로운 문제가 등장했다. 그들의 유일한 권력을 사용할 수 없게 된 방백 수령은 질서를 유지할 수 없게 되었으며 이제 고문은 일반적으로 돈을 강탈하는 행위로 실시되었다. 이따금 수령들은 당신을 찾아가 푸념하면서 백성들이 알고 있는 고문의 방법을 쓰지 않고 도대체 어떻게 통치할 수 있느냐고 물을 수도 있다.

이와 같이 새로운 이상에 배치되는 조선의 실책들은 중국에서 공식적으로 자행되는 잔혹 행위에 견주면 더 사악하지 않다. 이런 얘기를 하다 보니 내가 만나고자 했던 북경의 공사 관원들이 죄인을 십자가에 처형하고 살을 저미는 모습을 사진 찍으려고 모두 나가 버려 여권에 비자를 받을 수 없었던 일이 생각났다.

존속 살인과 남편 살해범은 그런 식으로 벌을 받았다. 비자를 받지 못한 나는 그곳에 가지 않았지만 천진에 있던 프랑스의 우체국장은 자신이 찍은 사진을 보여 주었는데 그 참혹한 모습을 여기에서 차마 묘사할 수가 없다. 십자가에 못 박아 죽인 것은 사실이었고 살을 저미는 데 사용한 칼은 작업이 끝나자 무뎌졌다고 한다. 나는 그 사진첩을 더 이상 들여다 볼 수가 없었다.

미국에는 그런 식의 고문이 없다. 중국인들이 그런 식으로 통치할 필요가 있는지 없는지는 모르겠지만 조선 사람들을 그런 식으로 다스릴 필요는 없다. 왜냐하면 조선의 백성들은 절망적이리만큼 학대받지 않는 한 늘 평화롭고 남을 해치지 않기 때문이다. 조선 사람들보다 더 다스리기 쉬운 백성은 없다. 나는 아직도 존재하는 그런 고문을 없애기로 결심했지만 프랑스의 영사 재판관은 그레이트하우스가 개혁한 것을 다시 고치고 있었다. 나는 어디에서인가 고문했다는 말을 들으면 즉시 달려가 가혹 행위를 한 그 관리에게 고문을 하지는 않았지만 전제적인 방법으로 정의를 구현했다.

어느 고집 센 늙은 형사 피고인은 서울로 올라와 자신의 죄상을 설명하려고 하지도 않고 내가 시골로 내려가도 만나 주려고 하지도 않았다. 그는 참으로 용서할 수 없는 사람이었다. 나는 그를 기습적으로 체포하기로 결심하고, 그가 나를 알아보기 전에 일출과 더불어 문이 열리자마자 그를 체포하려고 여행 마지막 밤에 몸집이 좋은 수행원을 데리고 힘들게 달려갔다. 일단 집안으로 들어가기만 하면 그를 매우 거칠게 다루어 옷도 입지 못한 채 뛰어 나와 체통을 잃게 하리라고 나는 계획을 세웠다.

그 지방의 지리를 잘 아는 나의 수행원의 말에 따르면 우리는 그 집 대문과 담장을 넘을 수 없을 것이라고 한다. 그러나 뒤에는 담장이 없으며 뒤뜰로 곧장 들어가 과수원을 지나 안마당으로 들어갈 수 있다고 한다. 나는 그렇게 하려고 했지만 나의 계획은 완전히 빗나갔다. 나는 이른 아침에 화장실을 다녀오는 그와 마주쳤으며 놀란 것은 오히려 내 쪽이었다. 나는 그를 못 본 척하고 지나가야만 했다.

그러한 나의 처사는 매사를 나에게 유리하게 만들었다. 왜냐하면 그는 무장한 기병을 보고 너무 놀란 나머지 나의 무례함을 비난할 겨를이 없었기 때문이었다. 나는 그가 용변을 보도록 기다릴 수밖에 없었고 그래서 그는 다시 유리한 입지를 탈환했다. 우리는 결국 화해했고 그는 이제 개과천선하기로 약속했다. 우리가 조선을 위해 무엇을 하고자 하며 왜 그래야만 하는가를 설명할 기회가 마련되면 시골 사람들은 대체로 지난날의 잘못을 고쳤다. 항상 그리고 어디에서나 다 마찬가지이듯이 진실로 다루기 어려운 사람들은 도시의 탐관오리들이었다.

서둘러 시골을 다녀올 경우에 나는 대체로 가벼운 장비로 떠났다. 경쾌한 소년을 두 번째 말에 태우고 세 번째 말을 끌고 가는데 장비는 이 세 마리의 주머니에 나누어 실었다. 조선 사람들은 말을 탈 수 없기 때문에 바삐 가야 할 필요가 있으면 군사 학교의 젊은 기병대 교관을 통역관으로 데려갔다.

구종 하나만을 데려갈 때도 흔히 있었고 내가 공직 생활에서 볼 수 없는 것을 알고 싶을 때면 혼자서 떠날 때도 흔히 있었다.

혼자서 여행을 떠난 어느 날 나는 영국인들이 어디를 가나 저녁을 먹을 때면 정장을 하는 이유를 알았다. 나는 여러 날 시골을 여행하면서 그곳에서 벼룩에 물리며 잠을 자기도 했고 어느 날 보부상들이 묵는 여인숙에 머물렀는데 아침이 되어서야 나와 함께 이불을 덮고 잔 사람이 문둥이인 것을 알았다. 나는 면도를 하지도 않아 지저분하기 짝이 없어 문명에 대한 우월감을 느끼기 어려웠다.

그날 오후에 늦게 나는 산길을 벗어나 큰 길로 걷다가 이곳을 탐사하는 한 영국 청년을 만났다. 그는 짐을 실은 말과 요리사와 영국인 하인까지 거느린 대상이었다. 그는 나에게 매우 정중했으며 함께 저녁을 먹자고 요청했다. 해가 지자 그는 텐트를 쳤다. 그의 하인이 장막을 치고 고무 욕조를 펴고 요리사가 뜨거운 물을 붇자 그 영국 청년은 면도를 하고 목욕을 했다. 요리사는 식탁에 흰 보자기를 깔고 잔과 은식기를 놓았다.

이제 우리는 훌륭한 식탁 앞에 앉았는데 그는 정장을 했고 나는 누추했다. 나는 그제야 영국인들이 후진국에서 그토록 훌륭한 지배자가 될 수 있었던 이유는 그들이 무력으로 원주민을 지배했기 때문이 아니라 품위를 지킴으로써 가능했다는 사실을 문득 깨달았다.

나는 그 뒤 열대 지방에서도 그런 장면을 자주 목격했다. 밀림에서 혼자서 무심하게 살고 있는 사람은 작은 일에 익숙하며 큰일을 할 때면 실수를 저지르기 시작한다. 그날 저녁 이후 사막 가운데서도 식사용 정장을 입고 총알이 쏟아지는 참호 속에서도 외알 안경을 쓰는 영국 사람들을 존경하고 이해하는 마음으로 우러러보았다.

혼자 말을 타고 여행을 하면 위험하리라고 생각하겠지만 전혀 그렇지 않다. 산 속에 살고 있는 원주민들은 외국인에 전혀 익숙하지 않기 때문에 나의 모든 행위에 많은 호기심을 보인다. 그들은 매우 친절하고 자비로우며 거친 행동으로 그들을 겁주지 않으면 숙소에 몰려들어 숨이 막힐 지경이다. 심하든 심하지 않든 간에 그들은 폭력 앞에 쉽게 놀란다. 그런 것을 설명해 주는 전형적인 사례가 있다.

시골의 두 상인이 나귀에 짐을 싣고 높은 산을 넘어 도시로 가고 있었다. 돌아오는 길에 언덕에 오르니 무기도 갖지 않은 강도가 튀어나오더니 우리는 강도라고 소리쳤다. 두 상인은 모든 것을 두고 달아났으며 강도들은 나귀를 몰고 산을 넘어갔다. 그제야 그 상인 가운데 한 사람이 자신들이 망한 사실을 털어놓았다.

"이제 집으로 갈 수도 없어."

잠시 침묵이 흐른 뒤에 다른 사람이 입을 열었다.

"내가 생각하기에는 우리도 강도가 되는 수밖에는 달리 도리가 없어."

"나는 강도질하는 법을 모르는데……"

잠시 침묵이 흘렀다.

"우리의 나귀를 빼앗아 간 놈들을 다시 터는 수밖에 없지. 그 놈들은 무기도 없었는데……"

그들은 지름길로 언덕을 넘어 강도를 따라 잡았다. 협곡을 빠져 나오느라고 나귀가 헐떡이며 올라오자 그들은 자신들이 강도라고 소리치며 튀어나왔다. 본래의 강도들은 도망을 치고 상인들은 나귀를 끌고 산을 넘어 집으로 돌아갔다. 그들은 그런 식이었다. 그러나 일단 화가 나면 그들은 무섭게 변한다.

우리는 시골과 도시를 가리지 않고 사회적 불안을 겪었다. 한 사람으로서는 그 모두를 건잡을 수 없었다. 동일한 내용의 불만이 여러 가지의 형태로 나타났다. 내가 영사관에 있을 적에 서울에서 벌어진 독립협회의 움직임에서도 다소 그러한 표현이 나타났다.

미국계 선교사 학교를 졸업한 학생들이 이끄는 많은 애국자들이 황제에게 개혁을 요구하는 청원서를 올리고, 대궐 앞에 며칠씩 앉아 시위했다. 대궐의 몇몇 그릇된 사람들은 군대를 동원하라고 왕에게 요구했고 그러한 의견은 많은 사람들의 지지를 받았다. 뿐만 아니라 이들은 특히 선교사들로부터 동정을 받고 있기 때문에 황제로서는 그들을 탄압하는 모습을 보여주지 않는 것이 좋겠다는 의견도 제시되었다.

그리하여 보부상들이 소집되었다. 이들은 실은 상품을 들고 전국을 돌아다니는 행상들이었다. 몇 년 전에 어느 용의주도한 정치인이 그들의 가능성을 감지하고 그들을 위한 법과 특혜를 줌으로써 그들을 조직화했다. 그 조합 안에서 회원들은 죽임을 당할 수도 있었다. 회원들이 둘러싼 가운데 피고를 앉혀 놓고 신호가 떨어지면 동시에 모든 회원들이 등짐용 몽둥이로 그의 머리를 때려죽일 수도 있었다.

그렇게 일시에 타살해야 그 피고의 죽음에 대한 죄의식을 느끼지 않을 수 있었기 때문이었다. 그들은 정보원으로서 너무나 유용했고 음모의 전달자로서 너무나 유력했기 때문에 심지어는 왕족까지도 이들의 지도자가 되고 싶어 하게 되자 끝내는 위험 집단으로 지목되어 공식적으로 해산되었지만 아직도 존재하고 있었다.

그들이 독립협회 회원을 성 밖으로 몰아낼 수만 있다면 그들의 입지를 회복시켜 주겠다는 전갈이 그들에게 전달되었다. 이에 용기백배한 보부상들은 건강하고 단호하게 보이는 회원들을 동원하여 독립협회 회원들을 한강 쪽으로 몰아내기 시작했다. 기습을 당한 독립협회 회원들은 외곽 마을로 도망해 들어가 투석 부대를 자기들의 편으로 끌어들였고 보부상의 추격은 더욱 가열되었다. 추적자들의 마지막 부대가 빠져나가자 중무장한 군인들을 모든 성문에 배치하여 보부상과 독립협회의 어느 쪽도 되돌아오지 못하게 했다.

사태가 이렇게 전개되자 강변의 낮은 들에서 볼만한 전투가 벌어졌다. 조선 사람들은 투석의 전문가들이며 아직도 투석기를 이용하여 먼 거리의 목표물을 정교하게 맞힌다. 석전은 시골에서 보편화된 놀이로서 양쪽 어느 편에서 사망자나 중상자가 나오기도 한다. 중무장한 투석 부대가 앞장을 서면 그 뒤에는 투구와 방패 그리고 새끼줄로 만든 방탄복을 입은 몽둥이 부대가 따른다.

투석 부대가 상대편을 향하여 돌진하는데 이때 상대편의 밀리면 투석 부대는 뒤로 물러서고 몽둥이 부대가 앞으로 나온다. 강변 마을 사람들이 독립협회 회원을 구원하려고 달려왔다. 보부상들은 강으로부터 올라오는 투석 부대와 배후에서 착검한 군대의 사이에 빠지게 되었다. 이제 보부상들로서는 끝까지 싸우는 길밖에는 달리 길이 없었다. 양쪽의 지휘자는 모두 나를 잘 알고 있었기 때문에 이것이 국제 문제로 비화될 위험성은 없었다.

그러나 그 두 지휘자는 전투가 끝장날 때까지 지속될 것이므로 돌에 맞지 않도록 피하라고 요구하면서 나를 작은 언덕으로 피신시킨 뒤 몇 명의 호위병을 붙여 주었다. 그때 갑자기 무수히 깔린 군중 속에서 총소리가 들리고 복수를 외치는 거센 함성이 들리는 가운데 영어로 "사람 살려요"라는 외침이 들려왔다. 나는 군중 속으로 파고 들어가 그들에게 잡혀 있던 낯선 미국인을 구해 냈다. 나는 상황을 판단할 겨를도 없이 어느 조선 사람을 향해 발포했는데 다행히도 허벅지에 총알을 맞았다.

그렇게 해서 나는 두 사람의 목숨을 구출할 수 있었다. 전투는 더욱 가열되었다. 한 지도자가 몽둥이 부대에게 붙잡히자 몇 백 명이 처참하게 그를 내리치는 바람에 형체도 알아 볼 수 없게 되었다. 몇 명의 폭도들이 그의 몸을 끌고 와 가마니로 말아 석유를 뿌리고 불을 질렀다. 개혁의 필요성을 모두 알고 있는 그들의 요구를 이런 식으로 처리한다는 것은 잘못된 일이었다. 그러나 이런 방식은 궁중 정치의 전형적인 사례였다.

이런 식으로 해산되고 불법화된 독립협회 회원들은 분노했다. 그들은 가치 있는 통치 기구가 될 수도 있었다. 만약 러일전쟁만 일어나지 않았더라면 그들은 쉽사리 혁명을 일으킬 수도 있었다. 한일합방 이후에 미국 선교사들이 반일 단체라는 의심을 받고 있을 때 조선 사람들은 일본의 통치를 위협했었다.

이때 독립협회 회원들은 선교사들로부터 정치적 이념과 개혁의 이상을 도출한 적이 있었다. 그들은 애국자들이었으며 그들 가운데 일부는 탁월한 인물들이었지만 그 뒤 내가 조선의 고문관이 되어 다시 부임했을 때 어떤 형태로든 그들을 이용할 수 있는 방법은 이미 없었다. 왜냐하면 황제는 독립협회를 반대하는 사람들에게 완전히 세뇌되어 있었기 때문이었다.

이들에 대한 메아리는 전국을 돌아 아직도 동학도들이 술렁거리는 시골에까지 전달되었다. 내가 처음 부임했었던 몇 년 전까지만 해도 군인들은 동학도를 처형하여 사대문에 설치된 인디언의 천막과 같은 삼각대에 긴 머리칼을 매달아 모든 사람들이 보게 했다. 정치적 모반자와 일반 비적들을 구별하여 말하기는 어렵게 되었다. 일부 지방을 공포에 몰아넣고 있는 대부분의 노상강도는 배고프고, 관리의 탐학에 쫓겨 산으로 들어간 사람들이었다. 조선에는 미국에서 볼 수 있는 갱단이 없다. 사회적 불안에는 항상 그럴 만한 이유가 있었지만 그럴 만한 이유를 제거하려는 노력도 기울이지 않았다.

이러한 문제들이 잠잠해질 때면 언제나 외국인들이 개입하여 사태를 더욱 위험하게 이끌어 갔다. 이러한 소요가 발생할 경우에는 언제나 조선 사람의 복장으로 위장한 일본인 한두 명이 반드시 끼어 있었다. 그들을 체포하면 가장 가까운 곳에 있는 일본 영사관의 직원이 그의 인도를 요구했다. 그들을 공식적으로 체포하려고 노력해 봤자 아무런 소용이 없었다. 왜냐하면 조선 사람들은 그러한 일본 사람들의 행위에 대하여 항변할 용기가 없었기 때문이었다. 차라리 그들을 순순히 풀어 주는 것이 더 간단했다. 그럼 점에서 일본인들은 늘 말썽꾸러기였는데 이는 미국인들이 니카라과나 남미의 몇몇 나라에서 혁명에 참여했거나 촉발했던 경우와 같다.

나는 중앙아메리카에 부임할 때까지도 일본의 그와 같은 말썽을 못마땅하게 생각했다. 나는 이와 같은 여러 가지 불만들이 응고되어 중국에서 가열되고 있는 의화단과 같은 대중적인 운동이 야기될는지도 모른다는 점을 몹시 걱정했다. 내가 고통을 겪고 있는 사람들에게 동정심을 가지고 있다는 사실이 가능한 한 많은 사람들에게 알려지기를 바랐고 동시에 폭력은 더 이상 행사하지 말아야 한다고 결심했으며 대궐에서 공무가 없을 때면 이런 저런 핑계를 대고 시골로 내려갔던 이유도 바로 그런 때문이었다.

북부 지방에서는 여전히 또 다른 어려움이 있었다. 만주는 사실상 산적들의 지배 아래에 있었다. 빨간 턱수염에 말을 탄 도적들은 러시아의 지배를 받고 있으면서 고향으로 돌아가는 것이 분명히 어렵게 되자 조선의 국경을 급습하여 마을을 약탈하고 가축과 곡식을 약탈해 갔다.

북부의 국경 지대인 압록강과 두만강의 모든 삼림 지역은 불안했으며 약탈은 더욱 대담하게 자행되었다. 높은 산은 개발이 되지 않았고 숲속에는 인구가 희박한 불모지여서 치안을 유지할 수가 없었다. 이에 무엇인가 조치가 필요하기 시작했다. 왜냐하면 러시아가 국경 수비대를 떠맡는다면 일본과의 전투를 유발할 수도 있기 때문이었다.

다른 곳에서는 존재하지 않는 어떤 조직이 이 구역에 존재하고 있으며 그들에게는 두목이 있다는 사실을 나는 알게 되었으며 이 국경 지역의 어디에인가 부두목들이 존재하는 것이 아닌가 하는 의심을 품기 시작했다. 왕에게 어떤 권한을 요구하여 나의 계획을 드러내는 것은 상책이 아닐 수도 있었다. 남쪽과 북쪽 사이에는 은밀하게 의사 소통이 있었다. 내가 데리고 있는 참모들은 비만하여 제복도 몸에 맞지 않는 쓸모없는 문관들로서 이 지역에서 무슨 일이 벌어지고 있는지도 모르는 무리들이었다.

내가 만약 서울에서 이들에 관한 얘기를 미리 했더라면 나의 계획은 즉시 중지될 수도 있었다. 우리는 국경선을 따라 드문드문 병사를 흩어 놓았지만 그들은 너무 고립되어 있었다. 그들을 감시할 사람이 아무도 없었기 때문에 그들을 지휘할 수도 없는 것 같았으며 설령 그러한 임무를 띤 장교를 배속한다 하더라도 그들이 가까운 마을로 내려가지 않고 그들의 수비대와 함께 머물러 있으리라고 기대할 수가 없었다.

나는 겨울에 완전히 고립된 상태에서도 두려워하지 않고 업무를 수행할 수 있는 유능한 젊은이들을 찾았지만 그들이 업무를 충실히 수행한다고 하더라도 그들에게 보상을 약속할 수가 없었다. 내가 무엇을 해주겠다고 약속했다가는 그것이 오히려 말썽만 일으킬 수도 있었다.

그런 가운데도 나는 이학균 장군을 믿었다. 그는 건강하지도 않았고 그의 동료들로부터 담대하다는 평판도 듣지 못하는 작은 체구의 인물이었지만 대여섯 명의 젊은 장교들을 이끌고 완벽하고도 정열적으로 나의 업무에 가담함으로써 나를 기쁘게 해주었다. 그는 압록강 하구의 국경에 있는 의주로 먼저 출발하여 그곳에서 나를 기다릴 만큼 지혜로운 인물이었다.

여러 가지의 풍문과 잘못된 정보들을 맞추어 본 결과 만주 국경 너머의 마적단의 배후에는 머리가 좋은 사람들이 있었는데 그들 가운데는 뒷날 만주뿐만 아니라 중국의 국내에서도 유명하게 된 군벌 장작림[3]이 있었다. 통찰력이 뛰어난 그는 당초 좀도둑의 두목에서 입신하여 유격대에 대장이 됨으로써 러일전쟁 기간 동안에 이미 주목받는 인물이 되었으며 사건을 저지르고도 흔적도 남기지 않고 사라짐으로써 러시아와 일본은 그의 호감을 사려고 손을 내밀었다.

중국에서 국공 내전이 일어나자 그는 가장 주목받는 군벌 가운데 하나가 되었다. 그는 제왕이 될 야심을 가지고 있었으나 북경으로부터 봉천으로 퇴각하던 도중에 암살되었다. 내기 활약할 당시만 해도 그는 그리 알려진 인물이 아니었고 다만 수상쩍게만 여겨지는 정도였다. 들리는 바에 따르면 그는 조선의 국경 안에 조선인 출신의 두목을 거느리고 있었는데 내가 알기로는 그 가운데 하나는 정보와 전략의 면에서 뛰어난 인물이었다.

---

3) 장작림(張作霖 : 1837～1928) : 중국 奉天의 군벌. 본디는 만주 마적 출신이었으나 내란을 틈타 천하 제패를 꿈꾸며 북벌군의 진공을 피하여 북상하다가 일본군에 의해 기차에서 폭사했다.

장작림의 이름은 마적단과 반란군에 늘 연루되어 있었지만 만주에서 식량을 약탈하는 이외에 그가 무엇을 하고자 하는지에 대해서는 아무도 아는 사람이 없었다. 그는 지난날 동학군[4]의 지도자였다는 점으로 미루어 볼 때 단순히 소도둑일 수도 있었고 아니면 그보다 조금 더 의미 있는 존재일 수도 있었으며 엄청난 음모를 꾸미고 있는지도 모를 일이었다.

신비에 싸인 이 마적단의 대장은 조선의 두목들을 만나고자 여러 차례 조선쪽으로 넘어 온 적이 있으며, 앞으로도 또 그럴 것이라고 사람들은 믿고 있었다. 그렇게 되면 그가 조선으로 넘어와 있는 동안에 그를 체포하여 처형함으로써 화근을 완전히 없애리라고 나는 구상했다.

나는 조선인 출신을 처형하는 것에 동의하지 않았고 그들을 비난하지도 않았지만 내가 만약 만주 출신의 마적단 두목을 체포할 수만 있다면 그것은 경우가 달랐다. 만약 그를 체포하지 못한다 하더라도 나는 적어도 우리에게 그를 응징할 수 있다는 것을 보여주고 싶었기 때문에 그가 볼 수 있도록 나의 이름과 주소를 남겨 두었다.

나는 서울을 벗어나면서도 누구도 눈치 채지 못하도록 일을 꾸밀 수 있었다. 조선의 풍습에 따르면 주변에서 초상을 치른 사람은 불결하기 때문에 백일 동안 대궐에 들어갈 수가 없었다. 그런데 최근에 나는 문상을 다녀온 적이 있었다. 따라서 나는 대궐에 들어갈 수가 없었고 그러한 계제에 북쪽 지방을 조사하려고 출장을 갈 수 있도록 윤허를 받았다.

그런데 황제의 재가가 났음에도 불구하고 러시아 공사 파블로프가 이를 승인하지 않았다. 그는 늘 나에게 호의적이었지만 내가 북쪽으로 간다고 말하자 매우 포악해졌다. 그는 최근 미국의 모험가들이 금지된 곳에 잠입해 들어간 몇 가지의 사례를 지적했다.

4) 여러 가지 정황으로 볼 때 이는 동북군(東北軍)을 잘못 표기한 것으로 보인다.

그러한 얘기를 들으면서 나는 파블로프가 최근에 조선의 분할을 일본에 제안했다는 소문이 사실이라고 추측했다. 그 제안의 내용을 보면 러시아는 평양(平壤)을 포함한 북쪽 지방을 차지하고 일본은 서울을 포함한 남쪽 지방을 차지한다는 것이었다. 그렇게 되자 나로서는 북쪽 지방에서 무슨 일이 일어나고 있는지 북쪽의 삼림 지대의 코사크 병사와 마적 떼들이 정말로 있는지를 알아보는 일이 더욱 필요하게 되었다.

나는 의주에서 이학균 장군을 만나기 위해 길을 서둘렀다. 진남포까지는 연안 여객선을 타고 갔으며, 거기서부터 나는 30마일마다 조선의 나귀를 바꿔 타며 육로로 올라갔다. 나는 몇 가지 이유로 언짢았다. 나는 가는 곳마다 일이 뒤틀렸으며, 열이 나고 견딜 수 없을 만큼 두통이 심했다. 나는 고대의 조선이 창업했지만 지금은 폐허가 된 안주를 지나 산길로 들어섰다.

나는 경장비로 여행을 했으며 일행이라야 영어를 할 줄 아는 젊은 멋쟁이 군인인 창식과 불한당처럼 생긴 중국인 요리사가 전부였다. 그 요리사는 음험하고 교활한 사례의 극치를 나에게 보여 주었지만 그런 것들이 내게는 통하지 않았다. 이 미개한 "되놈"은 좀 특이한 종자였다. 나는 조선의 음식을 먹으려고 노력했지만 도저히 먹을 수가 없어 중국 요리를 할 수 있고 말을 탈 수 있는 사람을 찾았다. 한 사람을 얻었는데 임금을 두 배로 주지 않으면 도저히 움직이지 않을 사람이었다. 왜냐하면, 그가 나와 함께 길을 떠나면 아내와 아이들을 먹여 살려야 하기 때문이었다.

나는 그렇게 하기로 약속하고 길을 떠나기에 앞서 가족을 위해 약속한 임금의 절반을 지불했다. 우리가 압록강 맞은편에 중국인 마을에 있는 의주에 도착하자 그는 나를 찾아와서 자기는 건너편의 그 중국 마을에 살고 있고, 그의 아내는 외국인의 옷을 세탁할 줄 아는데 나의 옷을 빨고 다림질을 하지 않겠느냐고 물었다. 그는 빨랫감을 가지고 아주 가 버렸다. 나는 이 악당에게 집을 떠나는 댓가가 아니라 집으로 돌아가는 댓가로 임금의 두 배를 지불한 셈이 되고 말았다.

나는 의주에서부터 작은 말이 나의 체중을 지탱할 수 없는 한 길을 서둘렀기 때문에 나의 일행은 뒤에 많이 처졌다. 드디어 험한 길을 한참 달려 어느 마을에 이르렀으나 바꿔 탈 말을 구할 수 없었다. 그러나 너무 늦었음에도 불구하고 몸이 너무 아파 그곳에 잘 수도 없었기 때문에 그냥 걸음을 계속하여 다음날 이른 아침에는 다음 마을에 도착하리라고 마음먹었다. 밤새도록 길을 달린 탓으로 나의 그 힘 좋은 작은 나귀도 지쳐서 쓰러졌다.

날씨는 몹시 추웠으며 휘영청 밝은 달빛은 늑대가 나타나기에 알맞은 곳이었다. 나는 인적을 찾아 헤매면서 산 속에 광부들의 오두막이라도 만날 수 있을까 하는 생각에서 소리를 질렀다. 드디어 불빛이 나타나더니 한 사람이 작은 종이 등을 들고 나에게 다가왔다. 그는 아무 말도 없이 나와 말을 살펴보더니 기다리라고 신호를 했다. 그는 무거운 멍석을 가지고 와서 등에 씌우더니 끝내는 짚더미로 말을 덮었다.

"늑대를 때문인가요?"

내가 물었다.

"아니오. 아직은……"

"눈이 오면 늑대나 호랑이가 오지 않습니다."

그리고 그는 나에게 따라 오라고 신호했다. 우리는 작은 방이 하나인 오두막으로 들어갔다. 그는 나를 가장 따뜻한 바닥에 앉히고 나에게 더러운 놋쇠 그릇에 담긴 밥을 주었는데 아마도 그것은 그가 먹다 남긴 절반의 밥이 틀림없었다.

나는 그것을 먹었다. 왜냐하면 사막에 사는 아랍인들이 그와 함께 밥을 먹은 사람을 일시적으로 보호해 주듯이 이 나라의 많은 사람들도 그런 식으로 사람을 보호해 주기 때문이었다. 식사를 마친 뒤 그는 담뱃대의 놋쇠 물뿌리를 닦아서 나에게 주면서 피우다 남은 담배 찌꺼기에 다시 불을 붙였다.

"당신은 서울에서 왔습니까?"

그가 물었다.

"예."

"당신은 고문관입니까?"

"예."

긴 침묵이 지나고 내가 그의 쓴 담배를 피우고 있는 동안 그는 나를 유심히 살펴보았다.

"서울로부터 멀리 오셨군요. 이는 나라의 일이 틀림없습니다."

나는 그에게서 무엇인가 알아보기로 결심했다.

"예, 나라일 때문입니다."

나는 나의 정보원이 만주 마적단의 조선인들 두목이라고 가르쳐 준 이름을 보여 주었다. 그의 표정으로 볼 때 그는 그 두목을 알고 있었다.

"그 사람은 대단한 사람입니까?"

그는 다시 물었다.

"그는 강력한 사람이고 내가 생각하기로는 좋은 사람입니다. 나는 조선에 관해 그와 이야기하고 싶습니다. 나는 내가 원하는 것이 무엇인지를 말할 수가 없습니다. 나는 조선어가 서툴러 비서가 오면 당신에게 모두 말해 주겠소."

몇 시간 동안 앉아 있으려니까 먼 거리에서 사람의 목소리가 들려 왔다. 얼어붙은 땅을 지나는 말발굽 소리가 들리더니 나의 하인이 말을 발견하고 나를 큰 소리로 불렀다.

"당신의 사람이요?"

주인이 물었다. 나는 고개를 끄덕였다.

"군인이요?"

나는 고개를 흔들며 손가락 하나를 추켜올렸다. 그는 작은 창문을 열고 종이 등을 그곳에 올려놓았다. 나는 그를 의심하기 시작했고 그가 누구인지 알았다. 나의 호위병이 오두막에 들이닥치더니 주인에게 총을 들이댔다. 나는 그 총을 밀쳐 버렸다.

"나리, 그가 바로 우리가 찾던 그 사람입니다."

나는 젊은 통역원에게 돌아서면서 이렇게 말했다.

"다음의 말을 통역해 주시오. 나는 도움을 구하던 가운데 도움을 받았어요. 나는 음식과 쉴 곳을 찾았고 안전함과 호의를 받았다고 말하세요. 나는 조선인을 도와주고자 이 사람의 도움이 필요하다고 말하세요. 나는 조선 사람이 국경 너머에서 중국 사람과 손을 잡고 이 나라를 어지럽힌다면 나는 조선을 도와줄 수가 없습니다. 만약 이런 일이 계속된다면 나는 군대를 동원할 수밖에 없습니다. 나는 조선 사람이 조선 사람을 죽이는 것을 바라지 않습니다. 나는 평화를 바라고 있습니다. 내가 그에게 전하고 싶은 말을 바로 그것이오. 당신이 오기에 앞서 우리는 그 얘기를 하고 있었어요. 이 사람을 그의 두목에게 가도록 하여 나의 말을 전하도록 하세요. 나는 평화를 원하지만 그렇지 못할 경우에는 싸울 수도 있어요."

나는 내가 찾을 수 있는 정보원을 죽이고 싶지 않았다. 나는 그를 길들여 쓰고 싶었다. 지금은 철도가 부설된 의주에 우리는 도착했다. 나는 열이 너무 심하여 남의 부축을 받으며 말에서 내려 이학균 장군의 지방 막사로 호송되었다. 그는 나를 위해 오두막을 준비해 두었다. 나의 하인들은 딱딱한 짚을 깔고 나무토막을 베개 삼아 괴어 준 다음 나에게 담요를 덮고 내가 죽어 가는 것을 기다리고 있었다.

몇몇 젊은 장교들은 음악으로 나의 생기를 불어넣어 주려고 기생들을 불러오기도 했다. 내가 잠시 맑은 정신으로 돌아오자 이학균 장군은 나의 죽음을 알리려고 나의 고향 주소를 받아 적었다. 강변에 멀리 떨어져 있던 수비대는 신년 축하에 마시려고 주문해 두었던 사이러스 노블[5]의 위스키를 가져왔다. 레이 헌트사[6]의 금광 감독인 메저브는 그보다 좀 더 쓸모 있는

---

5) 사이러스 노블(Cyrus Noble) : 1871년에 샌프란시스코에서 창업한 버본위스키회사.

6) 레이 헌트사(Leigh J. Hunt Co.) 미국의 사업가로서 부산세관 감독관 대리를 지낸 헌트

구급약을 가져왔다. 나는 위스키와 날계란으로 목숨을 부지했다. 목숨이 걸려 있는데도 나는 조선의 음식을 먹을 수가 없었다.

음식은 피마자기름으로 조리했으며, 음식 시중을 드는 오두막집 주인마누라도 끔찍한 병에 걸려 코와 입술과 눈 주위가 없어져 마치 시체가 살아 움직이는 것만 같았다. 그럼에도 불구하고 그 여자는 자신의 몰골을 유쾌하게 생각하고 있었으며 남편과 아이들도 모두가 그렇다고 나에게 말했다. 그 여자와 기생들을 악몽 속에서 떨쳐 버릴 수가 없었기 때문에 나의 머리가 부서지듯이 아팠다.

내가 깨어 있는 동안 이학균 장군은 참을성 있게 나를 돌봐 주었다. 우리는 장교들을 국경 지대로 보내어 우리의 수비대로 하여금 만주의 마적들에게 그들의 불만을 보여 주도록 했다. 러시아인의 흔적은 보이지 않았지만 일본 사람들을 볼 수가 있었는데 행색으로 볼 때 막노동자나 장사꾼처럼 보이지는 않았다. 나는 잠깐씩만 활동할 수 있었다. 나는 계속해서 움직일 수 없었고 의식이 정상이 아닌 채 아프기만 했기 때문에 이학균 장군은 나의 정신이 돌아올 때면 나와 상의하여 일을 처리했다.

나의 호위병이 좋은 말을 타고 사람을 찾아 나섰다. 60마일 밖에 나갔다가 지나가는 한 미국인을 데리고 왔는데 알고 보니 그는 의사였다. 그를 만난 것은 천행이었다. 그 의사의 말에 따르면 나의 병은 장질부사인데 의사가 없이도 이제까지 생명을 부지한 것으로 보면 내가 동의할 경우 시골에 있는 그의 집으로 내려가서 자기와 아내의 간호를 받으면 살 수 있을 것 같다고 했다. 나는 선교사들과 그 아내들에게 하나님의 가호가 있기를 빌었다.

나는 그들의 간호를 받고 빨리 회복되었지만 매우 무례하게도 그의 처방을 따르지 않고 그날 밤 의주로 도망치듯이 돌아왔다. 그러나 아무 소용이

(Leigh J. Hunt)가 운산의 금광채굴권을 얻어 차린 회사임.

없었다. 나는 말에서 떨어져 하수도에 쑤셔 박혔으며, 광부들이 그들의 숙소로 나를 데려와 수비대에게 내가 죽었다고 보고했다. 나는 매장을 하려고 장례 절차를 밟던 도중에 그 작은 이학균 장군에 의해 깨어났다. 그는 나를 가마에 태워 서울로 호송했다. 그리고 장작림을 처형하려던 계획도 수포로 돌아갔다.

제 11 장 여인의 나라 제주도 : 이재수의 난[1)]

이 무렵 중국에서는 의화단의 난이 절정에 이르고 있었다. 연합국들은 천진에서 멀리 떨어져 느긋하게 싸우고 있었기 때문에 북경에서 의화단에 포위된 공사관 직원들과 선교사들의 생사 여부를 알지 못했다. 조선뿐만 아니라 유럽과 서구 국가들에 대한 황제의 우호적인 태도를 보여주려는 제스처

1) 이하의 기록은 천주교 역사에서는 "신축년 제주교난"이라 하고 역사학에서는 "이재수의 난"이라고 하는 사건이다. 사건의 내용은 다음과 같다. 1901년 무렵 제주도에는 프랑스 신부 라크루(Marcel Lacrouts) 신부와 무세(Germain Mousset) 신부가 포교하고 있었다. 그들은 우상 숭배라는 교리에 따라 마을의 신목을 베어버리고 해안 무속이 심한 이 지역의 신당을 헐어버리는 등의 작폐를 저질러 원성을 사고 있었다. 이 무렵에 정부로부터 강봉헌이란 오리가 징세관으로 제주도에 들어와 수탈이 심했는데 이때 천주교도들이 그의 앞잡이 노릇을 했고, 프랑스의 세력을 믿은 신부들도 일부 이를 방조함으로써 민원을 샀다. 이에 대정 군수 채구석(蔡龜錫 : 1879~?. 제주인. 1879년에 식년 생원에 합격. 字는 大汝)과 유림의 좌수 오대현, 강우백, 그리고 제주 관노 이재수 등이 상무사라는 비밀결사를 조직하고 1901년 5월에 도민들을 규합하여 제주읍을 습격하고 천주교도를 처형했다. 이 과정에서 천주교도 500명과 주민 200명이 희생되었다. 정부에서는 강화도 수비대를 파견하여 사태를 수습하고 채구석 · 오대현 · 강우백 · 이재수를 서울로 압송하여 이들 가운데 채구석을 징역에 처하고, 나머지 3인을 처형함으로써 사건은 종결되었지만, 이 집단 학살은 그 뒤 제주도의 정치 문화에 커다란 앙금으로 남았다. 한국사에서의 천주교 박해는 관군에 의한 교도의 박해가 상례였는데 제주 교난은 천주교도에 의한 양민의 박해로 시작되었다는 점에서 특이한 사례로 남아 있다. 『고종실록』 광무 5년(1901) 10월 9일자 참조. 이때 필자인 샌즈는 프랑스 선교사를 보호해준 공로로 프랑스 정부로부터 뢰종 도뇌르 훈장을 받음.

로서 나는 우리가 제공할 수 있는 유일한 것인 쌀과 담배를 배에 싣고 이들을 연합국 군대에 보낼 수 있는 기선의 사용 계약을 체결했다.

그러나 나는 어떤 반외세의 불똥이 우리 측에 대한 갑작스런 분노를 부채질하지 않을 것이라고 전혀 확신할 수 없었으므로 일어나는 모든 사건들을 예의 주시했다. 정세를 알아보고자 지방에서 돌아온 나는 제주도에 무서운 반란의 조짐이 나타났다는 소식을 들었다. 가톨릭 선교단이 반란군에 의해 억류되었으며 많은 사람들이 죽임을 당했고, 기독교도가 학살되었다는 소문이 나돌았다.

두 척의 소형 프랑스 군함인 랄루에트호와 서프라이즈호가 제물포 항에 도착했지만 중국에 대한 작전에 참여하기에는 너무 늦어 즉시 제주도로 출항했다. 나는 만일 프랑스 선교사들이 상처를 입었다면 두 척의 군함이 중국인 의화단원들에게 포격할 수 있는 기회를 잃은 것에 대하여 우리 측에게 화풀이를 할지도 모른다는 허탈감에 빠졌다.

제물포에는 조선의 소형 연안 기선 한 척이 정박해 있었다. 나와 가장 가까이에 있던 조선군은 그리 쓸모가 없지도 않은 100명의 강화도 남자들로 구성되어 있었다. 나는 서울의 한 정치인을 그 부대의 지휘관으로 임명하고 군사 학교에서 훈련받은 몇몇 젊은 일본인 장교들을 배치했다. 나는 나의 통역관인 고영희[2]를 서둘러 오게 하고 프랑스 군함과 경주했다. 나는 그 군함들이 오랫동안 수리 받지 않았다는 것을 알고 있어 내 자신의 초라하고 작은 기선보다 훨씬 더 망가져 있기만을 기대했다.

조선의 최남단 항구인 부산을 거쳐 일본에서 중국으로 가다 보면 제주도는 기선 항로의 서남쪽에 위치하여 파란색의 거대한 원추형 화산의 모습을

2) 고영희(高永喜 : 1849~?) : 1881년 신사유람단으로 일본을 다녀왔으며, 일본어가 능숙하여 하나부사 요시타다의 통역관 생활도 했다. 1894년 일본 주차 특명 전권 공사(1903)가 되었다. 제주에서 민란이 일어나자 그는 1901년 6월 2일에 샌즈와 함께 조사단으로 파견되었다. 그 뒤 탁지부대신에까지 올랐으나 합병 뒤에는 자작의 칭호를 받았다.

어렴풋이 드러낸다. 제주도는 모든 기선의 항로로부터 멀리 벗어나 있다. 항로가 한반도의 끝을 돌면서 시야에서 제주도가 서서히 사라지기에 앞서 제주도의 신비스러움은 여행자의 호기심을 자극할 뿐이다. 제주도는 조선의 황제가 10,000여 개의 섬들 가운데 왕이라고 이름 붙였듯이 해류의 뒤얽힘과 바위들 그리고 해수의 침식을 받은 산을 가지고 있으며 낭만적이라기보다는 위험스런 항해를 하게 된다.

나는 그러한 염려에도 불구하고 제주도를 둘러보고 탐험할 수 있는 기회를 갖게 된 것이 기뻤다. 현지어로 제주라고 부르던 이름이 어떻게 퀠파트라는 이름으로 부르기 시작했는지는 알려져 있지 않다.[3] 고대 중국과 일본의 지도상에는 제주도가 여인의 섬으로 나타나 있다.

최근 몇 년 동안 제주도의 유일한 유럽인 방문자들은 내륙에서 들어와 떠돌다가 즉시 추방된 몇몇의 드문 선교사들이거나 제주도를 지나가던 군함에서 상륙한 몇몇의 측량단이었다. 측량단은 주민들의 명백한 적개심에 아랑곳하지 않은 채 가능한 한 빨리 그들의 임무를 수행하고 다시 승선했다.

제주도에 대하여 유일하게 알려진 사실은 조선의 기선 회사도 그곳에 절대 상륙하지 않을 정도로 그곳 해안이 굉장히 위험하고 주민들도 너무 적대적이라는 것이다. 그러나 조선의 증기 회사는 이따금 씩 용기를 내야 할 정도로 가까이 정박하여 날씨만 허락한다면 말린 고기나 진주조개 그리고 두꺼운 껍질의 쓴 감귤 열매 등을 현지의 돛배들로부터 옮겨 싣는다.

제주도에서 무역이라는 것은 다음과 같은 것들이다. 소규모의 건장한 일

---

3) 서양인들은 왜 제주도를 Quelpart라고 불렀는지에 대해서는 여러 가지 의견이 있다. 제주도에 접근하기에 앞서 만난 가파도에서 취음한 것이라는 주장도 있고, "여기가 어디이지?"(quel partie)라는 뜻이라는 주장도 있다. 그러나 최근 박대헌(朴大憲)의 연구에 따르면, 그들이 조선에 오기에 앞서 네델란드에는 't Galjot't Quelpaert de Brack이라는 갤리선이 있었는데, 제주도를 처음 발견한 서양 사람들이 그 배의 이름을 따 줄여서 Quelpart라고 부르게 되었다고 한다. 박대헌, 「서양지도에 나타난 제주의 모습과 그 명칭에 관한 연구」, 『제주도연구』 19집(제주 : 제주학회, 2001), pp. 154 참조.

본 밀수꾼의 무리가 절반은 정크이고 절반은 범선으로서 나무못으로 고정된 허름한 현지의 고깃배에 해초로부터 추출한 잿물을 싣고 주로 시장으로 나른다. 이 배는 얼마나 허름했던지 날씨가 나쁠 때면 뭍으로 끌어올려야 했고 돛은 짚으로 엮어 만든 것이었다. 일본 밀수꾼들은 그들 자신의 무역을 보호하려고 반 유럽인 감정과 한편으로는 조선으로부터 독립을 바라는 해묵은 감정을 조장했다.

제주도의 고립성 때문에 조정은 제주도를 유배인들의 귀양지로서 이용했다. 제주도는 조정이 다스리지만 그것은 단지 명목상일 뿐이다. 독립의 전통뿐만 아니라 그곳의 여러 이상한 관습들은 제주도를 다스리기 어려운 곳으로 만들었다. 세상에서 잊힌 이 외딴곳에서 남자는 열등하게 취급받았고 여인들이 모든 것을 차지했다. 여인들이 실질적인 가장이었고 여인들이 모든 재산을 소유했다.

여인의 아이들은 어머니의 성을 따랐으며 여인은 결코 한 명의 남편만을 갖지 않았다. 남자들은 일 년에 한번 내륙에서 들어오는 것이 허락되지만 오랫동안 머무는 것이 허락되지 않는다. 그들이 돌아갈 때는 13세에 이른 모든 소년들과 함께 나간다. 단지 소수의 남자들만이 중국의 개항장에 살고 있는 외국인들처럼 세 곳의 도시에 살고 있다. 이들과 유배인들이 제주도 전체의 남자 인구의 전부이다.

여인들은 공적인 문제에 이르기까지 제주도의 모든 삶을 지배한다. 이것은 모계 사회를 능가하는 것이다. 제주도는 실질적으로 여인의 나라인 아마존 사회[4]이다. 왜냐하면 여인들은 항상 그들의 권력을 주장할 준비가 되어 있을 뿐만 아니라 물리적인 힘으로 그 권력을 잡고 있었기 때문이다.

이러한 두 가지 전통이 너무나 강해서 조정에서 파견한 관리는 그의 아내

---

4) 여기에서 아마존 사회(Amazon community)라 함은 남미의 아마존을 의미하는 것이 아니라 고대 그리스의 여인국(Amazones)을 의미한다.

를 데려오는 것이 결코 허용되지 않았다. 이것은 남성들이 으레 주장하는 권리로서 관리가 공관인 현지 왕들의 궁전에서 아들을 낳아 제주도 왕조의 왕위를 주장하지 못하도록 막기 위한 것이다. 현지인들은 조선의 왕도 원치 않았고 또 조선인들도 제주도의 왕을 원치 않았기 때문에 그러한 관습은 조선인들과 제주인 모두를 만족시켰다.

유배인들이 제주도를 떠날 수 없었지만 다른 한편으로 유배인들은 자유롭고 감시도 받지 않았다. 유배인들은 그들이 원하는 장소에 살 수 있었고 그들이 좋아하는 일로 생계를 꾸려 나갔다. 제주도 남자들은 사냥꾼이고 어부이며 해안 무역업자들이고 밀수업자들이었다. 남자들은 바다나 산림 지대와 같이 가능한 한 여인들과 멀리 떨어져 있어 여인들에게 토지의 모든 일들을 맡겼다.

바위가 많은 화산토는 겨우 기장을 재배하는 정도였으며 평지에 세워진 돌담의 흙은 바구니로 퍼다 가 채운 것이었다. 거의 모든 곡식류는 60마일 떨어진 내륙과 가장 가까운 지점에서 가져왔고 종종 해안 항구를 따라 만연한 뒤얽힌 해류와 거친 바다 때문에 여행이 1주일이 걸리기도 했다.

여인들은 수영과 잠수에 능숙했다. 젊거나 늙은 여인들은 가끔 암초 때문에 해수면에 떠 있는 박 가까이에 바구니를 띄어 놓은 채 수영을 멈추기도 하며 전복이나 식용 해초 다발을 찾기 위해 다시 깊이 잠수한다. 그들은 그것들을 따기 위해 빈 바구니에 부착해 놓은 작은 낫을 사용한다. 이 낫은 남자들이 괴롭힐 때 무기로도 사용된다.

바구니가 가득 차면 바구니가 떠내려가지 못하도록 매달아 놓았던 돌을 아래로 떨어뜨리고 바구니를 건져 올려 수면에 떠다닌다. 여인들은 한 시간 가량 수영하거나 떠다닐 수 있고 오리처럼 손쉽게 잠수할 수도 있으며 바닷새만큼이나 오랫동안 손쉽게 바닷속에서 이곳저곳으로 일하면서 돌아다닐 수도 있다. 수면에서 휴식을 취하는 동안, 여인들은 고기잡이배에 있는 뜻밖의 남자에게 거리를 유지하도록 경고하려고 서로 다른 높낮이의 단조로운 휘파람 소리를 계속해서 불곤 한다.

제주도는 뚜렷이 화산섬이다. 해안 주위의 모든 곳들은 바늘로 수놓은 듯한 돌들로 움푹 들어가 있다. 해변도 마찬가지여서 닳은 길을 제외하고는 걷는 것이 거의 불가능하다. 우리의 지도에는 오클랜드산이라고 표시되어 있는 6,558피트 높이의 한라산 분화구까지 산들이 연결되어 섬 전체는 가파르게 솟은 모양을 하고 있다.

두개의 거대한 협곡인 "용문"이 산의 정상에서부터 북쪽과 남쪽 해안으로 이어진다. 협곡의 용암층 도처에는 분화구에 있는 호수로부터 흘러나온다고 알려져 있는 작은 시냇물이 흐른다. 호수를 보았다고 주장하는 사냥꾼들이 있지만 호수는 대다수의 사람들이 피하고자 하는 신령스럽고 위험한 장소이다.

조선의 역사에 따르면, 제주도에는 불분명한 연대의 불분명한 해에 남쪽 해안에서 떨어진 바다에서 엄청난 격동이 일어나 거대한 산이 솟아올라 불을 뿜었다는 등, 어떤 역사적 가치를 판단하기 어려울 정도의 신화가 너무 많다. 화염이 사그라지자 고(高), 부(夫), 양(梁)의 세 가문이 세 개의 동굴로부터 나와 그들이 각각 제주도의 군주와 귀족과 농부가 되었다고 한다.

동굴에서 처음 나온 그들은 신으로 추앙 받으며 여전히 분화구 호수의 기슭에 살고 있다. 때때로 그들은 그들 자신을 드러내기도 했고 가끔은 침입자들에게 벌을 주었다. 고 씨 가문은 고대 제주도의 왕족이었다. 내가 고영희에게 함께 가자고 한 이유도 바로 그 때문이었다. 나는 고 씨 가문이 보불전쟁에서 회수한 단발총을 가진 몇 백 명의 떠돌이 군인들보다 훨씬 중요하게 대접받기를 바랐다. 조선에서 가장 존귀한 가문 가운데 하나인 그들은 그들의 시조가 왕이 되어 나타난 뒤 동굴의 입구에 건축된 사원에서 여전히 신앙의 대상으로 숭배 받고 있다.

제주도에는 세 개의 도시가 있다. 북쪽 해안가에 위치한 수도인 제주는 바다로부터 조금 떨어진 곳에 몇 백 년 동안 자란 덩굴들로 우거진 성벽으로 둘러싸여 있고 요새가 축조되어 있으며 성벽과 요새의 지붕은 대부분 담장이 넝쿨과 거대한 크기의 고로쇠나무나 감귤나무 숲으로 이루어진 울창한 규모의 석류나무, 그리고 쓴 오렌지 나무로 가려 있다. 용암 언덕의 비탈을 따라 올라가다 보면, 자갈과 현무암으로 지은 납작한 집들이 나타난다.

제주도의 집들은 푸에르토 리코의 지붕들이 허리케인에 날아가는 것을 막고자 지붕을 굵은 밧줄로 묶어 놓은 것처럼, 바닷바람에 지붕이 날아가는 것을 막고자 지붕에 큰 돌을 올려놓았거나 새끼줄로 묶어 놓았다. 잔디 비탈을 넘어서 더 올라가다 보면 울창한 대나무와 가시나무의 숲이 사라봉에서부터 한라산까지의 정상을 실질적인 밀림으로 덮고 있다.

산 위에는 들소, 멧돼지, 노루와 같은 사냥감과 날카로운 용암석으로부터 보호하려고 말굽을 단 사슴처럼 호리호리한 야생 조랑말들이 많이 있다. 섬 주민들은 짐승들이 필요할 때 올가미로 잡아 짐승들을 길들여 본토로 보내기에 앞서 단단한 곤봉으로 짐승들을 길들인다.

성벽으로 둘러싼 2개의 도시 가운데서 일종의 반 조정의 중심지로서 중요한 곳인 대정이 있다. 대정은 1653년에 스패로우 호크호에 승선하여 그 도시에서 멀리 떨어지지 않은 곳에서 난파당한 네덜란드 상인인 하멜에 의해서도 분명히 대정(大靜 : Tadiane)으로 나타나 있다. 『하멜표류기』[5]라는 제목 하에 출간된 그의 서술은 30년 전까지만 해도 존재했었던 모습의 유일한 서술이며 정확하다. 왜냐하면 하멜의 실수가 있다면 그것은 그 당시에 조선에 대한 유일한 오해 정도로 받아들여질 수 있기 때문이다.

예를 들어 하멜은 제주를 목관 혹은 목사의 시로 부르고 있다. 그를 붙잡은 군인들은 분명히 그에게 그를 목관 혹은 목사에게로 데려갈 것이라고 말했다. 다시 말해서 군인들을 그를 오래된 목사관에 항상 머무르고 있는 그

---

5) 이상의 사실에 대해서는 본 『한말외국인 기록』 제18권인 『하멜표류기』(집문당, 2019)를 참조할 것.

섬의 통치자에게 데려갔다는 것이다. 제주도에 관해 발간된 책은 하멜의 서술이 유일하다.

지나가던 선박의 항해 일지나 그곳에 상륙했다가 즉시 추방된 2명의 미국인 선교사들의 모험에 대한 간략한 보고서에도 제주도가 언급되어 있다. 사마랑호의 선장인 벨처[6] 경의 조사를 인용한 『1904년의 항해 지시서』에 따르면, "제주도는 길이가 약 40마일이며 폭은 17마일이고 모양은 타원형이며 굉장히 높다. 항해 선박을 위한 정박지는 제주도와 우도 사이의 동쪽 끝에 위치한 단 한 곳뿐이다."

세 도시 주변과 바다와 산 사이의 좁은 해안가에 약 10만 명의 인구가 살고 있는 것으로 조선의 조정은 추정했다. 조선 사람들은 그들의 추정에 대하여 어떠한 근거도 없으며 나의 조사도 아주 조잡한 것이다. 영국의 조사도 의심할 여지없이 수정된 것이기 때문에 그 인구는 필시 조사된 것보다 훨씬 적을 것이다. 그러나 섬 주민 전체가 동의한 반란에 섬 전체가 휩싸여 있고 평화를 회복하고 질서를 유지하려고 온 믿을 수 없는 백 명은 우리의 눈에는 확실히 많아 보였다.

상황은 매우 험악해 보였다. 민가에 방화했다거나 주민들을 혹사시켰다는 반란의 첫 번째 소문들이 무역선을 통해 5월에 서울에 도달했지만 대리목사로부터는 어떠한 보고도 없었기 때문에 황제는 그 소문에 별로 관심을 두지 않았다. 한 달 뒤에, 1년 전에 제주도에 파견되었던 2명의 신부로부터 도움을 요청하는 긴급한 전문이 프랑스 공사관에 도착했다.

그들의 설명에 따르면 반란자들은 본토로부터 거친 인물들로 구성된 대군을 모집했고, 소식을 전달할 수 있는 모든 현지의 배들을 억류하거나 파

---

6) 벨처(Sir Edward Belcher : 1799~1877) : 영국의 해군. 사마랑호(Samarang)의 선장으로서 아프리카 · 서아메리카 · 동인도 연안을 탐사했으며(1830~1847) 1872년에는 제독으로 승진했다. 그는 1845년 6월에 제주도와 거문도 그리고 남서해안을 탐사했으며, 거문도를 Hamilton으로 명명함.

괴했으며, 임시 목사를 감금했다는 것이다. 반란자들은 또한 섬 주변의 일본인들이 이 반란에 동참할 것이며, 이번 반란이 두 명의 외국인[프랑스 신부]과 그들의 지지자들을 죽이기 위한 것이라고 주장했으며, 만약 외국군이 침략할 경우 일본 해군이 지지를 약속했다고 발표했다.

일본을 통해 우리 측으로 새어나온 반란에 관한 새로운 소식은 전혀 없었다. 왜냐하면 제주도를 자주 방문하는 사람들은 그곳의 관리들과는 연락하지 않는 유형의 사람들이었기 때문이다. 그 두 명의 신부들은 그들의 선교 활동에서 큰 성공을 거두어 왔다. 왜냐하면 제주도에는 대박해 동안 유배된 기독교인들이 여전히 남아 있었는데 그들이 새로운 개종자들을 많이 만들었기 때문이었다.

아직까지 이유는 분명치 않지만 반란 활동이 제주에서 추방되어 있던 기독교인들을 배척하는 양상을 띠고 있었고, 기독교인들은 두 명의 신부의 지휘 아래 그 도시를 방어하고 있었다. 신부들은 조정의 무기고에서 꺼낸 낡은 무기로 그들 자신과 몇몇의 시민들 그리고 목사의 포졸들을 무장시켰다. 그들은 섬 주민과 반란군 그리고 본토에서 온 산적들로 이루어진 1만여 명 정도의 성난 군중에 의해 포위되어 있었다.

그들을 구출하려고 프랑스 군함 두 척이 출발한 것은 이런 이유 때문이었다. 그 군함들은 나의 낡은 기선과의 경주에서 이겼지만 그 차이가 너무 좁아 선교사들과 연락하여 몇몇 기독교인들을 배에 태워 구출하는 것 이상으로 사태를 수습하지는 못했다. 나는 프랑스 해군 고위사관에게 나의 신분을 밝히고 나의 부하들을 죽음의 도시를 둘러싼 성벽 아래에 있는 그 좁은 해안에 상륙시키기 시작했다.

신부들의 연락원이 반란군의 포위를 뚫고 본토에서 가장 가까운 전신소로 가기는 힘들었다. 그 무렵에 굶주림에 떨고 있는 그 도시의 여인들이 자정쯤에 반란군들에게 도시의 성문을 열어 방어자들에 대한 엄청난 학살이 자행되었다. 어떤 총소리나 생명의 신호도 그 성벽 안에서 흘러나오지 않았다. 그 도시의 성문은 활짝 열려 있었고 비좁은 길가에는 시체들로 가득 찼다. 나는 시장터에 위치한 목사 관저의 문 앞에서 지난 10일 동안 내내 햇볕과 비에 노출되어 있었는데 참혹하게 난자한 남녀노소 무리가 90명에 이르렀다.

우리가 그곳에 들어가 보급품들과 탄약들을 저장한 창고의 문을 닫고 성벽에 보초들을 세운 뒤에도 우리는 살아 있는 영혼을 볼 수 없었다. 두 명의 신부들은 구조되었다. 나는 10여 일 전에 학살을 목격한 사람들 한두 명으로부터 그날 밤에 일어난 이야기를 들을 수 있었다. 공적으로나 사적으로 원한을 가졌거나 빚을 진 모든 사람들이 적과 동지를 상관하지 않고 사람을 죽이거나 약탈할 수 있는 기회를 잡은 것이다.

파괴가 끝났을 때, 승리자들은 다음에 무슨 일이 일어날지를 보려고 그 도시에서 산으로 물러났다. 그곳에서 빠져나온 몇몇 기독교인들을 제외하고는 그 도시에 남자란 없었다. 시체들을 묻을 사람조차도 없었고 나의 부하들도 그러한 일을 거부했다. 나는 명령 불복종을 처음부터 모험하고 싶지 않았다.

일주일이 지나서야 나는 시체들을 적당히 매장하려고 노동자들을 찾아 충분한 돈을 지불했다. 나는 시체가 밀집해 있는 목사의 공관에서 머물렀다. 나는 될 수 있는 한 시체들로부터 멀리 떨어져 정원에 자유롭게 드나들 수 있는 방을 발견했지만 그곳에서 조차도 가엾은 새가 내 책상으로 날아들어 사람의 머리 조각이 붙어 있는 기다란 머리칼을 내 음식에 떨어뜨렸다.

본토를 향해 있는 도시 외곽의 모든 언덕에 많은 남자들이 나타났다. 첫날의 낮과 밤이 지나도록 하루 종일 그들은 후장포와 중세의 청동 대포를 계속해서 쏘아 댔지만 대부분이 성벽에 미치지 못했다. 나는 매일 현재의 위치에 너무 오랫동안 서 있지 않도록 주의했다. 왜냐하면 조금만 더 정확하다면 누구나 다 나를 명중할 수 있는 곳에 노출되어 있었기 때문이었다. 다행히도 평범한 일본의 선원은 조선인만큼도 외국의 무기들을 발사하는

데 능숙하지 못했다.

밤새도록 불타는 집이나 계곡에서 나오는 불꽃과 언덕 전체에 놓인 모닥불은, 만약 우리의 인원이 적다는 것을 반란군의 지도부가 알아챘다면, 다시 포위가 재개될지도 모른다는 것을 우리에게 예고하는 듯했다. 그 군함들이 아주 가까이 근접해서 반응할 수 없을 때까지 서프라이스 호와 랄루에트 호의 존재는 반란군들에게 알려지지 않았다.

드 모르네이(de Mornay) 선장은 치밀하고 당당한 운동 선수였다. 내가 그 도시로 들어가자 곧 그는 그의 부하 장교를 보내어 "조선의 당국"에 모든 것을 양보하며 모든 상황을 나에게 일임한다고 말했다. 그 젊은 장교는 공문을 나에게 주면서 물었다.

"남자 대 남자로서 사적인 질문을 해도 되겠습니까?"

"그러시오."

"프랑스 장교들은 귀하의 부하들의 모습을 보며 훈련이 부족하다고 걱정하고 있습니다. 귀하가 요구한다면 두 척의 군함들을 철수하겠지만 만약의 경우를 위해 나는 그들이 머물기 바랍니다."

그들은 혼란 상태에 빠져 있는 한 백인을 남겨 놓고 떠나는 것이 마음에 걸렸던 모양이다. 그 장교는 당시 발사 장치와 야간의 긴급 상황에 사용하는 조명탄, 낮에 사용하는 신호 깃발을 포함한 꾸러미를 가져왔다. 그들은 우리가 탈출할 수 있는 보트를 보내거나, 우리를 돕고 망원경으로 아주 잘 관찰되는 언덕에 밀집해 있는 군중을 향해 몇 발의 포탄을 발사할 수 있는 상륙 부대를 제공하고자 했다.

그들은 또한 내가 "우리 내부의 반란"에 대항할 수 있을 만큼 충분히 무장되었는지와 식량을 충분히 보급 받을 수 있는지를 알고 싶어 했다. 나는 그들이 제공한 것들을 사용하지는 않았지만 그것을 제공해준 데 대하여 깊이 감사하며 나의 종군의 결과에 대하여 마음 편하게 생각했다.

내가 첫 번째 한 일은 외곽의 반란자들에게 우리가 상당한 군사력을 가지고 있으며 경계 태세를 취하고 있다는 인상을 주는 일이었다. 그래서 나는 100여 명의 전 부대원들이 각각 성벽의 보초를 서도록 조치했다. 다음에 나의 젊은 장교들 가운데 한 사람이 와서, 지휘관이 교전하지 말라는 밀령을 보내 왔다고 말했다.

그 지휘관은 어떤 위험이 있다면 철수하기로 되어 있었다. 그는 또한 사병들은 나를 제주도에 남겨놓은 채 그들의 장교 없이 배를 타고 본토로 돌아가는 문제를 논의했다고 보고했다. 우리는 교활한 언동을 보이는 이러한 어리석은 영혼들을 진정시킬 책략이 필요하다고 판단했다. 나는 우리의 유일한 배를 멀리 보내어 군대를 좀 더 데려올 것이라고 사병들에게 알렸다.

반란자 가운데 한 사람이 영향력을 행사하여 두 명의 프랑스 신부와 부목사를 구출하여 포로로 잡고 있었다. 그 구출 작업을 한 사람은 서울 출신으로 1894년의 민비 시해 사건과 연루되어 이곳에 유배되어 있는 사람이었다. 그는 폭넓은 경험을 통해 외국인들을 살해하는 일은 부당한 세금 징수에 대하여 단순히 저항한 것 이상으로 훨씬 심각한 것이라는 것을 알고 있었다. 기독교도들을 학살한 것은 반란의 주된 요인이 아니라 우발적인 사실로 판명되었다.

제주도에서의 세금 분쟁은 가끔 있는 일이었다. 세금에 대해서는 항상 평판이 나빴고, 잘 걷히지도 않았다. 내가 오기 몇 해 전에도 세금 저항이 일어나 징세관들이 제주도에서 추방되었다. 그 당시 발표된 황제의 칙령은 모든 밀린 세금으로부터 "충성스런 섬 주민들"을 면제시키는 것이었고 그 뒤로 징세하지 않았다.

그러다가 1901년 초에 미국뿐만 아니라 세계 곳곳에 있는 지옥 사자의 수완가들 가운데 한 사람이 황제에게 왕실 재정에 필요한 총액을 제주도에서 징수할 것을 제안했으며 이때 밀린 세금까지 거두어야 한다고 진언했다. 그가 도착하자 몇몇의 새로운 종류의 세금이 추가로 부과되었다.

주민들이 반대하자 그는 자신이 과거에 프랑스 선교사의 신자였다는 사실이 머리에 떠오르자 기독교도들과 다시 합세했다. 그는 심지어 신부들에게 알리지도 않고 현지 기독교도들에게 세금을 면제해 주겠다는 약속을 했다고 한다. 반란이 일어나자 그는 도피했고 기독교가 싸움의 주제가 되었다. 우리는 제주도를 탈출하는 것을 너무도 기쁘게 생각하고 있던 그 징세관의 업무를 중지시켰다.

나는 나의 충직한 하인을 통해 서울에서 유배되어 온 그 사람에게 선교사들을 대신해서 그가 중재해준 데 대하여 감사하며 그것은 프랑스공사관을 대신하는 것이나 마찬가지라는 내용과, 내가 반란자들을 토벌하기 시작할 때 그 고마움을 기억하겠다는 내용의 서신을 보냈다. 나는 그에게 대규모 증원 부대가 오는 중이지만 그 부대가 오기를 기다리고만 있지는 않을 것이라고 알려주었다. 나는 또한 야심만만한 젊은이이기 때문에 그 장군이 이곳에 도착하여 폭동을 진압하는 공을 세우는 꼴도 보고 싶지 않으며, 나는 내가 거느린 군대만으로도 언제든지 공격하여 오합지졸과 같은 폭도들을 충분히 다룰 수 있다는 얘기를 슬쩍 흘리라고 나의 부하에게 지시했다.

내 부하는 또한 내가 일본 정부에게 제주도에 있을지도 모르는 일본인을 체포해 가라고 부탁하고 있으며 제주도에 있는 어느 누구도 위험에 빠지지 않을 것이라 여겨지지는 않는다는 말도 흘리도록 되어 있었다. 나는 또한 전면적인 학살을 하기에 앞서 고영희가 그의 선조의 사당에 참배하러 갈 때 방해받는 일이 없도록 하라는 말도 덧붙였다. 왜냐하면 세상 사람들이 다 알고 있듯이 그의 참배는 그의 도리이며 이를 방해하는 것은 신성모독이기 때문이었다.

나는 편지를 통해 계략을 꾸민 그 젊은 장교로 하여금 성벽의 외곽에 훈련대를 조직하도록 했다. 왜냐하면 포위자들이 용기백배해 우리와 너무 가까이에 있기 때문이었다. 지휘관은 그의 무지함을 드러낼까봐 부하들을 훈련하는 것을 전혀 좋아하지 않았다. 나는 훈련을 하지 않는 것은 매우 위험한 일이라고 그에게 지적했다. 왜냐하면 만약 부하들이 한가하게 놀고 지낸다면 그들은 너무 쉽게 반란을 일으켜 우리 모두를 죽일 수 있기 때문이다.

양심은 있었던지 그는 부관에게 훈련을 맡겼다. 나의 부대장은 누군가 우리 훈련대를 해친다면 그때 가서야 군대가 싸울 것이라는 의견을 갖고 있었다. 그래서 우리는 최악의 상황을 기대하며 훈련대를 데리고 성벽 외곽의 구보에 나섰다. 우리는 총검을 장착하고 속보로 달리면서 시골 이곳저곳에서 훈련했으나 우리가 기다리는 적군은 나타나지 않았고 나를 쏠 수 있는 일본인 저격수들도 없었다. 그것은 한편의 희극이었지만 내가 그렇게 생각할 때면 언제나 나는 우리가 상륙한 날에 펼쳐져 있던 살육의 모습이 생각났다.

내가 보냈던 서신의 독이 작용하기 시작했다. 반란군의 주동자는 신부들과 목사를 위해 그가 중재한 때문에 자기는 특별 사면을 받을 가능성이 있다고 생각했다. 나는 특정 주소를 쓰지 않고 다시 서신을 발송했다. 그 내용은 재판을 거부했다가 처형된 사람들의 명단을 거명한 다음, 반란자들이 항복한다면 정상 참작할 것이라고 지적했다.

그들이 나의 편지를 보고 못 보는 것은 그들의 운명이었다. 그 서신이 영향을 미쳐 사적인 면담을 위한 요청이 곧 들어오기 시작했다. 협상이 시작되자마자 나는 내가 보냈던 250명의 훈련된 군대가 도착할 때까지 반란자들이 생명을 부지할 수 있을 것이라는 생각이 들었다.

그러나 이러한 방법이 오래 효과를 볼 수는 없으리라고 생각한 나는 섬 주민들에게 내 군대가 곧 공격을 시작할 것이기 때문에 모든 정직한 사람들은 집안에 머물도록 경고하는 내용의 성명서를 곧 발표했다. 그 경고문에서 나는 황제에게 불만들을 말할 수도 있고 조사단이 와서 그들을 면담할 수도 있지만 서울에 있는 최고 법원이 공정한 재판을 약속했음에도 불구하고 나의 중요한 목적은 명단이 입수된 반란의 주동자들을 체포할 것임을 지적했다.

나는 만약 반란의 주동자들이 자발적으로 항복한다면 그들에게 유리하게 상황이 진행될 수 있다는 뜻을 전달했다. 만약 충직한 신하에 의해 그들이 포로로 잡혀 온다면 신하들은 위의 사실을 명심할 것이지만 어쨌든 반란은 현재 끝나 가고 있으며 불필요한 유혈 참사를 방지하려고 새로운 군대가 도착하기에 앞서 곧 그 죄인들을 진압할 작정이라고 덧붙여 말했다.

기회는 그리 길지 않았다. 왜냐하면 두 척의 군함들이 날씨가 허락한다면 가까이 접근할 수 있을 정도로 해안가를 여전히 맴돌고 있었고 섬 주민들은 군함들이 조선의 조정과 나의 관할이 아니라는 것을 모른다 할지라도 군함들이 맴돌고 있다는 사실은 모두 알고 있었기 때문이다. 협상이 잘 진행되고 있을 때 내가 부탁했던 연대가 거만하고 아주 원칙만 다지는 연대장과 함께 나타났다. 대다수의 반란 주동자들은 항복했고 일부는 체포되었으며 나머지는 일본 어선을 타고 달아났다.

우리는 그 다음에 반란군의 모든 투항자들을 처리했다. 그들은 다가와서 그들의 무기를 반환하려 했고 우리 측의 그 용감하고 당당한 연대장의 연설을 경청한 뒤 귀가하도록 했다. 두 척의 군함들은 떠났다. 신부들도 안정되어 그들의 선교 활동을 재개했다. 나는 13명의 주요 포로들을 서울로 올려 보내면서 선상에서 완벽한 자유로움과 최상의 보호를 누릴 수 있도록 내 기선에 승선시켜 무사히 항구에 도착했다.

나의 이 작은 희극과 같은 전쟁의 마지막이자 멋진 장면은 실제로 인상적이었다. 몇 천 명의 반란군이 다가왔다. 나는 그 뒤죽박죽된 군중들을 어림잡아 헤아릴 수밖에 없었다. 그들은 구식 무기들로 무장하고 있었다. 철판으로 만들어진 몇 개의 낡은 갑옷은 성가신 가죽 외피나 털 덮개로 묶여 있었고 무명을 덧댄 것이었다. 몇몇 사람들이 입은 가죽 외투에는 미국의 개척자들이 쓰는 너구리 털가죽 모자와 같은 털이 달린 개 가죽 모자가 있었고 어깨 부분에는 개 꼬리가 달려 있었다.

일부는 철로 끝부분을 씌운 화살과 활을 가지고 있었고 다른 사람들은 일반적으로 조선식 화승총들을 가지고 있었다. 많은 사람들이 창과 도리깨를 가지고 있었는데 도리깨는 긴 곤봉에 두개의 맞물린 고리로 고정된 철 못들이 온통 박힌 짧은 몽둥이로 만든 것이다. 긴 총열을 가진 말레시아와 중국의 방어 요새용 대포인 후장포들이 많이 있었다.

후장포들은 그것을 쏘기 위해 성벽이나 돌 더미 위에 장치되어 있었고 소량의 포탄과 철 파편 혹은 돌들이 쌓여 있었다. 후장포는 아주 오래 전에 만든 일종의 박물관 소장품인 소형 청동 휴대포였다. 후장포들은 본디 중국에서 유래한 진짜 대포로서 옮기기에 너무 무거운 것도 있고 한 사람의 등이나 심지어 한 명의 작은 사람의 손으로 여기저기로 옮겨질 수 있을 정도로 충분히 작은 것도 있었다. 또한 일본에서 만든 몇 정의 권총과 최신 모델인 무라타 소총 한 정이 있었다.

믿을 만한 장교의 지휘를 받는 백 명의 잘 훈련된 조선 군인들이라면 반란군이 몇 천 명이 된다 할지라도 그들을 다루는 데 별 문제가 없었을 것이다. 왜냐하면 그들은 프랑스 정부가 조선의 군대에 판매했던 1870년의 비참한 베르단과 그라스의 유물만한 사정 거리도 가지고 있지 않았기 때문이다.

그 섬의 허수아비들과 견주어보니 상당한 양의 도시 보급품을 가져온 나의 백여 명의 초라한 병사들은 군대같이 보였고 진짜 군인들로 보였다. 나의 약점은 반란자의 수가 많다는 사실보다는 우리 자신 내부의 배신에 있었다. 거기에 덧붙여진 결점은 항상 조선인들에게 물리력을 사용하는 데 대한 나의 우유부단함이었다.

나는 그들을 구출하고 재건하려고 노력했다. 투항이 있은 뒤 나는 연대장과 그와 함께 온 새로운 목사에 대하여 충분히 이해한 뒤에 그들 수중에 투항자들을 넘겼다. 왜냐하면 한 위원회가 그것을 설명하려고 서울로부터 내려오기 전까지는 어떠한 보복도 없고 새로운 조세법이 제정될 때까지 부과되는 세금도 없으리라는 것을 나는 충분히 이해했기 때문이었다.

나는 내가 제주도에서 머문 여러 주 동안 너무나 일이 바빠 제주도를 탐험할 기회를 갖지 못한 것을 항상 유감스럽게 생각한다. 나의 제주도 방문은 아마도 여인의 나라 전통을 볼 수 있는 마지막 기회였을 것이다. 주둔군은 조선이 일본에 병합될 때까지 남아 있었다. 그 뒤 제주도는 일본 정부에 의해 요새화되었고 그들의 요새가 있는 곳은 절대 탐험하지 못한다는 소식이 들렸다. 만약 선교사들이 제주도의 역사에 대하여 어느 정도 모아 놓지 않는다면 제주도는 여전히 지난날에 그랬던 것처럼 신비스럽게 남아 있을 것이다.

전쟁의 후속 조치로 서울에서 반란의 주동자들에 대한 재판이 열렸다. 나는 그 재판이 모범적인 것이 되기를 바랐다. 재판은 조선의 새로운 사법 질서에 대한 첫 번째 실례가 될 것이다. 나는 피고인들이 재판에 출석한 상황에서 반란의 원인들과 발생했던 사건 그리고 당시의 상황들에 대하여 황제에게 보다 나은 보고서를 제출하려고 조선의 재판관과 함께 관찰자로 참관하고 반란자들이 적절한 변호를 받는지와 원고 측 증인만큼이나 피고 측 증인들이 허용되는지를 보는 것을 제외하고는 재판에서 어떤 역할도 하지 않을 작정이었다.

프랑스 공사관은 자기 나라의 선교사들이 공격받았기 때문에 대표단을 참석시킬 수 있는 권리를 요구하여 이를 획득했다. 나는 그것을 마음 내켜 하지 않았다. 나는 이번 재판이 외국의 압력으로 해석할 수 있는 어떤 모습도 보이지 않는 것이 되기를 바랐다.

다음에는 현지의 일본 기자들이 참석할 수 있는 권리를 주장했다. 물론 그들은 그럴 권리가 없었지만 나는 그것을 허용했다. 왜냐하면 나는 그 기자들이 반란자들 가운데 일본인이 있었고 기독교인들의 학살에 그들이 연루되었다는 어떤 증거라도 그들이 듣기를 바랐기 때문이다. 그들은 사태의 추이가 어떠했던가를 알고 싶어 왔을 것이고, 내가 성벽을 지날 때마다 볼 수 있었던 무라타 장총이 조선의 군대에 의해 사용된 것이 아니라 자기 나라의 군대에 의해 사용되었다는 것을 확인하고 싶어서 온 것이 아닌가 하는 의심을 강하게 갖게 되었다.

나는 프랑스가 재판에 참석하려고 적절한 외교적 경로를 통한 것처럼 일본 공사관이 그렇게 요청하기를 바랐다. 그러나 그들은 그렇게 하지 않았다. 기자들과 소시[7]들은 우리가 비공식으로 개정 중이던 재판정의 문을 강제로 열었고 임무를 수행하는 현지 경찰관을 위협했으며 재판관들에게 공포를 안겨 주었다. 왜냐하면 그들은 흔한 일본 시민들의 무기인 지팡이 칼로 무장하고 있었기 때문이다.

나는 준수되어야 하는 정례화된 법정 예절을 다시 한 번 강조하는 한편 그들이 계속해서 법정의 소란을 일으키자 나는 개인적으로 그리고 단호하게 그들을 퇴정시켰다. 그 일은 도쿄의 언론에까지 확대되어 나에게 반대하는 새로운 편협한 신문 운동의 출발점이 되었다.

나는 우리의 새로운 사법 제도의 유효성에 실망했다. 내가 사법 제도에 대하여 가능한 모든 기회를 주고자 나 스스로 그 제도를 시험해 보지도 않았고 그 사건들에 대하여 알고 있음에도 증언하지 않기 때문에 피고인들과 증인들은 나를 상냥한 눈으로 바라보며 뻔뻔스럽게 거짓말을 했다. 마침내 수석 재판관은 나를 향해 서구식 재판 과정이 붕괴한 것을 자신은 유감으로 생각하며 구식 방법으로 약간의 후퇴가 좀 더 나은 결과를 가져 올 수 있을 것이라고 말하며 그가 태형을 사용해 위협해도 될지 안 될지를 물었다.

태형으로 위협한다면 죄수들로 하여금 더 이상은 버티지 않는 것이 좋겠다는 생각을 갖게 될는지도 모른다는 생각이 들어 나는 곤장을 법정에 가지고 들어오는 것에 동의했다. 그럼에도 불구하고 죄수들이 그러한 허풍에 속아 넘어가지 않는다면 판사들은 자신의 패배를 인정하고 내가 증언에 나서기로 약속했다.

법정의 관리들이 볼기를 칠 때 쓰는 형틀과 곤장을 가지고 들어오자 효과가 즉시 나타났다. 그들 모두 무언가를 기억할 때마다 다시 대답하겠다고 아

7) 소시(壯士 : そうし) : 일본의 저급 무사들로서 주로 청부 살인 등으로 생계를 유지했다.

우성이었다. 집행 도구들이 다른 곳으로 옮겨졌고 재판은 정돈된 방식으로 끝났다. 그러나 그 재판은 서구식 형태의 처음이자 마지막 재판이 되었다.

나는 제주도에서 두 명의 흥미로운 새 인물들을 알게 되었다. 기함 리도터블호의 제독인 포티어는 18세기에 발생한 해전의 주인공이 될 만한 사람이었다. 그는 바다의 늑대처럼 호령을 하면서도 빈틈없는 외교관이었으며 비바람에 시달린 피부를 가졌으면서도 평화스런 인물이었다. 그는 내가 그의 기함이 제주도 포격을 하지 못하도록 막고 조선에 의화단 운동과 같은 사태가 일어나지 않도록 했다는 이유로 내가 레종 도뇌르 훈장을 받도록 서훈을 신청했다.

포티어가 중국에서 오랜 외교관의 직책과 활동을 끝내고 지중해로 파견되었을 때 그의 기함은 낡은 프랑스 함대 가운데 가장 낡은 것으로 뽑혔다. 왜냐하면 그는 최신의 기계적인 전함의 불편함을 몹시 싫어했기 때문이다. 그의 기함은 파리의 아파트처럼 편안했다. 그가 달리기를 하던 기함의 뒷부분 전체는 그가 꽃을 가꾸던 유리로 된 전망대였을 뿐이다.

제독이 대사와 같은 이들을 식사에 초대하여 함께 점심이나 저녁 식사를 할 때 부인들은 어떠한 상황에서도 제독의 말을 반도 이해해서는 안 된다고 부하들로부터 경고를 받았다. 왜냐하면 그는 연설 가운데 그의 화려한 대화를 하다가도 머리카락이 쭈뼛 설 정도의 욕설들과 아주 불쾌한 병영 말투로 채운 이상한 농담을 했기 때문이다. 만약 부인이 그의 말을 이해하고 화를 낸다면 그것은 그 부인 스스로 그녀가 숙녀가 아니라는 것을 입증하는 것이었다. 왜냐하면 숙녀로서는 그의 말을 알아들을 수 없었기 때문이다.

소문에 따르면, 포티어 제독은 40년 동안이나 민간인 집사의 시중을 받았다고 한다. 그는 그 집사와 더불어 고대 프랑스나 이탈리아의 노예와 같은 관계로 살았다는 것이다. 늙은 시종은 그의 가장 사사로운 경험조차도 제독과 함께 해 왔고 제독의 소문에 대해서는 항상 신경을 썼다.

"제독님께서는 너무 과장해서 말씀하시는군요. 그게 그런 것이 아니고 실은……"

하고 하인이 갑자기 등 뒤에서 말을 가로막곤 했다. 이렇게 되면 제독이 욕설을 퍼붓고 식사 시중이 중단된 동안에 두 노인 사이의 격렬한 논쟁이 뒤따랐고 만약 손님들이 주인의 버릇을 알고 있다면 손님들은 그 장면을 즐기곤 했다. 늙은 신사는 한 점의 박물관 소장품이었다. 그는 적어도 1세기 전에 존재했어야 할 인물이었다. 왜냐하면 바로 그의 빈틈없고 타고난 지혜는 상업 제국보다는 영토를 확장하던 위대한 시기에 더 적합했기 때문이다.

포티어 제독은 클라이브[8]와 같은 부류의 인물이었다. 포티어의 참모 가운데 로티[9]로 더 잘 알려진 부함장 비뇨가 있었다. 그는 구두에 높은 굽을 댔고 옛날 미인처럼 꼭 끼는 코르셋을 착용했으며, 오늘날의 왈가닥 아가씨처럼 붉은 두 볼과 입술을 가졌다. 건장한 영국 출신의 기함 장교들이 일부러 꾸민 무뚝뚝함과 경멸의 분위기에서 그가 살 수 있다는 것은 믿을 수 없는 일이다.

장교들은 먼 바다의 선원들이 싫어하는 것과 똑같이 로티브 제독의 여성스러움을 싫어했다. 따라서 그들은 프랑스의 궁정 귀족만이 할 수 있는 것처럼 예의바른 인간 관계의 범위 내에서는 그들 자신의 감정을 솔직히 드러냈다.

그러나 포티어는 자신들의 동료들 가운데에서 친구로서 부적합하다고 분명히 여겨지는 사람에게는 그가 생활을 견딜 수 없도록 모욕을 주는 행위들을 일부러 했다. 그러나 영국 출신 장교들은 어느 정도 그의 시인과 같은 감

---

8) 클라이브(Robert Clive : 1725~1774) : 영국의 군인으로서 영령 인도 창설의 공로자임. 국회의원(1760~1774)을 지낸 뒤 벵골지구사령관(1764)에 임명된 뒤 동인도회사를 설립했으며, 그 뒤 아편에 중독되어 자살함.

9) 로티(Pierre Loti : 1850~1923) : 프랑스의 해군 장교. 주로 남지나해와 일본에서 활약했으며, 제1차 세계 대전에 참전하여 명성을 남겼다. 그의 애칭은 비뇨(Vignaud)가 아니라 비오(Viaud)였다.

정을 감상할 능력을 지니고 있었다. 아마도 그들은 턱수염과 음유 시인과 같은 풍모를 가진 그를 좋아했을 것이다. 제독은 예의를 갖추려고 고민하지도 않았다. 제독이 로티에 대하여 말하거나 그에 관해 말할 때는 꾸밈이 없었고 순수했다.

제 12 장 조선 사람의 신뢰성과 친절

조선을 여행하는 사람들은 의료 선교사들이 미국인을 난처하게 만드는 생각의 틀을 조선 사람에게 심어 놓았음을 알게 된다. 왜냐하면, 이 후진국에서 미국인들은 능력 있는 의사로 여겨지고 있기 때문이다. 아픈 사람이 도움을 요청하러 오면 도움이 될 수 있는 어떤 행동을 하지 않으면 안 되었다.

조선 사람들은 외국인을 부끄러워하고 의심하는 것으로 알려져 있다. 나는 조선 사람들이 소설 속의 아랍인처럼 믿을 만하고 친절하다는 사실을 항상 발견했다. 건강에 좋은 기후에도 불구하고 조선에는 질병이 많다. 장질부사와 발진티푸스는 풍토병이 되었으며 천연두는 너무 보편화되어 두려움을 느끼지 않는다.

접촉성 눈병은 선교사들로 하여금 본국에서 일생 동안 할 수 있는 것보다 더 많은 실습과 기술 습득의 기회를 주고 있다. 언제인가는 콜레라가 태풍처럼 중국으로부터 휩쓸고 지나갔다. 이와 같이 조선 사람들이 집단적으로 찾아와 도움을 요청할 때면 우리는 다른 일을 제쳐 두고 도와주었다.

어느 여름 나는 말을 타고 미국이 채굴권을 가지고 있는 금광 근처인 북방 지역을 여행했다. 비가 억수로 내리고 강물이 넘쳐 북행은 정말 험난했다. 평양 아래 부근에서 내가 가장 소중히 여기는 분이 작은 배에 타고 있다가 무섭게 흐르는 강물에 익사했다. 내가 강둑에서 그에게 할 말이 있어 부르니까 예의범절이 깍듯한 그가 일어나 내 말을 들으려다가 중심을 잃었다. 우리는 2주가 지난 뒤에야 20마일 떨어진 하류에서 그의 시체를 찾았다.

안전 요원으로 우리의 일행에 참가했던 한 젊은 청년도 안주에서 강으로 발을 들여놓다가 물에 휩쓸려 사라졌다. 우리는 여행 일정을 늦추면서 까지 그를 찾아보았지만 헛수고였다. 우리는 조그마한 배를 타고 강을 건너고 말들은 가죽 끈으로 매어 헤엄치게 하면서 강을 건너 넓은 모래사장에 내렸다. 이 모래사장에는 도시의 수문으로 향해 먼저 지나간 발자국들이 있었다.

나는 일행의 중간에서 큰말을 타고 갔으며 내 뒤에는 동료들과 짐을 실은 조선산 나귀의 행렬이 뒤따랐다. 내가 말안장에 앉아 있는데도 불구하고 갑자기 서 있는 것 같은 느낌이 드는 순간, 우리는 강을 건너올 때마다 주의해온 유사에 빠졌음을 알게 되었다. 이 지역을 잘 아는 사람들이었다면 걸어서 표면을 무너뜨리지 않고 재빨리 건널 수 있었을 것이다.

그렇지만 우리와 같은 많은 일행은 결국 지표면을 무너뜨렸으며 나의 큰 말이 그 속에 빠져들었다. 나는 뒤에 있는 행렬을 향하여 널리 흩어지라고 소리 지르면서 말의 머리 위를 기어올라 표면이 무너지지 않은 곳으로 뛰어 올라감으로써 가까스로 빠져 나왔다. 모래 표면이 마치 스케이트를 타는 연못 위의 얼음처럼 말의 무게에 눌려 무너졌다.

우리는 너무 의기소침하여 다음에 만난 강에서 캠프를 치고 강물이 빠지기를 기다렸다. 우리가 거기에서 머무는 동안 한 노파가 올라오더니 몹시 화상을 입은 자기 남편을 구해 달라고 간청했다. 이 노파가 홍수에도 불구 여기까지 온 것을 보면서 우리는 홍수가 두려워 헤쳐 나가지 못한 자신이 부끄러웠다. 나는 치료에 필요한 거즈, 석탄산, 바셀린 통을 들고 자신의 행운을 빌며 그곳을 떠나 그 할머니와 함께 갔다. 노인 부부의 오두막집 초가지붕에 불이 붙어 내려앉음으로써 그 노인은 목에서부터 허리에 걸쳐 피부가 부서질 정도로 화상을 입었다.

파리들이 상처에 앉아 알을 까놓았고 상처가 썩어 가는 듯이 보였다. 나는 참아 돌아 나올 수가 없어 칼을 면도날처럼 예리하게 만들어 깨끗한 살이 나올 때까지 모든 것을 도려내었는데 그 동안 환자는 엎드려 신음 소리도 없이 긴 담뱃대를 빨고 있었다. 나는 인체의 그 부분에 대정맥이 있는지 여부는 아직도 모르고 있으며 만약 있었다면 내가 그것을 보지 못했을 것이다.

나는 그를 석탄산의 강한 용액에 담근 뒤 바셀린을 상처에 두껍게 바르고 나서 마치 살인이라도 한 것처럼 느끼면서 캠프로 돌아왔다. 몇 주가 지난 뒤 내가 그 길로 다시 돌아올 때 이 두 늙은 빌레몬과 보시스[1]는 감사의 선물로 달걀과 닭을 가지고 왔다. 나의 환자들은 완전히 건강하게 완쾌되어 있었다. 모든 시골 사람들이 다 순진한 것만은 아니었다.

언제인가 나는 부아롱(Régis Voyron) 장군이 황제에게 바친 아라비아 엽기병의 말을 탄 적이 있었다. 이 말은 사냥개처럼 가슴만 있고 허리가 없었다. 내가 강을 건넌 뒤 등자도 없이 말에 올라타려는 순간 안장이 뒤집혀지면서 말이 갑자기 다음 마을을 향하여 달아났다. 이 때 말안장에서 떨어진 커피, 설탕, 윈체스터 탄약통이 죽 이어져 있었다. 나는 그 흔적을 따라 마을로 가서 그 말을 본 사람이 있느냐고 물었다. 동네 어른들은 이구동성으로 말했다.

"그것이 말이라구요? 호랑이거나 나는 용이지! 말이 아니오."

나의 말 메디우스는 너무 빨리 달렸기 때문에 거리 모퉁이에서도 방향을 바꾸지 않고 직진하여 창문을 뚫고 두 노인이 장기 두고 있는 조그마한 방으로 뛰어들었다. 말이 뛰어 들자 노인들은 말 뒤꿈치를 피하려고 몸을 움츠렸고 찻잔은 거의 산산조각이 나 말가죽에 붙어 있었다. 말은 안장과 총을 망가뜨렸고 구두 네 켤레를 날려 버렸다.

나는 말고삐를 잡고 돌아가려고 하면서 피해가 어느 정도인지를 물었다.

---

1) 빌레몬(Philemon)과 보시스(Boucis) : 그리스 신화에서 변장한 제우스신과 헤르메스를 잘 대접하였기에 그 보답을 받은 프리기아의 가난한 늙은 부부.

마포나루의 뱃사람들

그런데 제시된 피해액이 너무 의심스러울 정도로 많아 동네 이장에게 2주 뒤에 돌아오는 길에 알려 달라고 말했다. 내가 다시 그 마을을 지나가게 되었을 때 길거리에 쌓아 놓은 약 1야드 높이의 깨진 도자기와 주민들이 내놓은 1야드 길이의 청구서가 나를 기다리고 있었다. 그들은 그 변상금을 나누어 가질 작정이었다. 그 마을은 서울에 가까이 있었기 때문에 주민들은 노회한 편이었다.

나의 돌팔이와 같은 진료 행위는 훌륭한 치료라기보다는 운이 더 많이 따랐던 것이 확실하다. 이제 갓 결혼하여 아무런 경험도 없는 부인을 데리고 온 한 미국인이 업무 차 부인을 동반할 수 없는 곳으로 가야 했다. 그는 떠나면서 나에게 자기 부인을 가끔 찾아가 잘 있는지를 보살펴 달라고 부탁했다.

어느 날 나는 그들의 집을 찾아갔으나 하인 한 사람도 나오는 이가 없었으며 마치 아무도 없는 것 같았다. 내가 집안으로 들어가니 무서운 천연두 합병 증세를 보이면서 반의식 상태로 버려진 채 침대에 누워 있는 그 가련한 여인을 발견했다. 석탄산과 바셀린이 내가 알고 있는 유일한 약이었으나 이 의사가 오기 에 앞서 그 약효로 완치되었다.

그 부인이 자신의 얼굴에 어떤 일이 생겼는지 알려고 거울을 찾는 최악의 순간이 왔을 때 나는 거울을 주기가 두려웠다. 그러나 나는 잘못 생각했다는 것을 알게 되었다. 그 부인은 얼굴의 흔적을 영웅처럼 생각했기 때문이었다. 나의 하인들은 이런 경우에 항상 나를 놀래게 했다. 그들은 내가 가려는 곳은 조금도 주저하지 않고 따라나섰으며 내가 남아 있으라고 말해도 결코 남아 있지 않았으며 심지어 접촉성 전염병이 만연하는 곳에도 함께 갔다.

필리핀을 강타하고 중국 해안으로 삽시간에 퍼진 콜레라가 아무 예고 없이 우리에게도 나타났다. 어느 날 아침 서울에 있는 감옥의 한 감방에서 40명이 집단으로 사망했다. 이 감방은 12인실로 지어진 것인데 48명이 빽빽하게 수용되어 있었다. 감옥은 하수도 위에 건축되어 있었으며 하수가 감옥으로 흘러 들어갔다.

이 물에 부인들이 음식 거리를 씻고 옷을 빨고 쓰레기를 버렸다. 방에는 시골사람들이 와서 시장 터에 널려 있는 쓰레기를 수거하여 사람들이 거리에서 먹는 오이와 참외를 재배하는 데 사용했다. 전염병이 감옥에서 시내로 전파되는 것은 의심할 나위도 없었다. 일본의 키타자토 시바사브로[2] 박사가 콜레라 혈청을 발명했다고 얼마 전에 보도되었으나 그것은 전적으로 실험실에서의 성공일 뿐 일반화되어 있지 못했다.

우리는 일본 회사를 통해 급히 제조된 이 약 몇 천 병을 얻었다. 이 약을 정원의 살수기만큼 큰 기구에 담아 조금씩 양을 조절하여 사용해야만 했다. 내가 만약 먼저 내 몸에 사용하지 않으면 어느 누구도 이 약을 투약하지 않을 것이므로 내가 이를 감수하고 먼저 시도했다가 몸이 망가졌다. 나는 여

---

2) 키타자토 시바사브로(北里柴三郎 : 1852~1931) : 일본의 세균학자. 구마모토 출신. 도쿄제국대학을 졸업하고 독일에 유학하여 코흐에게서 세균학을 배움. 1890년에 파상풍면역혈청을 발명하고, 귀국(1891)한 뒤에는 일본전염병연구소 소장을 지냄. 남작.

러 주 동안 열로 시달렸고 말을 타고 앉아 있을 수 없을 만큼 몸이 몹시 아팠으며 다리를 절름거려 말을 탈 수도 없었다.

어느 누구도 감옥에 가까이 가려 하지 않았기 때문에 내가 석탄산으로 감방을 소독하고 모든 의복과 이불을 태우고 8명의 생존자의 몸을 문지르면서 목욕시켰다. 황산이 콜레라균을 죽인다는 것과 그 약품의 충분한 공급이 가능하다는 사실을 어떤 사람이 나에게 말해 줌에 따라 나는 설탕으로 달게 만든 약한 황산 용액을 일종의 레몬수처럼 만들어 죄수들에게 먹였다. 이 약으로 감방에서 더 이상의 사망자는 나오지 않았다.

우리는 같은 방법으로 감옥을 깨끗이 하자 전염병이 거기에서 사라졌다. 나는 전염병이 하수를 통해 퍼진다는 점과 먼저 도시의 특정 지역에 고립된 상태로 나타났다가 전 지역으로 퍼져 나간다는 사실을 확신하게 되었다. 내가 이 첫 번째의 전염병 퇴치 사례에서 성공하자 나에게 질병에 대한 전문지식도 없고 약값과 몇몇 의사들에게 보수도 주어야 할 자금이 없었는데도 불구하고 황제는 나를 전염병 담당 책임자로 임명했다.

우리는 그 죽음의 감방에 있었던 죄수 가운데 하나가 중국에서 평양을 거쳐 왔다는 사실을 알고 평양에 있는 미국 선교사들을 황제의 고문단으로 조직했다. 서울의 경우, 조선 사람이든 외국인이든 누구도 법규에 대해서는 관심이 별로 없었으므로 일이 더욱 어려웠다.

외국 거류민단 가운데 지난날에 영국 경찰국에 근무한 바 있었고 인도에서 여러 해 동안 경찰 복무를 수행해 온 스트리플링[3] 노인만이 콜레라를 겪어 본 적이 있었다. 그는 서울 경찰대를 훈련시키도록 되어 있었으나 이런 관리들이 대부분 그런 것처럼 실제로 무엇을 하도록 의뢰 받은 일도 없고

---

3) 스트리플링(A. B. Stripling : ?~?) : 1883년 봄에 묄렌도르프가 조선에 올 때 수행했던 해관 사무원. 1885년 9월에 묄렌도르프를 이어 인천해관의 총세무사가 되었으며, 1897년부터는 경무청 고문으로 활약함.

허락을 받지도 못했다. 그는 나에게 인도에서 사용되는 환약에 관하여 말해 주었는데 이 약은 아편과 내가 이름을 기억 못하는 다른 성분으로 만들어져 있었다.

콜레라 초기 증세에 첫 알을 먹이고 3시간 뒤에 두 번째로 한 알을 먹이고 그 다음 2시간 뒤에 세 번째 한 알을 먹이면 환자는 회복되든지 아니면 죽든지 하는 약이었다. 프랑스의 한 노신부는 나에게 입안에 니코틴 용액을 넣고 있으면 콜레라균에 감염될 가능성이 없다는 사실을 말해 주었는데 이는 콜레라균이 입을 통해서만 들어오는 관계로 니코틴이 황산처럼 콜레라균에 치명적인 영향을 주기 때문이라는 것이었다. 이 놀라운 의학적 처방으로 우리는 이 무서운 전염병과 싸웠다.

나는 감옥을 깨끗이 하고 하수도에 석회를 뿌리는 것이 좋은지의 여부도 모른 채 단지 좋을 것이라는 바람에서 석회를 뿌렸다. 그리고 나는 편지 배달부나 경찰과 같이 대중들과 접촉하는 사람들에게 남은 기타사토 혈청을 투여했다. 일본의 초급 의학교를 졸업한 일본 공사관의 의사가 제자들과 함께 긴급 구조대를 구성하여 1배럴의 아편 환약을 투약했다.

콜레라가 발생한 지역은 어느 곳이든 감염되지 않은 우리가 갈 수 있는 데까지 가서 집을 청소했으며 그곳 주민들이 가난하고 도움 받을 곳이 없는 경우에는 그들을 우리의 세 개의 캠프 가운데 한 곳으로 격리시켰다. 부유층은 움직이려 하지도 않았고 우리를 받아들이지도 않았다. 나는 집결 캠프에 몰려 있는 이 불쌍한 환자들에게 황산 레몬수를 먹였다.

시간이 경과하면서 콜레라는 약화되었다가 다시 확산되었으며 몇 천 명의 목숨을 앗아간 뒤에는 처음에 나타날 때처럼 순식간에 사라졌다. 콜레라는 지켜보는 것조차도 지겨운 질병이다. 고통이 보통의 통증보다 더 심한 것이 분명했다. 나는 환자와 사망자들이 너무 안타까워 그들과 많은 시간을 보냈다. 나는 아무 도움이 못 된다는 것을 알면서도 그들을 돕는다는 모습을 계속해서 보여주었다.

그들은 내가 감동 받을 만큼 성실했으며, 그들이 옮겨온 캠프에서 조금도 말썽을 일으키지도 않았으며, 이 캠프에서 저 캠프로 오가면서 환자들을 돌보는 데 모든 시간을 쏟고 있는 프랑스 노신부를 맞아들이는 것과 꼭 같이 항상 나를 환영했다. 이 노신부는 니코틴에 대해서 나에게 말해 준 그 분이었다. 그 뒤에 나는 함부르크에서 콜레라가 나도는 동안 독일 의사의 관찰에 의해 니코틴의 효과가 확인되었다는 것을 어느 의학 잡지에서 보았다.

많은 선교사들이 기독교인의 흡연을 없애려고 노력하고 있는데도 불구하고 노 신부는 환자들에게 담배 씹는 법을 가르쳤다. 그는 치료 행위를 하지 않았으나 그들의 곁에 앉아서 대화를 나누거나 죽어 가는 환자를 자기의 팔에 안고 가족들을 위안해 주었다. 그런데도 그는 놀라운 영향력을 지녔다.

어느 날 저녁 나는 검역을 끝내고 돌아오는 길에 묘지가 늘어서 있는 언덕으로부터 여인의 흐느끼는 소리를 들었다. 짚 가마니의 덮게 밑에 콜레라로 죽은 남편이 누워 있었다. 그는 우리 발 앞으로 와서 자기 남편을 치료해 달라고 사정했다.

"그러나 그는 며칠 전에 죽었어요."

내가 대답했다.

"맞습니다. 선생님! 일주일 이상이 되었습니다. 그러나 그때에는 미국인이 없었지만 지금은 당신이 오셨으니 내 남편을 나에게 돌아오게 할 수 있을 것입니다."

이것은 정말로 견디기 어려운 순간이었다. 왜냐하면, 그 남편에 대해서 해야 할 일은 장사를 지내고 우는 것뿐인데도 불구하고 여인은 자기 남편이 치료될 수 없는 상태라는 사실을 믿지 않으려 했기 때문이었다.

언제나 그러했듯이 다루기 힘든 사람은 외국인이었다. 가장 민감한 부분은 다른 국적의 소유자에 대한 시기심이었으며 협력을 기대할 수 없었다. 평양에는 미국인 거주지가 있었고 나는 미국인이었던 관계로 평양에서 활동했다. 나는 서울에 전염병을 치료하는 보건소를 세우려 했지만 다른 국적을 지닌 사람들이 제기한 의견을 따를 수 없어서 수포로 돌아갔다.

나는 일일 뉴스 회보를 통해 나의 환자들이 집결한 캠프의 소재지와 치료 상황을 외교관들에게 알려주면서 캠프가 완전히 격리될 수 있도록 해 달라고 협조를 청했다. 이 외교관들이 전체 이익을 위해 하려는 나의 일을 지원하는 한 마디의 말이라도 황제에게 해주었다면 그것은 가장 커다란 덕행의 가치가 있는 말이 되었을 것이며 사업을 추진하는 데 충분한 기금을 마련까지도 할 수 있었을 것이다.

그러나 나의 간청에 즉각적인 회답을 보낸 사람은 러시아 영사였다. 그는 내가 보낸 회담용 뉴스 회보의 아랫부분에 어느 누구도 자기가 가는 곳을 가지 못하도록 막을 권리가 없다고 적었다. 그리고 그는 실제로 감시 초소를 밀고 들어가 차례차례로 각 캠프를 돌아 다녔다. 러시아와 일본 사이에 갈등이 증대되어 가고 있었다.

그렇기 때문에 어느 한편보다 다른 편을 편애한다는 이상을 주지 않도록 양국에 대해서 똑같은 비중을 두도록 행동해야만 하는 상황이 아니었더라면, 나는 분명히 그를 체포하고 이 문제를 러시아 공사에게 따졌을 것이다. 조선 사람들은 일본인의 임의적인 행위에 대하여 문제점을 제기하기를 항상 두려워했기 때문에 나는 균형을 지키고자 러시아인으로 말미암아 야기되는 많은 문제점들을 참았다.

콜레라보다 더 지독한 질병은 일본인들이 폐병이라고 부르는 것으로서 종종 만주 사람들이 이로 말미암아 많이 죽었으며 이따금 국경 지대를 휩쓸고 갔다. 다행하게도 서울과 같이 먼 남쪽까지는 이 병이 전염되지 않았다. 이 병은 폐를 급속히 파괴시키는 것 같았으며 병이 빨리 퍼지므로 우리를 더욱 두렵게 했다. 이 병 이외의 모든 것들은 생활의 부분이 되어 있어 사람들은 이런 것들에 익숙해 있었다.

그들은 콜레라까지도 두려워하지 않았다. 우리는 병이 옮겨진 구역으로부터 집으로 돌아오면 옷을 모두 벗어 강력한 소독제에 집어넣고, 그 물에 목욕을 한 뒤 집으로 들어갔으며 집안의 음식에 파리가 앉지 못하도록 조심스럽게 보관했다. 사전에 예방하는 것만이 최선이었다. 단지 만주의 전염병에 대해서만은 어떻게 주의해야 하는지 몰랐으며 따라서 겨울에 북쪽 지방에 가야 하는 사람들은 마음이 편치 않았다.

육체적 도움에서든지 또는 다른 고통에 대한 도움에서든지 순박한 국민으로부터 신뢰를 얻는 것이 궁정의 음모를 견딜 수 있게 해준 힘이었다. 나는 조선어로 유창하게 그들과 대화할 만큼 배우지 못했으나 나의 요구 사항을 그들로 하여금 알게 하고 그들의 말을 이해하지 않으면 안 되었다.

나는 지도자에 대한 조선 국민들의 엄격한 감시와 국민들에 대한 관대하며 일관되고 정직한 통치가 지도자들에 의해 이루어졌더라면 조선 사람들은 훌륭한 민족이 육성되었을 것이라고 지금도 확신하고 있다. 중국이나 일본에서 여행할 때의 위험한 느낌이 조선에는 없었다. 너무 심하게 몰아세우면 사악할 수 있지만 나는 중국에서처럼 항상 뒤에 숨어 있다가 까닭 없이 급습해 오는 공격을 조선에서 받아 본 경험이 없다. 이러한 공격은 심지어 일본에서도 보편화되어 있었다.

나는 어느 마을을 여행한 적이 있는데 이 마을은 나에게 적대감을 보여주었던 유일한 마을로 기억하고 있다. 그들이 나에게 적대적이었다고는 하지만 그것은 나의 육식과 말먹이를 거절하는 정도였다. 나는 양식이 없이도 지낼 수 있었으며 다행스럽게도 나의 아랍 말 가운데 한 마리는 무엇이든지 먹었다. 나는 지난 추수 때 긁어모은 많은 콩깍지를 부드러워질 때까지 삶아 말의 양식으로 삼았기 때문에 말은 건강하고 유쾌하게 걸어갔다.

때때로 조선의 관리를 데리고 지방에 내려갈 때면 마을 사람들이 미심쩍어 한다는 사실을 나는 알았는데 그 이유는 이 관리들이 돈을 지불하지도 않고 필요한 것들을 가져가기 때문이었다. 이러한 느낌이 들 때면 나는 미리 돈을 지불했다. 그들이 가끔 돈 받기를 거절한다는 것을 알고 난 뒤에는 서울에 올라와 그 댓가로 선물을 보내지 않으면 안 되곤 했다.

조선의 양반 댁은 항상 친절했다. 높은 신분의 여행자들은 이러한 곳에서 묵었다. 다른 신분의 사람들을 위해서 별도로 두 채의 집이 준비되어 있었다. 두 건물 가운데 한쪽은 낮은 신분의 여행자가 투숙했고, 다른 한쪽은 가난한 사람이 묵고 먹었으며 다음 여행에 필요한 음식과 신발, 그리고 다음 목적지까지 가는 데 필요한 약간의 노자를 받기도 했다. 절에서 묵을 경우에는 답례로 시주를 하는 것이 통례라 할지라도 손님이 묵기를 바라는 동안 음식과 숙박이 무료였다.

하루의 여행 거리는 100리였다. 10리는 노인과 어린아이의 걸음걸이로 1시간 거리로서 약 3.3마일이다. 나귀는 사람들이 타고 가는 것이 아니었기 때문에 걷는 것보다 빠르지 않았다. 나귀는 걸어가는 구종에 끌려가며 단지 걸음을 덜고자 안장에 앉을 뿐이었다. 주막은 피하여야만 했다. 이곳은 거지나 문둥이, 마부들이 묶는 곳이다.

사람들은 한 방안에서 따뜻한 바닥에 엉켜 누워 잤으며, 바깥의 벽이 없는 헛간에는 나귀들이 하나의 큰 구유를 따라 묶인 채 음식 찌꺼기를 먹으려고 밤새껏 울며 싸웠다. 이 말들은 글자 그대로 매달려 있었다. 넓은 끈으로 매달아 놓음으로써 뒷발 치기로 상처받는 것을 막았다. 말을 길들이고, 훈련시키는 일은 어느 누구도 하지 않는 것 같았다. 호랑이 때문에 마구간이 숙소 가까이 놓여 있는데도 불구하고 사람들은 잠을 잘 잘 만큼 정말 피곤해 있었다.

외국산 말을 타고 하는 여행은 더 자유스러웠다. 정확히 100리마다 떨어진 곳에 숙소가 있었지만 그곳에서 꼭 잠을 자지는 않았다. 한여름에는 아침 3시가 천막을 걷는 시간이었으며 운이 좋으면 4시에 출발했으나 통상 5시에 하루의 여행이 시작되었다. 11시부터 2시간 동안 휴식을 취한 뒤 오후에는 오전보다는 더 짧게 여행했다.

어두워지면 모든 사람은 잠을 자는데 숙소가 깨끗하면 깨끗할수록 충분한 수면을 취했다. 밤새껏 해충 때문에 제대로 잠을 못 잤음에도 불구하고 이른 아침에 말을 탄다는 것은 상쾌한 일이었다. 어둑어둑한 새벽에 야생 거위가 논가를 이리저리 걸어 다니다가 거의 말의 발 아래로 오기도 했으며 첫 햇살이 비치고 있는 계곡에 꿩이 닭처럼 앉아 있었으며 노루는 두려움 없이 길가에서 우리를 지켜보고 있었다.

아침에 깊지 않은 계곡에 옅은 안개가 들판을 덮고 있는 가운데 태양이 언덕 위로 막 솟아오르고 따오기가 날아가는데 온통 분홍색을 띄고 있었다. 따오기는 두 무리로 나누어 절반이 산뜻한 공중에서 원을 그리며 올라가며 퍼져 나갔다가 갑자기 하강하고 있는 동안, 다른 절반은 원을 그리며 앞의 무리와 같은 높이로 오르면서 앞 원형의 기러기 속을 통과하여 퍼져 나갔다가는 차례로 하강했다. 이때 앞의 따오기 떼는 다시 뒤의 따오기 떼 속을 통과하며 날아올랐다. 따오기들은 모두 재잘대며 대화를 나누고 있었다.

길을 따라 조그마한 냇물이 흐르고 있었는데 이 냇물은 천연의 거품을 일으키며 흘러가 자갈과 바위와 바닥을 모두 붉게 만들었다. 널따란 두 개의 화강암이 안개 속에 서 있고 세 번째 돌이 마치 옛날에 제물을 바치던 곳처럼 그 위에 얹혀 있었다. 언덕 기슭으로부터 멀리 떨어진 곳에 망루가 있는 큰 성이 있는데, 사람들의 말에 따르면 이곳에는 지금 가난한 마을과 약간의 들판만이 있지만 과거에는 왕궁이 있는 도성이었다고 한다. 성벽 위로 큰 밤나무들이 마치 크리미아 지역의 타타르 마을을 덮고 있는 나무처럼 널리 분포되어 있었다.

그날 밤 우리는 우리와 동행한 관리의 젊은 친구 집에 투숙했다. 이 집은 큰길에서 떨어져 있었으며 그 집주인은 이 날 결혼했다. 신랑은 우리가 온다는 소식을 듣고 자기가 거주할 신방을 우리가 처음으로 이용하도록 해주었으며 자신은 우리가 머물러 있는 동안 자기 부친의 집에서 지냈다. 우리가 집에 들어갔을 때 마당과 바깥채에는 동네 마실꾼들로 가득 차 있었다.

어떤 사람은 아픈 곳을 치료해 달라고 요구했고 더러는 외국 사람을 보고자 했으며, 우리가 입은 옷을 만져 보고 우리가 가지고 있는 이상한 물건들을 살펴보는 사람도 있었고 외국인의 투박한 목소리를 듣고자 했다. 주민들은 우리와 동행한 관리가 입은 제복이 한복이 아니었기 때문에 그도 역시 외국인으로 착각했다.

더러는 그 장교가 외국인이라고 너무나 확신하여 그 관리의 이야기를 이해하지 못하기까지 했으며 외국말을 하는 것으로 생각했다. 그리하여 그가 영어가 아닌 조선어로 그들에게 정확히 말하고 있는데도 불구하고 그들은 그의 조선말이 영어와 유사하다고 토를 달면서 이렇게 말했다.

"그의 말인즉 마치 우리들이 나가 이 등치 큰 사람을 조용히 내버려 둘 것을 요구하고 있는 것같이 들린다."

이 말은 그 장교가 영어가 아닌 조선어로 한 말 그대로였다. 우리들은 신랑의 부친이 보낸 심부름꾼의 덕분에 주민들로부터 해방되었다. 신랑의 부친은 기생과 사당패들을 준비해 놓았으니 자기 집으로 와 달라는 것이었다. 복음서에 묘사되어 있는 것과 같이 전 세계에 걸쳐 존재하는 풍습이 다 그렇듯이 결혼식에도 가지 않았던 동네 사람들이 우리 뒤를 따라 왔으며, 신랑과 그의 부친은 지방에서 정중한 예의를 차렸다. 우리는 반질반질한 마루 위에 놓은 넓은 방석 위에 등받이를 대고 앉아 각자 앞에 있는 조그마한 밥상 위에 수북하게 차린 음식상을 받았다.

그리피스[4]와 로웰[5]이 조선에 이와 같은 연극은 이 세상 어디에도 없다고 단언한 사실을 나는 항상 놀랍게 생각하고 있었다. 그날 밤 그 연극은 아주 재미있었고, 너무 좋아 나는 이 연극을 영구적인 행사로 만들어 토착 드라마로 자연스럽게 발전시키기 위해 그들을 서울로 데리고 와서 극장에서 상

---

4) 그리피스(William E. Griffis : 1843~1928)가 도쿄제국대학 물리 · 화학 교수로 있으면서 국사를 연구하여 『은자의 나라 한국』(1882)을 저술한 데에서 비롯되었다.

5) 로웰(P. Lowell : 1855~1910) : 미국의 천문학자. 동방 여행을 즐겼으며, 일본에 체류하는 동안(1877~1893) 자료를 수집하여 『고요한 아침의 나라 조선』(1885)과 『극동의 혼』(1888)을 저술함.

연했다. 마당에는 통상적인 곡예사와 춤추는 어른과 소년이 있었다. 어른은 연극 의상을 입은 소년을 어깨 위에 서 있게 한 채로 춤을 추는 연기를 했다.

이들 가운데 더러는 음담패설로서 하층민의 즐거움을 위한 것들이 있었지만 조선에서는 언제나 양반 앞에서 정도가 너무 지나치게 되는 것을 거의 허락지 않았다. 연기하는 어른들은 양반들이 불쾌한 표정을 짓는가를 조심스럽게 살폈다. 그들은 표현할 수 있는 데까지 나가다가 양반의 표정이 조금이라도 바뀌면 장면을 다른 것으로 바꾸었다.

집안에서는 기생이 꽃을 들고 고전 춤을 추거나 시간의 안개 속에 망각된 옛 전설 가운데 어느 위대한 인물을 암살하려는 이야기를 표현한 칼춤을 추었다. 공공연히 그 거물을 감히 공격할 수 없는 한 적이 잔치를 베풀어 칼춤 솜씨를 보여주고자 유명한 칼춤 꾼을 매수했는데 그 의도는 실제로 칼을 가지고 춤을 추다가 잘못하여 사고를 일으킨 것처럼 하여 그 주인공을 죽이려는 것이었다.

잔치에 참여한 그 손님의 부하가 음모를 눈치 챘지만 잔치를 마련한 주인과 같은 거물에게는 감히 접근할 수 없는 그는 칼을 들고 그 춤에 참가하여 훌륭하고도 우아한 칼솜씨로 자기의 주인과 자객 사이를 몸으로 막았다. 손님과 주인은 무엇이 일어나고 있는지를 알고 있지만 조선 사람들답게 이들은 연극을 가장하여 치열하게 대결하고 있는 자객과 부하의 기술에 감탄하며 넋을 잃고 있다.

이 칼춤의 대결에서 실제의 저의가 노출되어서는 안 된다. 왜냐하면 양쪽 두목들이 거물인 만큼 설령 실제로 살인이 벌어질지라도 예의에 조금도 위반되어서는 안 되기 때문이다. 물론 암살자는 지쳐 버리고 손님은 구출된다. 조선의 이야기들은 항상 정의의 승리로 결론이 나는데 그것은 덕이 항상 보상을 받기 때문이다.

그 다음에는 『춘향전』의 아름다운 소극이 열렸다. 나는 한성전기회사가 개관한 첫 조선 극장의 주요 인기 공연물로 이 연극을 서울에서 공연했다.

이 이야기는 절개 있는 처녀와 젊은 과거 시험을 준비하는 도령 사이의 사랑 이야기이다. 이들은 결혼 서약 반지를 둘로 쪼개서 나누어 갖고 오랫동안 헤어져 있어야 했다.

드디어 과거에 급제한 청년은 암행어사라는 높은 지위에 올라갔으나 춘향이라는 그 시골 처녀에 대한 사랑을 잊지 않고 있었다. 그러는 동안에 도령을 잊지 못한 춘향도 고통을 겪고 있었다. 한 사악한 사또가 그 처녀에게 노예가 되든지 그렇지 않으면 수청을 들든지 선택하라고 강요했다.

그 아슬아슬한 때에 암행어사가 변장하고 나타나 왕의 마패를 제시함으로써 사또를 투옥시키고 사또 자리에 대신 앉았다. 그 암행어사는 춘향에게 전임 사또와 마찬가지의 요구를 했으나 그는 변장한 약혼녀를 알아보지 못하고 죽음을 당하리라고 말했다. 도령은 둘로 나눠진 반쪽 반지를 춘향이 갇혀 있는 감방에 보냈다.

내용은 무대 위의 변사가 얘기를 늘어놓으면 배우들은 음악이 수반된 무언극의 형태로 그 내용을 표현한다. 이 이야기는 실제로 아름다운 소극이었으며 결코 떠돌이 연극패들의 유일한 레퍼토리와는 거리가 멀었다. 이들은 전통적인 무대에서 공연할 소재들을 많이 가지고 있었다.

이 극들은 모두가 착한 사람이 이기는 것으로 끝을 내고 있다. 그럼에도 불구하고 이 극들을 공연할 장소를 서울에 마련하려고 노력했을 때 서울에 거주하는 보수적인 노인들과 몇몇 선교사들로부터 떠돌이 연극패들과 같은 타락한 불량배들을 감싼다고 강력한 반발을 받았다. 그들의 말은 맞는 말이었다.

조선의 연극패들은 동방 지역의 여타 국가들보다 신분이 더 낮았으며 심지어 기생들이 대감 집에나 궁중에의 출입이 허가되어 있다 할지라도 일본의 게이샤만큼의 대우도 받지 못했다. 기생들은 얼굴이 곱지도 않았다. 나는 조선 여인의 어떤 계급에서도 미모의 여자를 본 적이 없었다.

일본의 게이샤들은 지성과 미모에 따라 뽑히며 무녀로 뿐만 아니라 일반 사회에서 숙녀로서의 지위를 누리도록 주의 깊게 훈련받았다. 일본의 게이샤들은 시집을 갈 수도 있고 또 훌륭한 남편을 만나기도 했다. 그러나 조선의 기생은 항상 하층민에 속했으며 지체 높은 사람과 결혼할 수도 없었고 상층 사람들로부터 겉으로는 정중하게 대우받고 있을지라도 절반은 경멸조로 취급받았다.

유명한 게이샤의 사랑 문제는 일본의 로맨틱한 고전 작품의 중심 소재였다. 높은 지위에 있는 조선 사람들은 어느 누구도 기생과의 사랑을 생각조차 할 수 없었다. 일본 게이샤의 현저한 특징은 그들의 신중함에 있었다. 일본의 정치인이나 사업가가 게이샤들 앞에서 자유롭게 문제들을 논의하는 것은 극히 자연스러운 일이었다.

나는 일본 게이샤들이 앉아 있는 곳에서 국가 정책이 진지하게 논의되는 것을 보았는데 이때 기생들은 대화에 끼어들지 않고 파이프나 담배, 또는 차와 술들을 준비했다. 많은 사람들이 기꺼이 돈을 지불하면서까지 알고자 하는 일들을 정치인들이 해결하는 동안 게이샤들은 자그마한 일이라도 편안하게 해주려고 노력했다. 일본에서 기생 앞에서의 논의는 마치 영국에서 정부와 당의 관심사가 시골집에서 주말에 다루어지는 것처럼 자유스러웠다.

나는 조선의 문제들을 공개적이고 큰소리로 논의하면서 결혼 피로연과 같은 경우를 항상 이용함으로써 하객들이나 기생이나 하인들이 모두 들을 수 있고 그 내용들이 안방의 부녀자들과 마당에 있는 군중들과 동네 사람들 그리고 떠돌이 연극패의 가십에 의해 전파될 수 있었다. 사람들은 세월의 무게에 눌려 숙명론자가 되었다.

"팔자인 걸 어떻게 해요"

이 푸념은 극동에서 보편적으로 쓰이는 말인데 이것은 무어인[6]의 지배를

6) 무어인(Moors) : 아프리카의 서북부에 사는 모로코의 회교도를 의미함.

받았던 스페인이,

"그럴 수밖에 없어요."

라고 생각하고 있는 것과 유사하다. 나는 그에 대한 처방이 있다고 항상 주장했으며, 그럴 때면 조선 사람들은 어느 누구도 나를 해칠 수 없으니 나의 위치는 매우 다르다고 대답했다. 그 뒤의 사태를 보면 그들의 말이 전적으로 옳다는 것이 증명되었다. 일본과 소련이라는 아래위의 맷돌 사이에 놓인 조선의 상황을 위해 투쟁할 만한 여력이 그들에게는 티끌만큼도 없었다.

나는 우리들이 사용하지도 않았고 더럽혀지지도 않은 그 신혼부부의 신방을 사용하지 않았던 것을 항상 아쉬워했다. 왜냐하면 조선 사람과 러시아인들이 밤새껏 앉아 논의하는 것처럼 우리도 앉아 있다가 다음날 밤의 목적지를 향해 밝아 오는 달을 배경으로 출발했기 때문이었다.

이때 풍악대와 동네 사람들이 동네 끝까지 따라왔으며 각기 군중 속을 헤집고 나와 다정한 말로 작별 인사를 하거나 여행을 위한 기원의 말을 해주었다. 우리의 말들은 충분히 먹어 활기찼으며, 나의 하인들은 잔치의 접대를 받고 다소 문란했지만 즐겁고 수다스러웠다. 나의 일행은 강철 같은 사나이였는데 그는 팔에 형제를 끌어안고 리큐르[7]를 술잔에 물도 타지 않은 채 마신 적이 있었다.

우리들을 따르는 풍악대와 소리치는 동네 사람들은 우리에게 과부 결혼식[보쌈]의 면모를 보여 주었다. 조선의 동네 과부는 그를 업어가는 사람이 임자이다. 가끔 그는 마을 사이에 벌어지는 놀이의 중심인물이 되었는데 이는 그 과부 자신을 위한 것이 아니라 재미를 위한 것이다.

길 위 편 멀리 떨어져 있는 한 마을에 과부가 있다는 소식을 들은 거리의 젊은 불량배들은 풍악패들과 함께 출발하여 그를 데려가려고 싸움을 건다.

---

7) 리큐르(liqueur) : 감미나 향료를 첨가한 독주.

그 과부가 살고 있는 지역의 주민은 그 과부가 치울 수 있다는 것이 매우 기쁜 일이었으나 마을의 명예 때문에 싸움에 응대한다. 이 싸움은 소리치며 웃어대면서 이루어지는 모의 전쟁과 같았다.

때때로 양측 사이의 치열한 투석전이 벌어지면 이 싸움은 전투로 발전되며 이 과정에서 과부의 가재도구는 마치 아르헨티나의 카우보이 게임에서의 오리처럼 거칠게 취급된다. 만약 침입자 가운데 한 사람이 그를 움켜잡고 여남은 명의 용감한 그의 보호자들도 그에 대하여 똑같이 그 과부를 잡고 늘어지면 양측에 곤봉 세례가 빗발치듯이 쏟아지는 싸움이 일어나는데 이 때 그의 운명이 불행하다는 것이야 더 말할 나위도 없다.

침입이 순전히 형식적이고 마음에 맞는 동료들 사이에 공격과 방어에 대하여 사전에 타협이 이루어지게 되면 과부는 짐짓 화난 표정을 지으며 소리치는 청년들 속에서 말을 타고 마을을 빠져 나온다. 이 때 그의 보호자들이 군중을 헤치고 그의 뒤를 따라가면서 웃고 작별 인사를 하는 동안 침입자의 풍악대는 피리를 불고 승리의 나팔을 불어댄다.

우리의 새 친구들의 마지막 일행은 동네 끝의 작은 숲속의 우물가에서 헤어졌다. 이 우물은 동네 여인들이 아침저녁으로 와서 물을 긷고 수다를 떠는 곳이자, 때때로 머리에 큰 물동이를 얹고 꼬불꼬불한 길을 따라가는 여인들의 행렬의 맨 마지막 사람을 잡아먹으려고 호랑이가 숨어 있는 곳이기도 하다.

우리 일행이 길을 가면서 부르는 노랫소리가 새벽과는 어울리지 않게 사라져 갔으며 우리가 조용한 아침의 대지를 뚫고 나아갈 때 잠에서 깬 야생동물들이 두려움 없이 호기심에 찬 눈길로 우리를 지켜보고 있었다.

제 13 장 이권 외교

조선이 독립 국가로서의 지위를 잃어버린 이유는 일본과 러시아 사이에 벌어진 경쟁 때문이었다. 이 문제가 전쟁을 통해 해결되는 것을 막으려는 어떤 협조도 이루어지지 않은 이유는 이권 외교의 체계 때문이었다. 유럽 국가들은 그때까지도 18세기의 영토적 제국 건설에 영향을 받고 있었으며 영토를 장악하지 못한 곳에서는 적어도 이권만이라도 독점해야만 했다.

만약 그러한 독점권의 확보가 불가능할 때면 어떤 형태로든 특별한 이권을 통해서 후진국의 영토에 이해 관계를 조성해 둘 필요가 있었다. 조선과 중국에서 관행이 된 이권 체계는 지난날에 창안된 어떤 형태만큼이나 해로운 외교 형태였다. 왜냐하면 이것은 진정한 사업 관계를 이루지 못하도록 방해하고 모든 관계에서 부자연스러운 시기와 적대감을 조성했기 때문이었다.

이권 체계는 당초에서부터 공식적인 것이었다. 왜냐하면 매우 예외적인 것을 빼놓고는 시종일관 이권 관계가 맺어진 배후에 공사관이 개입되어 있기 때문이었다. 이권은 양도 국가가 이를 요구하는 외교관의 정부에게 사업상의 특혜를 부여하는 효과를 가지고 있었다. 어느 한 국가에게 양수인으로서의 자격을 갖게 하여 본질적인 이익을 수반하는 사업상의 특혜를 인정해 줌으로써 나타나는 즉각적인 결과는 그 지역에 주재하고 있는 다른 국가 대표들에게 경쟁심과 질시를 자극시킨다는 점이다.

각국 대표들은 그가 주재하고 있는 정부로부터 이로운 특권을 억지로라도 얻어내는 데 성공해야 하며 만약 이에 실패하면 조국의 지위를 땅에 떨어뜨리게 된다. 자기 동료 가운데 운이 좋았거나 더 능력 있었던 사람만큼 기민하고 능숙하지 못하면 본국에서 유능한 외교관으로서 평가받기가 어려워진다. 이로 말미암은 더 큰 결과는 외국인에게 독점적인 이익을 주도록 양도한 국가의 천연 자원이 끝없이 흘러 나가게 된다는 점이다.

이러한 거래는 어떤 형태로든 뇌물이 없이 거의 이루어지지 않기 때문에 이 과정에서 양도 국가의 몇몇 중개인들이 역시 이득을 볼 것이다. 그리고 부수적으로 나타나는 결과는 우호적인 체하는 문명 국가들에 의해 부패하게 되는 현상이다. 이권 신청은 자본 투자를 희망하는 사업가 집단이 공사관을 통해 이루는 것이 아니라 자본가가 아닌 외교관에 의해 이루어졌다.

이는 자국의 국민들을 다른 나라 사람들보다 어떤 특수한 면에서 더 유리하게 만들겠다는 의도에서, 또는 자기 국민들에게 실질적인 이익을 인정해 준다면 이에 따라 정부는 주재국의 평화를 유지하고 이익을 제공한 세력을 보호해 주어야 하는 분명한 명분을 갖게 된다는 정치적 이유에서 비롯된 것이다.

황제로부터 이권에 대한 윤허가 내리면, 우선 그것을 국내에 있는 어떤 유력자가 먼저 낚아채어 권리를 차지한 다음에야 양수국에게 넘어가도록 되어 있다. 이권은 그에 대한 결정적인 이해 관계를 가진 사람에게 넘어가는 것이 아니다. 따라서 몇몇 교활한 외교관들은 자기 국민들에게 가장 유리한 지위를 주도록 협상을 기도하려고 새로운 이권을 얻기 위해 노력하기보다는 이미 허가된 이권의 진행 상황을 지켜보다가 그 약점을 공격했다.

때때로 법률가들이 등장하여 자기는 본국의 기업 연합이나 신디케이트를 대표하는 인물이라고 주장하면서 자신을 보낸 의뢰인을 위해 본래의 양수인으로부터 가치 있는 양보를 얻어내려고 노력했다. 이럴 경우 당초에 이권을 양수 받았던 공사관은 왁자지껄하게 전쟁의 분위기를 유도하거나, 미국의 인디언들이 그렇듯이 도끼를 내어 보이거나, 사태를 호도하거나, 유유상종하고 싶은 충동을 느끼게 된다. 이러한 방법들이 지역 외교의 중요한 부분을 이루고 있다. 30년 전만 해도 정부가 보호해야 할 정통 기업이 무엇인지를 결정하기가 어려웠다.

나는 남의 약점을 추궁하는 외교의 전형적 사례의 두 가지를 기억하고 있다. 한 미국인 회사가 황제를 위해 대궐에서 여왕의 무덤까지 연결되는 시내 전차 선로를 건설한다는 합의를 얻어냈다. 장난감 같은 초기의 선로는 진지한 사업이자 실질적인 대중 서비스로 발전했다. 그들은 열심히 일했으며 일하는 방식도 솔직한 사업가의 자세였으며 따라서 그 회사는 점차 다른 공공 분야로 사업을 확장하여 여러 곳의 광산 채굴권을 획득했다.

그들은 이 나라에 관련된 가장 중요하고 번창한 사업가가 되었다. 그러던 가운데 어느 날 영국의 한 법률가가 관광차 서울에 나타났다. 얼마의 시간이 지난 뒤에 그는 이 미국인들과 막역한 친구가 되어 이들 곁에 집을 사서 이들의 공동체에 대한 관심을 불러일으키면서 이들과 나를 환대하기 시작했다. 나는 그가 어떤 사람인가를 알아보고 싶어졌다.

어느 날 밤 그는 화려한 만찬과 포커 파티를 열었는데 그 미국인 전차 회사의 사원과 나만이 초대되었다. 그의 포커 솜씨는 독특했다. 우리는 보통 친선 게임에서 해 온 것보다는 훨씬 판돈을 올려 놀이를 했지만 그렇다고 해서 우리가 놀라 그 게임에서 물러날 정도 수준의 판돈은 아니었다.

그런데 그는 우리 가운데 정말 노련한 포커꾼이 있는 것을 몰랐다. 이 사람은 크리플 크릭[1]과 다른 서부 광산촌에도 잘 알려져 있는 사람으로서 "백만 달러를 거는 시절"의 저 유명한 갯스[2]와 게임을 했었던 인물이었다. 이

---

1) 크리플 크릭(Cripple Creek) : 미국 콜로라도주의 중앙에 있는 도시로서 1890년대의 골드 러시의 대상 지역임.

2) 갯스(John W. Gates : 1855~1911) : 미국의 개척 시대에 악명 높은 흥행업자이자 도박사. 모건(J. P. Morgan)과의 대결에서 패배하고 텍사스로 돌아가 텍사스회사의 창설에

영국 법률가는 우리 가운데 한 사람만 제외하고 게임에서 물러나도록 판돈을 올리고 나서 콜이 없이 상대방을 향해 자기 카드를 펴 보였다.

그 영국 변호사는 신중하게 그랬는지 아니면 어리석어 그랬는지는 모르지만 많은 돈을 잃었다. 그가 마지막으로 건 판돈은 그가 방금 수입해 온 훌륭한 말과 장비 그리고 최신형의 고성능 연발총으로서 대단히 품질이 좋은 것이었다. 그는 모든 것을 잃고 게임은 끝났으며 신속하게 판돈을 지불했다. 그가 돈을 잃은 의도는 명백했다. 그 이유는 얼마 되지 않아 드러났다. 그는 그의 의뢰인들을 위해 이미 진행 중인 이권에 끼어들고자 했던 것이다.

공식적인 방법에 의한 또 다른 예는 내가 조선을 떠난 뒤 몇 년이 지나서 일어난 일이었다. 나는 국무성 안의 한 법률 관리의 사무실에서 관계자를 기다리고 있었다. 그는 자기 부하와 함께 어떤 안건에 대하여 논의하고 있는데 마치 그것으로 골치를 썩고 있는 것 같았다. 그 당시 나는 그들이 한 친숙한 이름을 언급하는 것을 듣고서 내가 그들을 도와 줄 수 있을지도 모르겠다고 제안했다. 그들이 나에게 물었다.

"이 안건은 대외비인데 이것에 대하여 당신이 어떻게 알 수 있습니까?"

"아! 나는 조선에서 오랫동안 근무했거든요. 나는 우연히 그 광산 채굴권에 대하여 잘 알고 있습니다."

"정말로 당신이 조선에 있었다구요? 그렇다면 검은 도장이 무엇인지 압니까?"

나는 검은 도장에 대하여 설명했다. 조선의 이론에 따르면 황제는 사람과 땅과 땅 위에 있는 모든 것의 주인이다. 모든 천연 자원도 황제의 것이며 모든 광산과 특히 금은 더욱 그러했다. 이런 점에서는 같은 이론을 주장하고 있는 러시아인들이 이 모든 것이 황실의 소유라고 선언했다. 영국의 첫 모

참여했다.

험가들이 미국의 대서양 해안에 정착할 때 숲은 영국 황실의 관심이 되는 물품으로 규정되어 있었다.

식민지 미국의 큰 장점 가운데 하나는 이곳에 금이 없었기 때문에 영국이 왕실과 결속을 맺게 하는 끈이 시초부터 느슨해지게 되었다는 점을 미국의 외교사는 잊고 있다. 그런데 멕시코에서는 황실을 위한 금 생산의 필요성 때문에 초대 총독과 라스 카사스[3]와 같은 성직자가 원주민을 위해 추진해 온 인도주의적인 제도의 어느 하나도 성공하지 못하도록 방해를 받았다.

조선에서는 공적이든 사적이든 도장이 없으면 서명이 아무런 가치가 없기 때문에 도장을 소중하게 보관한다. 이 도장 제도는 확고히 확립되어 있었기 때문에 궁중에서도 옥새를 소유하는 것이 왕위 계승의 정통성을 입증하는 표시였다. 황제는 이권 획득을 기도하는 외교관들의 성화로부터 벗어나려고 일부 이권은 외무대신의 도장으로 허가했다.

이러한 제도를 정당화시키는 법령이 제정되었지만 그 대신의 공식적 도장이 절대적 효력을 지니도록 되어 있는 것은 결코 아니었다. 그것은 단지 개별적 안건에 따라 황제로부터 받은 특별 지시와 허가에만 쓰일 뿐이었다. 사적 · 공적 도장의 인주 색깔은 대체로 주홍색이었다.

그런데 이번 안건의 경우에는 한 강대국의 워싱턴 주재 대사가 조선 외무대신의 공식적인 도장 대신에 "아마도" 황제의 서명인 것처럼 보이는 것의 맞은편에 "알려지지 않은" 검은 도장이 찍혀 있다는 이유를 들어 미국에 귀속(歸屬)된 매우 가치 있는 금광 이권의 효력에 대하여 문제를 제기한 데서 비롯된 것이었다. 조선을 잘 알고 있는 그 대사는 만약 자국 국민의 자본 투자가 대등한 조건으로 허가된다면 자기 나라도 이권에 대한 적절한 권위를

---

3) 라스 카사스(Las Casas : 1474~1566) : 스페인의 세빌리아 출신의 도미니크회 선교사이자 역사학자. 1510년에 사제 서품을 받고 주로 베네수엘라 등지에서 인디언의 지위 향상을 위해 노력했다. 시아파스의 주교(1544~1547)로 있다가 귀국하여서는 주로 인디언의 역사를 썼으며, 『인디언멸망사』(1552) 등의 저술을 남김.

확보하고자 하는 뜻을 제안했다.

내가 보기에는 그가 검은 도장의 성질에 대해서 몰랐을 가능성은 없는 것 같았으며 더구나 국무성이 그 내용을 모르고 있는 것을 빌미로 이권을 차지하려는 것 같지도 않았다. 이 도장은 모든 황제의 도장 가운데서 가장 사사로운 도장이자 가장 효력이 있는 것이었다. 왜냐하면 이것은 황제의 개인적이며 논의의 여지가 없는 의지를 담고 있기 때문이었다.

이것은 황제가 지방 수령들 사이의 음모와 횡령을 적발하고자 파견하는 암행어사에게 법적 절차 없이 부하들의 생사 여부를 결정하는 권한을 부여할 때 자주 사용되었다. 분명히 그것은 흔한 것은 아니었지만 세상에 알려지지 않은 것도 아니었다.

이것은 조선의 사랑 소설의 절반을 이루는 기반인데 영웅이 구제되는 것이 항상 이 비밀 도장에 의해서 이루어지기 때문이었다. 이 검은 도장은 러일전쟁의 발발로 왕권이 위기에 놓였을 때 이루어진 이권에 사용되었던 것으로서 그때 황제는 관련 있는 미국인들에게 가능한 한 완전한 보장을 해주고자 내가 있는 면전에서 그 도장을 찍었기 때문에 나는 그 사실을 잘 알고 있었다.

국무성은 내가 조선에 근무했었다는 것을 들어 본 적이 없는 사람들로 구성되어 있었다. 따라서 나는 내가 조선에 있었다는 것과 이 일의 의미에 대해서 진술서를 작성했으며 이 내용에 대해서 잘 알고 있는 대사가 완전히 이에 대한 설명을 빠뜨렸다는 내용도 진술서에 포함시켰다. 적어도 그 대사는 내가 무엇을 말하려고 하는가를 알고 있었다. 르젠드르(C. LeGendre) 장군이 나에게 들려준 바에 따르면 서로 싸우면서 요구하는 이권 때문에 괴롭힘을 당한 황제는 천연자원을 양도해야 할 때 적어도 일정한 수입을 확보할 수 있는 협정을 마련하기를 갈망하고 있었으며

그런 황제가 모든 금, 구리, 석탄 그리고 기타 채석장, 모든 철도 건설, 모든 연안 어업 그리고 러일전쟁을 일으킨 원인 가운데 하나였던 압록강의 벌

목권을 포함한 모든 목재를 몰튼[4]에게 넘겨주었다고 하지만 그것은 결코 확인되지 않았다. 이 모든 것의 재원과 개발은 사업 기반이 있는 튼튼한 미국 자본가에 의해 이루어지도록 되어 있었으며 그는 황실에 일정한 수입과 사용료를 지불하도록 되어 있었다.

몰튼은 이 사업을 진지하게 고려했지만 워싱턴에 있는 유럽 열강에 눌려 그만두게 되었다고 나는 확신한다. 유럽 열강의 대사들은 이와 같은 종합 개발이 미국으로 하여금 러시아와 일본 사이에 완충 역할을 하게 된다는 것은 틀림없는 사실이라고 믿었다. 나는 이 문제가 미국 정부로 하여금 조선에서 떠맡고 싶지 않은 내정 문제에 발을 빠트리게 될는지도 모른다고 지적했다.

미국의 이러한 지위는 카리브에서 이루어진 일련의 관계에서 나타난 것과 같은 성격의 것이었다. 분명히 미국 정부는 어느 곳에서든지 골치 아픈 책임을 지는 것을 원치 않는다는 것이 확실했기 때문에 몰튼 씨는 이 사업을 더 이상 진전시키지 않았다고 어떤 정보원이 나에게 말해 주었다.

그럼에도 불구하고 미국인의 사업은 조선에서 가장 괄목할 정도로 성장했으며 이권 외교의 초기 단계를 벗어났다. 일본에 있는 한 미국인은 조선에서 여러 이권을 소유하고 있었는데 그 가운데에는 제물포에서 서울까지 연결되는 24마일의 철로 건설 사업이 들어 있었다. 제물포 항구에서 한강을 따라 조그마한 증기선의 운항이 가능했으나 해도가 없었고 마음대로 떠돌아다니는 장애물 때문에 운항이 규칙적이지 못했으며 서울까지 75마일이나 되어 시간이 많이 걸렸다.

따라서 철도가 중요하고 가치가 있다는 것은 의심할 나위도 없었다. 일본

4) 몰튼(Levi P. Morton : 1824~1920) : 미국 버몬트 출신의 은행가이자 정치인. 뉴욕에서 은행업으로 치부한 뒤 정계에 투신하여 하원 의원(1879~1881), 프랑스 대사(1881~1885), 부통령(1889~1893), 뉴욕주 지사(1895~1897) 등을 역임했다.

인들이 이 사업권을 얻으려고 애써 왔으나 일본인들이 이를 얻지 못하도록 미국인들에게 양도되었다. 이것이 흘러 흘러 어느 특정 미국인의 수중으로 들어갔는데 그는 일본에서의 사업이 미묘해지지 않도록 하려고 이 이권을 다른 미국인들에게 넘겨주었다. 이들은 철로는 잘 건설하여 운영했다.

그러나 얼마 지나지 않아 일본인 노동자를 고용해야 하는 필요성 때문에 끝없이 어려움을 겪게 되었다. 능력 있는 사무직원과 숙련 노동자들은 모두가 일본인이었다. 이는 거의 믿을 수 없는 것 같았으며 이제는 외교가 심지어 노동 문제까지 취급하는 것처럼 보였다. 작업이 일본인에 의존하는 곳에서는 어느 곳이나 어려움에 직면하여 조만간 사업을 일본인에게 팔려 넘어가게 될 것으로 생각되었다.

정확하게 바로 철도 건설 사업에도 이런 일이 일어나게 되었다. 다른 사람들을 기죽이는 습관 가운데 그들은 짧고 무거우며 효능이 좋은 칼을 휴대하고 일하는데 사소한 일로 논쟁을 하다가 격화되어 그 칼을 사용하는 경우가 있었다. 이 기능공들과 기사들 사이의 화해 분위기를 만드는 사람은 필립스라는 이름을 가진 약 6.6피트 키의 테네시 출신의 거인 십장이었다. 언제인가 나는 그가 합숙소에서 도끼 자루에서 도끼 머리를 빼어 내는 것을 본 적이 있었다. 그가 나에게 말을 걸었다.

"일본인들은 다시 파업을 일으키고 있어요. 그들이 왜 그러는지를 모르지만 그들은 칼을 가지고 있습니다. 내가 건너가서 진정시킬까 합니다. 그러나 그들을 해치고 싶지는 않습니다."

일본 사람들은 그를 해치지 않았다. 그가 도끼 자루를 가지고 있고 무서운 힘을 지니고 있음에도 불구하고 일본인들은 그를 좋아했다. 철도는 완성되자 일본 회사에 팔렸다. 조선 사람들에게 두려움과 좌절을 안겨 주었지만 미국인이 염려한 것처럼 사태가 진전되지는 않았다. 그 뒤 미국의 사업가들은 황제의 소형 전차로를 건설하여 유익한 시민 봉사의 역할을 수행했다.

흔히 그렇듯이 운전기사, 안내원 그리고 발전 기사들은 일본인이었으며 여기에도 역시 일반적인 어려움이 나타났다. 일련의 사건들로 심각한 폭동이 야기되기 전까지만 해도 그 선로는 아름답고 인기가 있었다. 조선 사람들은 조심성이 없었다. 한여름 밤에 전차 선로는 벌레가 들끓는 방보다는 잠자기에 더 유쾌한 장소였다.

그런 어느 날 밤에 운전기사가 전차를 몰고 나갔다가 멈추지 못하고 3명을 치어 죽였다. 시골에서 올라온 노인이 철로를 따라 걸어 가다가 전차가 접근하는 것을 보고서는 넋이 빠져 넘어지면서 치어 죽었다. 전차가 불에 탔고 발전소가 습격 받았으며 폭도를 앞에 승무원들은 작업을 거부하고 도망감에 따라 일본 군인들이 전차에 배치되었다.

일이 이렇게 되자 일본이 전차 회사를 사겠다고 제안했다. 그러나 이때 조선 정부와 미국 기사들은 회사를 그대로 경영하기로 결정했다. 어떠한 환경에서도 자신들을 보호할 수 있는 10여 명의 발전소 기사와 운전기사를 요구하는 전문을 샌프란시스코에 보냄으로써 오웬 위스터스 웨스트사로부터 일단의 사람들이 곧바로 왔다. 이 일행과 함께 온 기사들 가운데 한 사람은 문자 그대로 오웬 위스터의 명부에 올라 있는 사람으로서 유명한 웅변대회에 나간 적도 있는 전신 기사로서 세파[5] 출신이었다.

일행 가운데에는 캐나다 북서부의 산악 경찰 출신이 2명 있었고, 서사시적인 광산 마을에서 온 전문 바텐더가 있었으며, 반질반질하게 가르마를 탄 검은 머리와 수염 끝을 꼰 전문 도박사가 있었고, 카우보이가 여러 명 있었으며, 내가 이제까지 만난 사람 가운데서 가장 능숙하게 권총을 쏘는 총잡이 한 명이 있었다. 그는 겨냥 없이 날아가는 새의 머리를 쏘아 떨어뜨릴 수 있었다. 어느 날 미국인 친구 한 사람과 명랑한 한성 판윤(이채연)이 몹시 어리둥절해 하면서 나를 찾아와 이렇게 말했다.

5) 세파(Separ) : 미국 뉴멕시코주에 있는 험악한 무법도시.

"나는 그 총잡이가 누구를 해칠 사람이 아니라는 것을 압니다. 그러나 그는 사람들을 놀라게 하고 있습니다. 그는 사람들이 길을 갈 때 약 100야드 거리에서 상투를 쏘아 떨어 드립니다."

그는 45구경 콜트 자동 권총을 사용했으며 나도 이 일이 틀림없이 소동을 일으켰으리라고 생각했다. 내가 그에게 그런 일을 그만두도록 요청하자 그는 나의 말을 알아들을 만큼 합리적이었다. 그는 단지 연습할 일이 없어서 걱정했다. 이들 모두는 훌륭하고 대단히 재미있는 사람들이었으며 특히 바텐더와 운전기사는 과거 서울에서의 어느 누구보다도 가장 잘 어울리는 콤비였다. 그는 외교팀 내에서도 인기였다.

전차는 몇 달 동안 아무 사고 없이 잘 운행되어 오다가 또 다른 사건이 발생했다. 한 아이가 막다른 골목에서 달려오다가 그만 치어 두 동강이 났다. 내가 경찰에 신고한 뒤 곧 내려가 보니 그때 한 미국인이 종로에 있는 전철기에 포위되어 있는 것을 발견했다. 그의 얼굴은 피로 뒤범벅이었고 코는 조선인이 던진 돌에 맞아 납작하게 되었다. 그는 콜트식 권총으로 많은 군중을 향해 방아쇠를 당기려고 했다. 나는 그에게 쏘지 말라고 말했다. 남자 어른만큼 많은 부녀자와 소년들이 있었다. 그가 운 좋게 한 사람을 사살한다고 해도 사태는 더욱 악화되었을 것이다. 나는 두 배의 경찰을 보내 달라고 사람을 보냈다.

"좋아요! 샌즈 씨. 당신이 시키는 대로 하지요. 나는 이들이 죽어야 한다고 생각할 뿐입니다. 그게 좋은지 나쁜지 모르지만. 그래야 저 사람들도 자신들이 죽어 누워 있다는 것을 알게 될 겁니다. 제기랄!"

그 사람은 내가 개입한 것에 대하여 다른 일로 나에게 앙갚음하려고 했다. 내가 합숙소에 있을 때 돌이 창문을 뚫고 요란하게 소리 내며 방으로 날아 들어왔다. 그는 권총을 들고 뛰어 나갔으며 나도 그 뒤를 따랐다. 하얀 형체가 들로 향해 있는 골목 뒤쪽으로 사라졌다. 반쯤 가다가 그는 갑자기 어둠 속에서 소리를 질렀다.

"조심해요! 길 가운데 우물이 있어요."

나는 그것을 피해 뛰어넘었다. 우리가 들판에 다다랐을 때 그 조선 사람은 보이지 않았다. 그는 열심히 가해자를 찾았으나 내가 생각한 것처럼 부질없는 일이었다. 나는 아무 사상자도 없이 집으로 돌아가기를 바랐다. 돌아오는 길에 나는 조선 사람이 어디로 사라졌는지가 궁금했다.

"그 사람 걱정은 하지 마슈. 그는 이 우물 밑에 있습니다. 내가 그를 밀어 넣었지요. 당신에게는 말을 안 했지만……"

우리가 그를 끌어 올렸더니 그는 겁에 질려 의식이 없는 상태였다. 다행히 우물은 깊지 않고 물도 없어 물에 빠져 죽지는 않았다.

일본인 대신에 미국인을 고용함으로써 내부적으로 회사에 문제를 야기할 가능성은 없어졌다. 그러나 여전히 공사관에 있는 동안 나는 염치없는 술수에 대하여 더 노골적인 수단으로 대처하지 않으면 안 되었다. 경인선이 일본 회사에 팔린 뒤 나는 일본 공사와 심각한 갈등 관계에 빠지게 되었다. 이 일본 공사는 23세인 나를 속일 기회를 찾고 있다고 나는 생각했다.

어느 날 조선의 통신 문제를 맡고 있는 대신이 나를 찾아 와 말했다.

"일본 공사관으로부터 일방적인 공문을 받았는데 일본이 경인선 철로를 가로질러 가설되어 있는 전차 선로를 철거하겠답니다."

나는 이렇게 대답했다.

"내 생각으로는 이 문제가 일본 정부, 조선의 교통 관계 대신 그리고 내가 나설 일이라기보다는 양쪽 회사 사이의 일이라고 생각합니다."

그는 그렇게 하려고 노력했으나 뜻대로 되지 않자 나에게 다시 와서 말했다.

"일본 공사가 선로를 즉시 치워야 하며 그렇지 않으면 일본 군대를 동원하여 이 일을 시키겠다는 최후통첩을 보내 왔습니다."

나는 몹시 불쾌했으며 이것이 정상적인 외교 관행을 벗어난 자의적인 것임을 고백하지 않을 수 없다. 나는 또한 이 일은 일본 공사와 이야기할 필요가 없다는 것을 알고 있었다. 고함치는 러시아 공사와는 다르게 하야시 곤스케[6]는 나무랄 데 없는 문명인이었으나 그도 역시 토론이 통하지 않는 사람이었다. 그는 냉소를 띄우며 논의하기를 거절하면서 자기 주장으로 나아가곤 했다.

나는 전기 회사 직원들에게 일본 회사에 즉시 연락하도록 해 놓음과 동시에 내가 좋아하는 2명의 명사수를 사사로운 목적으로 사용하려고 필요한 자금을 요청해 놓고 그들에게 제복을 입은 자든 안 입은 자든 어느 누구도 내가 선로를 치울 때까지 선로를 만지지 못하도록 하라는 지시와 함께 건널목에 그들을 배치시켰다.

그리고서 나는 이 문제를 두 회사에 관련된 것으로 생각된다는 사실과, 국부적인 권한으로는 미국 회사에 적절한 보호를 제공할 수 없을 정도로 강력한 공격적 행위를 통해 이 문제를 해결할 수 있다는 점, 그리고 경비로 2명을 배치했다는 점을 일본 공사에게 편지로 적어 보냈다. 한편 나는 국무성에게 전보를 쳐 워싱턴 주재 일본 대표에게 이런 국제적인 사건을 일으킨 동기가 무엇인지를 문의하도록 요구할 준비가 되어 있음을 그에게 통보했다. 그런 조치가 있은 뒤에 두 회사는 완전히 우호적인 합의를 보게 되었음은 더 말할 나위도 없다.

이 일화는 어떤 사람을 비난하려고 얘기하는 것이 아니라 우리가 관련된 외교 체계를 보여주는 사례이기 때문에 말하는 것이다. 일본인들은 명확한 정책을 지닌 것 같은 사람들이었기 때문에 조선에서의 외교 체계에 선봉장이 되어 있었다. 그들의 방법은 도쿄의 집권당이 누구냐에 따라 온건노선과 과격노선을 오고갔다. 하야시 곤스케는 어느 누구도, 그리고 어떤 일도 그

---

6) 하야시 곤스케(林權助 : 1860~1930) : 일본의 외교관. 도쿄제대를 졸업하고 1899년에 조선에 입국해 7년 동안 근무하면서 한일합병의 기초를 닦았다. 그 뒤 그는 이탈리아 · 중국 · 영국 대사와 각료를 역임했다.

의 의지를 바꿀 수 없는 지독히 계산적이며 철저한 사람이다.

그와는 달리 그의 전임자 가토 마쓰오[7]는 하야시가 밀접히 관련 맺고 있는 집단이 보기에는 너무나 온건할 정도로 매우 양순한 사람이었다. 하야시의 모든 행동은 궁극적으로 조선의 합병 정책으로 일관되었다. 그가 명쾌하면서 냉정한 태도로 행하고 있는 모든 행위는 합병의 장애를 제거하는 데 맞추어 있으며 그를 미우라 고로[8]파로 분류하는 것은 틀림없다고 생각되며 오히려 미우라보다 훨씬 더 지능적이고 외교적으로 능란한 인물이었다고 나는 생각한다.

30년 전, 일본에서는 몇 세기 전의 유럽 국가와 오늘날의 멕시코에서처럼 경쟁자나 적대자를 제거한다는 것이 자연스럽고 당연한 것이었다. 미국에서는 정치 암살이 용인되지 않는다. 이것은 관습의 문제다. 중세 제도에서 정치 암살을 부당한 것이었다고 인정하는 것은 일본과 일본인을 손상시키는 것이 아니다.

이것은 국가 사회 체계를 건설한 지 몇 십 년이 지난 지금에도 마찬가지이다. 일본인들은 법칙에 따라 암살을 자행할 것을 요구했다. 옛날에 아무도 모르게 사람을 죽였던 사무라이 씨족들은 신사답게 자신이 죽인 자의 시체에 자기임을 나타내는 징표를 남겨 놓도록 되어 있었는데 이러한 감정은 지금도 여전히 지배하고 있었다.

지난 얼마 동안 일본의 지방 신문뿐만 아니라 도쿄나 개항장의 신문들이 나에게 대단히 비판적이었고 가끔 난폭할 정도였으며 어떤 때는 무법적이

---

7) 가토 마쓰오(加藤增雄) : 일본의 외교관으로서 일본 영사(1894. 11.~1896. 4.)를 거쳐 서울 주재 공사관 서기관(1896. 5.~1897. 2.)을 지냄.

8) 미우라 고로(三浦梧樓 : 1846~1926) : 일본의 군인. 야마구치현 출신. 18세에 기병대에 투신하여 사츠마반란(1877)의 진압에 큰 공을 세우고 1878년에 중장, 1882년에 육사 교장을 지냄. 구미를 시찰한 다음(1884), 귀족원의원(1890)이 되었고, 온건파 이노우에가 한국에서 물러간 뒤에 강경파의 지지를 얻어 조선 주차 일본 공사(1895)로 부임하여 을미사변을 일으킴. 추밀원 고문(1911)을 지냄.

었다. 서울에 있는 신문은 하야시 공사의 조종을 받고 있다고 추측할 만한 상당한 이유가 있었기 때문에 나는 하야시를 인간적으로 거칠게 인신공격을 한 적이 있었다. 일본의 관리들을 언론의 자유를 너무 신중할 정도로 존중하기 때문에 언론에 대해서 어떠한 통제를 할 수 없다는 하야시의 대답은 단지 희망 사항에 불과한 것이었다.

하야시와 그의 손길이 닿고 있는 "책임질 수 없는 무리"들이 동의할 수 없는 여러 가지 사건들이 벌어졌고 그는 이에 대하여 속수무책이라고 대답했다. 일본 친구들이 나에게 어떤 사건이 일어날 것이라는 이야기가 공공연히 나돌고 있으니 조심하라고 나에게 경고하기 시작했다.

어느 날 나의 특별한 친구인 노즈 미치츠라[9] 무관(후에 원수가 됨)은 나를 방문하여 자신은 민간인들의 수법이 참을 수 없다고 불쾌한 듯이 말하면서, 만약 내가 무책임한 악한들이나 다른 사람들로부터 피해야 할 일을 겪을 때면 자기 집이나 자기가 이 문제를 상의한 일본 수비대 사령관의 집으로 피하라고 말했다.

그는 얼마 동안 내가 항상 무기를 휴대하고 특히 오늘날처럼 타락한 시대에는 어느 때보다도 밤 시간에 사건이 일어날 가능성이 더 많기 때문에 잠자리에 들 때도 무장하라고 나에게 경고해 주었다. 나는 물론 민간인들의 수법이 무엇을 의미하느냐에 대해서 그에게 묻지 않았다. 그는 상대방을 제거하는 데 반대하지는 않았지만 신사들이 지켜야 하는 것처럼 누가 살인한 것임을 증명하는 표시를 남겨 놓는 방식을 믿고 있다고 나는 생각했다.

나는 그의 귀띔이 그 당시 외교의 자연스러운 일부라고 생각했다. 일본이 하나의 분명한 정책을 지니게 되면 이는 누구도 이 정책을 방해할 수 없음

---

9) 노즈 미치츠라(野津道貫 : 1841～1908) : 가고시마 출신의 무사. 청일전쟁 당시에는 평양을 장악하는 공로를 세웠으며 러일전쟁 당시에는 4군단을 지휘하여 대공을 세움. 그 공로로 원수가 되고 백작의 칭호를 받음.

을 의미하는 것이었다. 그 정책의 대상이 이권이거나 회사이거나 다른 사업체라면 일본 자본이 이를 장악하여 통제해야만 한다. 만약 이것이 즉시 이루어지지 않으면 고용된 일본인들이 소란을 피워 조만 사이에 소유주는 기꺼이 사업체를 처분하게 될 것이다.

만약 방해물이 어떤 인물이라면 그를 길 밖으로 내몰아야 했다. 이것은 서구가 행해 온 것을 예리하게 관찰해 온 일본인이 이해한 유럽의 유일한 사업 정책이었으며 일본인들은 자세하고 신중하게 조심성을 가지고 이 방법을 응용했다. 정책은 극도로 정교하게 진행되었으며 조선에서 나는 그러한 문제에 연루되지 않을 수 없는 위치에 있었다. 일본의 국가 간섭 시기에 때때로 일본인의 감정은 경찰 규정에 대하여 이상한 반감을 가졌기 때문에 우연히 그런 일에 직면하게 되면 당혹스럽고 화가 치밀었다.

과부가 된 일본 왕후를 위한 공식 추도식이 있었을 때 장례 주관자로부터 도쿄 내의 모든 공사들에게 공문이 발송되었는데 여기에는 궁정의 엄격한 옛날 방식과 몇 년 동안에 부모와 왕의 추도식에서 지켜야 할 관습에 입각하여 마련한 준수 규칙이 적혀 있었다. 여러 가지 내용들 가운데는 남자들이 입는 와이셔츠의 장식 단추와 빅토리아식의 부인 내복과 같은 사소한 것들을 다룬 지침들이 있었다. 동시에 추도 기간 동안에 음악과 소음과 무질서, 폭동 그리고 방화를 금지하는 경찰 규정을 선포했다.

물론 각국의 공사 관원들은 이런 문제에서 자기 나라의 방식을 지켰으며 식민지인 조선 내의 여타 공사들도 이런 것들을 결코 지키지 않았다. 다만 일본인들만이 자신들의 복잡한 특수 문제로 고생했다. 일본 제국과 그 국민들은 왕실 추도에 대하여 외국인들이 기대한 만큼 적당한 경의를 표시해 주기를 거절함으로써 고통을 받은 것은 당연했다.

조선을 잠정적으로 점령했던 시기에 조선에서는 사치금지령이 수없이 선포되었는데 이 법규에서 사려 깊은 법 초안 작성자들은 조선 사람들의 지위에 따라 식사할 때의 그릇 수와 입을 옷의 수와 종류를 규정했으며 담뱃대의 길이가 12인치를 넘지 못하도록 금지했다. 조선 사람들은 영국 교회의 교구 위원들처럼 36인치 길이의 대나무 담뱃대를 좋아했다.

또한 동물을 끌고 다니는 고삐의 길이가 3피트를 넘지 못하도록 했다. 이와 같은 어리석은 규정들의 바탕에는 기본적인 뜻이 있었지만 이것들을 바라지 않는 사람들에게 규제하려는 것 이상의 뜻이 없었기 때문에 이것들은 어느 심각한 정치 실수보다 더 대중의 감정을 날카롭게 만들고 적대감을 갖게 만들었다.

외교적으로 해석하면 그러한 감정은 전쟁을 불가피하게 했다. 군사 전략과 전술적으로 말하면 만주전쟁[10]을 교착시켰을 뿐이었으나 루스벨트(T. Roosevelt)의 개입으로 승리를 얻게 되었다. 30년 전의 일본인들은 자신들이 완전히 알지도 못하는 무기와 도구를 사용했으나 지금은 자신의 타고난 기술에 힘입어 만든 고유의 무기들을 사용하고 있다.

10) 러일전쟁을 의미함.

제 14 장 외교 정책

일본이 자세하고 분명하며 강인하고 손으로 다듬은 것과 같은 세련된 정책을 추구하는 것처럼 보이는데 견주면, 러시아 외교는 우리처럼 불완전하고 심지어 우리보다 덜 분명한 것 같았다. 왜냐하면 적어도 헤이(John Hay)는 미국이 어떠한 상황에서도 극동의 문제에 휘말리지 않으리라고 다짐하고 있었기 때문이다.

러시아의 외교는 비록 부정적일지라도 뭔가 중요한 것이 있었다. 러시아의 외교는 겉으로 보기에는 부정적인 듯하면서도 어떤 분명한 뜻이 있다는데 그 수수께끼를 누구도 알아채지 못했다. 러시아 외교관들의 소행은 악마처럼 교활하며 그들의 행위 가운데서 어느 것이 사건과 무관하게 부적절하고 무의미한 것인지를 아는 사람이 아무도 없었다. 우리는 거기에 무언가 중요한 의미가 있다고 생각했다. 러시아는 너무 광대하고 신비스럽고 불가해한 나라였다.

어떤 나라가 음모를 꾸미고 있는데도 다른 나라 사람의 언어는 거리가 먼 언어를 사용하고 있어 이 언어를 구사하고 이해할 수 있는 외국인이 극히 적다는 것은 그 나라의 큰 재산이다. 러시아인들은 다른 나라 사람들과는 너무 다른 것 같았다. 러시아인들은 게임의 정당성이나 반칙 그리고 다른 국민들의 관례와 사회의 게임을 구성하는 사소한 규칙들을 위반하면서도 조금도 부끄러움을 느끼지 않았다.

러시아인들은 예측 불가능한 존재들이었으며 너무 훌륭한 것 같기도 하고, 바보 같기도 하며, 유럽의 모호한 철학 · 시 · 문학으로 가득 찬 존재이며, 천천히 사고하는 사람들이 고수하고 있는 원칙을 너무 무시하거나 모르고 있었다. 러시아인들은 매우 완벽한 언어학자이자 기지가 있는가 하면 서구인의 사고로써는 전혀 통하지 않았으며 중국이 어떻게 그토록 쉽게 러시아에 흡수될 수 있는가를 이해할 수 있을 정도로 동양적이었다.

어느 누구도 자신이 러시아와 러시아인에 대해서 무엇을 알고 있다고 결코 느끼지 못했다. 사람들은 러시아의 거대한 무게에 중압감을 느끼고 있었고 러시아와 대립하면서 위협을 받고 있으나 그 위협이 정확히 어디에 있는지를 모르고 있는 일본인들의 마음 상태가 어떠한 것인지를 이해할 수 있었다. 일본인들이 이 괴물이 어떻게 되어 있는가, 그리고 이 괴물이 보통 사람처럼 살과 뼈와 피를 가지고 있는가를 알아보기로 결정하고 사무라이의 후손들이 두 손으로 들어야 하는 무거운 칼을 현대 기병도로 바꾸었을 때 일본을 좋아하지 않고 믿지 않는 서구인들조차도 칭찬을 아끼지 않았다.

오센도프스키[1)]가 러시아에서의 생활을 그린 최근 작품은 많은 사람들에게 너무 환상적인 것으로 보여 그의 묘사를 믿지 않으려 했다. 그럼에도 불구하고 피상적으로나마 러시아를 아는 사람들은 이 묘사가 정확한 것임을 알고 있었다. 어느 누구도 독일인이나 프랑스인이나 영국인의 용기를 의심하는 사람은 없을 것이다. 러시아인에 관한 것을 살펴보면, 러시아인의 용기는 수수께끼였다. 러시아의 병사들은 두려움과 고통에 완전 무감각한 것이 분명했다.

---

1) 오센도프스키(Ferdinand A. Ossendowski : 1876～?) : 폴랜드의 작가. 『짐승과 사람과 신』(1922), 『동쪽의 그늘』(1925), 『레닌』(1926), 『폴랜드의 경이』(1930～1937), 『악마들』(1938) 등의 작품이 있음.

우리가 전선에서 본 러시아인 장교들은 가끔 정신적으로 완전히 겁쟁이였으나 죽음에는 운명론자처럼 무관심했다. 이 장교들 대부분은 시베리아와 국경 지역의 도서에 주둔한 수비대에 유배당한 것이나 다름없는 사람들이었다. 어두운 방에서 한편은 숨고 다른 한편은 리볼버 총을 들고 눈을 가린 채 하는 러시안 룰렛이 장교들 사이에서 보편화되어 있었다. 그들에게 시베리아는 종신형을 받은 유배지와 같은 곳이었다.

러시아인들은 눈을 감은 채 목소리나 종소리가 나는 곳을 향해 총을 쏘는데 종을 들고 있는 자가 살아나게 되면 그가 총을 차지하게 되는 놀이를 한다. 좁은 초소 안에서 지루하게 근무하던 한 코자크 장교는 죽을 때가 되지 않았으면 무슨 짓을 해도 죽지 않는다고 장담하면서 휴대한 리볼버 총을 머리에 대고 방아쇠를 당기는 식으로 운명적 게임을 즐긴다. 그때 탄약은 폭발되지 않아 살기는 했으나 그는 거기에서 나가자마자 술 취한 죄수에게 살해되었다.

러시아인들에게는 그런 종류의 용기가 흔히 있었다. 그러나 내가 보기에 그것은 "자기 머리가 피투성이가 되더라도 굽히지 않겠다."는 각오에서 자신을 맡기는 진정한 용기라기보다는 차라리 자살하고 싶은 용기가 아니었던가 의심스러웠다. 우리는 모든 지역에서 똑똑하고 냉소적인 독직 관리를 목격했다. 그들은 너무도 재빠르고 허술하게 일을 처리함으로써 우리와 같은 느림보의 경탄을 샀다. 그 뒤 20년도 채 못 되어 많은 사람들이 러시아 혁명을 보면서 느꼈던 것과 똑같이 러시아의 모든 유기체는 놀랍게도 그러한 무원칙한 힘 속에서 평안을 느끼고 있다고 우리는 믿고 있다.

팔레올로그[2)]가 묘사한 로마노프 왕조의 마지막과 그가 보지 못한 볼셰비

---

2) 팔레올로그(Maurice Paléologue : 1859~1944) : 프랑스의 외교관. 불가리아 대사(1907~1912), 러시아 대사(1914~1917), 외상(1921~1925) 등을 역임했으며, 『러시아 황제와 세계 대전』(1921), 『위대한 리얼리스트 : 카부르평전』(1926) 등의 글을 남김.

키혁명을 조사한 뒤, 그리고 레닌(U. I. Lenin)의 차가운 웅변을 듣고 트로츠키(Leon Trotsky)가 볼셰비키 권력을 공고히 하는 것을 지켜본 뒤에야 비로소 나는 러시아가 결코 대단한 국가가 아니라는 결론을 내렸다. 러시아는 한줌밖에 안 되는 사람들이 고삐와 채찍을 동시에 들고 있는 것을 의미하고 있다. 여기에서 그가 황제냐 인민위원이냐 하는 것은 조금도 문제가 되지 않는다.

이에 대해서는 "러시아 황제는 세습되는 것도 아니고 선출되는 것도 아니다. 그는 다만 점령할 뿐이다."(Le trône de Russie n'est ni héréditaire ni électif; il est occupatif)라는 프랑스의 위트 있는 격언보다 더 사실적으로 표현한 말은 없다. 고삐와 채찍을 든 사람은 바로 러시아였으며 왕관 소유자의 관심을 끄는 자가 러시아의 정책을 형성했다. 이와 같은 당시의 사실은 현재에도 마찬가지이다. 다만 우리가 이것을 이제야 알기 시작한 것뿐이다. 러시아의 신비를 간파하는 데는 오랜 시간이 걸렸다.

우리들은 러시아인들이 얼마나 복잡한 존재인지를 인식하지 못했다고 나는 생각한다. 우리는 러시아인을 단지 러시아인으로 생각했다. 스페이어[3] 나 웨베르[4] 또는 폴란드식 이름을 지닌 러시아 외교관이나 관리가 타타르, 칼무크, 그루지아 등과 같은 러시아식 이름을 지닌 외교관이나 관리와는 행동에서 아주 다르다는 사실을 당시 우리는 알지 못했다.

우리가 우리들의 외교적 뛰어남을 증명하려고 회고적으로 쓴 것 가운데서 러시아 외교의 엉뚱함이 어떤 지속적이며 의식적인 정책과 관련된 것이

---

3) 스페이어(Alexi de Speyer) : 제정러시아의 외교관. 일본 주차 러시아 공사관의 서기관으로 부임했다가 1885년 묄렌도르프의 요청으로 내한해 1896년 이래 러시아 공사를 역임했다.

4) 웨베르(Karl I. Waeber) : 제정러시아의 외교관. 북경과 천진에서 외교관으로 있다가 멕시코 공사로 전임될 때까지(1884~1897) 주한 공사, 총영사로 부임해 러시아 남진에 기여했다.

아니라 러시아 외교관의 민족성에 의해 영향 받아 이루어진 것임을 30년 전에 알아차린 사람이 있다는 것을 나는 보지도 못했고 들어본 적도 없다.

외교관이 발틱 출신의 남작인가, 러시아인인가, 코작크인인가, 아니면 타타르 출신인가에 따라 커다란 차이를 보여 준다. 모두가 러시아인이지만 각자가 자기의 공동체를 구성하고 있었고 자신의 행동 방식을 가지고 있었다. 그들은 심지어 동일한 언어를 구가하는 공동체에서 뽑은 자로 군대의 연대를 구성했다. 당시 미국조차도 러시아의 구성이 현대 미국과 얼마나 유사한가를 몰랐다.

대한제국 말기의 러시아 공사 파블로프는 신경질적으로 난폭하다가도 계략적이었으며, 교만하고 뽐내면서도 매우 다정했으며, 한 손에는 설탕 덩어리를 들고 있는가 하면 다른 손에는 재갈과 고삐를 들고 있었다. 그 이상의 아무 것도 아니라는 것을 당시의 어느 누구도 알지 못했다. 아마도 일본인들은 이 점을 추측했겠지만 그들은 서구식으로 기록해 놓거나, 알고 있는 것과 생각한 것 또는 모르는 것들을 말하지 않았다.

하야시 곤스케는 스핑크스 같은 사람이었고 불가사의했으며 죄를 범하는 일이 없을 정도로 완벽한 인물이었으나 또한 차가우리만큼 정중했으며, 실수를 바로 잡는 데 실패함이 없었으며, 그것도 신속하고도 공개적으로 해치웠다. 그러나 심중은 항상 공격적이고 도전적이었으며 그의 행동은 우연이 아니라 사전에 의도적으로 준비된 것이었다.

하야시는 지난날에 부유했던 어느 누구보다도 가장 비정할 정도의 완벽한 공무원이자 당원이었거나 그렇지 않으면 일본 본국에서 뚜렷한 전쟁 정책에 정당이 호감을 갖도록 조장하는 분명한 합병론자였다고 나는 생각한다. 나는 그가 다른 사람의 도구로 쓰이는 존재라고는 생각하지 않는다. 그는 전쟁 이외의 다른 방법으로는 조선의 문제를 돌파할 수 없다고 믿었던 사람이라고 나는 생각한다.

그는 현재와 같은 외교의 조류에서 강대국 사이의 협력이 불가능하다는 점을 믿고 있었으며 조선의 중립화는 결코 만족한 결과를 이끌지 못하고 오히려 조선을 공식적으로 무기력한 곤경으로 더 깊이 빠져들게 만들고 말 것이라고 그가 믿고 있다고 나는 생각했다. 그는 조선이 경제적으로 일본의 발전에 필수적인 존재라고 믿었다.

따라서 러시아로 하여금 조선을 지배토록 한다거나 파블로프가 제안한 것처럼 조선의 분할 지배가 이루어지도록 한다면 머지않아 전쟁을 해야만 하는 파렴치하고 무책임한 강국을 일본에 훨씬 더 가까이 끌어 드리는 꼴이 되고 만다고 그가 생각했을 것이라고 나는 믿는다. 도쿄의 정치가들 사이에는 조선의 상황에 대해서 상당한 견해 차이가 있었다. 전적으로 틀렸을지 모르지만 나는 하야시가 주전파를 강화시켜 나가고 있으며 이 방향으로 일관된 정책 개발을 모색하는 인물로 지목했다.

어쨌거나 하야시의 모든 행동은 그러한 방향으로 나가는 것처럼 보였다. 미우라 자작은 정부 활동이든 국가 활동에서 이들 사이에 자기의 앞길에 장애가 존재할 때에는 공개적이고 공식적으로 폭력에 호소하는 인물이었다. 하야시는 훨씬 더 음모적이었고 인내심이 많았다. 그도 역시 자기 앞길에 걸림돌이 없기를 강조하는 인물이었지만 시간이 허락하는 한 한 번에 조금씩 밤에 이 장애물을 제거하는 것이 그의 정책이었다.

미우라는 발칸 국가의 내각을 폭살하여 자기 앞길에서 치워 버려 여론의 지탄을 받은 러시아의 히트로보(Mihail A. Hitrovo)의 유형에 속하는 인물이었다. 하야시는 미우라와 히트로보만큼이나 장애물을 허용치 않지만 자기가 바라는 결과에 대하여 여론이 좋아지도록 신중히 준비하여 실수가 없었으며, 만약 여론이 등을 돌리면 가능한 한 재빨리 만회할 줄도 아는 인물이었다.

나는 외교계에서 러시아인들과 함께 겨룰 수 있었지만 하야시로부터는 자유스럽지 못했다. 그에 대한 이러한 이미지는 내가 그와 대면한 5년 동안에 하나의 확신으로 굳어졌다. 내가 시도한 모든 개혁 정책에 그가 시종일관 반대하는 것을 나는 어떤 방법으로도 설명할 수 없었다.

개혁은 영토 병합의 길을 가로막는 장애물이었다. 일본인들을 평화적인 국민이었다는 점에서 볼 때 지방의 주요 분란 가운데 일본인이 흔히 끼어 있는 것을 다른 것으로 설명할 수 없었다. 그들은 우리처럼 모험적인 개인이나 군인들을 기르지 않았다. 지난날 씨족 단위로 파벌이 이루어져 있던 무사 시대의 주인 없는 방랑자인 낭인이나 근대 정치에서 사납고 무책임하게 행동해 온 소시가 바로 이런 유형에 약간 가깝다.

그러나 전형적인 낭인의 경우 그를 움직이게 하는 것은 높은 이상이었으며 소시의 경우는 빵과 버터였다. 어느 것도 순수한 모험 정신에서 비롯된 것이 아니었다. 일본인들이 골칫거리로 등장할 때면 사람들은 그의 주인의 의중이 무엇인가를 의심해 볼 수도 있다. 일본인들은 본래 그렇지 않았다 그들은 본질적으로 예의바른 국민이었다.

신문에서 난폭하고 무례한 인신공격의 기사가 등장한다면 그것은 왕국에 의해 고무 받고 있다고 보는 것이 옳을 것이다. 그들은 질서 있고 친절한 국민이다. 그들도 자기들 사이에는 언쟁을 하지만 낯선 사람과는 언쟁을 하지 않는다. 일본인이 질서 있는 사회에서 낯선 사람과 싸우거나 폭력을 행사할 만큼 비정상적인 행위를 할 때면 그 뒤에는 개인적인 것이 아닌 어떤 동기가 숨어 있다고 보는 것이 타당하다.

이러한 행동이 공공 생활에서 어느 사람에게 가해질 때면 이 행동은 정치적인 것이며 적어도 베케트[5]의 경우처럼 더 높은 인물로부터 지시를 받아 이루어졌다고 확신할 수 있다. 보호될 만한 이익이 있는 외국 기업의 발전을 끊임없이 저지하는 행동을 전개하고, 분명히 비정치적인 사업을 반대하

---

5) 베케트(Thomas á Becket : 1118?~1170) : 영국의 성직자. 이탈리아 볼로냐 대학에서 수학. 켄터버리 대주교. 인권 문제로 국왕과 마찰을 일으킨 뒤 프랑스로 망명하였다가 귀국하여 처형됨. 시성(1172).

려는 기술 인력이 일본인일 경우에 매우 부당한 문젯거리와 무질서를 야기하지 않은 적이 없다.

그 다음에는 반드시 공사관이 나서서 보호 조치를 취하고, 선취득권을 이용하여 합법적인 경지 이외의 지역에서 토지를 점탈하거나 월 12%의 고리채를 주고 변제를 못할 경우에 저당물을 처분하고, 지방의 벼슬자리를 원하는 사람에게 그 지역에서 거두어들일 세금의 선취권 확보를 조건으로 막대한 뇌물 자금을 빌려주는 악행을 저질렀다. 우리가 공식적으로 개탄하는 부패와 뇌물 수수가 야기되는 이면에는 언제나 정치적인 목적이 그 배후에 깔려 있었다.

무책임한 조세는 지방의 소요와 반란의 중요 원인이었다. 만약 하야시가 이를 몰랐다면 그는 그야말로 조선에서 어느 누구보다도 무지한 사람일 터인데 그럴 가능성은 전혀 없다. 그는 일본인들의 특별하고도 악명 높은 산업에 참여하는 것은 달갑게 여길 수도 있었으나 나는 그가 그랬다는 얘기를 들어보지 못했다. 이와 같은 모든 상황을 종합해 볼 때 그가 그런 일에 반대하지 않았다는 것이 가장 자연스러운 대답처럼 보인다. 왜냐하면 그는 분명한 정책을 가지고 있고 그것을 마지막까지 자세하게 구상하고 있는 유일한 인물이기 때문이었다.

일본의 보통 사람들은 권위를 존중하며 강한 애국심을 가지고 있다. 그러나 그들은 매우 인간적이며 그들 나름의 의견을 가지고 있다. 흔히 믿어지고 있는 것과 같은 가상적인 의견 차이로 다른 사람과 헤어지지 않는다. 그들은 서구인들과의 우호 관계를 유지하면서 여러 사물을 논의할 수도 있고 또 실제로 그렇게 한다. 비록 조심스럽게 표현한다고는 하지만 일본의 대한 정책에 대해서는 일본인 사이에서도 개인적 견해 차이가 있었다.

이와 관련하여 특징적인 현상은 일본 관리들과 그들의 대한 정책을 논의할 수 없다는 것이었다. 나는 이토 히로부미 공작 이외에는 어느 누구에게도 나의 견해를 발언할 기회를 갖지 못했다. 어떤 사람들은 조선에 있는 상황을 암시적으로 언급하면서 불만을 나타냈으나 대부분은 이 주제가 제기되면 자신의 의견을 유보했다. 나는 결코 이 주제를 가지고 하야시 곤스케와 이야기해 볼 수 없었다.

그렇다고 해서 이것은 나와 일본 공사관 사이에 어떤 사사로운 적대감이 있었다는 것을 의미하는 것은 아니다. 오히려 나는 그들과의 진정한 우호 관계를 맺고 있었다. 하야시는 항상 변함없이 정중했으며 당시는 서기관이었으나 뒤에 북경 공사가 된 히오키 마스[6]도 변함없이 우호적이었다.

영사관 직원 가운데 우두머리인 아키츠키 사츠오[7]는 육군 원수 노즈 미치츠라와 분견대가 그랬던 것처럼 매력적인 친구였다. 젊은 층인 미즈노 렌타로,[8] 시노부 준페이[9] 그리고 공사관의 막내로서 뒤에 워싱턴에서 매우 인기가 있었던 하기와라 모리이치[10]와도 절친한 관계를 유지했다. 하기와라는 뒤에 주미 대사와 외무성 차관으로 승진했다.

나에 대해서 다소 의심이 가는 신문의 공격이 있었다고 할지라도 일본인들 가운데 나에게 사사로운 적대감이 조금도 없었다고 나는 확신한다. 그들

---

6) 히오키 마스(日置益 : 1861～1916) : 도쿄제국대학 법학과 출신의 외교관. 칠레 겸 페루 공사(1890), 아르헨티나 공사. 주중 공사(1914)로 재임할 당시에는 단기서 정부와 "21개 조약"을 체결함. 그 뒤 스웨덴 · 노르웨이 · 덴마크 · 독일 공사를 역임함.

7) 아키츠키 사츠오(秋月左都夫 : 1858～1945) : 휴가노 출신의 외교관. 스웨덴과 벨기에의 공사를 거쳐 1919년의 파리강화회의의 대표로 참가했고, 주미공사를 끝으로 정계에 은퇴해서는 일본보이스카우트운동을 주도했으며, 『요미우리신문』과 『경성일보』의 사장을 지냈다. 귀국하여 창가학회를 창설하는 데 주도적인 역할을 했다.

8) 미즈노 렌타로(水野練太郎 : 1868～1949) : 도쿄제국대학 법학부 졸업(1892). 내무성에 들어가 지방국장과 차관, 대신을 거쳐 조선총독부 정무총감(1919)을 지내고 귀국하여 내무대신과 문부대신, 흥아동맹 총재를 지냄. 종전 뒤에 전범으로 처벌됨.

9) 시노부 준페이(信夫淳平 : 1871～1962) : 일본의 외교관이며 국제법학자. 도쿄고등상업학교를 졸업하고 외교관으로 출발하여 서울 주차 일본 공사관의 대리 영사(1899)를 지냄. 귀국하여 와세다대학에서 외교사와 국제법을 강의함.

10) 하기와라 모리이치(萩原守一 : 1867～1911) : 일본의 외교관. 야마구치 출신. 도쿄제국대학을 졸업하고(1895) 외교계에 투신하여 조선 주차 공사관 서기관(1901～1904), 미국 주차 공사관 서기관을 거쳐 러일전쟁 당시에는 봉천 총영사로 있으면서 탁월한 외교 수완을 발휘하여 외무성 상무국장으로 승진됨.

에게는 분명한 정책이 있었다. 내가 하는 모든 일은 그들의 정책에 어느 정도의 영향을 미쳤다. 내가 승리한다는 것은 있을 수도 없었으므로 그에 대하여 어떤 기대감도 없었다.

나는 생사를 건 국가의 투쟁으로 악화되어 가는 상황의 한가운데 서 있었다. 내가 한 모든 것은 의미가 있었다. 의화단 사건이 중국에서 발생했을 때 조선도 그 전철을 밟을 수 있었다. 그러한 방향으로 나가는 조그마한 기미라도 있었더라면 동맹국의 전폭적인 승인 아래 일본군의 점령 조치가 뒤따랐을 것이며 이에 대하여 러시아도 당장 반대할 수 없었을 것이다.

영토병합론자의 정책적 관점에서 볼 때 한만 국경에서 벌어지고 있는 약탈 행위는 바람직한 것이었다. 만약 그러한 약탈이 지속되었다면 일본은 질서 유지를 위한 근거로 이를 이용했을 것이다. 만약 이러한 침략을 저지하기 위한 시도로서 내가 국경을 따라 강습을 감행하더라도 결과는 마찬가지였을 것이다. 이곳저곳에서 하야시가 취한 특별하고 교묘한 조치들은 상황을 자기 수중에 넣기 위해 필요한 것들이었다. 서울에는 그를 상대할 만한 외교관이 없었다. 왜냐하면 그는 자신이 해야 할 바를 알고 있었던 것과는 달리 다른 사람들은 그렇지 못했기 때문이었다.

아주 다른 관점에서 알렌[11]이 그와 상대할 수 있는 유일한 인물이었다. 그는 오늘날 역사학자들이 "제국주의 동기를 가지고 있지 않은 제국주의 도구"라고 부르고 싶어 하는 모든 점들을 지니고 있었다. 루스벨트와 키플링[12]의 영향을 받으며 자라 온 우리 세대의 일부는 "백인의 책임"(white man's burden)과 같은 것을 느끼고 있었다.

---

11) 알렌(H. N. Allen : 1858~1932) : 미국의 의사이며 선교사. 웨슬리언대학 신학과와 마이애미의과대학을 졸업하고 상해를 거쳐 한국에 입국(1882)하여 을사조약이 체결될 때(1905)까지 공사로 있다가 귀국함.

12) 키플링(R. Kipling : 1865~1936) : 영국의 소설가. 『정글북』(1894)의 저자로서 1907년에 노벨문학상을 받음.

그러나 우리들의 대부분은 어떤 나라를 병합하려는 생각도 없었고 유럽의 외교적 음모 속에서 우리 자신들을 온전케 하려는 생각도 없었다. 우리는 다만 유럽의 외교적 음모가 엄연히 존재하고 있다는 사실과 그것이 어떻게 기능한지를 이해하기 시작했으며 그것이 우리에게 나쁜 영향을 끼칠 때, 어떻게 대처해야 하는 것을 알기 시작했을 뿐이다.

제국주의의 틀 속에 둘러싸인 미국의 외교관들이 자신들의 힘을 인식했더라면 자유의 상징으로서, 건전한 사업을 실천하는 대표자로서, 그리고 기독교 복음을 통한 유익한 결과를 가져다주는 모범자로서의 방법을 통하여 미국을 존경하게 만드는 이외에는 그 힘을 사용할 생각을 하지 않았다. 제국주의로서 할 수 있는 일이란 아무 것도 없었다.

중서부의 작은 도시에서 선발된 훈련받지 못한 우리 외교관들은 내가 알고 있는 이상주의자들로서 그 뒤에 온 훈련 경력을 지니지 않은 외교관들, 그래서 우리가 "미국인"이라고 불렀던 그들보다도 더 비교할 수 없을 정도로 순수한 사람들이었다. 알렌은 자기 지위에 민감했으며 자신의 권력을 마음껏 향유했다는 것은 더 말할 나위도 없다. 그는 미국 국민들을 신뢰했으며 세계를 개명시킬 사명이 미국인들에게 있다고 믿었다. 그는 그런 의미에서 신문명의 복음을 전하는 복음주의자였다. 그는 조선 사람들의 풍습에 정통했다.

알렌은 의료 선교사로서 조선인들 속에서 자기 생애를 보내는 동안에 조선 사람들은 개혁을 서두르지 않는다는 것을 알았다. 그는 제물포의 타운센드,[13] 금광에서 종사한 헌트와 메저브 또는 자본의 공공 활용에 기여한 콜브란과 보스트위크[14]와 같은 사람에 의해 이루어진 건전한 사업이야말로

---

13) 타운센드(W. D. Townsend) : 미국의 사업가로서 미국상사의 조선 지사 설립을 위해 1884년 5월에 입국하여 광산을 탐사하고 운산 금광 개발에 참여했으나 갑신정변 당시 폭도들에 의해 약탈당한 뒤 곧 귀국함.

14) 콜브란(H. Collbrand)과 보스트위크(H. R. Bostwick) : 두 사람은 모두 미국의 사업가로

감리교회의 게일[15]이나 크랜스톤 주교[16]가 이룬 문화 및 선교 노력, 그리고 평양에서 웰즈[17]와 샤록스[18]가 베푼 의료 기술과 폭넓은 기독교 사람만큼 평화와 질서를 위해서 비중 있게 평가되어야 한다고 믿었다.

만약 일본인과 러시아인들이 자신들의 정책을 바꾸지 않았다면, 그리고 조선에서 상황의 개선과 조선의 독립을 위해 심각히 어떤 일을 행하지 않았다면, 시간을 가지고 있었던 이 모든 사람들의 활동을 활용하고 이들을 조정함으로서 일본인이나 러시아인보다 더 영향력 있는 위치에 오를 수 있었을 것이다. 그러나 이들은 그렇게 할 생각이 없었다. 전쟁이 주재국의 적대의식을 해소하는 유일한 해결책으로 받아 들였고 이제 조선으로서는 시간이 없었다.

알렌이 공식적인 업무의 측면에서 볼 때 고문으로서 나의 존재는 하나의 가시와 같은 존재였다. 그것은 피할 길이 없는 일이었다. 그는 나를 활용할

서 1897년에 내한하여 처음에는 각기 사업을 추진하다가 경인선 철도부설권의 획득하고 그 뒤 한성전기회사(1998. 9.)를 설립한 것을 계기로 하여 1899년에 콜브란-보스트위크 상사를 창설하였으며, 서울-개성 철도부설권(1899), 서울전철부설권(1904), 서울수도공사권(1905, 뚝섬수원지), 갑산 금광채광권(1905)을 획득함.

15) 게일(James Gale : 1863~1937) : 한국명 기일. 캐나다 토론토 대학 출신. 1888년에 입국. 성서 번역에 기여했으며 연못골교회의 목사(1891~1998)를 지냈고 『한영사전』(1897)을 편찬함. 그 뒤 평양 신학교 교사, 피어선 성경학교 교사를 지냈고, 황성기독교청년회를 창립했으며(1903), 성경전서를 한역 출간함. 그의 자세한 전기는 신복룡(역주), 『전환기의 조선』(집문당, 1998)의 역자 서문을 참고 할 것.

16) 크랜스톤(Bishop Earl Cranston : 1840~1932) : 미국의 법학자. 1867년에 감리교단에서 목사 안수를 받고 1896년에 감리교 감독으로 피선되었으며, 1898~1899년 동안 한국·중국·일본의 연락감독관을 지냄. 1898년에 내한하여 선교회를 주관함. 말년에는 덴버대학 창설에 기여함.

17) 웰즈(James H. Wells : 1866~1938) : 미국북장회 의료선교사. 1895년에 내한하여 평양에서 모펫 목사의 식당에서 의료 사업을 시작했고 1915년 이후에는 평양연합기독병원에서 봉사하였음. 은퇴 뒤에 포틀랜드에서 사망함.

18) 샤록스(Alfred M. Sharrocks : ?~1919) : 파크대학을 졸업하고 1899년에 내한하여 세브란스의학교의 교수로 재직하다가 주로 관서지방의 의료 선교에 전념하면서 신성학교 교감으로 봉사함. 에비슨의 장인.

수 없었다. 왜냐하면 그렇게 하면 그가 기피하도록 지시 받은 국무성의 분명한 정책을 노출할 수도 있기 때문이었다. 내가 유용한 인물이었다 할지라도 그는 나를 이용할 수가 없었다. 헤이의 지시에 따라서 그는 나의 업무에 대하여 공식적으로 중립적일 수밖에 없었다.

이러한 현실이 개혁의 부문에서 내가 무엇인가를 할 수 있는 가능성을 없애 버렸다. 알렌 역시 그것을 잘 알고 있었고 따라서 이 어려움을 비공식적으로 극복하려고 충심으로 노력했다. 나에게 올 수밖에 없었고 조선 실정을 다루려고 노력했던 조선 정부의 모든 고문들에게 닥쳐왔던 위기가 나에게도 다가왔을 때 그와 패독[19]은 정책이든 정책이 아니든 간에 관계없이 친절히 구원의 손길을 뻗어 주었고 최선을 다해 도와주었다.

알렌과 나 사이에 비록 때때로 싸움이 일어났을지라도 알렌은 극동에 걸쳐 미국의 신뢰를 이뤄놓은 훌륭한 미국인들 가운데서 귀중한 성공을 거둔 사람이었다. 일본 족벌들 사이의 싸움에도 불구하고 우리가 일본을 "개방"시켰을 때 우리의 행동은 진실로 일본을 복원하는 데 도움이 되는 것으로 인정받았다. 일본 천황이 몇 세기 동안 막부들에게 위임해 왔던 정권을 회복했을 때, 우리가 일본의 족벌들과 맺은 사소한 약속들은 망각되었다.

일본 제국 정부에 대한 우리 측 첫 번째 민간 대표는 훌륭한 행동으로 좋은 평판을 지속적으로 받았다. 이 일에서는 초창기의 공사 관원들이야말로 일본의 문을 개방시킨 사람들이었다. 이러한 현상은 중국에서도 마찬가지였다. 항구적인 국제 질서의 재편을 이끌어 가는 경쟁에서 우리가 참여한 것은 의화단 사건에서 우리가 참여한 것 이상으로 우리의 발목을 잡지 않았다.

일본이든 중국이든 조선이든 우리는 영토를 차지하려는 음모나 왕실을 둘러싼 야망을 갖고 있지 않았다는 점과 유럽의 문제에서도 초당파적이었

19) 패독(Gorden Paddock) : 미국의 외교관. 1901년 8월에 주한 미국 공사관 서기관 겸 부영사로 부임하여 1906년까지 재임함.

으며 동양에서는 사업을 위한 목적이든 종교적 목적이든 인도주의적 교육 사업을 위한 것이든, 이를 위해 거주하는 사람에 불과하다는 점을 그곳의 국민들은 시인했다. 내가 여기에서 지적하려고 노력했던 것처럼 미국인들은 중국과 조선의 어디에서든지 특권적 지위를 누리고 있었다.

중국 정치인들이 영국의 힘을 요구했든 아니면 러시아의 힘을 요구했든 간에 또는 조선의 정치인들이 러시아의 힘을 요구했든 아니면 일본의 힘을 요구했든 간에 그리고 처음부터 일관되게 개발 정책을 추진해 온 일본이 1870년까지 군사 고문으로 독일 장교를 채용하고, 그 뒤에는 프랑스 군사 고문을 채용하고 함대의 건조와 개발을 위해서는 항상 영국 해군 장교를 채용했든 간에 미국인 고문이 외교 관계 문제를 자문하려고 채용되었던 것은 주목할 만한 일이었다.

미국인인 데니슨[20]은 죽을 때까지 도쿄의 외교 사무실에 있었으며 스티븐스[21]은 도쿄에서 워싱턴으로 전직되었다가 조선이 합병 당한 뒤에는 조선으로 전직되었다. 미국인이 동양에서 우리가 힘을 지닐 수 있었던 이유는 헤이가 서울 공사관에서 근무하던 시절의 나에게 훈령한 미국의 중립 정책 바로 그것 때문이었다. 유럽의 문제에 대한 우리의 중립 정책은 비록 우리가 몇몇 반외세 운동에 대항하여 유럽 국가와 함께 참전할 수밖에 없었던 일이 있었다.

그렇다고는 하지만 중국에서 전적으로 오해를 받은 일은 없었다. 유럽 외교가 아프리카의 분할을 생각하고 정치가들로부터 소수 외교관들에 이르기

---

20) 데니슨(Henry W. Denison : 1846~1914) : 미국의 변호사. 조지 워싱턴대학을 졸업하고 국무성 일본과의 법률 고문(1880)이 되어 러일전쟁 강화 조약의 일본 측 자문 역할을 했으며 그 공로로 일본 정부로부터 욱일장을 받았다.

21) 스티븐스(D. D. Stevens : ?~1908) : 미국의 외교관. 일본 외무성에 고용되어 있다가(1904~1908) 일본의 추천으로 조선의 외교 고문으로 부임했다. 그는 지나친 친일 노선으로 일본의 조선 통치를 찬양하다가 미국에서 전명운과 장인환에게 사살되었다.

까지 타국의 영토 분할을 위한 제안이 여전히 자연스럽고 일사불란하게 진행되었을 때에도 헤이의 문호 개방 정책은 하나의 효과적인 안전 장치였다. 국제 은행가들의 합의 사항도 역시 마찬가지였으며 새로운 외교를 향한 조치도 그러했다. 극동에서 활약하는 유럽의 외교관들은 우리들의 지위를 무너뜨리려고 할 수 있는 데까지 했으나 항상 한계에 부딪쳤다.

미국은 거대한 국가이며 만약 우리의 균형이 깨져 넘어지면 그 무게가 누구 발등에 떨어질는지는 어느 누구도 모른다는 것이 우리에게는 하나의 재산이었다. 미국의 중립 정책은 극동에서 우리들의 영향력을 미칠 수 있는 원초적인 기반이었다. 우리가 오늘날과 같은 의미에서 유럽과 같은 극단적인 제국주의로 나감으로써 기반을 구축한다는 것은 결코 불필요한 것이었다. 또한 마치 지구 끝에서 미국인들을 불러들인 일들이 미국 대표들이 연루되고 싶지 않은 언짢은 일들이었던 것처럼 그 뒤의 미국의 외교관들에게 미국인 공동체의 초연한 위치를 유지하라고 고무하는 것도 필요치 않았다.

비공식 외교의 시대에는 미국 공사가 미국인 공동체의 대표이자 중심이었다. 그는 마치 소도시의 은행장처럼 모든 사람을 알았고 자기 업무의 모든 것을 알았다. 그는 남을 충고하고 거부권을 행사하기도 했다. 그는 주재국 정부와 우호적인 관계를 유지함으로서 이를 자기 나라 국민의 보호와 도움에 이용했다.

미국의 외교관들이 상대편에게 분노를 느끼지 않으면서 주재국의 결점을 논의할 수 있는 상식과 친절 그리고 개인적 친분을 맺는 것은 관념적 외교보다 훨씬 더 유력하다고 나는 확신한다. 나는 후대의 외교관들이 "서로 가까운" 주재국 정부에 대하여 경직되리만큼 형식적이고 고지식한 외교 관계를 맺는다거나 주재국 내의 미국인 사회에서 고립되는 것은 누구에게도 도움이 되지 않는다고 확신한다.

지금의 외교관들은 너무나 중립적이어서 우리와 같은 대부분의 직업 외교관들이 공식 만찬의 뒷전으로 사라지고, 심각한 외교 문제들이 사업이나 하던 사람들 가운데서 차출된 인물들에 의해 처리되고 있는 것이 지금의 현실이다. 알렌이 이끌어 온 미국인 무리들은 오늘날 소위 제국주의적 자세의 전형적인 모습이었지만 만약 이에 대하여 알았거나 관심을 가졌더라면 이것은 동시에 건전하고 인도주의적인 미국 외교 정책의 이륙을 위한 합리적이고 견고한 기초가 되었을 것이다.

황제에 대한 미국인 고문은 걷잡을 수 없는 기계의 톱니바퀴였다. 오늘날 미국인들이 외국 정부로부터 그와 같은 종류의 고문으로 초빙되는 것은 아주 흔한 일이다. 남미에서의 그들의 지위는 완전히 신임 받고 있다. 이런 사람이 영원히 권력을 지니고 있는 완벽한 사례는 보스턴 출신의 스미스[22]의 경우이다.

도즈위원회[23]의 밑바닥에도 그러한 인식이 깔려 있다. 이 위원회는 미국인으로 구성된 위원회도 아니었고 미국인이 세운 계획도 아니었으나 아무리 그것이 좋은 것이었다 할지라도 미국인 위원장을 통해서 위원회 안의 미국인 그룹의 지원을 받지 않았더라면 그것은 결코 성공할 수 없었을 것이었다.

30년 전에 조선에서 내가 겪은 경험은 고문의 지위가 어떤 것이어야 하는가를 지금의 외교관들에게 이해시켜 주고 있다. 나는 조선을 위해서 거기에 있었다. 셔스터[24] 씨도 페르시아에서 나와 같은 경험을 되풀이하면서 같은 결과를 가져왔다.

---

22) 스미스(Jeremiah Smith : 1759~1842) : 미국의 변호사. 피터보로 출신. 뉴햄프셔 주지사(1809~1910). 뉴햄프셔주 대법원장(1802~1809, 1813~1816)을 역임함.

23) 도즈위원회(Dawes Commission) : 미국의 변호사이자 군인이며 재정전문가였던 도즈(Charles G. Dawes : 1865~1951)가 제1차 세계 대전 이후 연합국 배상 문제를 해결하려고 조직한 국제 기구. 이 위원회의 업적을 인정받아 도즈는 노벨평화상(1925)을 받았으며, 쿨리지와 런닝 메이트로 부통령에 당선(1925~1929)되었고, 주영 대사(1929~1932)를 역임했다.

24) 셔스터(William M. Shuster : 1877~?) : 미국의 변호사 겸 사업가. 페르시아의 재정 고문(1911~1912). 센츄리회사의 사장(1915~1933), 애플턴출판사의 사장(1933)을 역임했음.

제 15 장 결 론

정부 개혁에 관해서는 내가 자랑스럽게 내세울 만한 것이 없다. 5년 동안 나는 공적인 뇌물 수수 행위를 근절하고 각 지방의 평화롭고 느긋한 관리 조직을 최소한의 처벌과 공공 의식을 갖춘 관리 조직으로 양성하는 데 실패했다. 또한 나는 지방 행정의 관리 조직을 위한 출발점으로 삼을 수 있는 다양한 외국인 학교와 동등한 자격의 학교를 설립하는 데에도 실패했다.

극동 지역에서 오늘날 다자간 평화 조약이 요구하는 분쟁을 해결하려고 조선을 중립화하려던 나의 계획도 흔적 없이 사라졌다. 왜냐하면 빅토리아 여왕의 즉위 60주년 기념식[1]에 사절단을 파견하면서 나를 동행시키려 했으나 조단 경이 제물포 주재 영국 영사로 바꿔줄 것을 정중하고도 강력하게 요구했기 때문이었다. 나를 교체하는 것이 영국 정부도 만족스럽게 생각하리라고 이해했기 때문에 나는 영국행을 포기했다.

그러나 나는 사절단 수뇌로서 경력이 너무나 일천한 조선의 왕자에게 그러한 의제를 논의하도록 위임할 수는 없었다. 나는 영국이 영일동맹으로 말

---

1) 빅토리아(Victoria : 1819~1901, 재위 1837~1901) : 여왕의 즉위 60주년 기념식은 1897년이었으며, 당시 조선 정부에서는 민영환을 파견했으며 러시아 공사 웨베르의 부인이 수행했음.

미암아 일본에게 발목이 잡혀 있기는 하지만 그들이 내 생각을 경청하리라는 것을 잘 알고 있다고 확신하고 있었다. 그러나 나는 미국에게 나의 계획을 이해시킬 수 없었다. 조선에 주재하는 어떤 영사관도 나의 계획을 받아들이지 않았다.

나는 내가 영국행을 포기해야 한다고 요구하는 영국 영사의 면전에서 나의 영국행을 강요할 수 없다고 느꼈다. 어느 곳에서도 충분히 이지적으로 나의 의견을 경청하지 않았다. 그런데 내가 거의 기대하지 않았던 곳에서 호의적인 반응을 보였는데 일본이 바로 그들이었다. 조선을 무단 점령한 뒤 총독이 되어, 조선의 실질적인 지배자가 된 이토 히로부미 경이 바로 그 사람이었다.

물론 나는 황제에게 자주 그리고 상세히 내 소박한 계획을 역설했었다. 그는 항상 점잖고 진지하게 나의 말을 경청했다. 그러나 그 불쌍한 황제는 내가 수립한 그 계획과 관련된 모든 것을 첫마디도 알아들을 수 없는 사람이었다. 그의 철학의 골자는 자신이 백성의 주인이고 모든 것이 그의 소유라는 것이었다. 더구나 의사 소통은 복잡했고 어려웠다. 왜냐하면 그의 곁에 있는 시종들이 그를 홀로 남겨두지 않았기 때문이다.

심지어 외국인과의 사사로운 접견에서조차도 그 뒤에는 대화 전부나 그 반이라도 듣고자 귀를 쫑긋 세운 이들이 있었다. 따라서 그의 절친한 친구들과 의논했던 내용이 나중에 왜곡된다는 것은 두말할 나위도 없다. 몇몇 낭만적인 발루아[2]처럼, 그는 항상 국가에 대한 문제를 털어놓지 않았다. 나랏일이 그를 지겹게 만들었다. 그는 잦은 하품을 섬세한 상아 손으로 가릴 때마다 솔직히 부끄러워하고 너무 졸린다고 말하며 정중하게 사과했다.

내가 100일 동안에 네 번 자리를 비우게 되자 궁궐의 아첨꾼들과 나를 좋

---

2) 발루아(Valois) : 프랑스의 부르봉 왕실을 의미함.

아하지 않는 이들은 내가 이룩해 놓은 좋은 인상을 깰 수 있는 충분한 기회를 잡았다. 그러한 몇몇 경우에 나는 비참한 죽음을 보았고, 그 밖에도 몇몇 많은 다른 기회가 있었다. 그러나 나는 그것을 발설하지 않았다.

궁궐의 예법은 너무 엄중해서 어떠한 예외도 없었다. 압록강가나 제주도에서 혹은 콜레라가 유행하거나 거리에 폭동이 일어났을 때, 사람들의 죽음을 본 사람들은 몇 백일 동안 절대로 황제 가까이 갈 수 없다. 이러한 고대의 예법은 어떤 비상 사태에도 결코 변할 수 없다.

이토 히로부미 경이 황제의 배려로 도쿄에서 은밀한 계획을 가지고 왔을 때, 나는 궁궐에서 근무 중이었다. 그 은밀한 계획들은 재빨리 나의 귀에 들어왔고, 나는 그 말들이 나에게로 전달되는 동안 왜곡되지 않았다고 확신하지 못했음에도 불구하고, 내가 들은 많은 것들에 동의했다. 나는 여러 사람을 거쳐 내게 들려온 그 계획에 대하여 비평하는 것이 매우 어렵다는 것을 알고 있었다.

따라서 이토를 둘러싼 수행원들의 방해에도 불구하고 나는 이토 히로부미를 직접 가서 만나보기로 결심했다. 우리는 다소 서로를 이해할 수 있을 것이다. 일본 도시에서 온 최고의 기생들을 제외하고는 아무런 수행원도 없이 찻집에 앉아 있는 이토를 보았다. 그는 기분이 매우 좋아 보였으며 술로 얼굴이 붉어져 있었다.

나는 스스로도 놀랄 정도로 대담하게 위대한 정치가가 부르는 경박한 노래를 중단시켰다. 나는 황제와 그와의 사이에 오고간 매우 비밀스러운 회담의 내용을 들었고 그가 실제로 말했던 것에 대하여 좀 더 확실한 내용을 알기를 원하며 또한 내가 어떻게 충고해야 할지를 모르겠다고 솔직하게 말하자 그는 놀라는 표정이었다.

이토 히로부미는 일본에서 가장 위대한 정치가 가운데 한 사람이고 또한 확실히 그 시대의 위대한 인물이었다. 그러나 내가 보기에 그는 그의 미천했던 가문의 겸소함을 잊지 않은 듯이 보였다. 그의 사생활이 침범 당했다는 것은 확실히 충격적인 것이었다. 더구나 일본 관료 조직이 공통적으로 인정하는 일본 외교 정책의 적인 나에게 술을 마시고 노래를 부르고 있는 장면을 들킨 것은 충격적인 것이었다.

그런 인물이 황제와 이토 사이에 있었던 사사로운 전갈의 내용을 전부 알겠다는 것은 마지막이자 완전한 일격이었다. 나는 분명히 그에게 뇌졸중이 일어나기를 기다렸지만 그런 일은 일어나지 않았다. 그 대신 그는 나에게 앉기를 청하고 일본 술을 한잔 권했다. 그리고 우리가 그 문제에 대하여 이야기할 것을 제안했다. 나는 조선에 관해 이토 경이 자기 정부에게 제시한 제안이 무엇인지를 알지 못했다. 그러나 나는 이토가 다른 사람들의 의견을 좀 더 들었어야 했고, 좀 더 나은 정부 체제를 출범시켰어야 했다고 확신한다.

조선을 위해 조선인들이 저지른 최악의 일은 이토를 암살하고 나의 후임자인 스티븐스(Durham W. Stevens)를 죽인 것이다. 내가 조선의 뛰어난 인물들과 민영환과 같은 열렬한 애국자들 그리고 황제와 그의 수다스런 내시들로부터 들은 것들을 종합해보면, 일본 천황이 용인한 이토 경의 제안은 일본, 중국, 조선 사이에 긴밀한 동맹 관계를 맺도록 하는 방향임을 보여주었다.

이는 서구의 지식을 흡수하는 데 다른 국가들보다 좀 더 성공적이었던 일본의 주도로 전반적인 정책과 실질적인 서구화 훈련을 통하여 중국과 조선을 동맹으로 엮는 극동 연합을 의도하는 것처럼 보였다. 이토는 그의 임무에 대한 나의 이해에 대하여 긍정도 부정도 하지 않았다. 왜냐하면 그는 그의 임무가 은밀한 것이기 때문에 인정할 수 없었다.

이토로서 충격적인 것은 그가 일본의 모든 주요 정책에 대하여 토론하는 것을 아주 젊은 미국 풋내기에게 양해했다는 것이다. 그 미국인은 동양에서 두 명의 위대한 황제를 한 손에 휘어잡을 수 있는 지위에 투입될 기회를 잡은 것이다. 그것은 매우 환상적인 자리였고 이토와 같은 거물의 마음에 들 수 있는 절호의 기회이기도 했다. 이토는 매일 조선 사람들과 생활하는 내가 주장하는 모든 것에 진심으로 동의하면서도 내 지위로는 그것이 완전히 불가능함을 지적했다.

그는 내가 가설로 동방의 세 제국인 일본·중국·조선의 동맹을 추측한 데 대하여 나를 격려했다. 나는 그것이 가능하다고 생각했고, 그러려면 이토가 중국인들과 조선인들을 안심하도록 만드는 협정에 서구 강대국들을 충분히 끌어들여야 한다고 생각했다. 내 생각에 일본 군대가 16세기말에 저지른 처참한 유린[임진왜란]의 기억이 여전히 조선인들에게 남아 있지만, 그 기억을 완전히 씻어버릴 수는 없어도 지금은 그 기억이 그렇게 강렬하지 않다고 생각한다.

일본 관료들이 제정했고, 조선 사람들의 개인적 삶의 모든 부분에 영향을 비친 경직된 사치금지령은 조선에서 일본인들이 주도권을 잡은 짧은 기간 동안 일본이 영향력을 행사하는 데 상처를 입혔다. 조선 사람들이 일본인들에게 저항할 수 없도록 위협한 반면에 미우라 고로 체제와 여왕의 무자비한 살인자는 신뢰의 분위기를 전혀 만들지 못했다. 공포심은 더욱 강렬한 증오심을 낳았고 증오심은 줄어들지 않았으며 하야시 곤스케의 냉정한 통치로도 신뢰를 회복하지 못했다. 연합이나 동맹은 조선에 관한 이러한 심각한 사실들을 진지하게 고려해야 한다.

중국에 관해서 나는 어떠한 것도 추측할 수 없다. 왜냐하면 중국은 일본의 문화보다 훨씬 오래되었고 그것을 자랑스러워하기 때문이다. 나는 중국이 서구의 응용과학을 습득한 일본에 크게 감명을 받았다거나 중국이 독자성을 가지고 일본을 포함한 세계 각국에 대하여 자신의 방식대로 처리할 수 없다는 것을 믿기 시작했다고 확신할 수 없다.

서구 유럽의 강대국들 사이에는 이권 외교와 영향력의 행사 범위를 확대시키려는 체제가 형성되고 있었다. 일본 주도 아래의 동맹은 대단히 경쟁적인 사업에서 일본이 독점하려는 것이라고 그들에게 받아들여지지 않을까? 미국은 자신에 반대해 극동의 시장에서 무역의 문호를 봉쇄하지 않겠다는 충분한 보장을 받아낼 수 있을까? 그것이 성사될 수 있을는지도 모른다. 세 제국에 대항하는 의화단운동과 같이 폭력에 따르지 않는 한, 반외국 동맹은 일어날 수가 없다.

나는 극동 연합에 앞서 신뢰의 분위기를 위한 첫 단계로 조선의 중립화를 위한 완벽한 평화 조약을 주요 강대국과황제에게 제안했다. 이 중립 안은 내가 애지중지하는 아들과 같은 것이다. 이토 경이 찻집의 바닥에 앉아 있을 때, 그는 진지하고 예민했으며, 내 말을 들을 때는 연장자로서 그의 엷은 회색 빛 수염을 쓰다듬으며 친절하고 주의 깊었다.

그가 조선에 대한 상황을 훌륭하게 이야기할 때, 그는 현지 언론이 나를 대하는 것처럼 내가 외교상의 모험가가 아니라 매우 유력한 인물이며 일본의 인내심이 다 소비되었을 때가 오면 제거하거나 충돌할 수도 있는 인물이 아니라고 생각했다. 나는 그 뛰어난 인물이 나의 의견을 들어주고 일본을 이끄는 정치가 앞에서 나의 견해와 조선의 입장을 설명할 수 있었다는 점에 대하여 깊이 만족하며 그곳을 떠났다. 그러나 구체적으로 얻은 것은 없었다.

나는 궁궐로부터 추방된 또 다른 기간에, 조선 외교사절단을 설립하고 의화단의 패배와 연합군의 북경 점령 이후의 직접적인 상황들을 알아보려고 북경으로 갔다. 내가 돌아온 뒤에 러시아와 프랑스의 지지를 등에 업은 이용익에 의해서 계약서의 명백한 잔여 기간에도 불구하고, 한 벨기에 고문관이 내 자리에 임명되었다는 것을 알았다. 그것은 이미 기정사실이었다.

사람들은 제물포항에 정박한 9척의 순양함이 없다는 것을 알고 있었다. 백성들은 브라운(McLeavy Brown)을 나와 같은 경우로 생각했고 따라서 그 벨기에 공사는 나의 계약서에 명기된 것에 대해서 크게 관심을 기울이지 않았다.

여왕을 구출했던 평양의 흉악한 광부 출신인 이용익은 지난날 상궁이었던 엄비의 도움을 받아 궁궐의 실력자가 되었다. 어느 누구도 그의 배후에 누가 있는지 알지 못했다. 왜냐하면 항상 파블로프와 하야시가 그의 편을 드는 것처럼 보였기 때문이다. 아마도 그들이 이용익을 이용한 것이겠지만 그러나 좀 더 분명한 것은 이용익이 그들을 이용했다는 사실이다.

이용익은 그 두 사람을 이간시키려는 위험한 놀이를 했다. 이용익이 나를 적대적으로 대할 어떤 이유도 없었다. 왜냐하면 그는 나를 자주 방문했고 나는 항상 그에게 잘 해주었기 때문이다. 그럼에도 불구하고 그는 갑작스런 적대감을 보이더니 왕실 금고의 관리자로서 나의 급료를 중단하고, 나의 집을 몰수했다. 나는 사직할 수도 있었지만 내가 떠나기에는 급박한 상황이 너무 가까이 다가오고 있었고 나의 일에 관해 황제가 알고 있는지를 확인할 수가 없었다.

일본인들은 압록강 근처에 코작크인들이 나타났다는 소문에 흥분했다. 코작크인들은 정규군이 되거나 조계의 경찰로 고용되는 등의 무슨 일이라도 할 수 있는 이들이었다. 코작크인들은 황실 근위병, 하인 혹은 가신이 될 수 있었다. 코작크인들은 아무 짓이나 할 수 있는 사람들이었다.

예를 들어 그들의 부족의 옷이 그들의 제복이었고, 그들의 말과 총은 그들의 개인적인 물건이었다. 그들은 군대의 기마병이든 아니면 반은 농부고 반은 목동인 가정집에서 근무하든 간에 그들의 옷과 무기를 비롯한 모든 장비는 모두 똑같았다.

러시아의 신비스런 공작들과 악명 높은 사변가들은 몇 년 전에 몰튼이 제안 받은 것과 같은 압록강 상류 지역의 삼림벌목권을 획득했다. 국제적으로 유명한 금융업자인 유대 가문의 한 사람은 일본인들이 그곳에서 무엇을 꾀하고 있는지를 알아주면 나에게 적정한 댓가를 지불하겠노라고 제안했다. 사실 나는 유대인들과 러시아인들 그리고 일본인들이 그곳에서 무엇을 꾀하고 있는지, 그리고 특히 러시아인들이 하고자 하는 것이 무엇인지를 몹시 알고 싶었지만 나는 매인 몸이었다. 따라서 나는 코작크인들과 러시아 공작들을 보기 위해 다시는 국경 지방에 갈 수 없었다.

일본인들이 이러한 사실들을 걱정스러워하고 노여워한다는 것을 모든 이들이 알게 되었다. 또한 모든 이들은 만약 러시아가 조선에 진출한다면 일본이 이를 묵인하지 않을 것이라는 것도 알고 있었다. 그러나 지금에 와서야 다 아는 일이지만 적어도 그 당시의 서방 세계의 어느 누구도 러시아가 신뢰할 수 없는 사람들의 손안에 장악되었거나, 조선 병합을 위해 결심한 사람들에 의해 장악되어 있고 심지어 일본 및 영국과 결전을 준비하고 있다는 것을 알지 못했다. 북극곰[3]만이 유일하게 어느 누구도 이해하지 못하는 것을 위협하는 신비스러운 존재였다. 모든 움직임은 체스 판 위의 전쟁의 의미를 나타내기 시작했다.

1904년 2월 초순에 순양함 와리아크호의 사관들이 우리에게 점심을 대접하고 싶다고 요청했다. 나는 그 항구를 향해 좀 늦게 출발했는데, 곧 먼저가 있던 일행으로부터 전화 연락을 받았다. 그의 말에 따르면 와리아크호의 수석 사관이 해안에 와서 점심을 취소했고, 이제까지의 모든 배의 비용을 지불 한 뒤 작별 인사를 했다는 것이다. 클럽에서 모든 열쇠를 쥔 그를 둘러싸고 있던 사람들이 무슨 일이 일어났냐고 물었다. 그는 웃으며 말했다.

"밖을 내다보세요."

제물포 항구를 두 개의 만으로 나누는 월미도 건너편에 몇 척의 구축함들이 반원을 형성하고 있었고 다시 그들의 건너편에는 갑 저편 멀리를 향해 경순양함이 있었다. 그리고 수평선 위는 종렬로 선 일본의 거대한 함대에서 뿜어 나오는 연기로 가득 찼다.

"이 모든 게 무슨 일입니까?"

"우리도 모릅니다. 모든 이들이 알다시피 일본은 선전 포고를 하지 않았고, 다만 한 시간 전에 우리에게 항복하라는 연락을 해왔습니다."

"어떻게 할 생각입니까?"

---

3) 북극곰(Adam Zad) : 키플링의 소설 『정글북』에 등장하는 곰의 이름. 그는 사람처럼 걸어다녔다.

"우리는 동양의 해군 함대에 첫 번째로 항복하는 유럽인이 될 수 없습니다. 우리는 여순항까지 돌파할 생각입니다. 그러나 우리에게 승산은 없습니다. 안녕히 가십시오."

항구로 오는 다음 열차에 움직일 수 있는 모든 사람들이 승차했다. 왜냐하면 그 항구에서 벌어지는 모든 일들은 곧 그 도시 전체로 퍼지기 때문이다. 와리아크호가 충분한 무기를 지닌 채 빠져나갈 수 있는 그 유일한 해협에는 몇 척의 소형 배들이 가까이에서 맴돌았고, 나머지 배들은 훨씬 먼 쪽의 바다에 있었다. 바야흐로 전운이 감돌았으며, 러시아 함대는 와리아크호에 전투 기회를 주려는 것 같았다.

항구에는 미국과 영국, 프랑스 순양함이 한 척씩 정박해 있었다. 와리아크호가 천천히 출발했고, 그 뒤로 호위함인 코리에츠호와 러시아의 우편 수송함이 뒤따랐다. 와리아크호는 긴 곡선을 그리며 그 항구를 벗어나 가까스로 해협을 통과했다. 해안선을 따라 3마일도 가지 못해 순양함을 만났으나 둘 다 모퉁이에서 사라졌으며 소함정도 그 뒤를 따랐다. 그 함대들의 내부에서 어떤 일이 일어났는지에 대해서는 관심이 없다는 듯이 오만한 태도로 일본의 거대한 전투함들과 순양함들이 일정한 거리를 유지하고 있었다.

서로의 치열한 포격이 잠시 멎은 뒤, 모든 전함들은 항구로 귀환했다. 와리아크호는 급격하게 한쪽으로 기울었고 재차 정박을 시도했으나 해협 입구의 모래톱 위에 난파되었으며 한 순양함이 다시 입구를 막았다. 코리에츠호는 먼 거리에서 있었기 때문에 어떤 피해도 관측되지 않았다. 보트들이 러시아 함대와 외국 순양함 사이를 바쁘게 오고 갔다.

점심시간 무렵에 코리에츠호는 정박하자마자 도시 전체의 모든 강철과 트럼프, 사진들을 태우는 듯한 거대한 연기를 뿜어대며 폭파되었다. 잠시 뒤 와리아크호도 침몰했다. 우리의 친구인 수석 사관은 배가 가라앉을 때까지 첫 포탄이 강타했던 갑판에 서 있었다.

구축함들이 서둘러 항구로 돌아왔고 다시 보트들이 러시아 함대와 프랑

러일전쟁의 발발과 함께 조선을 떠나는 러시아 공사 파블로프와 그의 일행(좌측 맨 끝이 필자)

스, 영국 순양함 사이를 바쁘게 오고갔다. 마침내 영국 관리와 우리 일행 가운데 한 사람이 그 클럽에 돌아와 그 소식을 들을 수 있었다. 러시아 함대들은 훌륭하게 싸웠다. 프랑스와 영국 순양함에 옮겨 탄 모든 생존자들이 돌아왔을 때, 미국은 중립을 지켰다. 물론 러시아의 동맹국인 프랑스는 그들이 할 수 있는 모든 조치를 취한 것과는 달리, 일본의 동맹국인 영국은 수수방관함으로써 일을 복잡하게 만들었다.

러시아의 소형 구축함이 러시아의 전쟁 포로를 되돌려 달라는 단호한 전갈을 가지고 왔으나 영국과 일본은 그것을 거부했다. 우리의 정보원의 말에 따르면, 일본과 영국이 포로 송환을 거부한다면 포로들을 탈취하겠다는 전갈이 왔다고 한다. 이에 대하여 영국 선장은 이렇게 대답했다.

"동맹국이든 아니든 누구도 영국의 배에서 하선하지 못한다!"

그리고 그는 그러기 위해 옷을 벗어 젖혔다. 이는 1812년의 전쟁[4]을 생각나게 하는 일이었다.

---

4) 1812년의 전쟁 : 나폴레옹(Napoleon)의 러시아 원정을 의미함.

그 뒤 어떠한 일도 발생하지 않았다 그러나 훨씬 뒤에 나는 그 영국 선장이 공식적으로 징계 받았다는 소문을 들었다. 왜냐하면 해군의 일원으로서 그는 경솔하게 대답했고 무장 해제를 사사롭게 명령했기 때문이다. 그러나 그는 개인적으로 칭찬을 들었는데 이런 일이란 해군에서는 늘 있는 일이었다. 모든 사람들은 항구로 모든 배들이 들어온 뒤 배들이 닻을 내리는 동안 또 다른 싸움이 일어나리라고 생각했다. 그들은 군수송선단의 호위대들이었다.

배의 광부들과 쿨리들이 요술처럼 나타났다. 각 배 안에 있던 군대들은 질서정연하게 상륙하여 북쪽을 향해 열을 맞춰 행진했다. 10년 뒤에 벨기에군이 압도적인 전력으로 목격자들에게 깊은 인상을 심어주었던 회색 빛 공격 무기조차도 1904년의 일본 점령군의 그것보다 정확하지 못했고, 잘 훈련되어 있지 않았다. 그들은 우수한 군대였다.

나는 카이저가 지휘한 대규모 기동 연습과 세계 대전에서의 여러 군대들을 보았지만 일본군의 상륙 작전만큼 훌륭한 작전을 본 적이 없다. 일본인들은 어느 누구도 무질서를 생각조차 하지 않았다. 그들은 잘 훈련되어 있었을 뿐만 아니라 자제력이 강한 민족이었다. 모든 사람들은 그들이 조선 사람들과 접촉할 때의 정중함과 배려에 더욱 놀랐다.

며칠 후, 파블로프는 그의 가족들과 관리들의 가족 그리고 모든 러시아 거류민들에게 프랑스 순양함에 승선하도록 준비했다. 그들은 명예를 존중하며 열차 편으로 제물포에 갔으며 일본의 고위 장교가 그들을 호위했다. 영국 순양함은 몇몇 영국 조차지에 와리아크호와 코리에츠호의 생존자들의 일부를 수용하려고 배의 진로를 돌렸다. 그 다음은 나의 차례였다. 나는 상당한 호기심을 가지고 사태의 추이를 기다렸다.

이용익이 내 봉급을 중단하고, 내 자리를 차지한 벨기에인과 협상하는 간단한 과정을 거쳐 나를 축출했고, 우리 공사관이 계약의 불이행을 순순히 받아들였다는 것을 모든 사람들이 알게 되었기 때문에 일본은 나를 간단히 무시할 수 있었지만 그들은 유럽과의 첫 전쟁을 기사도적인 방식으로 처리하였다. 뒤에 중국 담당 공사가 된 히오키 마스가 간략한 연락을 해왔다. 그는 나에게 이렇게 말했다.

"나는 여기에 설립되는 임시 정부에 당신이 참여하여 이토 경을 돕도록 하라고 지시했습니다."

나는 고도의 정치를 하려고 제휴할 만한 인물로서는 이토 공작만한 인물이 없다고 생각했다. 그들은 나를 대단히 칭찬했고 진심으로 경의를 표한다고 말했지만 나는 4년 동안 일본의 정책에 반대해 왔다. 그래서 나는 히오키에게 이렇게 물었다.

"비록 내 쪽 사람들이 나를 배신했다 하더라도 내가 승리자의 편에 붙는다면 당신은 나를 어떻게 생각하겠습니까?"

그러자 그가 이렇게 대답했다.

"우리는 그것을 알지만 우리가 원하는 것은 바로 당신입니다."

"내가 만약 그렇게 한다면 당신은 나를 좋게 생각할 수 있겠습니까? 히오키 씨"

"당신은 나에게 사적인 질문을 하고 있지만 그것인 공적인 것입니다."

"옳은지 그른지 둘 가운데 하나를 선택하라면요?"

"유감스럽지만 그것은 잘못된 쪽입니다. 미안합니다. 즉시 떠날 수 있는 기병 수송대가 있습니다. 나는 그 배가 갈 곳을 말해 줄 수 없습니다. 그러나 나는 당신의 짐에 대해서도 배려하여 제물포에 있는 미국 석탄 운반선에 실어 놓겠습니다. 물론 당신은 미국으로 가는 첫 배에서 매우 정중한 대접을 받게 될 것입니다."

그 수송선의 선장은 굉장히 호감 가는 인물이었으며, 또한 스릴을 매우 좋아하는 사람이었다. 우리가 마산포를 향해 해안을 따라가고 있을 때, 그는 빙긋 웃으며 이렇게 말했다.

"갑판 아래로 내려가 남들에게 모습을 보이지 마십시오. 나는 당신에게 현창에 접근하지 말라고 요청할 수는 없습니다. 단지 모습을 보이지 말라는 것뿐입니다. 나는 특급우편물을 항구에 전달해야 합니다."

그가 나에게 모습을 보이지 말라고 말한 데에는 그럴 만한 충분한 이유가 있었다. 나는 여순항에서 최초의 해전이 발생하여 일본 함대에게 아무런 상처도 입히지 못한 채 어떻게 궤멸되었는가를 급전을 통해 세계에 타전하고 있었다. 그 소식은 세계의 해군에 훌륭한 정보가 되었다. 인천만에 숨겨둔 함대는 강력한 지상의 함포를 받아 손상되었으며, 몹시 부서졌을 것이라고 사람들은 예상했다.

그러나 외국인에게는 그 어떠한 상태도 보여줄 수가 없었다. 몇 천 명의 노동자들이 포탄을 맞아 생긴 구멍을 수리하고 있었다. 건조 도크가 일본에서 예인되어 왔다. 나는 어떻게 그들의 행동이 그토록 비밀스럽게 유지되었는지 이상스럽게 여겼고 러시아인이 나에게 알아봐 달라고 부탁했던 것이 바로 나에게 그런 말을 한 원인이 아니었을까하는 의심이 들기도 했다.

오랜 시간이 지나서야 우리는 그 항구의 특별한 중요성을 알아차렸다. 그 항구를 조계로 획득하려고 여러 번 시도했었고 전 지역에 대한 조사와 더불어 면밀한 계획이 있었음은 두말 할 나위도 없다. 그러나 배를 정비할 인력과 장비는 그 함대와 함께 있음이 틀림없으며 두바조프[5] 제독이 난공불락이라고 생각했던 그 요새를 해상에서 공격하다가 생길 수 있는 결과에 대비하여 조성된 것임이 분명했다.

그러한 결과에도 불구하고 두바조프의 요새는 난공불락이었다고 나는 생각했다. 두바조프 장군은 일본과의 전쟁에 완강히 반대했지만 그는 지휘관

---

5) 두바조프(Fedor V. Dubasoff : 1845~1912) : 러시아의 해군 제독. 해군사관학교를 졸업하고(1870) 러시아-터키전쟁(1877~1878)에 참전해했으며, 태평양함대사령관(1897~1899), 해군기술위원회 의장(1901~1905)으로 해군 기술 행상에 노력했으며, 1905년의 체르니고프 등지에서 일어난 농민 반란을 진압한 공로로 모스크바 총독이 되었으며, 재임 중에 군부의 반란을 진압했고 그 뒤 국가안보회의의 의장(1906~1907)이 되었다.

으로서 유능한 해군이었고 전전의 상황에 정직한 인물이었다. 만약 그가 지휘했더라면 여순항에서 무능하고 변변치 못한 인물이었던 알렉세이에프[6] 제독이 지휘했던 상황과는 다른 상황이 전개되었을 것이다.

왜냐하면 세계에서 가장 공격하기 힘든 이 요새의 운명은 바로 요새의 방어자의 능력에 달려 있기 때문이다. 나는 잠시 머무르는 동안 내가 할 수 있는 최선을 다해 이 기회를 이용했다. 왜냐하면 나는 그 함대에 어떤 외국인 감시자도 없다는 사실과 모든 종군 기자들이 일본에서 취재 방해를 받았고 서울에 와서 감금되었다는 사실을 알았기 때문이다.

선장은 나를 나가사키에 내려주었다. 그곳에서 나는 마닐라에서 샌프란시스코로 가는 해군 수송선인 토마스호를 발견했다. 나는 민간인들을 그리 썩 좋아하지 않는 그 배의 1등 조타수의 자비심에 매달렸다. 나는 루스벨트 대통령에게 긴급히 전달할 것이 있다고 주장한 다음에야 승선을 허락 받았다.

나는 24보병사단의 흑인 육군 하사관들과 함께 숙박했다. 나는 승무원 갑판에 출입이 금지되었기 때문에 그 흑인 하사관들은 보기 드문 솜씨로 나를 편안하게 해주었다. 그들은 잠자는 숙소에서 나에게 개인 수건과 비누, 그리고 환풍이 가장 잘 되는 공간을 내주었고 가능한 한 나를 방해하려 하지 않았다. 그들의 대우는 완벽했고 그들의 조심스런 태도는 참으로 점잖았다.

나는 증기선을 전속력으로 몰아 워싱턴의 백악관으로 갔다. 루스벨트 대통령은 나의 말을 쉽게 믿으려 하지 않았다. 왜냐하면 내가 그에게 말한 것과 그가 도쿄로부터 받은 보고가 서로 일치되지 않았기 때문이다. 대규모 함대의 상황에 관한 나의 이야기는 전혀 있을 수 없는 일이었다. 나는 사실과 다른 얘기를 하고 있는 셈이었다. 그것은 그가 받은 모든 보고와 모순되

---

6) 알렉세이에프(E. I. Alexeieff : 1845~?1917) : 러시아의 해군제독. 청일전쟁(1894~1895) 당시 극동함대에 배치되어 있었으며, 러일전쟁(1904) 당시 극동함대사령관이었으나 패전의 책임을 지고 퇴역했다.

었다. 이제까지 내가 동양에 관해 그에게 말한 모든 것들이 진실과는 반대되는 것이었다니!

나는 너무나 낙담했다. 그날 밤 나는 홈즈[7] 판사와 저녁 식사를 했다. 그는 극동을 거쳐 인도로 막 부임한 한 영국 장군을 알고 있었다. 커피를 마신 뒤에, 나는 그에게 아침에 루즈벨트 대통령에게 말했던 문제를 물어보았고 그는 내가 말한 것에 동의하고 있음을 알았다. 나는 그에게 이렇게 말했다.

"우리가 방금 이야기 나눈 것들을 대통령에게 말해주기 바랍니다."

그는 이렇게 대답했다.

"그럴 필요 없습니다. 우리의 대통령은 사실을 잘 알고 있는 인물입니다. 당신은 내가 오후에 오랫동안 대통령과 이야기를 나눴다는 것을 믿을 수 있습니까? 그는 일본 해군의 상황을 잘 알고 있었습니다. 나는 그 함대가 어디에 있는지를 알고 있는 사람이 대통령 외에 미국에 또 있다고 생각지 않습니다!"

국무성은 그 어느 것에도 관심이 없었다. 동양에서 근무해 본 적이 없는 모든 사람들을 포함해서 국무성은 내가 알고 있는 것 이상으로 알고 있었고 나는 매우 초라함을 느꼈다. 따라서 다시는 그것들을 이야기하지 않겠다고 결심했다.

몇 달 뒤 대통령과 국무장관이 부재중이어서 정부를 통솔하고 있는 전쟁성 장관인 태프트[8]로부터 연락이 왔다. 태프트는 파나마 문제를 안고 있었다. 파나마 운하 지역의 책임자인 데이비스[9] 장군과 파나마 주재 공사인 바

---

7) 홈즈(Oliver W. Holmes : 1841～1935) : 미국의 법률학자. 하버드대학 졸업(1866). 잠시 보스턴에서 변호사를 개업했다가 하버드대학 교수(1882)를 거쳐 연방대법원 판사(1902～1932)를 지냄.

8) 태프트(W. H. Taft : 1857～1930) : 예일대학을 졸업하고(1878) 잠시 변호사를 개업했으나 곧 정계에 투신하여 필리핀 총독(1901～1904), 전쟁성 장관(1904～1908), 쿠바 총독(1906)을 거쳐 27대 대통령(1909～1913)으로 당선되었다.

9) 데이비스(George W. Davis : 1839～1918) : 미국의 군인. 1861년에 직업 군인으로 입

렛트[10]는 서로 사이가 좋지 않았으며 서로가 옳다고 주장하고 있었다. 파나마 정부에 대한 연락을 공사관을 통해서 해야 한다고 바렛트가 주장했다.

그와는 달리 데이비스는 운하 문제를 직접 통제할 수 있는 특권이 자기에게 없다면, 그 운하를 건설할 수 없다고 주장했다. 태프트는 두 사람 모두 물러나기를 바랐고 한 사람에게로 그들의 지위를 부여했다. 자신들의 새로운 독립에 매우 민감한 파나마는 그러한 협정을 제국주의적 합병의 출발점이라고 판단했다.

내가 결코 성공할 수 없을 것 같은 이 어려운 협상을 내 손으로 해결하고, 마군[11]에게 영사와 책임자의 두 자리를 맡도록 할 수 있을 것인가? 그러나 나는 결국 그 일을 해냈고 나 자신이 정상 업무에 복귀했음을 알았다. 내 모험은 여기서 끝났다. 나는 극동지역의 지도를 둘둘 말았고 라틴 아메리카를 알기 위해 눈길을 돌렸다.

대하여 소장으로 진급(1901), 필리핀 주둔군 헌병 사령관을 지냈으며 1903년에 예편한 후로는 파나마 운하 지역 총독(1904~1905)과 과테말라 주둔군에서 활약했다.

10) 바렛트(John Barrett : 1866~1938) : 미국의 언론인이자 외교관. 샴 대사(1894~1898), 아르헨티나 대사(1903~1904), 파나마 대사(1904~1905), 콜롬비아 대사(1905~1906)를 지냈으며 『남미의 부름』(1924) 등의 저술이 있음.

11) 마군(Charles E. Magoon : 1861~1920) : 네브라스카에서 잠시 변호사를 개업했다가 관계에 진출하여 파나마운하 총독(1905~1906)과 쿠바 총독(1906~1909)을 지냄.

역주자 참고문헌

『구한말조약휘찬』(상 · 중 · 하)(서울 : 국회도서관 입법조사국, 1964~65)

『國朝榜目』

『기독교대백과사전』(서울 : 기독교문사, 1983)

金源模(편저), 『근대 한국 외교사 연표』(서울 : 단국대학교출판부, 1984)

金源模, 『근대 한미관계사 : 한미전쟁론』(서울 : 철학과 현실사, 1992)

文一平, 『史外異聞秘史』(호암전집 제3권)(서울 : 조광사, 1964)

민두기, 『일본의 역사』(서울 : 지식산업사, 1977)

朴大憲, 『서양인이 본 조선』(서울 : 壺山房, 1996)

박대헌, 「서양지도에 나타난 제주의 모습과 그 명칭에 관한 연구」, 『제주도연구』 19집(제주 : 제주학회, 2001)

『司馬榜目』 CD-Rom, (성남 : 한국정신문화연구원, 1999)

『성경세계대백과사전』(서울 : 학원사, 1971)

『세계인명대사전』(서울 : 문공사, 1973)

申福龍, 『한국정치사』(서울 : 박영사, 1991)

양재연(外), 『한국풍속지』(서울 : 을유문화사, 1971)

유홍렬, 『한국천주교회사』(서울 : 가톨릭출판사, 1962)

이광린, 『개화당연구』(서울 : 일조각, 1973)

이광린, 『한국 개화사 연구』(서울 : 일조각, 1970)

이구열(李龜烈), 『한국문화재 비화』(서울 : 한국미술출판사, 1973)

이선근, 『한국사 : 최근세편 · 현대편』(서울 : 을유문화사, 1961)

李在楨, 『대한성공회 100년사』(서울 : 대한성공회 출판부, 1990)

이중국, "Oppert 도굴 사건의 진입로 연구", 『논문집』(17)』(서울 : 건국대학교

대학원, 1983)
이홍직, 『국사대사전』(서울 : 지문각, 1965)
『조선왕조실록』
『조선전』(서울 : 탐구당, 1975)
한국가톨릭대사전』(서울 : 한국교회사연구소, 1985)
『한국인명대사전』(서울 : 신구문화사, 1967)
『한국 電氣 100년사』(서울 : 한국전력주식회사, 1989)
『한국학대백과사전』(서울 : 을유문화사, 1972)
洪淳鎬, "구한말 외국인 법률·외교 고문의 외교사적 연구", 『월간 조선』(서울 : 1980년 7월호)

大類伸, 『世界人名辭典』(東京 : 東京堂, 1952』
『大人名辭典』(東京 : 平凡社, 1955)
吉川文太郎, 『朝鮮諸宗教』(東京 : 朝鮮興文會, 1922)
『模範最新世界年表』(東京 : 三省堂, 1938)
『世界大百科事典』(東京 : 小學館, 1957)
『世界大百科事典』(東京 : 平凡社, 1957)
『日本家庭大百科辭典』(東京 : 富山房, 1928』
日本外務省(編), 『日本外交史辭典』(東京 : 大藏省印刷局, 1979)
『日本人名事典』(東京 : 平凡社, 1986)
朝倉治彦(外), 『神話傳說辭典』(東京 : 東京堂出版株式會社, 1965)
黑龍會, 『東先覺亞志士記傳』(下)(東京 : 原書房, 1966)
宇野俊一(編), 『日本全史』(東京 : 講談社, 1991)
日本歷史學會(編), 『明治功臣人名錄』(東京 : 吉川弘文館, 1981)

American Dictionary on Historical Principles(Chicago : The University of Chicago Press, 1968)

Atlas of the Encyclopaedia Britannica(Chicago : The University of Chicago Press, 1963)

Barhart, Clarence L.(ed.), *The New Century Cyclopedia of Names* (Englewood Cliffs : Prentice-Hall, Inc., 1975)

Biographical Directory of the American Congress, 1774-1996(Alexadria : CQ Staff Directories, Inc., 1997)

Brock Haus Enzyklopaedie(Wiesbaden : F. A. Brock Haus, 1969)

Critical Dictionary of English Literature and British and American Authors, Vol. 1(Philadelphia and London : J. B. Lippincott Co., 1897)

Encyclopedia Britannica(Chicago : The University of Chicago, 1963).

Encyclopedia of World Methodism(Nashville : The United Methodist House 1974)

Great Soviet Encyclopedia(Russian Edition)(Moscow : Soviet Encyclopedia, 1975)

McCune, Geroge M. and Harrison, John A.(ed), *Korean-American Relations*, Vol. I(Berkeley and Los Angeles : The University of California Press, 1951)

McGraw-Hill International Atlas(New York, McGraw-Hill, 1963)

McPerson, James M., *Battle Cry of Freedom : The Civil War Era*(New York, Ballantine Books, 1988.

Merriam-Webster's Encyclopedia of Literature(Springfield, Merriam-Webster, Inc., Pub., 1995)

Modern Encyclopedia of Russian and Soviet History(Moscow, Academic International Press, 1978)

National Cyclopaedia of American Biography, Vol. XLI, James T. White & Co., New York, 1956.

New Standard Dictionary of the English Language(New York : Funk and

Wagnalls Co., 1914)

Palmer, Spencer J.(ed.), *Korean-American Relations*, Vol. 2(Berkeley and Los Angeles : The University of California Press, 1963)

Webster's Biographical Dictionary(Springfield : G. and C. Merriam Co, 1951)

Webster's International Dictionary of the English Language(Springfield : G. and C. Merriam Co., 1948)

Who Was Who : 1929-1940(London : Adam and Charles Black)

Who Was Who among English and European Authors : 1931-1949, Vol. 1(Detroit : Gale Research Co. Book Tower, 1978)

Who Was Who in America : 1897-1942, Vol. 1(Chicago : Marquis Publications, 1968).

신복룡(역주), 『조선견문기』(서울 : 집문당, 2019); H. N. Allen, *Things Korean* (New York : Fleming H. Revel Co, 1908)

신복룡(역주), 『대한제국멸망사』(서울 : 집문당, 2019); H. B. Hulbert, *The Passing of Korea*(London : William Heinemann Co., 1906)

안응렬 · 최석우(역), 『한국천주교회사』(왜관 : 분도출판사, 1979); Charles Dallet, *Histoire de L'Eglise de Corée*(Paris : Victor Palme, 1874)

李盛平, 『中國近現代人名辭典』(北京 : 新華書店, 1989)

臧勵龢, 『中國人名辭典』(臺北 : 商務印書局, 1985)

역주자 **신복룡(申福龍)**

충북 괴산 출생/ 건국대학교 정치외교학과 · 동 대학원 수료(정치학박사)/ 고등고시위원 역임/ 건국대학교 정치외교학과 교수 역임/ 미국 Georgetown 대학교 객원 교수 역임/ 건국대학교 중앙도서관장 · 대학원장 역임/ 한국정치외교사학회 회장 역임/ 건국대학교 정치외교학과 석좌교수 역임

저서 및 역서

저서

『한말 개화사상연구』(평민사, 1987)/ 『전봉준평전』(지식산업사, 1996)/ 『한국분단사 연구 : 1943-1953』(한울, 2001, 한국정치학회 저술상 수상)/ 『한국사 새로보기』(풀빛, 2001)/ 『이방인이 본 조선 다시 읽기』(풀빛, 2002)/ 『한국정치사』(박영사, 2003)/ 『대동단실기』(선인, 2004)/ 『동학사상과 갑오농민혁명』(선인, 2006)/ 『서재 채워드릴까요?』(철학과 현실사, 2006)/ *The Politics of Separation of the Korean Peninsula 1943-1953*(Edison, NJ : Jimoondang International & Seoul : Jimoondang, 2008)/ 『한국정치사상사』(지식산업사, 2011, 한국정치학회 인재상(仁齋賞) 수상)/ 『해방정국의 풍경』(지식산업사, 2016) 외 다수

역서

『민족자결주의』(A. Cobban, *National Self-Determination*, 1968 : 共)/ 『외교론』(H. Nicolson, *Diplomacy*, 1979)/ 『군주론』(N. Machiavelli, *The Prince*, 1980)/ 『칼 마르크스』(I. Berlin, *Karl Marx*, 1982)/ 『공산주의 간부 제도 연구』(Cho Jaekwan, *A Comparative Analysis of the Communist Cadre System*, 1985)/ 『모택동자전』(E. Snow, *Red Star over China : Genesis of A Communist*, 1985)/ 『데니의 생애와 활동』(R. Swartout, *O. N. Denny and the International Rivalries in Korea*, 1988 : 共)/ 『묵시록의 4기사』(E. Penchef, *Four Horsemen : Pollution, Poverty, Famine, Violence*, 1988)/ 『한국분단보고서』(1992 : 共)/ 『현대정치사상』(L. P. Baradat, *Political Ideologies*, 1995 : 共)/ 『정치권력론』(C. E. Merriam, *Political Power*, 2006)/ 『入唐求法巡禮行記』(2007)/ 『林董秘密回顧錄』(2007 : 共)/ 『한말외국인기록』 전 23권 외 다수